Rotthege   Mandatspraxis
         Beratung der GmbH

MANDATSPRAXIS BERATUNG DER GMBH

GESELLSCHAFT MIT BESCHRÄNKTER HAFTUNG

Von

Dr. Georg Rotthege

Rechtsanwalt in Düsseldorf
Fachanwalt für Steuerrecht

2., neu bearbeitete Auflage

Carl Heymanns Verlag KG · Köln · Berlin · Bonn · München

Die Deutsche Bibliothek – CIP-Einheitsaufnahme

Rotthege, Georg:
Mandatspraxis Beratung der GmbH / von Georg Rotthege. – 2., neu bearbeitete Auflage. –
Köln; Berlin; Bonn; München: Heymanns, 2001

ISBN 3-452-24587-X

Das Werk ist urheberrechtlich geschützt. Die dadurch begründeten Rechte, insbesondere die der Übersetzung, des Nachdrucks, der Entnahme von Abbildungen, der Funksendung, der Wiedergabe auf photomechanischem oder ähnlichem Wege und der Speicherung in Datenverarbeitungsanlagen, bleiben vorbehalten.

Zitiervorschlag: Rotthege, Beratung der GmbH, Kapitel, Rdnr. ...

© Carl Heymanns Verlag KG · Köln · Berlin · Bonn · München 2001
50926 Köln

E-Mail: service@heymanns.com
http://www.heymanns.com

ISBN 3-452-24587-X

Gesamtherstellung: Gallus Druckerei KG, Berlin

Gedruckt auf säurefreiem und alterungsbeständigem Papier

Vorwort

Die »Beratung der GmbH« aus der Reihe »MANDATSPRAXIS« wendet sich an die Praktiker des Gesellschaftsrechts. Gerade im Bereich der GmbH beobachten wir nicht nur eine starke Zunahme der Anzahl von eingetragenen Gesellschaften, sondern auch eine rege Diskussion in Rechtsprechung und Literatur um immer neue Fragen.

Dem Praktiker – Rechtsanwalt, Notar und Unternehmensjurist – wird nicht nur eine schnelle Orientierung, sondern auch eine Fülle von Beratungshilfen in Form von Checklisten, Musterverträgen und Klageentwürfen geboten. Auch die zahlreichen Hinweise auf in der Tagespraxis auftretende Rechtsfragen sind hilfreich. Jedoch erheben die Ausführungen keinen Anspruch darauf, wissenschaftliches Neuland zu erschließen; entsprechend der Sicht des Praktikers konzentrieren sie sich auf den jeweiligen Diskussionsstand und zeigen zur Vermeidung rechtlicher Risiken praktische Lösungsansätze auf.

Der Schwerpunkt liegt im Zivilrecht. Steuerlichen Fragen wird dort Raum gewidmet, wo sie die Aufmerksamkeit des Zivilrechtlers erfordern, etwa bei verdeckten Gewinnausschüttungen sowie bei der steuerlichen Vertragsgestaltung.

Die erfreuliche Aufnahme der »Beratung der GmbH« hat rasch eine Neuauflage erforderlich gemacht, in der die zahlreichen Änderungen der für die GmbH relevanten Gesetze berücksichtigt werden konnten. Dies gilt insbesondere für das Euro-Einführungsgesetz, das Handelsrechtsreformgesetz mit seinen hier relevanten Änderungen zum Kaufmannsbegriff und zur Liberalisierung des Firmenrechts sowie für die Reform der Abschlussprüfung durch das KonTraG. Auch die Insolvenzordnung hat zahlreiche Änderungen im Vergleich zur 1. Auflage mit sich gebracht. Schließlich konnten die Auswirkungen des Gesetzes zur Senkung der Steuersätze und zur Reform der Unternehmensbesteuerung mit dem Wechsel vom Anrechnungs- zum Halbeinkünfteverfahren bereits berücksichtigt werden. Der Stand der Diskussion in Rechtsprechung und Literatur ist bis Oktober 2000 berücksichtigt.

Der Autor dankt seinen Partnern und Mitarbeitern der Sozietät *Rotthege Wassermann & Partner* für deren tatkräftige Unterstützung bei der Vorbereitung und Erstellung des vorliegenden Bandes. Sein besonderer Dank gilt Herrn Rechtsanwalt Dr. *Andreas Lachmann* für die Mitarbeit beim neuen Insolvenzrecht, Herrn Wirtschaftsprüfer und Steuerberater Dr. *Bernd Wassermann* und Herrn Steuerberater *Karlheinz Meschede* für ihre Hinweise zur Umsetzung der Unternehmenssteuerreform sowie Frau Rechtsanwältin Dr. *Katrin Feldmann* und Herrn Rechtsanwalt *Jochen Wiethaus* für wertvolle Literaturhinweise und -recherchen.

Düsseldorf, im November 2000 *Georg Rotthege*

Inhaltsübersicht

Vorwort V

A. Wahl der Rechtsform 1

I. Kurzkommentar 1
II. Kriterien der Entscheidungsfindung 3
III. Checklisten 12

B. Gründung 15

I. Kurzkommentar 16
II. Abschluss des Gesellschaftsvertrages 19
III. Bestellung der Geschäftsführer 29
IV. Leistung der Stammeinlagen 29
V. Kapitalaufbringung 36
VI. Anmeldung der Gesellschaft zum Handelsregister 37
VII. Haftung in den Gründungsphasen 40
VIII. Mantelkauf und Vorratsgründung 44
IX. Einmanngründung 45
X. Besteuerung der GmbH-Gründung 46
XI. Beratungshilfen 48
XII. Muster 57

C. Prokura und Handlungsvollmacht 67

I. Kurzkommentar 67
II. Erteilung 67
III. Umfang 68
IV. Erlöschen 70
V. Beratungshilfen 71
VI. Muster 72

D. Der Gesellschafter und sein Geschäftsanteil 77

I. Kurzkommentar 78
II. Mitgliedschaftpflichten 82
III. Mitgliedschaftsrechte 85
IV. Gesellschafterklagen 87
V. Haftung der Gesellschafter 88
VI. Zusammenlegung und Teilung von Geschäftsanteilen 91
VII. Anteilsveräußerung 93
VIII. Rechte an Geschäftsanteilen 99
IX. Anteilsvererbung 101
X. Eigener Geschäftsanteil der GmbH 102

XI.	Einziehung (Amortisation) von Geschäftsanteilen	104
XII.	Austritt und Ausschließung	108
XIII.	Abfindung ausscheidender Gesellschafter	112
XIV.	Beratungshilfen	114
XV.	Muster	122

E. Geschäftsführer 133

I.	Kurzkommentar	134
II.	Organverhältnis	135
III.	Anstellungsverhältnis	139
IV.	Vertretung und Geschäftsführung	146
V.	Haftung	154
VI.	Beratungshilfen	160
VII.	Muster	167

F. Gesellschafterversammlung 179

I.	Kurzkommentar	180
II.	Aufgaben der Gesellschafterversammlung	180
III.	Gesellschafterversammlung	184
IV.	Beschlussfassung	187
V.	Fehlerhafte Beschlüsse	196
VI.	Beratungshilfen	201
VII.	Muster	208

G. Abänderung des Gesellschaftsvertrages 217

I.	Kurzkommentar	217
II.	Satzungsänderung und Satzungsdurchbrechung	219
III.	Beschluss der Gesellschafter, § 53 GmbHG	220
IV.	Anmeldung, Eintragung, Bekanntmachung, § 54 GmbHG	223
V.	Beratungshilfen	224
VI.	Muster	226

H. Kapital- und Finanzierungsmaßnahmen 229

I.	Kurzkommentar	230
II.	Kapitalerhaltung	233
III.	Eigenkapitalersetzende Gesellschafterleistungen	243
IV.	Kapitalerhöhung	256
V.	Nachschüsse	264
VI.	Kapitalherabsetzung	266
VII.	Beratungshilfen	272
VIII.	Muster	278

I. Aufsichtsrat 291

I.	Kurzkommentar	291
II.	Fakultativer Aufsichtsrat	293
III.	Obligatorischer Aufsichtsrat	298
IV.	Beratungshilfen	299
V.	Muster	302

J. Zweigniederlassung … 305

I. Kurzkommentar … 305
II. Firma … 305
III. Errichtung, Anmeldung, Eintragung … 306
IV. Vertretung … 307
V. Änderungen … 307
VI. Zweigniederlassung einer ausländischen GmbH … 307
VII. Beratungshilfen … 309
VIII. Muster … 309

K. Umwandlung … 313

I. Kurzkommentar … 314
II. Umwandlungsfälle unter Beteiligung der GmbH … 317
III. Beratungshilfen … 331
IV. Muster … 338

L. Rechnungslegung und Gewinnverwendung … 355

I. Kurzkommentar … 355
II. Jahresabschluss … 357
III. Gewinnverwendung … 365
IV. Publizität … 374
V. Sanktionen bei Verstoß gegen die Aufstellungs- und Offenlegungsvorschriften … 375
VI. KonTraG … 376
VII. Beratungshilfen … 376
VIII. Muster … 380

M. Steuern … 385

I. Kurzkommentar … 385
II. Körperschaftsteuer … 386
III. Sonstige Steuern … 391
IV. Beratungshilfen … 393

N. Die GmbH in der Krise … 399

I. Kurzkommentar … 400
II. Bedeutung der Krise im Vorfeld des Insolvenzverfahrens … 404
III. Insolvenzantrag … 406
IV. Insolvenzverfahren … 408
V. Die Haftung der Geschäftsführer wegen Verletzung der Antragspflicht … 410
VI. Instrumentarien zur Krisenüberwindung … 412
VII. Beratungshilfen … 414
VIII. Muster … 419

O. Auflösung/Liquidation … 423

I. Kurzkommentar … 423
II. Auflösung … 425
III. Fortsetzung der aufgelösten Gesellschaft … 429
IV. Liquidation … 431
V. Beratungshilfen … 438
VI. Muster … 442

Inhaltsübersicht

P. Der GmbH-Konzern 447

    I.   Kurzkommentar 447
    II.   Der Vertragskonzern 448
    III. Der faktische Konzern 456
    IV. Der »qualifiziert« faktische Konzern 457
    V.   Die steuerliche Organschaft 460
    VI. Beratungshilfen 461
    VII. Muster 464

Abkürzungen 471

Literatur 475

Gesetzesregister 481

Sachregister 493

Inhalt

Vorwort V

A. Wahl der Rechtsform 1

I. Kurzkommentar 1

1. Verbreitung und wirtschaftliche Bedeutung der GmbH 1
2. Vorteile der GmbH 2
3. Bedeutung der Rechtsformwahl 2

II. Kriterien der Entscheidungsfindung 3

1. Zivilrechtliche Gesichtspunkte 3
   a) Haftung 3
   b) Geschäftsführung 4
   c) Weisungsrecht 4
   d) Kontroll- und Informationsrechte 4
   e) Gestaltungsfreiheit 5
   f) Wechsel in der Person der Gesellschafter 6
      aa) Übertragung 6
      bb) Erbfolge 6
      cc) Kündigung 7
   g) Rechnungslegungs- und Publizitätspflichten 7
   h) Gründungsaufwand 7
2. Arbeits- und mitbestimmungsrechtliche Gesichtspunkte 8
   a) Sozialversicherungspflicht 8
   b) Mitbestimmung 9
3. Steuerrechtliche Gesichtspunkte 9

III. Checklisten 12

1. Zivilrechtliche Kriterien bei der Wahl der Rechtsform 12
2. Besteuerung von Kapital- und Personengesellschaften 13
3. Vergleich der Gründungskosten von GmbH und AG 14

B. Gründung 15

I. Kurzkommentar 16

1. Begriff 16
2. Zweck 16
3. Gründungsalternativen 16
   a) Neugründung 17
   b) Umwandlung 17
   c) Mantelkauf 17
4. Gründungsphasen 18

a) Vorgründungsgesellschaft	18
b) Vor-GmbH	18

II. Abschluss des Gesellschaftsvertrages 19

1. Rechtsnatur	19
2. Gründer	20
3. Form, § 2 GmbHG	21
4. Inhalt, § 3 GmbHG	22
a) Notwendiger Inhalt	23
aa) Firma	23
bb) Sitz	24
cc) Gegenstand des Unternehmens	25
dd) Stammkapital und Stammeinlagen	25
b) Formbedürftiger fakultativer Inhalt	26
c) Unechte Satzungsbestandteile	27
5. Mängel des Gesellschaftsvertrages	27
a) Formmängel	27
aa) Vor der Eintragung	27
bb) Nach der Eintragung	28
b) Fehlerhafte Beitrittserklärung	28

III. Bestellung der Geschäftsführer 29

IV. Leistung der Stammeinlagen 29

1. Bareinlage	30
2. Sacheinlage	32
3. Mischeinlage	33
4. Gemischte Sacheinbringung oder Über-Wert-Sacheinlage	34
5. Verdeckte Sacheinlage	34
a) Begriff und Erscheinungsformen	34
b) Rechtsfolgen	35
c) Heilung	35

V. Kapitalaufbringung 36

VI. Anmeldung der Gesellschaft zum Handelsregister 37

1. Voraussetzungen	38
2. Inhalt und Anlagen	38
3. Registergerichtliches Verfahren	38
4. Mängel des Anmeldeverfahrens	39
5. Verantwortlichkeit	40

VII. Haftung in den Gründungsphasen 40

1. Haftung der Vorgründungsgesellschafter	40
2. Haftung der Gesellschafter für Verbindlichkeiten der nicht zur Eintragung gelangten Vorgesellschaft (Verlustdeckungshaftung)	41
3. Handelndenhaftung, § 11 Abs. 2 GmbHG	42
4. Haftung ab Eintragung (Differenz-, Vorbelastungs- oder Unterbilanzhaftung)	43

VIII. Mantelkauf und Vorratsgründung 44

1. Vorratsgründung (Mantelgründung)	44
2. Mantelkauf (Mantelverwendung)	44

IX. Einmanngründung	45
X. Besteuerung der GmbH-Gründung	46
1. Vorgründungsgesellschaft	46
2. Vorgesellschaft	47
a) Körperschaftsteuer	47
b) Gewerbesteuer	47
c) Umsatzsteuer	47
d) Grunderwerbsteuer	47
XI. Beratungshilfen	48
1. Belehrungspflichten des Notars, § 17 BeurkG	48
2. Übernahme der Gründungskosten durch die GmbH als verdeckte Gewinnausschüttung	48
3. Hinweise zur Bargründung	49
4. Risiko der Ausfallhaftung gem. § 24 GmbHG	49
5. Hinweise zur Firmierung	50
6. Checklisten	52
a) Phasen bei Neugründung einer GmbH	52
b) Obligatorischer und fakultativer Inhalt des Gesellschaftsvertrages	53
c) Bestandteile des Gründungsprotokolls	56
d) Ablauf der Heilung verdeckter Sacheinlagen	56
XII. Muster	57
1. Gründungsprotokoll	57
2. Gesellschaftsvertrag (als Anlage zum Gründungsprotokoll)	58
3. Anmeldung der Bargründung	64
4. Gesellschafterliste	65
5. Einbringung von Sacheinlagen	66
a) Gesellschaftsvertrag	66
b) Anmeldung	66
C. Prokura und Handlungsvollmacht	**67**
I. Kurzkommentar	67
II. Erteilung	67
1. Prokura	67
2. Handlungsvollmacht	68
III. Umfang	68
1. Prokura	68
2. Handlungsvollmacht	69
3. Generalvollmacht	70
IV. Erlöschen	70
V. Beratungshilfen	71
1. Eintragung der Erteilung und des Erlöschens der Prokura in das Handelsregister	71
2. Zeichnung des Prokuristen	71

VI. Muster	72
1. Erteilung einer Generalhandlungsvollmacht (Gesellschafterbeschluss)	72
2. Erteilung einer Arthandlungsvollmacht	72
3. Anmeldung der Prokura	73
4. Anstellungsvertrag eines Generalbevollmächtigten	73
D. Der Gesellschafter und sein Geschäftsanteil	**77**
I. Kurzkommentar	78
1. Mitgliedschaft und Geschäftsanteil	78
2. Gleichbehandlungsgrundsatz und Treuepflicht	80
a) Gleichbehandlungsgrundsatz	80
b) Treuepflicht	81
II. Mitgliedschaftspflichten	82
1. Überblick	82
2. Wettbewerbsverbot	83
III. Mitgliedschaftsrechte	85
1. Überblick	85
2. Informationsrecht, § 51 a GmbHG	86
IV. Gesellschafterklagen	87
1. Eigene Ansprüche des Gesellschafters	87
2. Actio pro socio	87
V. Haftung der Gesellschafter	88
1. Grundsatz der Vermögenstrennung	88
2. Haftungstatbestände	89
a) Vertragliche Haftung	89
b) Rechtsscheinshaftung	89
c) Deliktische Haftung	90
3. Durchgriffshaftung aufgrund besonderer Umstände	90
a) Vermögensvermischung	90
b) Unterkapitalisierung	91
c) Beherrschung	91
VI. Zusammenlegung und Teilung von Geschäftsanteilen	91
VII. Anteilsveräußerung	93
1. Grundsätzliches	93
2. Schuldrechtliches Verpflichtungsgeschäft	93
3. Abtretung	95
4. Beschränkung der Abtretbarkeit (Vinkulierung)	95
5. Anmeldung des Erwerbs bei der Gesellschaft	97
6. Haftung von Veräußerer und Erwerber	98
a) Erwerber	98
b) Veräußerer	98
c) Hinweispflichten des Notars	98

Inhalt

VIII. *Rechte an Geschäftsanteilen* 99
1. Treuhand 99
2. Nießbrauch 99
3. Verpfändung 100
4. Pfändung 101

IX. *Anteilsvererbung* 101

X. *Eigener Geschäftsanteil der GmbH* 102

XI. *Einziehung (Amortisation) von Geschäftsanteilen* 104

XII. *Austritt und Ausschließung* 108
1. Austritt 108
2. Ausschließung 109
3. Kaduzierung 111

XIII. *Abfindung ausscheidender Gesellschafter* 112
1. Abfindungsanspruch 112
2. Satzungsmäßige Beschränkungen 113

XIV. *Beratungshilfen* 114
1. Heilung der mangelnden Form des Verpflichtungsgeschäfts 114
2. Beurkundung des Anteilskaufs durch ausländische Notare 115
3. Beachtung des Bestimmtheitsgrundsatzes 117
4. Legitimation des Veräußerers 117
5. Beteiligung des Veräußerers am Gewinn vorangegangener Geschäftsjahre ... 118
6. Umgehungsgeschäfte bei Abtretungsbeschränkungen 118
   a) Verdeckte Treuhand 118
   b) Tochtergesellschaft 119
   c) Holding 119
   d) Unterbeteiligung 119
7. Checklisten 119
   a) Vertragliche Zusicherungen beim Anteilskauf 119
   b) Voraussetzungen der Einziehung von Geschäftsanteilen 120
   c) Typische Gründe für zwangsweise Einziehung 120
   d) Ausscheiden des Gesellschafters 121

XV. *Muster* 122
1. Verkauf und Abtretung eines Geschäftsanteils – notariell beurkundeter Vertrag 122
2. Anzeige der Abtretung an die Gesellschaft gemäß § 16 GmbHG 123
3. Zustimmung der GmbH zur Abtretung (§ 15 Abs. 5 GmbHG) 123
4. Anzeige des Geschäftsführers über die Vereinigung von Geschäftsanteilen
   in einer Hand (§ 40 Abs. 2 GmbHG) 124
5. Zusammenlegung von Geschäftsanteilen 124
6. Zustimmung der GmbH zur Teilung eines Geschäftsanteils (§ 17 Abs. 1 GmbHG) 125
7. Abtretung eines Teilgeschäftsanteils 125
8. Geschäftsanteilsverpfändung 126
9. Nießbrauchsbestellung 126
10. Treuhandvertrag über einen Geschäftsanteil 127
11. Preisgabe eines Geschäftsanteils 128
12. Kaduzierung – Aufforderung zur Einzahlung der übernommenen Stammeinlage ... 129

Inhalt

13. Kaduzierung – erneute Aufforderung zur Einzahlung unter Fristsetzung 129
14. Kaduzierung – Ausschlusserklärung 130
15. Austritt aus wichtigem Grund 130

E. Geschäftsführer 133

I. Kurzkommentar 134

1. Rechtsstellung und Aufgaben 134
2. Unterscheidung von Organ- und Anstellungsverhältnis 134
3. Eignungsvoraussetzungen 134

II. Organverhältnis 135

1. Bestellung 135
2. Abberufung, Niederlegung 136
3. Wirkung der Abberufung 137
   a) Fremdgeschäftsführer 138
   b) Gesellschafter-Geschäftsführer ohne Sonderrecht zur Geschäftsführung 138
   c) Gesellschafter-Geschäftsführer in der personalistischen GmbH 138
   d) Gesellschafter-Geschäftsführer mit Sonderrecht zur Geschäftsführung 139

III. Anstellungsverhältnis 139

1. Rechtliche Einordnung 139
2. Vergütung 140
   a) Gehalt 140
   b) Tantieme 141
3. Wettbewerbsverbot 142
   a) Wettbewerbsverbot während der Amtszeit 142
   b) Wettbewerbsverbot nach der Amtszeit 142
4. Beendigung des Anstellungsvertrages 143
   a) Kündigung durch die Gesellschaft 143
      aa) Kündigung aus wichtigem Grund 143
      bb) Ordentliche Kündigung 145
      cc) Kopplung von Organstellung und Anstellungsverhältnis 145
   b) Kündigung durch den Geschäftsführer 146
   c) Weitere Beendigungsgründe 146

IV. Vertretung und Geschäftsführung 146

1. Vertretung 146
   a) Aktiv- und Passivvertretung; Gesamtvertretung 146
   b) Selbstkontrahieren 149
   c) Wissens- und Irrtumszurechnung 150
   d) Mißbrauch der Vertretungsmacht 150
2. Geschäftsführung 150
   a) Umfang der Geschäftsführungsbefugnis 150
      aa) Gesetzliche Regelung 150
      bb) Beschränkungen 151
      cc) Erweiterungen 152
   b) Mehrheit von Geschäftsführern 152
      aa) Grundsatz 152
      bb) Abweichende Regelungen 153

c) Sanktionen bei Nichteinhaltung der Geschäftsführungsbefugnis 153
3. Entlastung 153

V. Haftung 154

1. Haftung gegenüber der Gesellschaft 154
2. Haftung gegenüber den Gesellschaftern 156
3. Haftung gegenüber Dritten 157
   a) Rechtsschein 157
   b) c.i.c. 157
   c) Unerlaubte Handlung 158
4. Haftung für Abführung von Sozialversicherungsbeiträgen 160

VI. Beratungshilfen 160

1. Maßnahmen zur Vermeidung einer vGA bei unregelmäßiger Gehaltszahlung 160
2. Rechtstreitigkeiten bei Beendigung des Dienstverhältnisses 161
3. Einstweiliger Rechtsschutz bei Abberufung eines Geschäftsführers 162
4. Checklisten 164
   a) Inhalt des Anstellungsvertrages 164
   b) Kompetenzen, die dem Geschäftsführer nicht entzogen werden dürfen 164
   c) Formen der Vertretung durch mehrere Personen 165
   d) Haftung des Geschäftsführers 165

VII. Muster 167

1. Anstellungsvertrag eines Fremdgeschäftsführers 167
2. Anstellungsvertrag eines beherrschenden Gesellschafter-Geschäftsführers 171
3. Gesellschafterbeschluss über die Abberufung und Neubestellung von Geschäftsführern 174
4. Anmeldung der Abberufung und Neubestellung von Geschäftsführern 174
5. Antrag auf Erlass einer einstweiligen Verfügung des Gesellschafter-Geschäftsführers gegen den bevorstehenden Abberufungsbeschluss 175
6. Antrag auf Erlass einer einstweiligen Verfügung des Gesellschafter-Geschäftsführers im Anschluss an einen Abberufungsbeschluss 177

F. Gesellschafterversammlung 179

I. Kurzkommentar 180
II. Aufgaben der Gesellschafterversammlung 180

1. Zwingende Aufgaben 180
2. Sonstige Aufgaben 180
   a) Der Katalog des § 46 GmbHG 181
   b) Geltendmachung von Ersatzansprüchen gegen Geschäftsführer und Gesellschafter 181
   c) Ungeschriebene Zuständigkeiten 182
   d) Kompetenzerweiterung durch Satzung 183
3. Verlagerung von Gesellschafterkompetenzen 184

III. Gesellschafterversammlung 184

1. Einberufung 184
2. Teilnahmerecht 186
3. Leitung 187

IV. Beschlussfassung ... 187

1. Beschlussfähigkeit ... 187
2. Antragstellung ... 188
3. Stimmrecht ... 188
4. Ausübung des Stimmrechts ... 189
5. Ausschluss des Stimmrechts ... 191
6. Stimmenmehrheit ... 192
7. Protokollierung und Beschlussfeststellung ... 192
8. Aufhebung und Änderung von Gesellschafterbeschlüssen ... 194
9. Beschlussfassung außerhalb der Gesellschafterversammlung ... 194
10. Beschlussfassung in der Einmann-GmbH ... 195

V. Fehlerhafte Beschlüsse ... 196

1. Nichtige Beschlüsse ... 196
2. Unwirksame Beschlüsse ... 198
3. Anfechtbare Beschlüsse ... 198
4. Rechtsbehelfe ... 199
   a) Klagearten ... 199
   b) Prozessbeteiligte ... 200
   c) Einstweiliger Rechtsschutz ... 200
   d) Schiedsfähigkeit von Anfechtungsklagen ... 201

VI. Beratungshilfen ... 201

1. Teilnahmerecht des Rechtsbeistandes an Gesellschafterversammlungen ... 201
2. Anfechtungsfrist für Gesellschafterbeschlüsse ... 202
3. Heilung von Beschlussmängeln durch nachträglichen Rügeverzicht ... 202
4. Durchbrechung von Stimmpflichten in Gesellschafterversammlungen und mittels einstweiliger Verfügung ... 203
   a) Nichtberücksichtigung ... 203
   b) Einstweilige Verfügung ... 204
5. Checklisten ... 204
   a) Vorbereitung einer ordentlichen Gesellschafterversammlung ... 204
   b) Mindestgegenstand einer ordentlichen Gesellschafterversammlung ... 205
   c) Durchführung der Gesellschafterversammlung und Aufgaben des Versammlungsleiters ... 205
   d) Katalog von Geschäftsführungsmaßnahmen, die häufig an die Zustimmung der Gesellschafterversammlung gebunden werden ... 206
   e) Gestaltung, die das Abspaltungsverbot verhindern will ... 206
   f) Stimmrechtsausschluss – ja oder nein? ... 207

VII. Muster ... 208

1. Einladung zu einer ordentlichen/außerordentlichen Gesellschafterversammlung ... 208
2. Verlangen eines Gesellschafters auf Einberufung einer Gesellschafterversammlung ... 209
3. Einberufung der Gesellschafterversammlung durch Gesellschafter ... 210
4. Protokoll einer ordentlichen Gesellschafterversammlung ... 211
5. Protokoll einer Gesellschafterversammlung unter Verzicht auf Formen und Fristen der Einberufung und Ankündigung ... 212
6. Protokoll einer Gesellschafterversammlung in der Einmann-GmbH ... 213
7. Stimmbindungsvertrag ... 213
8. Anfechtungsklage gegen einen Gesellschafterbeschluss ... 214

G. Abänderung des Gesellschaftsvertrages ... 217

I. Kurzkommentar ... 217

1. Abänderung des Gesellschaftsvertrages nach Entstehen der GmbH ... 217
2. Abänderung des Gesellschaftsvertrages vor Entstehen der GmbH ... 218

II. Satzungsänderung und Satzungsdurchbrechung ... 219

1. Satzungsänderung ... 219
2. Satzungsdurchbrechung ... 219

III. Beschluss der Gesellschafter, § 53 GmbHG ... 220

1. Form ... 220
2. Mehrheitserfordernisse ... 220
3. Leistungsvermehrung ... 221
4. Zustimmungspflicht ... 221
5. Abänderung von Gesellschaftszweck und Unternehmensgegenstand ... 222

IV. Anmeldung, Eintragung, Bekanntmachung, § 54 GmbHG ... 223

V. Beratungshilfen ... 224

1. Registersperre ... 224
2. Redaktionelle Satzungsänderungen ... 224
3. Satzungsdurchbrechende Beschlüsse ... 225
4. Checkliste: Beim Registergericht einzureichende Unterlagen ... 225

VI. Muster ... 226

1. Beschluss über die Abänderung des Gesellschaftsvertrages vor Eintragung ... 226
2. Beschluss über die Abänderung des Gesellschaftsvertrages nach Eintragung ... 226
3. Notarbescheinigung gemäß § 54 GmbHG ... 227
4. Anmeldung der Satzungsänderung nach Eintragung ... 227

H. Kapital- und Finanzierungsmaßnahmen ... 229

I. Kurzkommentar ... 230

1. Grundlagen der Finanzierung der Gesellschaft ... 230
2. Überblick: Sicherung der Kapitalaufbringung und -erhaltung im GmbHG ... 231
3. Formen der Kapitalbeschaffung ... 232
   a) Eigenkapital ... 232
      aa) Stammeinlagen/Nachschüsse ... 232
      bb) Nebenleistungen/Zuschüsse ... 232
   b) Fremdkapital ... 233
      aa) Darlehen ... 233
      bb) Stille Beteiligung ... 233

II. Kapitalerhaltung ... 233

1. Kapitalerhaltung als Ergänzung zur Kapitalaufbringung ... 233
2. Auszahlungsverbot des § 30 GmbHG ... 235
   a) Auszahlung ... 235
   b) Verminderung des geschützten Vermögens ... 235
   c) Zeitpunkt ... 236
   d) Zahlungsempfänger ... 236

Inhalt

aa) Gesellschafter	236
bb) Nichtgesellschafter	237
cc) Kreditgewährung an Geschäftsführer	237
e) Ursache im Gesellschaftsverhältnis	238
3. Rechtsfolgen unzulässiger Auszahlungen	238
a) Auswirkungen auf das Verpflichtungs- und Erfüllungsgeschäft	238
b) Leistungsverweigerungsrecht	238
c) Rückzahlungsanspruch, § 31 Abs. 1 GmbHG	239
aa) Gegen Gesellschafter	239
bb) Gegen Dritte	239
cc) Treuhandverhältnisse	239
d) Fälligkeit des Rückzahlungsanspruchs	240
e) Erlöschen des Rückzahlungsanspruchs	240
4. Haftung der Mitgesellschafter gem. § 31 Abs. 3 GmbHG	241
a) Ausfallhaftung	241
b) Verhaltenshaftung	241
c) Bestellung von Sicherheiten zugunsten Dritter für Verbindlichkeiten des Gesellschafters	242

III. *Eigenkapitalersetzende Gesellschafterleistungen* 243

1. Grundlagen	243
a) Zweck der Eigenkapitalersatzregeln	243
b) Rechtsgrundlagen	244
2. Kapitalersatzfunktion	244
3. Darlehen und wirtschaftlich gleichstehende Handlungen	246
a) Darlehen	246
b) Gleichstehende Handlungen	247
aa) Besicherung von Drittdarlehen	247
bb) Stehenlassen in der Krise	247
cc) Gebrauchsüberlassung	249
dd) Cash Pooling	250
4. Gesellschaftereigenschaft	251
5. Rechtsfolgen	252
a) Gesetzliche Regelung	252
b) Rechtsprechungsgrundsätze	253
c) Rechtsfolgen kapitalersetzender Gebrauchsüberlassung	254
6. Darlegungs- und Beweislast	255
7. Passivierungspflicht von eigenkapitalersetzenden Gesellschafterleistungen im Überschuldungsstatus	255

IV. *Kapitalerhöhung* 256

1. Überblick	256
2. Kapitalerhöhung gegen Einlagen	256
a) Erhöhungsbeschluss	257
b) Zulassungsbeschluss	257
c) Übernahmevereinbarung	259
d) Aufbringung des erhöhten Stammkapitals	259
e) Anmeldung der Kapitalerhöhung zum Handelsregister, Eintragung und Bekanntmachung	262
3. Kapitalerhöhung aus Gesellschaftsmitteln	262
a) Begriff und Anwendungsbereich	262
b) Freie Rücklagen	263
c) Durchführung: Beschlussfassung, Anmeldung, Eintragung	263

V. Nachschüsse 264
1. Begriff und Bedeutung 264
2. Einforderung 264
3. Preisgaberecht (Abandon) 265
4. Rückzahlung 265

VI. Kapitalherabsetzung 266
1. Gesetzliche Regelung und Zweck 266
2. Ordentliche Kapitalherabsetzung 267
   a) Beschluss 267
   b) Gläubigerschutz 268
   c) Anmeldung/Eintragung/Veröffentlichung 269
   d) Haftung der Geschäftsführer 269
3. Vereinfachte Kapitalherabsetzung 269
4. Verbindung von Kapitalherabsetzung und -erhöhung 271

VII. Beratungshilfen 272
1. Verhinderung der Umqualifizierung von Gesellschafterleistungen in Eigenkapital .. 272
2. Kapitalerhöhung 272
   a) Kapitalerhöhung und Euro 272
   b) Hinweispflichten des Notars bei der Beurkundung eines Kapitalerhöhungsbeschlusses, § 17 BeurkG 273
   c) Kapitalerhöhung und Ausfallhaftung der Übernehmer gemäß § 24 GmbHG 274
   d) Zahlung der Einlage auf ein debitorisches Bankkonto der Gesellschaft 274
3. Checklisten 275
   a) Formen der Kapitalbeschaffung 275
   b) Indizien für die Kreditunwürdigkeit der GmbH 275
   c) Prüfung, ob eine Kredithilfe des Gesellschafters eine eigenkapitalersetzende Leistung darstellt oder ob sie durch Stehenlassen zu Eigenkapital wurde 276
   d) Anforderungen an Kapitalerhöhung durch Sacheinlage 276
   e) Schritte der effektiven und der nominellen Kapitalerhöhung im Vergleich 277
   f) Prüfungsabfolge zur Zulässigkeit der vereinfachten Kapitalherabsetzung 277

VIII. Muster 278
1. Rangrücktritt 278
2. Kapitalerhöhung durch Geldeinlagen 278
   a) Erhöhungsbeschluss 278
   b) Getrennte Übernahmeerklärung 279
   c) Bescheinigung des Notars gemäß § 54 Abs. 1 Satz 2 GmbHG 279
   d) Anmeldung 279
   e) Umwidmung einer verdeckten Sacheinlage 280
      aa) Gesellschafterbeschluss 280
      bb) Bericht über die Änderung der Einlagendeckung 281
      cc) Werthaltigkeitsbescheinigung 282
      dd) Anmeldung zum Handelsregister 283
3. Kapitalerhöhung aus Gesellschaftsmitteln 284
   a) Gesellschafterbeschluss 284
   b) Anmeldung 285
4. Nachschusseinforderung 286
5. Ordentliche (effektive) Kapitalherabsetzung 286
   a) Gesellschafterbeschluss 286
   b) Anmeldung 287

6. Kapitalherabsetzung zur Beseitigung einer Unterbilanz (vereinfachte
   Kapitalherabsetzung) 288
7. Kombinierter Sanierungsbeschluss 289

I. Aufsichtsrat 291

I. Kurzkommentar 291
II. Fakultativer Aufsichtsrat 293
1. Gründung 293
2. Zusammensetzung 293
3. Tätigkeit 294
4. Vergütung 295
5. Verantwortlichkeit 296
6. Entscheidungen durch Beschluss 296
7. Publizität 297

III. Obligatorischer Aufsichtsrat 298
1. Aufsichtsrat nach dem BetrVG 1952 298
2. Aufsichtsrat nach dem MitbestG 1976 299

IV. Beratungshilfen 299
1. Beratungsverträge mit Aufsichtsratsmitgliedern 299
2. Checklisten 300
   a) Primäre Zuständigkeiten der Gesellschafterversammlung, die nicht auf den
      Aufsichtsrat übertragen werden können (Grundlagenbeschlüsse) 300
   b) Aufgaben der Gesellschafterversammlung, die auf den Aufsichtsrat übertragen
      werden können 300
   c) Größenkriterien für Kontrollregelungen bei der GmbH 301

V. Muster 302
1. Gesellschafterbeschluss über die Schaffung eines fakultativen Aufsichtsrates und
   Bestellung der Mitglieder 302
2. Bekanntmachung der Mitglieder des ersten nach der Eintragung der Gesellschaft in
   das Handelsregister bestellten Aufsichtsrates 303
3. Einreichung der Bekanntmachung der Mitglieder des ersten nach der Eintragung
   der Gesellschaft in das Handelsregister bestellten (fakultativen) Aufsichtsrates 304

J. Zweigniederlassung 305

I. Kurzkommentar 305
II. Firma 305
III. Errichtung, Anmeldung, Eintragung 306
IV. Vertretung 307
V. Änderungen 307
VI. Zweigniederlassung einer ausländischen GmbH 307
VII. Beratungshilfen 309
   Checkliste: Der Anmeldung beizufügende Unterlagen 309

VIII. Muster	309
1. Beschlussfassung über die Errichtung einer Zweigniederlassung	309
2. Anmeldung einer Zweigniederlassung	310
3. Anmeldung der Zweigniederlassung einer polnischen Gesellschaft	311

K. Umwandlung 313

I. Kurzkommentar	314
1. UmwG 1994	314
2. Motive der Umwandlung	314
3. Umwandlungsarten	314
4. Umwandlungsverfahren	315
5. Rechtsschutz der Gläubiger	316
6. Arbeitsrecht	317
7. Umwandlungsteuerrecht	317
II. Umwandlungsfälle unter Beteiligung der GmbH	317
1. Verschmelzung	317
a) Verschmelzungsfähige Rechtsträger	318
b) Arten der Verschmelzung	318
aa) Verschmelzung durch Aufnahme	318
(1) Vertrag	318
(2) Bericht	319
(3) Prüfung	319
(4) Beschluss	320
(5) Kapitalerhöhung	320
(6) Rechtsmittel	321
(7) Register-Anmeldung	321
(8) Rechtsfolgen der Eintragung	322
bb) Verschmelzung durch Neugründung	323
c) Verschmelzung der GmbH mit Personenhandelsgesellschaften	323
d) Verschmelzung der GmbH mit dem Vermögen ihres Alleingesellschafters	324
2. Spaltung der GmbH	324
a) Spaltung zur Aufnahme	325
b) Spaltung zur Neugründung	325
c) Abspaltung aus dem Vermögen einer GmbH auf eine andere GmbH	326
d) Ausgliederung	327
aa) Allgemeines	327
bb) Ausgliederung aus dem Vermögen eines Einzelkaufmanns	327
3. Formwechsel	328
a) Formwechsel von Personenhandelsgesellschaften in GmbH	328
b) Formwechsel von GmbH in Personenhandelsgesellschaften	330
c) Formwechsel von GmbH in AG	330
III. Beratungshilfen	331
1. Verschmelzung im Wege der Neugründung oder Aufnahme?	331
2. Aufspaltung oder Abspaltung?	331
3. Ausgliederung oder Einzelrechtsnachfolge?	332
4. Checklisten	333
a) Verschmelzung und Spaltung durch Aufnahme	333

b) Formwechsel 335
c) Überblick über das UmwStG 337

IV. Muster 338

1. Verschmelzung 338
   a) Verschmelzung durch Aufnahme 338
      aa) Verschmelzungsvertrag zweier GmbH durch Aufnahme 338
      bb) Zustimmungsbeschluss der übernehmenden Gesellschaft 340
      cc) Zustimmungsbeschluss der übertragenden Gesellschaft 340
      dd) Anmeldung zum Handelsregister der übertragenden Gesellschaft 341
      ee) Anmeldung zum Handelsregister der übernehmenden Gesellschaft 341
   b) Verschmelzungsvertrag bei Neugründung 343
2. Spaltung 344
   a) Abspaltung zur Aufnahme – Spaltungsvertrag 344
   b) Abspaltung zur Neugründung – Spaltungsplan 346
3. Formwechsel 348
   a) Umwandlungsbeschluss bei Formwechsel KG in GmbH 348
   b) Handelsregisteranmeldung bei Formwechsel KG in GmbH 349
4. Anfechtungsklage gegen die Wirksamkeit eines Verschmelzungsbeschlusses 351
5. Antrag gemäß § 16 Abs. 3 UmwG auf Feststellung, dass die Erhebung der Anfechtungsklage der Eintragung der Verschmelzung nicht entgegensteht 352

L. Rechnungslegung und Gewinnverwendung 355

I. Kurzkommentar 355

1. Rechnungslegung 355
2. Gewinnverwendung 357

II. Jahresabschluss 357

1. Buchführung 357
2. Aufstellung 358
3. Abschlussprüfung 361
4. Feststellung 364

III. Gewinnverwendung 365

1. Voraussetzungen des Gewinnanspruchs des Gesellschafters 365
   a) Verwendbares Ergebnis 366
   b) Verwendungsbeschluss 366
2. Altgesellschaften/Übergangsrecht 368
3. Sonderformen der Gewinnausschüttung 369
   a) Vorabausschüttung 369
   b) Entnahme 369
   c) »Schütt-aus-hol-zurück«-Verfahren 370
   d) Verdeckte Gewinnausschüttung 371
      aa) Begriff 371
      bb) Gesellschaftsrechtliche Zulässigkeit 372
      cc) Steuerrechtliche Folgen 373

IV. Publizität 374

V. Sanktionen bei Verstoß gegen die Aufstellungs- und Offenlegungsvorschriften 375

VI. KonTraG 376
VII. Beratungshilfen 376
1. Gestaltungsmöglichkeiten der Satzung für die Gewinnverwendung 376
2. Checklisten 378
   a) Bedeutung der Größenklassen des § 267 HGB 378
   b) Schwellenwerte zur Bemessung der Größe der Gesellschaft 378
   c) Zustandekommen des Jahresabschlusses 379
   d) Voraussetzungen des Gewinnauszahlungsanspruchs des Gesellschafters 379
VIII. Muster 380
1. Regelung des Gesellschaftsvertrages zur Rückgängigmachung von vGA 380
2. Klage der GmbH gegen den Gesellschafter auf Rückgewähr einer vGA 381

M. Steuern 385

I. Kurzkommentar 385
II. Körperschaftsteuer 386
1. Unbeschränkte/beschränkte KSt-Pflicht der GmbH 386
2. Beginn und Ende der Steuerpflicht 386
3. Ermittlung des zu versteuernden Einkommens 386
4. Besteuerung des Einkommens 387
5. Anrechnungsverfahren mit gespaltenen Steuersätzen 387
6. Besteuerung der GmbH ab dem Veranlagungszeitraum 2001 388
7. Veräußerung von Anteilen an einer GmbH 389
   a) EStG 389
      aa) Anteile im Privatvermögen 389
      bb) Anteile im Betriebsvermögen 390
   b) KStG 390
III. Sonstige Steuern 391
1. Gewerbesteuer 391
2. Grunderwerbsteuer 392
3. Umsatzsteuer 393
IV. Beratungshilfen 393
1. Steuerklauseln 393
2. Reform der Unternehmensbesteuerung 2000 394
   a) Belastungsvergleich 394
   b) Folgerungen 394
   c) Berücksichtigung von Aufwendungen 395
   d) Kapitalertragsteuer 395
3. Checklisten 396
   a) Körperschaftsteuerliches Anrechnungsverfahren (bis VZ 2000) 396
   b) Ermittlung des zu versteuernden Einkommens 396
   c) Beispielsfälle verdeckter Gewinnausschüttungen 397

N. Die GmbH in der Krise 399

I. Kurzkommentar 400
1. Betriebswirtschaftlicher Krisenbegriff 400

2. Rechtlicher Krisenbegriff 400
   a) Zahlungsunfähigkeit 400
   b) Drohende Zahlungsunfähigkeit 401
   c) Überschuldung 402
3. Überschuldungsstatus und Fortbestehensprognose 402
   a) Rechnerische Überschuldung 402
   b) Fortbestehensprognose 404

II. Bedeutung der Krise im Vorfeld des Insolvenzverfahrens 404

1. Anzeigepflichten der Geschäftsführer 404
2. Auszahlungsverbot (§ 30 GmbHG) 405
3. Rückgewährverbot eigenkapitalersetzender Gesellschafterleistungen 405
4. Pflicht der Geschäftsführer zur Sanierungsprüfung 405

III. Insolvenzantrag 406

1. Antragsberechtigung/Antragsverpflichtung 406
2. Einheitlicher Antrag nach InsO 407
3. Antragsfrist und Sanierungsbemühungen 407

IV. Insolvenzverfahren 408

1. Eröffnung 408
2. Folgen 409
3. Beendigung 410

V. Die Haftung der Geschäftsführer wegen Verletzung der Antragspflicht 410

1. Ansprüche der Gesellschaft 410
2. Ansprüche der Gesellschaftsgläubiger 411

VI. Instrumentarien zur Krisenüberwindung 412

1. Nachschüsse 412
2. Erlass von Forderungen 412
3. Effektive Kapitalerhöhung 412
4. Kapitalschnitt 413
5. Hingabe von Gesellschafterdarlehen 413

VII. Beratungshilfen 414

1. Vor- und Nachteile einer frühen Verfahrenseinleitung 414
2. Checklisten 415
   a) Anzeichen einer drohenden oder eingetretenen Krise 415
   b) Überlegungen vor Stellung des Eigen-Insolvenzantrages 415
   c) Vorgehensweise der Geschäftsführer bei Eigen-Insolvenzantrag 416
   d) Fortbestehensprognose und Überschuldungsstatus nach InsO 417
   e) Gesellschafterforderung als eigenkapitalersetzendes Darlehen 417
   f) Nutzungsüberlassung von Gegenständen als eigenkapitalersetzendes Darlehen
      (Andere Rechtshandlung i.S.d. § 32 a Abs. 3 GmbHG) 418
   g) Vermeidung der Umqualifizierung der Nutzungsüberlassung als
      eigenkapitalersetzendes Darlehen 418
   h) Haftung der Geschäftsführer in der Insolvenz 418

VIII. Muster 419

1. Antrag des Geschäftsführers auf Eröffnung des Insolvenzverfahrens wegen
   Zahlungsunfähigkeit 419

2. Insolvenzantrag wegen drohender Zahlungsunfähigkeit 420
3. Besserungsschein im Rahmen eines außergerichtlichen Vergleichs 421

O. Auflösung/Liquidation 423

I. Kurzkommentar 423

II. Auflösung 425

1. Auflösungsgründe 425
   a) Auflösungsgründe gemäß § 60 Abs. 1 GmbHG 425
   b) Weitere gesetzliche Auflösungsgründe 427
   c) Vertragliche Auflösungsgründe 428
2. Anmeldung und Eintragung der Auflösung 428
3. Folgen der Auflösung 429

III. Fortsetzung der aufgelösten Gesellschaft 429

IV. Liquidation 431

1. Liquidatoren 431
   a) Bestimmung, Bestellung und Abberufung 431
   b) Anmeldung 432
   c) Rechtsstellung 432
2. Durchführung der Liquidation 432
   a) Rechnungslegung 432
   b) Abwicklung der Geschäfte 434
   c) Verteilung der Liquidationsmasse 435
   d) Beendigung der Liquidation 436
   e) Vollbeendigung 437
3. Nachtragsliquidation 438

V. Beratungshilfen 438

1. Rangfolge bei der Ausübung des Rechts aus § 61 i.V.m. § 60 Abs. 1 Nr. 3 GmbHG
   (Auflösungsklage) 438
2. Checklisten 440
   a) Phasen der Beseitigung der GmbH 440
   b) Auflösungsgründe 440
   c) Voraussetzungen der Fortsetzung einer aufgelösten Gesellschaft 441
   d) Aufgaben der Liquidatoren im Überblick 441

VI. Muster 442

1. Auflösungsbeschluss 442
2. Anmeldung der Auflösung zum Handelsregister 443
3. Bekanntmachung der Auflösung 443
4. Anmeldung der Beendigung der Liquidation 444
5. Beschlussfassung über die Fortsetzung einer aufgelösten Gesellschaft 444

P. Der GmbH-Konzern 447

I. Kurzkommentar 447

II. Der Vertragskonzern 448

1. Beherrschungs- und Gewinnabführungsvertrag 449

2. Zustandekommen 450
   a) Wirksamkeitsvoraussetzungen bei der abhängigen GmbH 450
   b) Wirksamkeitsvoraussetzungen bei der herrschenden GmbH 451
3. Rechtsfolgen 451
   a) Weisungsrecht 452
   b) Verlustausgleichspflicht analog §§ 302, 303 AktG 453
   c) Ausgleich und Abfindung analog §§ 304, 305 AktG 454
4. Änderung und Beendigung 455
5. Behandlung fehlerhafter Unternehmensverträge 456

III. Der faktische Konzern 456

IV. Der »qualifiziert« faktische Konzern 457

1. Analoge Anwendung der §§ 302, 303 AktG 458
2. Analoge Anwendung des § 305 AktG 460

V. Die steuerliche Organschaft 460

1. Voraussetzungen der Organschaft 460
2. Auswirkungen der Organschaft 461

VI. Beratungshilfen 461

1. Konzerneingangskontrolle 461
   a) Gesellschaftsvertragliche Regelungen 461
   b) Wettbewerbsverbot 462
   c) Zustimmung außenstehender Minderheitsgesellschafter 462
2. Checkliste: Verfahren beim Abschluss eines Beherrschungs- und
   Gewinnabführungsvertrages zwischen zwei GmbH 463

VII. Muster 464

1. Beherrschungs- und Gewinnabführungsvertrag zwischen Mutter- und
   Tochterunternehmen 464
2. Zustimmungsbeschluss der abhängigen GmbH 465
3. Anmeldung eines Beherrschungs- und Gewinnabführungsvertrages zum
   Handelsregister 466
4. Klage der abhängigen GmbH gegen das herrschende Unternehmen wegen
   Verlustausgleichs aus qualifiziert faktischer Konzernierung analog §§ 302, 303
   AktG 466

Abkürzungen 471

Literatur 475

Gesetzesregister 481

Sachregister 493

A. Wahl der Rechtsform

Inhaltsübersicht

	Rdn.		Rdn.
I. Kurzkommentar		cc) Kündigung	A 29
1. Verbreitung und wirtschaftliche Bedeutung der GmbH	A 1	g) Rechnungslegungs- und Publizitätspflichten	A 31
2. Vorteile der GmbH	A 3	h) Gründungsaufwand	A 35
3. Bedeutung der Rechtsformwahl	A 4	2. Arbeits- und mitbestimmungsrechtliche Gesichtspunkte	A 40
II. Kriterien der Entscheidungsfindung	A 6	a) Sozialversicherungspflicht	A 40
1. Zivilrechtliche Gesichtspunkte	A 8	b) Mitbestimmung	A 43
a) Haftung	A 8	3. Steuerrechtliche Gesichtspunkte	A 48
b) Geschäftsführung	A 12		
c) Weisungsrecht	A 15	*III. Checklisten*	
d) Kontroll- und Informationsrechte	A 17	1. Zivilrechtliche Kriterien bei der Wahl der Rechtsform	A 58
e) Gestaltungsfreiheit	A 20	2. Besteuerung von Kapital- und Personengesellschaften	A 59
f) Wechsel in der Person der Gesellschafter	A 24	3. Vergleich der Gründungskosten von GmbH und AG	A 60
aa) Übertragung	A 24		
bb) Erbfolge	A 27		

I. Kurzkommentar

1. Verbreitung und wirtschaftliche Bedeutung der GmbH

Ende 1992 waren in der Bundesrepublik Deutschland ca. 550 000 Gesellschaften mit beschränkter Haftung mit einem Stammkapital von ca. 246 Mrd. DM registriert[1]. Am 1. 1. 1997 existierten nach Angaben des DIHT insgesamt 644 193 kammerzugehörige GmbHs. Schätzungen der Anzahl sämtlicher registrierter GmbHs gehen sogar von einer Gesamtzahl von 770 000 im Jahre 1997 und von 815 000 zum 30. 9. 1999[2] aus. Die GmbH ist damit die bevorzugte Unternehmens-Rechtsform in Deutschland. **A 1**

Der Schwerpunkt der **wirtschaftlichen Verwendung** der GmbH liegt bei den Dienstleistungen: 38 % aller im Jahre 1992 registrierten GmbH waren in diesem Bereich aktiv und betrieben dort überwiegend die Verwaltung von Vermögen oder Beteiligungen. 25 % aller registrierten GmbH waren im Handel und 20 % im verarbeitenden Gewerbe tätig[3]. **A 2**

---

1 Quelle: Statistisches Bundesamt; im Jahr 1993 hat das Statistische Bundesamt weitere Erhebungen eingestellt.
2 *Hansen*, GmbHR 1997, 204 ff.; 1999, 24 ff. mit weiteren Auffächerungen des verfügbaren Materials.
3 *Rowedder*, GmbHG, Einleit., Rdn. 90.

A. *Wahl der Rechtsform*

2. Vorteile der GmbH

A 3 Die weite Verbreitung der GmbH ist auf ihre Vorteile zurückzuführen, nämlich[4]:

- Die GmbH kann zu **jedem gesetzlich zulässigen Zweck** gegründet werden (§ 1 GmbHG). Sie muss kein Handelsgewerbe betreiben und benötigt nicht einmal eine wirtschaftliche Zielsetzung, sondern kann auch gemeinnützigen Zwecken dienen.
- Die GmbH ist juristische Person. Sie besitzt **eigene Rechtspersönlichkeit**, besteht also unabhängig von einem Wechsel in der Person ihrer Gesellschafter.
- Den Gläubigern **haftet** grundsätzlich nur das Gesellschaftsvermögen, die Gesellschafter haften nur auf die Erbringung ihrer Stammeinlage.
- Ein **Wechsel der Gesellschafter** ist unter Lebenden ebenso möglich wie von Todes wegen.
- Das **System der Drittorganschaft** (Geschäftsführung durch fremde Dritte) gewährleistet die Unabhängigkeit der GmbH von den persönlichen Fähigkeiten ihrer Gesellschafter.
- Die weitreichende **Satzungsautonomie** sorgt für eine flexible Gestaltung des Innenverhältnisses der Gesellschafter untereinander. Dadurch kann die GmbH auch personalistisch ausgestaltet werden, was bei kleineren Gesellschaften häufig der Fall ist.
- Die **Zahl der Gesellschafter** unterliegt keinen gesetzlichen Beschränkungen.
- Die **Organisation** ist **einfach**. In der Regel hat die GmbH nur zwei Organe, den Geschäftsführer und die Gesellschafterversammlung.

3. Bedeutung der Rechtsformwahl

A 4 Ziel des Unternehmers ist die zukunftssichere Gestaltung seines Betriebes. Zur Erreichung dieses Ziels stehen ihm zwei Instrumente zur Verfügung: die Wahl der **Rechtsform** und die Gestaltung des **Gesellschaftsvertrages**[5].

A 5 Beide Entscheidungen müssen in regelmäßigen Abständen überprüft und gegebenenfalls an veränderte Verhältnisse angepasst werden. Während dies für den Gesellschaftsvertrag als selbstverständlich gilt, werden Überlegungen zur Rechtsform häufig nur bei der Gründung angestellt. Es ist jedoch ratsam, von Zeit zu Zeit zu prüfen, ob die einmal gewählte Rechtsform noch die richtige ist oder ob sich eine Umwandlung[6] empfiehlt[7].

---

[4] *Lutter/Hommelhoff*, GmbHG, Einl., Rdn. 2 ff. und *Eder*, in: GmbH-Hdb. I, Rdn. 12.
[5] *Hennerkes/May*, DB 1988, 483.
[6] Vgl. zur Umwandlung Kapitel K.
[7] Vor Jahren bereits hat *Rose* gefordert, die Rechtsformentscheidung in Abständen von fünf bis zehn Jahren kritisch in Frage zu stellen: *Rose*, Betriebswirtschaftliche Überlegungen zur Unternehmungsrechtsformwahl, in: Festschrift für Heinz Meilicke, 1985, S. 111; ebenso Beck GmbH-Hdb./*Nonnenmacher*, § 1, Rdn. 7.

II. Kriterien der Entscheidungsfindung

Zu Beginn der Entscheidung, welche Rechtsform für einen bestimmten **Unternehmenszweck** geeignet ist, muss festgestellt werden, welche Rechtsformen das Gesetz hierfür zur Verfügung stellt. Für einzelne Arten von Unternehmen sind nämlich bestimmte Rechtsformen vorgeschrieben (so für Lebens-, Unfall-, Feuer-, und Haftpflichtversicherungen). Von bestimmten Geschäften ist die GmbH ausgeschlossen (z. B. vom Geschäft der privaten Bausparkassen und Hypothekenbanken sowie vom Versteigerungsgewerbe).

A 6

Ist diese Frage geklärt, sind die Vor- und Nachteile der bestehenden Gestaltungsalternativen – bezogen auf den Einzelfall – abzuwägen[8]. Dabei spielen die nachfolgenden rechtlichen und steuerlichen Aspekte eine Rolle.

A 7

1. Zivilrechtliche Gesichtspunkte[9]

a) Haftung

Wichtig ist die **Haftungsbeschränkung**. Kapitalgesellschaften erlauben infolge ihrer selbständigen Rechtspersönlichkeit eine beschränkte, d.h. auf die Einlage begrenzte Haftung der Gesellschafter bei unbeschränkter Haftung der Gesellschaft[10]. Das GmbHG sieht dafür eine strenge Haftung der Gesellschafter gegenüber der GmbH für die Aufbringung des Stammkapitals und dessen Erhaltung vor, vgl. §§ 30 ff. GmbHG. Für besondere Ausnahmefälle ist die Lehre vom »Durchgriff« auf die Gesellschafter entwickelt worden[11].

A 8

OHG und **KG** sind als Personengesellschaften im Gegensatz zur GmbH keine juristischen Personen, sondern Gesamthandsgemeinschaften. Ihre Gesellschafter haften persönlich. Haftungsrechtlich lassen sich allenfalls insoweit Parallelen zwischen GmbH und KG erkennen, als gemäß §§ 171 Abs. 1, 174 Abs. 4 HGB die persönliche Haftung der Kommanditisten nach Einzahlung auf die Einlage beschränkt ist.

A 9

OHG-Gesellschafter haften ebenso wie Komplementäre einer **KG** für die Verbindlichkeiten der Gesellschaft den Gläubigern als Gesamtschuldner persönlich (§§ 128, 161 Abs. 2 HGB). Der **Kommanditist** haftet summenmäßig beschränkt mit seinem gesamten Vermögen (§ 171 Abs. 1 Halbs. 1 HGB). Die Haftung ist ausgeschlossen, soweit die Einlage geleistet ist (§ 171 Abs. 1 Halbs. 2 HGB). Durch Rückführung der Einlage aus dem gebundenen Vermögen lebt die beschränkte Haftung wieder auf (§ 172 Abs. 4 HGB)[12].

A 10

---

8 MünchHdb.GesR III/*Grziwotz*, § 2, Rdn. 5; *Schmidt*, GesR, S. 85 ff.; zu den abwägungserheblichen Gesichtspunkten vgl. B. II. Zur GmbH als Form kommunalen Handelns vgl. *Keßler*, GmbHR 2000, 71 ff.; zur Nonprofit-GmbH s. *Priester*, GmbHR 1999, 149.
9 Vgl. auch Checkliste III 1 (Zivilrechtliche Kriterien bei der Wahl der Rechtsform), Rdn. A 58.
10 § 1 Abs. 1 S. 2 AktG, § 13 Abs. 2 GmbHG.
11 Vgl. unten D V 3, Rdn. D 54 ff.
12 Zur Haftung des Kommanditisten vor Eintragung vgl. § 176 HGB.

A 11 Eine Sonderrolle kommt der **GmbH & Co. KG** zu. Sie ist zwar Personengesellschaft, ermöglicht aber eine Haftungsbeschränkung durch die Einschaltung einer Kapitalgesellschaft als alleiniger Vollhafterin.

b) Geschäftsführung

A 12 Bei Kapitalgesellschaften ermöglicht es der Grundsatz der **Drittorganschaft**, auch Nichtgesellschafter zu Geschäftsführern zu bestellen[13]. Besondere Bedeutung erlangt dieser Aspekt, wenn – etwa nach dem Ausscheiden der Gründergeneration – geeignete Führungskräfte unter den Gesellschaftern fehlen.

A 13 Für Personengesellschaften gilt der Grundsatz der **Selbstorganschaft**[14]: Die organschaftliche Vertretungsbefugnis ist untrennbar mit der Stellung des persönlich haftenden Gesellschafters verbunden. Kommanditisten sind gemäß § 164 HGB von der Geschäftsführung ausgeschlossen. Ihnen sowie gesellschaftsfremden Dritten kann nur **rechtsgeschäftliche Vertretungsmacht** (Prokura oder Handlungsvollmacht) erteilt werden.

A 14 Bei der **GmbH & Co. KG** wird der Grundsatz der Selbstorganschaft durch die Übertragung der Geschäftsführungs- und Vertretungsbefugnis auf die Komplementär-GmbH beachtet, die jedoch ihrerseits gesellschaftsfremde Dritte zu Geschäftsführern bestellen kann.

c) Weisungsrecht

A 15 Das **Weisungsrecht** gegenüber der Geschäftsführung ist unterschiedlich ausgestaltet. Während das Aktienrecht in § 76 AktG vorsieht, dass der Vorstand die Gesellschaft in eigener Verantwortung leitet (der Aufsichtsrat hat gemäß § 111 Abs. 4 S. 2 AktG nur die Möglichkeit, bestimmte Maßnahmen der Geschäftsführung an seine Zustimmung zu binden), können die GmbH-Gesellschafter den Geschäftsführern Weisungen nicht nur bei außergewöhnlichen Geschäften, sondern auch für die laufende Geschäftsführung erteilen[15].

A 16 Bei der OHG erstreckt sich die Befugnis zur Geschäftsführung auf alle Handlungen, die der gewöhnliche Betrieb des Handelsgewerbes der Gesellschaft mit sich bringt (§ 116 Abs. 1 HGB). Zur Vornahme von Handlungen, die darüber hinausgehen, ist ein Beschluss sämtlicher Gesellschafter erforderlich (§ 116 Abs. 2 HGB). Unter denselben Voraussetzungen haben Kommanditisten gemäß § 164 HGB ein Widerspruchsrecht.

d) Kontroll- und Informationsrechte

A 17 Unterschiedlich ausgestaltet ist auch die Stellung der Gesellschafter bei **Kontroll- und Informationsrechten:**

---

13 *Hachenburg/Ulmer*, GmbHG, Einl., Rdn. 51.
14 Vgl. BGHZ 26, 330, 333; 36, 292, 293.
15 MünchHdb.GesR III/*Grziwotz*, § 2, Rdn. 16. Zu den Grenzen des Weisungsrechts vgl. BGHZ 31, 258, 278.

Das Aktienrecht sieht zwingend den Aufsichtsrat als unabhängiges Kontrollorgan vor[16]. Der Aktionär muss sich mit dem begrenzten Fragerecht des § 131 AktG begnügen. Bei der GmbH liegt die Kontrollkompetenz grundsätzlich in der Hand der Gesellschafter[17]. Dem GmbH-Gesellschafter steht das umfassende Auskunftsrecht aus § 51 a GmbHG zu. A 18

Der Gesellschafter einer OHG kann, auch wenn er von der Geschäftsführung ausgeschlossen ist, sich sogar von den Angelegenheiten der Gesellschaft persönlich unterrichten, Bücher und Papiere der Gesellschaft einsehen und sich hieraus einen Jahresabschluss fertigen (§ 118 Abs. 1 HGB). Die Kontrollrechte des Kommanditisten sind in § 166 HGB geregelt. In der GmbH & Co. KG steht denjenigen Kommanditisten, die zugleich Gesellschafter der Komplementär-GmbH sind, das Informationsrecht aus § 51 a GmbHG auch hinsichtlich der Angelegenheiten der KG zu[18]. A 19

e) Gestaltungsfreiheit

Das Aktienrecht ist hinsichtlich der Ausgestaltung des Innenverhältnisses der Gesellschafter wenig flexibel (vgl. § 23 Abs. 5 AktG). Demgegenüber räumen das Personengesellschafts- und (mit Abstrichen) auch das GmbH-Recht (vgl. § 45 GmbHG) den Gesellschaftern weitgehende Freiheiten ein. A 20

Der Aspekt der Gestaltungsfreiheit ist insbesondere dann von Interesse, wenn es um die Statuierung von Sonderrechten einzelner Gesellschafter geht. Beispiele für Sonderrechte sind[19]: A 21

- erhöhtes Stimmrecht in der Gesellschafterversammlung,
- Recht zur Benennung eines Geschäftsführers,
- eigenes Recht zur Geschäftsführung,
- Weisungsrecht gegenüber den Geschäftsführern,
- Recht zum Erwerb eines anderen Geschäftsanteils.

Der Grundsatz der Satzungsstrenge im Aktienrecht besteht trotz einiger Lockerungen durch das am 10. 8. 1994 in Kraft getretene »Gesetz für **kleine Aktiengesellschaften und zur Deregulierung des Aktienrechts**«[20] fort[21]. Die eingeführten Änderungen[22] beziehen sich schwerpunktmäßig auf nicht börsenzugelassene AGen mit überschaubarem Personenkreis. Die Erleichterungen betreffen u. a. A 22

- die gesetzliche Zulassung der Einpersonen-Gründung, § 2 und § 36 Abs. 2 S. 2 AktG,
- die Einberufung der Hauptversammlung durch Einschreibebrief, § 121 Abs. 4 AktG,
- die Abhaltung der Hauptversammlung unter Verzicht auf Einberufungsmodalitäten, § 121 Abs. 6 AktG,

16 §§ 95 ff. AktG.
17 §§ 46 Nr. 5, 6 GmbHG.
18 OLG Düsseldorf, WM 1990, 1823.
19 Vgl. auch unten D I 1, Rdn. D 1 ff.
20 BGBl. I 1994, 1961.
21 *Hommelhoff*, AG 1995, 529, 530 f.
22 Ausführlich zu den Änderungen: *Hoffmann-Becking*, ZIP 1995, 1 ff.; *Kindler*, NJW 1994, 3041 ff.

- die erleichterte Protokollierung von Routine-Beschlüssen, § 130 AktG,
- den Bezugsrechtsausschluss bei Ausgabe zum Börsenpreis, § 186 Abs. 3 S. 4 AktG.

A 23 Wenn für einen Unternehmer entweder die Rechtsform der AG oder die der GmbH in Betracht kommt, so sollte er sich insbesondere dann für die AG entscheiden, wenn er mittelfristig Eigenkapital über die Börse beschaffen will. Denn der Kapitalmarkt ist der GmbH verschlossen. Andernfalls ist der GmbH angesichts ihrer Gestaltungsfreiheit der Vorzug zu geben[23].

f) Wechsel in der Person der Gesellschafter

aa) Übertragung

A 24 Sowohl bei der AG als auch bei der GmbH können die **Geschäftsanteile** ohne Rücksicht auf die Zustimmung der übrigen Gesellschafter **übertragen** werden, soweit der Gesellschaftvertrag nichts anderes vorsieht.

A 25 Ebenso bestehen bei beiden Rechtsformen ähnliche **Vinkulierungsmöglichkeiten**[24]. Allerdings ist die **Art und Weise der Übertragung** der Anteile unterschiedlich geregelt. Bei der GmbH besteht das Erfordernis der notariellen Beurkundung[25]. Demgenüber ist die Übertragung von Aktien mit weniger formalen Anforderungen behaftet: Inhaberaktien werden durch Übereignung des Papiers, d. h. Einigung über den Eigentumsübergang und Übergabe (§ 929 Satz 1 BGB) oder Übergabesurrogat (§§ 930, 931 BGB)[26], übertragen; Namensaktien durch Indossament sowie Übergabe der Urkunde und formlose Einigung (§ 929 BGB)[27].

A 26 Bei **Personengesellschaften** sind die Aufnahme neuer Gesellschafter und deren Wechsel grundsätzlich nur mit Zustimmung aller Beteiligten zulässig. Gesellschaftsvertraglich kann jedoch bestimmt werden, dass Anteile frei oder mit Einschränkungen abgetreten werden können.

bb) Erbfolge[28]

A 27 Die **Vererblichkeit** von Anteilen an einer Kapitalgesellschaft kann nicht ausgeschlossen werden. Soweit das Eindringen von Dritten bzw. Erben in die Gesellschaft vermieden werden soll, sind für den Todesfall Einziehungsmöglichkeiten oder Abtretungsverpflichtungen vorzusehen[29].

A 28 Bei Personengesellschaften führt der Tod eines Gesellschafters nach der Änderung des § 131 Abs. 3 Satz 1 Nr. 1 HGB durch das Handelsrechtsreformgesetz[30] zwar nicht mehr zur Auflösung der Gesellschaft, sondern nur zum Ausscheiden dieses Gesell-

---

23 *Priester*, BB 1996, 333, 337 f.
24 Vgl. § 68 Abs. 2 AktG und § 15 Abs. 5 GmbHG; siehe hierzu auch Ziffer D VII 4, Rdn. D 77 ff.
25 § 15 Abs. 3 GmbHG.
26 Kölner Komm./*Lutter*, AktG, Anh. § 68, Rdn. 15.
27 BGH, WM 1975, 947; Kölner Komm./*Lutter*, AktG § 68, Rdn. 7.
28 Siehe hierzu Ziffer D IX, Rdn. D 100 f.
29 Vgl. unten D IX, Rdn. D 100 f.
30 Handelsrechtsreformgesetz vom 22. 6. 1998, BGBl. 1998, I S. 1474.

schafters, solange nichts anderes satzungsmäßig vereinbart wurde (Ausnahme: Kommanditist, § 177 HGB). Gleichwohl ist es ratsam, Nachfolgeklauseln in den Gesellschaftsvertrag aufzunehmen.

cc) Kündigung

Bei Personengesellschaften führt gemäß § 131 Abs. 3 Satz 1 Nr. 3 und Nr. 4 HGB die Kündigung durch einen Gesellschafter oder einen Privatgläubiger eines Gesellschafters nicht zur Auflösung der Gesellschaft, sondern nur zum Ausscheiden dieses Gesellschafters, soweit in der Satzung nichts anderes bestimmt ist. A 29

AG und GmbH sind von einem Wechsel in der Person ihrer Gesellschafter durch Kündigung unabhängig[31]. A 30

g) Rechnungslegungs- und Publizitätspflichten

Bei der **Aufstellung des Jahresabschlusses** werden an Kapitalgesellschaften und die GmbH & Co. KG höhere Anforderungen gestellt als an Personengesellschaften: §§ 264 ff. HGB enthalten ergänzende Vorschriften für Kapitalgesellschaften[32] und die GmbH & Co. KG. So ist gemäß § 264 Abs. 1 S. 1 HGB der Jahresabschluss (§ 242 HGB) um einen Anhang zu erweitern und ein Lagebericht aufzustellen. A 31

Darüber hinaus ist bei der Wahl der Rechtsform die **Pflicht zur Offenlegung** des Jahres- und gegebenenfalls eines Konzernabschlusses bedeutsam. A 32

Gemäß §§ 325 ff. i.V.m. § 267 HGB unterliegen alle **Kapitalgesellschaften** und die GmbH & Co. KG einer nach bestimmten Größenmerkmalen gestaffelten Offenlegungspflicht. A 33

Personengesellschaften unterliegen nach dem Publizitätsgesetz (PublG) nur dann der Pflicht zur Veröffentlichung des Jahresabschlusses, wenn sie von drei Kriterien (Bilanzsumme über 125 Mio. DM; Umsatzerlöse über 250 Mio. DM; über 5000 Arbeitnehmer) mindestens zwei erfüllen, § 1 Abs. 1, Abs. 2 PublG[33]. Verstöße gegen die Pflicht zur Aufstellung des Jahresabschlusses und zu dessen Offenlegung sind mit erheblichen Sanktionen belegt[34]. A 34

h) Gründungsaufwand[35]

Die Gründung der GmbH ist verhältnismäßig einfach. Sie erfordert ein **Mindestnennkapital** von 25 000 €. Bei der AG beträgt es 50 000 €. A 35

Für die **Beurkundung des GmbH-Gesellschaftsvertrages** wird das Doppelte der vollen Gebühr erhoben, §§ 36 Abs. 2, 32 KostO. Der Geschäftswert richtet sich gemäß § 39 Abs. 1 KostO nach dem Wert des Rechtsverhältnisses. Bei der Gründung einer Gesellschaft ist das Stammkapital einzurechnen. Der Wert ist gemäß § 39 Abs. 4 KostO höchstens auf 10 Mio. DM anzunehmen. Ist im Falle der Einbringung eines A 36

---

31 Zur Kündigung bei der GmbH siehe unten D XII 1, Rdn. D 126 ff.
32 Vgl. im Einzelnen unten M I 1, II, IV, Rdn. M 1, M 2, M 19.
33 Zur Zwangsgeldfestsetzung s. BayObLG, GmbHR 2000, 389.
34 Vgl. unten L V.
35 Ausführlich *Hachenburg/Ulmer*, GmbHG, § 5, Rdn. 183 sowie Checkliste III 1, Rdn. A 58.

A. Wahl der Rechtsform

Grundstücks als Sacheinlage die Auflassung nicht im Gründungsvertrag enthalten, wird für die gesonderte Beurkundung die Hälfte der vollen Gebühr erhoben, § 38 Abs. 2 Nr. 6 a KostO.

Nach § 79 Abs. 1 Satz 1 KostO erhebt das Gericht für die **Eintragung der GmbH in das Handelsregister** die volle Gebühr nach dem Betrag des Stammkapitals. Hinzu kommen die Kosten der **Bekanntmachung** entsprechend deren Umfang. Schließlich fallen Beratungskosten an.

A 37 Im Vergleich hierzu ist der Gründungsaufwand bei der **AG** höher durch die zusätzlichen Kosten für

- die etwaige Gründungsprüfung durch einen Wirtschaftsprüfer, vgl. § 33 Abs. 2 AktG;
- den Druck der Aktien[36]; dieser kann satzungsmäßig jedoch ausgeschlossen werden (vgl. § 10 Abs. 4 AktG).

A 38 Darüber hinaus können höhere Kosten aus dem höheren Gegenstandswert (Mindestkapital der AG 50 000 €) resultieren. Bei gleich hohem Kapital ist die AG-Gründung somit lediglich um die Kosten der Gründungsprüfung (ca. 1000–2500 €, je nach Einzelfall) aufwendiger als die Gründung der GmbH, falls eine Gründungsprüfung durch einen Wirtschaftsprüfer gem. § 33 AktG erforderlich ist[37].

A 39 Bei **Personengesellschaften** ist der Gründungsvorgang kostengünstiger. So ist insbesondere keine notarielle Beurkundung des Gesellschaftsvertrages erforderlich.

2. Arbeits- und mitbestimmungsrechtliche Gesichtspunkte

a) Sozialversicherungspflicht

A 40 **Kapitalgesellschaften** können ihren Gesellschafter-Geschäftsführern den Zugang in die gesetzliche Sozialversicherung ermöglichen; dieses gilt jedoch nicht für Mehrheitsgesellschafter-Geschäftsführer. Die Sozialversicherungspflicht von Geschäftsführern, die Minderheitsgesellschafter oder nahe Angehörige von Minderheitsgesellschaftern sind, hängt von einer Vielzahl von Indizien ab, insbesondere[38]:

- Höhe der Beteiligung,
- Befreiung von § 181 BGB,
- Branchenkenntnis,
- Bindung an Zeit, Dauer und Ort der Arbeitsleistung,
- Entstehung der Firma (Umwandlung oder Neugründung),
- Vorliegen einer Familiengesellschaft,
- Vorliegen eines Unternehmerrisikos.

A 41 Die Frage der Sozialversicherungspflicht ist für die Renten-, Arbeitslosen-, Unfall- und Krankenversicherung einheitlich zu beurteilen.

---

36 Kölner Komm./*Kraft*, AktG, § 26, Rdn. 23.
37 Einzelheiten vgl. Tabelle III 3, Rdn. A 60.
38 *Heussen*, Vertragsverhandlung und Vertragmanagement, Rdn. 761; *Winkler*, DStR 1997, 289.

Die für eine **Personengesellschaft** tätigen persönlich haftenden Gesellschafter haben in jedem Fall Arbeitgeberfunktion, so dass für sie eine Sozialversicherung nicht in Betracht kommt. Tätige Gesellschafter ohne Leitungsfunktion können durchaus der Sozialversicherungspflicht unterliegen.

A 42

b) Mitbestimmung

Bei **Personengesellschaften** findet eine unternehmerische Mitbestimmung nicht statt. Nur die GmbH & Co. KG unterliegt in gewissem Umfang[39] der Mitbestimmung.

A 43

Die **AG** ist gemäß § 76 Abs. 1 BetrVG 1952 grundsätzlich mitbestimmungspflichtig. AGen, die weniger als fünfhundert Arbeitnehmer beschäftigen, sind gemäß § 76 Abs. 6 S. 1 BetrVG 1952 von der Mitbestimmung freigestellt. Für AGen, die vor dem 10. 8. 1994 eingetragen worden sind, gilt dies aber nur, wenn sie Familiengesellschaften sind.

A 44

Durch die Änderung des § 76 Abs. 6 S. 1 BetrVG 1952 ist eine **mitbestimmungsrechtliche Gleichstellung** mit der **GmbH** erreicht worden. Denn gemäß § 77 BetrVG 1952 setzt die drittelparitätische Mitbestimmung bei der GmbH ebenfalls erst bei einer Arbeitnehmerzahl von mehr als 500 ein. Eine GmbH, die zum Bergbau oder zur Eisen und Stahl erzeugenden Industrie gehört und i.d.R. mehr als 1000 Arbeitnehmer beschäftigt, fällt unter die Montanmitbestimmung (MontanMitbestG)[40]. Hat die GmbH i.d.R. mehr als 2000 Arbeitnehmer, muss sie nach §§ 1 Abs. 1, 6 Abs. 1 MitBestG einen Aufsichtsrat bilden, der zur Hälfte aus Arbeitnehmervertretern besteht[41].

A 45

Bei der **GmbH & Co. KG** setzt die Mitbestimmung erst ein, wenn die Gesellschaft i.d.R. mehr als 2000 Arbeitnehmer beschäftigt und wenn in KG und Komplementär-GmbH identische Mehrheitsverhältnisse bestehen. Zwar unterliegt die KG als solche nicht der Mitbestimmung. Doch nach § 4 Abs. 1 MitbestG werden die Arbeitnehmer der KG der Komplementär-GmbH zugerechnet, wenn in der KG und der GmbH kongruente Mehrheitsverhältnisse bestehen.

A 46

Eine analoge Anwendung des § 4 MitbestG auf die KGaA kommt nach Ansicht des BGH nicht in Betracht[42]. Es sei nicht Aufgabe der Gerichte im Wege der Rechtsfortbildung, sondern allein Sache des Gesetzgebers, die Kapitalgesellschaft & Co. KGaA der Mitbestimmung zu unterwerfen.

A 47

3. Steuerrechtliche Gesichtspunkte[43]

Die steuerliche Belastung eines Unternehmens richtet sich nach der Rechtsform, in der es betrieben wird. Für den Gesellschafter ist maßgeblich **die Einkommen- bzw. Körperschaftsteuer**; dieses hängt davon ab, ob er eine natürliche oder eine juristische Person ist.

A 48

---

39 Siehe hierzu Rdn. A 46.
40 Unter das Montan-Mitbestimmungsgesetz fielen Ende 1989 nur noch 7 Unternehmen in der Rechtsform der GmbH, vgl. Beck GmbH-Hdb./*Müller*, § 6, Rdn. 14.
41 § 7 Abs. 1 Nr. 1 MitbestG.
42 BGH, ZIP 1997, 1027, 1029 f.
43 Vgl. MünchHdb.GesR III/*Wrede*, § 3, Rdn. 12: Überblick über wesentliche steuerliche Einflußfaktoren der Rechtsformwahl sowie Checkliste III 2, Rdn. A 59.

A. Wahl der Rechtsform

A 49 Ist der Gesellschafter eine **juristische Person** (z.B. eine GmbH), so unterliegt er der **Körperschaftsteuer**. Der Körperschaftsteuersatz wurde zum 1. 1. 2001 auf einheitlich 25 % auf einbehaltene (bisher 40 %) und ausgeschüttete (bisher 30 %) Gewinne gesenkt. Ausschüttungen sind somit nicht mehr begünstigt. Dies führt bei einem unterstellten Gewerbesteuerhebesatz von 400 % einschließlich Gewerbesteuer und Solidaritätszuschlag (5,5 %) zu einer Gesamtbelastung der Kapitalgesellschaften von 38,65 %.

Als Folge des Wegfalls des bisherigen Anrechnungsverfahrens zum 1. 1. 2001[44] und der Einführung des **Halbeinkünfteverfahrens** müssen Anteilseigner nur noch die Hälfte der Ausschüttungen einer Kapitalgesellschaft im Rahmen ihrer Einkommensteuer versteuern. Eine Anrechnung der von der Kapitalgesellschaft geleisteten Körperschaftsteuer findet nicht mehr statt.

A 50 **Ausschüttungen zwischen Körperschaften** werden nicht besteuert (Dividendenfreistellung). Eine Mindestbeteiligungsgrenze oder -besitzzeit besteht nicht. Dies gilt für Dividenden in- und ausländischer Körperschaften. Die Freistellung kommt erstmals zur Anwendung, wenn die Gewinnausschüttung bei der ausschüttenden Kapitalgesellschaft nicht mehr dem Anrechnungsverfahren unterliegt, also im Wesentlichen ab dem Veranlagungszeitraum 2001.

Allerdings korrespondiert die Freistellung von der Besteuerung mit einer Versagung des **Betriebsausgabenabzugs** (z.B. Zinsen).

Kapitalgesellschaften können ihre Anteile an Kapitalgesellschaften nach Ablauf einer einjährigen Haltefrist steuerfrei **veräußern**. Eine Sonderregelung gilt für sog. einbringungsgeborene Anteile (z.B. Umwandlungsfälle), für die eine Behaltefrist von sieben Jahren gilt. Eine Steuerfreiheit besteht jedoch insoweit nicht, als der Anteil gewinnmindernd abgeschrieben wurde[45].

Veräußerungsverluste im Zusammenhang mit in- und ausländischen Beteiligungen an Kapitalgesellschaften sind nicht abzugsfähig.

A 51 Ist der Gesellschafter eine **natürliche Person**, so unterliegt er der **Einkommensteuer**. Der **Spitzensteuersatz** der Einkommensteuer wird bis 2005 auf 48,5 % (2001), 47 % (2003) und 42 % (voraussichtlich ab 2005) ab einem Jahres-Einkommen von DM 102 000,00 herabgesetzt[46].

In- und ausländische **Gewinnanteile** werden auf der Ebene des Anteilseigners grundsätzlich nur noch i.H.d. Hälfte der Einkünfte besteuert (Halbeinkünfteverfahren). Allerdings sind die damit im Zusammenhang stehenden Aufwendungen (z.B. Finanzierungskosten) nur noch zur Hälfte abzugsfähig.

Gewinne aus der **Veräußerung** von im **Privatvermögen** gehaltenen Anteilen an Kapitalgesellschaften sind nur unter den folgenden drei Voraussetzungen steuerpflichtig:

- ➢ Der Veräußerer war innerhalb der letzten fünf Jahre zu 1 % (früher 10 %) oder mehr an der Gesellschaft beteiligt.
- ➢ Die Beteiligung wurde weniger als ein Jahr gehalten. (Für einbringungsgeborene Anteile gilt eine Behaltefrist von sieben Jahren.

---

44 Vgl. hierzu die Vorauflage, Rdn. A 49.
45 Zu Einzelheiten vgl. Kapitel M.
46 Zu Einzelheiten vgl. Kapitel M.

In allen übrigen Fällen kann die Beteiligung grundsätzlich steuerfrei veräußert werden[47].

Werden die Anteile im **Betriebsvermögen** gehalten, so sind Veräußerungsgewinne nach dem Halbeinkünfteverfahren zu versteuern, falls die Behaltefrist von einem Jahr gewahrt wird. Andernfalls sind sie in voller Höhe zu versteuern.

Bei Betriebsveräußerungen gilt ein **Steuerfreibetrag** von DM 100 000,00. Nach dem Entwurf des StSenkErgG soll zusätzlich der halbe Steuersatz (auf Antrag, einmal im Leben) zur Anwendung kommen, wenn der Steuerpflichtige das 55. Lebensjahr vollendet hat oder dauerhaft berufsunfähig ist.

Bei Personengesellschaften wirkt sich die **unmittelbare Verlustzuweisung** an deren Gesellschafter für diese günstig aus. Da die Verluste dem Gesellschafter (vorbehaltlich einer etwaigen Einschränkung durch § 15 a EStG) unmittelbar zugerechnet werden, können sie mit dessen anderen positiven Einkünften verrechnet werden. Demgegenüber kommen Verluste der GmbH nicht deren Gesellschaftern, sondern nur der Gesellschaft selbst zugute. Diese kann den Verlust rück- bzw. vortragen.   A 52

Ein steuerlicher Vorteil der GmbH gegenüber der gewerblichen Personengesellschaft besteht ferner darin, dass **Leistungen an Gesellschafter** steuerlich abzugsfähig sind. Sie unterliegen jedoch beim Empfänger der Einkommensbesteuerung.   A 53

Bei der Personengesellschaft ergeben sich hingegen ein gewerbesteuerlicher Freibetrag und ein gestaffelter Hebesatz sowie eine Begrenzung des Spitzensteuersatzes auf 47 % (§ 11 GewStG). Dies kann dazu führen, dass die gewerbesteuerlichen Vorteile durch die Nachteile im Einkommensteuer-Tarif kompensiert werden.   A 54

Pensionsrückstellungen für Gesellschafter-Geschäftsführer sind bei der GmbH im Gegensatz zu Personengesellschaften steuerlich abzugsfähig.   A 55

Beim **Erwerb von Anteilen** ist die Personengemeinschaft zumeist günstiger, weil der Erwerber den Teil des Kaufpreises, der den Buchwert der Beteiligung übersteigt, in einer Ergänzungsbilanz aktivieren und in den Folgejahren abschreiben kann. Beim Erwerb von GmbH-Anteilen ist eine Abschreibung des Mehrkaufpreises für anteilige stille Reserven und einen anteiligen Firmenwert nur möglich, wenn die Anteile im Betriebsvermögen gehalten werden und eine Teilwertabschreibung der GmbH-Anteile begründet werden kann[48].   A 56

Bei der **Vererbung oder Schenkung von Anteilen** ist die GmbH häufig ungünstiger als die Personengesellschaft. Erbschaftsteuerlicher Wert von Anteilen an einer Personengesellschaft ist nämlich der Anteil am Einheitswert des Betriebsvermögens der Gesellschaft. Demgegenüber liegt der Bewertung von GmbH-Anteilen das sog. Stuttgarter Verfahren zugrunde, wenn er nicht aus zeitnahen Verkäufen abgeleitet werden kann. Der Wert nach diesem Verfahren ist häufig höher als der Einheitswert des Betriebsvermögens, der die Ertragsaussichten – anders als das Stuttgarter Verfahren – außer Acht lässt[49].   A 57

---

47 Zu Einzelheiten vgl. Kapitel M.
48 Beck HB-GmbH/*Erle*, § 1 Rdn. 60.
49 Ausführlich hierzu Beck HB-GmbH/*Erle*, § 1 Rdn. 61 f.

III. Checklisten

A 58 1. Zivilrechtliche Kriterien bei der Wahl der Rechtsform

	GmbH	AG	OHG/KG	GmbH & Co. KG
Gründung	notarielle Form	notarielle Form	Formfreiheit	notarielle Beurkundung des Vertrages der Komplementär-GmbH
Haftung der Gesellschafter	beschränkt, aber Gefahr der Haftung der Gesellschafter, z. B. durch – Gründerhaftung, § 11 Abs. 2 GmbHG – verschleierte Sachgründung – faktische Konzernierung – eigenkapitalersetzende Darlehen – §§ 64, 84 GmbHG; § 69 AO; § 266a StGB	beschränkt	persönlich haftender Gesellschafter unbeschränkt; Kommanditist nur mit Hafteinlage	persönlich haftender Gesellschafter unbeschränkt; Kommanditist nur mit Hafteinlage
Geschäftsführung	Drittorganschaft	Drittorganschaft	Selbstorganschaft	faktisch: Drittorganschaft
Wechsel der Gesellschafterstellung – Zulässigkeit	gds. (+), kann aber beschränkt werden	(+)	gds. (–), kann aber vereinbart werden	gds. (–), kann aber vereinbart werden
– notarielle Form	(+), § 15 GmbHG	(–)	(–)	(+), falls § 15 GmbHG ausstrahlt

	GmbH	AG	OHG/KG	GmbH & Co. KG
Prüfung	(+) ab mittelgroßer Gesellschaft (§ 316 HGB)	(+) ab mittelgroßer Gesellschaft (§ 316 HGB)	PublG	(+) ab mittelgroßer Gesellschaft (§ 316 HGB)
Publizität	(+)	(+)	PublG	PublG
Mitbestimmung	Drittelparität, wenn mehr als 500 Arbeitnehmer; paritätische Mitbestimmung, wenn i.d.R. mehr als 2000 AN	Drittelparität, wenn mehr als 500 Arbeitnehmer; paritätische Mitbestimmung, wenn i.d.R. mehr als 2000 AN	(–)	Mitbestimmung gemäß §§ 76, 77 BetrVG 1952 (+), wenn i.d.R. mehr als 2000 AN in KG und GmbH kongruente Mehrheitsverhältnisse bestehen

2. Besteuerung von Kapital- und Personengesellschaften   A 59

Kapitalgesellschaften	Personengesellschaften
Gesellschafter: bis VZ 2000: Anrechnungsverfahren ab VZ 2001: Halbeinkünfteverfahren	
Gesellschaft: bis VZ 2000: KSt-Thesaurierungsbelastung 40 % KSt-Ausschüttungsbelastung 30 % ab VZ 2001: 25 % für einbehaltene und ausgeschüttete Gewinne Gesellschafter: ESt.-Spitzensteuersatz bis zu 51 % ab VZ 2001: 48,5 % ab VZ 2003: 47 % ab VZ 2005: 42 % (alles ohne SolZu)	Besteuerung aller Gewinne beim Gesellschafter entsprechend dessen persönlichem Steuersatz, unabhängig von deren Ausschüttung Spitzensteuersatz für gewerbliche Einkünfte 47 % (ohne SolZu)
keine Verlustzuweisung an Gesellschafter; Möglichkeit des Verlustvor- und rücktrages in der Gesellschaft	unmittelbare Verlustzuweisung; u. U. Beschränkung durch § 15 a EStG

A. *Wahl der Rechtsform*

Kapitalgesellschaften	Personengesellschaften
Gewinne bei Anteilsveräußerung unterliegen der ESt., wenn wesentliche Beteiligung (≥ 10 %, ab VZ 2001: 1 %) innerhalb der letzten fünf Jahre bestanden hat oder die Beteiligung innerhalb eines Jahres nach Erwerb veräußert wird; Behaltefrist bei einbringungsgeborenen Anteilen: 7 Jahre. ab VZ 2001: Halbeinkünfteverfahren = nur der halbe Veräußerungsgewinn unterliegt der Besteuerung	Gewinne bei Anteilsveräußerung unterliegen der ESt. Tarifbegünstigung bis 10 Mio. DM
Leistungsvergütungen an Gesellschafter = steuerlicher Aufwand	Leistungsvergütungen an Gesellschafter = steuerliche Entnahme

A 60 **3. Vergleich der Gründungskosten von GmbH und AG**

	25 000 €-GmbH	50 000 €-AG
Beratung durch Rechtsanwalt	§ 118 I Nr. 2 BRAGO: 5/10–10/10 der vollen Gebühr; 7,5/10 ca. 550 €	§ 118 I Nr. 2 BRAGO: 5/10–10/10 der vollen Gebühr; 7,5/10 ca. 800 €
Tätigkeit des Notars	§§ 141, 36 II, 32, 39 KostO: 2 volle Gebühren ➢ ca. 160 €	§§ 141, 36 II, 32, 39 KostO: 2 volle Gebühren ➢ ca. 260 €
Beschluss über Bestellung – des Geschäftsführers – des ersten Aufsichtsrates und Abschlussprüfers	§ 47 KostO: 2 volle Gebühren ➢ ca. 160 €	§ 47 KostO: 2 volle Gebühren (Wert 25 999 €) ➢ ca. 160 €
Handelsregisteranmeldung, § 38 II Nr. 7 KostO	5/10 Gebühr ➢ ca. 40 €	5/10 Gebühr ➢ ca. 65 €
Gründungsprüfung	(–)	§ 33 AktG; Vergütungsanspruch: § 35 III AktG ➢ ca. 1000–2500 €[50]
Gerichtskosten	§ 79 I 1 KostO: 1 volle Gebühr ➢ ca. 80 €	§ 79 I 1 KostO: 1 volle Gebühr ➢ ca. 130 €
Sonstiges		ggf. Druck von Aktien[51]
Gesamt	ca. 1000 €[52]	ca. 2500–4000 €[52]

50 Vom Einzelfall abhängig und zu verhandeln.
51 Kann statutarisch ausgeschlossen oder eingeschränkt werden (§ 10 Abs. 4 AktG).
52 Hinzu kommen die Kosten der Bekanntmachung ohne das Handelsregister.

B. Gründung

Inhaltsübersicht

	Rdn.
I. Kurzkommentar	
1. Begriff	B 1
2. Zweck	B 2
3. Gründungsalternativen	B 4
a) Neugründung	B 5
b) Umwandlung	B 7
c) Mantelkauf	B 8
4. Gründungsphasen	B 10
a) Vorgründungsgesellschaft	B 11
b) Vor-GmbH	B 12
II. Abschluss des Gesellschaftsvertrages	
1. Rechtsnatur	B 17
2. Gründer	B 21
3. Form, § 2 GmbHG	B 24
4. Inhalt, § 3 GmbHG	B 29
a) Notwendiger Inhalt	B 31
aa) Firma	B 31
bb) Sitz	B 33
cc) Gegenstand des Unternehmens	B 34
dd) Stammkapital und Stammeinlagen	B 35
b) Formbedürftiger fakultativer Inhalt	B 38
c) Unechte Satzungsbestandteile	B 41
5. Mängel des Gesellschaftsvertrages	B 43
a) Formmängel	B 43
aa) Vor der Eintragung	B 43
bb) Nach der Eintragung	B 44
b) Fehlerhafte Beitrittserkärung	B 45
III. Bestellung der Geschäftsführer	B 47
IV. Leistung der Stammeinlagen	B 50
1. Bareinlage	B 51
2. Sacheinlage	B 57
3. Mischeinlage	B 64
4. Gemischte Sacheinbringung oder Über-Wert-Sacheinlage	B 65
5. Verdeckte Sacheinlage	B 66
a) Begriff und Erscheinungsformen	B 66
b) Rechtsfolgen	B 69
c) Heilung	B 70
V. Kapitalaufbringung	B 71
VI. Anmeldung der Gesellschaft zum Handelsregister	B 74
1. Voraussetzungen	B 77
2. Inhalt und Anlagen	B 78
3. Registergerichtliches Verfahren	B 79
4. Mängel des Anmeldeverfahrens	B 83
5. Verantwortlichkeit	B 84
VII. Haftung in den Gründungsphasen	B 85
1. Haftung der Vorgründungsgesellschafter	B 86
2. Haftung der Gesellschafter für Verbindlichkeiten der nicht zur Eintragung gelangten Vorgesellschaft (Verlustdeckungshaftung)	B 87
3. Handelndenhaftung, § 11 Abs. 2 GmbHG	B 89
4. Haftung ab Eintragung (Differenz-, Vorbelastungs- oder Unterbilanzhaftung)	B 91
VIII. Mantelkauf und Vorratsgründung	
1. Vorratsgründung (Mantelgründung)	B 92
2. Mantelkauf (Mantelverwendung)	B 94
IX. Einmanngründung	B 97
X. Besteuerung der GmbH-Gründung	B 98
1. Vorgründungsgesellschaft	B 99
2. Vorgesellschaft	B 100
a) Körperschaftsteuer	B 100
b) Gewerbesteuer	B 102
c) Umsatzsteuer	B 103
d) Grunderwerbssteuer	B 104
XI. Beratungshilfen	
1. Belehrungspflichten des Notars, § 17 BeurkG	B 105
2. Übernahme der Gründungskosten durch die GmbH als verdeckte Gewinnausschüttung	B 108
3. Hinweise zur Bargründung	B 110
4. Risiko der Ausfallhaftung gemäß § 24 GmbHG	B 112
5. Hinweise zur Firmierung	B 114
6. Checklisten	B 117
a) Phasen bei Neugründung einer GmbH	B 117
b) Obligatorischer und fakultativer Inhalt des Gesellschaftsvertrages	B 118
c) Bestandteile des Gründungsprotokolls	B 119

d) Ablauf der Heilung verdeckter Sacheinlagen .... B 120
XII. Muster
1. Gründungsprotokoll .... B 121
2. Gesellschaftsvertrag (als Anlage zum Gründungsprotokoll) .... B 122
3. Anmeldung der Bargründung .... B 123
4. Gesellschafterliste .... B 124
5. Einbringung von Sacheinlagen ...... B 125
 a) Gesellschaftsvertrag .... B 125
 b) Anmeldung .... B 125

I. Kurzkommentar

1. Begriff

B 1 Der Gesetzeswortlaut des § 1 GmbHG sowie die Abschnittsüberschrift sprechen von der »Errichtung der GmbH«. Damit ist die **Gründung** als solche, d.h. der Gesamtvorgang, gemeint[53]. Im GmbH-Recht ist es üblich, den Oberbegriff »Gründung« wie in § 29 AktG für den Gesamtvorgang einschließlich »Errichtung« und »Entstehung« zu verwenden[54]. Dementsprechend wird die GmbH mit dem Abschluss des Gesellschaftsvertrages i.S.v. § 2 GmbHG errichtet und entsteht mit ihrer Eintragung in das Handelsregister, § 11 Abs. 1 GmbHG.

2. Zweck

B 2 Gesellschaften mit beschränkter Haftung können zu **jedem gesetzlich zulässigen Zweck** durch eine oder mehrere Personen errichtet werden, § 1 GmbHG. Der Gesellschaftszweck ist zu unterscheiden vom **Unternehmensgegenstand**, dessen Angabe im Gesellschaftsvertrag § 3 Abs. 1 Nr. 2 GmbHG fordert. Der Gesellschaftszweck kennzeichnet das gemeinsame Ziel der Gesellschafter, der Unternehmensgegenstand demgegenüber das Mittel zur Erreichung dieses Ziels[55].

B 3 **Zulässig** sind erwerbs- und gemeinwirtschaftliche sowie ideelle (z. B. künstlerische, soziale oder politische) Ziele. Ein Zweck ist **unzulässig**, wenn er gegen ein gesetzliches Verbot (**§ 134 BGB**) oder die guten Sitten (**§ 138 BGB**) verstößt[56].

3. Gründungsalternativen

B 4 Folgende Wege zur Gründung einer GmbH stehen zur Verfügung:

---

53 *Roth/Altmeppen*, GmbHG, § 1, Rdn. 2.
54 Beck GmbH-Hdb./*Schwaiger*, § 2, Rdn. 2.
55 *Lutter/Hommelhoff*, GmbHG, § 1, Rdn. 2.
56 *Roth/Altmeppen*, GmbHG, § 1, Rdn. 9.

a) Neugründung

Durch die Neugründung wird ein **neuer Rechtsträger für eine neue Tätigkeit** geschaffen. Hierbei sind fünf aufeinanderfolgende Gründungsakte zu durchlaufen: B 5

- Feststellung des Gesellschaftsvertrages in notariell beurkundeter Form, § 2 GmbHG,
- Bestellung des oder der Geschäftsführer, § 6 GmbHG,
- Erbringung der erforderlichen Leistungen auf die Stammeinlagen, § 7 Abs. 2 GmbHG,
- Anmeldung zum Handelsregister, §§ 7 Abs. 1, 8 GmbHG,
- registergerichtliche Prüfung, Eintragung und Bekanntmachung, §§ 9 c, 10 GmbHG.

Mit der Eintragung ist die GmbH entstanden, § 11 Abs. 1 GmbHG; die **Eintragung ist** also **konstitutiv**. Demgegenüber wirkt die **Bekanntmachung** nur **deklatorisch**; hinsichtlich der einzutragenden Tatsachen hat sie aber die Wirkung aus § 15 HGB[57]. Ist z. B. eine einzutragende Tatsache[58] unrichtig bekannt gemacht, so kann sich ein Dritter auf die bekannt gemachte Tatsache berufen, es sei denn, dass er deren Unrichtigkeit kannte (§ 15 Abs. 3 HGB). B 6

b) Umwandlung

Die **Umwandlung eines bereits in einer anderen Rechtform betriebenen Unternehmens** ist ein weiterer Weg zur Gründung einer GmbH. Das Umwandlungsgesetz ermöglicht den Vermögensübergang im Wege der – ggf. auch teilweisen – Gesamtrechtsnachfolge[59]. B 7

c) Mantelkauf

Die Zulässigkeit der **Verwertung eines vorhandenen GmbH-Mantels als Träger eines neu zu gründenden Unternehmens** wird heute bejaht[60]. Die Mantelverwertung soll den häufig zeitaufwendigen Gründungsvorgang verkürzen und Haftungsgefahren bei der Gründung vermeiden. Durch die entsprechende Anwendung der Gründungsvorschriften wird eine Umgehung des Gläubigerschutzes vermieden[61]. B 8

Die folgenden Ausführungen orientieren sich an der Neugründung. B 9

---

[57] *Lutter/Hommelhoff*, GmbHG, § 10, Rdn. 7.
[58] Die Veröffentlichung hat das Registergericht sowie das Eintragungsdatum zu bezeichnen (§ 33 Abs. 2 HRV) und muss den gesamten Inhalt der Eintragung (§ 10 Abs. 1 und 2 GmbHG) wiedergeben (§ 10 Abs. 1 S. 2 HGB, § 10 Abs. 3 GmbHG).
[59] Vgl. zur Umwandlung Kapitel K.
[60] Ausführlich unter VIII; Darstellung des Meinungsstreits bei *Lutter/Hommelhoff*, GmbHG, § 3, Rdn. 7, 8.
[61] *Priester*, DB 1983, 2291.

4. Gründungsphasen

B 10 Gemäß § 11 Abs. 1 i.V.m. § 13 Abs. 1 GmbHG entsteht die GmbH als selbständiger Träger von Rechten und Pflichten erst mit der Eintragung ins Handelsregister. Über die **Gründungsphase bis zur Festellung der Satzung** und die **darauffolgende Phase bis zur Eintragung** sagt das Gesetz nichts aus. Das bedeutet aber nicht, dass bis zur Eintragung in das Handelsregister keine Gesellschaft existierte[62].

a) Vorgründungsgesellschaft

B 11 In dem Zeitraum zwischen der Vereinbarung, eine GmbH zu gründen, und der Unterzeichnung des notariellen Gesellschaftsvertrages besteht **eine Vorgründungsgesellschaft**. Sie ist i.d.R. **BGB-Gesellschaft**. Nur wenn sie ein kaufmännisches Handelsgewerbe betreibt, ist sie **offene Handelsgesellschaft**[63]. Für den Übergang der Aktiva und Passiva auf die spätere Vorgesellschaft bzw. GmbH gilt: Die Vermögensgegenstände aus dem Gesamthandsvermögen der Vorgründungsgesellschafter müssen rechtsgeschäftlich übertragen und deren Schulden durch besondere Vereinbarung übernommen werden[64].

b) Vor-GmbH

B 12 Mit Abschluss des notariellen Gesellschaftvertrages entsteht die Vor-GmbH. Sie ist noch keine eigenständige juristische Person, sondern Rechtsform eigener Art, auf die das GmbH-Recht anzuwenden ist, soweit dieses nicht die Eintragung voraussetzt[65]. Die Vor-GmbH nimmt am Rechtsverkehr unter der Firma der künftigen GmbH teil[66], muss allerdings einen Zusatz wie »in Gründung« oder »i.G.« beifügen, damit eine Irreführung des Rechtsverkehrs i.S.v. § 3 UWG vermieden wird[67].

B 13 Die Vor-GmbH kann durch ihre Geschäftsführer Rechte erwerben und Pflichten eingehen. Bei unternehmensbezogenen Geschäften wird die Vor-GmbH regelmäßig selbst dann verpflichtet, wenn ihre Vertreter (Geschäftsführer) unter der Firma der eingetragenen GmbH auftreten. Denn wer im Rechtsverkehr unternehmensbezogene Verträge schließt, will regelmäßig mit dem tatsächlichen Träger des Unternehmens ab-

---

62 Zur Rechtslage in Deutschland und Europa ausführlich *Kersting*, Die Vorgesellschaft im europäischen Gesellschaftsrecht, Diss. Bonn 2000.
63 BGHZ 91, 148; BGH, NJW 1992, 2698; *Hachenburg/Ulmer*, GmbHG, § 11, Rdn. 21; *Lutter/Hommelhoff*, GmbHG, § 11, Rdn. 2; *Roth/Altmeppen*, GmbHG, § 11, Rdn. 64.
64 BGHZ 91, 148; BGH, WM 1985, 479; BGH, NJW 1992, 363 und 2698; OLG Hamm, GmbHR 1993, 105; *Roth/Altmeppen*, GmbHG, § 11, Rdn. 33; *Lutter/Hommelhoff*, GmbHG, § 11, Rdn. 23; *Roth/Altmeppen*, GmbHG, § 11, Rdn. 66.
65 BGHZ 80, 129 ff.; *Roth/Altmeppen*, GmbHG, § 11, Rdn. 36 ff.; *Hachenburg/Ulmer*, GmbHG, § 11, Rdn. 7 ff.; *Baumbach/Hueck*, GmbHG, § 11, Rdn. 24; vgl. auch BGHZ 21, 242; 51, 30.
66 *Hachenburg/Ulmer*, GmbHG, § 11, Rdn. 47.
67 *Scholz/Schmidt*, GmbHG, § 11, Rdn. 30.

schließen, mag dieser auch falsch bezeichnet sein[68]. Der Umfang der **Vertretungsmacht** ist in Abweichung von § 37 Abs. 2 GmbH eingeschränkt, und zwar auf die zur Entstehung der GmbH notwendigen oder sachdienlichen Geschäfte. Es besteht aber die Möglichkeit, dass die Gründer die Vertretungsmacht über diesen Bereich hinaus erweitern. Eine konkludente Erweiterung ist insbesondere anzunehmen, wenn ein als Sacheinlage eingebrachtes Handelsgeschäft fortgeführt werden soll. Die Vertretungsmacht deckt sich dann weitgehend mit der Vertretungsmacht des Geschäftsführers der eingetragenen GmbH nach §§ 35 ff. GmbHG[69].

Die Vorgesellschaft ist sowohl passiv als auch aktiv **parteifähig** sowie firmen-, konto-, grundbuch-, wechsel- und scheckfähig. Sie kann auch Gründer und Gesellschafter einer anderen Gesellschaft sein, insbesondere **Komplementär einer GmbH & Co. KG**[70]. B 14

Nach der Eintragung werden alle Rechte und Pflichten der Vorgesellschaft solche der GmbH, ohne dass es einer besonderen Übertragung bedarf[71]. Denn die **GmbH ist mit der Vor-GmbH identisch**, nicht hingegen mit der Vorgründungsgesellschaft[72]. B 15

Keine Vor-GmbH entsteht, wenn die Gründer zwar einen notariellen GmbH-Vertrag abschließen, aber von Anfang an nicht die Absicht haben, die Eintragung als GmbH herbeizuführen. Man spricht dann von einer **unechten Vorgesellschaft**, die – ebenso wie die Vorgründungsgesellschaft – entweder BGB-Gesellschaft oder OHG ist[73]. B 16

II. Abschluss des Gesellschaftsvertrages[74]

1. Rechtsnatur

Der Gesellschaftsvertrag, auch Satzung oder Statut genannt[75], zeichnet sich durch seine **Doppelnatur**[76] aus: B 17

Zum einen regelt der Gesellschaftsvertrag **die rechtsgeschäftliche Einigung der Gründer** über B 18

- die Errichtung der GmbH,
- deren Zweck,
- die Aufteilung der Geschäftsanteile und
- den Gegenstand der Beiträge.

---

68 BGHZ 62, 216, 221; 91, 148 (152); *Roth/Altmeppen*, GmbHG, § 11, Rdn. 45.
69 BGHZ 80, 129, 139; *Roth/Altmeppen*, GmbHG, § 11, Rdn. 43; zum Innenverhältnis s. BGHZ 29, 300 (302); 80, 129 (159); 212 (214); 134, 222.
70 *Lutter/Hommelhoff*, GmbHG, § 11, Rdn. 7; BGHZ 80, 129, 132; 117, 323 (326), sowie zur Liquidation BGHZ 51, 32 (34).
71 *Scholz/Schmidt*, GesR, § 34 III 4 a.
72 BGHZ 91, 148 (151). Zur Haftung vgl. VII, Rdn. B 85 ff.
73 Vgl. *Scholz/Schmidt*, GmbHG, § 11, Rdn. 143.
74 Vgl. *Hachenburg/Ulmer*, Der Gesellschaftsvertrag der GmbH, sowie Muster XII 2 (Gesellschaftsvertrag als Anlage zum Urkundenmantel), Rdn. B 122.
75 Zur Terminologie s. *Schmidt*, GesR, § 5 I 2.
76 *Schmidt*, GmbHG, § 2, Rdn. 10; *Hachenburg/Ulmer*, GmbHG, § 2, Rdn. 4.

B 19 Er ist nach den für Rechtsgeschäfte geltenden Regeln zu behandeln. Dementsprechend finden auf ihn die §§ 104 ff. BGB Anwendung[77]. Die auf gegenseitige Verträge zugeschnittenen Normen (§§ 320 ff. BGB) gelten jedoch grundsätzlich nicht[78]. Insbesondere kann ein Gründer eine ihm obliegende Leistung (z. B. seine Einlageverpflichtung) nicht unter Hinweis auf § 320 BGB verweigern, wenn ein anderer Gesellschafter seiner Verpflichtung nicht nachkommt. Im Fall von Leistungsstörungen kann der Gesellschafter auch nicht nach §§ 325 ff. BGB vom Gesellschaftsvertrag zurücktreten.

B 20 Zum anderen ist der Gesellschaftsvertrag **Organisationsvertrag**. Als solcher bildet er die **Grundlage der Gesellschaft**[79]. Er regelt die mitgliedschaftlichen Rechte und Pflichten der Gesellschafter zur GmbH und untereinander. Verbindlich ist der Gesellschaftsvertrag nicht nur für die Gründer, sondern auch für künftige Gesellschafter und Dritte[80].

2. Gründer

B 21 Jede **natürliche** oder **juristische Person** kann allein[81] oder gemeinsam mit anderen Gründer einer GmbH sein. Neben der **Partnerschaft, OHG und KG** ist diese Fähigkeit nunmehr auch für **Gesamthandsgemeinschaften** (BGB-Gesellschaft, §§ 705 ff. BGB; eheliche Gütergemeinschaft, §§ 1415 ff. BGB; Erbengemeinschaft, §§ 1922, 2032 ff. BGB; nicht rechtsfähiger Verein, auf den gemäß § 54 BGB die Vorschriften über die Gesellschaft eingeschränkt Anwendung finden) anerkannt[82].

B 22 **Minderjährige** oder sonst beschränkt Geschäftsfähige oder Geschäftsunfähige können zwar Gründungsgesellschafter sein, bedürfen jedoch der Mitwirkung ihres gesetzlichen Vertreters; §§ 104 ff. BGB. Ist dieser selbst am Vertragsschluss beteiligt, so muss ein Pfleger bestellt werden (§§ 181, 1629 Abs. 2 S. 1; 1705 S. 2; 1795 Abs. 2; 1909 BGB). Die Frage, ob der Abschluss des Gesellschaftsvertrages eine vormundschaftliche Genehmigung entsprechend § 1643 Abs. 1 i.V.m. § 1822 Nr. 3 oder Nr. 10 BGB erfordert, ist umstritten. Die überwiegende Auffassung verlangt eine vormundschaftliche Genehmigung gemäß § 1822 Nr. 3 BGB, wenn die GmbH ein Erwerbsgeschäft betreiben soll[83]. Darüber hinaus wird z.T. angenommen, dass wegen des Haftungsrisikos aus §§ 9, 24, 31 GmbHG eine vormundschaftsgerichtliche Genehmigung stets erforderlich sei[84].

---

77 Beck GmbH-Hdb./*Schwaiger*, § 2, Rdn. 47.
78 MünchHdb.GesR III/*Heinrich*, § 5, Rdn. 3.
79 *Hachenburg/Ulmer*, GmbHG, § 2, Rdn. 4.
80 Beck GmbH-Hdb./*Schwaiger*, § 2, Rdn. 48; *Hachenburg/Ulmer*, GmbHG, § 3, Rdn. 51.
81 Näher zur Einmann-Gründung unten IX, B 97.
82 *Scholz/Emmerich*, GmbHG, § 2, Rdn. 40 ff.
83 *Hachenburg/Ulmer*, § 2, Rdn. 73; *Scholz/Emmerich*, GmbHG, § 2, Rdn. 43.
84 *Lutter/Hommelhoff*, GmbHG, § 2, Rdn. 4.

Treuhänder- und Strohmanngesellschafter sind zulässig[85]. Der Treuhänder ist B 23
Gesellschafter im eigenen Namen, handelt aber für fremde Rechnung. Treugeber und
Treuhänder verbindet eine rein schuldrechtliche Abmachung (Innenverhältnis). Gesellschafter mit allen Rechten und Pflichten ist allein der Treuhänder (Außenverhältnis). Umstritten ist insbesondere die Frage, in welchem Umfang einzelne gesellschaftsrechtliche Vorschriften auf den Treugeber als Hintermann anzuwenden sind.
Hinsichtlich der Gründerhaftung (§ 9 a Abs. 4 GmbHG) sowie bei Gesellschafterdarlehen (§ 32 a Abs. 3 GmbHG) zieht das Gesetz auch den Treugeber heran. Die –
nicht unwidersprochen gebliebene – Rechtsprechung[86] wendet darüber hinaus die
Vorschriften der §§ 19 Abs. 2, 24, 30, 31 GmbHG auf den Treugeber an und stellt ihn
somit haftungsrechtlich einem Gesellschafter gleich[87]. Entsprechendes gilt für den
Strohmanngesellschafter.

3. Form, § 2 GmbHG

Der Gesellschaftsvertrag bedarf der **notariellen Beurkundung**, § 2 Abs. 1 Satz 1 B 24
GmbHG[88]. Er kann entweder in das **Gründungsprotokoll**[89], das die Beitrittserklärungen der Gesellschafter, die Bestellung der ersten Geschäftsführer sowie die Angabe
der Vertretungsbefugnis enthält, aufgenommen (§ 9 Abs. 1 Satz 1 BeurkG) oder diesem als Anlage beigefügt werden (§ 9 Abs. 1 Satz 2 BeurkG). Letzteres ist der Regelfall, weil hierdurch der Inhalt des Gesellschaftsvertrages einschließlich etwaiger darin
vereinbarter Sonderrechte einzelner Gesellschafter klar von deren schuldrechtlichen
Vereinbarungen getrennt wird[90]. Die Beurkundungspflicht erstreckt sich auf den gesamten Vertrag einschließlich der freiwilligen statutarischen Bestimmungen. Der Vertrag muss in einem **einzigen Schriftstück** enthalten sein[91]. Die Formbedürftigkeit gilt
nicht für Nebenabreden der Gründer (**schuldrechtliche Individualvereinbarungen**)[92], die nicht Bestandteil des künftigen Gesellschaftsvertrages werden sollen. An
solche Nebenabreden sind spätere Gesellschafter nur dann gebunden, wenn sie in das
konkrete Schuldverhältnis eintreten[93].
Auch der Vorvertrag unterliegt den Formerfordernissen des § 2 Abs. 1 und 2 B 25
GmbHG, falls er bindende Vereinbarungen begründen soll; andernfalls handelt es sich
um eine – dann formfreie – Absprache zur Vorbereitung der Gesellschaftsgründung
ohne durchsetzbare Gründungsverpflichtung. Doch auch dann können sich Kooperationsverpflichtungen ergeben, deren Verletzung Schadensersatzansprüche auslösen[94].

---

85 BGHZ 21, 378.
86 BGHZ 31, 258, 266 f.; OLG Hamburg, BB 1984, 1253.
87 Ausführlich zur Treuhand- und Strohmanngründung: *Hachenburg/Ulmer*, § 2, Rdn. 59 ff.
88 Die Einzelheiten ergeben sich aus den §§ 8 ff. Beurkundungsgesetz von 1969.
89 Vgl. Muster XII 1 (Gründungsprotokoll), Rdn. B 121.
90 Beck GmbH-Hdb./*Schwaiger*, § 2, Rdn. 70.
91 *Scholz/Emmerich*, GmbHG, § 2, Rdn. 13 a.
92 Näher zum zwingenden und fakultativen Inhalt der Satzung unten II 4, Rdn. B 29 f.
93 *Eder*, in: GmbH-Hdb. I, Rdn. 23.
94 *Roth/Altmeppen*, GmbHG, § 2, Rdn. 44 ff. m.w.N.

B. Gründung

B 26 **Vertragsänderungen vor Eintragung** unterliegen ebenfalls den Erfordernissen der notariellen Beurkundung und grundsätzlich der Einstimmigkeit[95]. Die Vorschriften der §§ 53 ff. GmbHG sind im Stadium der Gründung noch nicht anwendbar.

B 27 Das Gründungsprotokoll ist von sämtlichen Gesellschaftern zu **unterzeichnen** (§§ 2 Abs. 1 Satz 2 GmbHG, 19, 13 BeurkG). Jedoch müssen die Gründer ihre Erklärungen nicht gleichzeitig abgeben. Sie können sie auch sukzessive und vor verschiedenen Notaren abgeben[96]. Ausgeschlossen ist hingegen eine sog. **Stufengründung**, die vorliegt, wenn zunächst mehrere Gründer einen formgerechten Gesellschaftsvertrag abschließen (1. Stufe) und andere Gesellschafter daran anschließend durch Zeichnung ihren Beitritt erklären (2. Stufe). Vielmehr müssen **alle** Gründer eine Stammeinlage übernehmen und den Gesellschaftsvertrag unterschreiben (**Einheitsgründung**)[97].

B 28 Die **Gründung einer GmbH durch Bevollmächtigte** ist zulässig, die Vollmacht bedarf allerdings abweichend von § 167 Abs. 2 BGB mindestens der notariellen Beglaubigung, §§ 2 Abs. 2 GmbHG, 129 BGB, 40 BeurkG[98]. Die Beglaubigung durch Bundeskonsuln oder ausländische Notare (ggf. mit Apostille) genügt[99].

4. Inhalt, § 3 GmbHG

B 29 Beim Abschluss des Gesellschaftsvertrages sind verschiedene Arten von Regelungen zu unterscheiden:

- der **notwendige Mindestinhalt**, § 3 Abs. 1 GmbHG;
- die weiteren **echten, aber fakultativen Satzungsbestandteile**, § 3 Abs. 2 GmbHG;
- die **unechten Satzungsbestandteile**, die zwar in den Gesellschaftsvertrag aufgenommen werden, aber auch außerhalb des Gesellschaftsvertrages wirksam vereinbart werden könnten;
- die **Nebenabreden**, die außerhalb der Satzung getroffen werden.

B 30 Die **Differenzierung zwischen echten und unechten Bestandteilen** der Satzung ist insoweit von Bedeutung, als beide unterschiedlichen gesetzlichen Regelungen – vor allem im Rahmen des Bestandsschutzes – folgen[100]. So gelten die Regeln des BGB über die Nichtigkeit und Vernichtbarkeit von Willenserklärungen für die echten Bestandteile nur beschränkt, für die unechten Bestandteile dagegen unbeschränkt[101]. Die

---

[95] Die Mehrheitserfordernisse sind umstritten. Nach h.M. ist die Zustimmung aller Gesellschafter zu Änderungen bzw. Ergänzungen des Gesellschaftsvertrages erforderlich, vgl. *Scholz/Emmerich*, GmbHG, § 2, Rdn. 21; *Roth/Altmeppen*, GmbHG, § 2, Rdn. 23 m.w.N. sowie unten H I 2, Rdn. H 5.

[96] *Scholz/Emmerich*, GmbHG, § 2, Rdn. 14.

[97] *Eder*, in: GmbH-Hdb. I, Rdn. 23.1 a.

[98] Vgl. *Roth/Altmeppen*, GmbHG, § 2, Rdn. 25 ff.

[99] *Baumbach/Hueck*, GmbHG, § 2, Rdn. 16; *Scholz/Emmerich*, GmbHG, § 2, Rdn. 25; die Anforderungen für die Vollmacht sind geringer als für den Gesellschaftsvertrag, zur Beurkundung durch einen ausländischen Notar s.u. D XIV 2, Rdn. D 148.

[100] *Scholz/Emmerich*, GmbHG, § 3, Rdn. 61 ff.

[101] Zu den Mängeln des Gesellschaftsvertrages s. unten Rdn. B 43 ff.

Unterscheidung wird auch bei späteren Satzungsänderungen relevant: Nur bei der Änderung echter Satzungsbestandteile sind die §§ 53 ff. GmbHG maßgebend[102].

a) Notwendiger Inhalt

aa) Firma[103]

Die Firma ist der **Name**, unter dem die Gesellschaft im Handelsverkehr auftreten kann, §§ 4, 13 Abs. 3 GmbHG i.V.m. §§ 6, 17 HGB. Neben der firmenrechtlichen Vorschrift des § 4 GmbHG sind die **allgemeinen handelsrechtlichen Grundsätze der §§ 17 bis 37 HGB** anwendbar[104]. Zu letzteren zählen insbesondere: B 31

- **Firmeneinheit:** Wie eine natürliche Person kann auch die GmbH nur einen Namen, d. h. eine einzige Firma, führen. Anders als ein Einzelunternehmer darf die GmbH aber auch dann nur eine einheitliche Firma führen, wenn sie mehrere Unternehmen besitzt[105]. Die h.M. gesteht jedoch der Zweigniederlassung die Führung einer Firma zu, die von derjenigen der Hauptniederlassung abweicht, sofern die Firma der Zweigniederlassung den Zusammenhang mit der Firma der Hauptniederlassung und damit die Identität der GmbH erkennen lässt[106]. Lautet beispielsweise die Firma der Hauptniederlassung in Köln »K. Müller GmbH«, so kann die Zweigniederlassung in Düsseldorf die Firma »Hans Meier Zweigniederlassung Düsseldorf der K. Müller GmbH« führen.
- **Firmenwahrheit:** Der Firmenkern und die Zusätze dürfen nicht über Art und Umfang des Geschäfts oder die Verhältnisse der Gesellschafter täuschen, § 18 Abs. 2 HGB[107]. So sind insbesondere Bezeichnungen unzulässig, die auf die Buchstaben »AG« oder »ag« enden, da hiermit der Eindruck erweckt werden könnte, es handele sich um eine Aktiengesellschaft (z.B.: »INDROHAG«[108] oder »TREBAG«[109]).
- **Firmenbeständigkeit:** Im Falle der Überführung eines bestehenden Handelsgeschäftes in eine GmbH darf die bisherige Firma übernommen werden, vgl. § 4 GmbHG i.V.m. § 22 HGB[110]. Die damit verbundene Haftung gemäß § 25 Abs. 1

---

102 Vgl. unten H II, Rdn. H 1 ff.
103 Vgl. auch unten Beratungshilfe XI 5 (Hinweise zur Firmierung), Rdn. B 114 ff.
104 *Scholz/Emmerich*, GmbHG, § 4, Rdn. 2; vgl. auch *Rottbege*, Firmen und Vereine, 18 ff.
105 *Schmidt*, HandelsR, § 12 II 1 c; *Meyer-Landruth/Miller/Niehus*, § 4, Rdn. 3.
106 *Hachenburg/Heinrich*, GmbHG, § 4, Rdn. 72; *Meyer-Landrut/Miller/Niehus*, § 4, Rdn. 28; vgl. unten J II, Rdn. J 4.
107 *Lutter/Hommelhoff*, GmbHG, § 4, Rdn. 22; zum Verbot irreführender Firmenzusätze s. unten XI 5, Rdn. B 114 f.
108 BGHZ 22, 88, 90.
109 BayObLG, BB 1997, 1465.
110 Die Rechtsprechung, BGH, BB 1965, 1047, lässt in gewissen Grenzen Ausnahmen von dem Grundsatz zu, dass eine übernommene Firma unverändert fortgeführt werden muss: »... kann sie daran Änderungen vornehmen, die nächträglich im Interesse der Allgemeinheit notwendig oder wünschenswert werden. Fehlt ein solches Interesse, so sind Änderungen zulässig, die den Grundsätzen der Firmenbildung entsprechen (und) keinen Zweifel an

B. Gründung

HGB kann durch Eintragung ins Handelsregister und Bekanntmachung ausgeschlossen werden, § 25 Abs. 2 HGB[111]. Der Vorrang der Firmenbeständigkeit gegenüber der Firmenwahrheit (§§ 21, 22, 24 HGB) hat zur Folge, dass eine Sachfirma bei Änderung des Unternehmensgegenstandes nur in Ausnahmefällen unzulässig wird[112].
- **Firmenausschließlichkeit:** Gemäß § 30 Abs. 1 HGB muss sich jede Firma von allen in ihrem sachlichen und räumlichen Tätigkeitsgebiet bereits bestehenden und eingetragenen anderen Firmen deutlich unterscheiden.
- **Firmenklarheit:** Der Firmenname muss aus aussprechbaren Worten bestehen, so dass Bildzeichen ausscheiden.

B 32 Die Regelung des § 4 GmbHG gibt an, wie die Firma der GmbH zu bilden ist[113]. Der auf die Gesellschaftsform verweisende Rechtsformzusatz ist zwingend[114]. Sein Wortlaut ist »Gesellschaft mit beschränkter Haftung«. Zulässig sind die Abkürzungen »GmbH« oder »mbH«[115].

B 32a Die nach früherem Recht vorgeschriebene Regelanfrage des Registergerichts bei der **Industrie- und Handelskammer** ist gemäß § 23 der Handelsregisterverfügung in der Fassung des Handelsrechtsreformgesetzes vom 22. 6. 1998 sowie der Verordnung zur Anpassung registerrechtlicher Vorschriften an die InsO vom 8. 12. 1998[116] nur noch in zweifelhaften Fällen erforderlich.

bb) Sitz

B 33 Gemäß § 4 a Abs. 1 GmbHG ist Sitz der Gesellschaft der Ort, den die Satzung bestimmt. Als Sitz der Gesellschaft ist nach § 4 a Abs. 2 GmbHG in der Regel der Ort zu bestimmen, an dem die Gesellschaft einen Betrieb hat oder an dem sich die Ge-

---

 der Identität der geänderten mit der bisherigen Firma aufkommen lassen ...«; vgl. auch LG München, DB 1990, 1659.
111 Einzelheiten: *Baumbach/Duden Hopt*, HGB, § 25, Rdn. 13–16.
112 *Roth/Altmeppen*, GmbHG, § 4, Rdn. 9; anders aber bei der Sachfirma dazu BGHZ 58, 322 f.
113 Die früher notwendige Angabe des Firmenkerns nach § 4 Abs. 1 GmbHG a.F. ist nach der Änderung durch das Handelsrechtsreformgesetz vom 22. 6. 1998 nicht mehr nötig. Danach bestand ein Wahlrecht zwischen der Sach-, der Personen- und der gemischten Firma. Die Sachfirma musste den Gegenstand des Unternehmens (§ 3 Nr. 2 GmbHG) zwar nicht erschöpfend, aber doch im Wesentlichen erkennen lassen. In der Praxis wurde eine nähere Individualisierung verlangt (unzulässig daher z.B. »Handelsgesellschaft mbH«). Als ein solcher individualisierender Zusatz kam auch eine Phantasiebezeichnung in Betracht. Die Personenfirma wurde aus dem Namen von Gesellschaftern der GmbH gebildet. Möglich war die Aufnahme aller, einiger oder eines einzigen Gesellschafters. Wurden die Namen mehrerer, aber nicht aller Gesellschafter aufgenommen, musste durch einen Zusatz klargestellt werden, dass noch weitere Gesellschafter vorhanden waren. Die Mischfirma musste sowohl den Erfordernissen der Sach- wie der Personenfirma entsprechen.
114 *Scholz/Emmerich*, GmbHG, § 4, Rdn. 51.
115 BGH, NJW 1991, 2627.
116 Die Handelsregisterverfügung ist in ihrer aktuellen Fassung abgedruckt im Münchener Kommentar zum HGB, Ergänzungsband, Anhang zu § 8; der Abdruck bei *Baumbach/Hopt*, HGB, 30. Aufl. 2000, Anhang 4, spiegelt noch die alte Fassung wider.

schäftsleitung befindet oder die Verwaltung geführt wird. Durch die Wahl des Sitzes werden das zuständige Handelsregister sowie der allgemeine Gerichtsstand der GmbH bestimmt, § 17 ZPO[117].

cc) Gegenstand des Unternehmens[118]

Die heute h. M. fordert eine soweit konkretisierte Fassung des Gegenstandes, dass die **beabsichtigte Geschäftätigkeit** und deren **Schwerpunkt** deutlich erkennbar werden[119]. Ein besonderes Problem stellt sich bei **Mantel- oder Vorratsgründungen** von GmbH, deren künftige Aktivität noch nicht bekannt ist[120].

B 34

dd) Stammkapital und Stammeinlagen

Die Stammeinlage beziffert den Betrag, den jeder Gesellschafter als gesellschaftsrechtlichen Beitrag (i.S.d. § 705 BGB) in die Gesellschaft einzubringen hat. Die **Summe aller Stammeinlagen** ergibt das **Stammkapital**. Nach der Stammeinlage bestimmt sich grundsätzlich der Geschäftsanteil des Gesellschafters.

B 35

Jeder Gesellschafter kann **bei der Gründung** nur **eine Stammeinlage** übernehmen, § 5 Abs 2 GmbHG. Sie muss mindestens 100 € betragen und durch fünfzig teilbar sein, § 5 Abs. 1, Abs. 3 Satz 2 GmbHG. Der Gesamtbetrag der Stammeinlagen muss mit dem Stammkapital übereinstimmen, § 5 Abs. 3 S. 3 GmbHG.

B 36

Gemäß § 86 GmbHG gelten im Zusammmenhang mit der Euro-Einführung folgende Übergangsvorschriften:

- Gesellschaften, die vor dem 1. 1. 1999 in das Handelsregister eingetragen oder zumindest zur Eintragung angemeldet worden sind, dürfen ihr auf DM lautendes Stammkapital zunächst beibehalten (§ 86 Abs. 1 Satz 2 GmbHG). Die aufgrund des EuroEG geänderten Vorschriften des GmbHG über Stammkapital und Nennbetrag der Geschäftsanteile finden jedoch dann Anwendung, sobald diese Gesellschaften ihr Kapital auf EURO umstellen; hierbei müssen die in EURO berechneten Nennbeträge der Geschäftsanteile auf einen durch zehn teilbaren Betrag, mindestens jedoch auf 50 € lauten. Diese Umstellung ist ihnen in der Zeit bis zum 31. 12. 2001 freigestellt. Eine Kapitaländerung kann in dieser Zeit also noch in DM durchgeführt werden. Danach darf eine Änderung des Stammkapitals nur eingetragen werden, wenn das Kapital auf EURO umgestellt und die in EURO berechneten Nennbeträge der Geschäftsanteile auf einen durch zehn teilbaren Betrag, mindestens jedoch 50 € gestellt werden (§ 86 Abs. 1 Satz 4 GmbHG), **sog. Registersperre**.
- Bei Gesellschaften, die zwischen dem 1. 1. 1999 und dem 31. 12. 2001 zum Handelsregister angemeldet und in das Register eingetragen werden, besteht ein Wahlrecht: Stammkapital und Stammeinlagen dürfen sowohl auf EURO als auch auf DM lauten (§ 86 Abs. 2 GmbHG). Auch wenn bei diesen Gesellschaften Stammka-

---

117 *Hachenburg/Ulmer*, GmbHG, § 3, Rdn. 9 und 10.
118 BGH, WM 1966, 446 f.; zur Abgrenzung zum Zweck vgl. oben Rdn. B 2 f.
119 BGH, ZIP 1981, 183 f.; OLG Köln, WM 1981, 805; *Hachenburg/Ulmer*, GmbHG, § 3, Rdn. 21.
120 Vgl. hierzu unten VIII, Rdn. B 92 ff.

pital und Stammeinlagen noch in DM festgesetzt werden, sind jedoch bereits die durch das EuroEG geänderten Vorschriften des GmbHG zu beachten. Das Mindeststammkapital muß also 25.000 €, die Stammeinlagen müssen mindestens 100 € betragen und durch 50 teilbar sein. Diese Beträge müssen dann in DM umgerechnet werden. Da dies zwangsläufig zu »krummen« Beträgen führt, sollten bei Neugründungen das Stammkapital und die Stammeinlagen in EURO ausgewiesen werden[121].

B 37 Der Gesellschaftsvertrag kann eine Verpflichtung zur Leistung einer den Nennwert der Stammeinlage übersteigenden Geldeinlage begründen (**Überpariemission**). Das Aufgeld ist in die Kapitalrücklage einzustellen, vgl. § 272 Abs. 2 Nr. 1 HGB. Eine Unterpariemission ist unzulässig.

b) **Formbedürftiger fakultativer Inhalt**

B 38 Sonstige Vereinbarungen, die für das Rechtsverhältnis der Gesellschafter untereinander oder für die Beziehungen zwischen ihnen und der Gesellschaft maßgeblich sein sollen, müssen in den Gesellschaftsvertrag aufgenommen werden, um wirksam zu sein[122].

B 39 § 3 Abs. 2 GmbHG nennt die Befristung des Unternehmens[123] und Nebenleistungspflichten. Diese Aufzählung ist jedoch **nicht abschließend**[124]. Üblich sind z.B. folgende Regelungen[125]:

- die Einrichtung eines freiwilligen Aufsichtsrates[126],
- die Begründung einer Nachschusspflicht[127], § 26 Abs. 1 GmbHG
- bestimmte Anforderungen an Gesellschafter oder Geschäftsführer[128],
- Voraussetzungen für die Anteilsübertragung, § 15 Abs. 5 GmbHG[129],
- zustimmungsfreie Veräußerung von Teilen eines Geschäftsanteils, § 17 Abs. 3 GmbHG[130],
- Einziehung von Geschäftsanteilen, § 34 Abs. 1 GmbHG[131],
- Voraussetzungen für das Ausscheiden eines Gesellschafters[132],
- Bestimmungen zur Gewinnverwendung[133],
- Schieds- und Gerichtsstandsklauseln.

B 40 Bei der inhaltlichen Ausgestaltung der **Nebenleistungspflichten** sind die Gesellschafter frei. Möglich sind[134]

---

121 Euroeinführungsgesetz – EuroEG – vom 9. 6. 1998, BGBl. 1998, I S. 1242; vgl. auch *Kopp/Schuck*, Der Euro in der notariellen Praxis, 18, 20, 27–32.
122 *Hachenburg/Ulmer*, GmbHG, § 3, Rdn. 51.
123 Die Gesellschaft ist grundsätzlich auf unbestimmte Zeit gegründet.
124 *Meyer-Landruth/Miller/Niehus*, GmbHG, § 3, Rdn. 2.
125 Vgl. *Roth/Altmeppen*, GmbHG, § 3, Rdn. 44.
126 Vgl. unten I II, Rdn. I 5 ff.
127 Vgl. unten H V, Rdn. H 131 ff.
128 Vgl. unten E I, Rdn. E 1 ff.
129 Vgl. unten D VII, Rdn. D 65 ff.
130 Vgl. unten D VI, Rdn. D 56 ff.
131 Vgl. unten D XI, Rdn. D 112 ff.
132 Vgl. unten D XII, Rdn. D 126 ff.
133 Vgl. unten L I 2, Rdn. L 6.

- Geld-, Sach-, Dienstleistungen (insbesondere das Recht und die Pflicht zur Geschäftsführung),
- Überlassung von Rechten (z.B. Patenten),
- fortlaufende Lieferungs- und Abnahmepflichten (z.B. Rohstofflieferungspflicht bei Produktionsgesellschaft).

c) Unechte Satzungsbestandteile

Unechte Satzungsbestandteile können auch außerhalb des Gesellschaftsvertrages wirksam vereinbart werden. Es handelt sich um Regelungen, die anlässlich der Gründung in den Gesellschaftsvertrag aufgenommen werden und sich nur **auf individuelle Rechtsbeziehungen zwischen den Beteiligten** beziehen[135]. Sie sind formlos wirksam, können keine Rechte der Gesellschafter gegen die Gesellschaft begründen und auch künftige Gesellschafter nicht binden[136]. Wird z.B. der Geschäftsführer im Gesellschaftsvertrag bestellt, so handelt es sich bei der entsprechenden Regelung nicht um einen echten Satzungsbestandteil, es sei denn, einem Gesellschafter soll ein **Sonderrecht** auf Geschäftsführung eingeräumt werden. Dieses Sonderrecht ist anzunehmen, wenn der Gesellschaftsvertrag einem Gesellschafter die Stellung als Geschäftsführer einräumt, solange er lebt oder Gesellschafter ist[137]. B 41

Die **Abgrenzung** zwischen echten und unechten Satzungsbestandteilen richtet sich nach dem **Parteiwillen**[138] und kann im Einzelfall schwierig sein. Sie ist aber wichtig, insbesondere wenn es um die Frage geht, ob außerhalb des Gesellschaftsvertrages getroffene Vereinbarungen mitgliedschaftliche und deshalb formnichtige oder rein schuldrechtliche und damit formlos wirksame Abreden darstellen. Eine Vermutung dahin gehend, dass Vereinbarungen außerhalb des Gesellschaftsvertrages als schuldrechtliche Vereinbarungen gewollt sind, besteht nicht[139]. B 42

5. Mängel des Gesellschaftsvertrages[140]

a) Formmängel

aa) Vor der Eintragung

Ist die Gesellschaft in der Phase nach der Gründung und vor der Eintragung noch nicht in Vollzug gesetzt, d.h. ist noch kein Gesellschaftsvermögen konstituiert bzw. B 43

---

134 Vgl. *Roth/Altmeppen*, GmbHG, § 3, Rdn. 40.
135 *Meyer-Landruth/Miller/Niehus*, GmbHG, § 3, Rdn. 4; *Roth/Altmeppen*, GmbHG, § 4, Rdn. 49 ff.
136 *Hachenburg/Ulmer*, GmbHG, § 3, Rdn. 53.
137 Vgl. *Hachenburg/Ulmer*, GmbHG, § 6, Rdn. 17, 18; *Scholz/Schneider*, GmbHG, § 6, Rdn. 30.
138 Beck GmbH-Hdb./*Schwaiger*, § 2, Rdn. 63. Siehe hierzu auch BGHZ 116, 359 (364).
139 *Hachenburg/Ulmer*, GmbHG, § 3, Rdn. 54.
140 Ausführlich *Anton*, GmbHR 1973, 75 ff. Zu Mängeln des Gesellschaftsvertrages von Familiengesellschaften vgl. ausführlich *Hennerkes/Kirchdörfer*, Unternehmenshandbuch Familiengesellschaften, 64 ff.

sind nur solche Maßnahmen durchgeführt worden, die ohne weiteres wieder rückgängig zu machen sind, so ist der Gesellschaftsvertrag bei Formmängeln gemäß § 125 BGB nichtig[141]. Der Registerrichter hat die Eintragung der Gesellschaft abzulehnen (§ 9 c GmbHG). Ist die Gesellschaft dagegen bereits in Vollzug gesetzt, finden die **Grundsätze der fehlerhaften Gesellschaft** Anwendung[142]. Danach ist die fehlerhaft gegründete Gesellschaft nicht von Anfang an unwirksam, sondern wegen des Nichtigkeits- oder Anfechtungsgrundes nur mit Wirkung für die Zukunft vernichtbar[143]. Bis zur Geltendmachung des Fehlers ist die in Vollzug gesetzte Gesellschaft grundsätzlich wirksam.

bb) Nach der Eintragung

B 44 Eine trotz Formmangels und entgegen § 9 c GmbHG vorgenommene Eintragung hat die Entstehung der GmbH zur Folge[144]. Der Mangel wird **geheilt**[145]. Das Gesetz hat sich in § 75 GmbHG, §§ 144, 144 a FGG aus Gründen des Vertrauensschutzes für den Grundsatz der Erhaltung der Eintragung entschieden. Die Aufzählung der Nichtigkeitsgründe in § 75 GmbHG und §§ 144, 144 a FGG ist abschließend. Nichtigkeit bedeutet insoweit nur Vernichtbarkeit, wobei die Vernichtung ein gerichtliches Urteil oder die Entscheidung des Registergerichts gemäß § 144 FGG voraussetzt[146].

b) Fehlerhafte Beitrittserklärung

B 45 Ist die GmbH weder eingetragen noch in Vollzug gesetzt, so gelten bei Mängeln der Beitrittserklärung die durch das **BGB** angeordneten Rechtsfolgen[147]; ist die Gesellschaft vor der Eintragung in Vollzug gesetzt worden, sind die **Grundsätze der fehlerhaften Gesellschaft** maßgeblich[148].

B 46 **Nach der Eintragung** sind die Gesellschafter gebunden. Im Interesse der Aufbringung des Stammkapitals schließen Rechtsprechung und Literatur die Berufung auf Mängel der Übernahmeerklärungen nach Eintragung weitgehend aus: Mängel der Beitrittserklärung sind in der Regel geheilt[149]. Dies ist anders, wenn eine Beitrittserklärung völlig fehlt, z.B. bei **Vertretung ohne Vertretungsmacht**, oder wenn sich ein **nicht voll Geschäftsfähiger** (§§ 104 ff. BGB) beteiligt und die Genehmigung aus-

---

141 *Eder*, in: GmbH-Hdb. I, Rdn. 67.
142 BGHZ 13, 320; *Hachenburg/Ulmer*, GmbHG, § 2, Rdn. 92; Einzelheiten zur Lehre von der fehlerhaften Gesellschaft bei *Ulmer*, in: Großkommentar zum HGB, § 105, Rdn. 327 ff.
143 BGHZ 55, 5, 8.
144 *Roth/Altmeppen*, GmbHG, § 2, Rdn. 29.
145 BGHZ 21, 383; *Roth/Altmeppen*, GmbHG, § 2, Rdn. 29, 31.
146 *Eder*, in: GmbH-Hdb. I, Rdn. 68.3.
147 §§ 134, 138, 117, 119, 123, 107, 108, 141 Abs. 1 BGB.
148 BGH, WM 1988, 414.
149 *Anton*, GmbHR 73, 79; *Meyer-Landruth/Miller/Niehus*, GmbHG, § 2, Rdn. 21; ausführlich: *Hachenburg/Ulmer*, GmbHG, § 2, Rdn. 94 ff.; *Roth/Altmeppen*, GmbHG, § 2, Rdn. 22 ff.

bleibt[150]. In diesen Fällen ist der fehlerhaft Beigetretene nicht Gesellschafter geworden; auch eine Einlageverpflichtung ist nicht entstanden. Entgegen § 5 Abs. 3 Satz 3 GmbHG klaffen dann der Gesamtbetrag der Stammeinlagen und das Stammkapital auseinander[151]. Um diesen Mangel zu beseitigen, ist es erforderlich, dass ein Gesellschafter die **offene Stammeinlage übernimmt**[152]. Dieses kann in entsprechender Anwendung der Vorschriften über die Erhöhung des Stammkapitals ohne Änderung der Kapitalziffer geschehen. Erforderlich ist demnach ein mit ¾-Mehrheit zu fassender Gesellschafterbeschluss über die Schaffung und Ausgabe des neuen Geschäftsanteils sowie die Übernahme der hierauf entfallenden Stammeinlage durch den neuen Gesellschafter in der Form des § 55 Abs. 1 GmbHG[153].

III. Bestellung der Geschäftsführer

Um die **Handlungsfähigkeit der Vorgesellschaft** zu ermöglichen, muss bereits im Gründungsstadium mindestens ein Geschäftsführer bestellt werden, §§ 6 Abs. 3 S. 2, 46 Nr. 5 GmbHG[154]. Seine Aufgabe ist es, die Gesellschaftereinlagen nach § 7 Abs. 2 und 3 GmbHG entgegenzunehmen, die Versicherung nach § 8 Abs. 2, Abs. 3 GmbHG abzugeben und die Gesellschaft zum Handelsregister anzumelden, §§ 7 Abs. 1, 78, 8 GmbHG[155].   B 47

Der **körperschaftliche Akt der Bestellung**, durch den der Gründungsgeschäftsführer zum Gesellschaftsorgan wird, ist von dem ihm zugrunde liegenden Anstellungs- oder Gesellschaftsverhältnis zu unterscheiden[156]. Die Bestellung ist dem Geschäftsführer gegenüber rechtsgeschäftlich zu erklären; wegen der damit verbundenen Pflichten wird ein zweiseitiges Rechtsgeschäft angenommen[157].   B 48

Gemäß § 6 Abs. 3 Satz 2 GmbHG erfolgt die Bestellung entweder im **Gesellschaftsvertrag** oder – wie zumeist und vorzugswürdig[158] – durch **Beschluss**, §§ 46 Nr. 5, 47 ff. GmbHG[159].   B 49

IV. Leistung der Stammeinlagen

§ 7 Abs. 2, Abs. 3 GmbHG bestimmt, dass vor der Eintragung in das Handelsregister **Mindestleistungen** auf die Stammeinlagen erbracht sein müssen. Der Gesellschaftsvertrag kann diese Anforderungen zwar erhöhen, nicht aber herabsetzen[160].   B 50

---

150 *Roth/Altmeppen*, GmbHG, § 2, Rdn. 36.
151 *Scholz/Emmerich*, GmbHG, § 2, Rdn. 71.
152 Vgl. *Scholz/Emmerich*, § 2, Rdn. 71; *Hachenburg/Ulmer*, GmbHG, § 2, Rdn. 109.
153 *Hachenburg/Ulmer*, GmbHG, § 2, Rdn. 110; *Scholz/Emmerich*, GmbHG, § 2, Rdn. 71.
154 BGHZ 80, 212, 214 f.; ausführlich zum Geschäftsführer s. Kapitel E.
155 *Eder*, in: GmbH-Hdb. I, Rdn. 73 f.; *Hachenburg/Ulmer*, GmbHG, § 6, Rdn. 5.
156 *Roth/Altmeppen*, GmbHG, § 6, Rdn. 11.
157 MünchHdb.GesR III/*Heinrich*, § 6, Rdn. 26.
158 Vgl. unten E II 1, Rdn. E 7 und E VII 3, Rdn. E 115.
159 Für die Bestellung der Gründungsgesellschafter ist einfache Mehrheit ausreichend, vgl. BGHZ 80, 212, 214 f.

Nach § 7 Abs. 2 Satz 1 GmbHG ist, damit die Anmeldung zum Handelsregister erfolgen darf, auf jede Bareinlage ein Viertel einzuzahlen; Sacheinlagen sind in voller Höhe zu erbringen. Der Gesamtbetrag der eingezahlten Geldeinlagen zuzüglich des Gesamtbetrags der Stammeinlagen, für die Sacheinlagen zu leisten sind, muss 12 500 € erreichen (§ 7 Abs. 2 Satz 2 GmbHG). Wird die Gesellschaft nur durch eine Person errichtet, so ist für den restlichen Teil der Stammeinlage Sicherheit zu leisten (§ 7 Abs. 2 Satz 3 GmbHG). Sicherung bedeutet in erster Linie eine Sicherheitsleistung gemäß § 232 BGB[161]. In der Praxis handelt es sich zumeist um eine Bürgschaft (§ 232 Abs. 2 BGB).

1. Bareinlage

B 51 Die vorgeschriebenen Mindesgeldeinlagen müssen durch **Zahlung zur freien Verfügung der Geschäftsführer** bewirkt sein[162], insbesondere durch Zahlung als Bar- oder Buchgeld an die Vorgesellschaft. Es genügt aber jede wertgleiche Leistung, die sich jederzeit mit Sicherheit ohne Wertverlust in Bargeld umsetzen läßt[163]. Die **vorbehaltlose Gutschrift auf ein Konto der Vorgesellschaft bei einer Bank oder Sparkasse** erfüllt diese Voraussetzungen, wenn gegen die Bonität des Kreditinstituts keine Bedenken bestehen[164]. Die Hingabe eines **Wechsels** oder **Schecks** führt erst zur Schuldbefreiung, wenn der Wechsel bar bezahlt bzw. der Scheck entgültig und vorbehaltlos gutgeschrieben worden ist[165].

B 52 Die Einlage sollte auf ein Konto unter der Firma der in Gründung befindlichen GmbH geleistet werden. Möglich erscheint auch die Einzahlung auf ein Konto des Geschäftsführers oder auf ein Treuhandkonto[166], wobei **der Zahlungszweck eindeutig bestimmt sein muss**; das Risiko, dass die Einlage tatsächlich an die Gesellschaft weitergeleitet wird, verbleibt dann aber bei dem Einzahler.

B 53 **Freie Verfügbarkeit** liegt vor, wenn die Leistungen der GmbH endgültig so zugeflossen sind, dass die Geschäftsführer sie rechtlich und tatsächlich für die GmbH verwenden können[167]. **Schuldrechtliche Verwendungsabsprachen**, durch die der Ge-

---

160 *Scholz/Winter*, GmbHG, § 7, Rdn. 18.
161 *Roth/Altmeppen*, GmbHG, § 7, Rdn. 30.
162 *Scholz/Winter*, GmbHG, § 7, Rdn. 26; *Roth/Altmeppen*, GmbHG, § 7, Rdn. 17. Zur Übertragung der Entscheidung über die Einforderung vgl. BGH, DStR 1996, 111 sowie für den Konkursfall BGHZ 84, 47, 48.
163 RGZ 41, 120; 72, 266.
164 *Hachenburg/Ulmer*, GmbHG, § 7, Rdn. 34.
165 *Lutter/Hommelhoff*, GmbHG, § 7, Rdn. 10; OLG Düsseldorf, BB 1988, 2126 f.; die Hingabe von Schecks oder Wechseln ist grundsätzlich keine Einzahlung i.S.d. § 7 Abs. 2 GmbHG, da ihre Einlösung nicht gesichert ist. Die Entgegennahme erfolgt nur erfüllungshalber, § 364 Abs. 2 BGB. Eine Ausnahme gilt jedoch für die Hingabe bestätigter Bundesbankschecks, vgl. MünchHdb.GesR III/*Heinrich*, § 7, Rdn. 8.
166 OLG Frankfurt, ZIP 1992, 765; *Roth/Altmeppen*, GmbHG. § 7, Rdn. 20.
167 BGHZ 96, 231, 241 f. Hinsichtlich der Zahlung an die Gesellschaftsgläubiger s. BGHZ 119, 177, 189. Zur Aufrechnung gegenüber der Gesellschaft vgl. BGHZ 132, 133; BGH,

schäftsführer verpflichtet wird, mit Einlagen in bestimmter Weise zu verfahren, sind aus Sicht der Kapitalaufbringung nur dann unschädlich, wenn sie weder mittelbar noch unmittelbar dazu bestimmt sind, die eingezahlten Mittel wieder an den Einleger zurückfließen zu lassen, sondern allein der Umsetzung von Investitions- oder sonstigen geschäftspolitischen Entscheidungen der Gesellschafter und damit dem Gesellschaftszweck dienen[168]. Nicht endgültig zugeflossen sind **Scheineinzahlungen**[169] oder **Gutschriften auf ein gesperrtes**[170] oder **gepfändetes Konto**[171]. Gleiches gilt für den Fall, dass die kontoführende Bank das Guthaben sogleich mit einem Debetsaldo verrechnen kann[172].

Entsprechend § 26 Abs. 2 AktG ist die Belastung mit Kosten und Steuern, für welche die GmbH nach außen haftet, im Innenverhältnis den Gründern zugewiesen. Allerdings geht bei einer Festsetzung im Gesellschaftsvertrag der Aufwand zu Lasten der Gesellschaft[173]. Erforderlich ist eine Bestimmung, bis zu welcher Höhe die Gesellschaft die Gründungskosten zu tragen hat. Ist dieses der Fall, so können die von dem Gesellschafter getragenen **notwendigen Gründungskosten** von der Mindesteinzahlung des § 7 Abs. 2 GmbHG abgezogen werden[174].

B 54

Ein Gesellschafter, der vor Eintragung der GmbH freiwillig eine höhere Geldeinlage erbringt, als nach § 7 Abs. 2 GmbHG oder den Bestimmungen des Gesellschaftsvertrages geschuldet, wird von seiner Verpflichtung zur Leistung der Einlage in diesem Umfang befreit. Dementsprechend haben **freiwillige Mehrleistungen vor Eintragung** Erfüllungswirkung, falls sie in der Satzung festgelegt oder erlaubt sind oder alle Gesellschafter der Mehrleistung zugestimmt haben[175].

B 55

Zu beachten ist allerdings, dass im Rahmen der **Differenzhaftung**[176] eine eingetretene Vermögensminderung in vollem Umfang, also einschließlich verlorener Einlagenmehrleistungen, abzudecken ist, so dass die Interessen der GmbH durch die Mehrleistungen nicht gefährdet werden[177]. Beim Innenausgleich unter den verlustdeckungspflichtigen Gesellschaftern ist zu berücksichtigen, ob Mehrleistungen, die ohne Satzungsgrundlage oder ohne Zustimmung der Mitgesellschafter erfolgt sind, das Verlustrisiko vergrößert haben, so dass die Erfüllungswirkung in Frage steht und letztlich der mehrleistende Gesellschafter das Verlustrisiko allein trägt, falls die Mitgesellschafter der vorzeitigen Geschäftsaufnahme nicht zugestimmt haben[178].

B 56

DStR 1995, 1158 und für den umgekehrten Fall BGHZ 15, 52, 60; BGH, ZIP 1982, 1320; BGH, ZIP 1992, 992; BGH, ZIP 1997, 1257.
168 BGHZ 113, 335, 347; BGH, WM 1990, 1821; *Lutter/Hommelhoff,* GmbHG, § 7, Rdn. 14; *Roth/Altmeppen,* GmbHG, § 7, Rdn. 21, 24.
169 BGH, ZIP 1998, 780. Die Bank haftet bei Kenntnis analog § 37 Abs. 1 Satz 4 AktG (BGHZ 119, 335; BGH, ZIP 1997, 281). OLG Koblenz, DB 1989, 518.
170 BGH, GmbHR 1962, 233; *Scholz/Winter,* GmbHG, § 7, Rdn. 37.
171 *Hachenburg/Ulmer,* GmbHG, § 7, Rdn. 53.
172 I.E. streitig, vgl. BGH, ZIP 1990, 1400; BGH, ZIP 1991, 445; BGH, ZIP 1996, 1466; BGH, ZIP 1997, 281; OLG Stuttgart, ZIP 1994, 1532; OLG Düsseldorf, NJW-RR 1991, 1442; *Roth/Altmeppen,* GmbHG, § 7, Rdn. 21; *Lutter/Hommelhoff,* GmbHG, § 7, Rdn. 14.
173 BGHZ 107, 1; *Hachenburg/Ulmer,* GmbHG, § 5, Rdn. 186.
174 Vgl. § 19 der Mustersatzung; vgl. ferner *Roth/Altmeppen,* § 5 Rdn. 65 ff.
175 Vgl. *Lutter/Hommelhoff,* § 7, Rdn. 8.
176 Vgl. Ziff. VII 4, Rdn. B 91.
177 BGHZ 105, 300 mit zust. Anmerkung *Joost,* ZGR 1989, 554; *Roth/Altmeppen,* § 7, Rdn. 16.
178 Vgl. *Lutter/Hommelhoff,* § 7 Rdn. 8; *Hachenburg/Ulmer,* § 7, Rdn. 42 f.

2. Sacheinlage[179]

B 57 Das GmbHG geht davon aus, dass Einlagen in Geld zu leisten sind, sofern nicht im Gesellschaftsvertrag ausdrücklich Sacheinlagen vereinbart sind, §§ 5 Abs. 4, 19 Abs. 5 GmbHG. Von der in den Gesellschaftsvertrag ausdrücklich aufzunehmenden Einlageverpflichtung ist der Vollzug der Sacheinlage zu unterscheiden, d.h. die Bewirkung der endgültigen freien Verfügungsgewalt der Geschäftsführer über die als Einlage bewirkten Sachen (§ 7 Abs. 3 GmbHG). Das Übertragungsgeschäft zwischen Gesellschafter und Gesellschaft richtet sich nach allgemeinen Vorschriften und muss nicht in den Gesellschaftsvertrag aufgenommen werden. Bei formbedürftigen Einbringungsakten kann es sich jedoch empfehlen, auch das Vollzugsgeschäft in den Gesellschaftsvertrag aufzunehmen[180].

B 58 Das Gesetz enthält keine Definition dessen, was einlagefähig ist. Es kommen jedoch **nur verkehrsfähige Vermögensgegenstände mit einem feststellbaren wirtschaftlichen Wert** in Betracht[181].

B 59 Gegenstand der Sacheinlage können

- **Sachen** (bewegliche und unbewegliche, als Eigentum oder zur bloßen Gebrauchsüberlassung),
- **Forderungen** (des Gesellschafters gegen Dritte oder gegen die Gesellschaft selbst, nicht dagegen die Verpflichtung zu einer Dienstleistung, § 27 Abs. 2 AktG),
- **andere Rechte und Vermögenswerte** (Immaterialgüterrechte, Mitgliedschaftsrechte, Know-how) sowie
- **Sach- und Rechtsgesamtheiten** (Handelsgeschäfte, Unternehmen) sein[182].

B 60 Die Sacheinlagen müssen **vor** der **Handelsregistereintragung** vollständig erbracht werden, § 7 Abs. 3 GmbHG. Bei **Grundstücken** müssen neben der Auflassung die Eintragungsbewilligung sowie die Einreichung des Antrags beim Grundbuchamt erfolgt sein[183]. Die Eintragung einer **Vormerkung** zugunsten der künftigen GmbH ist ebenfalls möglich[184], aber nicht erforderlich und soll nach neuerer Meinung für sich allein auch nicht ausreichend sein[185].

B 61 Erreicht der Wert der Sacheinlage im Zeitpunkt der Anmeldung der Gesellschaft zur Eintragung in das Handelsregister nicht den Betrag der dafür übernommenen Stammeinlage, so hat der Gesellschafter in Höhe des Fehlbetrags eine Einlage in Geld zu leisten, **§ 9 Abs. 1 GmbHG**. Damit unterliegt er einer **verschuldensunabhängigen Differenzhaftung**. Dies macht deutlich, dass es einen Freiraum für **Überbewertun-**

---

179 Vgl. Muster XII 5 a (Einbringung von Sacheinlagen), Rdn. B 125.
180 Vgl. *Scholz/Winter*, GmbHG, § 5, Rdn. 41.
181 Vgl. § 27 Abs. 2 AktG, der entsprechend für das GmbH-Recht gelten dürfte; ebenso *Scholz/Winter*, GmbHG, § 5, Rdn. 42.
182 BGHZ 45, 338, 342; vgl. *Hachenburg/Ulmer*, GmbHG, § 5, Rdn. 38 ff.
183 *Lutter/Hommelhoff*, GmbHG, § 7, Rdn. 12; *Baumbach/Hueck*, GmbHG, § 7, Rdn. 11; *Hachenburg/Ulmer*, GmbHG, § 7, Rdn. 45; *Roth/Altmeppen*, GmbHG, § 7, Rdn. 32.
184 BayObLG, GmbHR 1979, 205; OLG Hamm, DB 1981, 1973.
185 *Baumbach/Hueck*, GmbHG, § 7, Rdn. 11; *Rowedder/Ritter/Schmidt-Leithoff*, GmbHG, § 7, Rdn. 36; *Roth/Altmeppen*, GmbHG, § 7, Rdn. 32; a.A. *Hachenburg/Ulmer*, GmbHG, § 7, Rdn. 45.

gen nicht gibt[186]. Auch aus § 9 c Abs. 1 Satz 2 GmbHG, wonach das Gericht die Eintragung abzulehnen hat, wenn Sacheinlagen überbewertet worden sind, ergibt sich das Verbot, einen überhöhten Wert anzusetzen. Da die Gegenstände der Sacheinlage anders als Geld aber keinen für jedermann zweifelsfrei feststellbaren Wert haben, ist die **Bewertung der Sacheinlagen** mit erheblichen Schwierigkeiten verbunden[187]. Das gilt insbesondere für die Einbringung eines Unternehmens. Wert ist insoweit der objektive Zeitwert des Einlagegegenstandes unter Berücksichtigung seiner Verwendungsmöglichkeiten für die GmbH. Bei Gegenständen des Umlaufvermögens ist **der Verkehrswert,** also der bei einer Veräußerung voraussichtlich erzielbare Veräußerungserlös, bei Gegenständen des Anlagevermögens der **Wiederbeschaffungswert** anzusetzen[188].

Gemäß § 5 Abs. 4 Satz 2 GmbHG ist bei Sacheinlagen von sämtlichen Gesellschaftern ein **Sachgründungsbericht** zu erstellen; er muss die für die Angemessenheit der Leistungen für Sacheinlagen wesentlichen Umstände darlegen und eine Beurteilung der Bewertung ermöglichen[189]. Beim Übergang eines Unternehmens auf die Gesellschaft sind die Jahresergebnisse der beiden letzten Geschäftsjahre anzugeben. Der Zweck der Regelung dient dem Schutz von Gläubigern und sonstigen Dritten gegen eine unzulängliche Kapitalaufbringung sowie der Erleichterung der Gründungsprüfung durch das Gericht. Für **falsche Angaben** haften die Gesellschafter gem. § 9 a Abs. 1 S. 3 GmbHG auf Schadenersatz; ferner können sie gem. § 82 Abs. 1 Nr. 1 GmbHG bestraft werden. Maßstab für die Schadenersatzhaftung ist die Sorgfalt eines ordentlichen Geschäftsmannes (§ 9 a Abs. 3 GmbHG). Mangelnde Geschäftserfahrung führt nicht zum Haftungsausschluss[190]. **B 62**

Eine Pflicht zur Erstellung des Sachgründungsberichtes besteht nicht gegenüber dem Registergericht, das die unvollständige Anmeldung zurückweisen muss, wohl aber gegenüber den Mitgesellschaftern[191]. **B 63**

3. Mischeinlage

Bei der **Mischeinlage** ist die Stammeinlage sowohl in Geld als auch in anderen Vermögensgegenständen zu leisten. Sie ist zum Teil Bar- und zum Teil Sacheinlage mit der Folge, dass den für den jeweiligen Teil der Einlage geltenden Vorschriften entsprochen werden muss und gemäß § 5 Abs. 4 GmbHG eine satzungsmäßige Festsetzung erforderlich ist. Vor der Anmeldung braucht aber nur der Sacheinlageteil voll erbracht zu werden (§ 7 Abs. 3 GmbHG), hinsichtlich der Bareinlage ist die Einzahlung eines Viertels ausreichend[192]. **B 64**

---

186 MünchHdb.GesR III/*Heinrich,* § 9, Rdn. 20; *Hachenburg/Ulmer,* GmbHG, § 5, Rdn. 66.
187 Zur Bewertung vgl. *Hachenburg/Ulmer,* GmbHG, § 5, Rdn. 66 ff.
188 OLG Düsseldorf, WM 1991, 1669 f.
189 *Roth/Altmeppen,* GmbHG, § 5, Rdn. 52.
190 RGZ 144, 348, 355 f.; *Hachenburg/Ulmer,* GmbHG, § 5, Rdn. 136 f., 142. Zur Haftung eines Wertgutachters vgl. BGH, DStR 1998, 1884.
191 Vgl. *Hachenburg/Ulmer,* GmbHG, § 5, Rdn. 137 m.w.N.
192 *Hachenburg/Ulmer,* GmbHG, § 7, Rdn. 25.

4. Gemischte Sacheinbringung oder Über-Wert-Sacheinlage

B 65 Von der Mischeinlage zu unterscheiden ist die sog. **Über-Wert-Sacheinlage** oder **gemischte Sacheinbringung**[193]. Diese liegt vor, wenn die Sacheinlage des Gesellschafters seine Einlageverpflichtung übersteigt und ihm deswegen ein Vergütungsanspruch gegen die Gesellschaft zusteht[194]. Die Über-Wert-Sacheinlage bildet ein **einheitliches Rechtsgeschäft,** das den Grundsätzen der Sacheinlage unterliegt[195]. **Art und Höhe der** dem Gesellschafter zustehenden **Vergütung** müssen sich aus dem Gesellschaftsvertrag ergeben[196]; als solche kommen in Betracht: Zahlung an den Sacheinleger, Gutschrift als Darlehen oder Übernahme von Schulden des Sacheinlegers durch die Gesellschaft.

5. Verdeckte Sacheinlage

a) Begriff und Erscheinungsformen

B 66 Die gesetzlichen Regeln zur Sacheinlage sind zeitaufwendig, teuer und lästig[197]. Häufig wird deshalb versucht, den Weg der ordentlichen Sacheinlage zu vermeiden. Solche **Umgehungen der Sacheinlagevorschriften** werden schlagwortartig unter dem Begriff der »verdeckten Sacheinlage« zusammengefasst. Erscheinungsformen sind insbesondere die **Verrechnung** der Bareinlageforderung der Gesellschaft mit einer Gegenforderung des Gesellschafters[198] sowie das **sogenannte »Hin- und Herzahlen«**[199]. Hierbei zeichnet der Gesellschafter zunächst eine Bareinlage; mit den in bar eingelegten Mitteln erwirbt die Gesellschaft später einen Einlagegegenstand von dem Gesellschafter, so dass die Einlage an diesen zurückfließt. Tatbestandlich setzt die verdeckte Sacheinlage **einen zeitlichen und sachlichen Zusammenhang zwischen Bareinlage und Gegengeschäft** voraus[200]. Subjektiv erfordert sie eine **Abrede des Einlageschuldners mit den Mitgesellschaftern bzw. Geschäftsführern,** die den wirtschaftlichen Erfolg der Sacheinlage umfasst. Das Bestehen eines zeitlichen und sachlichen Zusammenhangs ist als beweiskräftiges Indiz für eine derartige Abrede anzusehen[201].

---

193 Die Begriffe werden hier nicht einheitlich verwendet. *Meyer-Landruth/Miller/Niehus,* GmbHG, § 5, Rdn. 37 m.w.N. bezeichnet beide Fälle als »gemischte Einlage«.
194 *Hachenburg/Ulmer,* GmbHG, § 5, Rdn. 105.
195 RGZ 159, 321, 326; *Scholz/Winter,* GmbHG, § 5, Rdn. 82.
196 *Hachenburg/Ulmer,* GmbHG, § 5, Rdn. 108.
197 Vgl. die gesetzlichen Sicherungen in §§ 5 Abs. 4, 7 Abs. 3, 8 Abs. 1 Nr. 4, und 5, 9, 9 c, 19 Abs. 5 GmbHG.
198 Da die Gegenforderung nur gegen eine bereits existierende Gesellschaft gerichtet sein kann (»Altforderung«), stellt sich die Problematik insoweit nur im Falle der Kapitalerhöhung nach §§ 53 ff. GmbHG; vgl. BGHZ 125, 141; 132, 133 ff.; BGH, ZIP 1996, 1248.
199 BGHZ 113, 335; 132, 133; BGH, WM 1997, 1427; BGH, ZIP 1998, 780; vgl. *Roth/Altmeppen,* GmbHG, § 19, Rdn. 51.
200 *Lutter/Hommelhoff,* GmbHG, § 5, Rdn. 40 ff.; *Priester,* ZIP 1996, 1025.
201 BGH, GmbHR 1996, 283, 284 f. = ZIP 1996, 668; die Frage nach den subjektiven Voraussetzungen war lange umstritten. Der BGH hat sich dann aber der Auffassung angeschlos-

Die Gegenzahlung der GmbH muss nicht an den Gesellschafter selbst, sie kann auch an einen diesem nahestehenden Dritten fließen. Auch Geschäfte über mehrere Ecken, bei denen der Gesellschafter nur mittelbare Vorteile aus der Leistung der GmbH zieht, können den Tatbestand der verdeckten Sacheinlage erfüllen[202].

Schließlich ist auch die Übernahme einer Verbindlichkeit oder Befreiung von einer Schuld oder Haftung relevant. B 67

Beispiel:

Der Gesellschafter überträgt im Anschluss an seine Bareinlagezahlung der GmbH seinen Geschäftsanteil an einer anderen GmbH, und die erstere erfüllt sodann die Einlageschuld des Gesellschafters bei der letzteren[203]. B 68

b) Rechtsfolgen

Rechtsfolge ist, dass der Einleger auf die an sich versprochene Bareinlage nicht mit befreiender Wirkung geleistet hat. Die **Bareinlagepflicht bleibt** also **bestehen**[204]. Diese Verpflichtung trifft gemäß § 16 Abs. 3 GmbHG auch den Erwerber des Geschäftsanteils[205]. Das Verkehrsgeschäft ist schuldrechtlich unwirksam, so dass dem Einleger nur ein Kondiktionsanspruch auf Rückgewähr des Geleisteten zusteht. Die Mitgesellschafter haften gemäß § 24 GmbHG subsidiär und anteilig bei einem eventuellen Ausfall des Einlageschuldners. B 69

c) Heilung[206]

Angesichts dieser Rechtsfolgen für verunglückte Gründungen sowie Kapitalerhöhungen hat der BGH mit grundlegendem Beschluss vom 4. 3. 1996 **die Heilung einer verdeckten Sacheinlage durch Änderung der Einlagendeckung in eine Sacheinlage** für zulässig erklärt und hierfür folgende Voraussetzungen aufgestellt:[207] B 70

- Es bedarf eines mit satzungsändernder Mehrheit (§ 53 Abs. 2 GmbHG) gefassten Gesellschafterbeschlusses.

---

sen, die eine den wirtschaftlichen Erfolg der Sacheinlage umfassende Abrede zwischen Gesellschafter und Gesellschaft fordert, vgl. *Scholz/Winter*, GmbHG, § 5, Rdn. 79.
202 BGH, NJW 1996, 2306, 2307.
203 Vgl. BGH, ZIP 1996, 595; vgl. hierzu ferner *Roth/Altmeppen*, GmbHG, § 19, Rdn. 55 ff.
204 *Lutter/Hommelhoff*, GmbHG, § 5, Rdn. 47. Es gilt die dreißigjährige Verjährungsfrist (BGHZ 118, 83, 101 ff.). Zur Haftung des beratenden Rechtsanwalts s. BGH, GmbHR 2000, 131 m. Anm. v. *Schick*.
205 *Scholz/Schneider*, GmbHG, § 19, Rdn. 144.
206 Vgl. hierzu auch die entsprechenden Muster zur Umwidmung einer Barkapitalerhöhung in eine Sachkapitalerhöhung unten H VIII 2 e aa–dd, Rdn. H 178 ff.
207 BGH, GmbHR 1996, 351, 355 ff.; von den zahlreichen Vorschlägen in der Literatur zur Heilung verdeckter Sacheinlagen übernahm der BGH im Wesentlichen denjenigen von *Priester* (DB 1990, 1753, 1759); vgl. auch *Roth/Altmeppen*, GmbHG, § 189, Rdn. 58 ff.

- Der Beschluss muss den Einleger und den Einlagegegenstand, der anstelle der Bareinlage erbracht wurde, genau angeben.
- Es ist ein Bericht über die Änderung der Einlagendeckung zu erstatten, der von allen Geschäftsführern und allen von der Änderung betroffenen Gesellschaftern zu unterzeichnen ist.
- Die Vollwertigkeit der Sacheinlage ist durch eine von einem Wirtschaftsprüfer testierte Bilanz auf einen Zeitpunkt, der unmittelbar vor dem Antrag auf Eintragung in das Handelsregister liegt, nachzuweisen.
- Die Geschäftsführer haben in der Handelsregisteranmeldung zu versichern, dass die eingebrachte Sacheinlage werthaltig und der Gesellschaft von den Gesellschaftern übertragen worden ist.

V. Kapitalaufbringung

B 71 Das Gesetz sichert die Kapitalaufbringung bei Gründung der GmbH durch die **zwingenden Vorschriften des § 19 Abs. 2–5 und der §§ 21–24 GmbHG**. Dies gilt ebenso bei der Kapitalerhöhung. Der Hinweis hierauf ist notarielle Amtspflicht gemäß § 17 BeurkG.

B 72 Gemäß **§ 19 Abs. 2 Satz 1 GmbHG** können die Gesellschafter von der Verpflichtung zur Leistung der Einlagen nicht befreit werden. Hiervon umfasst sind insbesondere das Erlassverbot, das Stundungsverbot sowie das grundsätzliche Verbot, im Wege des Vergleichs auf Einlageforderungen zu verzichten[208]. Unzulässig ist die einseitige Aufrechnungserklärung des Gesellschafters gegen seine Einlageverpflichtung, **§ 19 Abs. 2 Satz 2 GmbHG**. Wegen Forderungen, die sich nicht unmittelbar auf die Sacheinlage beziehen, kann gemäß **§ 19 Abs. 2 Satz 3 GmbHG** kein Zurückbehaltungsrecht geltend gemacht werden. Demnach ist die Zurückbehaltung praktisch nur bei fälligen Ansprüchen auf Verwendungsersatz (§§ 273 Abs. 2, 1001 BGB) erlaubt[209]. Gemäß **§ 19 Abs. 5 GmbHG** erlischt die Einlagepflicht nicht, wenn eine vereinbarte Bareinlage gegen eine Sacheinlage oder eine festgesetzte Sachleistung gegen eine andere ausgetauscht wird. Dies hat vor allem Bedeutung für Fälle der Umgehung der Bareinlagevorschriften, die unter dem Begriff der »verdeckten Sacheinlage« zusammengefasst werden[210].

B 73 Die **§§ 20–24 GmbHG** regeln die Konsequenzen der Nichterfüllung der Einlageforderung. Sie beziehen sich nur auf Bareinlagepflichten, da Sacheinlagen gemäß § 7 Abs. 3 GmbHG schon vor der Handelsregisteranmeldung vollständig zu bewirken sind[211]. **§ 20 GmbHG**, der nach h.M. nicht zwingend sein soll[212], enthält eine gesetzliche Verzinsungspflicht bei verzögerter Einzahlung und ist eine Sonderregelung zu § 288 Abs. 1 BGB. **§ 21 GmbHG** eröffnet die Möglichkeit, säumige Gesellschafter

---

[208] MünchHdb.GesR III/*Gummert*, § 51, Rdn. 31 ff.
[209] *Hachenburg/Ulmer*, GmbHG, § 19, Rdn. 75.
[210] S.o. IV 5, Rdn. B 66.
[211] Vgl. BGH, DStR 1998, 1884.
[212] *Hachenburg/Müller*, GmbHG, § 20, Rdn. 6; *Rowedder*, GmbHG, § 20, Rdn. 9; a.A. *Roth/Altmeppen*, GmbHG, § 20, Rdn. 9 mit beachtlichen Argumenten.

nach erfolgloser Zahlungsaufforderung auszuschließen mit der Folge, dass sie ihren Geschäftsanteil zugunsten der GmbH verlieren. Gemäß § 21 Abs. 3 GmbHG haftet der ausgeschlossene Gesellschafter trotz Kaduzierung seines Anteils weiter, und zwar nicht nur für rückständige, sondern auch für später darauf eingeforderte Beträge. Es handelt sich um eine Ausfallhaftung, so dass der ausgeschiedene Gesellschafter erst in Anspruch genommen werden kann, wenn der Rückgriff gegen die Rechtsvorgänger gemäß **§ 22 GmbHG** und der Verkauf des Anteils durch die Gesellschaft gemäß **§ 23 GmbHG** nicht zur vollen Deckung des offenen Betrags geführt haben. Hat das bisherige Verfahren – Inanspruchnahme des säumigen Gesellschafters oder dessen Rechtsvorgängers oder Veräußerung des kaduzierten Anteils – die rückständige Einlage nicht erbracht, so haben die Mitgesellschafter den Fehlbetrag nach dem Verhältnis ihrer Geschäftsanteile aufzubringen (**Ausfallhaftung gemäß § 24 GmbHG**).

VI. Anmeldung der Gesellschaft zum Handelsregister[213]

Da die GmbH erst mit der Eintragung im Handelsregister entsteht, § 11 Abs. 1 GmbHG, verlangt **§ 7 Abs. 1 GmbHG** ihre Anmeldung. Diese muss gemäß § 12 HGB in öffentlich beglaubigter, regelmäßig also in **notariell beglaubigter Form** erfolgen, § 129 Abs. 1 BGB, § 40 BeurkG.   B 74

Die Anmeldung ist durch **sämtliche Geschäftsführer** – einschließlich der stellvertretenden Geschäftsführer gemäß § 44 GmbHG – im Namen der Gesellschaft vorzunehmen, § 78 GmbHG. Zwar begründet § 7 Abs. 1 GmbHG keine Pflicht der Gründer zur Anmeldung[214], doch sind die Geschäftsführer aufgrund ihrer Bestellung zur unverzüglichen Anmeldung verpflichtet, es sei denn, es bestehen Eintragungshindernisse oder die Gründer weisen sie anders an[215]. Die überwiegende Ansicht verneint die Möglichkeit der **Vertretung** der Geschäftsführer durch Dritte bei der Anmeldung, da der Anmelder für die Richtigkeit der Erklärungen in zivil- und strafrechtlicher Hinsicht persönlich verantwortlich ist (§§ 9 a, 82 GmbHG)[216].   B 75

Zuständig für die Anmeldung ist gemäß § 8 HGB i.V.m. § 125 Abs. 1 FGG bis zum 31. 12. 2001 das Amtsgericht, in dessen Bezirk die Gesellschaft ihren Sitz hat, ab dem 1. 1. 2002 das Amtsgericht, welches zentral für den Bezirk des Landgerichts, in dessen Bezirk die Gesellschaft ihren Sitz hat, zur Führung des Registers zuständig ist (§ 7 Abs. 1 GmbHG). Maßgeblich ist jeweils der Ort, den der Gesellschaftsvertrag als Geschäftssitz bezeichnet hat, §§ 3 Abs. 1 Nr. 1, 4 a GmbHG.   B 76

---

213 Vgl. Muster XII 3 (Anmeldung der Bargründung), Rdn. B 123 und Muster V 5 b (Anmeldung der Einbringung von Sacheinlagen), Rdn. B 125.
214 In § 79 Abs. 2 GmbHG ist auch die Festsetzung eines Zwangsgeldes ausgeschlossen (vgl. § 14 HGB). Die Eintragung ist deklaratorisch, d.h. die Vertretungsmacht besteht unabhängig von der Eintragung.
215 *Scholz/Winter*, GmbHG, § 7, Rdn. 6.
216 BayObLG, NJW 1987, 136 f.; *Hachenburg/Ulmer*, GmbHG, § 7, Rdn. 11 f.; zur Antrags- und Beschwerdeberechtigung der Vorgesellschaft s. BGHZ 105, 324 (327 f.); 117, 323 (325 ff.).

B. Gründung

1. Voraussetzungen

B 77 Voraussetzung der Anmeldung ist die **Erfüllung der Einlagepflicht nach § 7 Abs. 2 und 3 GmbHG:** Bareinlagepflichten müssen zu 25 % ihres Nennwertes erfüllt sein. Sacheinlagen sind vollständig zu erbringen. Ist eine gemischte Einlage geschuldet, so ist der Sacheinlageteil vollständig, der Bareinlageteil zu 25 % zu erbringen. Der Gesamtbetrag der Bar- und Sacheinlagen muss mindestens 12 500 € betragen.

2. Inhalt und Anlagen

B 78 Die Anforderungen an den Inhalt der Anmeldung und die ihr beizufügenden Unterlagen ergeben sich aus § 8 GmbHG:
- Gesellschaftsvertrag und etwaige Gründungsvollmachten, Abs. 1 Nr. 1,
- Legitimation der Geschäftsführer, Abs. 1 Nr. 2,
- Liste der Gesellschafter, Abs. 1 Nr. 3[217],
- sämtliche Verträge betreffend Sacheinlagen und Sachübernahmen (schuldrechtliche Grund- und dingliche Erfüllungsgeschäfte), soweit hierüber schriftliche Unterlagen vorliegen, sowie der Sachgründungsbericht, Abs. 1 Nr. 4,
- Unterlagen über den Wert der Sacheinlagen, Abs. 1 Nr. 5,
- staatliche Genehmigungsurkunden, Abs. 1 Nr. 6,
- Versicherungen der Geschäftsführer zur Einzahlung des Stammkapitals, Abs. 2[218],
- Versicherung über Eignungsvoraussetzungen, Abs. 3[219],
- Angabe der Vertretungsbefugnis, Abs. 4,
- Zeichnung der Unterschriften der Geschäftsführer, Abs. 5.

3. Registergerichtliches Verfahren[220]

B 79 Das Registergericht überprüft die Ordnungsmäßigkeit der Errichtung und Anmeldung in **formeller** und **materieller** Hinsicht. Es prüft sowohl die formelle Einhaltung der gesetzlichen Vorschriften über die Gründung wie auch die inhaltliche Richtigkeit

---

217 Vgl. Muster XII 4 (Gesellschafterliste), Rdn. B 124.
218 Bei der Bargründung einer GmbH haben sich die Versicherung des Geschäftsführers und die Prüfung durch das Registergericht auch darauf zu erstrecken, inwieweit das aus Geldeinlagen gebildete Stammkapital bereits durch Verbindlichkeiten vorbelastet oder gar aufgezehrt ist, vgl. BGHZ 80, 129, 130; OLG Düsseldorf, GmbHR, 1997, 70 f.; KG Berlin, BB 1997, 172.
219 Zur ordnungsgemäßen Anmeldung einer GmbH reicht die pauschale Versicherung des Geschäftsführers, ihm sei die Tätigkeit »auf dem Gebiet der Gesellschaft« nicht durch Gericht oder Verwaltungsbehörde untersagt, nicht aus (OLG Düsseldorf, GmbHR 1997, 71 f.). Vielmehr muss unter Bezugnahme auf den Unternehmensgegenstand jeder Ausschlussgrund einzeln angeführt und verneint werden, vgl. *Scholz/Winter*, GmbHG, § 8, Rdn. 26.
220 Maßgebend ist die Handelsregisterverfügung vom 12.8.1937 in der Fassung des Handelsrechtsreformgesetzes vom 22.6.1998 sowie der Verordnung zur Anpassung registerrechtlicher Vorschriften an die InsO vom 8.12.1998, abgedruckt im Münchener Kommentar zum HGB, Ergänzungsband, Anhang zu § 8; die Wiedergabe bei *Baumbach/Hopt*, HGB, 30. Aufl. 2000, Anhang 4, spiegelt noch die alte Fassung wider.

der Angaben. Die Prüfung betrifft grundsätzlich nur die **Ordnungsmäßigkeit,** d.h. Rechtmäßigkeit und Wahrheit der Eintragungsvoraussetzungen, **nicht** deren **Zweckmäßigkeit** und **Klarheit**[221]. Die nach früherem Recht vorgeschriebene Regelanfrage des Registergerichts bei der **Industrie- und Handelskammer** ist gemäß § 23 der Handelsregisterverfügung nur noch in zweifelhaften Fällen erforderlich. Das Registergericht ist im Rahmen seiner Prüfung nicht auf die Angaben der Anmelder beschränkt. Vielmehr kann es gemäß § 12 FGG eigene Ermittlungen anstellen. Dazu ist es verpflichtet, wenn ein sachlich berechtigter Anlass zu Zweifeln an der ordnungsgemäßen Errichtung und Anmeldung der Gesellschaft oder am Vorliegen der sonstigen Eintragungsvoraussetzungen besteht[222]. Ergibt sich aus den Sachverhaltsermittlungen, dass durch die Verwendung der Einlagen oder durch eine Geschäftstätigkeit der Vorgesellschaft das Stammkapital bei Eintragung geschmälert ist (**Vorbelastungen des Stammkapitals**), stellt dies nach der Rechtsprechung ein Eintragungshindernis dar[223].

Das Gericht hat die Eintragung der Gesellschaft abzulehnen, wenn sie nicht ordnungsgemäß errichtet und angemeldet ist, **§ 9 c GmbHG.** Andernfalls ist sie in Abteilung B des Handelsregisters einzutragen (§§ 3 Abs. 3, 43 Handelsregisterverfügung vom 12. 8. 1937[224]), wodurch die GmbH entsteht, § 11 Abs. 1 GmbH.

B 80

Der Eintragungsinhalt ergibt sich aus **§ 10 GmbHG.** Einzutragen sind:

B 81

- Firma,
- Sitz,
- Gegenstand,
- Höhe des Stammkapitals,
- Tag des Abschlusses des Gesellschaftervertrages,
- Personen der Geschäftsführer,
- Vertretungsbefugnis der Geschäftsführer,
- Zeitdauer der Gesellschaft, falls im Gesellschaftsvertrag bestimmt.

Die Handelsregistereintragungen sind gemäß §§ 10, 11 HGB im **Bundesanzeiger** und in den **Amtsblättern des Registergerichts** zu veröffentlichen; hierbei sind auch etwaige Sacheinlageregelungen gem. § 5 Abs. 4 Satz 1 GmbHG bekannt zu machen (§ 10 Abs. 3 GmbHG).

B 82

4. Mängel des Anmeldeverfahrens

Erfolgt die Eintragung trotz Mängeln des Anmeldeverfahrens, so werden diese Mängel durch die Eintragung grundsätzlich **geheilt.** Die GmbH entsteht also wirksam. Nur wenn die Eintragung auf **wesentlichen Verfahrensmängeln** beruht (z.B. Ein-

B 83

---

221 *Scholz/Winter,* GmbHG, § 9 c, Rdn. 8 ff.
222 *Hachenburg/Ulmer,* § 9 c, Rdn. 12.
223 BGHZ 80, 129, 143; OLG Hamm, GmbHR 1993, 95.
224 Maßgebend ist die Handelsregisterverfügung vom 12.8.1937 in der Fassung des Handelsrechtsreformgesetzes vom 22.6.1998 sowie der Verordnung zur Anpassung registerrechtlicher Vorschriften an die InsO vom 8.12.1998, abgedruckt im Münchener Kommentar zum HGB, Ergänzungsband, Anhang zu § 8; die Wiedergabe bei *Baumbach/Hopt,* HGB, 30. Aufl. 2000, Anhang 4, spiegelt noch die alte Fassung wider.

tragung aufgrund des Antrags eines Unbefugten und ohne den Willen des Berechtigten), ist die schon eingetragene GmbH analog § 142 FGG von Amts wegen zu löschen[225].

5. Verantwortlichkeit

B 84   Für **falsche Angaben**, die zum Zwecke der Errichtung der Gesellschaft gemacht worden sind, haften Gesellschafter und Geschäftsführer als Gesamtschuldner gemäß §§ 9 a und 9 b GmbHG. Die Ersatzpflicht entfällt, wenn der Betroffene die sie begründenden Umstände weder kannte noch bei Anwendung der Sorgfalt eines ordentlichen Geschäftsmannes kennen musste (§ 9 a Abs. 3 GmbHG). Der Anspruch steht der Gesellschaft zu. **Schadensersatzansprüche Dritter** können sich aus den allgemeinen Vorschriften des Bürgerlichen Rechts ergeben, so insbesondere aus den §§ 823 ff. BGB. Daneben besteht auch **eine strafrechtliche Verantwortlichkeit** gemäß § 82 GmbHG, die insbesondere für die falsche Versicherung, das Stammkapital sei eingezahlt und befinde sich zur freien Verfügung der Geschäftsführer, relevant werden kann.

VII. Haftung in den Gründungsphasen

B 85   § 13 Abs. 2 GmbHG bestimmt, dass den Gläubigern der GmbH nur das Gesellschaftsvermögen und nicht das Vermögen der Gesellschafter haftet. Dieses **Haftungsprivileg** setzt jedoch das Bestehen der GmbH voraus. Vor Eintragung besteht die GmbH als solche nicht (§ 11 Abs. 1 GmbHG). Das Gesetz beschränkt sich hinsichtlich der Rechtslage vor Eintragung auf die – nur bruchstückhafte – Regelung des § 11 Abs. 2 GmbHG. Dies darf aber nicht über die **Haftungsrisiken in den Gründungsphasen** hinwegtäuschen[226].

1. Haftung der Vorgründungsgesellschafter

B 86   Da die Vorgründungsgesellschaft entweder OHG (§ 123 Abs. 2 HGB) oder BGB-Gesellschaft ist, haften die Gründer **persönlich und unbeschränkt** nach den für diese Gesellschaftsformen geltenden Regeln[227]. Auch eine zulässige[228] Firmierung mit »GmbH in Gründung« führt nicht zur Haftungsbeschränkung; desgleichen beseitigt

---

[225] *Scholz/Winter*, GmbHG, § 7, Rdn. 15 f.
[226] Zu den einzelnen Gründungsphasen vgl. oben I 4, Rdn. B 10 ff.
[227] Für die OHG ist die Rechtsgrundlage der Gesellschafterhaftung § 128 HGB. Die Rechtsgrundlage für die persönliche Verpflichtung der Gesellschafter einer BGB-Gesellschaft folgt aus §§ 714, 718, 420, 431 BGB; im Einzelnen streitig; vgl. MüKo-*Ulmer*, BGB, § 714, Rdn. 23 ff.; *Kort*, DStR 1991, 1317; *Lachmann*, NJW 1998, 2263.
[228] BGH, WM 1984, 1507.

das spätere Entstehen der GmbH die Haftung nicht. Haftungserleichterungen können allenfalls mit den Gläubigern vereinbart werden[229]. Hierzu bietet sich folgende Formulierung an: »Die Haftung der GmbH i.G. wird auf das vorhandene Vermögen in Höhe von ... € beschränkt. Die Gesellschafter sichern zu, dass dieses Vermögen der Gesellschaft zum Zeitpunkt des Vertragsschlusses zur Verfügung steht, und tragen hierfür die Beweislast. Im Übrigen wird eine Innen- oder Außenhaftung der Gesellschafter ausgeschlossen.« Darüber hinaus sollte die Zeichnung im Namen der Gesellschaft als »GmbH i.G. ohne Haftung der Gesellschafter« erfolgen[230]. Nach herrschender Meinung greift eine Haftung des Handelnden aus § 11 Abs. 2 GmbHG nicht ein. Diese Vorschrift zielt auf die Rechtslage nach der notariellen Gesellschaftsgründung. Da die Vorgründungsgesellschaft wirksam verpflichtet wird und die Gesellschafter unbeschränkt haften, gibt es keinen Grund, die Haftung der Handelnden besonders zu regeln[231]. Bei späterer Gründung der GmbH gehen diese Verbindlichkeiten der Handelnden nicht automatisch auf die Vorgesellschaft bzw. mit der Handelsregistereintragung auf die GmbH über; hierzu ist vielmehr eine Schuldübernahme gemäß §§ 414, 415 BGB oder eine die Schuldübernahme umfassende Vertragsübernahme erforderlich[232]. Andernfalls bleiben die Handelnden persönlich und unbeschränkt verpflichtet[233].

2. Haftung der Gesellschafter für Verbindlichkeiten der nicht zur Eintragung gelangten Vorgesellschaft (Verlustdeckungshaftung)

Verbindlichkeiten, die für die Vorgesellschaft zwischen Errichtung und Eintragung eingegangen werden, sind in erster Linie aus dem Gesellschaftsvermögen zu tilgen. Die **persönliche Haftung der Gesellschafter** für Verbindlichkeiten der Vor-GmbH, bei der es nicht zur Eintragung in das Handelsregister gekommen ist, ist umstritten. Die Rechtsprechung hat sich für das Haftungskonzept **der unbeschränkten Innenhaftung** bzw. der **unbeschränkten Verlustdeckungshaftung** ausgesprochen[234]. Danach haftet für Verbindlichkeiten der Vor-GmbH den Gläubigern im Außenverhältnis allein die Vor-GmbH. Die Gründer haben aber anteilig den über den Betrag des verbrauchten Stammkapitals hinausgehenden Verlust gegenüber der Vor-GmbH unbeschränkt auszugleichen (**proratarische Binnenhaftung**). Diesen Ausgleichsan-

B 87

---

229 OLG Karlsruhe, GmbHR 1988, 482; *Roth/Altmeppen,* GmbHG, § 11, Rdn. 65.
230 Vgl. *Lachmann,* NJW 1998, 2264.
231 BGHZ 91, 148, 152 f.; BGH, NJW 1998, 1645.
232 BGH, NJW 1998, 1645.
233 BGH, WM 1992, 29.
234 BGH, NJW 1996, 1210; BGH, ZIP 1997, 679 = GmbHR 1997, 405 ff.; BAG, GmbHR 1997, 694; BAG, GmbHR 1998, 39; BFH, GmbHR 1998, 854; BSG, GmbHR 2000, 425 mit Anm. *Emde;* früher hatte der BGH angenommen, dass die Mitglieder der Vorgesellschaft bis zur Eintragung beschränkt auf die Höhe ihrer noch ausstehenden Einlagen für Verbindlichkeiten der Vor-GmbH unmittelbar haften, vgl. BGHZ 80, 182, 184. Zur konkreten Höhe der Haftung vgl. BGHZ 124, 282, 285; BGH, ZIP 1997, 2008; BGH, ZIP 1998, 2151.

spruch der Gesellschaft gegen ihre Gesellschafter können Gläubiger im Wege der Pfändung verwerten. Ist die Vor-GmbH hingegen vermögenslos, hat sie insbesondere keinen Geschäftsführer mehr oder sind weitere Gläubiger nicht vorhanden, gestattet die Rechtsprechung ebenso wie bei der Einmann-Vor-GmbH den unmittelbaren Zugriff auf die Gesellschafter[235]. Daneben besteht eine persönliche Außenhaftung der Gesellschafter, wenn diese von vornherein nicht die Absicht hatten, die Eintragung als GmbH zu erreichen, oder ihre Eintragungsabsicht aufgeben, den Geschäftsbetrieb aber dennoch fortführen (**unechte Vor-GmbH**). Denn die Übertragung von Haftungsprivilegien bei der eingetragenen GmbH auf die Vor-GmbH ist nur gerechtfertigt, wenn die Eintragung auch tatsächlich angestrebt wird. Ist das nicht der Fall, wird die Geschäftstätigkeit aber gleichwohl fortgesetzt, sind die Regeln der zivilrechtlichen Personengesellschaft anzuwenden[236]. In der Literatur wird – zum Teil mit beachtlichen Argumenten – eine unmittelbare **Außenhaftung** der Gründer gegenüber den Gläubigern der Gesellschaft vertreten[237]. Der BGH unterschätze die Schwierigkeiten, die ein Gläubiger bei einer reinen Innenhaftung des Gesellschafters gegenüber der Gesellschaft zu überwinden habe. Bei einer gesamtschuldnerischen Außenhaftung des Vorgesellschafters müsse der Vorgesellschaftsgläubiger nur einmal gegen diesen klagen, bei der Innenhaftung dagegen mindestens zweimal: zuerst gegen die Vorgesellschaft und dann nach Pfändung des Verlustdeckungsanspruchs der Gesellschaft gegen den oder die Vorgesellschafter persönlich[238].

B 88 Dem vom BGH bei einer Außenhaftung der Gründer befürchteten Wettlauf der Gläubiger um den solventesten Gesellschafter als Schuldner wird heute für den Insolvenzfall durch § 93 InsO entgegengewirkt: Ist das Insolvenzverfahren über das Vermögen einer Gesellschaft ohne Rechtspersönlichkeit eröffnet, so kann die persönliche Haftung eines Gesellschafters während der Dauer des Insolvenzverfahrens nur vom Insolvenzverwalter geltend gemacht werden[239].

3. Handelndenhaftung, § 11 Abs. 2 GmbHG

B 89 Nach der Rechtsprechung der BGH kann die Handelndenhaftung gemäß § 11 Abs. 2 GmbHG nur während des Zeitraums von der **notariellen Beurkundung des Gesellschaftsvertrages bis zur Eintragung der** GmbH eingreifen[240]. Der Haftung aus § 11 Abs. 2 GmbHG unterliegen die Geschäftsführer als Organ der Vorgesellschaft sowie solche Personen, die sonst Geschäftsführungsaufgaben für die künftige GmbH un-

---

235 BGH, GmbHR 1997, 405, 408; BSG, GmbHR 2000, 425, 427 mit Anm. *Emde*; BAG, ZIP 1997, 1544.
236 BGH, GmbHR 1997, 405, 408; BGHZ 134, 333; BSG, GmbHR 2000, 425, 429 mit Anm. *Emde*.
237 Vgl. *Scholz/K. Schmidt*, GmbHG, § 11, Rdn. 83 ff.; *Altmeppen*, NJW 1997, 1509; *Jüntgen*, JuS 1999, 728 m.w.N.
238 LAG Köln, ZIP 1997, 1921, 1923.
239 Vgl. *Emde*, a.a.O.
240 BGHZ 80, 182, 183 f.

mittelbar oder mittelbar wahrnehmen[241]. Ein Gesellschafter, der lediglich der Eröffnung oder Fortführung des Geschäftsbetriebes vor der Eintragung zustimmt, ist der Handelndenhaftung nicht unterworfen[242]. Wird für die Gründung einer GmbH der Mantel einer vermögenslosen GmbH verwendet und mit der Unternehmenstätigkeit vor Eintragung der Satzungsänderungen im Handelsregister begonnen, haftet der für die Gesellschaft Handelnde analog § 11 Abs. 2 GmbHG[243].

Scheitert die Eintragung, können die gemäß § 11 Abs. 2 GmbHG durch Gesellschaftsgläubiger in Anspruch genommenen Geschäftsführer ihren Regressanspruch gegen die Vorgesellschaft[244] aus dem Anstellungsvertrag mit dieser (§§ 675, 670 BGB)[245] mittels der Verlustdeckungshaftung gegenüber den Gesellschaftern verfolgen[246].

B 90

4. Haftung ab Eintragung (Differenz-, Vorbelastungs- oder Unterbilanzhaftung)

Grundsätzlich entfällt mit der Eintragung die persönliche Haftung der Handelnden/Gesellschafter, § 13 Abs. 2 GmbHG. Das gilt aber nur dann, wenn zum Eintragungszeitpunkt ein ungeschmälertes Gesellschaftsvermögen besteht. Ergibt sich jedoch durch Verbindlichkeiten der Vorgesellschaft im Zeitpunkt der Eintragung ins Handelsregister eine **Differenz zwischen dem übernommenen Stammkapital und dem Wert des Gesellschaftsvermögens,** so haften die Gesellschafter gegenüber der GmbH anteilig und der Höhe nach unbeschränkt auf Ausgleich (unbeschränkte Vorbelastungshaftung als Innenhaftung)[247]. Diese Haftung kann ebenso wie die restliche Einlagepflicht eine Ausfallhaftung der Mitgesellschafter nach § 24 GmbHG auslösen[248].

B 91

---

241 *Lutter/Hommelhoff,* GmbHG, § 11, Rdn. 14.
242 BGHZ 47, 25.
243 OLG Stuttgart, GMbHR 1999, 610; zur Haftung beim Mantelkauf vgl. *Heerma,* GmbHR 1999, 640, 642 f.
244 Vgl. *Baumbach/Hueck,* GmbHG, § 11, Rdn. 49 a.
245 Vgl. zum Anstellungsvertrag unten E III, Rdn. E 18 ff.
246 BGH, GmbHR 1997, 405, 407.
247 Grundlegend BGHZ 80, 129, 140 ff.; durch diese Entscheidung hat der BGH das so genannte *Vorbelastungsverbot* durch die *Differenzhaftung* (gleichbedeutend Vorbelastungs- oder Unterbilanzhaftung) ersetzt. Das schon vom Reichsgericht entwickelte Vorbelastungsverbot gestattete keine Belastung der GmbH mit vor Eintragung begründeten Verbindlichkeiten. Die zu Lasten der Vorgesellschaft begründeten Schulden wurden vom Übergang auf die eingetragene GmbH ausgeschlossen. Damit sollte sichergestellt werden, dass die GmbH im Zeitpunkt der Eintragung mit unversehrtem Stammkapital – also ohne Vorbelastungen – zur Entstehung gelangt. Diese Ansicht ließ sich jedoch nicht mit der Identität von Vor-GmbH und GmbH vereinbaren. Diese Identität hat zur Folge, dass alle Rechte und Pflichten der Vor-GmbH mit deren Eintragung ohne Rechtsübergang zu solchen der GmbH werden. Zur Unbeschränktheit der Haftung vgl. BGH, ZIP 1998, 2151, zu freiwilligen Vorauszahlungen BGHZ 105, 300 (303).
248 In der zur Ermittlung einer Unterbilanzhaftung aufzustellenden Vorbelastungsbilanz ist im Falle einer negativen Fortbestehensprognose für die Gesellschaft deren Vermögen im Zeitpunkt der Eintragung nicht zu Fortführungs-, sondern zu Veräußerungswerten zu bilanzieren. Gründungsaufwand, den die Gesellschaft nicht durch förmliche Regelung in der

VIII. Mantelkauf und Vorratsgründung[249]

1. Vorratsgründung (Mantelgründung)

B 92 Von einer Vorratsgründung spricht man, wenn entweder der in der Satzung genannte Unternehmensgegenstand nicht oder jedenfalls vorerst nicht verwirklicht werden soll (**verdeckte Vorratsgründung**) oder wenn sich schon aus dem Unternehmensgegenstand schließen lässt, dass die Gesellschaft nur zu dem Zweck gegründet wurde, um sie später zur Verwirklichung eines dann zu bestimmenden anderen Unternehmensgegenstandes zu verwenden (**offene Vorratsgründung**)[250].

B 93 Die **offene Vorratsgründung** ist nach allgemeiner Auffassung **zulässig**[251]. Sie liegt z.B vor, wenn als Gegenstand der Gesellschaft die Verwaltung der Einlagen oder ihres Vermögens bezeichnet wird. Bei späterer Verwendung der Vorrats-GmbH ist der Unternehmensgegenstand im Wege einer Satzungsänderung neu zu definieren. Die verdeckte Vorratsgründung ist demgegenüber nichtig; die Gesellschaft darf nicht in das Handelsregister eingetragen werden, nach Eintragung gelten die §§ 75 GmbHG, 144 FGG[252]. Dasselbe gilt, wenn der angegebene Unternehmensgegenstand nicht in absehbarer Zeit verwirklicht werden soll[253].

2. Mantelkauf (Mantelverwendung)

B 94 Ein Mantelkauf ist tatbestandlich gegeben, wenn alle oder fast alle Geschäftsanteile einer GmbH, die ihren Geschäftsbetrieb noch nicht aufgenommen (»Vorratsgesellschaft«) oder eingestellt hat, erworben werden. Die erworbene Gesellschaft verfügt in der Regel über kein nennenswertes Vermögen. Wirtschaftlich wird in diesen Fällen ein **neues Unternehmen** gegründet[254]. Die **rechtliche Zulässigkeit** von Mantelkäufen wird heute grundsätzlich bejaht[255].

B 95 Jedoch kann der Mantelkauf zu einer **Umgehung der Gründungsvorschriften** führen, insbesondere betreffend die Mindestkapitalausstattung, wenn die übernommene GmbH nicht mehr mit einem ausreichenden Haftungsfonds ausgestattet ist und ihre neuen Gesellschafter ihr kein neues Kapital zufügen. Diese Problematik gewinnt dadurch an Bedeutung, dass nach neuerer Auffassung bei der Verwertung einer Man-

---

Satzung übernommen hat, darf in der Vorbelastungsbilanz nicht in Ansatz gebracht werden (BGH, ZIP 1997, 2208).
249 Vgl. auch – insbesondere zur Zielsetzung – oben I 3 c, Rdn. B 8 f.
250 *Priester*, DB 1983, 2291 (2295); *Ulmer*, DB 1983, 1125 f.
251 Grundlegend BGHZ 117, 323, 331 = ZIP 1992, 689; OLG Stuttgart, DB 1992, 133; *Hachenburg/Ulmer*, GmbHG, § 3, Rdn. 33; *Scholz-Emmerich*, GmbHG, § 3, Rdn. 21.
252 BGH, ZIP 1992, 689; *Lutter/Hommelhoff*, GmbHG, § 3, Rdn. 14; *Roth/Altmeppen*, GmbHG, § 3, Rdn. 1 b.
253 BGHZ 117, 323 = ZIP 1992, 689.
254 *Scholz/Emmerich*, GmbHG, § 3, Rdn. 21 f.
255 *Hachenburg/Ulmer*, GmbHG, § 3, Rdn. 37; *Lachmann*, NJW 1998, 2264; *Scholz/Emmerich*, GmbHG, § 3, Rdnr. 21 m.w.N.

tel- oder Vorratsgesellschaft eine registerrechtliche Kontrolle des Stammkapitals nicht zu erfolgen hat[256].

Streitig ist insbesondere, ob und wenn ja welche Vorschriften über die Mindestkapitalausstattung, Mindesteinzahlung, Sacheinlagen, Gründungsprüfung und Handelndenhaftung auf den Mantelkauf anzuwenden sind[257]. Die überwiegende Meinung im Schrifttum zieht die Regelungen zur Neugründung der §§ 5, 7 Abs. 2 und 3, 8 Abs. 1 Nr. 5, Abs. 2, 9, 9 a, 19 ff. und 32 a GmbHG analog heran. Danach sind die »Gründer« insbesondere nicht zur Aufbringung des satzungsmäßigen Stammkapitals, sondern nur des Mindeststammkapitals verpflichtet[258]. Diese Haftung trifft nicht nur den Mantelverwender, sondern gem. § 16 Abs. 3 GmbHG auch dessen Rechtsnachfolger[259].

B 96

IX. Einmanngründung

Gemäß **§ 1 GmbHG** kann eine GmbH auch durch einen Gesellschafter als Einmann-GmbH gegründet werden[260]. Folgende **Besonderheiten** sind gegenüber der Mehrmanngründung zu beachten:

B 97

- Die Gründung erfolgt durch **einseitige Erklärung** des Gründers über die Errichtung der Gesellschaft. Es handelt sich um ein einseitiges Rechtsgeschäft. Trotzdem hält das Gesetz an der Bezeichnung als Gesellschaftsvertrag fest. Die **formellen Voraussetzungen** für die Erstellung der Errichtungsurkunde ergeben sich ebenso wie beim Gesellschaftsvertrag aus § 2 GmbHG.
- Hinsichtlich der **Gründung und der Sicherung der Kapitalaufbringung** legt das Gesetz in §§ 7 Abs. 2 S. 3, 8 Abs. 2 S. 2, 19 Abs. 4, 35 Abs. 4, 48 Abs. 1 und 57 Abs. 2 GmbHG verschärfte Voraussetzungen fest. Insbesondere besteht das Bedürfnis, in Höhe der bei der Anmeldung noch ausstehenden Einlagen der Gesellschaft eine **Sicherung** zu bestellen, **§ 7 Abs. 2 S. 3 GmbHG**[261]. Außer Sicherungen in der Form des § 232 BGB sind auch andere, wirtschaftlich gleichwertige Absicherungen zulässig[262]. Für den Fall, dass sich innerhalb von drei Jahren nach Eintragung der Gesellschaft alle Geschäftsanteile in einer Hand vereinigen, sieht **§ 19 Abs. 4 GmbHG** eine entsprechende Regelung vor. § 8 Abs. 2 S. 2 GmbHG verlangt, dass sich die ein-

---

256 OLG Stuttgart, GmbHR 1999, 607 mit ausführlicher Darlegung des Meinungsstandes in Rechtsprechung und Literatur; vgl. aber auch AG Duisburg, GmbHR 1998, 87; AG Erfurt, GmbHR 1997, 74.
257 Vgl. *Scholz/Emmerich*, GmbHG, § 3, Rdn. 21; *Roth/Altmeppen*, GmbHG, § 3, Rdn. 18; *Bärwaldt/Schabacker*, GmbHR 1998, 1005; *Schick*, GmbHR 1997, 982, 1998, 218; *Bauerjea*, GmbHR 1998, 814.
258 Vgl. *Hachenburg/Ulmer*, GmbHG, § 3, Rdn. 39; *Baumbach/Hueck*, GmbHG, § 3, Rdn. 15; *Lutter/Hommelhoff*, GmbHG, § 3, Rdn. 8; *Roth/Altmeppen*, GmbHG, § 3, Rdn. 18; *Hüffer*, AktG, 4. Aufl., § 23, Rdn. 27; a.A. LG Dresden, ZIP 2000, 1834.
259 Vgl. OLG Frankfurt/Main, a.a.O.
260 Eine Einmann-Gesellschaft kann daneben durch Umwandlung eines einzelkaufmännischen Unternehmens (vgl. § 152 UmwG) oder dadurch entstehen, dass sich nach der Gründung mehrere Anteile in einer Hand vereinigen.
261 Dadurch soll die bei der Einmann-Gründung fehlende Ausfallhaftung der Mitgesellschafter (§ 24 GmbHG) kompensiert werden.
262 Z.B. die Stellung eines selbstschuldnerischen Bürgen oder eines Schuldmitübernehmers.

- zureichende Versicherung des Geschäftsführers auch darauf zu beziehen hat, dass die nach § 7 Abs. 2 S. 3 GmbHG erforderliche Sicherung bestellt ist.
- Streitig ist die **Rechtsnatur** der Einmann-Gründerorganisation[263]. Von einigen wird **(Teil-)Rechtsfähigkeit** angenommen[264]; andere gehen davon aus, die noch nicht eingetragene Gesellschaft sei Sondervermögen des Gründers[265].
- **Scheitert die Einmann-Gründung**, weil die Anmeldung rechtskräftig zurückgewiesen oder zurückgenommen oder die Eintragungsabsicht aus sonstigen Gründen aufgegeben wurde, so **erlischt die Einmann-Vorgesellschaft** automatisch und **liquidationslos**[266]. Eingebrachte Vermögensgegenstände sind ohne besonderen Rechtsakt wieder dem Einmann-Gründer zuzuordnen.
- Die **Gläubiger der Einmann-Gründungsorganisation** können bis zur Eintragung auf das Vermögen der Vorgesellschaft und auf das Privatvermögen des Handelnden nach § 11 Abs. 2 GmbHG zugreifen[267].
- Die **Eintragung der GmbH im Handelsregister** führt ebenso wie bei der Mehrpersonengründung dazu, dass an die Stelle der Vor-GmbH die GmbH als juristische Person tritt[268].

X. Besteuerung der GmbH-Gründung

B 98 Die verschiedenen Gründungsphasen sind nicht nur gesellschaftsrechtlich, sondern auch steuerrechtlich von Bedeutung. Terminologisch ist zu beachten, dass früher im Steuerrecht die Bezeichnungen für die einzelnen Gründungsphasen vielfach anders verwendet wurden als im Gesellschaftsrecht. So wurde die Vorgründungsgesellschaft im Steuerrecht »Vorgesellschaft« und die Vorgesellschaft »Gründergesellschaft« genannt[269]. In den folgenden Ausführungen wird von den gesellschaftsrechtlichen (und nunmehr auch steuerrechtlichen) Begriffen ausgegangen.

1. Vorgründungsgesellschaft

B 99 Die Vorgründungsgesellschaft[270] ist nach den für **Personengesellschaften** geltenden Regeln zu besteuern[271]. Die Vorgründungsgesellschaft ist steuerrechtlich **eine Mitunternehmerschaft**, falls sie eine gewerbliche Tätigkeit ausübt. Die von ihr erzielten

---

263 Vgl. die Darstellung bei *Scholz/Schmidt*, GmbHG, § 11, Rdn. 145 ff.
264 So *Scholz/Schmidt*, GmbHG, § 11, Rdn. 147.
265 So *Hachenburg/Ulmer*, GmbHG, § 11, Rdn. 17.
266 Bei der Mehrmannvorgesellschaft sind ein Auflösungsbeschluss sowie die Abwicklung der Gesellschaft notwendig; vgl. zum Ganzen *Ulmer/Ihrig*, GmbHR 1988, 373 ff., 383 f. und *Scholz/Schmidt*, GmbHG, § 11, Rdn. 148.
267 BGH, WM 1999, 686, 688; *Ulmer/Ihrig*, GmbHR 1988, 373 ff., 381 f.
268 *Hachenburg/Ulmer*, GmbHG, § 11, Rdn. 78.
269 Der BFH hat sich zwischenzeitlich der zivilrechtlichen Terminologie angeschlossen, GmbHR 1990, 235, 236.
270 Vgl. oben B I 4, Rdn. B 11.
271 *Hachenburg/Ulmer*, GmbHG, § 11, Rdn. 127.

Gewinne oder Verluste werden **den Gesellschaftern** gemäß **§ 15 Abs. 1 Satz 1 Ziff. 2 EStG** als Einkünfte aus Gewerbebetrieb zugerechnet. Da zwischen Vorgründungsgesellschaft und Vor-GmbH bzw. eingetragener GmbH keine rechtliche Identität besteht[272], können die vor dem notariellen Abschluss des Gesellschaftsvertrages angefallenen Aufwendungen und Erträge grundsätzlich nicht der Vor-GmbH bzw. der GmbH zugerechnet werden.

2. Vorgesellschaft

a) Körperschaftsteuer

Als werdende juristische Person ist die Vorgesellschaft grundsätzlich **schon Subjekt der Körperschaftsteuer**. Voraussetzung ist in jedem Fall die förmliche Errichtung der Gesellschaft.   B 100

Die Finanzrechtsprechung hat darüber hinaus für die körperschaftsteuerrechtliche Anerkennung der Vor-GmbH die **Aufnahme einer nach außen in Erscheinung tretenden Geschäftstätigkeit** sowie die **nachfolgende Eintragung** gefordert[273]. Wird die GmbH danach nicht oder nicht in angemessener Frist in das Handelsregister eingetragen, so wird die Vorgesellschaft entweder als nicht rechtsfähiger Verein nach § 1 Abs. 1 Nr. 5 KStG oder als BGB-Gesellschaft behandelt.   B 101

b) Gewerbesteuer

Die Vor-GmbH ist auch Subjekt der **Gewerbesteuer**. Sie muss allerdings einen Gewerbebetrieb im Sinne des § 2 Abs. 1 GewStG unterhalten. Das bloße Einfordern und Verwalten der Bareinlage genügt hierfür noch nicht. Nach Eintragung ist die GmbH stets gewerbesteuerpflichtig, § 2 Abs. 2 Nr. 2 GewStG.   B 102

c) Umsatzsteuer

Umsatzsteuerlich ist die Vor-GmbH Unternehmer, sobald sie nachhaltig zur Erzielung von Einnahmen tätig wird, § 2 Abs. 1 UStG. Es reichen Geschäfte aus, die den künftigen Geschäftsbetrieb konkret vorbereiten.   B 103

d) Grunderwerbsteuer

Grunderwerbsteuer fällt beim Erwerb eines Grundstücks durch die Vor-GmbH an und nicht bei deren Eintragung ins Handelsregister. Da die Vorgesellschaft und die GmbH als das gleiche Rechtsgebilde angesehen werden, löst der Übergang eines in die Vorgesellschaft eingebrachten Grundstücks auf die eingetragene GmbH nicht erneut Grunderwerbsteuer aus.   B 104

---

272 Vgl. oben B I 4, Rdn. B 12.
273 BFH, BStBl. III 172, 152; DB 1953, 524; WM 1983, 689, 690; vgl. hierzu *Scholz/Schmidt*, GmbHG, § 11, Rdn. 176 und *Hachenburg/Ulmer*, GmbHG, § 11, Rdn. 124.

XI. Beratungshilfen

1. Belehrungspflichten des Notars, § 17 BeurkG

B 105 § 17 BeurkG, der die Prüfungs- und Belehrungspflichten des Notars bei Beurkundungen regelt, verlangt vom Notar, »die Beteiligten über die rechtliche Tragweite des Geschäfts zu belehren. Dabei soll er darauf achten, dass Irrtümer und Zweifel vermieden sowie unerfahrene und ungewandte Beteiligte nicht benachteiligt werden«[274]. Es handelt sich um **haftungsbewehrte Amtspflichten**.

B 106 Schon die gesetzliche Formulierung lässt erkennen, dass die Festlegung der Pflichten schwierig und streitig ist. Zu empfehlen ist eine möglichst umfassende Belehrung, um Haftungsrisiken einzugrenzen.

B 107 Der Notar sollte es daher nicht versäumen, auf

- die persönliche Haftung der Handelnden (§ 11 Abs. 2 GmbHG) sowie der Gesellschafter vor Eintragung (unbeschränkte Innenhaftung sowie Gefahr der unbeschränkten Außenhaftung),
- die Haftung gemäß §§ 9 a (falsche Angaben zum Zweck der Errichtung der GmbH) und 24 GmbHG (Aufbringung von Fehlbeträgen; s. u. B 112) und die Strafvorschrift des § 82 GmbHG (falsche Angaben),
- das Erfordernis etwaiger staatlicher Genehmigungen gemäß § 8 Abs. 1 Nr. 6 GmbHG und
- die Eintragung der GmbH als Entstehungsvoraussetzung

hinzuweisen.

2. Übernahme der Gründungskosten durch die GmbH als verdeckte Gewinnausschüttung

B 108 Übernimmt eine GmbH die Kosten ihrer Gründung, obwohl diese Kosten gesellschaftsrechtlich von den Gesellschaftern zu tragen sind, liegt nach der Rechtsprechung des BFH eine verdeckte Gewinnausschüttung vor[275]. Bei einem deswegen geltend gemachten **Rückforderungsanspruch** gegen die Gesellschafter handelt es sich um eine Einlageforderung, durch welche die verdeckte Gewinnausschüttung nicht neutralisiert wird[276].

B 109 Zur Vermeidung dieser Ergebnisse genügt es nicht, statutarisch lediglich zu bestimmen, die GmbH habe alle Gründungskosten zu tragen. Vielmehr bedarf es ent-

---

274 Vgl. BGH (DNotZ 1989, 45); die Vorschrift soll gewährleisten, dass der Notar eine rechtswirksame Urkunde über den wahren Willen der Beteiligten errichtet. Aus diesem Zweck folgt die inhaltliche Begrenzung der Pflicht zur Rechtsbelehrung: Sie geht nur so weit, wie eine Belehrung für das Zustandekommen einer formgültigen Urkunde erforderlich ist, die den wahren Willen der Beteiligten vollständig und unzweideutig in der für das beabsichtigte Rechtsgeschäft richtigen Form rechtswirksam wiedergibt.
275 BFH, WiB 1997, 1153.
276 BFH, WiB 1997, 1153.

sprechender zahlenmäßiger Vorgaben: Der gesamte Aufwand ist auszuweisen, und Beträge, die noch nicht genau beziffert werden können, sind zu schätzen[277].

3. Hinweise zur Bargründung

Trotz der Absage an das Vorbelastungsverbot[278] und dessen Ersetzung durch die Differenzhaftung ist dem Geschäftsführer im Rahmen einer Bargründung davon **abzuraten**, das bereits eingezahlte Kapital bis zur Eintragung für andere Zwecke als zur Förderung der Eintragung zu verwenden.   B 110

Denn nach überwiegender Auffassung ist der Umfang der Vertretungsmacht des Geschäftsführers durch den Zweck der Vorgesellschaft (Förderung der Eintragung und Verwaltung des Vermögens; nicht: Aufnahme von Geschäften) begrenzt, es sei denn, die übrigen Gesellschafter bzw. der Gesellschaftsvertrag ermächtigen ihn zur sofortigen Geschäftsaufnahme.   B 111

4. Risiko der Ausfallhaftung gem. § 24 GmbHG

Nach Auffassung des BGH genügt es für die Auslösung der Ausfallhaftung nach § 24 GmbHG, dass die Gesellschaftereigenschaft bei Eintritt der Fälligkeit der Stammeinlage vorliegt[279]. Der **Anspruch auf Zahlung des Fehlbetrages** entsteht in diesem Zeitpunkt aufschiebend bedingt durch den Eintritt der Voraussetzungen nach §§ 21–23 GmbHG. Daraus folgt, dass jeder ausgeschiedene GmbH-Gesellschafter – unabhängig von der Höhe seiner übernommenen Stammeinlage – für sämtliche Einlageverpflichtungen seiner Mitgesellschafter, die bis zu seinem Ausscheiden fällig geworden sind, haftet. Diese Konsequenz wird in dem vom BGH entschiedenen Fall besonders deutlich: Der Beklagte hatte sich mit einer Stammeinlage in Höhe von 5000 € an einer Gesellschaft, deren Stammkapital 1 Mio. € betragen sollte, beteiligt. Der Anspruch verjährt analog § 9 Abs. 2 GmbHG in fünf Jahren.   B 112

Auf dieses Risiko der Ausfallhaftung gemäß § 24 GmbHG gilt es im Rahmen der Beratung hinzuweisen. Denn die Haftung für sämtliche Einlageverpflichtungen der Mitgesellschafter ist Personen, die sich an einer GmbH beteiligen wollen, oftmals unbekannt. Daher sollte geklärt werden, ob die Mitgesellschafter ihren Einlageverpflichtungen nachgekommen sind. Betroffen sind auch Personen, die, beispielsweise um eine bestimmte Firmierung zu ermöglichen, im Rahmen des Gründungsgeschäftes nur kurzzeitig eine geringe Einlage übernehmen. Je nach Höhe des Stammkapitals und der Zahlungsfähigkeit der übrigen Gesellschafter kann dieses zu einer unverhältnismäßigen Ausfallhaftung führen.   B 113

---

277 BFH, WiB 1997, 1153, 1154.
278 Vgl. zum Vorbelastungsverbot oben VII 4, Rdn. B 91.
279 S.o. VII 2 und 3, Rdn. B 87 ff.; zur konkreten Berechnung der Haftungshöhe vgl. BGHZ 100, 300, 303 f.; 124, 282, 285; BGH, ZIP 1997, 2008; BGH, ZIP 1998, 2151.

5. Hinweise zur Firmierung

B 114 Das in § 18 Abs. 2 HGB ausgesprochene **Verbot irreführender Firmenzusätze** gilt auch für die GmbH. Praktische Schwierigkeiten bestehen in der Bestimmung der Reichweite des Verbots im Einzelfall. Einige für die Beratung **wichtige Entscheidungen der Rechtsprechung** sollen hier herausgegriffen werden:

B 115 Der Zusatz »Institut« deutet auf eine wissenschaftliche Arbeitsweise und öffentliche Grundlage hin. Zur Vermeidung von Irreführungen muss sich, wenn für Privatunternehmen die Bezeichnung »Institut« verwendet wird, aus der restlichen Firma bzw. aus einem klaren Hinweis ergeben, dass es sich um ein privates, gewerbliches Unternehmen handelt[280]. Der Begriff »**Treuhand**« weist auf die Besorgung fremder Vermögensangelegenheiten im eigenen Namen und auf eine Qualifikation hierzu hin[281]. Täuschend ist der Zusatz bereits bei einer Tätigkeit auch für eigene Rechnung. Die uneingeschränkte Verwendung der Bezeichnung »Treuhand« ist irreführend, wenn lediglich solche Treuhandaufgaben übernommen werden, die nach dem Gesetz einer Genehmigung nicht bedürfen, weil dann die vom Publikum erwarteten Kernstücke einer treuhänderischen Tätigkeit, nämlich die Anlage und Verwaltung fremden Vermögens im eigenen Namen sowie die Beratung in Wirtschafts- und Steuerangelegenheiten, gerade nicht vorliegen. Die Zusätze »**Zentrale**«, »**Zentrum**« oder »**Center**« durften früher nur solche Unternehmen führen, die nach Kapital, Umsatz, Breite des Angebots u.ä. eine Vorzugsstellung am Platz hatten[282]. Der BGH hat jedoch im Hinblick darauf, dass die Bezeichnung »Center« ein übliches Modewort geworden ist (»Garten-Center«, »Möbel-Center«, »Teppich-Center«), einen Bedeutungswandel festgestellt. In dem Begriff »Center« könne kein Hinweis (mehr) auf ein kapital- oder umsatzstarkes Unternehmen gesehen werden, das seine Mitbewerber überrage[283]. Die Bezeichnung »**international**« oder »**inter**« verstößt nur dann nicht gegen § 18 Abs. 2 HGB, wenn das Unternehmen aufgrund seiner Einrichtungen, Finanzkraft und ausgedehnten ausländischen Geschäftsbeziehungen in der Lage ist, die in seinem Erwerbszweig anfallenden Geschäfte ohne weiteres auch außerhalb der Grenzen seines Landes durchzuführen und sich auch in dieser Weise betätigt[284]. Bei kleineren Unternehmen ist der Zusatz täuschend. Sonstige **geographische Angaben – Gebiets- oder Stadtangaben** – sind i.d.R. nur zulässig für dort führende Unternehmen. Die Zusätze »**Kapitalanlage**«, »**Investment**«, »**Investor**« oder »**Invest**« weisen darauf hin, dass der Inhalt des Geschäftsbetriebes auf die Anlage von Geldvermögen gerichtet ist. Die Zusätze sind daher für Kapitalanlagegesellschaften i.S.d. § 1 Abs. 1 Nr. 6 KWG i.V.m. § 1 KAGG ausdrücklich geschützt (§§ 7, 54 KAGG). Andere Gesellschaften dürfen einen entsprechenden Zusatz nur führen, wenn der Zusammenhang der Verwendung den Anschein ausschließt, dass der Geschäftsbetrieb auf die Anlage von Geldvermögen gerichtet ist (§ 7 Abs. 3 KAGG).

---

280 BGH, NJW-RR 1987, 735.
281 BayObLG, DB 1989, 920 f.
282 OLG Zweibrücken, BB 1975, Beil. 12, S. 11.
283 BGH, NJW 1987, 63.
284 OLG Stuttgart, NJW-RR 1987, 101.

Eine neu gegründete GmbH darf die Bezeichnung »**und Partner**« bzw. »**Partner-** **B 116** schaft**« nicht in ihrer Firma führen. Allen Gesellschaften mit einer anderen Rechtsform als der Partnerschaft, die nach Inkrafttreten des Partnerschaftsgesellschaftsgesetzes gegründet oder umbenannt werden, ist die Führung eines solchen Zusatzes verwehrt, weil § 11 Satz 1 PartGG diese Bezeichnungen für die Partnerschaftsgesellschaften »reserviert«[285]. Auch die Schreibweisen »& Partner« und »+ Partner« fallen unter den Schutz des § 11 Satz 1 PartGG[286]. Gesellschaften, die schon bei Inkrafttreten des PartGG eine solche Bezeichnung in ihrem Namen geführt haben, dürfen sie weiterführen, wenn sie in ihrem Namen der Bezeichnung »Partnerschaft« oder »und Partner« einen Hinweis auf die andere Rechtsform hinzufügen (§ 11 Satz 3 und 2 PartGG). Der Zusatz »**Invest**« ist gem. § 7 Abs. 1 KAGG (Gesetz über Kapitalanlagegesellschaften) in der Weise geschützt, dass er nur von Kapitalanlagegesellschaften und von ausländischen Investmentgesellschaften geführt werden darf. § 7 Abs. 3 KAGG enthält eine Ausnahme für Unternehmen, die die Bezeichnung »invest« in einer Form verwenden wollen, die den Anschein ausschließt, dass der Geschäftsbetrieb auf die Geldanlage gerichtet ist.

---

[285] BGH, WM 1997, 1101 f.; das OLG Frankfurt, DB 1996, 1402, hatte angenommen, dass § 11 Satz 1 PartGG lediglich andere Personengesellschaften, nicht jedoch Kapitalgesellschaften, an der Führung des Zusatzes »und Partner« hindere. Das BayObLG, DB 1996, 2025, hat diese Frage aufgrund Divergenz zum OLG Frankfurt dem BGH zur Entscheidung vorgelegt.

[286] BGH, WM 1997, 1101 f.

B. Gründung

6. Checklisten

B 117 a) Phasen bei Neugründung einer GmbH

Gründungsphase	Gesellschaftsform	Haftung der Gesellschafter
• **Entschluss**, eine GmbH zu gründen	**Vorgründungs-gesellschaft** = OHG bzw. GbR	pers. und unbeschränkte Haftung nach den Regeln der OHG (§ 128 HGB) bzw. BGB-Gesellschaft § 11 Abs. 2 (–)
• **Feststellung des Gesellschaftsvertrages** in notariell beurkundeter Form, § 2 GmbHG. Der Gesellschaftsvertrag muss mindestens folgende Punkte regeln: – Firma und Sitz der Gesellschaft; – Gegenstand des Unternehmens; – Höhe des Stammkapitals; – Übernahme der Stammeinlagen; – Ggf. Sonderleistungen der Gesellschafter und zeitliche Beschränkung	**Vor-GmbH** = Rechtsform eigener Art; Teilrechtsfähigkeit; Vertretung durch Geschäftsführer; Vertretungsmacht ist beschränkt auf notwendige Gründungsgeschäfte	unbeschränkte (Innen-)Haftung für vor der Eintragung begründete Verbindlichkeiten; § 11 Abs. 2 (+)
• **Bestellung** des oder der Geschäftsführer, § 6 GmbHG		
• **Erbringung der erforderlichen Leistungen** auf die Stammeinlagen, § 7 Abs. 2, 3 GmbHG. Bei der Bargründung gilt der Gleichbehandlungsgrundsatz, § 19 Abs. 1 GmbHG. Sacheinlagen müssen im Gesellschaftsvertrag genannt (§ 5 Abs. 4 GmbHG) und sofort erbracht werden (§ 7 Abs. 3 GmbHG). Entspricht der Wert der Sacheinlage nicht dem im Gesellschaftsvertrag versprochenen Wert, haftet der Gesellschafter auf die Differenz (§ 9 Abs. 1 GmbHG).		
• **Anmeldung** der Gesellschaft zum Handelsregister, §§ 7 Abs. 1, 8 GmbHG		
• **Registergerichtliche Prüfung**, § 9 c GmbHG		
• **Eintragung und Bekanntmachung**, § 10 GmbHG	**GmbH** (vgl. § 11 Abs. 1 GmbH) Die GmbH ist mit der Vor-GmbH identisch.	§ 13 Abs. 2 GmbHG ⇒ Haftung (–) aber: unbeschränkte (Innen-)Haftung für vor der Eintragung begr. Verbindlichkeiten

b) Obligatorischer und fakultativer Inhalt des Gesellschaftsvertrages[287]

B 118

Regelungsbereich	Inhalt
Grundlagen der Gesellschaft	
	Firma
	Sitz
	Gegenstand der Gesellschaft
	Dauer der Gesellschaft
	Geschäftsjahr
	Stammkapital – Höhe – Art der Aufbringung
	Stammeinlagen – Mindestbetrag 100 € – Teilbarkeit durch 50 – Art der Aufbringung (Bar-, Sach- oder gemischte Gründung) – nur eine Stammeinlage für jeden Gründungsgesellschafter
	Leistung der Stammeinlagen
	– Bareinlage – Sacheinlage – gemischte Einlage
Sonderrechte/Sonderpflichten	
	Informationsrechte
	Geschäftsführung/Vertretung – Alleinvertretung – Befreiung von § 181 BGB – Benennungsrecht des Gesellschafters
	Sonderstimmrechte
	Anspruch auf Benennung des Aufsichtsrates / einzelner Aufsichtsratsmitglieder
	Gewinnbeteiligung
	Befreiung von Wettbewerbsverboten
	Bezugsrechte
	Zusatzleistungen zum Stammkapital
	Verschwiegenheitspflicht
	Handlungspflichten

---

287 Der zwingende Inhalt des Gesellschaftsvertrages (vgl. § 3 GmbHG) ist kursiv gedruckt. Ob die übrigen Regelungen sinnvoll sind, hängt vom Einzelfall ab. Die Checkliste versteht sich als Hilfe bei der Erstellung eines Gesellschaftsvertrages, damit etwaige Punkte, die in dem konkreten Fall regelungsbedürftig sind, nicht übersehen werden.

Regelungsbereich	Inhalt
	Pflicht zur Übertragung von Geschäftsanteilen
	Nachschüsse – unbeschränkte Nachschusspflicht – beschränkte Nachschusspflicht – Gesellschafterbeschluss – Einforderung – Rückzahlung
Gesellschafterversammlung	Aufgaben – Erweiterungen – Verlagerung von Zuständigkeiten
	Beteiligte – Teilnahmerechte Dritter (Berater) – Vertretung der Gesellschafter – Einberufungsberechtigte – Form und Frist der Einberufung – Inhalt der Einberufung/Tagesordnung
	Ablauf – Beschlussfähigkeit – Leitung – Abänderung der Tagesordnung – Antragsrechte – Rederechte – Feststellung der Beschlüsse – Niederschrift – Mehrheitsregelungen – Abstimmungsverfahren – Sonderstimmrechte – Einheitlichkeit der Stimmabgabe pro Gesellschafter – Erweiterung von Stimmverboten – Ausschluss von Stimmbindungen
	Beschlüsse außerhalb der Gesellschafterversammlung – Zulassung – Durchführung
	Anfechtung von Beschlüssen
Geschäftsführung und Vertretung	Bestellung der Geschäftsführer
	Vertretungsmacht der Geschäftsführer – Alleinvertretung – Gesamtvertretung – unechte Gesamvertretung Befreiung von § 181 BGB
	Geschäftsführungsbefugnis – Umfang – zustimmungspflichtige Geschäfte
	Persönliche Stellung der Geschäftsführer – Organverhältnis – Anstellungsverhältnis

Regelungsbereich	Inhalt
Aufsichtsrat	Errichtung
	Aufgaben des freiwilligen Aufsichtsrates
	Zusammensetzung des Aufsichtsrates
	Innere Ordnung – Wahlen – Beschlussfähigkeit – Stimmrecht
Jahresabschluss und Ergebnisverwendung	Jahresabschluss
	Lagebericht
	Ergebnisverwendung Thesaurierung Ausschüttung Kombination »Schütt-aus-hol-zurück«-Verfahren Vorabausschüttungen
Veränderungen im Gesellschaftsbestand / Belastungen von Geschäftsanteilen	Veräußerung von Geschäftsanteilen – Zulässigkeit der Veräußerung – Teilung von Geschäftsanteilen
	Erbfolge
	Einziehung von Geschäftsanteilen – freiwillige Einziehung/Zwangseinziehung – Zuständigkeit – Einziehungsgründe bei Zwangseinziehung – Verfahren
	Gesellschafterausschluss – Zulässigkeit – Ausschlussgründe – Verfahren – Abfindung
	Austritt eines Gesellschafters – Gründe – Abfindung
	Kündigung der Gesellschaft – Zulassung – Form – Rechtsfolgen
	Nießbrauch
	Verpfändung
	Unterbeteiligung

B. Gründung

Regelungsbereich	Inhalt
	Abfindungsregelungen – Wertfestsetzung – Bewertungsstichtag – Schiedsgutachterverfahren – Erhaltung des Stammkapitals – Sonderregelungen
Auflösung und Abwicklung	Auflösung – Auflösungsgründe – Auflösungsbeschluss
	Abwicklung – Bestellung der Liquidatoren – Verteilung des Restvermögens
Schlussbestimmungen	Bekanntmachungen
	Schiedsgerichtsklausel
	Übernahme der Gründungskosten durch die Gesellschaft

B 119 **c) Bestandteile des Gründungsprotokolls**

- Beitrittserklärungen der Gesellschafter
- Bestellung der ersten Geschäftsführer
- Angabe der Vertretungsbefugnis
- Gesellschaftsvertrag als Anlage

B 120 **d) Ablauf der Heilung verdeckter Sacheinlagen**

- Gesellschafterbeschluss mit satzungsändernder Mehrheit
- Genaue Angabe des Einlegers und des Einlagegegenstandes
- Bericht über die Änderung der Einlagendeckung und Unterzeichnung durch Geschäftsführer und betroffene Gesellschafter
- Nachweis der Vollwertigkeit der Sacheinlage durch eine von einem Wirtschaftsprüfer testierte Bilanz
- Versicherung der Geschäftsführer hinsichtlich der Werthaltigkeit der eingebrachten Sacheinlage und Übertragung auf die Gesellschaft

XII. Muster

1. Gründungsprotokoll

B 121

Eingang Notarurkunde

Die Erschienenen erklärten:

1. Wir errichten hiermit unter der Firma ... eine Gesellschaft mit beschränkter Haftung mit dem Sitz in ... und schließen den dieser Niederschrift als Anlage beigefügten Gesellschaftsvertrag.
2. Vom Stammkapital der Gesellschaft zu ... € übernehmen Herr ... eine Stammeinlage in Höhe von ... € und Frau ... eine Stammeinlage in Höhe von ... €. Die Hälfte ist sofort fällig, der Rest auf Anfordern durch die Gesellschaft.
3. In einer gleichzeitig abgehaltenen ersten Gesellschafterversammlung bestellen wir Herrn ... (*Beruf, Privatanschrift*) zum ersten Geschäftsführer. Herr ... ist berechtigt, die Gesellschaft stets allein zu vertreten. Er ist von den Beschränkungen des § 181 BGB befreit.

Der Notar wies darauf hin, dass
1. die Gesellschaft als juristische Person erst mit ihrer Eintragung in das Handelsregister entsteht und die vor der Eintragung der Gesellschaft in ihrem Namen Handelnden persönlich nach § 11 Abs. 2 GmbHG haften,
2. die Gesellschafter für den Ausgleich eines bis zur Eintragung der Gesellschaft in das Handelsregister eintretenden Verlustes persönlich haften,
3. jeder Gesellschafter für die Leistung der von den anderen Gesellschaftern übernommenen, aber nicht geleisteten Stammeinlagen haftet,
4. die Gesellschafter und Personen, für deren Rechnung sie Stammeinlagen übernommen haben, der Gesellschaft als Gesamtschuldner haften, falls zum Zweck der Errichtung der Gesellschaft falsche Angaben gemacht worden sind oder die Gesellschaft durch Einlagen oder Gründungsaufwand vorsätzlich oder grob fahrlässig geschädigt worden ist, und
5. die Gesellschafter, die zum Zwecke der Errichtung der Gesellschaft falsche Angaben machen, mit Freiheitsstrafe bis drei Jahren oder mit Geldstrafe bestraft werden können.

Ausgang Notarurkunde

B 122 **2. Gesellschaftsvertrag (als Anlage zum Gründungsprotokoll)[288]**

§ 1 Firma und Sitz

Die Firma der Gesellschaft lautet … . Die Gesellschaft hat ihren Sitz in … .

§ 2 Gegenstand des Unternehmens

I. Gegenstand des Unternehmens ist … .
II. Die Gesellschaft darf gleichartige oder ähnliche Unternehmen errichten, erwerben, sich an solchen beteiligen oder deren Vertretung übernehmen.
III. Sie darf alle Geschäfte vornehmen, die der Erreichung und Förderung des Unternehmensgegenstandes dienlich sein können. Sie darf auch Zweigniederlassungen gründen.

§ 3 Stammkapital und Stammeinlagen

I. Das Stammkapital der Gesellschaft beträgt … €.
II. Hiervon übernimmt der Gesellschafter … eine Stammeinlage von … €, der Gesellschafter … eine Stammeinlage von … €.
III. Die Stammeinlagen sind in bar zu erbringen. Die Hälfte ist sofort fällig, der Rest auf Anforderung durch die Geschäftsführung.

§ 4 Bekanntmachungen

Die Bekanntmachungen der Gesellschaft erfolgen im Bundesanzeiger für die Bundesrepublik Deutschland.

§ 5 Dauer, Geschäftsjahr

I. Die Gesellschaft beginnt mit dem Tage ihrer Eintragung und wird auf unbestimmte Zeit errichtet.
II. Geschäftsjahr ist das Kalenderjahr.
III. Das erste Geschäftsjahr ist ein Rumpfgeschäftsjahr und endet am 31. Dezember des Jahres der Eintragung der Gesellschaft in das Handelsregister.

---

[288] Hierbei kann es sich nur um einen nicht auf jeden Fall anwendbaren Vorschlag handeln. Er geht über den notwendigen Inhalt hinaus, enthält aber nicht alle denkbaren und im Einzelfall sinnvollen Regelungen (vgl. zu dem breiten Spektrum an möglichen Regelungen oben XI 6 b), Rdn. B 118; weitere Muster bei *Reichert*, Der GmbH-Vertrag, sowie *Langenfeld*, GmbH-Vertragspraktikum.

§ 6 Nachschüsse

I. Die Gesellschafterversammlung kann Nachschüsse bis zur Höhe von insgesamt ... € beschließen. Sie sind von den Gesellschaftern entsprechend ihren Anteilen zu leisten.
II. Die Nachschüsse werden auf Anforderung der Geschäftsführung fällig.
III. Die Gesellschafterversammlung kann mit Mehrheit der vorhandenen Stimmen beschließen, dass die Nachschüsse zurückzuzahlen sind, sofern dadurch nicht das Stammkapital angegriffen wird.

§ 7 Vertretung und Geschäftsführung

I. Die Gesellschaft hat einen oder mehrere Geschäftsführer. Ist nur ein Geschäftsführer bestellt, so vertritt dieser die Gesellschaft allein. Sind mehrere Geschäftsführer bestellt, so wird die Gesellschaft durch zwei Geschäftsführer gemeinschaftlich oder durch einen Geschäftsführer in Gemeinschaft mit einem Prokuristen vertreten.
II. Die Gesellschafter können einem oder mehreren Geschäftsführern Einzelvertretungsbefugnis erteilen und ihn bzw. sie von den Beschränkungen des § 181 BGB befreien.
III. Die Geschäftsführer sind verpflichtet, die Weisungen der Gesellschafterversammlung zu befolgen, insbesondere eine von der Gesellschafterversammlung aufgestellte Geschäftsordnung zu beachten und in dieser als zustimmungspflichtig bezeichnete Geschäfte nur mit vorheriger ausdrücklicher Zustimmung der Gesellschafterversammlung vorzunehmen.

§ 8 Gesellschafterversammlung

I. Die Gesellschafterversammlung findet am Sitz der Gesellschaft statt. Sie kann aus begründetem Anlass an einem anderen Ort abgehalten werden.
II. Sie wird mindestens einmal jährlich in den ersten sechs Monaten des Geschäftsjahres und im übrigen unbeschadet der im Gesetz vorgesehenen Fälle dann einberufen, wenn es im Interesse der Gesellschaft erforderlich ist.
III. Die Gesellschafterversammlung wird durch die Geschäftsführer einberufen. Die Ladung erfolgt mittels Einschreibebriefs mit einer Frist von mindestens zwei Wochen unter Mitteilung der Tagesordnung.
IV. Die Versammlung wählt mit einfacher Mehrheit der abgegebenen Stimmen einen Vorsitzenden, der die Versammlung leitet.
V. Jeder Gesellschafter darf an der Gesellschafterversammlung – auch in Begleitung seines rechtlichen oder steuerlichen Beraters – teilnehmen. Er kann sich auch durch seinen Ehegatten, einen anderen Gesellschafter oder einen zur Berufsverschwiegenheit verpflichteten Dritten vertreten lassen. Der Bevollmächtigte hat sich durch schriftliche Vollmacht (auch Telefax) zu legitimieren; andernfalls entfällt sein Teilnahmerecht.

VI. Die Gesellschafterversammlung ist nur beschlussfähig, wenn mindestens 75 % des Stammkapitals vertreten sind. Ist dies nicht der Fall, so ist innerhalb eines Monats eine weitere Gesellschafterversammlung einzuberufen. Diese weitere Gesellschafterversammlung ist in jedem Fall beschlussfähig, wenn hierauf in der Ladung hingewiesen wurde.

§ 9 Zuständigkeit der Gesellschafterversammlung

I. Die Gesellschafterversammlung ist in den gesetzlich bestimmten Fällen zuständig, soweit in dieser Satzung nichts anderes bestimmt ist.

II. In den folgenden Fällen ist die Gesellschafterversammlung in der Weise zuständig, dass die Geschäftsführer Geschäfte erst dann tätigen dürfen, wenn die Gesellschafterversammlung zugestimmt hat:
 – Erwerb, Veräußerung oder Belastung von Grundstücken;
 – Bauliche Maßnahmen, soweit im Einzelfall die Aufwendungen einen Betrag von ... € übersteigen;
 – Abschluss, Aufhebung oder Änderung von Leasing-, Pacht-, Mietverträgen oder anderen Dauerschuldverhältnissen ab einer jährlichen Belastung der Gesellschaft über ... €.
 – Anstellung oder Entlassung von Arbeitnehmern ab monatlichen Bruttobezügen über ... €;
 – Beteiligungen von Arbeitnehmern an Gewinn, Umsatz oder Vermögen der Gesellschaft sowie Versorgungszusagen jeder Art;
 – Eingehen von Wechselverbindlichkeiten, Bürgschaftsverpflichtungen oder Inanspruchnahme von Krediten über ... €; ausgenommen sind laufende Warenkredite;
 – Gewährung von Krediten oder Sicherheiten über ... €;
 – Errichtung oder Aufgabe von Zweigniederlassungen, Erwerb anderer Unternehmen oder Beteiligung an solchen;
 – Veräußerung oder Verpachtung des Unternehmens im ganzen oder von Teilbetrieben sowie Veräußerung von Beteiligungen;
 – Abschluss, Aufhebung oder Änderung von Verträgen mit Verwandten und Verschwägerten eines Gesellschafters oder Geschäftsführers;
 – Erteilung und Widerruf von Prokura oder Handlungsvollmacht.

III. Die Gesellschafterversammlung kann andere Angelegenheiten durch Beschluss an sich ziehen.

§ 10 Gesellschafterbeschlüsse

I. Die Gesellschafter sind nach Maßgabe ihrer Geschäftsanteile stimmberechtigt. Je 100 € eines Geschäftsanteils gewähren eine Stimme.

II. Die Beschlüsse der Gesellschafter werden mit einfacher Mehrheit der anwesenden Stimmen gefasst, soweit nicht die Satzung oder das Gesetz zwingend eine andere Mehrheit vorschreibt.

III. Über die gefassten Beschlüsse hat der Vorsitzende unverzüglich eine Niederschrift aufzunehmen, zu unterschreiben und den Gesellschaftern zuzuleiten.

IV. Die Unwirksamkeit oder Anfechtbarkeit von Gesellschafterbeschlüssen kann, sofern nicht gegen zwingende gesetzliche Vorschriften verstoßen wird, nur innerhalb eines Monats klageweise geltend gemacht werden.

§ 11 Jahresabschluss, Gewinnverwendung

I. Die Geschäftsführer haben den Jahresabschluss (Bilanz nebst Gewinn- und Verlustrechnung und Anhang) entsprechend den gesetzlichen Vorschriften aufzustellen.

II. Über die Verwendung des Ergebnisses entscheidet die Gesellschafterversammlung. Sie kann den Gewinn insgesamt oder in Teilen in Gewinnrücklagen einstellen oder auf neue Rechnung vortragen.

§ 12 Verfügung über Geschäftsanteile

I. Verfügungen über Geschäftsanteile oder einen Teil eines Geschäftsanteils bedürfen zu ihrer Wirksamkeit der schriftlichen Zustimmung der Gesellschafterversammlung, welche mit einfacher Mehrheit der abgegebenen Stimmen entscheidet.

II. Ist ein Gesellschafter Inhaber mehrerer Geschäftsanteile, auf welche die Stammeinlagen voll geleistet sind, so können diese mehreren Geschäftsanteile oder einzelne von ihnen auf Antrag des betroffenen Gesellschafters durch Gesellschafterbeschluss miteinander vereinigt werden.

§ 13 Vorkauf

Im Falle der Veräußerung von Geschäftsanteilen steht den übrigen Gesellschaftern ein Vorkaufsrecht im Verhältnis ihrer Beteiligung zu. Macht ein Gesellschafter davon nicht innerhalb eines Monats nach schriftlicher Mitteilung des Vorkaufsfalles durch schriftliche Erklärung gegenüber dem verkaufswilligen Gesellschafter Gebrauch, geht das Recht wiederum anteilig auf die verbleibenden Gesellschafter und schließlich auf die Gesellschaft über, die ihre Entscheidung jeweils innerhalb von zwei Wochen mitzuteilen haben.

§ 14 Einziehung von Geschäftsanteilen

I. Die Einziehung von Geschäftsanteilen mit Zustimmung des betroffenen Gesellschafters ist jederzeit zulässig.

II. Die Geschäftsanteile eines Gesellschafters können ohne seine Zustimmung eingezogen werden, wenn:

- über das Vermögen des Gesellschafters das Insolvenzverfahren eröffnet oder die Eröffnung mangels Masse abgelehnt worden ist;
- ein Gläubiger des Gesellschafters die Zwangsvollstreckung in den Geschäftsanteil oder in Ansprüche des Gesellschafters gegen die Gesellschaft betreibt und die Zwangsvollstreckungsmaßnahme nicht binnen zwei Monaten aufgehoben ist;
- der Gesellschafter Auflösungsklage erhebt;
- der Gesellschafter die Interessen der Gesellschaft in schuldhafter Weise grob verletzt und den übrigen Gesellschaftern eine weitere Zusammenarbeit nicht zumutbar ist;
- der Gesellschafter aus wichtigem Grund seinen Austritt aus der Gesellschaft erklärt;
- der Gesellschafter über seinen Geschäftsanteil ohne Zustimmung der Gesellschafterversammlung verfügt.

III. Die Einziehung erfolgt aufgrund eines Gesellschafterbeschlusses mit ¾ der abgegebenen Stimmen. Der betroffene Gesellschafter hat kein Stimmrecht. Mehrere Geschäftsanteile eines Gesellschafters können nur insgesamt eingezogen werden.

IV. Statt der Einziehung kann die Gesellschafterversammlung beschließen, dass der Geschäftsanteil auf einen oder mehrere von ihr bestimmte Gesellschafter zu übertragen ist.

§ 15 Ausschluss eines Gesellschafters

I. Ein Gesellschafter kann aus der Gesellschaft ausgeschlossen werden, wenn in seiner Person oder seinem Verhalten ein wichtiger Grund gegeben ist, der es für die anderen Gesellschafter unzumutbar macht, mit ihm in der Gesellschafterversammlung zusammenzuarbeiten. Als wichtige Gründe für einen Ausschluss gelten insbesondere:
- gravierende Pflichtverletzungen,
- unheilbares Zerwürfnis unter den Gesellschaftern.

II. Der Ausschluss eines Gesellschafters erfolgt durch Beschluss der Gesellschafterversammlung, der mit ¾ der vorhandenen Stimmen zu fassen ist. Der betroffene Gesellschafter hat kein Stimmrecht.

§ 16 Erbfolge

I. Wird ein Gesellschafter hinsichtlich seines Geschäftsanteils an der Gesellschaft nicht von anderen Gesellschaftern, seinem Ehegatten oder seinen Abkömmlingen beerbt, kann der Geschäftsanteil des verstorbenen Gesellschafters gegen Entgelt eingezogen werden.

II. Statt der Einziehung kann die Gesellschaft verlangen, dass der Anteil ganz oder geteilt an die Gesellschaft selbst, an einen oder mehrere Gesellschafter oder an einen Dritten abgetreten wird.

§ 17 Kündigung

I. Jeder Gesellschafter kann die Gesellschaft mit einer Frist von sechs Monaten zum Schluss des Geschäftsjahres kündigen, erstmals jedoch zum ...

II. Die Kündigung hat durch eingeschriebenen Brief an die Gesellschaft zu Händen der Geschäftsführung zu erfolgen.

III. Die Kündigung hat nicht die Auflösung der Gesellschaft, sondern nur das Ausscheiden des kündigenden Gesellschafters zum Ende des betreffenden Geschäftsjahres zur Folge. Vom Zeitpunkt des Zugangs der Kündigung an ruhen die Gesellschafterrechte. Der kündigende Gesellschafter ist nach der Wahl der Gesellschaft verpflichtet, die Einziehung des Anteils zu dulden oder den Geschäftsanteil an die Gesellschaft oder einen von ihr zu benennenden Dritten abzutreten.

§ 18 Bewertung und Abfindung

I. Soweit nach diesem Gesellschaftsvertrag eine Bewertung von Geschäftsanteilen stattzufinden hat, ist der Wert anzusetzen, der sich im Zeitpunkt des Ausscheidens des betreffenden Gesellschafters unter Anwendung der steuerrechtlichen Vorschriften zur Ermittlung des gemeinen Werts von Geschäftsanteilen mangels Ableitbarkeit aus Verkäufen ergibt.

II. In den Fällen der Zwangseinziehung oder des Ausschlusses erhält der betroffene Gesellschafter als Abfindung den Buchwert seines Geschäftsanteils unter Berücksichtigung der anteiligen offenen Rücklagen und Gewinnvorträge, abzüglich eines etwaigen anteiligen Verlustvortrages.

III. Wird der Geschäftsanteil eingezogen oder der Gesellschafter ausgeschlossen, erfolgt die Auszahlung des Abfindungsentgelts in drei gleichen Jahresraten, beginnend sechs Monate nach dem Ausscheidungstag. Der jeweils ausstehende Betrag ist mit ... % über dem jeweiligen Basiszinssatz gem. Diskontsatz-Überleitungsgesetz (DÜG) vom 9. 6. 1998 (BGBl. I, 1242) zu verzinsen.

IV. Besteht zum Zeitpunkt des Ausscheidens ein dem ausscheidenden Gesellschafter oder seinen Erben nicht zumutbares Missverhältnis zwischen dem nach obigen Grundsätzen ermittelten Abfindungswert und dem wirklichen Wert der Beteiligung, so können die Gesellschaft und der ausscheidende Gesellschafter oder seine Erben eine Anpassung durch einen von der Wirtschaftsprüferkammer Düsseldorf zu bestimmenden Wirtschaftsprüfer als Schiedsgutachter verlangen. Die Kosten des Schiedsgutachtens gehen zu Lasten desjenigen, der die Benennung des Schiedsgutachters verlangt.

§ 19 Gründungskosten

Die Gründungskosten einschließlich der Kosten des Notars und des Gerichts für die Beurkundung des Gesellschaftsvertrages und die Eintragung der Gesellschaft gehen bis zu einer Höhe von ... € zu Lasten der Gesellschaft.

B. Gründung

> **§ 20 Schlussbestimmung**
>
> Sollte eine Bestimmung dieses Gesellschaftsvertrages ganz oder teilweise unwirksam sein oder ihre Wirksamkeit später verlieren, so wird dadurch die Gültigkeit der übrigen Bestimmungen nicht berührt. Anstelle der unwirksamen Regelung soll eine zulässige Regelung gelten, die der von den Vertragsschließenden gewollten am nächsten kommt.

B 123 **3. Anmeldung der Bargründung**

> Amtsgericht
> – Handelsregister –
>
> Betr.: Neueintragung der …
>
> Als Geschäftsführer der … GmbH … in … (*Ort*) überreiche ich folgende Unterlagen:
> 1. Ausfertigung des Gesellschaftsvertrages vom … – UR Nr. … des beglaubigenden Notars … – einschließlich des Beschlusses über meine Bestellung zum Geschäftsführer;
> 2. Liste der Gesellschafter.
>
> Ich melde die Gesellschaft und mich als Geschäftsführer zur Eintragung an.
> Ich vertrete die Gesellschaft stets allein; ich bin von den Beschränkungen des § 181 BGB befreit.
> Die Gesellschaft hat einen oder mehrere Geschäftsführer. Ist nur ein Geschäftsführer vorhanden, so vertritt er die Gesellschaft allein. Sind mehrere Geschäftsführer vorhanden, so vertreten zwei Geschäftsführer gemeinschaftlich oder ein Geschäftsführer in Gemeinschaft mit einem Prokuristen die Gesellschaft. Die Erteilung einer Einzelvertretungsbefugnis ist zulässig.
>
> Ich zeichne meine Unterschrift wie folgt:
> …
>
> Das Stammkapital der Gesellschaft beträgt … €.
>
> Ich versichere, dass auf die Stammeinlage des Gesellschafters … ein Betrag von … € und auf die Stammeinlage des Gesellschafters … ein Betrag von … € eingezahlt ist, die Summe der eingezahlten Stammeinlagen die Hälfte des Mindeststammkapitals gemäß § 5 Abs. 1 GmbHG erreicht und dass sich die eingezahlten Beträge endgültig zu meiner freien Verfügung als Geschäftsführer befinden. Ich versichere weiter, dass das Vermögen der Gesellschaft, abgesehen von den Eintragungs- und Bekanntmachungskosten (Gründungsaufwand) im Betrag von insgesamt höchstens … €, nicht mit Verbindlichkeiten vorbelastet ist.

Ich versichere weiter, dass keine Umstände vorliegen, die meiner Bestellung nach § 6 Abs. 2 S. 2 und 3 GmbHG entgegenstehen, und dass ich über meine unbeschränkte Auskunftspflicht gegenüber dem Gericht durch den beglaubigenden Notar belehrt worden bin. Ich bin weder wegen einer Straftat nach den §§ 283 bis 283 d des Strafgesetzbuches verurteilt worden, noch ist mir durch gerichtliches Urteil oder durch vollziehbare Entscheidung einer Verwaltungsbehörde die Ausübung eines Berufes, Berufszweiges, Gewerbes oder Gewerbezweiges untersagt worden.

Über meine unbeschränkte Auskunftspflicht gegenüber dem Registergericht bin ich durch den beglaubigenden Notar belehrt worden.

Die Geschäftsräume befinden sich in ...

..., den ...

...

Der mir persönlich bekannte ... (Name, Anschrift) leistete vor mir die Namensunterschrift als Geschäftsführer und seine Unterschrift unter der Anmeldung, die hiermit beglaubigt wird.

... (Ort), den ... (Datum)

...
(*Unterschrift Notar*)

4. Gesellschafterliste

B 124

Liste der Gesellschafter der ... (Firma), ... (Sitz)		
Name	Wohnort	Anteil am Stammkapital in €
1.		
2.		
3.		
..., den ... ... (*Unterschriften aller Geschäftsführer*)		

B 125 5. Einbringung von Sacheinlagen[289]

a) Gesellschaftsvertrag

> **§ 3 Stammkapital und Stammeinlagen**
>
> Das Stammkapital der Gesellschaft beträgt ... €.
> Hierauf übernimmt der Gesellschafter ... eine Stammeinlage von ... €, der Gesellschafter ... eine Stammeinlage von ... €.
> Die von Gesellschafter ... übernommene Stammeinlage von ... € ist in Geld zu erbringen. Die Hälfte ist sofort fällig, der Rest auf Anforderung durch die Gesellschaft.
> Die von Gesellschafter ... übernommene Stammeinlage von ... € ist durch Einbringung des im Eigentum des Gesellschafters ... stehenden im Grundbuch von ..., Band ..., Blatt ..., lfd. Nr. ... eingetragenen Grundstücks zu erbringen. Das Grundstück ist sofort an die Gesellschaft zu übereignen. Gemäß den Schätzungen des öffentlichen Schätzers der Gemeinde ... wird der Wert des Grundstücks mit ... € angenommen. Die Gesellschaft ist nicht verpflichtet, den die Stammeinlage übersteigenden Wert der Einlage an Gesellschafter ... zu vergüten.
> ...

b) Anmeldung

> ... überreiche ich folgende Unterlagen:
> 1. ...
> 2. ...
> 3. die Verträge, die den Festsetzungen der Sacheinlagen zugrunde liegen und zu ihrer Ausführung geschlossen worden sind,
> 4. den Sachgründungsbericht und
> 5. Unterlagen darüber, dass der Wert der Sacheinlage(n) den Betrag der dafür übernommenen Stammeinlage(n) erreicht.
>
> ...
> Der Gesellschafter ... hat das Grundstück ... an die Gesellschaft in Gründung aufgelassen. Der Eigentumswechsel wurde am ... im Grundbuch beantragt/vollzogen. Ich versichere, dass sich das Grundstück endgültig in meiner freien Verfügung als Geschäftsführer befindet.
> ...

---

[289] Der Gesellschaftsvertrag und die Anmeldung einer Bar- und Sachgründung weisen zunächst denselben Inhalt auf. Es werden nur die Änderungen im Vergleich zur Einbringung von Bareinlagen aufgezeigt.

C. Prokura und Handlungsvollmacht

Inhaltsübersicht

	Rdn.
I. Kurzkommentar	C 1
II. Erteilung	
1. Prokura	C 3
2. Handlungsvollmacht	C 6
III. Umfang	
1. Prokura	C 7
2. Handlungsvollmacht	C 11
3. Generalvollmacht	C 13
IV. Erlöschen	C 14

	Rdn.
V. Beratungshilfen	
1. Eintragung der Erteilung und des Erlöschens der Prokura in das Handelsregister	C 16
2. Zeichnung des Prokuristen	C 17
VI. Muster	
1. Erteilung einer Generalhandlungsvollmacht (Gesellschafterbeschluss)	C 18
2. Erteilung einer Arthandlungsvollmacht	C 19
3. Anmeldung der Prokura	C 20
4. Anstellungsvertrag eines Generalbevollmächtigten	C 21

I. Kurzkommentar

Neben den Grundregeln der §§ 164 ff. BGB über die Vertretung stellen Prokura, §§ 48–53 HGB, und Handlungsvollmacht, §§ 54–58 HGB, **besonders ausgestaltete handelsrechtliche Vollmachten** dar[290]. Kennzeichen der Prokura ist der gesetzlich weit und fest umrissene Umfang der Vertretungsmacht, der gegenüber Dritten grundsätzlich nicht beschränkt werden kann, §§ 49, 50 HGB. Im Unterschied zur Prokura kann bei der Handlungsvollmacht der Umfang der Vertretungsmacht im Einzelfall vom Vollmachtgeber bestimmt werden. Begrifflich versteht man unter der Handlungsvollmacht jede Vollmacht außer der Prokura, die ein Kaufmann im Rahmen seines Unternehmens erteilt.

C 1

Der Zweck dieser handelsrechtlichen Vollmachten besteht in der **Sicherheit des Rechtsverkehrs**. Der Handelsverkehr kann sich auf den gesetzlich umschriebenen Umfang der Vertretungsmacht verlassen. Dabei ist streng zu trennen zwischen **Innen- und Außenverhältnis**, da der gesetzlich festgelegte Umfang der Vertretungsmacht im Außenverhältnis abweichen kann von den Rechten des Vertreters im Innenverhältnis. Dem Innenverhältnis liegt häufig ein Dienstvertrag zugrunde.

C 2

II. Erteilung

1. Prokura

Gemäß § 48 Abs. 1 HGB kann die Prokura nur vom **Inhaber des Handelsgeschäfts** oder seinem **gesetzlichen Vertreter** erteilt werden, und zwar mittels **ausdrücklicher**

C 3

---

290 Heymann/Sonnenschein-Weitemeier, HGB, Vor § 48, Rdn. 13.

Erklärung. Eine besondere Form schreibt das Gesetz nicht vor. Die Erteilung der Prokura durch einen Bevollmächtigten bzw. einen Prokuristen selbst ist nicht möglich. Im Fall der Erteilung durch einen Bevollmächtigten kommt allerdings die **Umdeutung** (§ 140 BGB) in eine Handlungsvollmacht mit entsprechendem Umfang in Betracht[291].

C 4 Der Inhaber des Handelsgeschäfts muß Kaufmann im Sinne des HGB sein. Aus § **13 Abs. 3 GmbHG i.V.m** § **6 HGB** ergibt sich, dass auch die GmbH, vertreten durch ihre Geschäftsführer, Prokuristen bestellen kann. Für die Bestellung und den Widerruf kann der Gesellschaftsvertrag die Zustimmung der Gesellschafterversammlung vorsehen.

C 5 Die Prokura ist zur **Eintragung** in das Handelsregister anzumelden, § 53 HGB[292]. Die Eintragung hat nur deklaratorische Bedeutung, so dass die Prokura mit ihrer Erteilung wirksam ist.

2. Handlungsvollmacht

C 6 Die Handlungsvollmacht kann **formfrei** erteilt werden, und zwar auch von einem Bevollmächtigten des Unternehmensträgers. Anders als die Prokura braucht sie nicht ausdrücklich erklärt zu werden. Möglich ist also auch eine Erteilung der Vollmacht durch **schlüssiges Verhalten**[293]. Eine Verlautbarung im Handelsregister erfolgt nicht.

III. Umfang

1. Prokura

C 7 Nach der **Grundregel des** § **49 Abs. 1 HGB** ermächtigt die Prokura zu allen Arten von gerichtlichen und außergerichtlichen Geschäften und Rechtshandlungen, die der Betrieb eines Handelsgewerbes mit sich bringt. Ausgenommen[294] sind lediglich die sogenannten **Grundlagengeschäfte**, da solche nicht zum Betrieb eines Handelsgewerbes gehören (Bsp: Stellung des Insolvenzantrages, Verkauf oder Veräußerung des Unternehmens, Stillegung des Betriebes). Darüber hinaus sind alle **In-Sich-Geschäfte** nicht von § 49 Abs. 1 HGB gedeckt. Gemäß § 49 Abs. 2 HGB ist der Prokurist nur dann ermächtigt, **Grundstücke** zu veräußern oder zu belasten, wenn ihm diese Befugnis besonders erteilt wurde.

---

291 *Schmidt*, HandelsR, § 16 IV 2 b; *Heymann/Sonnenschein-Weitemeier*, HGB, § 48, Rdn. 5. § 46 Nr. 7 GmbHG regelt nur die interne Beschlussfassung über die Prokura, die Erteilung erfolgt durch den Geschäftsführer (BGHZ 62, 166, 168).
292 Vgl. Muster VI 3, Rdn. C 20.
293 *Baumbach/Hopt*, HGB, § 54, Rdn. 8.
294 Zu den Ausnahmen vgl. *Graf von Westphalen*, DStR 1993, 1186 ff.

Dritten gegenüber ist eine Beschränkung der Vertretungsmacht des Prokuristen unwirksam, § 50 Abs. 1 GmbHG. Dementsprechend ist die GmbH als Unternehmensträgerin an das Verhalten ihres Prokuristen grundsätzlich gebunden, und zwar auch dann, wenn dieser seine internen Grenzen überschreitet. Eine **Ausnahme** hiervon ist anerkannt im Fall des **Missbrauchs der Vertretungsmacht**: wenn der Prokurist bewusst zum Nachteil der GmbH handelt und der Dritte dies weiß oder es sich ihm aufdrängt, deckt die Prokura das missbräuchlich getätigte Geschäft nicht[295]. C 8

§ 48 Abs. 2 HGB ermöglicht die Erteilung einer **Gesamtprokura** an zwei oder mehr Personen. Dies bedeutet eine funktionelle Beschränkung der Vertretungsmacht und hat zur Folge, dass die Bevollmächtigten den Prinzipal nur gemeinschaftlich vertreten können. Bei Missachtung dieser Beschränkung handelt der Gesamtprokurist als Vertreter ohne Vertretungsmacht. C 9

Folgende Gestaltungsformen der Prokura sind bekannt[296]: C 10

- Darf der Prokurist nur gemeinsam mit einem anderen oder mehreren oder allen Prokuristen handeln, spricht man von **allseitiger Gesamtprokura**.
- Bei der **halbseitigen Gesamtprokura** hat von zwei Prokuristen der eine Einzel- und der andere Gesamtvertretungsmacht.
- Als **gemischte (unechte) Gesamtprokura** bezeichnet man den Fall, dass der Prokurist nur gemeinsam mit einem Geschäftsführer zur Vertretung berechtigt ist[297]. Voraussetzung ist aber, dass der Geschäftsführer gesamtvertretungsbefugt ist[298], was nur bei Bestellung von wenigstens zwei Geschäftsführern der Fall sein kann. **Unzulässig** ist somit die **Bindung des einzigen Geschäftsführers** der GmbH an die Mitwirkung eines Prokuristen.

2. Handlungsvollmacht

Die Handlungsvollmacht erfasst alle Geschäfte, die das Handelsgeschäft gewöhnlich mit sich bringt. Das gilt auch für die GmbH als Formkaufmann nach § 6 HGB. Anders als bei der Prokura ist bei der Handlungsvollmacht nur die Vornahme **branchenüblicher Geschäfte** des jeweiligen Handelsgewerbes gedeckt[299]. Einschränkungen ergeben sich aus § 54 Abs. 2 HGB. C 11

Bei der Handlungsvollmacht wird gemeinhin unterschieden zwischen der Generalhandlungsvollmacht, der Arthandlungsvollmacht und der Spezialhandlungsvollmacht, vgl. § 54 Abs. 1 HGB: C 12

---

295 *Schmidt*, HandelsR, § 16 III 4; vgl. auch BGHZ 50, 112, 114 f.; BGH, NJW 1990, 384, 385.
296 Vgl. *Schmidt*, HandelsR, § 16 III 3 c cc.
297 BGH, NJW 1987, 841 f.: »Prokura kann auch in der Weise erteilt werden, dass der Prokurist berechtigt ist, die GmbH in Gemeinschaft mit einem gesamtvertretungsbefugten Geschäftsführer zu vertreten.«
298 *Schmidt*, HandelsR, § 16 III 3 c cc ccc.
299 *Baumbach/Hopt*, HGB, § 54, Anm. 3 A.

- Im Fall der **Generalhandlungsvollmacht**[300] kann der Bevollmächtigte alle Geschäfte im Namen des Vertretenen abschließen, die zum Betrieb des Unternehmens gehören.
- Die **Arthandlungsvollmacht**[301] ermächtigt zur Vornahme einer bestimmten Art von Geschäften und kommt in der Praxis am häufigsten vor. Beispiele für Arthandlungsbevollmächtigte sind:
  – Einkäufer,
  – Verkäufer,
  – Kassierer,
  – Kellner,
  – Schalterangestellte einer Bank.
- Die **Spezialhandlungsvollmacht** berechtigt nur zum Abschluss einzelner Rechtsgeschäfte.

3. Generalvollmacht

C 13 Die Generalhandlungsvollmacht darf nicht verwechselt werden mit der **Generalvollmacht**[302]. Hierbei handelt es sich um eine umfassende Vollmacht, die grundsätzlich zu einer wirksamen Vertretung bei allen Rechtsgeschäften ermächtigt, und nicht nur bei solchen, die der Betrieb eines Handelsgewerbes oder die Vornahme derartiger Geschäfte gewöhnlicherweise mit sich bringt. Sie ist keine handelsrechtliche Vollmacht und findet ihre Rechtsgrundlage allein in den §§ 164 ff. BGB. In der Regel ist der Umfang der Vertretungsmacht bei der Generalvollmacht weiter als bei der Prokura[303]. Die Generalvollmacht ist im GmbH-Recht grundsätzlich möglich. Es dürfen jedoch keine organschaftlichen Aufgaben delegiert werden. Der Geschäftsführer der GmbH kann seine organschaftliche Vertretungsmacht also in keinem Fall auf einen Dritten übertragen, auch nicht mittels Generalvollmacht.

IV. Erlöschen

C 14 Die Prokura erlischt durch
- **Widerruf**, wobei § 52 Abs. 1 HGB bestimmt, dass sie jederzeit – ohne Rücksicht auf das zugrundeliegende Rechtsverhältnis – widerruflich ist,
- **Beendigung des Dienst- oder Anstellungsverhältnisses** (§ 168 Satz 1 BGB),

---

300 Vgl. Muster VI 1 (Erteilung einer Generalhandlungsvollmacht), Rdn. C 18.
301 Vgl. Muster VI 2 (Erteilung einer Arthandlungsvollmacht), Rdn. C 19.
302 Vgl. Muster VI 4 (Anstellungsvertrag eines Generalbevollmächtigten), Rdn. C 21.
303 Auch die Prokura ist in ihrem Umfang beschränkt. So kann ein Prokurist z.B. keine Anmeldungen zum Handelsregister vornehmen.

- Tod des Prokuristen und
- Eröffnung des Insolvenzverfahrens (§ 27 InsO i.V.m § 168 Satz 1 BGB).

Das Erlöschen der Handlungsvollmacht richtet sich mangels einer Regelung im HGB nach §§ 168–173 BGB.

C 15

V. Beratungshilfen

1. Eintragung der Erteilung und des Erlöschens der Prokura in das Handelsregister

Die Erteilung und das Erlöschen der Prokura sind gemäß § 53 HGB zur Eintragung in das Handelsregister anzumelden. Zwar wirkt die Eintragung nicht konstitutiv. § 53 HGB bestimmt jedoch im Interesse des Gläubigerschutzes und der Sicherheit des Rechtsverkehrs, dass die Erteilung sowie das Erlöschen der Prokura einzutragende Tatsachen i.S.d. § 15 HGB sind. Mit Rücksicht auf das Prinzip der negativen Publizität des § 15 Abs. 1 HGB[304] ist die Anmeldung des Erlöschens der Prokura dringend anzuraten, um eine **missbräuchliche Nutzung einer nicht mehr bestehenden Prokura** auszuschließen.

C 16

2. Zeichnung des Prokuristen

Gemäß § 51 HGB hat der Prokurist in der Weise zu zeichnen, dass er der Firma seinen Namen mit einem die Prokura andeutenden Zusatz beifügt. Üblicherweise geschieht dies durch die Buchstaben »**ppa**« (per prokura) vor seinem handgeschriebenen Namen. Eine Missachtung des § 51 HGB schließt aber ein Handeln als Prokurist nicht aus. Für und gegen wen das Geschäft dann wirkt, richtet sich nach § 164 BGB. Ist das Offenkundigkeitsprinzip auch ohne die Einhaltung der Vorschrift des § 51 HGB gewahrt, so wird die GmbH berechtigt und verpflichtet. Der Gefahr, im eigenen Namen zu handeln, kann aber sinnvollerweise durch die Beifügung des von § 51 HGB geforderten Zusatzes begegnet werden.

C 17

---

304 *Schmidt*, HandelsR, § 14 II.

VI. Muster

C 18 **1. Erteilung einer Generalhandlungsvollmacht (Gesellschafterbeschluss)**

Wir, die unterzeichneten alleinigen Gesellschafter der ... GmbH mit Sitz in ... (*Ort*), eingetragen im Handelsregister des Amtsgerichts ... unter HRB ..., beschließen einstimmig:

1. Herrn ... (*Beruf, Vor- und Zuname*), wohnhaft in ... (*Anschrift*), wird hiermit Vollmacht für den gesamten Geschäftsbetrieb erteilt. Die Vollmacht ist eine Generalhandlungsvollmacht i.S.d. § 54 Abs. 1 HGB und ermächtigt den Bevollmächtigten zur Vornahme aller Geschäfte und Rechtshandlungen, die der Betrieb des Handelsgewerbes der Gesellschaft mit sich bringt.
2. Die Vollziehung der Bestellung und Überwachung der Tätigkeit des Bevollmächtigten obliegt dem Geschäftsführer.
3. Die Vollmacht ist jederzeit widerruflich.

... (*Ort*), den ... (*Datum*)

...

(*Unterschriften der Gesellschafter*)

C 19 **2. Erteilung einer Arthandlungsvollmacht**

Die ... GmbH mit Sitz in ... (*Ort*), eingetragen im Handelsregister des Amtsgerichts ..., unter HRB ..., erteilt hiermit ihrem kaufmännischen Angestellten, Herrn ... (*Name*), wohnhaft in ... (*Anschrift*), Vollmacht für den Einkauf. Die Vollmacht ist eine Arthandlungsvollmacht und berechtigt den Bevollmächtigten zur Vornahme aller Geschäfte und Rechtshandlungen, welche der Geschäftsbereich »Wareneinkauf« mit sich bringt, sofern das einzelne Geschäft die Wertgrenze von ... € nicht überschreitet.

... (*Ort*), den ... (*Datum*)

...

(*Unterschriften der Geschäftsführer*)

VI. Muster

3. Anmeldung der Prokura C 20

An das
Amtsgericht
– Handelsregister –

Betr.: ... GmbH HRB ...

Im meiner Eigenschaft als alleiniger Geschäftsführer der ... GmbH mit Sitz in ... (*Ort*) melde ich hiermit zur Eintragung in das Handelsregister an:

Ich habe dem ... (*Beruf*) ... (*Vor- und Zuname*), wohnhaft in ... (*Ort*) ... (*Straße*), Prokura erteilt. Der Prokurist kann nur gemeinsam mit einem Geschäftsführer oder einem anderen Prokuristen zeichnen.

Der Prokurist zeichnet die Firma und seine Unterschrift wie folgt:

...
...

... (*Ort*), ... (*Datum*)

...
(*Unterschrift des Geschäftsführers*)

...
(*Beglaubigungsvermerk*)

---

4. Anstellungsvertrag eines Generalbevollmächtigten C 21

Zwischen

der ... GmbH, ... (*Sitz*), vertreten durch den Geschäftsführer

– nachfolgend Gesellschaft genannt –

und

Herrn ... (*Name, Geburtsdatum, Privatanschrift*)

wird folgender

Anstellungsvertrag

geschlossen:

§ 1 Aufgabenbereich

1. Herr … wird mit Wirkung ab dem … als leitender Angestellter für den nachfolgenden Aufgabenbereich eingestellt:
   …

2. Herr … wird seine ganze Arbeitskraft und seine fachlichen Kenntnisse und Erfahrungen ausschließlich in den Dienst der Gesellschaft stellen. Grundsätzlich gilt die betriebsübliche Arbeitszeit. Herr … verpflichtet sich, soweit erforderlich und zumutbar, ohne zusätzliche Vergütung über die betriebsübliche Arbeitszeit hinaus tätig zu werden.

3. Die Übernahme von Nebentätigkeiten, Aufsichtsrats-, Beirats- und ähnlichen Mandaten bedarf der vorherigen Zustimmung der Gesellschaft. Sofern die Interessen der Gesellschaft berührt werden können, gilt dies auch für die Erstellung von Gutachten, Veröffentlichungen und für Vorträge.

4. Herr … wird sich während der Dauer des Anstellungsvertrages nicht an einem Unternehmen beteiligen, das mit der Gesellschaft oder einem mit ihr verbundenen Unternehmen in Konkurrenz steht oder in wesentlichem Umfang Geschäftsbeziehungen zu der Gesellschaft oder einem mit ihr verbundenen Unternehmen unterhält. Anteilsbesitz im Rahmen der privaten Vermögensverwaltung, der keinen Einfluss auf die Organe des betreffenden Unternehmens ermöglicht, gilt nicht als Beteiligung im Sinne dieser Bestimmung.

§ 2 Generalvollmacht

1. Herrn … wird für den gesamten Geschäftsbetrieb der Gesellschaft Generalvollmacht erteilt. Herr … ist berechtigt, den Titel »Generalbevollmächtigter« zu führen. Die Generalvollmacht ermächtigt Herrn … zu allen Arten von gerichtlichen und außergerichtlichen Geschäften und Rechtshandlungen, und zwar gemeinschaftlich mit einem Geschäftsführer.

2. Herrn … wird gemäß § 48 HGB Prokura erteilt.

§ 3 Bezüge, sonstige Leistungen

1. Herr … erhält für seine Tätigkeit:
   a) ein Jahresgehalt von … €,
   b) ab dem Geschäftsjahr … eine Tantieme in Höhe von 1,5 % des laut Gewinn- und Verlustrechnung eines Geschäftsjahres erzielten Jahresgewinns vor Abzug von Geschäftsführertantiemen, vertraglichen Tantiemeansprüchen der Mitarbeiter und Ertragssteuern (Gewerbeertrag- und Körperschaftsteuer).

2. Das Jahresgehalt wird in zwölf gleichen Raten unter Einbehaltung der gesetzlichen Abzüge am Ende eines Monats gezahlt.
3. Die Tantieme für das abgelaufene Geschäftsjahr wird mit dem Ende der ordentlichen Gesellschafterversammlung fällig; eine Abschlagszahlung hierauf erfolgt im ... (*Monat*) des laufenden Geschäftsjahres. Sofern das Anstellungsverhältnis im Laufe eines Kalenderjahres endet, wird die Tantieme für jeden vollen Monat der Beschäftigung zeitanteilig gezahlt.
4. Herr ... erhält gegen Vorlage der Belege Ersatz der im Geschäftsinteresse erforderlichen Aufwendungen in angemessenem Umfang.
5. Die Gesellschaft stellt Herrn ... für die Dauer seiner Tätigkeit einen Personenkraftwagen der oberen Klasse (Anschaffungskosten bis max. ... € incl. USt) zur dienstlichen und privaten Nutzung zur Verfügung. Die Gesellschaft trägt die Kosten des Betriebes, der Wartung und der Pflege. Sie unterhält eine Vollkaskoversicherung mit einer Selbstbeteiligung von nicht mehr als ... €. Herr ... hat den Wert der privaten Nutzung als Sachbezug zu versteuern. Endet der Anstellungsvertrag oder erklärt die Gesellschaft, dass Herr ... von der Verpflichtung zur Dienstleistung entbunden wird, ist das Fahrzeug sofort an die Gesellschaft herauszugeben.

§ 4 Urlaub

1. Herr ... hat Anspruch auf einen Erholungsurlaub von 30 Arbeitstagen. Zeit und Dauer werden im Einvernehmen mit der Geschäftsführung der Gesellschaft festgelegt.
2. Beginnt oder endet das Anstellungsverhältnis im Lauf eines Kalenderjahres, so steht Herrn ... für dieses Jahr anteiliger Urlaub entsprechend der tatsächlichen Beschäftigungsdauer zu.

§ 5 Bezüge bei Krankheit, Unfall, Tod

1. Bei einer Arbeitsunfähigkeit, die durch Krankheit, Unfall oder aus einem anderen von Herrn ... nicht verschuldeten Grund eintritt, werden die Bezüge für die Dauer von sechs Wochen unverändert, längstens bis zum Vertragsende weiter gezahlt.
2. Im Todesfall werden seiner Witwe und seinen unterhaltsberechtigten Kindern als Gesamtgläubigern die Bezüge für den Sterbemonat und die drei folgenden Kalendermonate weiter gezahlt, längstens bis zu dem Zeitpunkt, zu dem der Anstellungsvertrag ohne den Eintritt des Todes beendet worden wäre.

§ 6 Geheimhaltung/Aufzeichnungen

1. Herr ... ist verpflichtet, gegenüber Dritten über alle Angelegenheiten der Gesellschaft Stillschweigen zu bewahren. Diese Verpflichtung besteht nach Beendigung des Vertrages fort.

2. Die gleiche Verpflichtung besteht bezüglich des Inhalts dieses Anstellungsvertrages.
3. Herr ... verpflichtet sich, alle geschäftlichen Unterlagen und Schriftstücke sorgfältig aufzubewahren und auf Verlangen jederzeit, bei Beendigung seiner Tätigkeit auch ohne Aufforderung, der Geschäftsführung oder einem Beauftragten der Geschäftsführung auszuhändigen. Ein Zurückbehaltungsrecht an solchen Unterlagen und Schriftstücken ist ausgeschlossen.

§ 7 Vertragsdauer

1. Der Anstellungsvertrag wird für die Zeit vom ... bis zum ... abgeschlossen.
2. Wird Herr ... während der Dauer des Anstellungsvertrages dauernd dienstunfähig, endet das Anstellungsverhältnis mit dem Ende des Monats, in dem die dauernde Dienstunfähigkeit festgestellt worden ist. Dauernde Dienstunfähigkeit im Sinne dieses Vertrages liegt vor, wenn Herr ... aus gesundheitlichen Gründen voraussichtlich auf Dauer nicht in der Lage ist, die ihm obliegenden Aufgaben zu erfüllen. Die dauernde Dienstunfähigkeit wird im Zweifelsfall durch das Gutachten eines einvernehmlich benannten Arztes festgestellt.

§ 8 Schlussbestimmungen

1. Nebenabreden zu diesem Vertrag sind nicht getroffen. Änderungen oder Ergänzungen dieses Vertrages bedürfen zu ihrer Wirksamkeit der Schriftform. Das gleiche gilt für den Verzicht auf das Schriftformerfordernis.
2. Sollten eine oder mehrere Bestimmungen dieses Vertrages unwirksam sein oder werden, wird dadurch die Wirksamkeit des Vertrages im Übrigen nicht berührt. Die Parteien sind in einem solchen Fall verpflichtet, die unwirksame Bestimmung durch eine wirksame Bestimmung zu ersetzen, die den mit der unwirksamen Bestimmung angestrebten wirtschaftlichen Zeilsetzungen am nächsten kommt. Dasselbe gilt, sofern ein Teil des Vertrages durch den Wegfall der Geschäftsgrundlage unwirksam wird.
3. Erfüllungsort für alle Leistungen aus diesem Vertrag ist der Sitz der Gesellschaft.

... (Ort), ... (Datum)

...
(Unterschriften)

D. Der Gesellschafter und sein Geschäftsanteil

Inhaltsübersicht

	Rdn.		Rdn.
I. Kurzkommentar		*VIII. Rechte an Geschäftsanteilen*	
1. Mitgliedschaft und Geschäftsanteil	D 1	1. Treuhand	D 90
2. Gleichbehandlungsgrundsatz und Treuepflicht	D 7	2. Nießbrauch	D 94
		3. Verpfändung	D 97
a) Gleichbehandlungsgrundsatz	D 8	4. Pfändung	D 99
b) Treuepflicht	D 13	*IX. Anteilsvererbung*	D 100
II. Mitgliedschaftspflichten		*X. Eigener Geschäftsanteil der GmbH*	D 102
1. Überblick	D 16		
2. Wettbewerbsverbot	D 22	*XI. Einziehung (Amortisation) von Geschäftsanteilen*	D 112
III. Mitgliedschaftsrechte			
1. Überblick	D 31	*XII. Austritt und Ausschließung*	D 126
2. Informationsrecht, § 51 a GmbHG	D 33	1. Austritt	D 128
IV. Gesellschafterklagen	D 39	2. Ausschließung	D 133
1. Eigene Ansprüche des Gesellschafters	D 40	3. Kaduzierung	D 139
2. Actio pro socio	D 41	*XIII. Abfindung ausscheidender Gesellschafter*	
V. Haftung der Gesellschafter		1. Abfindungsanspruch	D 141
1. Grundsatz der Vermögenstrennung	D 45	2. Satzungsmäßige Beschränkungen	D 142
2. Haftungstatbestände	D 46	*XIV. Beratungshilfen*	
a) Vertragliche Haftung	D 46	1. Heilung der mangelnden Form des Verpflichtungsgeschäfts	D 145
b) Rechtsscheinshaftung	D 50		
c) Deliktische Haftung	D 52	2. Beurkundung des Anteilskaufs durch ausländische Notare	D 148
3. Durchgriffshaftung aufgrund besonderer Umstände	D 54		
		3. Beachtung des Bestimmtheitsgrundsatzes	D 150
a) Vermögensvermischung	D 55	4. Legitimation des Veräußerers	D 152
b) Unterkapitalisierung	D 56	5. Beteiligung des Veräußerers am Gewinn vorangegangener Geschäftsjahre	D 157
c) Beherrschung	D 57		
VI. Zusammenlegung und Teilung von Geschäftsanteilen	D 58	6. Umgehungsgeschäfte bei Abtretungsbeschränkungen	D 160
VII. Anteilsveräußerung		a) Verdeckte Treuhand	D 161
1. Grundsätzliches	D 65	b) Tochtergesellschaft	D 162
2. Schuldrechtliches Verpflichtungsgeschäft	D 68	c) Holding	D 163
		d) Unterbeteiligung	D 164
3. Abtretung	D 73	7. Checklisten	D 165
4. Beschränkung der Abtretbarkeit (Vinkulierung)	D 77	a) Vertragliche Zusicherungen beim Anteilskauf	D 165
5. Anmeldung des Erwerbs bei der Gesellschaft	D 82	b) Voraussetzungen der Einziehung von Geschäftsanteilen	D 166
6. Haftung von Veräußerer und Erwerber	D 86	c) Typische Gründe für zwangsweise Einziehung	D 167
a) Erwerber	D 86		
b) Veräußerer	D 88	d) Ausscheiden des Gesellschafters	D 168
c) Hinweispflichten des Notars	D 89		

D. Der Gesellschafter und sein Geschäftsanteil

XV. Muster
1. Verkauf und Abtretung eines Geschäftsanteils – notariell beurkundeter Vertrag .... D 169
2. Anzeige der Abtretung an die Gesellschaft gemäß § 16 GmbHG .... D 170
3. Zustimmung der GmbH zur Abtretung (§ 15 Abs. 5 GmbHG) .... D 171
4. Anzeige des Geschäftsführers über die Vereinigung von Geschäftsanteilen in einer Hand (§ 40 Abs. 2 GmbHG) .. D 172
5. Zusammenlegung von Geschäftsanteilen .... D 173
6. Zustimmung der GmbH zur Teilung eines Geschäftsanteils (§ 17 Abs. 1 GmbHG) .... D 174
7. Abtretung eines Teilgeschäftsanteils   D 175
8. Geschäftsanteilsverpfändung .... D 176
9. Nießbrauchsbestellung .... D 177
10. Treuhandvertrag über einen Geschäftsanteil .... D 178
11. Preisgabe eines Geschäftsanteils .... D 179
12. Kaduzierung – Aufforderung zur Einzahlung der übernommenen Stammeinlage .... D 180
13. Kaduzierung – erneute Aufforderung zur Einzahlung unter Fristsetzung......................... D 181
14. Kaduzierung – Ausschlusserklärung D 182
15. Austritt aus wichtigem Grund ...... D 183

I. Kurzkommentar

1. Mitgliedschaft und Geschäftsanteil

D 1   Die durch den Geschäftsanteil (§ 14 GmbHG) vermittelte Mitgliedschaft verkörpert die **Rechtsposition des Gesellschafters** in der GmbH; sie umfasst dessen Rechte und Pflichten aus dem Gesellschaftsverhältnis[305]. Die Mitgliedschaft wird **erworben** durch Übernahme einer Stammeinlage bei Gründung oder Kapitalerhöhung[306] (orginärer Erwerb) oder durch Übertragung eines bereits existierenden Anteils[307] (abgeleiteter Erwerb). Bei der Gründung kann jeder Gesellschafter stets nur **eine Stammeinlage** übernehmen (§ 5 Abs. 2 GmbHG). Das schließt aber nicht aus, dass er später weitere Geschäftsanteile hinzuerwirbt, wobei diese ihre rechtliche Selbständigkeit behalten, §§ 15 Abs. 2, 55 Abs. 3 GmbHG. Die **Höhe der Geschäftsanteile** und damit der Umfang der mitgliedschaftlichen Rechte und Pflichten richten sich nach den übernommenen – nicht den tatsächlich geleisteten – Stammeinlagen (§ 14 GmbHG).

D 2   Die aus der Mitgliedschaft resultierenden Rechte und Pflichten werden unterteilt in Verwaltungs- und Vermögensrechte bzw. -pflichten[308]. Zu den **Verwaltungrechten** zählen das Stimm-, das Informations- und das Anfechtungsrecht, das Recht auf die Erhebung von Gesellschafterklagen und das Recht zur Kündigung aus wichtigem Grund. Demgegenüber sind die Rechte auf den Gewinn- und Liquidationsanteil typische **Vermögensrechte**.

---

305 *Hachenburg/Raiser*, GmbHG, § 14, Rdn. 13; *Schmidt*, GesR, § 35 I 1; *Roth/Altmeppen*, GmbHG, § 14, Rdn. 13.
306 Vgl. § 55 GmbHG.
307 Die zentrale Norm für den rechtsgeschäftlichen Erwerb ist § 15 GmbHG.
308 MünchHdb.GesR III/*Schiessl*, § 31, Rdn. 3; *Eder*, in: GmbH-Hdb. I, Rdn. 392; *Schmidt*, GesR, § 35 I 3 a).

Von den Mitgliedschaftsrechten zu unterscheiden sind die **Drittrechte**. Dies sind D 3
schuldrechtliche Ansprüche des Gesellschafters gegenüber der Gesellschaft, die ihm
unabhängig von seiner Mitgliedschaft wie jedem Dritten zustehen[309].

Die gesonderte Übertragung von Verwaltungsrechten (also ohne die dazugehörigen D 4
Vermögensrechte), insbesondere des Stimmrechts, auf andere Gesellschafter oder
Dritte ist wegen Verstoßes gegen das **Abspaltungsverbot** unzulässig[310]. Etwas anderes gilt für die aus der Mitgliedschaft erwachsenden Ansprüche auf vermögenswerte
Leistungen, insbesondere den Anspruch auf den Gewinnanteil sowie den Auseinandersetzungs- oder Abfindungsanspruch[311].

Statutarisch begründete und an die Person des Gesellschafters gebundene **Sonder-** D 5
rechte können diesem eine Vorzugsstellung gewähren[312]. Solche Rechte können ohne
Zustimmung des Begünstigten grundsätzlich weder aufgehoben noch abgeändert werden, es sei denn, dass ein wichtiger Grund hierfür vorläge[313]. Mit Rücksicht hierauf
empfiehlt es sich, diese Rechte ausdrücklich als Sonderrechte im Gesellschaftsvertrag
zu bezeichnen. Eine solche Klausel könnte etwa lauten: »Dem Gesellschafter A steht
das Amt eines stets alleinvertretungsberechtigten Geschäftsführers als Sonderrecht zu.
Er kann nur aus wichtigem Grund abberufen werden (§ 38 Abs. 2 GmbHG).«

Selbst mit Zustimmung des betroffenen Gesellschafters ist ein Ausschluss oder eine D 6
Einschränkung der **unentziehbaren Mitgliedschaftsrechte** nicht möglich. Zu diesem
absolut geschützten Kernbereich[314] gehören die Rechte auf:

- Erhebung der Nichtigkeitsklage bei nichtigen Beschlüssen der Gesellschafterversammlung,
- Anfechtung von Gesellschafterbeschlüssen analog §§ 243, 246 AktG,
- Erhebung der Auflösungsklage gemäß § 61 GmbHG,
- Austritt aus wichtigem Grund[315],
- Einberufung der Gesellschafterversammlung gemäß § 50 GmbHG,
- Teilnahme an der Gesellschafterversammlung gemäß § 48 GmbHG (str.)[316],
- Auskunft und Einsicht von Unterlagen gemäß § 51 a GmbHG (str.)[317].

---

309 *Hachenburg/Raiser*, GmbHG, § 14, Rdn. 30.
310 BGHZ 43, 261, 267; *Hachenburg/Raiser*, GmbHG, § 14, Rdn. 32 f.
311 MünchHdb.GesR III/*Schiessl*, § 31, Rdn. 29 ff.
312 Als *Sonderrechte* kommen in Betracht: Recht auf Vorzugsdividende oder erhöhte Liquidationsquote; Recht auf Bezug von der Gesellschaft hergestellter Waren; Recht auf Benutzung von Einrichtungen der Gesellschaft; erhöhtes Stimmrecht in der Gesellschafterversammlung; Recht zur Benennung eines Geschäftsführers; eigenes Recht zur Geschäftsführung; Weisungsrecht gegenüber Geschäftsführern; Sitz und Stimme in einem von der Gesellschaft bestimmten Gremium (z.B. Aufsichtsrat oder Beirat); Recht zur Zustimmung bei Veräußerung eines Geschäftsanteils oder Recht zum Erwerb eines anderen Geschäftsanteils.
313 *Eder*, in: GmbH-Hdb. I, Rdn. 395.1.; *Roth/Altmeppen*, GmbHG, § 14, Rdn. 21.
314 *Hachenburg/Ulmer*, GmbHG, § 14, Rdn. 27 ff.; *Rowedder/Rowedder*, GmbHG, § 14, Rdn. 6.
315 Vgl. *Hachenburg/Raiser*, GmbHG, § 14, Rdn. 28.
316 So *Scholz/Winter*, GmbHG, § 14, Rdn. 31 ff.; *Lutter/Hommelhoff*, GmbHG, § 14, Rdn. 7; abw. *Rowedder/Rowedder*, GmbHG, § 14, Rdn. 6.
317 So *Lutter/Hommelhoff*, GmbHG, § 14, Rdn. 7; abw. *Rowedder/Rowedder*, GmbHG, § 14, Rdn. 6.

2. Gleichbehandlungsgrundsatz und Treuepflicht

D 7 Der Gleichbehandlungsgrundsatz und die Treupflicht **stellen allgemeine Verhaltensmaßstäbe** dar, die insbesondere dem Minderheitenschutz dienen[318].

a) Gleichbehandlungsgrundsatz

D 8 Der für das gesamte Gesellschaftsrecht geltende Gleichbehandlungsgrundsatz findet seine Grundlage in § 53 a AktG[319]. Er beinhaltet ein allgemeines **Diskriminierungs- und Willkürverbot**[320]. Das Recht des Gesellschafters auf Gleichbehandlung besteht sowohl der GmbH als auch den Mitgesellschaftern gegenüber[321].

D 9 Das Gebot der Gleichbehandlung kann zwar nicht allgemein abbedungen werden, jedoch sind **Durchbrechungen** im Gesellschaftsvertrag im Rahmen der Vertragsfreiheit und der Grenzen des § 138 BGB möglich[322]. Das gilt vor allem für die Einräumung von Sonderrechten (z.B. Mehrstimmrechte). Verletzt ein **Gesellschafterbeschluss** den Grundsatz der Gleichhandlung, so ist er entsprechend § 243 Abs. 1 AktG anfechtbar[323].

D 10 Seitens der Geschäftsführung müssen Gesellschafter entsprechend ihrer Beteiligungshöhe gleich behandelt werden. Differenzierungen sind nur zulässig, soweit sie objektiv gerechtfertigt sind[324]. Der Gleichbehandlungsgrundsatz gebietet auch, dass die Gesellschaft Vorteile, z.B. günstige Geschäfte mit ihr oder die Beteiligung an einer Kapitalerhöhung, allen Gesellschaftern gleichmäßig anbietet und Nachteile und Opfer allen gleichermaßen abverlangt. Auch hier gilt jedoch der Grundsatz unternehmerischer Vernunft: Im Gesellschaftsinteresse kann eine Ungleichbehandlung im Einzelfall geboten sein; diese hat der Gesellschafter dann gemäß der ihm obliegenden Treuepflicht hinzunehmen[325].

D 11 Verstößt eine **Geschäftsführungsmaßnahme** gegen den Gleichbehandlungsgrundsatz, so ist die Gleichheit durch

- Rückgängigmachung der Maßnahme,
- Gewährung eines vergleichbaren Vorteils an die benachteiligten Gesellschafter oder
- Ausgleich in bar

wiederherzustellen[326].

---

318 Zum Minderheitsschutz vgl. *Martens*, GmbHR 1984, 265 ff.
319 § 53 a AktG bestimmt: »Aktionäre sind unter gleichen Voraussetzungen gleich zu behandeln.«
320 *Hachenburg/Raiser*, GmbHG, § 14, Rdn. 68.
321 *Baumbach/Hueck*, GmbHG, § 13, Rdn. 35; *Roth/Altmeppen*, GmbHG, § 13, Rdn. 80.
322 *Lutter/Hommelhoff*, GmbHG, § 14, Rdn. 30.
323 *Hachenburg/Raiser*, GmbHG, § 14, Rdn. 73.
324 *Roth/Altmeppen*, GmbHG, § 13, Rdn. 80 f.
325 Vgl. *Roth/Altmeppen*, GmbHG, § 13, Rdn. 83 m.w.N.
326 *Lutter/Hommelhoff*, GmbHG, § 14, Rdn. 30; *Roth/Altmeppen*, GmbHG, § 13, Rdn. 84.

Typische **Fallgruppen**, in denen der Gleichbehandlungsgrundsatz verletzt wird[327], sind:

- verdeckte Gewinnausschüttungen[328],
- Bezugsrechtsausschluss zugunsten einzelner Gesellschafter[329],
- Erwirkung »freiwilliger« Zuzahlungen durch Sondervorteile[330].

D 12

b) Treuepflicht

Die Treuepflicht ist **mitgliedschaftliche Hauptpflicht**[331] und fordert vom Gesellschafter, sich **gegenüber der Gesellschaft** loyal zu verhalten, ihre Zwecke aktiv zu fördern und Schaden von ihr abzuhalten. Darüber hinaus verpflichtet sie **die Gesellschafter untereinander** zur Rücksichtnahme auf ihre wechselseitigen mitgliedschaftlichen Interessen[332].

D 13

Die **Rechtsfolgen** einer Verletzung der Treupflicht richten sich nach der Art der Verletzungshandlung: Ein treuwidriger Gesellschafterbeschluss ist entsprechend § 243 Abs. 1 AktG anfechtbar[333]. Sonstige treuwidrige Handlungen sind in der Regel unwirksam und damit unbeachtlich. Verlangt die Treuepflicht vom Gesellschafter eine bestimmte Handlung, so ist diese einklagbar[334]. Darüber hinaus kommen Schadensersatzansprüche in Betracht[335].

D 14

Auch bei der Treuepflicht lassen sich typische **Fallgruppen** bilden:

D 15

- **Ausnutzen von Geschäftschancen** der GmbH zu eigenem Vorteil[336]
- **Ausschluss und Auflösungsklage**
  Die Treuepflicht kann zu Beschränkungen des Rechts auf Auflösung der Gesellschaft durch Klage (§ 61 GmbHG) oder auf Ausübung eines satzungsmäßigen Kündigungrechts (§ 60 Abs. 2 GmbHG) führen. Die Auflösungsklage des Gesellschafters gemäß § 61 GmbHG ist dann abzuweisen, wenn statt der Auflösung als minder schwerer Vorgang der Ausschluss eines Gesellschafters gerechtfertigt ist[337].
- **Ausübung des Stimmrechts**
  Aus der Treuepflicht kann sich die Pflicht zur Zustimmung zu einem Gesellschafterbeschluss ergeben[338]. Der Bundesgerichtshof hat die Pflicht bejaht, an solchen

---

327 Vgl. *Hachenburg/Raiser*, GmbHG, § 14, Rdn. 74.
328 BGHZ 65, 15.
329 BGH, NJW 1978, 1326.
330 RGZ 80, 81, 86.
331 *Scholz/Winter*, GmbHG, § 14, Rdn. 51.
332 *Hachenburg/Raiser*, GmbHG, § 14, Rdn. 52; *Roth/Altmeppen*, GmbHG, § 13, Rdn. 47 ff. m.w.N.
333 Einzelheiten zu fehlerhaften Beschlüssen unten F V, Rdn. F 73 ff.
334 Zu den Rechtsfolgen s. *Scholz/Winter*, GmbHG, § 14, Rdn. 61 f.
335 Vgl. *Roth/Altmeppen*, GmbHG, § 13, Rdn. 54.
336 BGH, ZIP 1985, 1484 für Geschäftsführer; BGH, ZIP 1989, 986 betr. KG; *Roth/Altmeppen*, GmbHG, § 13, Rdn. 57.
337 BGHZ 80, 346, 348 f.; BGH, WM 1986, 68 für den OHG-Gesellschafter.
338 BGH, WM 1985, 195 für den Kommanditisten; vgl. auch unten F IV 4, Rdn. F 43 ff. sowie zum Ganzen *Roth/Altmeppen*, GmbHG, § 13, Rdn. 63.

Satzungsänderungen mitzuwirken, die zur Anpassung an veränderte Umstände erforderlich sind[339]. Bei einer Interessenkollision zwischen GmbH und Gesellschafter kann die Treuepflicht in Analogie zu § 47 Abs. 4 GmbHG zu einem Stimmrechtsausschluss im Einzelfall führen[340].

- **Ausübung von Mehrheitsherrschaft**
  Bei nachteiligen Einzeleingriffen des herrschenden Unternehmens können sich aus der Treuepflicht Schadensersatzansprüche der abhängigen Gesellschaft ergeben[341].
- **Wettbewerbsverbot**[342]

II. Mitgliedschaftspflichten

1. Überblick

D 16   Das Gesetz beschränkt sich auf die Aufzählung der den Gesellschaftern obliegenden **Vermögenspflichten:**

- die Pflicht zur Leistung der übernommenen Stammeinlagen (§ 19 GmbHG);
- die Differenzhaftung bei Sacheinlagen (§ 9 GmbHG);
- die Haftung für die ordnungsgemäße Gründung (§ 9 a GmbHG);
- die Pflicht zur Aufbringung von Fehlbeträgen anderer Gesellschafter (§ 24 GmbHG);
- die Haftung für verbotswidrige Auszahlungen von Gesellschaftsvermögen (§§ 30, 31, 34 Abs. 3 GmbHG).

D 17   Zur Teilnahme an einer Kapitalerhöhung (§ 53 Abs. 3 GmbHG) oder zur Leistung von Nachschüssen (§ 26 GmbHG) ist der Gesellschafter nur verpflichtet, wenn die Satzung dieses vorsieht.

D 18   **Verhaltenspflichten** können sich auch aus der Treuepflicht ergeben. Das gilt insbesondere für das Wettbewerbsverbot[343]. Grundsätzlich ist aber davon auszugehen, dass die Gesellschafter nicht zur Mitarbeit in der Gesellschaft oder zur Wahrnehmung gesellschaftsrechtlicher Teilhaberechte verpflichtet sind[344].

D 19   Weitere besondere Pflichten können als **Nebenleistungspflichten** in den Gesellschaftsvertrag aufgenommen werden (§ 3 Abs. 2 GmbHG). Derartige Rechte und Pflichten bestehen, wie die Stammeinlagepflicht, im Verhältnis zwischen den Gesellschaftern und der Gesellschaft, sind gesellschaftsrechtlicher Natur und Bestandteil des

---

339 BGHZ 98, 276 ff.
340 Näher *Roth/Altmeppen*, GmbHG, § 13, Rdn. 56.
341 BGHZ 95, 330, 340.
342 Vgl. hierzu unten II 2, Rdn. D 22 ff.
343 S.u. II 2, Rdn. D 22 ff.
344 *Hachenburg/Raiser*, GmbHG, § 14, Rdn. 50.

Geschäftsanteils (§ 14 GmbHG). Als solche sind sie zu unterscheiden von Pflichten, welche die Gesellschafter außerhalb des Gesellschaftsvertrages oder auch in willkürlicher Eingliederung in diesen untereinander als persönliche Pflichten vereinbaren, auch wenn diese die Gesellschaft im Sinne von §§ 328 ff. BGB begünstigen[345].

Beispiele für Nebenleistungspflichten sind: D 20

- Zahlung von Zuschüssen,
- Erbringung von Dienst- oder Werkleistungen,
- Überlassung von Gegenständen sowie
- Unterlassungspflichten, insbesondere Wettbewerbsverbote[346].

Im Gegensatz zu Nachschüssen gemäß § 26 GmbHG werden Nebenleistungen i.d.R. ohne vorausgehenden Gesellschafterbeschluss geschuldet[347]. D 21

2. Wettbewerbsverbot

Im GmbHG ist ein Wettbewerbsverbot für Gesellschafter nicht geregelt. Das ist im HGB und im AktG anders[348]. Als tauglicher Gegenstand einer **Nebenleistungspflicht** kann das Wettbewerbsverbot aber in den Gesellschaftsvertrag aufgenommen werden, etwa wie folgt: »Den Gesellschaftern ist es untersagt, mit der Gesellschaft umittelbar oder mittelbar, für eigene oder für fremde Rechnung auf einem ihrer Tätigkeitsgebiete in Wettbewerb zu treten.« D 22

Fehlt eine statutarische Regelung, so besteht nach h.M. kein generelles Wettbewerbsverbot[349]. Letzteres kann sich jedoch aus der **Treuepflicht** ergeben[350]. Dies wird vom BGH bejaht für D 23

- den geschäftsführenden Gesellschafter (unabhängig von der Höhe seiner Beteiligung auch aufgrund Geschäftsführerstellung),
- den Mehrheitsgesellschafter (soweit dieser beherrschend ist) sowie
- denjenigen Gesellschafter, der aufgrund von Sonderrechten Einfluss auf die Geschäftsführung nehmen kann[351].

Unterliegt ein Gesellschafter einem aus der Treuepflicht erwachsenden Wettbewerbsverbot, so bedeutet dieses nicht zwangsläufig, dass ihm jede Art von Konkurrenztätigkeit untersagt ist. Vielmehr ist hierfür eine **Verletzung der allgemeinen Treue-** D 24

---

345 Vg. *Roth/Altmeppen*, GmbHG, § 3, Rdn. 29 f.
346 Vgl. *Roth/Altmeppen*, § 3 Rdn. 29–43.
347 MünchHdb.GesR III/*Schiessl*, § 32, Rdn. 8.
348 Aus §§ 112, 161 HGB, §§ 284, 88 AktG ergibt sich, dass jeder Gesellschafter einer OHG, der Komplementär der KG, der persönlich haftende Gesellschafter einer KGaA und der Vorstand einer AG einem gesetzlichen Wettbewerbsverbot unterliegen. Den Kommanditisten und den Aktionär trifft eine solche Verpflichtung nicht, § 165 HGB, § 55 AktG.
349 *Hachenburg/Raiser*, GmbHG, § 14, Rdn. 62.
350 Zur Treuepflicht s.o. I 2 b; vgl. auch *Roth/Altmeppen*, GmbHG, § 13, Rdn. 58 ff.
351 BGHZ 80, 69; 89, 162, 166.

D. Der Gesellschafter und sein Geschäftsanteil

pflicht erforderlich[352]. Dieses ist z.B. anzunehmen bei Verwertung von Informationen, die aufgrund der Gesellschafterstellung erlangt wurden, oder bei eigennütziger Einflussnahme auf die Gesellschaft.

D 25   Fällt ein Gesellschafter nicht unter die genannten Fallgruppen, so verbietet ihm die Treuepflicht gleichwohl, sich geschäftsschädigend zu verhalten. Kein Gesellschafter darf Geschäftschancen der Gesellschaft zu deren Nachteil für sich selbst nutzen[353] oder ein Geschäft der Gesellschaft an sich ziehen. Den Geschäftsführer trifft darüber hinaus die **aktive Förderpflicht**, alle für die Gesellschaft interessanten Geschäfte wahrzunehmen[354]. Nicht untersagt ist ihm allerdings ein Tätigwerden zum Zweck privater Vermögensverwaltung, selbst wenn er sich dabei im Geschäftsbereich der Gesellschaft bewegt[355].

Besonderheiten gelten für **den Alleingesellschafter-Geschäftsführer**: Er unterliegt keinem gesetzlichen Wettbewerbsverbot, solange er der Gesellschaft kein Vermögen entzieht, das zur Deckung des Stammkapitals benötigt wird[356].

D 26   Verletzt ein Gesellschafter das Wettbewerbsverbot, können die Gesellschaft und die Mitgesellschafter **Unterlassung** und **Schadensersatz** verlangen. Daneben kann ein wichtiger Grund für den **Ausschluss** dieses Gesellschafters gegeben sein. Schließlich kommt analog § 113 Abs. 1 HGB ein **Eintrittsrecht** der Gesellschaft in Betracht: Sie kann verlangen, dass der Gesellschafter die für eigene Rechnung gemachten Geschäfte als für Rechnung der Gesellschaft eingegangen gelten lässt[357].

D 27   Macht die Gesellschaft einen Anspruch auf Schadensersatz oder auf Herausgabe des erlangten Vorteils nicht geltend, so kann dies zu **einer verdeckten Gewinnausschüttung** (vGA) führen[358]. Im Falle eigennütziger Verwertung von Informationen oder Geschäftschancen ist eine etwa gegebene vGA der Höhe nach begrenzt auf den Betrag, den ein fremder Dritter hierfür als Entgelt bezahlt hätte[359].

D 28   Die Gefahr einer vGA wegen branchengleicher Tätigkeit kann durch eine **Befreiung** vom ungeschriebenen Wettbewerbsverbot vermieden werden[360]. Diese muss grundsätzlich in der Satzung geregelt sein, kann jedoch auch durch einfachen Gesell-

---

352 BFH, ZIP 1995, 1890, 1891: »Die Annahme eines Verstoßes gegen ein ... Wettbewerbsverbot setzt voraus, dass der Gesellschafter-Geschäftsführer entweder seine Treuepflichten als Gesellschafter oder seine Verhaltenspflichten als Geschäftsführer verletzt.«
353 *Scholz/Winter*, GmbHG, § 14, Rdn. 59.
354 *Buyer*, GmbHR 1996, 101; zum Geschäftsführer vgl. unten E, Rdn. E 1 ff.
355 Bsp.: Überschreitet der Geschäftsführer einer Immobilien-GmbH den Bereich privater Vermögensbildung nicht, so kann er sich in Eigenregie ein Einfamilien- oder Mehrfamilienhaus errichten und dieses vermieten oder veräußern. Der Geschäftsführer wird erst dann zum Konkurrenten der GmbH, wenn er die Grenze zum gewerblichen Grundstückshandel überschreitet.
356 BGHZ 122, 333; BFH, ZIP 1995, 1890, 1891; BFH, DB 1996, 507; BFH, DB 1996, 2366; *Roth/Altmeppen*, GmbHG, § 13, Rdn. 59.
357 BGHZ 89, 162, 171.
358 Zum Begriff der verdeckten Gewinnausschüttung s.u. M. V. 3. d), Rdn. M 62.
359 *Müller*, BB 1997, 1441, 1445
360 *Crezelius*, EWiR 1996, 1/96, S. 36; *Müller*, BB 1997, 1441, 1444, äußert Zweifel, ob eine solche Klausel für den beherrschenden Gesellschafter noch erforderlich ist. *Schwedhelm*, GmbH-StB 1997, 18, 19, empfiehlt diese uneingeschränkt.

schafterbeschluss erfolgen, wenn die Satzung die Gesellschafterversammlung hierzu ermächtigt (**Öffnungsklausel**)[361].

Beispiel:

»Durch Gesellschafterbeschluss können Gesellschafter und/oder Geschäftsführer vom Wettbewerbsverbot insgesamt oder beschränkt auf bestimmte Tätigkeiten befreit werden. In diesem Fall sind sie berechtigt, unmittelbar oder mittelbar, im eigenen oder fremden Namen für eigene oder fremde Rechnung mit der Gesellschaft in Wettbewerb zu treten, für Konkurrenzunternehmen tätig zu sein oder sich an solchen zu beteiligen.« D 29

Wird der Gesellschaftszweck durch die Tätigkeit des Gesellschafters außerhalb der GmbH nicht berührt, können Schadensersatzansprüche und vGA nicht zur Entstehung gelangen. Es ist daher zu empfehlen, den **Unternehmensgegenstand** der Gesellschaft zur Vemeidung von Überschneidungen mit der wirtschaftlichen Betätigung des Gesellschafters möglichst genau zu definieren[362]. D 30

III. Mitgliedschaftsrechte

1. Überblick

Wichtige Mitgliedschaftsrechte sind D 31

- das Recht auf **Einberufung der Gesellschafterversammlung**,
- das Recht auf **Teilnahme an der Gesellschafterversammlung**, das dem Gesellschafter auch dann zusteht, wenn er nicht mitstimmen darf,
- das **Stimmrecht**, das den Gesellschaftern i.d.R. nach dem Verhältnis ihrer Geschäftsanteile zusteht (§ 47 GmbHG),
- das **Informationsrecht** gemäß § 51 a GmbHG,
- das Recht auf gerichtliche Bestellung und Abberufung von **Liquidatoren**,
- das Recht zur Erhebung von **Anfechtungs- und Nichtigkeitsklage** gegen Gesellschafterbeschlüsse[363],
- das **Austrittsrecht aus wichtigem Grund**[364] und
- das Recht auf Erhebung der **Auflösungsklage**.

Bei dem Recht auf Anteil am Gewinn (§ 29 GmbHG) und dem Anspruch auf Beteiligung am Liquidationserlös (§ 72 GmbHG) handelt es sich um Vermögensrechte. D 32

---

361 Auch die Finanzverwaltung akzeptiert inzwischen die Öffnungsklausel, vgl. BMF-Schreiben vom 29. 6. 1993 – IV B 7 – S 2742 – 54/93, BStBl. I 1993, 556.
362 *Müller*, BB 1997, 1441, 1446; *Schwedhelm*, GmbH-StB 1997, 18, 19.
363 S. unten F V, Rdn. F 73 ff.
364 S. unten XII 1, Rdn. D 128 ff.

2. Informationsrecht, § 51 a GmbHG

D 33 Gemäß § 51 a GmbHG haben die Geschäftsführer jedem Gesellschafter auf Verlangen unverzüglich Auskunft über die Angelegenheiten der Gesellschaft zu geben und Einsicht in die Bücher und Schriften zu gestatten. Der Begriff der Angelegenheiten der Gesellschaft ist weit zu fassen. Nur **rein private Angelegenheiten** der Beteiligten sind nicht solche der Gesellschaft[365]. Zwischen der GmbH und ihren Gesellschaftern gibt es keine Geheimnisse.

D 34 Das Informationsrecht steht **jedem Gesellschafter** ohne Rücksicht auf die Höhe seiner Beteiligung zum Zweck der Wahrnehmung seiner mitgliedschaftlichen Interessen zu[366]. Er ist berechtigt, Berater, die zur Berufsverschwiegenheit verpflichtet sind, hinzuzuziehen[367]. Schuldner des Informationsanspruchs ist die Gesellschaft, dessen Erfüllung fällt in den Aufgabenbereich der Geschäftsführer[368].

D 35 Ein besonderes **Informationsbedürfnis** als ungeschriebenes Tatbestandsmerkmal wird nach h.M. nicht vorausgesetzt[369]. Das **Informationsverweigerungsrecht** gemäß § 51 a Abs. 2 GmbHG setzt die Besorgnis voraus, dass der Gesellschafter die geforderte Information zu gesellschaftsfremden Zwecken verwenden und der Gesellschaft dadurch einen nicht unerheblichen Nachteil zufügen wird. Wichtiger Verweigerungsgrund ist z. B der Betrieb eines Konkurrenzunternehmens durch den Gesellschafter[370]. Die Verweigerung bedarf eines Beschlusses der Gesellschafter.

D 36 Begrenzt wird das Informationsrecht ferner durch den **Rechtsmissbrauch** (§ 242 BGB)[371].

D 37 Gemäß § 51 a Abs. 3 GmbHG darf von den Vorschriften des Abs. 1 und Abs. 2 nicht abgewichen werden. Trotz des zwingenden Charakters des § 51 a GmbHG kann das **Verfahren** in der Satzung geregelt werden[372]. Beispielsweise ist es zulässig, für Gesellschafteranfragen Schriftform zu verlangen.

D 38 Für die **gerichtliche Entscheidung** über das Auskunfts- und Einsichtsrecht findet § 132 Abs. 1, 3 bis 5 AktG entsprechende Anwendung (§ 51 b Satz 1 GmbHG). Danach entscheidet auf Antrag[373] ausschließlich das Landgericht, in dessen Bezirk die Gesellschaft ihren Sitz hat. Darüber hinaus können sich Schadensersatzansprüche des Gesellschafters gegen die GmbH und deren Geschäftsführer ergeben (§ 823 Abs. 2 BGB i.V.m. § 51 a GmbHG)[374].

---

365 *Lutter/Hommelhoff*, GmbHG, § 51 a, Rdn. 8.
366 Vgl. *Roth/Altmeppen*, GmbHG, § 51 a, Rdn. 11 m.w.N.
367 *Roth/Altmeppen*, GmbHG, § 51 a, Rdn. 13 m.w.N.
368 *Meyer-Landrut/Miller/Niehus*, GmbHG, § 51 a, Rdn. 8.
369 OLG Stuttgart, GmbHR 1988, 221, 223; *Hachenburg/Hüffer*, GmbHG, § 51 a, Rdn. 57; *Roth/Altmeppen*, GmbHG, § 51 a, Rdn. 6; a.A. *Scholz/Schmidt*, GmbHG, § 51 a, Rdn. 8 (*Schmidt* vertritt die Lehre vom Informationsbedürfnis).
370 OLG Karlsruhe, GmbHR 1985, 362, 363.
371 OLG Nürnberg, BB 2000, 687; *Scholz/Schmidt*, GmbHG, § 51 a, Rdn. 37; *Roth/Altmeppen*, GmbHG, § 51 a, Rdn. 6.
372 *Hachenburg/Hüffer*, GmbHG, § 51 a, Rdn. 68.
373 Antragsberechtigt ist gemäß § 51 b GmbHG jeder Gesellschafter, dem die verlangte Auskunft nicht gegeben oder die verlangte Einsicht nicht gewährt worden ist.
374 Str., vgl. *Roth/Altmeppen*, GmbHG, § 51 a, Rdn. 34 m.w.N.

IV. Gesellschafterklagen

Das Gesetz enthält keine Regelung darüber, ob und wann der Gesellschafter Mitgliedschaftsrechte im Klageweg verfolgen kann. D 39

1. Eigene Ansprüche des Gesellschafters

Unproblematisch sind die eigenen **Ansprüche des Gesellschafters**, z.B. wegen Teilhabe an Gewinn oder Abfindung[375]. D 40

2. Actio pro socio

Schwieriger zu beurteilen ist die Geltendmachung von **Ansprüchen der Gesellschaft** durch Gesellschafter. Grundsätzlich obliegt die Verfolgung dieser Ansprüche nämlich den Organen der GmbH, insbesondere den Geschäftsführern (§ 35 Abs. 1 GmbHG). Da dieses allerdings im Einzelfall nicht oder nicht hinreichend geschehen kann, ist die – aus dem Recht der Personengesellschaften stammende – Befugnis jedes Gesellschafters, im eigenen Namen auf Leistung an die Gesellschaft zu klagen (**actio pro societate** oder **actio pro socio**), auch im GmbH-Recht anerkannt[376]. Sie ist Teil des Minderheitenschutzes. Ob der Gesellschafter hierbei aus eigenem Recht oder in Prozessstandschaft für die Gesellschaft tätig wird, ist streitig[377]. D 41

Die actio pro socio erfordert die Geltendmachung **mitgliedschaftlicher Leistungs-, Unterlassungs- oder Schadensersatzansprüche**, die der GmbH gegen Mitgesellschafter oder diesen nahestehende Personen zustehen[378]. Demgegenüber sind Gesellschafterklagen gegen Nichtgesellschafter, insbesondere gegen Geschäftsführer oder andere Organmitglieder, nicht zulässig, es sei denn, die verletzte Organpflicht ist auch eine mitgliedschaftliche Pflicht[379]. Dies ist z.B. der Fall, wenn sie in der Satzung festgeschrieben ist. D 42

Im Rahmen der actio pro socio hat der Gesellschafter nur eine subsidiäre **Notzuständigkeit**, d. h. die gesellschaftsrechtliche Zuständigkeitsordnung (Geschäftsführer, § 35 GmbHG; Gesellschafterversammlung, § 46 Nr. 2, 8 GmbHG) hat Vorrang[380]. D 43

---

375 *Hachenburg/Raiser*, GmbHG, § 14, Rdn. 40.
376 BGH, WM 1982, 928; OLG Düsseldorf, ZIP 94, 619 ff.; *Meyer-Landrut/Miller/Niehus*, GmbHG, § 14, Rdn. 32; *Hachenburg/Raiser*, GmbHG, § 14, Rdn. 36 ff.
377 Vgl. *Hachenburg/Raiser*, GmbHG, § 14, Rdn. 39; *Roth/Altmeppen*, GmbHG, § 13, Rdn. 36 f. m.w.N.
378 BGH, NJW 1990, 2628; *Scholz/Emmerich*, GmbHG, § 13, Rdn. 44; *Roth/Altmeppen*, GmbHG, § 13, Rdn. 38 f.
379 *Lutter/Hommelhoff*, GmbHG, § 13, Rdn. 18; a.A. *Hachenburg/Raiser*, GmbHG, § 14, Rdn. 46.
380 *Hachenburg/Hüffer*, GmbHG, § 46, Rdn. 111 ff.; *Lutter/Hommelhoff*, GmbHG, § 13, Rdn. 20; a.A. *Hachenburg/Raiser*, GmbHG, § 14, Rdn. 43.

D 44 Wird der Geschäftsführer nicht tätig, bedarf es eines Beschlusses nach § 46 Nr. 2 oder Nr. 8 GmbHG. Ein ablehnender Gesellschafterbeschluss ist anzufechten[381]. Der Versuch einer internen Einwirkung mittels Gesellschafterbeschlusses und ggf. dessen Anfechtung mittels Klage erübrigt sich nur dann, wenn er aussichtslos, unzumutbar[382] oder unnötig erscheint[383]. Dies gilt insbesondere in der zweigliedrigen GmbH, in der ein Gesellschafterbeschluss mit Rücksicht auf den Stimmrechtsausschluss des in Anspruch zu nehmenden Gesellschafters (vgl. § 47 Abs. 4 Satz 2 GmbHG) eine überflüssige Formalität wäre[384]. Ferner gehören hierher die in der Praxis nicht seltenen Fälle, in denen ein **Gesellschafterbeschluss fehlt**, z.B. weil der Minderheitsgesellschafter nicht in der Lage war, diesen herbeizuführen (§ 50 GmbHG), oder die Geschäftsführung mit dem Mehrheitsgesellschafter gemeinsame Sache macht, indem ein Gesellschafterbeschluss schlichtweg hintertrieben wird[385]. In solchen Fällen kann der Gesellschafter auch ohne vorhergehenden Gesellschafterbeschluss auf Leistung an die GmbH klagen. Entsprechendes soll in Anlehnung an die »Holzmüller«-Entscheidung des BGH[386] für eine Abwehrklage gegen Kompetenzübergriffe der Geschäftsführung, die mit dem Mehrheitsgesellschafter »kooperiert« und die Gesellschafterversammlung übergeht, gelten[387]. In solchen Fällen gewinnt die actio pro socio gerade für den Minderheitsgesellschafter, der mit weniger als 10 % beteiligt ist und deshalb die Rechte aus § 50 GmbHG nicht allein geltend machen kann, besondere Bedeutung.

V. Haftung der Gesellschafter

1. Grundsatz der Vermögenstrennung

D 45 § 13 Abs. 2 GmbHG stellt den Gesellschafter von jeder Haftung für die Schulden der GmbH frei. Den Gläubigern haftet für deren Verbindlichkeiten nur das Gesellschaftsvermögen, nicht aber das Vermögen des einzelnen Gesellschafters. Haftungsbeschränkung und Vermögenstrennung haben eine **Risikoverlagerung auf den Gläubiger** der Gesellschaft zur Folge. Nur in Ausnahmefällen muss der Gesellschafter einer GmbH persönlich haften.

---

381 Vgl. *Roth/Altmeppen*, GmbHG, § 13, Rdn. 40 ff.
382 OLG Düsseldorf, ZIP 1994, 619; BGH, NJW 1990, 2628.
383 BGH, DB 1993, 2424.
384 BGH, WM 1991, 1049, 1050.
385 Vgl. *Roth/Altmeppen*, GmbHG, § 13, Rdn. 45.
386 BGHZ 83, 122.
387 Vgl. *Roth/Altmeppen*, § 13, Rdn, 45 m.w.N.; *Hachenburg/Raiser*, GmbHG, § 14, Rdn. 48.

2. Haftungstatbestände

a) Vertragliche Haftung

Die persönliche Haftung setzt grundsätzlich einen besonderen **Verpflichtungstatbestand** des Gesellschafters für Verbindlichkeiten der Gesellschaft voraus. D 46

Im Rahmen **vertraglicher Haftung** kommen Bürgschaft, harte Patronatserklärung[388], Kreditauftrag (§ 778 BGB), Schuldbeitritt oder Garantievertrag in Betracht. D 47

Eine **stillschweigende Haftungsübernahme** ist nur selten anzunehmen und insbesondere nicht zu vermuten[389]. D 48

Für **Verschulden bei Vertragsschluss** (c.i.c.) kann in Ausnahmefällen neben der Gesellschaft auch deren handelnder Gesellschafter verpflichtet sein, wenn er ein besonderes wirtschaftliches Eigeninteresse[390] an der Durchführung des Rechtsgeschäfts oder in besonderem Maße persönliches Vertrauen in Anspruch genommen und dadurch die Vertragsverhandlungen beeinflusst hat[391]. An diese Haftung ist z.B. dann zu denken, wenn der an den Vertragsverhandlungen beteiligte Gesellschafter die Kreditwürdigkeit der GmbH unrichtig darstellt[392]. Allein das aus der Beteiligung an der Gesellschaft resultierende Interesse genügt hingegen nicht für eine Gesellschafterhaftung, da dieses in Widerspruch zu der gesetzlichen Haftungsordnung (§ 13 Abs. 1 und 2 GmbHG) stünde[393]. D 49

b) Rechtsscheinshaftung

Eine **Rechtsscheinshaftung** des Gesellschafters nimmt die Rechtsprechung an, wenn dieser den fälschlichen Eindruck persönlicher Haftung hervorruft[394], z.B. ohne den Rechtsformzusatz des § 4 GmbHG zeichnet und damit den Eindruck einer Personengesellschaft mit unbeschränkt haftenden Gesellschaftern erweckt[395]. Ein mündliches Tätigwerden ist grundsätzlich nicht geeignet, den erforderlichen Rechtsschein für eine Haftung wegen Fortlassung des Formzusatzes zu setzen[396]. Die Rechtsscheinhaftung trifft ausschließlich den für das Unternehmen handelnden Vertreter selbst und nicht etwa einen Einzelprokuristen, der ihn bevollmächtigt hat[397]. Die Gefahr einer Rechts- D 50

---

388 Vgl. zur Patronatserklärung *Michalski*, WM 1994, 1229 ff.; BGHZ 117, 127, 132 ff.
389 *Hachenburg/Ulmer*, GmbHG, Anh. § 30, Rdn. 25.
390 Vgl. BGHZ 126, 181 = NJW 1994, 2220 für den Geschäftsführer.
391 BGHZ 56, 81, 84 ff.; BGH, NJW 1995, 2220 f.; OLG Köln, BB 1997, 112.
392 BGH, NJW 1988, 2234, 2235 f.
393 OLG Köln, BB 1997, 112.
394 BGHZ 22, 226, 230; 64, 11 (17); BGH, WM 1990, 600 f.; BGH, NJW 1991, 2627 = ZIP 1991, 1004.
395 BGH, NJW 1996, 2645; OLG Karlsruhe, WM 1992, 2088, 2092.
396 BGH, NJW 1996, 2645.
397 BGH, NJW 1996, 2645; BGH, ZIP 1991, 1004 zu dem Fall, dass der Handelnde nicht Gesellschafter ist.

scheinhaftung lässt sich vermeiden durch die umfassende Benutzung von Geschäftsunterlagen nach Vorgabe des § 35 a GmbHG[398].

D 51   Ob neben dem Handelnden auch die solvente GmbH gesamtschuldnerisch haftet und der Gläubiger die Wahl hat, welchen von beiden er in Anspruch nimmt[399], erscheint wegen des Widerrufsrechts der GmbH aus § 178 BGB zweifelhaft[400].

c) Deliktische Haftung

D 52   Eine **deliktische Haftung** kann insbesondere denjenigen Gesellschafter treffen, der zugleich Geschäftsführer ist; ferner den beherrschenden Gesellschafter, der faktisch die Geschäfte führt. Zu denken ist insbesondere an die **Insolvenzausfallhaftung** gem. § 823 Abs. 2 BGB i.V.m. § 64 Abs. 2 GmbHG[401].

D 53   Erhebliche praktische Bedeutung hat daneben die Haftung aus § 826 BGB wegen **sittenwidriger Gläubigerbenachteiligung**. Im subjektiven Bereich genügt bedingter Vorsatz; eine Schädigungsabsicht wird nicht verlangt[402]. § 826 BGB ist z.B. erfüllt, wenn Gesellschaftsvermögen beiseite geschafft wird, um es dem Zugriff der Gläubiger zu entziehen.

3. Durchgriffshaftung aufgrund besonderer Umstände

D 54   Fehlt ein eigenständiger Rechtsgrund, aus dem der Gesellschafter verpflichtet ist, so kann er doch im Wege der sogenannten Durchgriffshaftung persönlich für Schulden der GmbH haften[403].

a) Vermögensvermischung

D 55   Werden das Privatvermögen des Gesellschafters und das Gesellschaftsvermögen durch eine **undurchsichtige Buchführung** oder auf **andere Weise** vermischt und wird dadurch die Kontrolle darüber verhindert, ob die Kapitalerhaltungsvorschriften beachtet wurden, kann sich der Gesellschafter nicht auf das Prinzip der Vermögenstrennung berufen und verliert das Haftungsprivileg des § 13 Abs. 2 GmbHG[404]. Die persönliche Haftung trifft jedoch nur denjenigen Gesellschafter, der aufgrund seines Einflusses für den Tatbestand der Vermögensvermischung verantwortlich ist.

---

398 *Arendt*, WiB 1996, 936.
399 So BGH, WM 1990, 600 (602); BGH, NJW 1991, 2627 f. in Widerspruch zu BGHZ 86, 273 = NJW 1983, 1308.
400 Vgl. *Roth/Altmeppen*, GmbHG, § 13, Rdn. 14; § 35, Rdn. 25.
401 BGHZ 29, 100 ff.; *Roth/Altmeppen*, GmbHG, § 64, Rdn. 31 ff.; vgl. hierzu Ziff. E V 3 c, Rdn. E 89 ff.
402 *Hachenburg/Ulmer*, GmbHG, Anh. § 30, Rdn. 32.
403 *Schmidt*, GesR, § 9 IV, 1 b); ausführliche Darstellung der umstrittenen Durchgriffsproblematik bei *Hachenburg/Mertens*, GmbHG, Anh § 13, Rdn. 28 ff.; *Roth/Altmeppen*, GmbHG, § 13, Rdn. 15 ff.
404 BGH, ZIP 1994, 867; BGH, ZIP 1985, 29, 30.

b) Unterkapitalisierung

Eine offenbare Unterkapitalisierung, die nach einer in der Literatur verbreiteten Auffassung zur persönlichen Haftung der Gesellschafter führt, liegt vor, wenn die **Eigenkapitalausstattung** der Gesellschaft so **extrem unzureichend** ist, dass ein Misserfolg zu Lasten der Gläubiger mit hoher Wahrscheinlichkeit zu erwarten ist[405]. Andere Meinungen sehen in dem Betreiben der Geschäfte trotz Unterkapitalisierung ein schuldhaftes Verhalten der Gesellschafter gegenüber der GmbH, das zum Schadensersatz im Innenverhältnis verpflichte und den Gläubigern die Möglichkeit eröffne, hierauf im Wege der Pfändung zuzugreifen[406]. Die Rechtsprechung hierzu ist unentschieden[407]. Das BAG steht einer Durchgriffshaftung ablehnend gegenüber[408]. Die bloße Unterkapitalisierung führe nicht zu einer Durchgriffshaftung, lediglich wenn diese Unterkapitalisierung rechtsmissbräuchlich erfolge, sei eine Haftung der Gesellschafter gegeben. Der BGH hat in einem Fall die Durchgriffshaftung abgelehnt[409], in einem anderen Fall konnte er die Frage offen lassen, da eine Haftung wegen vorsätzlicher sittenwidriger Schädigung nach § 826 BGB in Betracht kam[410].

D 56

c) Beherrschung

Die Beherrschung einer GmbH kann zur **Haftung des herrschenden Gesellschafters** führen, insbesondere dann, wenn die GmbH mittels Beherrschungs- und Gewinnabführungsvertrages an den herrschenden Gesellschafter gebunden ist oder eine faktische Konzernierung vorliegt. Entscheidend ist, dass der Mehrheitsgesellschafter in der Lage ist, die eigene Vermögenssphäre mit derjenigen der GmbH zu vermischen oder die Rechenschaftslegung über die Erhaltung des Stammkapitals zu beeinflussen[411].

D 57

VI. Zusammenlegung und Teilung von Geschäftsanteilen

Obwohl nach § 15 Abs. 2 GmbHG mehrere Geschäftsanteile in der Hand eines Gesellschafters ihre Selbständigkeit behalten, ist ihre **Zusammenlegung** möglich, wenn die Stammeinlagen voll eingezahlt sind, so dass ein Rückgriff gemäß § 22 GmbHG gegen den Rechtsvorgänger nicht in Betracht kommt, und eine Nachschusspflicht nicht besteht[412]. Nach h.M muss die Zusammenlegung von Geschäftsanteilen jedoch durch eine entsprechende Satzungsbestimmung gedeckt sein[413].

D 58

---

405 *Lutter/Hommelhoff*, GmbHG, § 13, Rdn. 6 ff.; *Hachenburg/Ulmer*, GmbHG, Anh. § 30, Rdn. 55 m.w.N.
406 Vgl. *Roth/Altmeppen*, GmbHG, § 12, Rdn. 23 ff.
407 Vgl. BGHZ 31, 258, 268; 68, 312, 318 ff.; BGH, WM 1972, 74, 76; BGH, WM 1977, 841, 845.
408 BAG, GmbHR 1999, 655.
409 BGHZ 68, 312.
410 BGH, ZIP 1991, 1140, 1145.
411 BGHZ 125, 366.
412 BGHZ 42, 89, 92; *Roth/Altmeppen*, GmbHG, § 15, Rdn. 30.
413 *Hachenburg/Zutt*, GmbHG, § 15, Rdn. 140; *Scholz/Winter*, GmbHG, § 15, Rdn. 105; a.A. *Baumbach/Hueck*, GmbHG, § 15, Rdnr. 18.

D. Der Gesellschafter und sein Geschäftsanteil

Beispiel:

D 59 »Ist ein Gesellschafter Inhaber mehrerer Geschäftsanteile, auf welche die Stammeinlagen voll geleistet sind, so können diese mehreren Geschäftsanteile oder einzelne von ihnen auf Antrag des betroffenen Gesellschafters durch Gesellschafterbeschluss miteinander vereinigt werden.«[414]

D 60 Die Zusammenlegung setzt voraus, dass

- die Einlagen auf alle Geschäftsanteile geleistet sind,
- eine Nachschusspflicht (§ 26 GmbHG) nicht besteht und
- die Anteile keine unterschiedlichen Rechte vermitteln.

D 61 § 17 GmbHG regelt die Veräußerung von Teilen eines Geschäftsanteils und damit die Teilung. Sie findet gemäß § 17 Abs. 6 GmbHG nur im Falle der Veräußerung oder Vererbung von Geschäftsanteilen statt und kann im Gesellschaftsvertrag selbst für diese Fälle ausgeschlossen werden. Die Veräußerung von Teilen eines Geschäftsanteils hängt gemäß § 17 GmbHG von der Genehmigung der Gesellschaft ab[415]. Diese wird durch die Geschäftsführer erteilt und bedarf im Innenverhältnis eines Gesellschafterbeschlusses (§ 46 Nr. 4 GmbHG), dessen Fehlen die Wirksamkeit der Genehmigung nicht berührt[416], es sei denn, dass sich aus den Regeln über den Vollmachtsmissbrauch etwas anderes ergibt[417]. Dieses Erfordernis ist nach § 17 Abs. 3 GmbHG nur in den Fällen der Veräußerung von Teilen eines Geschäftsanteils an andere Gesellschafter oder der Teilung von Anteilen verstorbener Gesellschafter unter deren Erben entbehrlich, falls der Gesellschaftsvertrag dieses vorsieht.

Beispiel:

D 62 »Für die Veräußerung von Teilen eines Geschäftsanteils an andere Gesellschafter sowie für die Teilung von Geschäftsanteilen verstorbener Gesellschafter unter deren Erben ist eine Genehmigung der Gesellschaft nicht erforderlich.«

D 63 Die Teilung erfolgt in mehrere neue, selbständige Anteile, und zwar ausschließlich nach Nennbeträgen; unzulässig ist demgegenüber die Zerlegung durch Schaffung von Teilen mit offener und solchen mit einbezahlter Einlageschuld[418]. Durch die Teilung darf **kein Anteil unter 100 €** entstehen, und ein nicht durch 50 teilbarer Spitzenbetrag muss ungeteilt bei einem Teilgeschäftsanteil verbleiben (vgl. § 17 Abs. 4, § 5 Abs. 1 und 3 GmbHG).

D 64 Die Teilung hat zur **Folge,** dass sich die Rechte und Pflichten aus dem ursprünglichen Anteil proportional auf die neu gebildeten Anteile verteilen. Das gilt insbesondere für die noch nicht bezahlte Stammeinlage und für die Haftung des Erwerbers auf rückständige Leistungen gemäß § 16 Abs. 3 GmbHG. Bei unteilbaren Verpflichtungen ist ein Gesamtschuldverhältnis unter den Inhabern der neuen Geschäftsanteile an-

---

414 Vgl. auch das Muster XV 5 (Zusammenlegung von Geschäftsanteilen), Rdn. D 173.
415 Vgl. Muster XV 6 (Zustimmung der Gesellschaft zur Teilung eines Geschäftsanteils), Rdn. D 174 und XV 7 (Abtretung eines Teilgeschäftsanteils), Rdn. D 175.
416 RGZ 64, 149, 151; 160, 225, 231; BGHZ 14. 25, 31.
417 Vgl. *Baumbach/Hueck*, GmbHG, § 17, Rdn. 10; *Scholz/Winter*, GmbHG, § 17, Rdn. 20; *Roth/Altmeppen*, GmbHG, § 17, Rdn. 6.
418 *Roth/Altmeppen*, GmbHG, § 17, Anm. 2.

zunehmen. Unteilbare Rechte wie z.B. das Teilnahmerecht an Gesellschafterversammlungen oder das Informationsrecht gemäß § 51 a GmbHG bleiben für jeden Teil ganz bestehen[419].

VII. Anteilsveräußerung[420]

1. Grundsätzliches

Geschäftsanteile sind grundsätzlich **frei veräußerbar**, § 15 Abs. 1 GmbHG. Jedoch bedürfen sowohl die schuldrechtliche Verpflichtung zur Abtretung (§ 15 Abs. 4 GmbHG) als auch die Abtretung selbst (§ 15 Abs. 3 GmbHG) aus Gründen der Beweiserleichterung und der Erschwerung des spekulativen Handels mit GmbH-Anteilen der **notariellen Beurkundung** (§§ 8 ff. BeurkG). Angebot und Annahme können getrennt beurkundet werden (§ 152 BGB). D 65

Vollmachten zur Verpflichtung und Abtretung bedürfen anders als bei der Gründung (§ 2 Abs. 2 GmbHG) grundsätzlich nicht der notariellen Form, § 167 Abs. 2 BGB[421]. Der Zweck des § 15 GmbHG wird nur dann umgangen, wenn die Vollmacht dazu dient, einen formlosen Handel mit GmbH-Geschäftsanteilen zu ermöglichen. Dementsprechend bedürfen schriftliche **Blankovollmachten**, die von Hand zu Hand weitergegeben werden und dadurch praktisch die freie Übertragbarkeit von Geschäftsanteilen herbeiführen können, der Form des § 15 GmbHG[422]. D 66

Gemäß § 15 Abs. 5 GmbHG kann die Satzung die Veräußerung von Geschäftsanteilen von der Zustimmung (§§ 182 ff. BGB) der Gesellschaft oder anderen Abtretungserfordernissen (z.B. Vorkaufsrechten von Mitgesellschaftern) abhängig machen oder deren Veräußerbarkeit sogar ganz ausschließen (**Vinkulierung**[423])[424]. D 67

2. Schuldrechtliches Verpflichtungsgeschäft

Die Verpflichtung zur Abtretung eines Geschäftsanteils kann auf unterschiedlichen Grundgeschäften beruhen (z.B. Kauf, Schenkung, Treuhandschaft, Gesellschaftsvertrag). I.d.R. ist ein **Kauf** gegeben. Aus dem Grundgeschäft ergibt sich zwar die Verpflichtung zur Übertragung des Anteils; die Übertragung selbst wird jedoch erst durch deren Abtretung bewirkt. Dementsprechend sind das Verpflichtungsgeschäft D 68

---

419 Vgl. *Roth/Altmeppen*, GmbHG, § 17, Anm. 3 m.w.N.
420 Vgl. § 12 der Mustersatzung, Rdn. B 122.
421 *Scholz/Winter*, GmbHG, § 15, Rdn. 46; BGHZ 75, 353.
422 BGH, BB 1954, 360; BGH, DStR 1996, 1882.
423 Vinculum (lat.) = Fessel.
424 RGZ 80, 175, 179; h.M., vgl. *Hachenburg/Zutt*, GmbHG, § 15, Rdn. 4; *Roth/Altmeppen*, GmbHG, § 15, Rdn. 65 f.

und die Abtretung, auch wenn sie meist aus Kostengründen zusammen beurkundet werden[425], streng voneinander zu trennen.

D 69 **Formfrei** sind Verträge, aus denen sich die Verpflichtung zur Abtretung des Geschäftsanteils nur **mittelbar** ergibt. So ist beispielsweise der Auftrag, der den Erwerb eines Geschäftsanteils zum Inhalt hat, nicht formbedürftig, da sich die Verpflichtung des Beauftragten zur Herausgabe des erworbenen Anteils aus § 667 BGB ergibt[426]. Auch **einseitige Rechtsgeschäfte** (z.B. Auslobung, Vermächtnis, Teilungsanordnung) unterliegen nicht dem Formzwang[427].

D 70 Im Rahmen von **Treuhandverhältnissen**[428] gilt:

- Notarieller Beurkundung gemäß § 15 Abs. 3 GmbHG bedarf ein Vertrag, in welchem sich der Treugeber verpflichtet, den Geschäftsanteil zur Begründung der Treuhandschaft auf den Treuhänder zu übertragen (**Übertragungstreuhand**)[429].
- Notarieller Beurkundung bedarf ferner die Vereinbarung, dass der Gesellschafter den Geschäftsanteil in Zukunft für einen Dritten als Treuhänder hält (**Vereinbarungstreuhand**), da damit auch die Verpflichtung zur entgültigen Übertragung des Geschäftsanteils nach Beendigung des Treuhandverhältnisses verbunden ist[430].
- Verpflichtet sich der Treuhänder, für Rechnung des Treugebers an der Gründung einer GmbH teilzunehmen (**Erwerbstreuhand**), so kann dies formfrei geschehen[431]. Auch wenn der Treuhandvertrag die Verpflichtung zur Abtretung des Geschäftsanteils enthält, ist diese Pflicht nur eine aus der Übernahme der Treuhandschaft folgende Nebenpflicht.

D 71 Die notarielle Urkunde muss alle wesentlichen Bestandteile einschließlich aller Nebenabreden enthalten. Ist die schuldrechtliche Vereinbarung nicht formgerecht beurkundet worden, so führt dieser **Formmangel** gemäß § 125 BGB zur Nichtigkeit; er wird aber durch einen formgültigen Abtretungsvertrag **geheilt**, § 15 Abs. 4 Satz 2 GmbHG. Eine im Vorfeld einer GmbH-Gründung formunwirksam getroffene Vereinbarung, die auf Abtretung eines Geschäftsanteils gerichtet ist, wird jedoch nicht allein dadurch gültig, dass es zur Gründung der GmbH gekommen ist[432].

D 72 Der Kauf von GmbH-Anteilen ist **Rechtskauf** i.S.v. § 433 Abs. 1 Satz 2 BGB. Dementsprechend hat der Verkäufer gemäß §§ 437, 440 BGB nur für den rechtlichen Bestand und die Lastenfreiheit des Geschäftsanteils einzustehen, nicht aber für dessen Wert[433]. Von einem **Sachkauf**, auf den die Vorschriften über die Sachmängelhaftung

---

425 Vgl. Muster XV 1 (Verkauf und Abtretung eines Geschäftsanteils – notariell beurkundeter Vertrag), Rdn. D 169.
426 *Lutter/Hommelhoff*, GmbHG, § 15, Rdn. 16.
427 *Meyer-Landruth/Miller/Niehus*, GmbHG, § 15, Rdn. 30.
428 Zur Treuhand s.u. VIII 1, Rdn. D 90 ff.
429 *Hachenburg/Zutt*, GmbHG, Anh. § 15, Rdn. 52.
430 *Scholz/Winter*, GmbHG, § 15, Rdn. 16 und 62. Dies gilt nach BGH, DStR 1999, 861 nicht, wenn der Treuhandvertrag vor Beurkundung des Gesellschaftsvertrages geschlossen wurde.
431 BGHZ 19, 69, 70; Hess. FG, EFG 1994, 397.
432 OLG Brandenburg, WiB 1996, 169. Zur Heilung bei Schwarzgeldabreden s. BGHZ 127, 129 ff.
433 Beispiele für Rechtsmängel: Rückständigkeit der übernommenen Einlagen, schwebende Insolvenz- oder Liquidationsverfahren, Größe oder Übertragbarkeit des Anteils.

(§§ 459 ff. BGB) Anwendung finden, ist auszugehen, wenn alle oder fast alle Geschäftsanteile der GmbH gekauft werden[434]. Denn dann handelt es sich praktisch um einen Unternehmenskauf[435].

3. Abtretung

Abtretungsgegenstand können sowohl Anteile an einer bereits bestehenden als auch **künftige Anteile** an einer noch nicht eingetragenen GmbH sein[436]. Die Abtretung künftiger Anteile wird erst mit der Eintragung der GmbH in das Handelsregister wirksam. Die Anteilsabtretung kann auch **aufschiebend bedingt** durch die Eintragung erfolgen. D 73

Grundsätzlich ist für eine rechtsgeschäftliche Übertragung von Gesellschaftsanteilen notarielle Beurkundung gemäß § 15 Abs. 3 und 4 GmbHG erforderlich. Der Anteilsübergang vollzieht sich **formfrei** nur in den Fällen des gesetzlichen Übergangs von Geschäftsanteilen (z.B. Erwerb nach § 22 Abs. 4 GmbHG oder nach §§ 413, 412, 401 BGB), des Übergangs kraft Gesamtrechtsnachfolge (z.B. Erbfolge, § 1922 Abs. 1 BGB) sowie der Übertragung kraft Hoheitsakts (z.B. im Rahmen der Zwangsvollstreckung). D 74

Ein **die Formerfordernisse nicht beachtender Abtretungsvertrag** ist gemäß § 125 BGB nichtig. Besteht allerdings ein gemäß § 15 Abs. 4 Satz 1 GmbHG wirksames Grundgeschäft, bleiben die Parteien zur formgültigen Abtretung verpflichtet. Die Heilungsmöglichkeit nach § 15 Abs. 4 Satz 2 GmbHG gilt auch dann, wenn das Gewollte nur unvollständig beurkundet wurde. D 75

Da die Grundsätze des gutgläubigen Erwerbs (§§ 932, 936 BGB, 366 HGB) nur für bewegliche Sachen gelten, kommt ein **gutgläubiger Erwerb** eines Geschäftsanteils von einem Nichtberechtigten nicht in Betracht. Deshalb ist beim Kauf von Geschäftsanteilen Vorsicht geboten[437]. Der Käufer sollte sich die Kette der Rechtsvorgänger des Veräußerers bis zur Gründung anhand vollständiger notarieller Abtretungserklärungen nachweisen lassen[438]. D 76

4. Beschränkung der Abtretbarkeit (Vinkulierung)

§ 15 Abs. 5 GmbHG eröffnet die Möglichkeit der Beschränkung der Übertragbarkeit durch die Satzung. Solche **Vinkulierungsklauseln** betreffen nur das dingliche Abtretungsgeschäft und lassen das obligatorische Grundgeschäft unberührt. Die praktische D 77

---

434 BGHZ 65, 246, 251; 85, 367, 370; *Meyer-Landruth/Miller/Niehus*, GmbHG, § 15, Rdn. 35; *Roth/Altmeppen*, GmbHG, § 15, Rdn. 7 ff.
435 Vgl. hierzu unten M V 2, Rdn. M 32. Zum Übernahmevertrag im Zuge einer Kapitalerhöhung vgl. aber BGH, DStR 1999, 382.
436 BGH, NJW-RR 1989, 291; BGHZ 127, 129, 132; BGH, ZIP 1998, 908; *Eder*, in: GmbH-Hdb. I, Rdn. 338.2.
437 Zur Frage der Erkennbarkeit der Legitimation des Veräußerers s.u. XIV 4, Rdn. D 152 ff.
438 Zur Legitimation des Veräußerers s.u. XIV 4, Rdn. D 152 ff.

Bedeutung der Vinkulierung folgt aus der **Personenbezogenheit der GmbH**: Will ein Gesellschafter die Gesellschaft verlassen, so können die verbleibenden Gesellschafter den Nachfolger mitbestimmen.

D 78 Abtretungsbeschränkungen kommen insbesondere vor in Form von

- **Genehmigungsvorbehalten** (für die Gesellschaft[439], deren Organe oder einzelne Gesellschafter),
- **besonderen Anforderungen an den Erwerber** sowie
- **Vorkaufsrechten** (für die Gesellschafter oder Dritte).

D 79 Zustimmungserfordernisse können dazu führen, dass ein veräußerungswilliger Gesellschafter an die Gesellschaft gebunden bleibt. Dies kann sich ungünstig auf die Zusammenarbeit der Gesellschafter auswirken. Die Gesellschaft hat zwar i.d.R. ein Interesse daran, dem Gesellschafter ein Ausscheiden zu ermöglichen, möchte aber zugleich ein Eindringen Fremder verhindern. Dieses Ziel wird in der Praxis dadurch erreicht, dass neben dem Zustimmungserfordernis den Mitgesellschaftern ein **gesellschaftsvertragliches Vorkaufsrecht** an zum Verkauf stehenden Anteilen eingeräumt wird[440].

D 80 Ist die Abtretung eines Geschäftsanteils statutarisch an die Genehmigung der Gesellschaft gebunden, so ist der Geschäftsführer für deren Erteilung zuständig. Im **Innenverhältnis** bedarf er hierzu eines Beschlusses der Gesellschafter, auch wenn die Satzung dieses nicht vorsieht (§ 46 Nr. 4 GmbHG)[441]. Erteilt der Geschäftsführer die Genehmigung ohne oder gegen den Beschluss der Gesellschafter, so ist die Genehmigung im **Außenverhältnis** gleichwohl wirksam. Etwas anderes gilt nur dann, wenn die Grundsätze über den Missbrauch der Vertretungsmacht eingreifen[442].

D 81 Die Abtretung ist **bis zur Erteilung der Genehmigung schwebend unwirksam** (§§ 185 Abs. 2, 184 BGB). Die Zustimmung ist formlos, auch stillschweigend, möglich. Bei einem **Ausschluss** der Abtretung gelten die §§ 399, 413 BGB: Die Abtretung des Geschäftsanteils ist unwirksam[443]. Der **Notar** ist daher verpflichtet, über etwa erforderliche Genehmigungen zu belehren[444]. Ist ihm der Inhalt des Gesellschaftsvertrages nicht bekannt, hat er auf die Möglichkeit von Genehmigungsvorbehalten hinzuweisen und anzuregen, sich deswegen zu erkundigen; er kann es übernehmen, erforderliche Genehmigungen einzuholen[445].

---

439 Vgl. Muster XV 3 (Zustimmung zur Abtretung), Rdn. D 171.
440 Vgl. *Kowalski*, GmbHR 1992, 347 ff. sowie ausführlich *Noack*, Gesellschaftervereinbarungen in Kapitalgesellschaften, § 13, 281.
441 *Roth/Altmeppen*, GmbHG, § 15, Rdn. 60.
442 BGH, BB 1988, 994 ff.; der BGH hat einen Missbrauch der Vertretungsmacht angenommen, wenn der Dritte weiß oder sich ihm aufdrängen muss, dass der Geschäftsführer seine Vertretungsmacht überschreitet.
443 BGHZ 40, 159; 70, 301; 102, 301; BGH, NZG 2000, 647; ganz h.M., vgl. *Palandt/Heinrichs*, BGB, § 399, Rdn. 1 m.w.N.
444 *Basty*, in: Reithmann/Albrecht/Basty, Hdb. der notariellen Vertragsgestaltung, Rdn. 1382.
445 Zum Umgehungsgeschäft vgl. die Beratungshinweise unter XIV 6, Rdn. D 160 ff.

5. Anmeldung des Erwerbs bei der Gesellschaft

Gemäß § 16 Abs. 1 GmbHG gilt der Gesellschaft gegenüber nur derjenige als Erwerber, dessen Erwerb unter Nachweis des Übergangs bei der Gesellschaft angemeldet ist[446]. Bis zur Anmeldung behält der Veräußerer der Gesellschaft gegenüber alle Mitgliedschaftsrechte. Diese Regelung ist **zwingend**. Der Gesellschaftsvertrag kann aber höhere Anforderungen an die Anmeldung stellen[447]. Da es sich um **eine gesetzliche Fiktion** handelt, kommt es auf die Wirksamkeit der Übertragung nicht an[448]. Allein der Umstand, dass die Gesellschaft von der Anteilsübertragung Kenntnis erlangt, reicht nicht aus. Vielmehr ist ein **Gestaltungsakt** des Veräußerers oder des Erwerbers erforderlich, damit die Gesellschafterstellung im Verhältnis zur Gesellschaft auf den Erwerber übergeht[449].

D 82

Eine Anmeldung »unter Nachweis des Übergangs« (vgl. § 16 Abs. 1 GmbHG) bei der Gesellschaft setzt voraus, dass deren Geschäftsführung von dem Rechtsübergang überzeugend unterrichtet wird[450]. Ob ein solcher Nachweis als geführt anzusehen ist, steht im pflichtgemäßen Ermessen des Geschäftsführers. Bei der Überzeugungsbildung müssen jedoch gesellschaftsvertragliche Bestimmungen berücksichtigt werden, welche die Abtretung erschweren[451]. An einer überzeugenden Unterrichtung fehlt es, wenn der Anteilsübertragungsvertrag nicht in der nach § 15 Abs. 3 GmbHG vorgeschriebenen notariellen Form geschlossen worden ist[452].

D 83

Die **Anfechtbarkeit der Anteilsübertragung** berührt die Legitimationswirkung der Anmeldung nicht. Die Anfechtungserklärung kann eine gemäß § 16 Abs. 3 GmbHG fällige Einlageschuld des Übernehmers nicht beseitigen[453]. Möglich ist aber ein Widerruf der Anmeldung mit Wirkung für die Zukunft bei Nichtigkeit der Anteilsübertragung[454].

D 84

Der **Notar** hat auf das Erfordernis der Anmeldung und ihre Bedeutung **hinzuweisen**; insbesondere kann ein Hinweis darauf angebracht sein, dass der Erwerber vor Anmeldung der Abtretung vorgenommene Rechtshandlungen gegen sich gelten lassen muss (§ 16 Abs. 2 GmbHG). Der Notar kann im Rahmen weiterer Betreuung die Übersendung einer Ausfertigung der Urkunde an die Gesellschaft übernehmen[455].

D 85

---

446 Vgl. auch § 67 AktG sowie Muster XV 2 (Anzeige der Abtretung an die Gesellschaft gemäß § 16 GmbHG), Rdn. D 170.
447 *Scholz/Winter*, GmbHG, § 16, Rdn. 16.
448 BGHZ 84, 47, 49.
449 BGH, NJW-RR 1996, 1377.
450 BGH, NJW-RR 1996, 1377.
451 BGH, NJW-RR 1991, 926.
452 BGH, NJW 1995, 128, 129.
453 BGHZ 84, 47, 50.
454 *Lutter/Hommelhoff*, GmbHG, § 16, Rdn. 14.
455 *Basty*, in: Reithmann/Albrecht/Basty, Hdb. der notariellen Vertragsgestaltung, Rdn. 1383, 1395.

6. Haftung von Veräußerer und Erwerber

a) Erwerber

D 86 Da der Erwerber durch die Anmeldung mit Wirkung gegenüber der Gesellschaft in die Gesellschafterstellung eintritt, schuldet er auch die von diesem Zeitpunkt an fällig werdenden Gesellschafterleistungen. Für die **vor der Anmeldung** fällig gewordenen und noch rückständigen Leistungen haftet er **gesamtschuldnerisch** neben dem Veräußerer, § 16 Abs. 3 GmbHG[456]. Zu den von § 16 Abs. 3 GmbHG erfassten Leistungsverpflichtungen zählen[457]:

- Einlagen,
- Ausfallhaftung (§§ 24 und 31 Abs. 3 GmbHG),
- Nachschüsse (§ 26 GmbHG) und Nebenleistungen (§ 3 Abs. 2 GmbHG),
- Differenzhaftung (§ 9 GmbHG),
- Unterbilanz- oder Vorbelastungshaftung (§ 11 Abs. 2 GmbHG).

D 87 Die Verteilung der Belastung im **Innenverhältnis** zwischen Erwerber und Veräußerer bestimmt sich nach der vertraglichen Regelung.

b) Veräußerer

D 88 Neben der gesamtschuldnerischen Haftung für die zur Zeit der Anmeldung rückständigen Leistungen gemäß § 16 Abs. 3 GmbHG haftet der Veräußerer nicht auch für später fällig werdende Leistungen[458]. Die subsidiäre Haftung des Veräußerers nach §§ 22, 28 GmbHG für künftig eingeforderte Leistungen auf die Stammeinlage oder Nachschusspflichten bleibt hingegen bestehen[459].

c) Hinweispflichten des Notars

D 89 Der Notar hat insbesondere auf die **Haftung** für nicht eingezahlte Stammeinlagen hinzuweisen und sollte zu diesem Zweck einen schriftlichen Nachweis für erfolgte Zahlungen auf das Stammkapital zum Schutze des Erwerbers anregen. Ferner sollte in die Urkunde eine Erklärung des Veräußerers aufgenommen werden, ob – ggf. in welcher Höhe – der abgetretene Geschäftsanteil eingezahlt ist oder nicht. Darüber hinaus sollte sich der Veräußerer über die Einzahlung der Stammeinlagen der übrigen Gesellschafter im Sinne einer vertraglichen Zusicherung verbindlich erklären. Denn der Erwerber haftet für deren Erbringung (§ 24 GmbHG) neben den Veräußerer.

---

456 BGHZ 68, 191, 197. Dies gilt nur, wenn die Resteinlage bei Anteilsübertragung schon fällig gestellt war (BGHZ 132, 133).
457 *Lutter/Hommelhoff*, GmbHG, § 16, Rdn. 17.
458 *Hachenburg/Zutt*, GmbHG, § 16, Rdn. 39.
459 *Lutter/Hommelhoff*, GmbHG, § 16, Rdn. 17.

VIII. Rechte an Geschäftsanteilen

1. Treuhand[460]

Kennzeichen eines GmbH-Treuhandverhältnisses ist, dass der Treugeber dem Treuhänder seinen **Geschäftsanteil überträgt** und ihm **nach außen die Rechtsmacht** hierüber einräumt, ihn im **Innenverhältnis** jedoch **beschränkt**. Gesellschafter ist allein der Treuhänder, der im Innenverhältnis den Weisungen des Treugebers unterworfen ist und ausschließlich auf dessen Rechnung tätig wird.   D 90

Neben der Abtretung eines bereits bestehenden Geschäftsanteils (»**Übertragungstreuhand**«) kann ein Treuhandverhältnis auch dadurch begründet werden, dass sich der Treuhänder im Auftrag des Treugebers an der Gründung der GmbH beteiligt und einen Geschäftsanteil im eigenen Namen, jedoch auf Rechnung des Treugebers übernimmt (»**Erwerbstreuhand**«). Schließlich kann sich ein Gesellschafter auch verpflichten, seinen Geschäftsanteil zukünftig für Rechnung des Treugebers zu halten (»**Vereinbarungstreuhand**«)[461].   D 91

Die Entstehung von Treuhandverhältnissen beruht in der Praxis auf unterschiedlichen Motiven. Oftmals ist Beweggrund ein Geheimhaltungsinteresse.   D 92

Da **formaler Inhaber** des Geschäftsanteils der Treuhänder ist, hat der Treugeber als **wirtschaftlicher Inhaber** des Geschäftsanteils ein Interesse daran, sich gegen solche Verfügungen des Treuhänders über den Geschäftsanteil zu schützen, die der Treuhandabrede entgegenstehen. Deshalb ist bereits bei Begründung der Treuhandschaft eine Regelung ratsam, dass der Treuhänder den Geschäftsanteil an den Treugeber unter der aufschiebenden Bedingung einer etwaigen Veräußerung abtritt. Eine solche die **Abtretung antizipierende Vereinbarung** bedarf immer der notariellen Beurkundung. Dasselbe gilt für eine die dingliche Rechtsinhaberschaft des Treugebers schützende Klausel, die eine auf den Fall der Kündigung aufschiebend bedingte Abtretung des Geschäftsanteils an den Treugeber vorsieht.   D 93

2. Nießbrauch[462]

An einem Geschäftsanteil kann gemäß §§ 1067 ff. BGB ein **Nießbrauch** bestellt werden. Da aber das Recht, an dem ein Nießbrauch bestellt werden soll, **übertragbar** sein muss (vgl. § 1069 Abs. 2 BGB), gelten etwaige satzungsmäßigen Beschränkungen der Anteilsübertragung (§ 15 Abs. 5 GmbHG) auch für die Nießbrauchsbestellung[463].   D 94

---

460 Vgl. Muster XVI 10 (Treuhandvertrag über einen Geschäftsanteil), Rdn. D 178.
461 *Schmidt*, GesR, § 61, III 2; zu den Formerfordernissen bei Treuhandverhältnissen vgl. oben VII 2, Rdn. D 70. Zur Form vgl. BGH, GmbHR 1993, 707.
462 Vgl. Muster XV 9 (Nießbrauchsbestellung), Rdn. D 177.
463 *Scholz/Winter*, GmbHG, § 15, Rdn. 188.

Diese ist also dann ausgeschlossen, wenn der Gesellschaftsvertrag die Übertragbarkeit des Anteils ausschließt.

D 95 Die Bestellung des Nießbrauchs ist **notariell zu beurkunden** (§§ 1069 Abs. 1 BGB, 15 Abs. 3, 4 GmbHG). Dagegen bedarf die Aufhebung des Nießbrauchs keiner Form. Ebenso ist der Verpflichtungsvertrag formlos gültig. Um die sich aus dem Nießbrauch ergebenden Rechte (insbesondere den Anspruch auf Gewinnausschüttung) gegenüber der Gesellschaft geltend machen zu können, muss die Bestellung gemäß § 16 Abs. 1 GmbHG **angemeldet** werden[464].

D 96 Dem Nießbraucher stehen die auf den Zeitraum des Nießbrauchs entfallenden **Gewinnansprüche** als Früchte des belasteten Geschäftsanteils zu[465]. Sein Gläubigerrecht entsteht mit dem Gewinnverteilungsbeschluss. Die sich aus dem Geschäftsanteil ergebenden Verpflichtungen sind weiterhin vom Gesellschafter und nicht vom Nießbraucher zu erfüllen[466]. Nach h.M. verbleiben die Verwaltungsrechte, insbesondere das Stimmrecht, beim Gesellschafter und werden vom Nießbrauch nicht erfasst[467]. Da eine Abspaltung der **Verwaltungsrechte** nicht möglich ist, können diese Rechte auch nicht auf den Nießbraucher übertragen werden. Es bleibt aber die Möglichkeit der Erteilung einer **Stimmrechtsvollmacht**[468]. Im Übrigen ist der Besteller verpflichtet, das Interesse des Nießbrauchers bei Stimmabgaben zu beachten. Das gilt insbesondere bei Ausübung des ordentlichen Kündigungsrechts durch den Besteller und bei der Einziehung seines Geschäftsanteils, soweit diese von seiner Zustimmung abhängig ist. In diesen Fällen ist der Besteller gehalten, das Einverständnis des Nießbrauchers einzuholen[469].

3. Verpfändung[470]

D 97 Die Verpfändung von GmbH-Anteilen ist **zulässig**, soweit diese übertragbar sind, § 1274 Abs. 2 BGB[471]. Verlangt der Gesellschaftsvertrag die Zustimmung des Geschäftsführers, der Gesellschafterversammlung oder anderer Personen für die Abtretung des Geschäftsanteils, gilt dies auch für die Verpfändung[472]. Diese bedarf gemäß §§ 1274 Abs. 1 BGB, 15 Abs. 3 GmbHG der **Beurkundung**. In der notariellen Praxis stellt sich das Problem, ob und inwieweit Vereinbarungen, aus denen sich die pfandgesicherte Forderung ergibt, in die notarielle Niederschrift einbezogen werden müssen. Da sich die Rechtsprechung hierzu noch nicht geäußert hat, wählen Notare viel-

---

464 *Scholz/Winter*, GmbHG, § 15, Rdn. 189.
465 *Lutter/Hommelhoff*, GmbHG, § 15, Rdn. 50.
466 *Eder*, in: GmbH-Hdb. I, Rdn. 371.1.
467 Vgl. zum Streitstand: *Scholz/Winter*, GmbHG, § 15, Rdn. 192.
468 *Eder*, in: GmbH-Hdb. I, Rdn. 371.3.
469 *Roth/Altmeppen*, GmbHG, § 15, Rdn. 39.
470 Vgl. Muster XV 8 (Geschäftsanteilsverpfändung), Rdn. D 178; zum Ganzen vgl. *Roth*, Pfändung und Verpfändung von Gesellschaftsanteilen, ZGR 2000, 187–222 und *Sieger/Hasselbach*, GmbHR 1999, 633, 636 f.
471 *Hachenburg/Zutt*, GmbHG, Anh. § 15, Rdn. 39.
472 MünchHdb.GesR III/*Sommer*, § 26, Rdn. 141; *Meyer-Landruth/Miller/Niehus*, GmbHG, § 15, Rdn. 47.

fach den sicheren Weg und nehmen die – oft umfangreichen – Vereinbarungen über die pfandgesicherte Forderung in die Niederschrift auf[473].

Die **Verpflichtung zur Verpfändung** sowie die **Aufhebung** der Verpfändung unterliegen ebenso wie beim Nießbrauch keinem Formzwang. Auch hinsichtlich der **Anmeldung** gilt das zum Nießbrauch Gesagte. Die Gesellschafterstellung und die **Mitgliedschaftsrechte** einschließlich des Stimmrechts verbleiben bis zum Pfandverkauf beim Gesellschafter[474]. Nur im Wege der Vollmachtserteilung kann dem Pfandgläubiger die Stimmrechtsausübung ermöglicht werden. Streitig ist die Erteilung einer unwiderruflichen Vollmacht[475]. Ansonsten besteht lediglich – wie beim Nießbrauch – eine Stimmbindung des Verpfänders im Innenverhältnis, die Befriedigungsinteressen des Pfandgläubigers zu wahren. Die **Verwertung** erfolgt grundsätzlich durch öffentliche Versteigerung (§ 1277 BGB) oder – wenn vereinbart – durch freihändigen Verkauf[476].

D 98

4. Pfändung

Im Fall der **Pfändung gemäß § 857 ZPO** ist Drittschuldner i.S.d. § 829 ZPO die GmbH[477]. Die Pfändbarkeit wird durch einen gesellschaftsvertraglichen Ausschluss der Abtretbarkeit nicht berührt[478]. Der Schuldner kann den Anteil ohne Zustimmung des Pfändungspfandgläubigers nur noch mit dem Pfandrecht belastet übertragen.

D 99

IX. Anteilsvererbung[479]

Der Geschäftsanteil des verstorbenen Gesellschafters geht mit allen Rechten und Pflichten unmittelbar vom Erblasser auf dessen Erben über (§ 1922 BGB). Der in § 15 Abs. 1 GmbHG niedergelegte **Grundsatz der freien Vererblichkeit** steht anders als die freie Veräußerbarkeit der Anteile nicht zur Disposition des Gesellschaftsvertrages. Es ist nicht möglich, die Vererblichkeit schlechthin auszuschließen oder eine vom Erbrecht abweichende Rechtsnachfolge herzustellen[480]. Der Übergang kann z.B. nicht von einer Genehmigung abhängig gemacht werden. Eine Sonderrechtsnachfolge au-

D 100

---

473 Zur Frage, ob Vereinbarungen, aus denen sich die pfandgesicherte Forderung ergibt, zum beurkundungspflichtigen Inhalt gehören oder ob die hinreichend bestimmte Kennzeichnung der pfandgesicherten Forderung genügt, vgl. *Heidenhain,* GmbHR 1996, 275 ff.; *Roth/Altmeppen,* GmbHG, § 15, Rdn. 37.
474 *Hachenburg/Zutt,* GmbHG, Anh. § 15, Rdn. 44.
475 Vgl. zum Streitstand *Scholz/Winter,* GmbHG, § 15, Rdn. 159 a.
476 *Scholz/Winter,* GmbHG, § 15, Rdn. 171.
477 Str., vgl. *Scholz/Winter,* GmbHG, § 15, Rdn. 172; s. dazu *Roth,* ZGR 2000, 187. Zur Ausscheidensklausel bei Pfändung des Gesellschaftsanteils s. OLG München, GmbHR 1999, 81.
478 *Roth/Altmeppen,* GmbHG, § 15, Rdn. 41.
479 Vgl. § 16 der Mustersatzung, Rdn. B 122. Zur Rechtsnachfolge in Gesellschaftsvereinbarungen s. *Noack,* Gesellschaftsvereinbarungen in Kapitalgesellschaften, § 9, 170.
480 Heute h.M.; vgl. *Lutter/Hommelhoff,* GmbHG, § 15, Rdn. 2.

ßerhalb der erbrechtlichen Nachfolge wie bei Anteilen an Personengesellschaften (vgl. § 139 HGB) findet nicht statt. Zulässig sind jedoch **Regelungen im Gesellschaftsvertrag**, wonach die GmbH den Geschäftsanteil mit dem Tod des Gesellschafters einziehen darf oder muss oder der Erbe des Gesellschafters zur Abtretung des Geschäftsanteils verpflichtet wird[481]. Derartige Satzungsbestimmungen führen faktisch doch zu einer Einschränkung der Vererblichkeit. Der erbrechtliche Übergang des Anteils muss bei der Gesellschaft nicht nach § 16 GmbH angemeldet werden[482].

D 101 Sind **mehrere Erben** vorhanden, so erwirbt die Erbengemeinschaft den Geschäftsanteil als Gesamthandsgemeinschaft ungeteilt. Gemäß § 18 Abs. 1 GmbHG sind die Rechte am Geschäftsanteil **gemeinschaftlich** auszuüben. Dies gilt nicht nur für die Ausübung der Verwaltungsrechte, sondern auch für die Geltendmachung der Vermögensrechte. Die Rechtsausübung muss einheitlich erfolgen[483]. Die Mitberechtigten können aber einen gemeinsamen **Vertreter** bestellen[484]. Für die auf den Geschäftsanteil zu bewirkenden Leistungen (rückständige Einlagen, Ansprüche aus Differenzhaftung gemäß § 9 GmbHG, Vorbelastungshaftung, Nachschüsse, Nebenleistungen, usw.) haften sie der Gesellschaft solidarisch (§ 18 Abs. 2 GmbHG), d.h. als Gesamtschuldner gem. § 421 BGB. Rechtshandlungen, welche die Gesellschaft gegenüber dem Inhaber des Anteils vorzunehmen hat, sind, sofern nicht ein gemeinsamer Vertreter der Mitberechtigten vorhanden ist, wirksam, wenn sie auch nur gegenüber einem Mitberechtigten vorgenommen werden (§ 18 Abs. 3 Satz 1 GmbHG).

X. Eigener Geschäftsanteil der GmbH

D 102 Der Erwerb eigener Geschäftsanteile durch die GmbH ist zwar rechtlich **möglich**, aber aus Gründen des Kapitalschutzes an die Voraussetzungen des § 33 GmbHG gebunden.

D 103 **§ 33 Abs. 1 GmbHG** schließt den Anteilserwerb oder die Inpfandnahme eines Geschäftsanteils durch die GmbH aus, wenn die Einlage auf diesen Anteil noch nicht vollständig geleistet worden ist. Da die GmbH sich selbst nichts schulden oder leisten kann, dient Abs. 1 der Sicherung der realen Kapitalaufbringung[485]. Das Verbot gilt nur bei Rückständen auf die Stammeinlage. Unerheblich ist, ob der Anteilsinhaber noch Zinsen, Agio oder Nebenleistungen schuldet[486].

D 104 Der **Erwerb nicht voll eingezahlter Anteile** durch die GmbH ist **nichtig** (§ 134 BGB). Das gilt für das schuldrechtliche Grundgeschäft ebenso wie für das Erfüllungsgeschäft[487]. Der Veräußerer bleibt somit Inhaber des Geschäftsanteils und haftet nach

---

481 BGHZ 92, 386 ff.; 105, 213, 218; BGH, DStR 1996, 1; *Scholz/Winter*, GmbHG, § 15, Rdn. 23 ff.; streitig ist, ob im Gesellschaftsvertrag geregelt werden kann, dass der Anteil eines verstorbenen Gesellschafters mit dem Tod des Gesellschafters als automatisch eingezogen gilt. Die h.M. verneint dies, vgl. *Hachenburg/Zutt*, GmbHG, § 15, Rdn. 6.
482 Vgl. *Roth/Altmeppen*, GmbHG. § 15, Rdn. 22.
483 *Baumbach/Hueck*, GmbHG, § 18, Rdn. 4.
484 BGHZ 49, 191.
485 *Lutter/Hommelhoff*, GmbHG, § 33, Rdn. 1.
486 *Hachenburg/Hohner*, GmbHG, § 33, Rdn. 17.
487 *Scholz/Westermann*, GmbHG, § 33, Rdn. 15.

wie vor für die ausstehende Stammeinlage; er kann nicht auf Abnahme klagen. Ein bereits gezahlter Kaufpreis ist rechtsgrundlos geleistet (§§ 812, 819 BGB)[488].

Verfügt die GmbH weiter über den Anteil, so kann auch ein Dritter keine Rechte daran erwerben, weil ein gutgläubiger Erwerb vom Nichtberechtigten nicht möglich ist. Allerdings wird die Verfügung mit Zustimmung des wirklichen Inhabers wirksam (§§ 182 ff. BGB)[489]. D 105

Zulässig ist hingegen der Erwerb eigener Geschäftsanteile durch die GmbH, D 106
- wenn die Einlagen vollständig geleistet sind (**§ 33 Abs. 1 GmbHG**),
- der Erwerb aus dem über den Betrag des Stammkapitals hinaus vorhandenen Vermögen erfolgen kann und
- die Gesellschaft die nach § 272 Abs. 4 HGB vorgeschriebene Rücklage für eigene Anteile dotieren kann, ohne das Stammkapital oder eine nach dem Gesellschaftsvertrag zu bildende Rücklage zu mindern, die nicht zu Zahlungen an die Gesellschafter verwendet werden darf (**§ 33 Abs. 2 GmbHG**).

Zwar verlangt § 33 GmbHG für den Erwerb eigener Geschäftsanteile keine Zulassung im Gesellschaftsvertrag. Die gesellschaftsvertragliche Festlegung eines **Zustimmungsvorbehalts der Gesellschafterversammlung** ist aber mit Rücksicht darauf zu empfehlen, dass ein Erwerb eigener Anteile von einem ausscheidenden Gesellschafter immer zu einer Veränderung der Beteiligungsstruktur der verbleibenden Gesellschafter sowie der Stimmverhältnisse führt. D 107

§ 33 Abs. 2 GmbHG dient der Erhaltung des Stammkapitals. Danach darf die GmbH Einlagen, die vollständig geleistet sind, nur unter den Voraussetzungen erwerben, dass der Erwerb aus dem über den Betrag des Stammkapitals hinaus vorhandenen Vermögen geschehen und die Gesellschaft die nach § 272 Abs. 4 HGB vorgeschriebene Rücklage für eigene Anteile bilden kann, ohne das Stammkapital oder eine nach dem Gesellschaftsvertrag zu bildende Rücklage, die nicht zu Zahlungen an die Gesellschafter verwandt werden darf, zu mindern. Ein **Verstoß** führt nicht zur Unwirksamkeit des dinglichen Geschäfts. Lediglich das dem Erwerb zugrundeliegende schuldrechtliche Geschäft ist nichtig[490]. Diese Nichtigkeit begründet ein Leistungsverweigerungsrecht der GmbH. Dagegen ist der dingliche Erwerb, also die Übereignung der Geschäftsanteile, wirksam[491]. Gleichwohl bedeuten die unterschiedlichen Rechtsfolgen für das Grundgeschäft und für das Verfügungsgeschäft ein Risiko für den ausscheidenden Gesellschafter. Aus seiner Sicht ist eine Vereinbarung ratsam, nach der die Abtretung des Geschäftsanteils erst mit der vollständigen Zahlung des Kaufpreises wirksam wird. D 108

Rechtsfolge des zulässigen Erwerbs eigener Anteile ist, dass die GmbH in die Rechtsstellung des veräußernden Gesellschafters eintritt. Der Anteil behält seine Selbständigkeit und geht nicht wie bei der Einziehung unter[492]. Die **Rechte und Pflichten** aus dem eigenen Anteil **ruhen**[493]. Das gilt sowohl für die nichtvermögensrechtlichen D 109

---

488 *Hachenburg/Hohner*, GmbHG, § 33, Rdn. 17; *Roth/Altmeppen*, GmbHG, § 33, Rdn. 9.
489 *Roth/Altmeppen*, GmbHG, § 33, Rdn. 9.
490 *Hachenburg/Hohner*, GmbHG, § 33, Rdn. 23; *Roth/Altmeppen*, GmbHG, § 33, Rdn. 4, 9.
491 *Lutter/Hommelhoff*, GmbHG, § 33, Rdn. 9.
492 MünchHdb.GesR III/*Kort*, § 27, Rdn. 26.
493 BGH, NJW 1995, 1027; *Lutter/Hommelhoff*, GmbHG, § 33, Rdn. 9.

als auch für die vermögensrechtlichen Mitgliedschaftsrechte und -pflichten. Deswegen hat die Gesellschaft bei der Entscheidung über die Gewinnfeststellung und -verwendung kein Stimmrecht und kann auszuschüttende Gewinne nicht beziehen[494]. Gleichwohl kann der Anteil, der als solcher bestehen bleibt, unter Beachtung der Vorschrift des § 15 GmbHG veräußert werden. Die mitgliedschaftlichen Rechte und Pflichten leben dann wieder auf[495]. Insoweit bildet der Erwerb eigener Anteile ein **Gestaltungsmittel für einen Gesellschafterwechsel**[496].

D 110 Eine **Keinmann-GmbH** entsteht, wenn die Gesellschaft den letzten noch ausstehenden Anteil erwirbt [497]. Nach zutreffender Ansicht ist dieser Zustand in einigen Fällen für einen kurzen Übergangszeitraum unvermeidlich, z.B. wenn die Vereinigung aller Anteile bei der GmbH durch Erbgang oder Kaduzierung eintritt[498]. Er führt daher nicht zum Erlöschen der GmbH, aber zu deren Auflösung, wenn er nicht binnen angemessener Zeit beseitigt wird[499].

D 111 Ist für Geschäftsjahre, die vor dem dinglichen Übergang des Geschäftsanteils auf die GmbH liegen, ein Gewinnverwendungsbeschluss noch nicht gefasst worden, so hat der seinen Geschäftsanteil veräußernde Gesellschafter keinen schuldrechtlichen **Ausgleichsanspruch gemäß § 101 Nr. 2, Halbs. 2 BGB** gegen die den Anteil erwerbende GmbH[500]. Nach § 101 Nr. 2 Halbs. 2 BGB wird der Gewinn im Innenverhältnis zwischen dem Veräußerer und dem Erwerber des Geschäftsanteils entsprechend der Dauer der jeweiligen Berechtigung (= Dauer der Gesellschaftereigenschaft) verteilt. Zwar ist § 101 Nr. 2 Halbs. 2 BGB grundsätzlich auf das Innenverhältnis zwischen dem Veräußerer und dem Erwerber des Geschäftsanteils anzuwenden, wenn für abgelaufene Geschäftsjahre ein Gewinnverwendungsbeschluss noch nicht gefasst worden ist[501]. Erwirbt die GmbH selbst den Geschäftsanteil, ist die Regelung des § 101 Nr. 2 Halbs. 2 BGB jedoch nicht anwendbar, da sie ein Recht zur Fruchtziehung voraussetzt, das der GmbH wegen des Ruhens der mit dem eigenen Anteil verbundenen mitgliedschaftlichen Rechte nicht zusteht[502].

XI. Einziehung (Amortisation) von Geschäftsanteilen[503]

D 112 Die Einziehung (Amortisation) hat die **Vernichtung des Geschäftsanteils** und damit den Untergang der betreffenden Mitgliedschaft zur Folge[504]. Sie lässt das Stammkapi-

---

494 BGH, NJW 1995, 1027.
495 *Lutter/Hommelhoff*, GmbH, § 33, Rdn. 9.
496 Zum Austritt und Ausschluss von Gesellschaftern s.u. XII, Rdn. D 126 ff.
497 Zum Streitstand vgl. *Baumbach/Hueck*, GmbHG, § 33, Rdn. 14.
498 Vgl. *Roth/Altmeppen*, GmbHG, § 33 Rdn. 19.
499 *Scholz/Westermann*, GmbHG, § 33, Rdn. 44; *Roth/Altmeppen*, GmbHG, § 33, Rdn. 19; zur Auflösung vgl. unten O II, Rdn. O 4 ff.
500 BGH, NJW 1995, 1027.
501 *Hachenburg/Goerdeler/Müller*, GmbHG, § 29, Rdn. 12.
502 BGH, NJW 1995, 1027.
503 Vgl. § 14 der Mustersatzung, Rdn. B 122; zu alternativen Satzungsregelungen vgl. *Wolff*, GmbHR 1999, 958, 961 ff.
504 *Roth/Altmeppen*, GmbHG, § 34, Rdn. 1.

tal unberührt und kann auch ohne dessen Herabsetzung durchgeführt werden[505]. Erforderlich ist die statutarische Zulassung, vgl. § 34 Abs. 1 GmbHG. Die Einziehung ist immer ein einseitiger Akt der Gesellschaft und nicht etwa ein Vertrag zwischen GmbH und Gesellschafter. **Zielsetzung** der Einziehung ist insbesondere die Verhinderung des Eindringens unerwünschter Dritter in den Kreis der Gesellschafter (z.B. wenn ein Gläubiger des Gesellschafters den Geschäftsanteil zu verwerten droht) oder die Trennung von einem lästigen Gesellschafter (Ausschluss).

Zu den **Voraussetzungen** der Einziehung zählen: D 113

- statutarische Zulassung, § 34 Abs. 1 GmbHG,
- Beschluss der Gesellschafterversammlung, § 46 Nr. 4 GmbH.

Der Beschluss kommt gemäß § 47 Abs. 1 GmbHG mit einfacher Mehrheit zustande, soweit die Satzung kein höheres Quorum vorschreibt. Der betroffene Gesellschafter ist stimmberechtigt[506], es sei denn, die Einziehung erfolgt aus wichtigem in seiner Person liegenden Grund (§ 47 Abs. 4 GmbHG analog)[507]. D 114

Die Einziehung kann erhebliche **Auswirkungen auf die Beteiligungsquoten der Gesellschafter** haben und zu **unerwünschten Mehrheitsverschiebungen** führen. Beträgt beispielsweise das Stammkapital einer GmbH 70 000 € und halten die Gesellschafter X und Y je einen Geschäftsanteil von 20 000 € und Z einen Anteil von 30 000 €, so wird Z zum Mehrheitsgesellschafter, wenn der Anteil des X eingezogen wird. Bei einer derartigen Konstellation des Gesellschafterkreises kann es daher ratsam sein, gesellschaftsvertraglich für die Beschlussfassung über die Amortisation abweichend von § 47 Abs. 1 GmbHG (einfache Mehrheit) eine qualifizierte Mehrheit vorzusehen. D 115

Der Einziehungsbeschluss bedarf der Ausführung in Form einer Einziehungserklärung gegenüber dem betroffenen Gesellschafter (str.)[508]. D 116

- **Volle Einzahlung** des betroffenen Geschäftsanteils

Das Verbot des § 19 Abs. 2 GmbHG, Gesellschafter von der Verpflichtung zur Leistung der Stammeinlage zu befreien, gilt auch bei der Einziehung nicht voll eingezahlter Anteile[509]. Unerheblich ist, ob die Einziehung entgeltlich oder unentgeltlich erfolgt. D 117

- **Leistung der Abfindung aus ungebundenem Vermögen**

Soweit die Einziehung entgeltlich erfolgt[510], muss das Entgelt aus dem freien Vermögen der GmbH gezahlt werden können, §§ 34 Abs. 3, 30 GmbHG. Maßgebender Zeitpunkt ist die Auszahlung und nicht die Entstehung des Zahlungsanspruchs[511]. Erfolgt die Zahlung entgegen § 30 Abs. 1 GmbHG, so besteht die Pflicht zur Rückzahlung gemäß § 31 GmbHG. D 118

---

505 *Scholz/Westermann*, GmbHG, § 34, Rdn. 1.
506 H.M., vgl. *Scholz/Westermann*, GmbHG, § 34, Rdn. 40; *Roth/Altmeppen*, GmbHG, § 34, Rdn. 44, § 46 Rdnr. 15.
507 *Roth/Altmeppen*, GmbHG, § 34, Rdn. 44.
508 Vgl. *Schmidt*, GesR, § 35 III 2 a (S. 1058).
509 *Hachenburg/Ulmer*, GmbHG, § 34, Rdn. 19.
510 Zur Einziehung ohne Entgelt, vgl. *Scholz/Winter*, GmbHG, § 34, Rdn. 20.
511 BGHZ 9, 157, 169.

D 119 Die Zahlung der Abfindung ist nach herrschender Ansicht Voraussetzung für die Wirksamkeit der Einziehung[512]. Ein Streit über ihre Höhe soll demgegenüber die Gültigkeit der Einziehung nicht verhindern[513]. Bis zur Leistung des Einziehungsentgelts ist der Gesellschafter wegen der Kapitalerhaltungspflicht noch nicht ausgeschieden und behält seine bisherigen Rechte[514]. Diese ruhen auch in der Zeit zwischen dem Einziehungsbeschluss und der Auszahlung nicht[515]. Die Rechtsprechung schränkt aber das Stimmrecht des ausscheidenden Gesellschafters in der Interimszeit dahin gehend ein, dass er Maßnahmen nicht widersprechen darf, die seinen Vermögensinteressen nicht entgegenstehen können[516]. Der Gesellschaftsvertrag kann vorsehen, dass während der Dauer des Einziehungsverfahrens die Rechte und Pflichten aus dem Geschäftsanteil nicht ausgeübt werden dürfen[517]. Das ist – auf der Grundlage der h.M. – zu empfehlen, da es Fälle geben kann, bei denen die Wirksamkeit der Einziehung auf Jahre hinausgeschoben wird, etwa wenn die Parteien über die Höhe der Abfindung prozessieren oder die Satzung eine ratenweise Abfindungszahlung vorsieht.

D 120 Der Einziehungsbeschluss muss nur dann auch die Höhe des Abfindungsbetrages und dessen Aufbringung und Zahlungsweise festlegen, wenn der Gesellschaftsvertrag dies vorsieht[518].

- **Zustimmung des Betroffenen** oder **Vorliegen der besonderen Voraussetzungen der Zwangseinziehung**

D 121 Ohne die Zustimmung des Betroffenen ist die Einziehung nur zulässig, wenn die satzungsmäßige Ermächtigung schon vorhanden war, als der Anteilsberechtigte den Geschäftsanteil erwarb (§ 34 Abs. 2 GmbHG).

---

512 Zur Bewertungsmethode vgl. BGHZ 116, 359, 371; BGH, NJW 1993, 2101; OLG Frankfurt, DB 1997, 219; *Sieger/Mertens*, ZIP 1996, 1493, 1494; *Scholz/Westermann*, GmbHG, § 34, Rdn. 53.
513 Vgl. BGHZ 112, 103; a.A. *Roth/Altmeppen*, GmbHG, § 34, Rdn. 19.
514 BGHZ 9, 157, 173: »Der Einziehungsbeschluss nach § 34 GmbHG steht unter der gesetzlichen Bedingung, dass das Stammkapital erhalten bleibt«; *Lutter/Hommelhoff*, GmbHG, § 34, Rdn. 10 a; *Scholz/Westermann*, GmbHG, § 34, Rdn. 55 f.; a.A. OLG Hamm, GmbHR 1993, 743, 746 f., das im Falle einer Einziehung durch Gesellschafterbeschluss von der sofortigen Wirksamkeit des Einziehungsbeschlusses ausgeht; a.A. OLG München, WiB 1997, 586 f., das die Wirksamkeit der Einziehung bejaht, sobald der Einziehungsbeschluss dem betroffenen Gesellschafter bekannt gemacht worden ist und die Satzung diesen Wirksamkeitszeitpunkt festlegt; a.A. *Hachenburg/Ulmer*, GmbHG, § 34, Rdn. 60, der die Wirksamkeit der Einziehung zwar mit dem Beschluss annimmt; die Einziehung soll aber dadurch auflösend bedingt sein, dass die Abfindung bei Fälligkeit zulässigerweise ausgezahlt werden kann.
515 BGHZ 88, 320, 325; dieses Urteil, in dem betont wird, dass ein Ruhen der Mitgliedschaftsrechte den Gesellschafter der Gefahr aussetzt, Entscheidungen nicht verhindern zu können, welche die Realisierung seines Abfindungsanspruchs erschweren könnten, ist zwar nicht ausdrücklich auf den Fall der Einziehung, sondern auf die Rechtsfolgen einer satzungsmäßigen Kündigung bezogen, aber der Rechtsgedanke passt auch für die Einziehung; vgl. *Westermann*, EWiR, § 34 GmbHG 1/97, 302; OLG Frankfurt/M., DB 1997, 219.
516 BGHZ 88, 320, 328.
517 BGHZ 88, 320.
518 BGH, NJW-RR 1995, 667.

XI. Einziehung (Amortisation) von Geschäftsanteilen

Die Unterscheidung zwischen **freiwilliger** Einziehung und **Zwangseinziehung** (= Entzug der Mitgliedschaft gegen den Willen des Betroffenen) hat Auswirkungen auf die Anforderungen an die statutarische Regelung: Während bei der freiwilligen Einziehung eine pauschale Zulassung genügt, müssen die Voraussetzungen der zwangsweisen Einziehung so hinreichend konkretisiert sein, dass sich die Gesellschafter darauf einstellen können [519].

D 122

Als sachliche Gründe für eine Einziehung kommen in Betracht:
- Auflösungsbegehren des Gesellschafters,
- Kündigung des Gesellschaftsvertrages durch den Gesellschafter,
- Eröffnung des Konkurs- oder Vergleichsverfahren über das Vermögen des Gesellschafters,
- grobe Verletzung der dem Gesellschafter obliegenden Pflichten,
- Pfändung in den Geschäftsanteil und dessen drohende Verwertung durch Gläubiger.

D 123

Eine enumerative Aufzählung der Einziehungsfälle in der Satzung ist nicht erforderlich. Vielmehr genügen **ausfüllbare Generalklauseln**[520] (z.B. schwerwiegende Pflichtverletzung, Unzumutbarkeit weiterer Zusammenarbeit). Eine (zwangsweise) Einziehung ohne sachlich gerechtfertigten Grund ist nach der Rechtsprechung grundsätzlich unzulässig. Das setzt eine umfassende Prüfung der Umstände des Einzelfalls voraus. Eine Zwangseinziehung scheidet aus, wenn in der Person des die Einziehung betreibenden Gesellschafters Umstände vorliegen, die seine eigene Ausschließung oder die Auflösung der Gesellschaft rechtfertigen oder auch nur zu einer günstigeren Beurteilung derjenigen Gründe führen, die der von der Einziehung bedrohte Gesellschafter zu verantworten hat[521].

D 124

Rechtsfolge der Einziehung ist der Untergang des Anteils. Das Stammkapital besteht aber unverändert fort, es sei denn, es wird gleichzeitig unter Beachtung der Voraussetzungen des § 58 GmbHG herabgesetzt. Daraus ergibt sich eine **Diskrepanz zwischen Stammkapital und Summe der Nennwerte** der Geschäftsanteile. Diese Diskrepanz kann beseitigt werden entweder durch verhältnismäßige Erhöhung der Nennbeträge der verbleibenden Anteile[522] oder durch Schaffung eines oder mehrerer neuer Anteile[523]. Die Aufstockung erfordert zwar einen Gesellschafterbeschluss, ist aber keine Satzungsänderung[524].

D 125

---

519 *Kallmeyer*, in: GmbH-Hdb. I, Rdn. 359; vgl. dazu im Einzelnen BGHZ 32, 151 ff.; 65, 22 ff.; BGH, BB 1977, 563 f.; BGHZ 116, 359, 369.
520 *Rowedder/Rowedder*, GmbHG, § 34, Rdn. 20. Vgl. dazu BGH, NJW 1977, 2316; BGH, NJW 1983, 2880 f.; BGH, ZIP 1999, 1951.
521 BGH, NJW 1995, 1358, 1359; vgl. auch *Roth/Altmeppen*, GmbHG, § 34, Rdn. 30.
522 Im Fall der Verteilung des eingezogenen Geschäftsanteils auf die übrigen Gesellschafter ist § 5 Abs. 3 Satz 2 GmbHG zu beachten. Danach müssen durch fünfzig teilbare Nennbeträge entstehen.
523 *Hachenburg/Ulmer*, GmbHG, § 34, Rdn. 64.
524 BGH, NJW 1989, 168, 169; BayObLG, WM 1992, 227 ff.

XII. Austritt und Ausschließung

D 126 Das GmbHG enthält keine zusammenhängende Regelung für das Ausscheiden eines Gesellschafters aus der GmbH. Die hierfür relevanten gesetzlichen Bestimmungen sind im Gesetz verteilt und lückenhaft. Die Rechtsprechung hat deshalb weitere Grundsätze im Zusammenhang mit dem Ausscheiden eines Gesellschafters entwickelt.

D 127 Zu unterscheiden sind der **freiwillige Austritt** und der **zwangsweise Ausschluss**:

1. Austritt

D 128 Das GmbHG lässt die einseitige Lösung aus dem Gesellschaftsverhältnis grundsätzlich nur durch eine **Veräußerung des Geschäftsanteils** zu (§ 15 GmbHG) [525]. Bei fehlender gesellschaftsvertraglicher Regelung kommen als gesetzlich geregelte Sonderfälle des Austritts nur die Möglichkeiten

- des **Abandon**, d.h. das Recht des einzelnen Gesellschafters, seinen Geschäftsanteil der Gesellschaft zur Verfügung zu stellen[526] (§ 27 GmbHG), sowie
- der **Auflösungsklage** (§ 61 GmbHG)

in Betracht.

D 129 Die Satzung kann jedoch vorsehen, dass der Gesellschafter durch **Kündigung** aus der Gesellschaft austreten kann[527].

D 130 Enthält die Satzung keine Kündigungsklausel, besteht gleichwohl ein Bedürfnis, dem Gesellschafter bei Vorliegen eines wichtigen Grundes ein freiwilliges Ausscheiden zu ermöglichen. Man denke nur an den Fall, dass die Übertragbarkeit des Geschäftsanteils gemäß § 15 Abs. 5 GmbHG ausgeschlossen ist. Dementsprechend ist auch ein nicht ausschließbares, **außerordentliches Austrittsrecht** des Gesellschafters allgemein anerkannt[528].

D 131 Der Austritt ist aber nur aus **wichtigem Grund** zulässig[529], etwa wenn Umstände eintreten, die dem Gesellschafter das Verbleiben in der Gesellschaft unzumutbar machen und eine anderweitige zumutbare Problemlösung – insbesondere eine Anteilsveräußerung – nicht möglich ist[530]. Während der statutarische Ausschluss der Übertragbarkeit einen wichtigen Grund für einen Austritt darstellt, begründet die Verwei-

---

525 *Scholz/Winter*, GmbHG, § 15, Rdn. 114.
526 Die Möglichkeit des Abandon besteht gemäß § 27 Abs. 1 GmbHG nur, wenn die Satzung eine unbeschränkte Nachschusspflicht vorsieht, die Stammeinlage vollständig eingezahlt ist und ein Nachschuss eingefordert wird, vgl. auch Muster XV 11 (Preisgabe eines Geschäftsanteils), Rdn. D 179.
527 *Scholz/Schmidt*, GmbHG, § 60, Rdn. 41; vgl. § 17 der Mustersatzung, Rdn. B 122.
528 BGHZ 9, 157; 88, 320 ff.; 116, 359, 369; *Hachenburg/Ulmer*, GmbHG, Anh. § 34, Rdn. 44; BGHZ 9, 157; *Lutter/Hommelhoff*, GmbHG, § 34, Rdn. 36; *Roth/Altmeppen*, GmbHG, § 60, Rdn. 35; vgl. auch das Muster XV 11, Rdn. D 179.
529 Vgl. Muster XV 15 (Austritt aus wichtigem Grund), Rdn. D 183.
530 *Scholz/Winter*, GmbHG, § 15, Rdn. 119 ff.; *Roth/Altmeppen*, GmbHG, § 60, Rdn. 58.

gerung einer für die Abtretung erforderlichen Genehmigung (§ 15 Abs. 5 GmbHG) grundsätzlich kein außerordentliches Austrittsrecht. Etwas anderes gilt aber dann, wenn die Genehmigung regelmäßig verweigert wird. Auch erhebliche und auf Dauer untragbare Nebenleistungspflichten berechtigen zum Austritt[531]. **Kein wichtiger Grund** ist demgegenüber das Scheitern einer Veräußerung des Geschäftsanteils aus tatsächlichen Gründen[532].

Der **Austritt** erfolgt durch einseitige empfangsbedürftige Willenserklärung des Austrittswilligen gegenüber der Gesellschaft[533]. Diese ist dann berechtigt und verpflichtet, gegen Abfindung des Gesellschafters nach ihrer Wahl entweder den Geschäftsanteil **einzuziehen** oder dessen **Abtretung** an einen von ihr zu benennenden Erwerber **zu verlangen**. Nicht voll eingezahlte Geschäftsanteile darf die Gesellschaft jedoch weder erwerben noch einziehen[534]. Die Mitgliedschaft des Gesellschafters endet erst dann, wenn der Anteil eingezogen oder von der Gesellschaft, einem Gesellschafter oder einem Dritten erworben wird[535]. D 132

2. Ausschließung

Enthält die Satzung Vorschriften über die **Einziehung** eines Geschäftsanteils auch ohne Zustimmung des betroffenen Gesellschafters, § 34 Abs. 2 GmbHG (**Amortisationsklauseln**)[536], so kann die Gesellschaft auf diesem Weg den Ausschluss eines Gesellschafters erreichen. D 133

Darüber hinaus kann ein Gesellschafter auch bei Fehlen einer satzungsmäßigen Regelung ausgeschlossen werden, wenn in seiner Person ein wichtiger Grund gegeben ist, der die Fortsetzung der Gesellschaft unter seiner Beteiligung untragbar erscheinen lässt (**Ausschließung aus wichtigem Grund**)[537]. D 134

Die Ausschließung kommt nur als **äußerstes Mittel** in Betracht. Ein Ausschließungsgrund in der Person eines Gesellschafters ist umso eher anzuerkennen, je personalistischer die Gesellschaft geprägt ist.[538]. Liegen – etwa in der Zweimann-GmbH – D 135

---

531 *Lutter/Hommelhoff*, GmbHG, § 34, Rdn. 37.
532 *Scholz/Winter*, GmbHG, § 15, Rdn. 115.
533 *Scholz/Winter*, GmbHG, § 15, Rdn. 122.
534 *Lutter/Hommelhoff*, GmbHG, § 34, Rdn. 40.
535 BGH, GmbHR 1997, 501; *Roth/Altmeppen*, GmbHG, § 60, Rdn. 63.
536 Vgl. zur Einziehung oben XI, Rdn. D 112 ff.
537 Vgl. BGH, NJW 1983, 2880 f.; BGH, NJW 1991, 572; BGH, DStR 1992, 1661; BGH, DStR 1993, 923; BGH, DStR 1993, 1032 ff.; BGH, DStR 1993, 1266; BGH, DStR 1993, 1598; BGH, DStR 1993, 1661; BGH, DStR 1999, 1951; BGH, GmbHR 1999, 1194 m. Anm. v. *Bärwald*; *Scholz/Winter*, GmbHG, § 15, Rdn. 130; *Roth/Altmeppen*, GmbHG, § 60, Rdn. 42 ff.; *Wolf*, ZGR 1998, 92, 93. *Beispiele* für einen wichtigen Grund: hohes Alter; andauernde schwere Erkrankung; mangelnde Vertrauens- oder Kreditwürdigkeit; ehrenrührige kriminelle Bestrafung; schlechter Ruf; Querulantentum; Verlust von satzungsmäßig geforderten persönlichen Voraussetzungen; ungeordnete Vermögensverhältnisse; gravierende Pflichtverletzungen; unheilbares Zerwürfnis zwischen den Gesellschaftern.
538 *Roth/Altmeppen*, GmbHG, § 60, Rdn. 44.

Ausschlussgründe in der Person eines Gesellschafters vor, so ist nach der Schwere und Zurechenbarkeit des wechselseitigen Fehlverhaltens zu unterscheiden. Überwiegt dieses eindeutig zu Lasten eines Gesellschafters und ist den übrigen Gesellschaftern auch bei Berücksichtigung ihrer eigenen Verfehlungen eine weitere Zusammenarbeit unzumutbar, so kann der schwerer belastete Gesellschafter ausgeschlossen werden. Demgegenüber kommt bei gleichgewichtigem Verschulden oder unheilbarem Zerwürfnis ein Ausschluss nicht in Betracht[539].

D 136 Wollen **zwei Gruppen von Gesellschaften** sich **gegenseitig ausschließen**, so kann es wegen des Stimmrechtsausschlusses der jeweils anderen Gruppe (§ 47 Abs. 4 GmbHG) zu zwei Ausschließungsbeschlüssen kommen, die beide von der GmbH im Klagewege auszuführen sind. Beide Klagen werden dann regelmäßig zu einem Rechtsstreit zusammengefasst. Bei der Zweimann-GmbH kann jeder Gesellschafter in Prozessstandschaft für die GmbH die Ausschlussklage führen[540].

D 137 Durchgeführt werden kann die Ausschließung nur durch die Erhebung einer **Gestaltungsklage**, auch wenn es dafür keine gesetzliche Grundlage gibt[541]. Über die Erhebung dieser Ausschließungsklage ist ein **Gesellschafterbeschluss** zu fassen. Bei der Abstimmung hat der auszuschließende Gesellschafter gem § 47 Abs. 4 GmbHG kein Stimmrecht[542]. Für den Beschluss ist, soweit die Satzung nichts anderes bestimmt, eine ¾-Mehrheit der abgegebenen Stimmen erforderlich[543]. Dessen Gültigkeit setzt nicht nur das Vorliegen eines Ausschlussgrundes voraus, sondern auch die Sicherung der Erhaltung des Stammkapitals sowie der Zahlung der Abfindung. Der Geschäftsanteil fällt erst dann zum Zweck der Verwertung an die Gesellschaft, wenn diese den im Urteil festgesetzten Abfindungsbetrag fristgemäß und ohne Verstoß gegen §§ 19 Abs. 2, 30 Abs. 1 GmbHG gezahlt hat[544]. Auf Antrag des (auszuschließenden) Beklagten muss das Gericht eine vorläufige – ggf. geschätzte (§ 287 ZPO) – Abfindungssumme festsetzen[545] und zugleich eine Frist bestimmen, innerhalb derer die Abfindung zu zahlen ist[546]. Die Wirksamkeit des Gestaltungsurteils soll unter der aufschiebenden Bedingung stehen, dass die Abfindung aus ungebundenem Vermögen (§ 30

---

539 Vgl. OLG Düsseldorf, WM 1988, 1532, 1534 f.; *Hachenburg/Ulmer*, GmbH, Anh. § 34, Rdn. 13 m.w.N.; *Roth/Altmeppen*, GmbHG, § 60, Rdn. 45; *Wolf*, ZGR 1998, 92, 94.
540 *Roth/Altmeppen*, GmbHG, § 60, Rdn. 49. Hat sich in dieser Konstellation der auf Ausschließung klagende Gesellschafter ebenfalls gesellschaftswidrig verhalten und ist dieses Verhalten von einem solchen Gewicht, dass auch er untragbar geworden ist und seinerseits aus wichtigem Grund aus der GmbH ausgeschlossen werden kann, bleibt nur noch der Weg der Auflösungsklage (BGHZ 16, 317, 322 f.; 32, 17, 35; 80, 346, 351 f.; BGH, DStR 1999, 1951); dazu auch OLG Düsseldorf, GmbHR 1999, 543.
541 BGHZ 9, 157, 166; 116, 359, 369; BGH, NZG 2000, 35; *Schmidt*, § 35 IV 2 c (S. 1063).
542 BGHZ 9, 157, 178.
543 BGHZ 9, 157, 177; *Roth/Altmeppen*, GmbHG, § 60, Rdn. 48; *Hachenburg/Ulmer*, GmbHG, § 34, Rdn. 24 m.w.N.; für einfache Mehrheit *Baumbach/Hueck*, GmbHG, Anh. § 34, Rdn. 9; *Scholz/Winter*, GmbHG, § 15, Rdn. 140 m.w.N.
544 BGHZ 9, 157, 178.
545 BGHZ 16, 317, 325.
546 *Hachenburg/Ulmer*, GmbHG, Anh. § 34, Rdn. 36; *Scholz/Winter*, GmbHG, § 15, Rdn. 142 a m.w.N.; *Roth/Altmeppen*, GmbHG, § 60, Rdn. 53.

GmbHG) erbracht wird[547]. Bis die Gesellschaft über die Verwertung des Geschäftsanteils entschieden hat (Einziehung oder Übertragung), bleibt der Ausgeschlossene Inhaber des Geschäftsanteils[548].

Die Ausschließung des Gesellschafters aus wichtigem Grund kann auch in der **Satzung** geregelt werden. Insbesondere kann der Ausschluss durch rechtsgestaltenden Gesellschafterbeschluss anstelle des zeitaufwendigen Klageverfahrens vorgesehen werden[549]. Darüber hinaus kann die Ausschließung auch schlicht vom Mehrheitswillen der Gesellschafter abhängig gemacht werden, also allein einen Gesellschafterbeschluss ohne Nachweis sachlicher Gründe als Ausschlusstatbestand genügen lassen, wenn diese schwächere Gesellschafterposition bereits zum Inhalt der Mitgliedschaft des betroffenen Gesellschafters gehört, nicht aber, wenn jeder Gesellschafter der Willkür der jeweiligen Mehrheit unterworfen sein soll[550]. Eine an keine Voraussetzungen geknüpfte sogenannte **Hinauskündigungsklausel** ist nur dann wirksam, wenn sie durch besondere Umstände sachlich gerechtfertigt ist[551].

D 138

3. Kaduzierung

Des Weiteren ermöglicht das GmbHG einen Ausschluss des Gesellschafters durch **Kaduzierung**[552]. Hierbei wird der Gesellschafter wegen Säumigkeit mit der Zahlung der Stammeinlage (§ 21 GmbHG) oder mit einer beschränkten Nachschusspflicht (§ 28 Abs. 1 GmbHG) seines Geschäftsanteils und der darauf bereits erbrachten Leistungen zugunsten der Gesellschaft verlustig erklärt. Ob und wann diese Erklärung ergeht, steht im pflichtgemäßen Ermessen der Geschäftsführer (§ 43 GmbHG) bzw. der diesen gegenüber weisungsbefugten Gesellschafterversammlung[553].

D 139

Die Kaduzierung stellt eine **Spezialregelung der Gesellschafterausschließung** durch einseitigen Akt der Gesellschaft dar. Ihre praktische Bedeutung ist eher gering, da sie nur in den vom Gesetz vorgesehenen Fällen möglich ist. Das Kaduzierungsver-

D 140

---

547 BGHZ 9, 157, 169 ff.; *Scholz/Winter*, GmbHG, § 15, Rdn. 142 a, 143 ff.; *Hachenburg/ Ulmer*, GmbHG, Anh. § 43, Rdnr. 35 (auflösende Bedingung); differenzierend *Roth/ Altmeppen*, GmbHG, § 60, Rdn. 54.
548 MünchHdb.GesR III/*Kort*, § 29, Rdn. 50.
549 *Scholz/Winter*, GmbHG, § 15, Rdn. 152; *Roth/Altmeppen*, GmbHG, § 60, Rdn. 39.
550 *Roth/Altmeppen*, GmbHG, § 60, Rdn. 39.
551 Eine derartige Rechtfertigung kann beispielsweise dann gegeben sein, wenn der Berechtigte wegen enger persönlicher Beziehungen zu seinem Mitgesellschafter die volle Finanzierung der Gesellschaft übernimmt und diesem eine Mehrheitsbeteiligung sowie die alleinige Geschäftsführungsbefugnis einräumt (BGHZ 112, 103). Ungeklärt ist aber weiterhin, ob schon der Umstand ausreicht, dass der Anteil geschenkt worden ist.
552 Vgl hierzu die Muster XV 12 (Kaduzierung – Aufforderung zur Einzahlung der übernommenen Stammeinlage), XV 13 (Kaduzierung – erneute Aufforderung zur Einzahlung unter Fristsetzung) sowie XV 14 (Kaduzierung – Ausschlusserklärung), Rdn. D 180 ff.
553 BGH, DStR 1993, 1528; BGH, DStR 1996, 111. Vgl. *Roth/Altmeppen*, GmbHG, § 21, Rdn. 15.

fahren findet nur Anwendung bei Nichtzahlung fälliger Geldeinlagen[554], bei reinen Sacheinlagepflichten ist es ausgeschlossen[555]. Es führt weder zum Untergang des Geschäftsanteils, noch fällt dieser der GmbH zu. Vielmehr wird er bis zu seiner Übertragung an einen Dritten (§§ 22 Abs. 4, 23 GmbHG) von der Gesellschaft treuhänderisch gehalten[556]. Die Regelungen der §§ 21–24 GmbHG sind Teil der Sicherung der Kapitalaufbringung und daher nicht abdingbar, sondern gemäß § 25 GmbHG zwingendes Recht.

XIII. Abfindung ausscheidender Gesellschafter[557]

1. Abfindungsanspruch

D 141 Scheidet ein Gesellschafter aus der GmbH aus, so steht ihm oder seinen Erben eine Abfindung für den Verlust des Geschäftsanteils zu. Das gilt unabhängig davon, ob der Gesellschafter im Wege des Austritts, Ausschlusses, der Einziehung oder der Abtretungsverpflichtung seine Mitgliedschaft verliert. Da das GmbHG selbst die Abfindung nicht regelt, ist insbesondere bei der personalistischen GmbH § 738 Abs. 1 Satz 2 BGB heranzuziehen[558]. Danach sind die verbliebenen Gesellschafter verpflichtet, dem Ausscheidenden den Betrag zu zahlen, den dieser erhielte, wenn die Gesellschaft aufgelöst würde. Der Abfindungsanspruch ist nach dem vollen wirtschaftlichen Wert (Verkehrswert) des Geschäftsanteils zu bemessen, soweit der Gesellschaftsvertrag keine davon abweichende Regelung trifft[559]. Dessen Ermittlung hat nach betriebswirtschaftlich anerkannten Verfahren zu erfolgen. Diese gehen üblicherweise entweder vom **Ertrags-** oder vom **Substanzwert** des Geschäftsanteils aus. Dabei nimmt die Bedeutung des Substanzwertes gegenüber dem Ertragswert zunehmend ab[560]. Die Ertragswertmethode basiert auf einer Prognose der zukünftigen Erträge des fortgeführten Unternehmens[561]. Die für einen zurückliegenden Zeitraum von bis zu fünf Jahren ermittelten Erträge bilden dabei die Schätzungsgrundlage für die Zukunft[562].

---

554 Vgl. hierzu die Muster XV 8 (Aufforderung zur Einzahlung der übernommenen Stammeinlage), XV 9 (Erneute Aufforderung zur Einzahlung unter Fristsetzung) und XV 10 (Ausschlusserklärung), Rdn. D 176 f.
555 *Eder*, in: GmbH-Hdb. I, Rdn. 288; das Verfahren der Kaduzierung kann jedoch auch dann angewandt werden, wenn statt der Bareinlage eine verdeckte Sacheinlage geleistet worden ist, vgl. *Wellhöfer*, GmbHR 1994, 212, 219.
556 H.M., vgl. *Lutter/Hommelhoff*, GmbH, § 21, Rdn. 15; *Roth*, GmbHG, § 21, Anm. 4.2. Zur fortbestehenden Ausfallhaftung s. BGH, DStR 1993, 1528; BGH, ZIP 1996, 1248.
557 Vgl. § 18 der Mustersatzung, Rdn. B 122.
558 *Hachenburg/Ulmer*, GmbHG, § 34, Rdn. 68.
559 BGH, ZIP 1992, 237 ff.
560 *Großfeld*, Unternehmensbewertung, S. 20 ff., 91 ff., 109 ff.
561 BGH, BB 1984, 2082, 2083; *Scholz/Westermann*, GmbHG, § 34, Rdn 22.
562 *Piltz/Wissmann*, NJW 1985, 2673, 2674.

2. Satzungsmäßige Beschränkungen

Um die Gesellschaft vor einem Kapitalabfluss zu schützen und die Berechnung der Höhe des Abfindungsanspruchs zu vereinfachen, enthalten Satzungen häufig Abfindungsklauseln. Sie unterliegen den Grenzen des § 138 BGB. Bei der Abfassung solcher Klauseln sind folgende Grundsätze zu beachten: D 142

- Ein **vollständiger Abfindungsausschluss** ist i.d.R. nichtig, § 138 BGB[563].
- Vereinbarungen über die **Höhe**, die **Berechnung** und die **Zahlungsweise** der Abfindung sind nur insofern wirksam, als sie die Freiheit zum Austritt nicht unvertretbar stark beschränken[564].

Häufig werden in Gesellschaftsverträgen für Fälle der Zwangseinziehung oder Zwangsabtretung **Buchwertklauseln** vereinbart. Diese bestimmen, dass der ausscheidende Gesellschafter seinen buchmäßigen Kapitalanteil zuzüglich anteiliger offener Rücklagen und Gewinnvorträge sowie abzüglich eines anteiligen Verlustvortrages erhält; stille Reserven und Firmenwert bleiben außer Ansatz. Buchwertklauseln sind grundsätzlich zulässig[565], nicht jedoch im Falle des Ausschlusses eines Gesellschafters ohne wichtigen Grund[566]. Doch selbst bei Vorliegen eines wichtigen Grundes ist die Buchwertklausel nicht vertretbar, wenn sie bei Eintritt der Voraussetzungen des Ausscheidens zu einem **groben Missverhältnis** zum vollen wirtschaftlichen Wert des Geschäftsanteils führt[567]. Eine starre Wertgrenze, deren Überschreitung zwangsläufig die Abfindungsregelung außer Kraft setzt, gibt es nicht. Vielmehr müssen die gesamten Umstände des konkreten Falls einbezogen werden. Hierzu zählen beispielsweise die Dauer der Mitgliedschaft sowie der Anlass des Ausscheidens. Der BGH hat ein grobes Missverhältnis bei einem das Zehnfache des Buchwertes betragenden Substanzwert angenommen[568]. D 143

Eine ursprünglich wirksame Abfindungsklausel wird auch bei einem im Laufe der Zeit eintretenden groben Missverhältnis zwischen satzungsmäßig bestimmtem und D 144

---

563 BGHZ 22, 186, 194 ff.; BGH, BB 1977, 563; BayObLG, DB 1983, 98; *Scholz/Winter*, GmbHG, § 15, Rdn. 128; eine Regelung, die im Fall des Todes des Gesellschafters den Ausschluss der Erben ohne Abfindung vorsieht, soll allerdings nach verbreiteter Ansicht zulässig sein, vgl. *Lutter/Hommelhoff*, GmbHG, § 34, Rdn. 46. Dieser Abfindungsausschluss hat zur Folge, dass der Erblasser seinen Anteil wertmäßig an seine Mitgesellschafter verschenkt. Das Formerfordernis des § 518 BGB ist durch die notarielle Beurkundung des Gesellschaftsvertrages erfüllt. Steht der Abfindungsausschluss unter der aufschiebenden Bedingung, dass die Bedachten den Schenker überleben, ist zwar grundsätzlich § 2301 Abs. 1 BGB über die Form von Verfügungen von Todes wegen zu beachten. Die Schenkung ist dann aber regelmäßig schon durch die statutarische Regelung aufschiebend bedingt vollzogen (§ 2301 Abs. 2 BGB), vgl. *Scholz/Westermann*, GmbHG, § 34, Rdn. 25.
564 *Hachenburg/Ulmer*, GmbHG, § 34, Rdn. 78; *Roth/Altmeppen*, GmbHG, § 34, Rdn. 34 ff. m.w.N.
565 BGH, DB 1989, 1399; BGHZ 116, 359, 368 = NJW 1992, 892.
566 BGH, NJW 1979, 104.
567 BGH, NJW 1985, 192; BGH, NJW 1989, 3272; BGH, GmbHR 1992, 257, 260 f.
568 BGH, DB 1993, 1614 ff.

wirklichem Anteilswert **nicht als solche unwirksam**[569]. Vielmehr wird nur das Ausmaß der Abfindungsbeschränkung im Wege **ergänzender Vertragsauslegung** angepasst[570]. Hierbei sind die gesamten Umstände des Einzelfalls einschließlich des Ausscheidungsgrundes in Betracht zu ziehen. Um die sich hieraus ergebenden Unsicherheiten in Grenzen zu halten, empfiehlt sich eine gesellschaftsvertragliche Regelung, durch die dem Gericht die Vorstellung der Gesellschafter bei Abfassung der Klausel bekannt gegeben wird.

XIV. Beratungshilfen

1. Heilung der mangelnden Form des Verpflichtungsgeschäfts

D 145 Bei Veräußerung eines Geschäftsanteils wird vielfach das obligatorische Verpflichtungsgeschäft entgegen § 15 Abs. 4 Satz 1 GmbHG nicht notariell beurkundet; dieses geschieht in der Erwartung, dass der Formmangel gemäß § 15 Abs. 4 Satz 2 GmbHG durch die notarielle Beurkundung des Abtretungsvertrages geheilt wird[571].

D 146 Von einem solchen Vorgehen ist abzuraten, da bis zum Wirksamwerden der Abtretung ein formunwirksames Rechtsgeschäft vorliegt. Ohne notarielle Beurkundung können zudem schnell Unklarheiten darüber entstehen, welche Vereinbarungen dem Grundgeschäft angehören. Hinsichtlich der Kosten der notariellen Beurkundung besteht kein Unterschied, ob nur die Anteilsabtretung oder das obligatorische und das dingliche Geschäft beurkundet werden (zwei volle Gebühren gemäß §§ 38 Abs. 2 Nr. 6 d, 36 Abs. 2, 44 KostO). Die Beratungs- und Belehrungspflicht des Notars bezieht sich aber nur im letzteren Fall auch auf das obligatorische Rechtsgeschäft.

D 147 Bei der **GmbH & Co. KG** unterfällt die Abtretung des Kommanditanteils an sich nicht § 15 GmbHG. Sollen aber die GmbH- und die KG-Beteiligung zugleich übertragen werden, so ist § 15 GmbHG bzgl. des GmbH-Anteils zu beachten, und die Wirksamkeit der Übertragung des KG-Anteils beurteilt sich nach § 139 BGB analog[572]. Zur Heilung einer etwaigen Unwirksamkeit des KG-Anteilsübertragungsvertrages genügt jedoch die Übertragung des GmbH-Anteils (§ 15 Abs. 4 Satz 2 GmbHG)[573]. Um Beurkundungskosten im Hinblick auf den zumeist wesentlichen wertvolleren Kommanditanteil zu sparen, können die Parteien sich diesen Heilungseffekt zunutze machen[574]. Bei Unternehmenskäufen kann z.B. in der Weise verfahren

---

569 BGHZ 112, 103, 111. Dass Buchwertklauseln regelmäßig nicht schon von Anfang an gemäß § 138 BGB unwirksam sind, ergibt sich daraus, dass zu Beginn der unternehmerischen Tätigkeit der Buchwert weitgehend dem Verkehrswert entspricht.
570 BGHZ 116, 359, 368 f.; 123, 281; BGH, DStR 1995, 461.
571 Die Heilungswirkung betrifft nur Formmängel des Geschäfts. Sie setzt voraus, dass sich die Beteiligten auch noch im Zeitpunkt der Abtretung über den Inhalt der schuldrechtlichen Vereinbarung einig sind.
572 BGH, WM 1986, 823, 824.
573 BGH, DNotZ 1993, 614, 615; *Schultze*, NJW 1991, 1936; a.A. *Kempermann*, NJW 1991, 684 f.
574 Vgl. *Roth/Altmeppen*, GmbHG, § 15, Rdn. 35.

werden, dass die GmbH-Anteile zwecks Herbeiführung der Heilung aus § 15 Abs. 4 Satz 2 GmbHG im unmittelbaren zeitlichen Zusammenhang mit dem schuldrechtlichen Geschäft übergeben werden und für die Übergangszeit bis zur Zahlung des Kaufpreises dem Verkäufer als Kommanditisten die alleinige Geschäftsführung übertragen wird. Auf diese Weise bleibt der Verkäufer trotz erfolgter Übertragung der GmbH-Anteile in der Lage, die Geschäfte des Unternehmens bis zur Übertragung der Kommanditbeteiligung, die regelmäßig von der Zahlung des Kaufpreises abhängt, zu beeinflussen und so seine Verkäufer-Interessen zu wahren.

2. Beurkundung des Anteilskaufs durch ausländische Notare

Im Kosteninteresse wünschen deutsche Parteien häufig, dass GmbH-Anteilsübertragungen von einem ausländischen Notar beurkundet werden, denn die Gebühren, die bei der Beurkundung durch deutsche Notare anfallen, liegen in der Regel wesentlich höher. Demgegenüber lassen sich die Gebühren ausländischer Notare häufig vereinbaren und betragen oft nur einen Bruchteil der sich nach der KostO ergebenden Gebühren.   D 148

Die **Zulässigkeit der Auslandsbeurkundung** ist jedoch umstritten. Zwei Fragen stehen hierbei im Vordergrund: Gilt Art 11 EGBGB auch für gesellschaftsrechtliche Beurkundungsvorgänge? Dann würde die **Ortsform**[575] genügen[576]. Verneinendenfalls muss die ausländische Beurkundung der deutschen **gleichwertig** sein. Nach BGH genügt in der Regel eine Beurkundung durch niederländische, schweizerische und österreichische Notare sowie Notare des lateinischen Notariats (Italien, Frankreich, Spanien, Südamerika) den Formerfordernissen des deutschen Rechts[577]. Dagegen ist eine Beurkundung durch einen »Notary Public« nach US-amerikanischem Recht nicht wirksam[578]. In Teilen der neueren Literatur wird demgegenüber die Frage, ob die Beurkundung durch einen ausländischen Notar den Anforderungen des deutschen Gesellschaftsrechts gerecht wird, generell verneint, weil der ausländische Notar die mit der gesetzlichen Anordnung der notariellen Beurkundung bezweckte materielle Richtigkeitsgewähr nicht zu leisten vermöge[579]. Diese Bedenken teilen auch einzelne Registergerichte, z.B. das AG Augsburg, das die Eintragung einer Auslandsbeurkundung abgelehnt hat[580]. Die hiergegen geführte Beschwerde hielt das LG Augsburg in   D 149

---

575 Das ist die Form, die am Ort der Vornahme des Geschäfts vorgeschrieben ist.
576 Für die Geltung des Art. 11 EGBGB: BayObLG, NJW 1978, 500; *Roth/Altmeppen*, GmbHG, § 15, Rdn. 54; dagegen LG Augsburg, GmbHR 1996, 941; *Scholz/Priester*, GmbHG, § 53, Rdn. 72; *Lutter/Hommelhoff*, GmbHG, § 15, Rdn. 20; ausführlich zur Problematik: *Gätsch/Schulte*, ZIP 1999, 1954 ff.; *Kröll*, ZGR 2000, 111 ff., 151.
577 BGHZ 80, 76, 78; ebenso *Lutter/Hommelhoff*, GmbHG, § 15, Rdn. 20; *Roth/Altmeppen*, GmbHG, § 15, Rdn. 54.
578 *Staudinger*, Internationales Gesellschaftsrecht –, Großfeld – Art. 11, Rdn. 432.
579 *Goette*, DStR 1994, 709; vgl. auch *Schäfer*, WiB 1996, 169 und *van Randenborgh/ Kallmeyer*, GmbHR 1996, 908; a.A. *Reuter*, BB 1998, 116.
580 Vgl. LG Augsburg, GmbHR 1996, 941.

einer vielbeachteten Entscheidung für unbegründet[581]. Da der BGH die materielle Richtigkeitsgewähr für die Beurkundung zunehmend in den Vordergrund stelle[582], sei davon auszugehen, dass er seine bisherige Rechtsprechung zur Auslandsbeurkundung demnächst ändern werde[583]. Dies bleibt jedoch abzuwarten.

Da Anteilsübertragungen eine Mitwirkung der Registergerichte in der Regel nicht erfordern, sondern diesen lediglich im Rahmen der jährlichen Übersendung der Gesellschafterliste mitgeteilt werden, dürften sich Komplikationen bei der Auslandsbeurkundung von GmbH-Anteilsübertragungen insoweit nicht ergeben. Es empfiehlt sich jedoch, eine Beurkundung nur vor einem solchen Notar vorzunehmen, der von der Rechtsprechung als nach Ausbildung und Status dem deutschen Notar vergleichbar angesehen wird und für die Beurkundung ein Verfahren anwendet, das den tragenden Grundsätzen des deutschen Beurkundungsrechts entspricht. Entscheidend sind sein Rang im ausländischen Rechtssystem, seine Vorbildung und Aufgabenstellung. Ferner sollten die Vertragsparteien die Beurkundung durch den ausländischen Notar ausdrücklich als formwirksam annehmen und auf Einwendungen gegen eine etwa bestehende Formunwirksamkeit ausdrücklich verzichten.

D 149a Abzugrenzen hiervon ist die umstrittene Frage, ob dem Beurkundungserfordernis in Verbindung mit einem in die Verfassung der Gesellschaft eingreifenden Rechtsgeschäft durch Beurkundung im Ausland Genüge getan werden kann. Dies wird in der Rechtsprechung überwiegend bejaht[584].

D 149b Noch nicht abschließend geklärt ist die Frage, ob bei Abschluss eines Kaufvertrages über eine ausländische GmbH in Deutschland die Formvorschriften des ausländischen Rechts (Gesellschaftsstatut) oder die des deutschen Rechts (Ortsstatut) anwendbar sind. Problematisch sind insbesondere Konstellationen, in denen das ausländische Recht die einfache Schriftform für Anteilsübertragungen genügen lässt (z.B. Polen). Das OLG Celle[585] geht von der Anwendbarkeit deutschen Rechts aus: Beim Abschluss eines Kaufvertrages über eine polnische GmbH in Deutschland unter deutschen Beteiligten sei die notarielle Form zu beachten (§ 15 GmbHG). Es sei davon auszugehen, dass die Beteiligten das Rechtsgeschäft dem deutschen Recht unterstellen wollen (Art. 28 EGBGB). Die Nichteinhaltung der Form des § 15 GmbHG führe zur Nichtigkeit der Anteilsübertragung, obwohl nach polnischem Recht privatschriftliche Form ausreichend ist[586].

Zur Vermeidung der Unwirksamkeit (§ 15 GmbHG) empfiehlt sich für die Rechtspraxis, die Anwendbarkeit des ausländischen Rechts zu vereinbaren[587].

---

581 LG Augsburg, GmbHR 1996, 941 f.
582 Das LG Augsburg verweist hierfür insbesondere auf BGHZ 105, 324, 338.
583 LG Augsburg, GmbHR 1996, 941, 942.
584 OLG Düsseldorf, NJW 1989, 2200 f.; LG Köln, DB 1989, 2214 f.; LG Fürth-Nürnberg, NJW 1992, 633; LG Kiel, DB 1997, 1223; a.A. OLG Hamm, NJW 1974, 1057 ff.; LG Augsburg, NJW-RR 1997, 420.
585 NJW-RR 1992, 1126 ff.
586 OLG Celle, NJW-RR 1992, 1126 ff., 1127; a.A. OLG München, ZIP 1993, 508 f. (betr. Limited Corporation).
587 *Gätsch/Schulte*, ZIP 1999, 1909 ff., 1914.

3. Beachtung des Bestimmtheitsgrundsatzes

Hat der Veräußerer mehrere Geschäftsanteile (möglicherweise sogar mit gleichem Nennbetrag), so muss mit hinreichender **Bestimmtheit** erkennbar sein, welcher Geschäftsanteil auf den Erwerber übergehen soll. Die Beachtung des Bestimmtheitsgrundsatzes ist Wirksamkeitsvoraussetzung[588]. D 150

Können keine genauen Angaben zu dem zu veräußernden Geschäftsanteil gemacht werden, kann es ratsam sein, in einem ersten Schritt alle Geschäftsanteile des Veräußerers **zusammenzulegen** und den so gebildeten Geschäftsanteil in einem zweiten Schritt wieder zu teilen, um einen durch diese erneute Teilung gebildeten Geschäftsanteil abzutreten. D 151

4. Legitimation des Veräußerers

Der gute Glaube an die Legitimation des Veräußerers wird nicht geschützt[589]. Mithin ist ein Anteilserwerb ausgeschlossen, wenn der Veräußerer nicht Gesellschafter oder in sonstiger Weise zur Übertragung des Anteils nicht befugt ist. Aber wie kann der Erwerber die Legitmation des Veräußerers als Inhaber des Geschäftsanteils erkennen? D 152

Aus der **Vorlage eines Anteilsscheins** kann der Erwerber nicht auf die Berechtigung des Veräußerers schließen. Bei Anteilsscheinen handelt es sich nämlich begrifflich um schlichte Beweisurkunden, nicht um Wertpapiere[590]. Der Erwerber des Geschäftsanteils kann zwar die Herausgabe des Anteilsscheins vom Veräußerer verlangen (§§ 985, 398, 413, 402 BGB); die Übergabe des Anteilsscheins ersetzt jedoch nicht die formgerechte Übertragung des Geschäftsanteils. Vielmehr wird das Anteilsrecht auch ohne Übergabe des Anteilsscheins wirksam übertragen[591]. Der Anteilsschein als solcher verschafft dem Erwerber also nicht die Rechtsstellung als Gesellschafter. D 153

Der **Anmeldung gemäß § 16 GmbHG** kommt bezogen auf die Legitmation des Veräußerers ebenfalls nur indizielle Bedeutung zu[592]. Denn die Anmeldung gestaltet ausschließlich das Verhältnis zwischen der Gesellschaft und dem Gesellschafter und begründet keine Legitimation gegenüber Dritten. D 154

Ebensowenig bildet die **Kontrolle der Gesellschafterliste** (§ 40 GmbHG) eine verlässliche Grundlage dafür, dass der Veräußerer Inhaber des Geschäftsanteils ist. Der Kreis der Gesellschafter kann sich schon am Tag nach der Listenaufstellung verändert haben. Die Gesellschafterliste wird an diese Veränderung aber erst ein Jahr später angepasst, soweit die Veränderung bis dahin noch fortbesteht. D 155

---

588 *Roth/Altmeppen*, GmbHG § 15, Rdn. 12.
589 Siehe oben VII 3 a.E., Rdn. D 76.
590 Das GmbHG sieht im Gegensatz zum Aktienrecht (§§ 10, 13 AktG) Anteilsscheine nicht vor. Dennoch sind sie auch bei der GmbH zulässig. Sie müssen mindestens die Firma und den Sitz der GmbH, den Nennbetrag sowie Ort und Zeit der Ausstellung enthalten, vgl. *Lutter/Hommelhoff*, GmbHG, § 14, Rdn. 32.
591 *Scholz/Winter*, GmbHG, § 14, Rdn. 64.
592 Zur Anmeldung s.o. VII 5, Rdn. D 82 ff.

D 156 Allein eine **lückenlose Kette von notariell beurkundeten Abtretungsurkunden** oder entsprechende Nachweise im Fall einer anderen Rechtsnachfolge (z.B. Erbschein) erlauben somit eine zuverlässige Aussage über die Legitimation des Veräußerers. Jeder Erwerber eines Geschäftsanteils ist daher gut beraten, sich die Inhaberschaft des Veräußerers hieran nicht nur kaufvertraglich zusichern, sondern auch durch eine lückenlose Kette notariell beurkundeter Abtretungen nachweisen zu lassen. Nur so kann er wirksam der Gefahr vorbeugen, den Kaufpreis zu bezahlen, ohne den Geschäftsanteil tatsächlich zu erhalten.

5. Beteiligung des Veräußerers am Gewinn vorangegangener Geschäftsjahre

D 157 Die Beteiligung des Veräußerers am Gewinn vorangegangener Geschäftsjahre, über die noch kein Verwendungsbeschluss gefasst worden ist, stellt in der Regel § 101 Nr. 2, 2. Hs. BGB sicher. Hiernach hat der seinen Geschäftanteil veräußernde Gesellschafter mangels abweichender Abreden einen schuldrechtlichen Anspruch gegen den Erwerber auf den während seiner Zugehörigkeit zur Gesellschaft entfallenden anteiligen Gewinn[593].

D 158 Dieser **Anspruch setzt** aber **voraus**, dass der Fruchtziehungsberechtigte, d.h. der Erwerber des Geschäftsanteils, die auf den erworbenen Geschäftsanteil rechnerisch entfallenden Gewinnanteile tatsächlich erhält. Beschließt aber die Gesellschafterversammlung, dass eine Ausschüttung des Jahresgewinns unterbleibt, läuft der Anspruch des Veräußerers gegen den Erwerber ins Leere.

D 159 Um spätere Streitigkeiten zu vermeiden, empfiehlt sich daher die Aufnahme einer Regelung in den Kaufvertrag, dass der dem Veräußerer zustehende anteilige Gewinn für das laufende wie auch für vorangegangene Geschäftsjahre, für die ein Gewinnverwendungsbeschluss noch nicht gefasst wurde, entweder auf geschätzter Grundlage zusätzlich zum Kaufpreis bezahlt oder mit diesem abgegolten wird[594].

6. Umgehungsgeschäfte bei Abtretungsbeschränkungen

D 160 Häufig wollen Gesellschafter Abtretungsbeschränkungen[595] umgehen. Vier typische Fallgruppen sind hierbei anzutreffen:

a) Verdeckte Treuhand

D 161 Der Gesellschafter »überträgt« seinen Anteil im Rahmen eines Treuhandvertrages an einen Treugeber, für dessen Rechnung er anschließend die Beteiligung hält. Ohne Zustimmung der GmbH verstößt diese Verfügung gegen § 15 Abs. 5 GmbHG. Bei ent-

---

593 BGH, NJW 1995, 1027.
594 *Eckhardt*, WiB 1995, 381, 382.
595 S.o. VII 4, Rdn. D 77 ff.

sprechendem Verdacht können die Mitgesellschafter Auskunft über die Person des Treugebers verlangen[596].

b) Tochtergesellschaft

Der Geschäftsanteil wird mit der erforderlichen Zustimmung auf ein mit dem Gesellschafter verbundenes Unternehmen übertragen; anschließend werden die Geschäftsanteile an diesem verbundenen Unternehmen veräußert. Die Rechtsfolgen sind streitig. Zum Teil wird angenommen, dass auch diese Variante gegen § 15 Abs. 5 GmbHG verstößt[597], andere sehen diese Vorgehensweise eher unproblematisch[598]. **D 162**

c) Holding

Gesellschafter der GmbH ist eine Holding. Deren Gesellschafter übertragen Holding-Geschäftsanteile und damit mittelbar auch ihre Beteiligung an der GmbH. Dieser Fall ist unproblematisch, es sei denn, die Holding hätte allein den Zweck, bestimmte Gesellschafter an der GmbH zu beteiligen; dann soll der Wechsel grundsätzlich vom Zweck der Vinkulierung erfasst werden[599]. **D 163**

d) Unterbeteiligung

Sie stellt keine Umgehung des § 15 Abs. 5 GmbHG dar, falls die Grenze der verdeckten Teuhand nicht überschritten wird[600]. **D 164**

7. Checklisten

a) Vertragliche Zusicherungen beim Anteilskauf **D 165**

Folgende vertragliche Zusicherungen im Hinblick auf die Verhältnisse der Gesellschaft können sich in Fällen des Anteilskaufs u.a. empfehlen[601]:
- Der Veräußerer ist rechtmäßiger Inhaber des Geschäftsanteils.
- Die Gesellschaft ist wirksam gegründet.
- Der Geschäftsanteil ist wirksam gebildet, vollständig eingezahlt und nicht mit Rechten Dritter (z.B. Pfand- oder Nießbrauch) belastet.
- Inhalt des Gesellschaftsvertrages.
- Es wurde kein Beschluss über die Auflösung der Gesellschaft gefasst; es ist kein sonstiger Auflösungsgrund bekannt.

---

596 OLG Hamburg, GmbHR 1993, 507 f. = NJW-RR 1993, 868.
597 *Roth/Altmeppen*, GmbHG, § 15, Rdn. 68.
598 *Lutter/Grundwald*, AG 1989, 409; *Kowalski*, GmbHR 1992, 347 m.w.N.
599 *Kowalski*, GmbHR 1992, 353 f. m.w.N.
600 Vgl. OLG Frankfurt, DB 1992, 2489; *Roth/Altmeppen*, GmbHG, § 15, Rdn. 70 m.w.N.
601 *Basty*, in: *Reithmann/Albrecht/Basty*, Hdb. der notariellen Vertragsgestaltung, Rdn. 1399.

D. Der Gesellschafter und sein Geschäftsanteil

- Es wurde kein Insolvenzantrag gestellt.
- Es wurde kein der außergerichtlichen Schuldtilgung dienendes Verfahren eingeleitet.
- Es wurde keine Vorausverfügung über Gewinn oder Liquidationserlöse getroffen.
- Richtigkeit und Vollständigkeit der Jahresabschlüsse, die für die Entscheidung zum Erwerb maßgeblich waren.
- Sämtliche fälligen Steuern und Sozialversicherungsbeiträge wurden bezahlt; Rückstellungen wurden in ausreichender Höhe für zum Stichtag noch nicht fällige Steuern und Sozialversicherungsbeiträge gebildet.
- Hinreichende Bildung von Rückstellungen für sonstige Verbindlichkeiten.
- Bestand von Arbeitsverhältnissen.
- Entwicklung des Unternehmens seit dem zuletzt vorliegenden Jahresabschluss, insbesondere im laufenden Geschäftsjahr.
- Zum Stichtag vorhandenes Eigenkapital.
- Kaufpreisanpassung für den Fall zwischenzeitlicher Änderungen der maßgeblichen Daten.

D 166 **b) Voraussetzungen der Einziehung von Geschäftsanteilen**

- Statutarische Zulassung, § 34 Abs. 1 GmbHG,
- Beschluss der Gesellschafterversammlung, § 46 Nr. 4 GmbHG,
- Volle Einzahlung des betroffenen Geschäftsanteils,
- Leistung der Abfindung an den ausscheidenden Gesellschafter ohne Verstoß gegen §§ 19 Abs. 2, 30 GmbHG,
- Zustimmung des Betroffenen oder Vorliegen der besonderen Voraussetzungen der Zwangseinziehung, § 34 Abs. 2 GmbHG.

D 167 **c) Typische Gründe für zwangsweise Einziehung**[602]

- Insolvenz,
- Pfändung des Geschäftsanteils[603],
- Anteilsvererbung an eine familienfremde Person[604] oder an andere Person als im Gesellschaftsvertrag vorgesehen[605],
- Verlust bestimmter Eigenschaften (z.B. Zulassung als Arzt, Anwalt oder Wirtschaftsprüfer),
- Niederlegung der Geschäftsführung oder Mitarbeit[606],

---

602 *Rowedder/Rowedder*, GmbHG, § 34, Rdn. 20.
603 OLG Hamburg, ZIP 1996, 962, 963; BGHZ 65, 22; *Michalski*, ZIP 1991, 147 ff. m.w.N.
604 BGH, DB 1977, 343.
605 OLG München, ZIP 1984, 1349.
606 BGH, NJW 1983, 1349.

- Senilität[607],
- im Einzelfall auch Krankheit (z.B Alkoholabhängigkeit, Spielsucht)[608],
- Verstoß gegen Wettbewerbsverbot[609],
- schikanöses oder mutwilliges Ausüben der Mitgliedschaftsrechte[610],
- Auflösungsklage gemäß § 61 GmbHG (Absicht genügt)[611],
- Kündigung des Gesellschaftsverhältnisses (Absicht genügt)[612],
- Veräußerung des Geschäftsanteils (Absicht genügt)[613],

d) Ausscheiden des Gesellschafters   D 168

Austritt = freiwilliges Ausscheiden	Ausschluss = zwangsweises Ausscheiden
• Veräußerung des Geschäftsanteils § 15 GmbHG	• Einziehung Satzung sieht Einziehung ohne Zustimmung des betroffenen Gesellschafters vor, § 34 Abs. 2 GmbHG
• Abandon § 27 GmbHG	• Kaduzierung §§ 21, 28 Abs. 1 GmbHG
• Auflösungsklage § 61 GmbHG	
• Kündigung	• Ausschließung aus wichtigem Grund mit Satzungsbestimmung
• Außerordentliches Austrittsrecht aus wichtigem Grund auch ohne gesellschaftsvertragliche Regelung = ultima ratio	• Ausschließung aus wichtigem Grund ohne satzungsmäßige Regelung = ultima ratio

---

607 *Rowedder/Rowedder*, GmbHG, § 34, Rdn. 20.
608 *Rowedder/Rowedder*, GmbHG, § 34, Rdn. 20.
609 OLG Nürnberg, GmbHR 1994, 252.
610 OLG Frankfurt, GmbHR 1993, 659 f.
611 *Scholz/Westermann*, GmbHG, § 34, Rdn. 14 a.
612 *Scholz/Westermann*, GmbHG, § 34, Rdn. 14 a.
613 *Scholz/Westermann*, GmbHG, § 34, Rdn. 14 a.

XV. Muster

D 169 **1. Verkauf und Abtretung eines Geschäftsanteils – notariell beurkundeter Vertrag**

Eingang Notarurkunde

1. Der Veräußerer ist an der … GmbH mit dem Sitz in …, eingetragen im Handelsregister des Amtsgerichts … unter HRB …, mit einem Geschäftsanteil von … € (in Worten: … Euro) beteiligt. Das Stammkapital der Gesellschaft beträgt … €; es ist voll eingezahlt.
2. Der Veräußerer verkauft den in Ziffer 1 genannten Geschäftsanteil an den Erwerber und tritt diesen Geschäftsanteil hiermit unter der aufschiebenden Bedingung der vollständigen Zahlung des Kaufpreises gem. Ziff. 3 an den Erwerber ab. Der Erwerber nimmt den Verkauf und die Abtretung des Geschäftsanteils an.
3. Der Kaufpreis beträgt … € und ist am … fällig.
4. Das Gewinnbezugsrecht steht dem Erwerber für die Geschäftsjahre ab 1.1.… zu. Der auf den in Ziffer 1 genannten Geschäftsanteil entfallende Gewinn des laufenden Geschäftsjahres steht allein dem Erwerber zu.
5. Der Veräußerer sichert zu, dass die in Ziffer 1 enthaltenen Angaben richtig sind und der verkaufte Gesellschaftsanteil nicht mit Rechten Dritter belastet ist.
6. Die nach § … des Gesellschaftsvertrages für die Abtretung erforderliche Zustimmung der Gesellschaft ist erteilt.
7. Die Kosten dieser Urkunde und ihrer Durchführung trägt der Erwerber.
8. Der Notar hat auf Folgendes hingewiesen:
   - Der gutgläubige oder gutgläubig lastenfreie Erwerb von Geschäftsanteilen einer GmbH ist nicht möglich. Der Erwerber ist also auf die Richtigkeit und Vollständigkeit der Angaben des Veräußerers angewiesen.
   - Gegenüber der Gesellschaft und deren Gläubigern gilt der Veräußerer erst dann nicht mehr als Gesellschafter, wenn er die Abtretung der Gesellschaft angezeigt hat. Der Veräußerer beauftragt den Notar, diese Anzeige an die Gesellschaft vorzunehmen.
   - Veräußerer und Erwerber haften auch in Zukunft beide gegenüber der Gesellschaft und ihren Gläubigern für etwa noch nicht erbrachte Einlagen auf das gesamte bisherige Stammkapital.

Ausgang Notarurkunde

2. Anzeige der Abtretung an die Gesellschaft gemäß § 16 GmbHG   D 170

> An die
> ... GmbH
>
> Mit notarieller Verhandlung vom ..., von der ich eine beglaubigte Abschrift beifüge, hat Herr ... seinen Geschäftsanteil von ... € an der Gesellschaft mit Gewinnbezugsrecht ab 1. 1. ... an ... *(Beruf)* ... *(Name)*, wohnhaft in ... *(Privatanschrift)* verkauft und abgetreten.
>
> Im Namen der Parteien melde ich den Übergang dieses Geschäftsanteils nach § 16 Abs. 1 GmbHG bei der Gesellschaft an.
>
> ...
> *(Ort, Datum, Unterschrift des Notars)*

3. Zustimmung der GmbH zur Abtretung (§ 15 Abs. 5 GmbHG)   D 171

> Herrn
> ... *(Veräußerer)*
>
> Herrn
> ... *(Erwerber)*
>
> Die Veräußerung von Geschäftsanteilen an der Gesellschaft bedarf nach § ... der Satzung der Gesellschaft der Zustimmung der Gesellschafterversammlung.
>
> Ich bestätige hiermit, dass die Gesellschafterversammlung der ... *(Firma)* am ... *(Datum)* der Veräußerung des von Herrn ... gehaltenen Geschäftsanteils an der Gesellschaft im Nennbetrag von ... € an Herrn ... unwiderruflich zugestimmt hat.
>
> Die Gesellschafterversammlung hat mich beauftragt, diesen von ihr gefassten Beschluss den Beteiligten mitzuteilen, was hiermit geschieht.
>
> ...
> *(Ort, Datum, Unterschrift des Geschäftsführers)*

D. Der Gesellschafter und sein Geschäftsanteil

D 172 **4. Anzeige des Geschäftsführers über die Vereinigung von Geschäftsanteilen in einer Hand (§ 40 Abs. 2 GmbHG)**

Amtsgericht
Handelsregister –

Hiermit zeige ich, ... (Name), in meiner Eigenschaft als einer der beiden alleinvertretungsberechtigten Geschäftsführer der ... GmbH gemäß § 40 Abs. 2 GmbHG zum Handelsregister an, dass sich seit dem ... (Datum) sämtliche Geschäftsanteile in der Hand des Gesellschafters ... (Name), wohnhaft in ... (Privatanschrift), vereinigt haben.

Im Hinblick auf § 144 b FGG versichere ich, dass sämtliche Stammeinlagen voll eingezahlt sind.

...
(Ort, Datum, Unterschrift des Geschäftsführers)

D 173 **5. Zusammenlegung von Geschäftsanteilen**

Niederschrift über die Gesellschafterversammlung der ... GmbH am ... *(Datum)* am Sitz der Gesellschaft in deren Geschäftsräumen:

Wir, die unterzeichneten Gesellschafter X, Y und Z sind die alleinigen Gesellschafter der ... GmbH mit Sitz in ... *(Ort)*, eingetragen im Handelsregister des Amtsgerichts ... unter HRB ... . Das Stammkapital der Gesellschaft beträgt ... €. Herr X hält ... Geschäftsanteile im Nennbetrag von je ... €. Herr Y hält einen Geschäftsanteil im Nennbetrag von ... € sowie ... weitere Geschäftsanteile im Nennbetrag von je ... €. Herr Z hält einen Geschäftsanteil im Nennbetrag von ... €. Die Stammeinlagen auf die von Herrn X und Y gehaltenen Geschäftsanteile sind voll erbracht. Die von den Herren X und Y gehaltenen Geschäftsanteile sind nicht mit Rechten Dritter belastet. Der Gesellschaftsvertrag sieht keine Nachschusspflicht vor.

Unter Verzicht auf alle gesetzlichen oder gesellschaftsvertraglichen Formen und Fristen der Einberufung und Ankündigung halten wir hiermit eine außerordentliche Gesellschafterversammlung ab und beschließen:

1. Die von Herrn X gehaltenen ... Geschäftsanteile im Nennbetrag von je ... € werden zu einem Geschäftsanteil im Nennbetrag von ... € zusammengelegt.
2. Die von Herrn Y gehaltenen ... Geschäftsanteile im Nennbetrag von je ... € sowie der von ihm gehaltene Geschäftsanteil im Nennbetrag von ... € werden zu einem Geschäftsanteil im Nennbetrag von ... € zusammengelegt.

3. Die Gesellschafter verzichten auf eine Anfechtung dieses Gesellschafterbeschlusses. Damit ist die Gesellschafterversammlung beendet.

... (Ort), ... (Datum)

...
(Unterschriften der Gesellschafter)

6. Zustimmung der GmbH zur Teilung eines Geschäftsanteils (§ 17 Abs. 1 GmbHG)   D 174

Die ... GmbH mit Sitz in ... (Ort), eingetragen im Handelsregister des Amtsgerichts ... unter HRB ..., stimmt der Teilung des von Herrn ... gehaltenen Geschäftsanteils an der Gesellschaft im Nennbetrag von ... € in zwei Geschäftsanteile im Nennbetrag von ... € und ... € sowie der Veräußerung des Teilgeschäftsanteils im Nennbetrag von ... € an ... (Veräußerer) unwiderruflich zu.

Der gemäß § 46 Nr. 4 GmbHG erforderliche Gesellschafterbeschluss ist gefasst worden.

...
(Ort, Datum, Unterschrift der Geschäftsführung)

7. Abtretung eines Teilgeschäftsanteils   D 175

Eingang Notarurkunde

Abtretung eines Teilgeschäftsanteils

1. Herr X hält an der ... GmbH mit Sitz in ... (Ort), eingetragen im Handelsregister des Amtsgerichts ... unter HRB ..., einen Geschäftsanteil im Nennbetrag von ... €.
2. Dieser Geschäftsanteil wird in zwei Geschäftsanteile im Nennbetrag von ... € und im Nennbetrag von ... € geteilt.
3. Herr X tritt den Teilgeschäftsanteil im Nennbetrag von ... € an Herrn Y ab. Herr Y nimmt die Abtretung des Teilgeschäftsanteils an.
4. Die Gesellschaft hat der Teilung des Geschäftsanteils und der Veräußerung des Teilgeschäftsanteils in der dieser Niederschrift als Anlage beigefügten Erklärung unwiderruflich zugestimmt.
5. Die Abtretung des Teilgeschäftsanteils erfolgt aufgrund eines am ... privatschriftlich geschlossenen Kaufvertrages.

D. Der Gesellschafter und sein Geschäftsanteil

> Herr X erklärt weiterhin, dass die Gesellschaft keinen Grundbesitz hat. Der Notar wird gebeten, den Übergang des Geschäftsanteils bei der Gesellschaft gemäß § 16 GmbHG anzumelden.
>
> *Ausgang Notarurkunde*

D 176 **8. Geschäftsanteilsverpfändung**

> *Eingang Notarurkunde*
>
> **Verpfändungsvereinbarung**
>
> – Der Erschienene zu 1. hat gegen den Erschienenen zu 2. eine Forderung aus ... (z.B. Darlehen) in Höhe von ... €.
> – Wegen aller Ansprüche aus diesem Schuldverhältnis verpfändet der Erschienene zu 2. dem dieses annehmenden Erschienenen zu 1. seinen Geschäftsanteil von ... € an der ... GmbH mit dem Sitz in ..., eingetragen im Handelsregister des Amtsgerichts ... *(Ort)* unter HRB ... .
> – Die nach dem Gesellschaftsvertrag erforderliche Zustimmung der Gesellschafterversammlung wird von den Beteiligten selbst eingeholt.
> – Das Gewinnbezugsrecht wird mitverpfändet.
> – Die Mitgliedschaftsrechte werden von dem Erschienenen zu 2. weiterhin allein wahrgenommen. Er verpflichtet sich, alles zu unterlassen, was den Wert oder Bestand des Geschäftsanteils beeinträchtigen könnte.
>
> *Ausgang Notarurkunde*

D 177 **9. Nießbrauchsbestellung**

> *Eingang Notarurkunde*
>
> **Nießbrauchsbestellung**
>
> – Der Erschienene zu 1. ist Inhaber eines voll eingezahlten Geschäftsanteils im Nennbetrag von ... € an der ... GmbH mit dem Sitz in ... *(Ort)*, eingetragen im Handelsregister des Amtsgerichts ... *(Ort)* unter HRB ... .
> – An diesem Geschäftsanteil räumt der Erschienene zu 1. dem dieses annehmenden Erschienenen zu 2. hiermit den auf ... Jahre befristeten Nießbrauch ein.
> – Die nach dem Gesellschaftsvertrag erforderliche Zustimmung der Gesellschaft wird von den Beteiligten selbst eingeholt.

> – Der Nießbraucher übt alle Gesellschafterrechte einschließlich des Stimmrechts aus. Hilfsweise erteilt der Gesellschafter dem Nießbraucher hiermit Stimmrechtsvollmacht. Die Vollmacht ist für die Dauer des Nießbrauchs – außer aus wichtigem Grund – unwiderruflich.
> – Der Nießbraucher trägt im Verhältnis zum Gesellschafter alle Lasten der Beteiligung, auch soweit diese nach dem Gesetz der Gesellschafter zu tragen hätte.
>
> *Ausgang Notarurkunde*

10. Treuhandvertrag über einen Geschäftsanteil D 178

> *Eingang Notarurkunde*
>
> **Treuhandvertrag**
>
> **§ 1 Begründung des Treuhandverhältnisses**
>
> Der Erschienene zu 1. hält an der ... GmbH mit dem Sitz in ... (*Ort*), eingetragen im Handelsregister des Amtsgerichts ... (*Ort*) unter HRB ..., einen Geschäftsanteil im Nennbetrag von ... €. Das Stammkapital der Gesellschaft ist voll eingezahlt.
>
> Die Vertragspartner sind darüber einig, dass der Erschienene zu 1. – nachstehend Treuhänder genannt – den Geschäftsanteil mit Wirkung vom ... treuhänderisch für Rechnung und Gefahr des Erschienenen zu 2. – nachstehend Treugeber genannt – hält.
>
> **§ 2 Aufwendungsersatz, Vergütung**
>
> Der Treuhänder hat Anspruch auf Ersatz der Aufwendungen, die er in ordnungsgemäßer Erfüllung dieses Vertrages macht.
>
> Er erhält für seine Tätigkeit zusätzlich eine jährliche Vergütung von ... €.
>
> **§ 3 Pflichten des Treuhänders**
>
> Der Treuhänder ist verpflichtet,
>
> – alle Gesellschaftsrechte, insbesondere das Stimmrecht, nur gemäß zuvor einzuholender Weisung des Treugebers auszuüben;
> – die Erträge des Geschäftsanteils an den Treugeber abzuführen;
> – den Treugeber über alle Unterlagen und Mitteilungen, die er als Inhaber des Geschäftsanteils von der Geschäftsführung der Gesellschaft oder von anderen Gesellschaftern erhält, unverzüglich zu unterrichten;
> – über den Geschäftsanteil nur nach vorheriger Zustimmung des Treugebers zu verfügen.

§ 4 Freistellung des Treuhänders

Der Treugeber stellt den Treuhänder von allen Verpflichtungen frei, die diesem bei ordnungsgemäßer Führung der Treuhand aus dem Halten des Geschäftsanteil entstehen.

§ 5 Stimmrechtsvollmacht

Der Treuhänder bevollmächtigt den Treugeber hiermit unwiderruflich, das Stimmrecht aus dem Geschäftsanteil auszuüben. Soweit der Bevollmächtigte von dieser Vollmacht Gebrauch macht, ist der Treuhänder von der Ausübung des Stimmrechts ausgeschlossen.

§ 6 Übertragung der Treugeberstellung

Der Treugeber bedarf zur Übertragung einzelner oder aller Rechte und Ansprüche aus diesem Vertrag der schriftlichen Zustimmung des Treuhänders.

§ 7 Beendigung des Treuhandvertrages

Sowohl Treugeber wie Treuhänder können diesen Vertrag mit einer Frist von einem Monat mit Wirkung zum Ende eines jeden Kalendermonats durch schriftliche Erklärung kündigen.

Der Treuhänder tritt den Geschäftsanteil hiermit an den Treugeber ab, und zwar mit Wirkung auf den Zeitpunkt, zu dem der Vertrag endet. Der Treugeber nimmt diese aufschiebend bedingte Abtretung an.

§ 8 Geheimhaltung

Der Treuhänder wird das Treuhandverhältnis geheim halten, soweit er nicht kraft Gesetzes oder Gesellschaftsvertrages zur Offenlegung verpflichtet ist oder hierzu rechtskräftig verurteilt wird.

Ausgang Notarurkunde

D 179 **11. Preisgabe eines Geschäftsanteils**

Einschreiben
An die
... GmbH

Mit Schreiben vom ... (*Datum*) wurde ich aufgefordert, auf den von mir gehaltenen voll eingezahlten Geschäftsanteil an der ... (*Firma*) mit Sitz in ... (*Ort*), eingetragen im Handelsregister des Amtsgerichts ... (*Ort*) unter HRB ..., im Nennbetrag von ... € einen Nachschuss i.H.v. ... € zu leisten.

Hierzu bin ich nicht willens und stelle daher meinen Geschäftsanteil der Gesellschaft zur Verfügung.

...
(Ort, Datum, Unterschrift des Gesellschafters)

12. Kaduzierung – Aufforderung zur Einzahlung der übernommenen Stammeinlage   D 180

Einschreiben
Herrn ...

Anläßlich der Gründung unserer Gesellschaft haben Sie am ... (*Datum*) eine Stammeinlage in Höhe von ... € übernommen und darauf ... € eingezahlt.

Wir bitten Sie, nunmehr die weiteren ... € auf das Ihnen bekannte Konto unserer Gesellschaft einzuzahlen.

... (*Ort*), ..., (*Datum*)

...
(*Firma, Geschäftsführung*)

13. Kaduzierung – erneute Aufforderung zur Einzahlung unter Fristsetzung   D 181

Einschreiben
Herrn ...

Der von Ihnen am ... eingeforderte Betrag von ... € zur vollständigen Einzahlung der von Ihnen übernommenen Stammeinlage in Höhe von ... € ist bisher noch nicht eingegangen.

Wir fordern Sie daher erneut auf, diesen Betrag binnen eines Monats einzuzahlen. Wir weisen darauf hin, dass Sie für den Fall der Nichteinzahlung mit Ihrem Geschäftsanteil in Höhe von ... € ausgeschlossen werden.

... (*Ort*), ..., (*Datum*)

...
(*Firma, Geschäftsführung*)

D. Der Gesellschafter und sein Geschäftsanteil

D 182   14. Kaduzierung – Ausschlusserklärung

> Einschreiben
> Herrn ...
>
> Wir haben Sie durch unsere Schreiben vom ... und vom ..., im letztgenannten Schreiben unter Fristsetzung von einem Monat, aufgefordert, den Restbetrag auf die von Ihnen übernommene Stammeinlage einzuzahlen.
>
> Da wir innerhalb der Frist eine Einzahlung nicht feststellen konnten, erklären wir Sie hiermit ihres Geschäftsanteils und der von ihnen bereits geleisteten Bar/Sacheinlage zugunsten der Gesellschaft verlustig.
>
> ... (Ort), ..., (Datum)
>
> ...
> (Firma, Geschäftsführung)

D 183   15. Austritt aus wichtigem Grund

> Einschreiben
> An die
> ... GmbH
>
> Aus wichtigem Grund erkläre ich hiermit meinen Austritt aus der GmbH. Die Fortsetzung des Gesellschaftsverhältnisses ist mir aus den folgenden Gründen nicht zumutbar:
>
> ...
> ...
> ...
>
> Eine anderweitige Lösung besteht nicht, da der Gesellschaftsvertrag in § ... die Übertragung von Geschäftsanteilen an Mitgesellschafter oder Dritte ausdrücklich ausschließt[614].
>
> Ich fordere Sie auf, unverzüglich meinen Geschäftsanteil gegen Zahlung einer Vergütung in Höhe des Verkehrswertes einzuziehen oder seine Abtretung zu verlangen. In diesem Zusammenhang weise ich darauf hin, dass mein Geschäftsanteil voll einbezahlt ist.

---

614 Zu den Voraussetzungen des Austritts vgl. oben XII 1, Rdn. D 128 ff.

Ich behalte mit vor, Auflösungsklage zu erheben, falls nicht binnen angemessener Frist die Abfindung gezahlt und mein Geschäftsanteil eingezogen oder seine Abtretung verlangt wird. Als letzten Termin hierfür habe ich mir den ... vorgemerkt.

... (Ort), ... (Datum)

...
(Unterschrift)

E. Geschäftsführer

Inhaltsübersicht

	Rdn.		Rdn.
I. Kurzkommentar		cc) Erweiterungen	E 65
1. Rechtsstellung und Aufgaben	E 1	b) Mehrheit von Geschäftsführern	E 66
2. Unterscheidung von Organ- und Anstellungsverhältnis	E 3	aa) Grundsatz	E 66
		bb) Abweichende Regelungen	E 68
3. Eignungsvoraussetzungen	E 4	c) Sanktionen bei Nichteinhaltung der Geschäftsführungsbefugnis	E 71
II. Organverhältnis		3. Entlastung	E 71a
1. Bestellung	E 7	*V. Haftung*	
2. Abberufung, Niederlegung	E 10	1. Haftung gegenüber der Gesellschaft	E 72
3. Wirkung der Abberufung	E 14	2. Haftung gegenüber den Gesellschaftern	E 81
a) Fremdgeschäftsführer	E 14	3. Haftung gegenüber Dritten	E 84
b) Gesellschafter-Geschäftsführer ohne Sonderrecht zur Geschäftsführung	E 15	a) Rechtsschein	E 85
		b) c.i.c.	E 86
c) Gesellschafter-Geschäftsführer in der personalistischen GmbH	E 16	c) Unerlaubte Handlung	E 89
d) Gesellschafter-Geschäftsführer mit Sonderrecht zur Geschäftsführung	E 17	4. Haftung für Abführung von Sozialversicherungsbeiträgen	E 96
III. Anstellungsverhältnis		*VI. Beratungshilfen*	
1. Rechtliche Einordnung	E 18	1. Maßnahmen zur Vermeidung einer vGA bei unregelmäßiger Gehaltszahlung	E 99
2. Vergütung	E 21	2. Rechtsstreitigkeiten bei Beendigung des Dienstverhältnisses	E 101
a) Gehalt	E 21		
b) Tantieme	E 24	3. Einstweiliger Rechtsschutz bei Abberufung eines Geschäftsführers	E 104
3. Wettbewerbsverbot	E 27		
a) Wettbewerbsverbot während der Amtszeit	E 27	4. Checklisten	E 109
		a) Inhalt des Anstellungsvertrags	E 109
b) Wettbewerbsverbot nach der Amtszeit	E 28	b) Kompetenzen, die dem Geschäftsführer nicht entzogen werden dürfen	E 110
4. Beendigung des Anstellungsvertrages	E 31		
a) Kündigung durch die Gesellschaft	E 32	c) Formen der Vertretung durch mehrere Personen	E 111
aa) Kündigung aus wichtigem Grund	E 33	d) Haftung des Geschäftsführers	E 112
bb) Ordentliche Kündigung	E 38	*VII. Muster*	
cc) Kopplung von Organstellung und Anstellungsverhältnis	E 39	1. Anstellungsvertrag eines Fremdgeschäftsführers	E 113
b) Kündigung durch den Geschäftsführer	E 41	2. Anstellungsvertrag eines beherrschenden Gesellschafter-Geschäftsführers	E 114
c) Weitere Beendigungsgründe	E 42	3. Gesellschafterbeschluss über die Abberufung und Neubestellung von Geschäftsführern	E 115
IV. Vertretung und Geschäftsführung			
1. Vertretung	E 43		
a) Aktiv- und Passivvertretung; Gesamtvertretung	E 43	4. Anmeldung der Abberufung und Neubestellung von Geschäftsführern	E 116
b) Selbstkontrahieren	E 53	5. Antrag auf Erlass einer einstweiligen Verfügung des Gesellschafter-Geschäftsführers gegen den bevorstehenden Abberufungsbeschluss	E 117
c) Wissens- und Irrtumszurechnung	E 56		
d) Mißbrauch der Vertretungsmacht	E 58		
2. Geschäftsführung	E 59	6. Antrag auf Erlass einer einstweiligen Verfügung des Gesellschafter-Geschäftsführers im Anschluss an einen Abberufungsbeschluss	E 118
a) Umfang der Geschäftsführungsbefugnis	E 59		
aa) Gesetzliche Regelung	E 59		
bb) Beschränkungen	E 60		

E. Geschäftsführer

I. Kurzkommentar

1. Rechtsstellung und Aufgaben

E 1   Der Geschäftsführer ist gemäß § 35 Abs. 1 GmbHG **gesetzlicher Vertreter** der GmbH. § 6 Abs. 3 GmbHG erlaubt die Bestellung von Gesellschaftern (**Selbstorganschaft**) und gesellschaftsfremden Dritten (**Fremdorganschaft**). Die Zahl der Geschäftsführer ist gesetzlich nicht beschränkt. Die Gesellschaft muss aber wenigstens einen Geschäftsführer haben (vgl. § 6 Abs. 1 GmbHG). Die Geschäftsführungsbefugnis und die damit verbundene Verantwortung können nicht insgesamt auf eine andere Person übertragen werden[615].

E 2   Zu den gesetzlich definierten Aufgaben des Geschäftsführers zählen:
- gerichtliche und außergerichtliche Vertretung der GmbH, § 35 Abs. 1 GmbHG;
- geschäftsleitende Tätigkeit;
- Buchführung, Aufstellung des Jahresabschlusses und des Lageberichts, § 41 GmbHG, §§ 264, 242 HGB;
- Einberufung der Gesellschafterversammlung, § 49 GmbHG;
- Auskunftserteilung an Gesellschafter, § 51 a GmbHG;
- Anmeldungen zum Handelsregister, § 78 GmbHG;
- Stellung des Insolvenzantrags bei Zahlungsunfähigkeit oder Überschuldung, § 64 GmbHG.

2. Unterscheidung von Organ- und Anstellungsverhältnis

E 3   Von der Bestellung des Geschäftsführers als Organträger ist seine Anstellung zu unterscheiden[616]. Der Anstellungsvertrag ist in der Regel **Dienstvertrag**, begründet aber kein Arbeitsverhältnis, denn der Geschäftsführer ist nicht Arbeitnehmer der GmbH[617]. Organ- und Anstellungsverhältnis können, wie sich insbesondere aus § 38 GmbHG ergibt, ein unterschiedliches rechtliches Schicksal nehmen[618].

3. Eignungsvoraussetzungen

E 4   Geschäftsführer kann nur eine natürliche, unbeschränkt geschäftsfähige Person sein, § 6 Abs. 2 Satz 1 GmbHG. Staatsangehörigkeit[619] und Wohnsitz[620] spielen grund-

---

615 BGHZ 13, 61, 65.
616 *Schmidt*, GesR, § 14 III 2 (S. 422).
617 Der Geschäftsführer übt als Vertretungsorgan der GmbH gegenüber deren Arbeitnehmern selbst das Weisungsrecht des Arbeitgebers aus und steht damit nicht in gleicher Weise wie diese in einem sozialen Abhängigkeitsverhältnis.
618 BGHZ 113, 237, 242.
619 *Baumbach/Hueck*, GmbHG, § 6 Rdn. 9; anders aber bei fehlender Möglichkeit, jederzeit ins Inland einzureisen (OLG Köln, GmbHR 1999, 162).

sätzlich keine Rolle. Mitgliedschaft im Aufsichtsrat und Geschäftsführung schließen einander aus (§§ 52 Abs. 1 GmbHG, 105 Abs. 1 AktG)[621]. Wer wegen Bankrott, Verletzung der Buchführungspflicht oder Gläubiger- bzw. Schuldnerbegünstigung verurteilt worden ist, kann auf die Dauer von 5 Jahren seit Rechtskraft des Urteils nicht Geschäftsführer sein (§ 6 Abs. 2 Satz 3 GmbHG). Hiervon ausgeschlossen ist auch derjenige, dem durch gerichtliches Urteil oder durch vollziehbare Entscheidung einer Verwaltungsbehörde die Ausübung eines Berufs oder Gewerbes untersagt worden ist. In der Anmeldung zum Handelsregister hat der Geschäftsführer zu versichern, dass er die **gesetzlichen Eignungsvoraussetzungen** erfüllt und **keine Bestellungshindernisse** vorliegen (§ 8 Abs. 3 Satz 1 GmbHG).

Durch die **Satzung** können Eignungsvoraussetzungen für den Geschäftsführer festgesetzt werden[622]. Verlangt werden können z.B. ein bestimmtes Lebensalter, kaufmännische Erfahrung, qualifizierte Ausbildung etc. Auch bei mitbestimmten Gesellschaften sind satzungsmäßige Eignungsvoraussetzungen zulässig. Da allerdings das Auswahlermessen des Aufsichtsrats nicht zu sehr eingeschränkt werden darf, sind nur sachbezogene Voraussetzungen zulässig[623].   **E 5**

Fehlt eine gesetzliche Eignungsvoraussetzung bei der Bestellung des Geschäftsführers, so ist diese **nichtig**[624]. Auch bei einem späteren Wegfall des Mangels bleibt die Bestellung nichtig; eine Heilung findet nicht statt[625]. Tritt ein Mangel später ein, endet das Amt mit diesem Zeitpunkt[626]. Sind bei der Bestellung satzungsmäßige Voraussetzungen nicht beachtet worden, so ist die Bestellung wirksam[627], aber anfechtbar[628].   **E 6**

II. Organverhältnis

1. Bestellung

Bei der Bestellung des Geschäftsführers handelt es sich um einen körperschaftlichen **Organisationsakt**. Sie obliegt der Gesellschafterversammlung (§ 46 Nr. 5 GmbHG). Auch der Gesellschafter, der zum Geschäftsführer bestellt werden soll, hat dabei ein Stimmrecht, es sei denn, dieses ist durch die Satzung ausgeschlossen. Die Satzung   **E 7**

---

620 *Baumbach/Hueck,* GmbHG, § 6, Rdn. 9.
621 Streitig für die satzungsmäßige Zulassung der gleichzeitigen Mitgliedschaft eines Geschäftsführers in einem fakultativen Aufsichtsrat; bejahend *Scholz/Schneider,* GmbHG, § 52, Rdn. 160; *Großfeld/Brundics,* AG 1987, 293, 300; ablehnend OLG Frankfurt, DB 1987, 85 und ZIP 1981, 988, 989; *Rowedder/Koppensteiner,* GmbHG § 52, 8 m.w.N; vgl. auch unten J II 2, Rdn. J 3 ff.
622 Vgl. *Lutter/Hommelhoff,* GmbHG, § 6 Rdn. 20.
623 *Baumbach/Hueck/Zöllner,* GmbHG, § 35 Rdn. 13 m.w.N.
624 BGHZ 115, 78, 79 f. *Baumbach/Hueck,* GmbHG, § 6, Rdn. 12.
625 *Baumbach/Hueck,* GmbHG, § 6, Rdn. 12.
626 *Scholz/Schneider,* GmbHG, § 6 Rdn. 12 ff., 20 ff.
627 *Rowedder/Koppensteiner,* GmbHG, § 35, Rdn. 62.
628 *Lutter/Hommelhoff,* GmbHG, § 6, Rdn. 20.

kann ferner ein anderes Verfahren vorschreiben (vgl. §§ 6 Abs. 3, 45 Abs. 2 GmbHG). In Betracht kommt die Bestellungskompetenz eines anderen Gesellschaftsorgans (Aufsichtsrat oder Beirat) oder einzelner Gesellschafter (auch als Sonderrecht, vgl. § 35 BGB). Bei unter das Montan-MitbestG und das MitbestErgG fallenden Gesellschaften kann die Bestellung nur durch den Aufsichtrat erfolgen[629].

E 8 Zu unterscheiden ist zwischen dem **internen Akt der Bestimmung** des Geschäftsführers, dem **Bestellungsangebot** seitens der Gesellschaft und dessen **Annahme** durch den Geschäftsführer[630].

E 9 Nicht selten machen GmbH-Gesellschafter ihre Bestellung zum Geschäftsführer davon abhängig, dass die GmbH sie von der Haftung gemäß § 43 GmbHG freistellt. Das ist zulässig[631]; denn gemäß § 46 Nr. 8 1. Alt. GmbHG unterliegt die Geltendmachung von Ersatzansprüchen, welche der Gesellschaft aus der Gründung oder Geschäftsführung gegen Geschäftsführer oder Gesellschafter zustehen, der Bestimmung der Gesellschafter. Hierzu zählen insbesondere auch Ansprüche aus § 43 GmbHG[632]. Der Ersatzanspruch kann auch in der Weise geltend gemacht werden, dass auf ihn verzichtet wird[633]. Zur Abgabe der **Verzichtserklärung** ist grundsätzlich die Gesellschafterversammlung zuständig. Ein Generalverzicht, der sich auf alle möglichen Ansprüche aus § 43 GmbHG erstreckt, lässt allerdings solche Ansprüche bestehen, auf die aufgrund Gesetzes zum Schutz der Gesellschaftsgläubiger nicht verzichtet werden kann (§ 43 Abs. 3 Satz 2 i.V.m. § 9 b GmbHG)[634].

2. Abberufung, Niederlegung

E 10 Gemäß § 38 Abs. 1 GmbHG ist die Bestellung des Geschäftsführers **jederzeit widerruflich**. Besondere »vernünftige sachliche Gründe« brauchen nicht vorzuliegen[635]. Für mitbestimmte Gesellschaften gilt § 38 GmbHG nicht; hier ist § 84 AktG entsprechend anwendbar (vgl. § 31 MitbestG, § 12 MontanmitbestG, § 13 MitbestErgG)[636]: Der Geschäftsführer einer mitbestimmten GmbH kann während seiner Amtszeit nur aus wichtigem Grund vorzeitig abberufen werden, § 84 Abs. 3 AktG.

E 11 Die Abberufung braucht **nicht begründet** zu werden, da sie mit Rücksicht auf die weiterlaufenden Vergütungsansprüche aus dem Anstellungsvertrag kaum willkürlich

---

629 BGH, DStR 1999, 1743. Vgl. zu den Aufgaben des Aufsichtsrats unten I., Rdn. I 1 ff.
630 *Scholz/Schmidt*, GmbHG, § 46, Rdn. 18. Zum Geschäftsführer-Entsendungsrecht bei Familiengesellschaften vgl. BGH, WM 1973, 1295.
631 Vgl. *Meier*, WiB 1997, 781 f.
632 *Scholz/Schmidt*, GmbHG, § 46, Rdn. 149.
633 *Scholz/Schmidt*, GmbHG, § 46, Rdn. 151; das ist im Aktienrecht anders, vgl. § 93 Abs. 4 AktG.
634 So *Meier*, WiB 1997, 781 f.; vgl. auch *Baumbach/Hueck/Zöllner*, GmbHG, § 43, Rdn. 26.
635 *Rowedder/Koppensteiner*, GmbHG, § 38, Rdn. 3; nach *Scholz/Schneider*, GmbHG, § 38, Rdn. 16 und *Baumbach/Hueck/Zöllner*, GmbHG, § 38, Rdn. 2 ist die Grenze bei »offenbar unsachlichen Gründen« erreicht, sofern die Voraussetzungen der §§ 226, 826 BGB erfüllt sind.
636 Vgl. *Baumbach/Hueck/Zöllner*, GmbHG, § 38, Rdn. 3.

erfolgen wird. Über die Abberufung gemäß § 38 Abs. 1 GmbHG haben die Gesellschafter zu befinden, § 46 Nr. 5 GmbHG. Der betroffene Gesellschafter-Geschäftsführer ist stimmberechtigt[637]. Einfache Stimmenmehrheit genügt; der Gesellschaftsvertrag kann allerdings eine qualifizierte Mehrheit vorsehen[638]. Er kann die Befugnis, über die Abberufung zu entscheiden und diese zu erklären, auch einem anderen Gesellschaftsorgan, z.B. einem Aufsichts- oder Beirat, zuweisen.

Die Zulässigkeit der Abberufung kann im Gesellschaftsvertrag darauf beschränkt werden, dass **wichtige Gründe** vorliegen. Als solche kommen insbesondere grobe Pflichtverletzungen oder Unfähigkeit zur ordnungsgemäßen Geschäftsführung in Betracht (§ 38 Abs. 2 GmbHG). Hierzu zählen z.B. die Annahme von Schmiergeldern, Tätlichkeiten gegenüber Mitarbeitern[639], die Duldung pflichtwidrigen Handelns eines anderen Geschäftsführers[640], der Missbrauch von Gesellschaftsvermögen für eigene Zwecke[641] oder ein andauernder Unfriede zwischen den Geschäftsführern[642]. Bei der Abberufung aus wichtigem Grund ist der abzuberufende Gesellschafter-Geschäftsführer vom Stimmrecht ausgeschlossen[643].

E 12

Ist der **einzige** Geschäftsführer abberufen worden, so ist die GmbH bis zur Bestellung eines neuen Geschäftsführers **handlungsunfähig**. Die Befugnisse des Geschäftsführers gehen nicht automatisch auf ein anderes Organ der Gesellschaft über. Entsprechend § 29 BGB kann durch das Amtsgericht des Sitzes der Gesellschaft (Registergericht) auf Antrag ein **Notgeschäftsführer** bestellt werden[644]. Nach der Abberufung des einzigen Geschäftsführers ist also möglichst bald durch die Gesellschafterversammlung zum Zweck der Wiederherstellung der Handlungsfähigkeit ein neuer Geschäftsführer zu bestellen und zum Handelsregister anzumelden.

E 13

Der Geschäftsführer kann seinerseits das Geschäftsführeramt jederzeit **niederlegen**. Es bedarf hierfür keines wichtigen Grundes[645]. Die Niederlegung hat gegenüber dem für die Bestellung zuständigen Organ zu erfolgen[646].

3. Wirkung der Abberufung

Hinsichtlich der Wirkung der Abberufung ist zu differenzieren:

---

637 BGHZ 86, 177 f.; BGH, ZIP 1992, 32; *Baumbach/Hueck/Zöllner*, GmbHG § 38, Rdn. 15.
638 *Hachenburg/Stein*, GmbHG, § 38, Rdn. 23.
639 BGH, DStR 1994, 1746; OLG Stuttgart, GmbHR 1995, 229.
640 OLG Düsseldorf, WM 1992, 14.
641 BGH, WM 1984, 29. Zur heimlichen Abtretung des Gesellschaftsanteils vgl. BGH, ZIP 1993, 1128.
642 BGH, WM 1984, 29. Dies gilt nicht bei Fragen der Geschäftspolitik (BGH, ZIP 1992, 760).
643 *Baumbach/Hueck/Zöllner*, GmbHG, § 38, Rdn. 16. Das Recht, einen Geschäftsführer aus wichtigem Grund abzuberufen, kann nicht ausgeschlossen werden (BGH, NJW 1969, 1483).
644 *Scholz/Schneider*, GmbHG, § 6, Rdn. 39. Nach KG, BB 2000, 998 besteht keine Pflicht zur Übernahme der Notgeschäftsführung. Zur Befugnisbeschränkung s. BayObLG, GmbHR 1999, 1291 u. 1292 m. Anm. v. *Hohlfeld*.
645 BGHZ 121, 257 ff.; BGH, NJW 1995, 2850.
646 BGHZ 121, 257, 260.

E. Geschäftsführer

a) Fremdgeschäftsführer

E 14 Die Abberufung ist in analoger Anwendung von § 84 Abs. 3 S. 4 AktG sofort wirksam und in das Handelsregister einzutragen. Der Fremdgeschäftsführer kann sich hiergegen nicht aus eigenem Recht wehren. Für eine Anfechtungsklage fehlt ihm die Aktivlegitimation[647]. Ist der Abberufungsbeschluss jedoch nichtig oder auf Anfechtungsklage eines Gesellschafters hin für nichtig erklärt worden, so fehlt der Abberufung der notwendige wirksame Gesellschafterentscheid mit der Folge, dass der Geschäftsführer seine Stellung nicht verloren hat[648]. In diesem Fall kann auch der unwirksam abberufene Fremdgeschäftsführer Feststellungsklage erheben. Die Feststellung der Unwirksamkeit der Abberufung kann im Übrigen von jedem Gesellschafter im Wege der Anfechtungsklage geltend gemacht werden[649].

b) Gesellschafter-Geschäftsführer ohne Sonderrecht zur Geschäftsführung

E 15 Das Vorgesagte gilt entsprechend für den Gesellschafter-Geschäftsführer, der kein Sonderrecht auf Geschäftsführung hat. Auch er verliert mit Zugang der Abberufungserklärung sein Amt in entsprechender Anwendung von § 84 Abs. 3 S. 4 AktG[650]. Kraft seiner Gesellschafterrolle kann er jedoch den Abberufungsbeschluss anfechten. Dringt er mit der Klage durch, so ist die Abberufung als von Anfang an unwirksam anzusehen.[651].

c) Gesellschafter-Geschäftsführer in der personalistischen GmbH

E 16 In der personalistischen GmbH, insbesondere in der Zwei-Mann-Gesellschaft, sind an das Vorliegen eines wichtigen Grundes **strenge Anforderungen** zu stellen. Hier müssen Umstände vorliegen, die bei objektiver Betrachtung das Ergebnis rechtfertigen, dass der Geschäftsführer wegen grober Pflichtverletzung für die Gesellschaft untragbar geworden ist[652]. Die Abberufung aus wichtigem Grunde ist in diesen Gesellschaften weder in entsprechender Anwendung des § 84 Abs. 3 AktG sofort wirksam noch in entsprechender Anwendung der §§ 117, 127 HGB erst mit rechtskräftiger gerichtlicher Entscheidung. Weder dem Interesse der Gesellschaft und der übrigen Gesellschafter noch dem Schutz des abberufenen Gesellschafter-Geschäftsführers gebührt Vorrang. Die Wirksamkeit der Abberufung hängt vielmehr von der materiellen Rechtslage ab[653]. Ist die Abberufung unberechtigt, so hat der Gesellschafter-Geschäftsführer seine Geschäftsführungsbefugnis und Vertretungsmacht niemals verloren; demgegenüber sind bei berechtiger Abberufung diese Rechtswirkungen mit der Abberufungserklärung eingetreten. Solange die rechtskräftige Entscheidung noch aus-

---

647 Vgl. *Baumbach/Hueck/Zöllner*, § 38, Rdn. 21, 26; *Scholz/Schneider*, § 38, Rdn. 57.
648 Vgl. *Baumbach/Hueck/Zöllner*, § 38, Rdn. 20 f. ebenso.
649 Vgl. *Lutter/Hommelhoff*, § 38, Rdn. 28 f.
650 BGHZ 86, 180 f.
651 *Baumbach/Hueck/Zöllner*, § 38, Rdn. 21; *Roth/Altmeppen*, § 38, Rdn. 54.
652 OLG Düsseldorf, WM 1992, 19. Zur Verwirkung s. BGH, ZIP 1992, 32.
653 BGHZ 86, 181 ff.

steht, scheidet die Eintragung ins Handelsregister aus[654]. Diese besonderen Grundsätze gelten für alle Gesellschafter-Geschäftsführer in personalistischen Gesellschaften, also auch für den Minderheitsgesellschafter-Geschäftsführer und nicht nur für den hälftig oder mit Mehrheit beteiligten Gesellschafter-Geschäftsführer[655]. Anderenfalls würde der Minderheitsgesellschafter-Geschäftsführer unter Verstoß gegen das Gleichbehandlungsgebot diskriminiert[656].

d) Gesellschafter-Geschäftsführer mit Sonderrecht zur Geschäftsführung

Auch hier enden Geschäftsführungsbefugnis und Vertretungsmacht des sonderberechtigten Gesellschafter-Geschäftsführers, der seiner Abberufung nicht zustimmt, erst mit dem Zeitpunkt, in dem deren Berechtigung rechtlich festgestellt ist[657], denn die Abberufung, die nicht durch wichtige Gründe gerechtfertigt ist, greift in das Mitgliedschaftsrecht des sonderberechtigten Gesellschafters ein und ist wegen fehlender Zustimmung nach § 35 BGB unwirksam, wenn keine wichtigen Gründe vorliegen[658].

E 17

III. Anstellungsverhältnis[659]

1. Rechtliche Einordnung

In der Regel ist der Anstellungsvertrag des Geschäftsführers ein **Dienstvertrag** über eine entgeltliche Geschäftsbesorgung, §§ 611, 675 BGB. Wird der Geschäftsführer unentgeltlich tätig, so liegt ein Auftrag, §§ 662 ff. BGB, vor. **Entgeltlichkeit** ist gemäß § 612 BGB zu vermuten[660]. Der Anstellungsvertrag ist **nicht Arbeitsvertrag**[661]. Nach dem persönlichen Geltungsbereich nicht anwendbar sind insbesondere das Kündigungsschutz-[662], Arbeitszeit-, Bundesurlaubs-, Arbeitsgerichts-, Betriebsverfassungs-, Vermögensbildungs-, Arbeitnehmererfindungs- sowie das Schwerbehindertengesetz. Gleichwohl wird ein **persönliches und wirtschaftliches Schutzbedürfnis** des Geschäftsführers, vor allem des Fremdgeschäftsführers und des geringfügig beteiligten

E 18

---

654 *Lutter/Hommelhoff*, § 38 Rdn. 31.
655 Streitig, vgl. *Lutter/Hommelhoff*, § 38 Rdn. 33; a.A. *Meyer-Landrut/Miller*, GmbHG, § 38, Rdn. 111.
656 *Baumbach/Hueck/Zöllner*, GmbHG, § 38, Rdn. 32.
657 Vgl. *Scholz/Schneider*, GmbHG, § 38, Rdn. 66; ausdrücklich offen gelassen BGHZ 86, 181.
658 *Lutter/Hommelhoff*, GmbHG, § 38, Rdn. 34; *Roth/Altmeppen*, GmbHG, § 38, Rdn. 37 ff.
659 Vgl. unten Muster VII 1 (Anstellungsvertrag eines Fremdgeschäftsführers) und VII 2 (Anstellungsvertrag eines herrschenden Gesellschafter-Geschäftsführers), Rdn. E 113 f.
660 MünchHdb.GesR III/*Marsch-Barner/Diekmann*, § 43, Rdn. 22.
661 BGHZ 10, 187, 191; 49, 30, 31; *Baumbach/Hueck/Zöllner*, GmbHG, § 35, Rdn. 97; siehe demgegenüber BAG, GmbHR 1993, 35, 36; einschränkend BAG, ZIP 1999, 1854.
662 § 14 Abs. 1 Nr. 1 KSchG nimmt den Geschäftsführer ohne Rücksicht auf seine arbeitsrechtliche Qualifizierung von der Anwendung des KSchG aus.

E. Geschäftsführer

Gesellschafter-Geschäftsführers, anerkannt[663]. Er genießt Pfändungsschutz gemäß §§ 850 ff. ZPO[664] und hat einen Anspruch auf Zeugniserteilung gemäß § 630 BGB[665] und Urlaubsabgeltung[666]. Auch kann der Geschäftsführer u.U. zum Zweck der Durchsetzung einer Gehaltserhöhung den arbeitsrechtlichen Gleichbehandlungsgrundsatz in Anspruch nehmen[667]. Die Pflicht zur Lohnfortzahlung im Krankheitsfall ergibt sich aus § 616 BGB, dessen Abs. 1 für alle Dienstverpflichteten gilt[668].

E 19 **Vertragspartner** des Geschäftsführers beim Abschluss des Anstellungsvertrages ist die Gesellschaft[669]. Die Anstellung obliegt in der nicht mitbestimmten GmbH als Annexkompetenz zur Bestellung[670] der Gesellschafterversammlung (§ 46 Nr. 5 GmbHG), soweit der Gesellschaftsvertrag nichts anderes bestimmt[671].

E 20 Eine bestimmte **Form** des Anstellungsvertrages ist nicht vorgeschrieben[672]. Empfehlenswert ist jedoch eine schriftliche Regelung.

2. Vergütung

a) Gehalt

E 21 Der Geschäftsführer wird durch Zahlung eines **angemessenen Gehalts** vergütet[673]. Daneben wird häufig die Gewährung von **Sachleistungen,** insbesondere

- Überlassung eines Dienstfahrzeuges zur privaten Nutzung,
- Mietersatz,
- Übernahme von Versicherungsprämien und
- Gewährung einer Altersversorgung

vereinbart.

E 22 Bei einer wesentlichen Verschlechterung der wirtschaftlichen Verhältnisse der Gesellschaft kann der Geschäftsführer verpflichtet sein, einer Herabsetzung seiner Vergütung zuzustimmen[674]. Die Beweislast trägt die Gesellschaft[675]. Der allgemeine Hinweis auf Verluste genügt nicht[676]. Umgekehrt kann der geschäftsführende Gesell-

---

663 Vgl. hierzu *Baumbach/Hueck/Zöllner*, GmbHG, § 35, Rdn. 98; *Scholz/Schneider*, GmbHG, § 35, Rdn. 159 ff.
664 BGH, WM 1978, 109, 113 (AG).
665 BGHZ 49, 30.
666 BGH, WM 1963, 159.
667 Vgl. hierzu BGH, ZIP 1990, 859.
668 MüKo-*Schaub*, BGB, § 616, Rdn. 3.
669 *Scholz/Schneider*, GmbHG, § 35, Rdn. 166.
670 Vgl. BGHZ 79, 38, 42.
671 *Fleck*, WM 1985, 677; in der mitbestimmten GmbH ist für die Anstellung der Geschäftsführer mit Rücksicht auf den engen sachlichen Zusammenhang zur Bestellung zwingend der Aufsichtsrat zuständig, vgl. BGHZ 89, 48.
672 *Scholz/Schneider*, GmbHG, § 35, Rdn. 178.
673 Zur Frage der Angemessenheit der Vergütung als Voraussetzung für die Vermeidung einer verdeckten Gewinnausschüttung vgl. M II 5, Rdn. M 9 ff.
674 BGH, ZIP 1992, 1152, 1154; das Aktienrecht sieht dies in § 87 Abs. 2 AktG für Vorstandsmitglieder ausdrücklich vor.
675 BAG, ZIP 1985, 893.
676 *Scholz/Schneider*, GmbHG, § 35, Rdn. 191.

schafter infolge geänderter Umstände zur Herstellung eines angemessenen Ausgleichs eine Anhebung seiner Tätigkeitsvergütung verlangen[677].

Üblich sind vertraglich vereinbarte Wertsicherungsklauseln, um die Anpassung des Gehalts sicherzustellen. Wird die Vergütung mit dem Lebenshaltungsindex ins Verhältnis gesetzt, ist die Genehmigung durch das Bundesamt für Wirtschaft erforderlich, § 2 des Preisangaben- und Preisklauselgesetzes i.V.m. § 7 der Preisklauselverordnung (PrKV)[678]. Ist das Gehalt auf Lebenszeit oder für mindestens 10 Jahre vereinbart, wird diese Genehmigung grundsätzlich erteilt (§ 2, 3 PrKV)[679]. Genehmigungsfrei sind dagegen Spannungsklauseln, die Geschäftsführerbezüge in Relation zur Entwicklung von Beamten- oder Tarifgehältern setzen (§ 1 PrKV)[680]. E 23

b) Tantieme

Zahlt die Gesellschaft ihrem Gesellschafter neben einem festen Gehalt (oder an dessen Stelle) eine variable Vergütung, so will sie ihn am Erfolg seiner Tätigkeit teilhaben lassen und ihm einen Anreiz zu entsprechender Leistung geben. Diesen Zweck kann sowohl eine **gewinn-** als auch eine **umsatzabhängige Tantieme** erfüllen. E 24

Der **Umsatztantieme** haftet der Nachteil an, dass Umsatzzahlen nicht unbedingt den kaufmännischen Erfolg widerspiegeln. Trotz hoher Umsätze kann der Erfolg gering oder sogar ein Verlust zu verzeichnen sein[681]. Gleichwohl lässt sich aus der für das Aktienrecht zwingenden Vorschrift des **§ 86 Abs. 2 AktG** jedenfalls für das GmbH-Recht nicht die Unzulässigkeit einer auf den Umsatz bezogenen Tantiemeregelung herleiten[682]. Die Gewährung einer Umsatztantieme wird erst dann bedenklich, wenn sie zu einer völlig **unangemessenen** Höhe der Vergütung führt[683]. Bei der Prüfung der Angemessenheit sind Art und Umfang der Tätigkeit, Größe und Leistungsfähigkeit des Betriebes, Alter, Ausbildung, Berufserfahrung und Fähigkeiten des Geschäftsführers zu berücksichtigen[684]. E 25

Die **Berechnungsweise** der Tantieme sollte in Anbetracht der sonst drohenden Streitigkeiten von vornherein festgelegt werden. Soweit die »Bemessungsgrundlage« zunächst bewußt offen gelassen wird, ist **§ 315 BGB** anzuwenden[685]. E 26

---

677 *Rowedder/Koppensteiner*, GmbHG, § 35, Rdn. 86; *Scholz/Schneider*, GmbHG, § 35, Rdn. 190. Zum Urlaubsanspruch und dessen Abgeltung s. OLG Düsseldorf, GmbHR 2000, 278 m. Anm. v. *Haase*.
678 *Hachenburg/Stein*, GmbHG, § 35, Rdn. 202.
679 *Scholz/Schneider*, GmbHG, § 35, Rdn. 188.
680 *Hachenburg/Stein*, GmbHG, § 35, Rdn. 202; *Rowedder/Koppensteiner*, GmbHG, § 35, Rdn. 87.
681 BGH, DB 1977, 85, f.
682 BGH, DB 1977, 85.
683 Zur Frage der Angemessenheit der Geschäftsführerbezüge im Hinblick auf den Tatbestand der verdeckten Gewinnausschüttung vgl. unten M II 5, Rdn. M 9 ff.
684 BGH, DB 1977, 85 f.; vgl. auch *Felix*, BB 1988, 277 ff. sowie *Rowedder/Koppensteiner*, GmbHG, § 35, Rdn. 75.
685 BGH, WM 1994, 1245. Zur Abtretung von Tantiemeansprüchen s. OLG Köln, NZG 2000, 210.

3. Wettbewerbsverbot

a) Wettbewerbsverbot während der Amtszeit

E 27 Dem Geschäftsführer ist es wegen der **Treuebindung** ohne ausdrückliche Erlaubnis nicht gestattet, im Geschäftszweig der Gesellschaft Geschäfte für eigene Rechnung zu tätigen oder tätigen zu lassen oder den Vollzug bereits von der GmbH abgeschlossener Verträge durch Abwicklung auf eigene Rechnung oder in sonstiger Weise zu beeinträchtigen oder zu vereiteln[686].

b) Wettbewerbsverbot nach der Amtszeit

E 28 Nach dem Ausscheiden trifft den Geschäftsführer **kein allgemeines Wettbewerbsverbot** mehr. Die gegenüber der Gesellschaft geschuldete **Treuepflicht** wirkt aber insoweit nach, als es dem Geschäftsführer nicht gestattet ist, die Vermögens- und Rechtspositionen der GmbH nach seinem Ausscheiden zu beeinträchtigen[687]. Insbesondere darf er die während seiner Amtszeit für die GmbH geschlossenen Verträge nicht an sich ziehen.

E 29 Ein besonders **vereinbartes nachvertragliches Wettbewerbsverbot** ist nur zulässig, wenn es dem Schutz eines berechtigten Interesses der Gesellschaft dient und nach Ort, Zeit und Gegenstand die Berufsausübung und die wirtschaftliche Betätigung des Geschäftsführers nicht unbillig erschwert[688]. Ein schützenswertes Interesse der Gesellschaft besteht regelmäßig nur für einen Zeitraum von bis zu zwei Jahren nach Ausscheiden des Geschäftsführers[689]. Das Verbot darf sich auch nur auf Geschäfte im Geschäftsbereich der GmbH erstrecken[690].

E 30 **Entschädigungslose** Wettbewerbsverbote werden von der Rechtsprechung gebilligt, wenn sie dem Geschäftsführer die Möglichkeit lassen, in seinem angestammten Beruf zu arbeiten[691]. Die §§ 74 ff. HGB, insbesondere § 74 Abs. 2 HGB, sind nicht schlechthin anwendbar, aber auch nicht generell unanwendbar[692]. Entscheidend ist vielmehr eine Interessenabwägung im Einzelfall. Ein umfassendes Wettbewerbsverbot, das jede Form der Berufsausübung in einer bestimmten Branche untersagt, stellt demgegenüber immer dann eine unbillige Erschwerung dar, wenn keine Entschädi-

---

686 Einzelheiten zur Reichweite des Wettbewerbsverbots sowie zu den Rechtsfolgen im Falle eines Verstoßes s.o. D II 2, Rdn. D 22 ff.
687 BGH, WM 1977, 194; BGH, Urteil v. 8. 5. 2000 (II ZR 308/98); *Bauer/Diller*, GmbHR 1999, 885.
688 BGHZ 91, 1, 5.
689 BGHZ 91, 1, 6; einschränkend OLG Düsseldorf, GmbHR 1999, 120; zur geltungserhaltenden Reduktion bei darüber hinausgehenden Abreden vgl. BGH, Urteil v. 8. 5. 2000 (II ZR 308/98).
690 BGH, WM 1986, 1282. Das OLG Düsseldorf, GmbHR 1993, 581, 582, hat in einem Fall, in dem der Gesellschafter-Geschäftsführer nach 9 Monaten abberufen wurde, kein schützenswertes Interesse der Gesellschaft daran anerkannt, dass der ehemalige Geschäftsführer für ein Jahr nach Vertragsbeendigung als Wettbewerber vollständig ausgeschaltet wird.
691 BGHZ 91, 1, 6, für entschädigungslose Mandanten- bzw. Kundenschutzklauseln.
692 BGH, NJW 1992, 1892; *Lutter/Hommelhoff*, GmbHG, Anh. § 6, Rdn. 25, m.w.N.

gung gezahlt wird[693]. Ausnahmen kommen allenfalls bei Wettbewerbsverboten mit besonders kurzer Laufzeit in Betracht[694].

4. Beendigung des Anstellungsvertrages

Der Dienstvertrag **endet** mit dem Ablauf der Zeit, für die er abgeschlossen worden ist (§ 620 Abs. 1 BGB). Vorher kann er nur gemäß § 626 BGB fristlos gekündigt werden. Ist keine Dauer bestimmt, erfolgt die Auflösung durch ordentliche Kündigung gemäß §§ 621, 622 BGB (§ 620 Abs. 2 BGB). E 31

a) Kündigung durch die Gesellschaft

Die Kündigung ist Annexkompetenz zur Abberufung und obliegt dem hierfür zuständigen Organ, in der Regel also der Gesellschafterversammlung[695]. Das gilt jedenfalls dann, wenn Abberufung und Kündigung in einem zeitlichen Zusammenhang stehen[696]. Eine spätere Kündigung ist von der Vertretungsmacht anderer bzw. nachfolgender Geschäftsführer gedeckt. E 32

aa) Kündigung aus wichtigem Grund

Das Anstellungsverhältnis kann gemäß § 626 Abs. 1 BGB von beiden Seiten aus wichtigem Grund gekündigt werden. Ob ein solcher vorliegt, ist Ergebnis **der Abwägung aller konkreten Umstände und der beiderseitigen Interessen**[697]. Für eine solche Abwägung kommen insbesondere in Betracht[698]: E 33

- Dauer der Tätigkeit des Geschäftsführers für die Gesellschaft;
- Verdienste um das Unternehmen;
- soziale Folgen für den Betroffenen; Grad der wirtschaftlichen Abhängigkeit von der Gesellschaft;
- Möglichkeit der Aufnahme einer anderweitigen Tätigkeit;
- Verlust der Pension;
- diskriminierende Wirkung einer Kündigung.

Wichtige Gründe für eine fristlose Kündigung seitens der Gesellschaft sind insbesondere solche, die in der Person des Geschäftsführers liegen. In Betracht kommt strafba- E 34

---

693 *Hachenburg/Stein*, GmbHG, § 35, Rdn. 317; *Bauer/Diller*, BB 1995, 1134, 1136; *dies.*, GmbHR 1999, 890 ff.
694 OLG Hamm, GmbHR 1988, 344, 345: wenige Monate.
695 *Scholz/Schmidt*, GmbHG, § 46, Rdn. 70; s. auch OLG Köln, GmbHR 2000, 432; OLG Karlsruhe, NZG 2000, 264.
696 BGHZ 79, 38, 42.
697 *Lutter/Hommelhoff*, GmbHG, Anh. § 6, Rdn. 57.
698 Vgl. *Henze*, GmbH, Rdn. 1272.

res, insbesondere vorsätzliches Verhalten[699]. Wichtiger Grund kann außerdem jede **Pflichtverletzung** sein, z.B.

- ständige Nichtbefolgung von Weisungen der Gesellschafter[700],
- Verletzung der Verschwiegenheitspflicht[701],
- Nichteinberufung erforderlicher Gesellschafterversammlungen[702],
- Auskunftsverweigerung[703],
- Vorteilsbeschaffung auf Kosten der Gesellschaft[704] sowie
- in Ausnahmefällen: Geschäftliches Versagen[705].

E 35 Allerdings unterliegt die Kündigung aus wichtigem Grund dem **ultima-ratio-Prinzip**. Vor Ausspruch der Kündigung muss geprüft werden, ob die Zusammenarbeit mit dem Geschäftsführer nicht doch noch fortgesetzt und daher der GmbH zugemutet werden kann; ist dies der Fall, kann ohne vorhergehende Abmahnung die fristlose Kündigung ausgesprochen werden[706].

E 36 Die Kündigung kann gemäß § 626 Abs. 2 BGB nur binnen **zwei Wochen** von dem Zeitpunkt an ausgesprochen werden, in dem der Kündigungsberechtigte von den für die Kündigung maßgebenden Tatsachen Kenntnis erlangt hat. Die **Ausschlussfrist beginnt**, sobald alles in Erfahrung gebracht ist, was als notwendige Grundlage für die Entscheidung über den Fortbestand oder die Auflösung des Anstellungsverhältnisses anzusehen ist[707]. Hat die Gesellschafterversammlung die Kündigungsentscheidung zu treffen, ist **Kenntnis** der kündigungserheblichen Umstände bereits dann gegeben, wenn alle Gesellschafter vollständig informiert sind. Ein Zusammentreten der Gesellschafterversammlung ist nicht erforderlich[708]. Erfährt ein Geschäftsführer die fraglichen Tatsachen und verzögert er pflichtwidrig die Einberufung der Gesellschafterversammlung, so kann die Frist auch zu einem Zeitpunkt beginnen, der vor der Information aller Gesellschafter liegt[709]. Eine **Ausdehnung der Frist** kommt dann in Betracht, wenn die Gesellschafterversammlung vor Ablauf der zwei Wochen aus gesetzlichen oder anerkennenswerten satzungsrechtlichen Gründen nicht hätte zusammentreten und die Kündigung beschließen können[710].

E 37 Die kündigende GmbH trägt die **Behauptungs- und Beweislast** dafür, innerhalb der Frist des § 626 Abs. 2 BGB Kenntnis von den die Kündigung rechtfertigenden Umständen erlangt zu haben[711].

---

699 BGH, WM 1956, 867.
700 OLG Düsseldorf, ZIP 1984, 1476; *Baumbach/Hueck/Zöllner*, § 35 Rdn. 116.
701 OLG Hamm, GmbHR 1985, 157.
702 BGH, GmbHR 1995, 299, 300 ff.
703 OLG Frankfurt, GmbHR 1994, 114, 115.
704 BGH, WM 1992, 2142, 2143 ff.
705 BGH, WM 1976, 379.
706 BGH, GmbHR 2000, 431.
707 BGH, GmbHR 1996, 452, 453; BGH, GmbHR 1997, 998, 999.
708 BGH, NJW 1980, 2411; BGH, GmbHR 1996, 452, 453; kritisch *Baumbach/Hueck/Zöllner*, GmbHG, § 35, Rdn. 119.
709 BGH, GmbHR 1996, 452, 453.
710 BGH, NJW 1980, 2411, 2412.
711 BGH, GmbHR 1997, 998, 999.

bb) Ordentliche Kündigung

Ein unbefristetes Anstellungsverhältnis kann, soweit nichts anderes vereinbart ist, jederzeit ordentlich gekündigt werden. Die **Kündigungsfrist** richtet sich sowohl für den Fremdgeschäftsführer als auch für den nicht beherrschenden Gesellschafter-Geschäftsführer nach § 622 Abs. 2 BGB[712]. Das gilt auch für den Geschäftsführer einer Komplementär-GmbH, dessen Anstellungsvertrag unmittelbar mit der Kommanditgesellschaft geschlossen wurde[713]. Für den beherrschenden Gesellschafter-Geschäftsführer bleibt es dagegen bei der Frist des § 621 Nr. 3 BGB[714]. Andere, auch kürzere Fristen können vereinbart werden[715], was häufig der Fall ist. Der Kündigungsschutz nach dem KSchG gilt für die Kündigung des Anstellungsvertrages durch die GmbH nicht, § 14 Abs. 1 Nr. 1 KSchG[716].

E 38

cc) Kopplung von Organstellung und Anstellungsverhältnis

Die Abberufung des Geschäftsführers und die Beendigung des Anstellungsvertrages können durch eine Vereinbarung miteinander **verknüpft** werden,

E 39

- die der Abberufungserklärung die Bedeutung einer ordentlichen oder außerordentlichen Kündigung beilegt[717] oder
- die den Gründen, auf die eine Abberufung gestützt werden kann, Maßgeblichkeit auch für die Kündigung des Anstellungsvertrages beimißt[718].

Auch bei einer zulässigen Koppelung von Organstellung und Anstellungsvertrag sind die Auswirkungen der Abberufung auf beide Rechtsverhältnisse stets **gesondert** zu prüfen[719]. So tritt ein **gleichzeitiges Erlöschen** beider Rechtsverhältnisse nur ein, wenn bei der Abberufung des Geschäftsführers (§ 38 GmbHG) ein wichtiger Grund i.S.d. § 626 BGB vorlag[720]. Die Kündigungsgründe des § 626 Abs. 1 BGB können nicht vertraglich erweitert werden. Fehlt ein wichtiger Grund i.S.d. § 626 BGB, so führt die Koppelungsvereinbarung zwar zu einer Auflösung des Dienstverhältnisses, allerdings nur unter Wahrung der gesetzlichen Mindestfristen des § 622 BGB, die je nach Dauer des bisherigen Anstellungsverhältnisses bis zu sieben Monate betragen können[721].

E 40

---

712 BGHZ 91, 217, 220 f.
713 BGH, GmbHR 1987, 263.
714 BGH, GmbHR 1987, 263.
715 *Baumbach/Hueck/Zöllner*, GmbHG, § 35, Rdn. 128.
716 *Baumbach/Hueck/Zöllner*, GmbHG, § 35, Rdn. 129. Zur Umdeutung der Kündigung und der Bindung des Gerichtes an die Anträge s. BGH, GmbHR 2000, 376.
717 BGH, NJW 1995, 1750. Für den umgekehrten Fall s. BGH, NJW 1989, 2683; BGHZ 112, 103, 115; BGH, DStR 1999, 861; BGH, DStR 1999, 1743; BGH, GmbHR 2000, 85.
718 BGH, NJW 1981, 2748, 2749.
719 BGH, NJW-RR 1990, 1123, 1124.
720 BGH, NJW 1981, 2748, 2749.
721 BGH, NJW 1981, 2748, 2749.

b) Kündigung durch den Geschäftsführer

E 41   Der Geschäftsführer muss die Kündigungserklärung gegenüber **einem Mitgeschäftsführer** oder gegenüber **jedem Gesellschafter** abgeben[722]. Sofern kraft Gesellschaftsvertrages dem Aufsichts- oder Beirat die Zuständigkeit übertragen worden ist, kann die Kündigung auch an diesen, vertreten durch seinen Vorsitzenden, gerichtet werden[723]. Einen unbefristeter Anstellungsvertrag kann der Geschäftsführer jederzeit ordentlich kündigen[724]. Er hat ferner unter den Voraussetzungen des § 626 BGB das Recht der außerordentlichen Kündigung aus wichtigem Grund, z.B. wenn ihm von der Gesellschafterversammlung oder vom Aufsichtsrat gesetzeswidrige Maßnahmen zugemutet[725] oder haltlose, beleidigende Vorwürfe durch Mitgeschäftsführer erhoben worden sind, die ein Verbleiben im Amt unzumutbar machen[726].

c) Weitere Beendigungsgründe

E 42   Das Anstellungsverhältnis kann **einvernehmlich** mit Zustimmung des für die Kündigung zuständigen Organs beendet werden. Der Anstellungsvertrag kann auch mehrmals nacheinander **befristet** werden, ohne dass es eines sachlichen Grundes hierfür bedarf[727]. Auch eine Befristung bis zum Erreichen einer Altersgrenze sowie **eine auflösende Bedingung** des Vertragsverhältnisses sind möglich[728].

IV. Vertretung und Geschäftsführung

1. Vertretung

a) Aktiv- und Passivvertretung; Gesamtvertretung

E 43   Gemäß **§ 35 Abs. 1 GmbHG** wird die Gesellschaft durch den Geschäftsführer gerichtlich und außergerichtlich vertreten. Diese Befugnis ist zwingend und kann durch den Gesellschaftsvertrag nicht eingeschränkt werden[729]. Der Geschäftsführer ist auch

---

722 *Lutter/Hommelhoff*, GmbHG, Anh. § 6, Rdn. 52.
723 *Hümmerich*, NJW 1995, 1177.
724 Zu den Kündigungsfristen vgl. oben a) bb), Rdn. E 38.
725 *Baumbach/Hueck/Zöllner*, GmbHG, § 35, Rdn. 115.
726 BGH, WM 1992, 733.
727 *Baumbach/Hueck/Zöllner*, GmbHG, § 35, Rdn. 114. Zur Organzuständigkeit vgl. BGH, DStR 1995, 1359.
728 *Lutter/Hommelhoff*, GmbHG, Anh. § 6, Rdn. 46. Dagegen ist ein Rücktritt vom Aufhebungsvertrag nicht möglich. Vielmehr muss der Geschäftsführer neu bestellt werden (BGH, DStR 1992, 1816).
729 *Scholz/Schneider*, GmbHG, § 35, Rdn. 23; vgl. § 37 Abs. 2 GmbHG.

Handlungsorgan der **Vor-GmbH**[730]. Auch dort unterliegt der Umfang seiner Vertretungsmacht keinen Beschränkungen[731].

Die außergerichtliche Vertretung der Gesellschaft durch den Geschäftsführer umfasst die Abgabe von Willenserklärungen als **Aktivvertretung** und deren Entgegennahme als **Passivvertretung**. Entsprechendes gilt für geschäftsähnliche Handlungen[732]. E 44

Der Geschäftsführer vertritt die Gesellschaft **vor Gericht**. Amtierende Geschäftsführer können nicht als Zeugen, wohl aber als Partei vernommen werden, es sei denn, die Gesellschaft wird im Prozess ausnahmsweise nicht von ihrem Geschäftsführer vertreten[733]. Im Rechtsstreit mit ihrem Geschäftsführer wird die Gesellschaft gegebenenfalls durch den Aufsichtsrat, andernfalls durch einen von den Gesellschaftern bestimmten Prozessvertreter (§ 46 Nr. 8 GmbHG) repräsentiert. E 45

Der Geschäftsführer vertritt die Gesellschaft auch beim Abschluss von **Rechtsgeschäften** zwischen der Gesellschaft und Gesellschaftern (sog. Innengeschäfte). Dazu gehören die nach § 15 Abs. 5 GmbHG oder § 17 Abs. 1 GmbHG zu erteilenden Genehmigungen, der Erwerb und die Veräußerung eigener Geschäftsanteile (§ 33 GmbHG), die Einziehung von Geschäftsanteilen (§ 34 GmbHG) sowie Erklärungen im Kaduzierungsverfahren (§§ 21 ff. GmbHG). Hierbei wirkt sich eine Beschränkung der Geschäftsführungsbefugnis ausnahmsweise wie eine Beschränkung der Vertretungsmacht aus[734]. Stehen **innergesellschaftliche Veränderungen** in Frage, fehlt dem Geschäftsführer die Vertretungsmacht. Bei solchen **Sozialakten** wird die Gesellschaft durch die Gesellschafter vertreten[735], zum Beispiel bei der Bestellung bzw. Abberufung des Geschäftsführers, der Wahl zusätzlicher Gesellschaftsorgane und der Bestellung von Prozeßvertretern im Rahmen des § 46 Nr. 8 GmbHG. E 46

Das Gesetz ordnet **Gesamtvertetung** an[736], wenn mehrere Geschäftsführer bestellt sind (§ 35 Abs. 2 Satz 2 GmbHG). In diesem Fall bedarf es der übereinstimmenden, wenn auch nicht gleichzeitigen Beteiligung aller Geschäftsführer, die Schriftstücke gemeinschaftlich zu unterzeichnen haben. Auch mündliche Erklärungen müssen jedenfalls konkludent gemeinsam abgegeben werden[737]. Die Gesamtvertretung kann auch dadurch erfolgen, dass die Erklärung nur von einem Gesamtvertreter abgegeben wird und die übrigen dieser nachträglich zustimmen (§ 177 Abs. 1 BGB). Auch die Bevollmächtigung eines Gesamtvertreters durch die übrigen ist möglich. Doch kann E 47

---

730 H.M., vgl. *Baumbach/Hueck,* GmbHG, § 11, Rdn. 17 m.w.N.
731 *Scholz/Schmidt,* GmbHG, § 11, Rdn. 63 m.w.N.; *Baumbach/Hueck,* GmbHG, § 11, Rdn. 18.
732 Z. B. Mahnungen.
733 *Rowedder/Koppensteiner,* GmbHG, § 35, Rdn. 10.
734 *Baumbach/Hueck/Zöllner,* GmbHG, § 35, Rdn. 42.
735 BGHZ 49, 117.
736 Vgl. auch Übersicht unten Rdn. E 111. Sind zwei Geschäftsführer bestellt und wird einer abberufen, so erstarkt die Gesamt- zur Einzelvertretungsmacht (BGH, BB 1960, 880); anders aber bei mehreren Liquidatoren (BGHZ 121, 263, 264 f.). Diese Grundsätze gelten nicht für die nur tatsächliche Verhinderung (BGHZ 34, 27 ff.; 121, 263).
737 *Rowedder/Koppensteiner,* GmbHG, § 35, Rdn. 32.

E. Geschäftsführer

ein zur Gesamtvertretung berechtigter Geschäftsführer einen Mitgeschäftsführer nicht ermächtigen, ihn generell in seiner Eigenschaft als Geschäftsführer zu vertreten[738].

E 48   Auf die Erteilung der Ermächtigung sind die Grundsätze über die Anscheins- und Duldungsvollmacht anwendbar[739]. § 181 BGB steht einer Mitwirkung des Bevollmächtigten bei der Erteilung der Ermächtigung nicht entgegen[740]. Entsprechend §§ 78 Abs. 4 AktG, 125 Abs. 2 Satz 2 HGB muss sich die Ermächtigung auf konkrete Einzelgeschäfte oder eindeutig abgrenzbare Arten von Geschäften beziehen[741].

E 49   Zur Passivvertretung genügt der Zugang der Willenserklärung an einen Gesamtvertreter (§ 35 Abs. 2 Satz 3 GmbHG).

E 50   Eine von der gesetzlichen Gesamtvetetung **abweichende Regelung** ist nur in Bezug auf die Aktivvertretung zulässig und bedarf einer besonderen Ermächtigung in der Satzung[742]. Folgende Formen vertraglich abbedungner Gesamtvertretung sind zu unterscheiden:

- **Modifizierte Gesamtvertretung**
  Die Satzung bestimmt, dass nur ein Teil der Geschäftsführer die Gesellschaft gemeinsam vertritt.

- **Einzelvertretung**
  Alle oder einzelne Geschäftsführer haben Einzelvertretungsmacht für alle Geschäfte; sie kann nicht für bestimmte Geschäfte ausgeschlossen werden (§ 37 Abs. 2 Satz 1 GmbHG).

- **Unechte Gesamtvertretung**
  Die Vertretungsmacht eines Prokuristen ist an die Vertretung durch einen Geschäftsführer gekoppelt.

E 51   Die **Grenze der Gestaltungsfreiheit** ist erreicht, sobald die Vertretung der Gesellschaft nicht mehr ohne einen Prokuristen möglich ist. Die Vertretungsmacht des einzigen Geschäftsführers kann deshalb nicht an die Mitwirkung eines Prokuristen gebunden werden. Auch eine Satzungsbestimmung des Inhalts, dass von mehreren Geschäftsführern jeder nur mit einem Prokuristen gemeinsam handeln kann, ist unwirksam[743].

E 52   Eine **tatsächliche Verhinderung** des Geschäftsführers hat nicht zur Folge, dass dieser als Geschäftsführer wegfällt und ein übrig bleibender gesamtvertretungsberechtigter Geschäftsführer die Gesellschaft allein vertreten könnte[744]. Die Verhinderung auch nur eines Geschäftsführers kann daher zur Handlungsunfähigkeit der Gesellschaft führen. Eine Satzungsregelung, wonach bei tatsächlicher oder rechtlicher Verhinderung eines Geschäftsführers der oder die anderen Geschäftsführer allein zur Vertretung berechtigt sein sollen, ist als bedingte Regelung der Vertretungsbefugnis

---

738 *Henze*, GmbH, Rdn. 1218.
739 *Scholz/Schneider*, GmbHG, § 35, Rdn. 56.
740 Vgl. RGZ 80, 180, 182. Zur Einmann-GmbH s. BGHZ 87, 59 f.; BGH, DStZ 2000, 164.
741 *Scholz/Schneider*, GmbHG, § 35, Rdn. 57.
742 *Rowedder/Koppensteiner*, GmbHG, § 35, Rdn. 39, 40, 43 ff.
743 Vgl. zu den Gestaltungsgrenzen *Scholz/Schneider*, GmbHG, § 35, Rdn. 72.
744 BGHZ 34, 27, 29.

unzulässig[745]. In solchen Fällen bleibt nur die Bestellung eines weiteren Geschäftsführers oder eines Prokuristen, der die Gesellschaft in Gemeinschaft mit dem gesamtvertretungsberechtigten Geschäftsführer vertreten kann. Ist dieses nicht möglich, muss ein **Notgeschäftsführer** gerichtlich bestellt werden (§ 29 BGB).

b) Selbstkontrahieren

Gemäß **§ 181 BGB** kann ein Vertreter mit sich im Namen des Vertretenen oder als Vertreter eines Dritten ein Rechtsgeschäft nicht vornehmen, es sei denn, das Geschäft besteht ausschließlich in der Erfüllung einer Verbindlichkeit oder die Vornahme des Geschäfts wurde dem Vertreter gestattet. § 181 BGB findet auch auf das Vertretungsorgan der GmbH Anwendung[746]. Insichgeschäfte können generell oder beschränkt auf bestimmte Geschäftsarten in der Satzung oder durch das Bestellungsorgan bzw. durch ein anderes von der Gesellschafterversammlung benanntes Gremium **gestattet** werden[747]. Die Gestattung des Selbstkontrahierens muss in das Handelsregister eingetragen werden, sofern sie nicht auf ein konkretes Geschäft beschränkt ist[748]. Schließt eine Gesellschaft mit ihrem alleinvertretungsberechtigten Geschäftsführer, der einer von zwei Gesellschaftern ist, einen Darlehensvertrag ab und wird dieser Vertrag zugleich von dem zweiten Gesellschafter unterzeichnet, so wird dem Gesellschafter-Geschäftsführer durch schlüssige Handlung Befreiung von dem Verbot des Selbstkontrahierens erteilt[749].

E 53

Gemäß § 35 Abs. 4 GmbHG unterliegen auch Geschäfte des **geschäftsführenden Alleingesellschafters** mit der GmbH § 181 BGB. Das Gesetz stellt mit der Regelung des § 35 Abs. 4 Satz 2 GmbHG strenge Anforderungen an die Dokumentation des Insichgeschäfts[750]. Hat der Alleingesellschafter neben sich weitere Geschäftsführer, so können diese die Gesellschaft bei Rechtsgeschäften mit diesem ohne Verstoß gegen § 181 BGB vertreten[751].

E 54

Ein Verstoß gegen § 181 BGB führt zur **schwebenden Unwirksamkeit** des Rechtsgeschäfts[752]. Dieses kann jedoch von den Gesellschaftern als den Vertretenen[753] entsprechend §§ 177, 184 BGB mit rückwirkender Kraft genehmigt werden.

E 55

---

745 *Scholz/Schneider*, GmbHG, § 35, Rdn. 76.
746 *Henze*, GmbH, Rdn. 1229; zur teilweisen Befreiung vgl. *Simon*, GmbHR 1999, 588.
747 Streitig ist, ob die Gestattung durch das Bestellungsorgan einer satzungsmäßigen Grundlage bedarf, so BayObLG, DB 1984, 1517; BayObLG, GmbHR 2000, 91, 385; OLG Köln, GmbHR 1993, 37; a.M. *Lutter/Hommelhoff*, GmbHG, vor § 35, Rdn. 19.
748 *Baumbach/Hueck/Zöllner*, GmbHG, § 35, Rdn. 75; zur Haftung des Notars s. BGH, GmbHR 2000, 131 m. Anm. v. *Schick*.
749 BGH, WM 1971, 1082, 1084.
750 Zur Lockerung dieser Dokumentationspflicht bei der Kündigung des Geschäftsführerdienstvertrages vgl. BGH, ZIP 1995, 643.
751 *Rowedder/Koppensteiner*, GmbHG, § 35, Rdn. 25.
752 *MüKo-Thiele*, BGB, § 181, Rdn. 37 m.w.N.
753 § 46 Nr. 5 GmbHG, wobei der von § 181 BGB betroffene Gesellschafter-Geschäftsführer wegen § 47 Abs. 4 GmbHG nicht mitstimmen kann.

c) Wissens- und Irrtumszurechnung

E 56 Werden die rechtlichen Folgen einer Willenserklärung durch die Kenntnis bestimmter Umstände beeinflusst, so ist das Wissen eines Geschäftsführers, soweit dieser für die betreffende Angelegenheit zuständig ist, der GmbH zuzurechnen[754]. Handeln mehrere Geschäftsführer als Gesamtvertreter, genügt der Willensmangel bzw. die Kenntnis **eines** Geschäftsführers[755].

E 57 Der Geschäftsführer, in dessen Person der Wissens- oder Willensmangel vorliegt, muss an dem fraglichen Geschäft nicht beteiligt gewesen sein[756].

d) Mißbrauch der Vertretungsmacht

E 58 Ein Rechtsgeschäft, das unter Missbrauch der Vertretungsmacht abgeschlossen wird, ist unwirksam, wenn der Vertreter und der Geschäftspartner kollusiv zusammenwirken[757]. **Kollusion** bedeutet, dass Geschäftsführer und Geschäftspartner mit Schädigungsabsicht zu Lasten der GmbH handeln. Aus §§ 826, 840 BGB folgen gegebenenfalls Schadensersatzansprüche[758]. Missbrauch der Vertretungsmacht liegt auch vor, wenn der Geschäftsführer interne Beschränkungen verletzt und der Vertragspartner dies weiß oder es sich ihm hätte aufdrängen müssen, dass die Gesellschaft das Geschäft so nicht abgeschlossen hätte[759]. Beruft sich der Vertragspartner auf die Gültigkeit des Geschäfts, so verstößt dieses gegen Treu und Glauben (§ 242 BGB)[760]. Liegt keine direkte Schädigungsabsicht vor, so ist das Geschäft wirksam.

2. Geschäftsführung

a) Umfang der Geschäftsführungsbefugnis

aa) Gesetzliche Regelung

E 59 Das Gesetz regelt die Verteilung der Geschäftsführungsbefugnisse nur lückenhaft. Aus den **§§ 37 Abs. 1, 46 GmbHG** lässt sich jedoch der Grundsatz ableiten, dass die Gesellschafter die Unternehmenspolitik bestimmen sowie über alle wesentlichen Maßnahmen entscheiden und der Geschäftsführer **diesen Willen auszuführen und**

---

754 Auf die Vertretungsverhältnisse im Einzelfall kommt es hingegen nicht an, vgl. *Rowedder/Koppensteiner*, GmbHG, § 35, Rdn. 51.
755 *Baumbach/Hueck/Zöllner*, GmbHG, § 35, Rdn. 83 ff.
756 BGH, ZIP 1995, 1082, 1084; a.A. MüKo/*Reuter*, § 28, Rdn. 5 f.
757 *Lutter/Hommelhoff*, GmbHG, § 35, Rdn. 14.
758 Vgl. BGH, WM 1985, 997, 998.
759 BGH, WM 1984, 305, 306.
760 BGHZ 50, 112, 114; a.A. in Teilen der Literatur, die von einer schwebenden Unwirksamkeit mit Genehmigungsmöglichkeit gemäß §§ 177 ff. BGB ausgeht, vgl. z.B. *Scholz/Schneider*, § 35, Rdn. 139.

das **Tagesgeschäft zu leiten** hat. Zu Letzterem gehören alle tatsächlichen und rechtsgeschäftlichen Handlungen, die der gewöhnliche Betrieb des betreffenden Handelsgewerbes mit sich bringt, sowie die üblichen organisatorischen Maßnahmen innerhalb der Gesellschaft[761]. Der Geschäftsführer hat alle erforderlichen Maßnahmen zu treffen, um den Unternehmensgegenstand zu verwirklichen[762]. Für die Festlegung der künftigen Unternehmenspolitik muss er die notwendigen Informationen zur Verfügung stellen und von sich aus Vorschläge erarbeiten.

bb) Beschränkungen

Die Gesellschafterversammlung ist berechtigt, dem Geschäftsführer **Weisungen** zu erteilen. Sie kann die Geschäftsführungsbefugnis auch in Form einer Geschäftsordnung regeln[763]. Nicht weisungsberechtigt sind einzelne Gesellschafter[764]. Die Satzung kann anderen gesellschaftsinternen Stellen (z.B. einem Aufsichtsrat) ein Weisungsrecht einräumen. Die Übertragung von Weisungsbefugnissen auf gesellschaftsfremde Dritte ist nicht möglich, weil die Gesellschaft andernfalls fremdbestimmt würde. E 60

Weisungen können für den Einzelfall oder allgemein erteilt werden. Durch umfassenden Gebrauch des Weisungsrechts kann die Gesellschafterversammlung den Geschäftsführer zu einem reinen Exekutivorgan herabstufen[765]. Garantiert sind dem Geschäftsführer allein die durch das Gesetz auferlegten Zuständigkeiten[766]. E 61

Eine **Pflicht zur Befolgung** von Weisungen wird für den Geschäftsführer nur dann begründet, wenn die Weisung wirksam ist. Nichtigen Weisungen darf der Geschäftsführer nicht nachkommen[767]. Anfechtbare Beschlüsse sind jedenfalls dann nicht bindend, wenn sie wirksam angefochten sind[768]. Anfechtbaren Weisungen, die unanfechtbar geworden sind, muss der Geschäftsführer Folge leisten[769]; sind sie noch nicht angefochten, muss der Geschäftsführer sie ausführen, wenn mit einer Klage nicht zu rechnen ist[770]. E 62

Darüber hinaus kann die Gesellschafterversammlung für Handlungen der Geschäftsführer **Zustimmungsvorbehalt**e bestimmen[771]. E 63

Möglich ist auch die vollständige oder teilweise **satzungsmäßige Übertragung der Geschäftsführungsbefugnis** auf andere Stellen. Ausgenommen hiervon ist jedoch der E 64

---

761 *Scholz/Schneider*, GmbHG, § 37, Rdn. 11.
762 *Lutter/Hommelhoff*, GmbHG, § 37, Rdn. 3.
763 *Lutter/Hommelhoff*, GmbHG, § 37, Rdn. 29
764 *Scholz/Schneider*, GmbHG, § 37, Rdn. 31.
765 Str.; wie hier MünchHdb.GesR III/*Marsch-Barner/Diekmann*, § 44, Rdn. 66 m.w.N.; a.A. *Lutter/Hommelhoff*, GmbHG, § 37, Rdn. 18a.
766 *Scholz/Schneider*, GmbHG, § 37, Rdn. 50 ff.
767 BGHZ 31, 253, 278.
768 *Baumbach/Hueck/Zöllner*, GmbHG, § 37, Rdn. 12.; a.A. *Scholz/Schneider*, GmbHG, § 43, Rdn. 103.
769 *Scholz/Schneider*, GmbHG, § 43, Rdn. 101.
770 *Scholz/Schneider*, GmbHG, § 43, Rdn. 102.
771 Vgl. den Musterkatalog unten E VI 4 d, Rdn. E 112.

Kernbereich der Geschäftsführertätigkeit⁷⁷². Dies sind die dem Geschäftsführer gesetzlich zugewiesenen Aufgaben⁷⁷³.

cc) Erweiterungen

E 65 Erweiterungen der Geschäftsführungsbefugnis sind möglich, soweit diese für Dritte und neu eintretende Gesellschafter erkennbar sind. So können die Geschäftsführer mit der Feststellung des Jahresabschlusses betraut werden; auch kann ihnen die Entscheidung über die Rückzahlung von Nachschüssen oder die Bestellung von Prokuristen überlassen werden⁷⁷⁴. Solche Erweiterungen müssen sich jedoch entweder aus der Satzung ergeben oder mit satzungsändernder Mehrheit beschlossen und im Handelsregister eingetragen werden⁷⁷⁵. Befugniserweiterungen im Anstellungsvertrag, die diesen Voraussetzungen nicht genügen, haben lediglich schuldrechtliche Bedeutung im Innenverhältnis der GmbH zu ihrem Geschäftsführer.

b) Mehrheit von Geschäftsführern

aa) Grundsatz

E 66 Hat eine Gesellschaft mehrere Geschäftsführer, so steht diesen die Geschäftsführungsbefugnis grundsätzlich **gemeinschaftlich** zu. Zur Begründung werden entweder § 35 Abs. 2 Satz 2 GmbHG oder § 77 Abs. 1 Satz 1 AktG in entsprechender Anwendung herangezogen⁷⁷⁶. Folge ist, dass alle Entscheidungen einstimmig getroffen werden müssen und somit jedem Geschäftsführer ein **Vetorecht** zukommt. Abstimmungen können formlos erfolgen, auch mit Hilfe der Telekommunikation. **Stellvertretung** bei der Beschlussfassung ist ausgeschlossen; zulässig ist nur eine Übermittlung der Erklärung per Boten⁷⁷⁷.

E 67 Der Grundsatz der Gesamtgeschäftsführung verwehrt es den Geschäftsführern nicht, Aufgaben untereinander aufzuteilen. Gegenüber der Gesellschaft und nach außen verbleibt es aber bei der **Gesamtverantwortung aller Geschäftsführer**⁷⁷⁸. Auch bei einer Ressortaufteilung haben die Geschäftsführer deshalb gegenseitige Informationsrechte und Überwachungspflichten⁷⁷⁹. Wesentliche Entscheidungen sind gemeinsam zu treffen.

---

772 *Lutter/Hommelhoff*, GmbHG, § 37, Rdn. 12; MünchHdb.GesR III/*Marsch-Barner/Diekmann*, § 44, Rdn. 60.
773 Vgl. oben I 1, Rdn. E 1 f.
774 Vgl. *Rowedder/Koppensteiner*, GmbHG, § 37, Rdn. 33.
775 *Lutter/Hommelhoff*, GmbHG, § 37, Rdn. 25 f.; MünchHdb.GesR III/*Marsch-Barner/Diekmann*, § 44, Rdn. 73.
776 Erster Ansicht *Lutter/Hommelhoff*, GmbHG, § 37, Rdn. 28; zweiter Ansicht *Scholz/Schneider*, GmbHG, § 37, Rdn. 21.
777 *Scholz/Schneider*, GmbHG, § 37, Rdn. 22.
778 BGH, NJW 1997, 130 ff., 132.
779 BGH, NJW 1993, 463; BGH, ZIP 1994, 891; zur Gesamtverantwortung bei deliktischer Haftung s. BGH, DStR 1996, 2019.

bb) Abweichende Regelungen

Die Gesellschafter können die Geschäftsführungsbefugnisse mehrerer Geschäftsführer durch Satzung, Geschäftsordnung oder durch einfachen Gesellschafterbeschluss abweichend vom Gesetz regeln. In Betracht kommt insbesondere die Einräumung der **Einzelgeschäftsführungsbefugnis** an alle oder einzelne Geschäftsführer. Auch deren Beschränkung auf bestimmte Geschäfte, z.B. bis zu einer bestimmten Wertgrenze, ist möglich.

E 68

Die Einzelgeschäftsführungsbefugnis entbindet die Geschäftsführer weder von ihren gesetzlichen Pflichtaufgaben noch von ihrer Gesamtverantwortung und damit von ihrer gegenseitigen Kontrollpflicht[780].

E 69

Soweit Regelungen – wie in der Praxis häufig – über die Vertretungs-, nicht aber über die Geschäftsführungsbefugnis bestehen, kann **vermutet** werden, dass diese für beide Bereiche gelten sollen[781].

E 70

c) Sanktionen bei Nichteinhaltung der Geschäftsführungsbefugnis

Überschreitet der Geschäftsführer seine Geschäftsführungsbefugnis, so **haftet** er gemäß § 43 GmbHG der Gesellschaft gegenüber für den entstandenen Schaden[782]. Weisungen können bei Nichtbefolgung durch Leistungs- oder **Unterlassungsklage** durchgesetzt werden. Im Übrigen besteht die Möglichkeit, den Geschäftsführer gemäß § 38 GmbHG **abzuberufen**.

E 71

3. Entlastung

Die Gesellschafterversammlung entscheidet gemäß § 46 Nr. 5 GmbHG über die Entlastung der Geschäftsführer. Die Entlastung drückt die Billigung der Geschäftsführung für die Vergangenheit und eine Bekundung des Vertrauens für die Zukunft aus[783]. Mit der Entlastung wird die Gesellschaft gegenüber den Geschäftsführern mit Ersatzansprüchen und Kündigungsgründen ausgeschlossen, soweit diese der Gesellschafterversammlung bei sorgfältiger Prüfung aller Unterlagen und Berichte erkennbar oder allen Gesellschaftern privat bekannt sind[784]. Ausgenommen von dieser **Verzichtswirkung** sind nur die unverzichtbaren Ansprüche nach §§ 9 b, 30, 31, 43 Abs. 3 GmbHG[785]. Die Entlastung umfasst sämtliche Ansprüche, wenn der sie begründende Sachverhalt der Geschäftsführungstätigkeit zuzurechnen ist; sie ist nicht auf reine Schadensersatzansprüche beschränkt[786]. Eine Teilentlastung ist genauso möglich wie

E 71a

---

780 *Lutter/Hommelhoff*, GmbHG, § 37, Rdn. 35.
781 MünchHdb.GesR III/*Marsch-Barner/Diekmann*, § 44, Rdn. 86; *Lutter/Hommelhoff*, GmbHG, § 37, Rdn. 38.
782 *Lutter/Hommelhoff*, GmbHG, § 37, Rdn. 40; zur Haftung s.u. V, Rdn. E 72 ff.
783 *Roth/Altmeppen*, GmbHG, § 46 Rdn. 25.
784 BGHZ 97, 382, 384.
785 Die aktienrechtlichen Vorschriften (§ 120 Abs. 2 i.V.m. § 93 Abs. 4 AktG) finden keine Anwendung; vgl. auch *Nägele/Nestel*, BB 2000, 1253.
786 BGHZ 97, 382, 384; *Roth/Altmeppen*, GmbHG, § 46 Rdn. 28.

E. *Geschäftsführer*

die Entlastung nur eines von mehreren Geschäftsführern[787]. Des Weiteren ist auch eine Generalbereinigung möglich. Diese enthält über den Verzicht auf die von der Entlastung betroffenen Ansprüche hinaus einen Verzicht auf diejenigen Ansprüche, die den Gesellschaftern nicht bekannt oder erkennbar sind[788].

E 71b Der Geschäftsführer hat keinen Anspruch auf Entlastung. Er kann jedoch eine negative Feststellungsklage erheben gerichtet darauf, dass Ersatzansprüche nicht bestehen. Ein Feststellungsinteresse wird aber nur dann bejaht, wenn die Gesellschaft sich konkreter Ansprüche berühmt, eine Entlastung verweigert oder die Beschlussfassung unangemessen verzögert wird[789]

V. Haftung[790]

1. Haftung gegenüber der Gesellschaft

E 72 Gemäß § 43 Abs. 1 GmbHG hat der Geschäftsführer in den Angelegenheiten der Gesellschaft die Sorgfalt eines ordentlichen Geschäftsmannes anzuwenden. Verletzt er die ihm obliegenden Pflichten schuldhaft, haftet er der Gesellschaft für den entstandenen Schaden, **§ 43 Abs. 2 GmbHG**. § 43 Abs. 3 GmbHG regelt bestimmte Einzelfälle der Ersatzpflicht (Verstoß gegen das Verbot der Einlagenrückgewähr, § 30 GmbHG; Verstoß gegen das Verbot des Erwerbs eigener Anteile außer in den gemäß § 33 GmbHG zulässigen Fällen). Während Abs. 3 zwingend ist (Gläubigerschutz!), kann von Abs. 1 und Abs. 2 durch die Satzung abgewichen werden[791]. Ein Haftungsausschluss für grobe Fahrlässigkeit ist dabei nicht möglich[792].

E 73 § 43 GmbHG gilt für den Geschäftsführer bereits dann, wenn er durch Gesellschafterbeschluss **bestellt** worden ist; die unterbliebene Eintragung in das Handelsregister ändert daran nichts[793]. Die Haftung trifft den Geschäftsführer auch dann, wenn die Bestellung zum Geschäftsführer unwirksam ist, dieser die Organtätigkeit aber aufgenommen hat[794]. Streitig ist, ob die Haftung auch denjenigen trifft, der ohne zum Geschäftsführer bestellt worden zu sein, die Geschäfte der GmbH tatsächlich wie ein Geschäftsführer führt[795].

---

787 *Roth/Altmeppen*, GmbHG, § 46 Rdn. 32.
788 BGHZ 97, 382, 387.
789 *Roth/Altmeppen*, GmbHG, § 46 Rdn. 36.
790 Vgl. unten Checkliste VII 4 d (Haftung des Geschäftsführers), Rdn. E 112.
791 I.E. streitig, vgl. MünchHdb.GesR III/*Marsch-Barner/Diekmann*, § 46, Rdn. 4; vgl. dazu BGH, ZIP 1992, 108.
792 BGH, ZIP 1987, 1050 f.; *Baumbach/Hueck/Zöllner*, GmbHG, § 43, Rdn. 1 d; zu der hiervon zu unterscheidenden Möglichkeit des Anspruchsverzichts durch die Gesellschafterversammlung s.o. II 1, Rdn. E 9 sowie *Rowedder/Koppensteiner*, GmbHG, § 43, Rdn. 4.
793 BGH, GmbHR 1995, 128.
794 *Baumbach/Hueck/Zöllner*, GmbHG, § 43, Rdn. 1 a.
795 Vgl. hierzu *Baumbach/Hueck/Zöllner*, GmbHG, § 43, Rdn. 1 b; *Scholz/Schneider*, GmbHG, § 43, Rdn. 15.

§ 43 Abs. 1 GmbHG enthält einen (objektiven) **Verschuldensmaßstab**. Jeder Ge-   E 74
schäftsführer muss die Kenntnisse und Fähigkeiten besitzen, die ihn in die Lage versetzen, dem gesetzlichen Maßstab gerecht zu werden[796]. Demgegenüber ergeben sich die **Verhaltenspflichten** des Geschäftsführers nicht aus § 43 Abs. 1 GmbHG, sondern aus der Geschäftsführungsaufgabe, den Treuepflichten und Sonderregelungen (vgl. §§ 30 Abs. 1, 33, 64 Abs. 2 GmbHG)[797].

Beispiele:
- Geht der Geschäftsführer für die GmbH Verpflichtungen gegenüber Dritten ein, von denen von vornherein feststeht, dass die GmbH sie nicht erfüllen kann, so hat er der GmbH den daraus entstehenden Schaden zu ersetzen, falls er die Sach- und Rechtslage gekannt hat oder bei Beachtung der nach § 43 Abs. 1 GmbHG gebotenen Sorgfalt hätte kennen können[798].
- Der Geschäftsführer, der alleiniger Gesellschafter ist, haftet nicht gemäß § 43 Abs. 2 GmbHG, wenn er der Gesellschaft Vermögen entzieht, das zur Deckung des Stammkapitals nicht benötigt wird[799].
- Der Geschäftsführer haftet, wenn er einen Beratervertrag mit einem erkennbar unqualifizierten Berater abschließt und diesen für seine unbrauchbare Leistung honoriert[800].

Der Geschäftsführer kann sich auf das **Mitverschulden** seines Mitgeschäftsführers   E 75
nicht berufen; vielmehr bildet er im Verhältnis zur GmbH zusammen mit diesem eine Haftungsgemeinschaft[801].

Die **Beweislast** ist in analoger Anwendung des § 93 Abs. 2 Satz 2 AktG wie folgt   E 76
verteilt: Die GmbH muss Schaden und Kausalzusammenhang mit dem Geschäftsführerverhalten darlegen und ggf. beweisen, der Geschäftsführer die Beachtung seiner Sorgfaltspflicht[802].

§ 43 Abs. 2 GmbHG nimmt die Haftung aus dem **Geschäftsführer-Anstellungs-**   E 77
vertrag in sich auf[803]. Dieser stellt somit keine weitere Anspruchsgrundlage neben § 43 GmbHG dar. Ansprüche aus der Verletzung des Anstellungsvertrages verjähren gemäß § 43 Abs. 4 GmbHG in fünf Jahren[804].

---

796 BGH, WM 1981, 440 f. Nach BGH, WM 1975, 467, 469, findet die Rechtsprechung des BAG zur gefahrgeneigten Tätigkeit keine Anwendung. *Henze*, GmbH, Rdn. 1319.
797 Vgl. *Baumbach/Hueck/Zöllner*, GmbHG, § 43, Rdn. 11; *Rowedder/Koppensteiner*, GmbHG, § 43, Rdn. 7. Bei pflichtwidrigem Handeln aufgrund Gesellschafterweisungen haftet der Geschäftsführer nicht (BGHZ 31, 258, 278; BGH, DStR 2000, 168).
798 BGH, ZIP 1988, 512, 514.
799 BGHZ 122, 333, 336.
800 BGH, ZIP 1997, 199, 200.
801 BGH, WM 1983, 725, 726.
802 *Baumbach/Hueck/Zöllner*, GmbHG, § 43, Rdn. 24; *Roth/Altmeppen*, GmbHG, § 43, Rdn. 44; BGH, DB 1974, 1619; BGH, DB 1985, 2291; vgl. aber auch DB 1985, 2291, BGH, WM 1992, 224.
803 BGH, ZIP 1989, 1390.
804 Eine Verkürzung der Verjährungsfrist durch Vereinbarung ist nur insoweit zulässig, wie der Schadensersatzbetrag zur Befriedigung der Gesellschaftsgläubiger nicht erforderlich ist (BGH, GmbHR 2000, 187); s. dazu die Bespr. v. *Altmeppen*, DB 2000, 261.

E 78 Ansprüche aus **Delikt** oder wegen Verletzung gesellschaftsrechtlicher Treuepflichten bleiben neben dem Anspruch aus § 43 GmbHG selbständig bestehen. Insoweit ist keine Gesetzes-, sondern Anspruchskonkurrenz gegeben[805]. Dies hat zur Folge, dass sich die Verjährung deliktischer Ansprüche nach § 852 BGB richtet. Der Geschäftsführer haftet z.B. wegen sittenwidriger Schädigung (§ 826 BGB), wenn er seine Organstellung zur Durchsetzung eigener Interessen missbraucht und damit das notwendige Mindestmaß an Loyalität und Rücksichtnahme gegenüber der Gesellschaft missachtet[806]. Stellt die Verletzung der Geschäftsführer- und Organpflichten gleichzeitig einen Verstoß gegen die Treuepflicht dar, findet die 30-jährige Verjährungsfrist (§ 195 BGB) Anwendung[807].

E 79 Die Geltendmachung des Anspruchs aus § 43 GmbHG setzt **einen Beschluss der Gesellschafter** voraus (§ 46 Nr. 8 GmbHG). Er ist Teil der anspruchsbegründenden Tatsachen[808]. Bei einer Einmann-Gesellschaft genügt die schriftliche Erklärung des Gesellschafters, dass er Schadensersatzansprüche gegen den Geschäftsführer geltend machen will. Ein förmlich dokumentierter Gesellschafterbeschluss gemäß § 48 Abs. 3 GmbHG ist in diesem Fall entbehrlich[809].

E 80 Zur Haftung des Geschäftsführers gegenüber der Gesellschaft wegen Verletzung der Insolvenzantragspflicht gemäß § 64 Abs. 2 Satz 1 und § 43 Abs. 2 GmbHG wird auf die Ausführungen an anderer Stelle verwiesen[810].

2. Haftung gegenüber den Gesellschaftern

E 81 Beachtet der Geschäftsführer nicht die Sorgfalt eines ordentlichen Geschäftsmannes, haftet er grundsätzlich nur der Gesellschaft, nicht aber deren Gesellschaftern[811]. Diesen gegenüber begründet das GmbHG eine Haftung des Geschäftsführers nur in § 31 Abs. 6 GmbHG (**Erstattung verbotener Rückzahlungen**).

E 82 Eigene Schadensersatzansprüche der Gesellschafter kommen daneben in Betracht, wenn zwischen ihnen und dem Geschäftsführer eine **Sonderrechtsbeziehung** besteht[812]. Diese ist insbesondere anzunehmen, wenn der Geschäftsführer zugleich Gesellschafter ist. Denn dann verbindet ihn mit den anderen Gesellschaftern die gesellschaftsrechtliche Treuepflicht[813].

E 83 Auch **deliktisches Verhalten** des Geschäftsführers kann Ansprüche der Gesellschafter begründen. Streitig ist, ob das Mitgliedschaftsrecht ein absolutes Recht darstellt, das durch strukturändernde Maßnahmen, faktische Veränderungen des Unternehmensgegenstandes oder eine Verletzung der Gleichbehandlungspflicht verletzt

---

805 BGH, ZIP 1989, 1390, 1392 f.; BGH, LM Nr. 19 zu § 43 GmbHG. *Scholz/Schneider*, GmbHG, § 43, Rdn. 208.
806 BGH, ZIP 1989, 1390, 1394; BGH, WiB 1997, 247, 248 mit Anm. *Reinersdorff*.
807 BGH, BB 1999, 338.
808 So *Rowedder/Koppensteiner*, GmbHG, § 43, Rdn. 25.
809 BGH, WiB 1997, 247, 248.
810 S. unten N V 1, Rdn. N 37 f.
811 *Scholz/Schneider*, GmbHG, § 43, Rdn. 211.
812 *Rowedder/Koppensteiner*, GmbHG, § 43, Rdn. 41.
813 BGH, ZIP 1982, 1203.

werden kann[814]. § 43 GmbHG ist kein Schutzgesetz i.S.d. § 823 Abs. 2 BGB zugunsten der Gesellschafter[815]. Das gilt auch für § 9 a GmbHG[816].

3. Haftung gegenüber Dritten[817]

Anders als im Aktienrecht, § 93 Abs. 5 AktG, ist die Haftung des Geschäftsführers gegenüber gesellschaftsfremden Dritten (Außenhaftung) im GmbHG nicht geregelt. Außerhalb des GmbHG können sich jedoch Tatbestände ergeben, die es Gesellschaftsgläubigern ermöglichen, ihre Forderung auch gegenüber dem Geschäftsführer geltend zu machen.   E 84

a) Rechtsschein

Offenbart der Geschäftsführer im Rahmen von Verhandlungen oder bei Vertragsabschlüssen nicht, dass Verhandlungs- oder Vertragspartner eine Gesellschaft mit beschränkter Haftung ist, und zeichnet er unter Weglassen des »mbH«-Zusatzes, führt dies zu seiner persönlichen Haftung kraft **Rechtsscheins**[818]. Demgegenüber ist der bei nur mündlichen Verhandlungen unterlassene Hinweis auf die beschränkte Haftung nicht geeignet, bei dem anderen Teil Vertrauen zu begründen, sein Vertragspartner hafte persönlich und unbeschränkt[819]. Dass sich die Beschränkung der Haftung aus dem Handelsregister ergibt, ändert an der persönlichen Haftung des Geschäftsführers nichts, da der Vertrauenstatbestand des § 4 GmbHG gegenüber der Regelung des § 15 Abs. 2 HGB vorrangig ist[820]. Vorteilhaft für den Gläubiger und nachteilig für den Geschäftsführer ist, dass seine Inanspruchnahme zur Haftung der GmbH nicht subsidiär ist, sondern Gesellschaft und Geschäftsführer als Gesamtschuldner haften[821]. Verwendet der Geschäftsführer die Geschäftsunterlagen entsprechend den Vorgaben des § 35 a GmbHG, muss er i.d.R. keine Rechtsscheinshaftung befürchten.   E 85

b) c.i.c.

Der Geschäftsführer hat für ein Verschulden bei Vertragsschluss (c.i.c.) ausnahmsweise persönlich einzustehen, wenn er gegenüber seinem Verhandlungspartner in besonderem Maße persönliches Vertrauen in Anspruch genommen und dadurch die Ver-   E 86

---

814 Dafür: *Hachenburg/Mertens*, GmbHG, § 43, Rdn. 105; dagegen *Scholz/Schneider*, GmbHG, § 43, Rdn. 216.
815 Ganz h.M., vgl. nur *Hachenburg/Mertens*, GmbHG, § 43, Rdn. 102 f.
816 *Scholz/Winter*, GmbHG, § 9 a, Rdn. 9.
817 Zum Grundsatz der Vermögenstrennung beim Gesellschafter-Geschäftsführer s.o. V 1, Rdn. E 72 ff.
818 Vgl. bereits oben D V 2 b), Rdn. D 50 ff.
819 BGH, ZIP 1996, 1511.
820 *Henze*, GmbH, Rdn. 116.
821 BGH, NJW 1990, 2678, 2679.

tragsverhandlungen beeinflusst oder ein überwiegendes wirtschaftliches Eigeninteresse an der Durchführung des Rechtsgeschäfts hat[822].

E 87 **Besonderes persönliches Vertrauen** geht über das normale Verhandlungsvertrauen hinaus und bietet dem Verhandlungspartner eine zusätzliche Gewähr für den Bestand und die Erfüllung des Geschäfts, z.B. außergewöhnliche Sachkunde, große persönliche Zuverlässigkeit, Verwandtschaft[823]. Ein mit der Sanierung beauftragter Unternehmensberater nimmt, wenn er die Geschäftsführung des Unternehmens übernimmt, typischerweise besonderes persönliches Vertrauen in Anspruch[824]. Dieses gilt auch für den Geschäftsführer einer Vermögensberatungs-GmbH, der seinem Kunden zu einer mangelhaften Vermögensanlage rät und hierfür wegen Inanspruchnahme besonderen persönlichen Vertrauens haften kann.

E 88 Wegen **überwiegenden wirtschaftlichen Eigeninteresses** haftet der Geschäftsführer unter dem Gesichtspunkt des Verschuldens bei Vertragsschluss für Verbindlichkeiten der GmbH nicht schon deswegen, weil er zugunsten der Gesellschaft Sicherheiten aus seinem eigenen Vermögen zur Verfügung gestellt hat[825]. Ebenso vermag die maßgebliche Beteiligung des Geschäftsführers allein seine Haftung nicht zu begründen[826]. Ein besonderes wirtschaftliches Eigeninteresse kann aber dann gegeben sein, wenn die Tätigkeit des Geschäftsführers auf die Beseitigung von Schäden abzielt, für die er andernfalls von der Gesellschaft in Anspruch genommen werden könnte[827].

c) Unerlaubte Handlung

E 89 Der Geschäftsführer haftet persönlich aus **unerlaubter Handlung**, wenn alle objektiven und subjektiven Tatbestandsvoraussetzungen in seiner Person vorliegen (Bsp.: Unfall auf einer Dienstfahrt)[828].

E 90 Streitig ist die Haftung für **Verkehrssicherungspflichten**, insbesondere die Haftung für mangelnde Organisation und Überwachung[829]. § 831 BGB kommt nicht zur Anwendung, weil die Mitarbeiter keine Verrichtungsgehilfen des Geschäftsführer sind[830]. Der BGH nimmt eine Haftung für die Verletzung von Verkehrssicherungspflichten gemäß § 823 Abs. 1 BGB an, wenn »mit den Pflichten aus der Organstellung gegenüber der Gesellschaft Pflichten einhergehen, die von dem Geschäftsführer nicht mehr nur für die Gesellschaft als deren Organ zu erfüllen sind, sondern die ihn aus besonderen Gründen persönlich gegenüber dem Dritten treffen. Dies kann im deliktischen Bereich insbesondere wegen einer dem Geschäftsführer als Aufgabe zugewiesenen

---

822 BGHZ 56, 81, 84 ff.; 87, 27, 33; 126, 181; BGH, ZIP 1993, 363, 365 f.; BGH, WM 1991, 1730 f.; BGH, GmbHR 1992, 363; OLG Köln, GmbHR 1996, 766; *Schmidt*, in: Schmidt/Uhlenbruck, Die GmbH in Krise, Sanierung und Insolvenz, Rdn. 1235 f.; *Uhlenbruck*, GmbHR 1999, 313, 325; vgl. auch oben D V 2, Rdn. D 49.
823 BGH, NJW-RR 1988, 615.
824 BGH, ZIP 1990, 659, 661.
825 BGH, ZIP 1994, 1103.
826 BGH, NJW 1986, 586.
827 BGH, WM 1985, 1526; BGH, WM 1987, 1431, 1432.
828 BGHZ 109, 297, 302; *Scholz/Schneider*, GmbHG, § 43, Rdn. 228.
829 Vgl. zum Streitstand *Scholz/Schneider*, GmbHG, § 43, Rdn. 30 ff.
830 BGHZ 109, 297, 304 f.

oder von ihm jedenfalls in Anspruch genommenen Garantenstellung zum Schutz fremder Schutzgüter i.S.d. § 823 Abs. 1 BGB der Fall sein, die ihre Träger der Einflusssphäre der Gesellschaft anvertraut haben. Voraussetzung ist allerdings auch hier, dass zur Abwehr der sich in dieser Weise aktualisierenden Gefahrenlage der Geschäftsführer gerade in seinem Aufgabenbereich gefordert ist«[831].

Beispiel[832]:

Die Bauunternehmens-GmbH bestellt Baumaterial unter verlängertem Eigentumsvorbehalt zur Ausführung eines Bauvorhabens, obwohl mit dem Bauherrn die Abtretung des Werklohns ausgeschlossen ist. Der Geschäftsführer nimmt hier dem Vorbehaltseigentümer gegenüber eine Garantenstellung ein, deren Verletzung in Form der Verarbeitung des Materials auf der Baustelle zu einer deliktischen Eigenhaftung des Geschäftsführers führen kann. E 91

In der Literatur ist diese Rechtsprechung überwiegend auf Ablehnung gestoßen, weil die Pflichten des Geschäftsführers aus seiner Organstellung nur gegenüber der Gesellschaft bestehen und etwaige Schadensersatzansprüche aus § 43 Abs. 2 GmbHG auch nur gegenüber der Gesellschaft gegeben sind[833]. E 92

Als **Schutzgesetze**, deren Verletzung eine Haftung des Geschäftsführers gegenüber Dritten gemäß § 823 Abs. 2 BGB begründen, kommen etwa §§ 263, 266, 266 a, c und 283 ff. StGB in Betracht, nicht aber § 43 GmbHG[834]. E 93

Erhebliche praktische Bedeutung hat daneben die Haftung des Geschäftsführers wegen Verletzung der Insolvenzantragspflicht gemäß **§ 823 Abs. 2 BGB** i.V.m. **§ 64 Abs. 1 GmbHG**[835]. Hier gilt: Der Geschäftsführer haftet den Altgläubigern auf den Betrag, um den sich die Insolvenzquote durch Verzögerung der Eröffnung des Konkursverfahrens gemindert hat (sog. Quotenschaden)[836]. Gegenüber Neugläubigern, also denjenigen, die erst nach Eintritt der Antragspflicht und vor verspäteter Eröffnung des Verfahrens Gläubiger geworden sind, haftet der Geschäftsführer in voller Höhe[837]. Der Anspruch verjährt nach §§ 62 Abs. 2, 43 Abs. 4 GmbHG in fünf Jahren[838]. E 94

---

831 BGHZ 109, 297, 303; 125, 366, 375 f.; *Scholz/Schneider*, GmbHG, § 43, Rdn. 232; a.A. *Dreher*, ZGR 1992, 22, 34; MünchHdb.GesR III/*Marsch-Barner/Diekmann*, § 46, Rdn. 67; *Lutter/Hommelhoff*, GmbHG, § 43, Rdn. 41 f.
832 BGHZ 109, 297.
833 Vgl. nur *Lutter*, DB 1994, 129, 131 ff.
834 *Scholz/Schneider*, GmbHG, § 43, Rdn. 233.
835 BGHZ 29, 100 ff.; 75, 96, 106; 100, 19, 21; BGH, NJW 1995, 398, 399; *Schmidt*, in: Schmidt/Uhlenbruck, Die GmbH in Krise, Sanierung und Insolvenz, Rdn. 1232; *Scholz/Schmidt*, GmbHG, § 64, Rdn. 37; *Lutter/Hommelhoff*, GmbHG, § 64, Rdn. 36; *Baumbach/Hueck*, GmbHG, § 64, Rdn. 24; *Uhlenbruck*, GmbHR 1999, 313, 324; vgl. hierzu auch oben D V 2 c), Rdn. D 52 f. und N V 2, Rdn. N 39 ff.
836 BGHZ 29, 100 ff.; zur Berechnung des Quotenschadens der Altgläubiger hat der BGH jüngst entschieden, dass unter einfachem Eigentumsvorbehalt des Lieferanten stehende Warenbestände des Gemeinschuldners nicht der verfügbaren Masse zuzurechnen sind. Entsprechendes gilt auch für vom Gemeinschuldner sicherungszedierte Forderungen, wenn der Zessionar ihren Wert aufgrund seines Absonderungsrechts (§ 50 Abs. 1 InsO) der Aktivmasse entzieht, wovon im Regelfall auszugehen sein wird (BGH, DB 1997, 1864).
837 BGH, ZIP 1994, 1103 ff.
838 Saarländischer OLG, DB 1999, 2205.

E. Geschäftsführer

E 95   Klärt der Geschäftsführer einen potenziellen Vertragspartner nicht darüber auf, dass die GmbH ihre eigene Verbindlichkeit nicht erfüllen kann, wird eine Haftung gemäß § 826 BGB bejaht[839]. Dieselbe Rechtsfolge tritt ein, wenn der Geschäftsführer einen Gesellschaftsgläubiger vorsätzlich dadurch schädigt, dass er Gesellschaftsvermögen beiseite schafft[840].

4. Haftung für Abführung von Sozialversicherungsbeiträgen

E 96   Leitet der Geschäftsführer die Arbeitnehmeranteile nicht an die Sozialversicherungsträger weiter, so haftet er diesen gegenüber gemäß § 823 Abs. 2 BGB i.V.m. § 266 a StGB[841]. Für die Abführung des Arbeitgeberanteils haftet der Geschäftsführer nicht persönlich[842].

E 97   In einer mehrgliedrigen Geschäftsleitung ist grundsätzlich jeder Geschäftsführer für die Abführung der Arbeitnehmerbeiträge zur Sozialversicherung verantwortlich. Dieser Pflichten können sich die Geschäftsführer weder durch **Zuständigkeitsverteilungen** innerhalb der Geschäftsleitung noch durch Delegation besonderer Aufgaben auf Personen außerhalb der Geschäftsleitung entledigen[843].

E 98   War dem Geschäftsführer die Abführung im Fälligkeitszeitpunkt wegen Zahlungsunfähigkeit unmöglich, trifft ihn gleichwohl eine strafrechtliche und haftungsrechtliche Verantwortlichkeit, wenn ihm die Herbeiführung dieser Zahlungsunfähigkeit als pflichtwidriges Verhalten zur Last zu legen ist. Das kann der Fall sein, wenn die Zahlungsunfähigkeit darauf beruht, dass zwischen Auszahlung der Löhne und Fälligkeit der Arbeitnehmerbeiträge zur Sozialversicherung Leistungen an andere Gläubiger erbracht wurden[844].

VI. Beratungshilfen

1. Maßnahmen zur Vermeidung einer vGA bei unregelmäßiger Gehaltszahlung[845]

E 99   Fehlende oder **unregelmäßige Gehaltszahlungen** der GmbH an ihren beherrschenden Gesellschafter-Geschäftsführer sind ein Indiz für die fehlende Ernsthaftigkeit der

---

839 BGH, WM 1991, 1548, 1551; OLG Oldenburg, NZG 2000, 555; *Hachenberg/Ulmer*, GmbHG, § 64, Rdn. 63 ff.; *Uhlenbruck*, GmbHR 1999, 313, 325 f.
840 *Scholz/Schneider*, GmbHG, § 43, Rdn. 238 f.
841 BGH, GmbHR 1992, 170; BGH, DStR 1996, 2929; HansOLG, GmbHR 2000, 185 u. OLG Naumburg, GmbHR 2000, 558 m. Anm. von *Peetz*, die allein auf das Nichtabführen abstellen. BGH, ZIP 1998, 31: »Sind in der Satzung einer Krankenkasse zur Zahlung der Gesamtsozialversicherungsbeiträge ein ›Fälligkeitstermin‹ und ein von diesem abweichender ›Zahlungstag‹ bestimmt, werden die geschuldeten Beiträge erst mit dem ›Zahlungstag‹ fällig«; *Uhlenbruck*, GmbHR 1999, 313, 326 f.
842 *Baumbach/Hueck/Zöllner*, GmbHG, § 43, Rdn. 5.
843 BGH, GmbHR 1997, 25, 26.
844 BGH, WiB 1997, 522 mit Anm. *Plagemann*.
845 Zu Tatbestand und Rechtsfolgen der vGA vgl. unten N III 3 d, Rdn. L 53 ff.

mit diesem getroffenen Vereinbarung[846]. Leistungen der GmbH an ihre Gesellschafter aufgrund einer nicht ernstlich gemeinten Vereinbarung sind als **vGA** (verdeckte Gewinnausschüttung) zu behandeln[847]. Von der monatlichen Auszahlung der Gehälter sollte daher nur abgesehen werden, wenn sich die Gesellschaft in finanziellen Schwierigkeiten befindet.

Im Umkehrschluss zu der Rechtsprechung des BFH[848] geht die herrschende Meinung in der Literatur davon aus, daß bei unregelmäßigen Gehaltsauszahlungen eine vGA vermieden werden kann, wenn folgende Voraussetzungen beachtet werden[849]:

E 100

- Es muss ein besonderer Grund vorliegen;
- die unregelmäßige Gehaltsauszahlung muss unabwendbar sein;
- die Stundung darf nur auf die Phase der Notlage begrenzt sein;
- soweit wie möglich sollten Verzinsung und Sicherheitsleistung vereinbart werden;
- die Lohnsteuer und ggf. die Sozialversicherungsbeiträge sollten abgeführt werden;
- das Gehalt sollte als Aufwand verbucht und der Nettobetrag dem Gesellschafter-Verrechnungskonto gutgeschrieben werden.

2. Rechtstreitigkeiten bei Beendigung des Dienstverhältnisses

Nicht selten kommt es zwischen der GmbH und dem Geschäftsführer bei Beendigung des Dienstvertrages zu Rechtsstreitigkeiten. Hierfür sind die Arbeitsgerichte i.d.R. nicht zuständig (§ 5 Abs. 1 Satz 3 ArbGG)[850]. Vielmehr muss der Geschäftsführer seine Rechte vor den **ordentlichen Gerichten** geltend machen, wobei die Zuständigkeit der Kammer für Handelssachen gegeben ist (§ 95 Abs. 1 Nr. 4 a GVG).

E 101

Nach Auffassung des BAG[851] sind die Arbeitsgerichte jedoch zuständig, wenn der Geschäftsführer vor seiner Bestellung Arbeitnehmer der Gesellschaft war und sein Anstellungsvertrag nicht geändert wurde; das Arbeitsverhältnis werde dann mit der Bestellung zum Geschäftsführer suspendiert und lebe nach Beendigung der Geschäftsführerstellung wieder auf[852].

E 102

Dieser Rechtsprechung ist Rechnung zu tragen. Dementsprechend muss der anwaltliche Berater Erkundigungen darüber einholen, ob der gekündigte Geschäftsführer vor seiner Bestellung bereits in dem Unternehmen als Angestellter tätig war. Ist dieses der Fall und wurde der Anstellungsvertrag bei der Bestellung zum Geschäftsführer nicht aufgehoben, so empfiehlt es sich, die Anwendbarkeit der Kündigungsschutzvorschriften genau zu prüfen und ggf. vorsorglich Kündigungsschutzklage zum Arbeitsgericht unter Einhaltung der Drei-Wochen-Frist des § 4 KSchG zu erheben.

E 103

---

846 BFH, GmbHR 1997, 414, 416.
847 BFH, GmbHR 1997, 414, 416.
848 BFH, GmbHR 1997, 414.
849 *Gosch*, GmbHR 1997, 417; *Gail/Düll/Heß-Emmerich/Fuhrmann*, GmbHR 1997, 1021, 1024.
850 Auch der Geschäftsführer einer Vor-GmbH gilt nach § 5 Abs. 1 Satz 3 ArbGG nicht als deren Arbeitnehmer (BAG, GmbHR 1996, 681; BAG, GmbHR 1999, 816).
851 BAG, GmbHR 1986, 263; BAG, GmbHR 1988, 179; BAG, NJW 1995, 674.
852 Kritisch hierzu *Grunsky*, ZIP 1988, 76 ff.

3. Einstweiliger Rechtsschutz bei Abberufung eines Geschäftsführers

E 104 **Abberufungsstreitigkeiten** bilden einen der Hauptanwendungsbereiche für einstweiligen Rechtsschutz im Gesellschaftsrecht[853].

E 105 Besteht Streit über das ordnungsgemäße Zustandekommen der Abberufung, so ergibt sich bis zur rechtskräftigen gerichtlichen Entscheidung Rechtsunklarheit über die wechselseitigen Rechte und Pflichten. Dabei kollidieren die Interessen des Geschäftsführers und der GmbH hinsichtlich einer Regelung dieses Schwebezustandes. Nach herrschender Meinung hat grundsätzlich das Interesse der GmbH an einer vorsorglichen Enthebung des Geschäftsführers Vorrang. Daher soll es im Falle des bloß **anfechtbaren** Widerrufbeschlusses vorerst bei dessen Wirksamkeit bleiben. Hiergegen gibt es für den Geschäftsführer unter bestimmten Voraussetzungen die Möglichkeit einstweiligen Rechtsschutzes[854].

E 106 Die Voraussetzungen des einstweiligen Rechtsschutzes richten sich nach §§ 938, 940 ff. ZPO (Verfügungsanspruch und -grund)[855]. Zu unterscheiden ist zwischen dem Rechtsschutz zugunsten der Gesellschaft und demjenigen zugunsten des betroffenen Geschäftsführers.

- Die **Gesellschaft** kann zur vorläufigen Sicherung ihrer Rechte den Erlass einer einstweiligen Verfügung mit dem Ziel beantragen, dem Geschäftsführer die Ausübung seiner Organtätigkeit zu untersagen[856] oder ihm die Geschäftsführungs- und Vertretungsbefugnis vorläufig zu entziehen[857]. Bedarf die Abberufung eines wichtigen Grundes, so muss dieser glaubhaft gemacht werden[858].
- Der **Fremd-Geschäftsführer** kann sich gegen seine Abberufung grundsätzlich nicht wehren; vielmehr ist diese gem. § 38 Abs. 1 GmbHG jederzeit möglich, sogar ohne Vorliegen eine wichtigen Grundes gem. § 38 Abs. 2 GmbHG.
- Der **Gesellschafter-Geschäftsführer ohne Sonderrecht zur Geschäftsführung** kann sich kraft seiner Gesellschafterstellung bis zur Entscheidung der Hauptsache gegen seine Abberufung mit Hilfe der einstweiligen Verfügung zur Wehr setzen[859] und sich so den Zugang zu Räumlichkeiten, die Einsicht in Geschäftsunterlagen, die Nutzung der für die Geschäftsführung bestimmten Einrichtungen und Informationen sowie die Einbeziehung in Geschäftsführungsvorhaben der Mitgeschäftsführer sichern[860]. Freilich muss er glaubhaft machen, dass der Abberufungsbeschluss nicht wirksam zustande gekommen ist.

---

853 Vgl. hierzu v. *Gerkan*, ZGR 1985, 167; *Henze*, ZGR 1979, 293; *Vorwerk*, GmbHR 1995, 266; *Happ*, Die GmbH im Prozeß, S. 388 ff.; *Zwissler*, GmbHR 1999, 336.
854 Vgl. *Baumbach/Hueck/Zöllner,* § 38 Rdn. 32; *Roth/Altmeppen,* GmbHG, § 38 Rdn. 53
855 Vgl. *Zöller/Vollkommer,* ZPO, § 940, Rdn. 8 »Gesellschaftsrecht«.
856 OLG Karlsruhe, NJW-RR 1993, 1505, 1506.
857 OLG Frankfurt, GmbHR 1979, 229.
858 *Roth/Altmeppen,* GmbHG, § 38, Rdn. 54.
859 OLG Celle, GmbHR 1981, 264; a.A. *Scholz/Schneider,* GmbHG, § 38, Rdn. 73.
860 *Roth/Altmeppen,* GmbHG, § 38, Rdn. 54; vgl. auch Muster VII 6 (Antrag auf Erlass einer einstweiligen Verfügung des Gesellschafter-Geschäftsführers im Anschluss an einen unwirksamen Abberufungsbeschluss), Rdn. E 118.

- In gleicher Weise kann der **Gesellschafter-Geschäftsführer mit Sonderrecht auf Geschäftsführung** mittels einstweiliger Verfügung seine Rechte sichern. Da er nur aus wichtigem Grund abberufen werden kann, muss er glaubhaft machen, dass ein wichtiger Grund nicht vorlag, seine Stimme bei der Feststellung des Beschlussergebnisses zu Unrecht nicht mitgezählt wurde und der Beschluss bei deren Berücksichtigung nicht zustande gekommen wäre. Dieses gilt auch für den zumindest **hälftig beteiligten Gesellschafter-Geschäftsführer**, der bei der Abstimmung wegen Vorliegens eines (angeblich) wichtigen Grundes vom Stimmrecht ausgeschlossen wurde.

Nach jüngerer und offenbar im Vordringen befindlicher Rechtsprechung ist ein Verfügungsantrag in besonders gelagerten Ausnahmefällen auch bereits im **Vorfeld** gesellschaftsrechtlicher Beschlussfassungen zulässig[861]. Je nach Lage des Falles kann der Gesellschafter-Geschäftsführer hiernach eine einstweilige Verfügung erwirken, die den Beschluss über seine Abberufung verhindert[862]. **Abzuwägen** sind u.a. die Vor- und Nachteile für den Geschäftsführer einerseits und die Gesellschaft andererseits[863]. Passivlegitimiert ist nicht die Gesellschaft, sondern der oder die Mitgesellschafter[864], denen das Gericht auferlegt, die beabsichtigte Abberufung zu unterlassen.

E 107

Eine einstweilige Verfügung, die ein bestimmtes Abstimmungsverhalten untersagt, darf mit Rücksicht auf das Vorwegnahmeverbot jedoch nur in ganz besonders gelagerten Ausnahmefällen erlassen werden, z.B.[865]:

E 108

- Es bestehen Stimmverbote oder Stimmbindungsvereinbarungen[866], die alle Gesellschafter treffen.
- Die Verpflichtung, das Stimmrecht in bestimmter Weise auszuüben, ergibt sich aus der gesellschaftsrechtlichen Treuepflicht[867].
- Es besteht ein überragendes Schutzbedürfnis des Antragstellers, und das Gebot des geringstmöglichen Eingriffs wird nicht verletzt[868]. Als milderes Mittel kommt insbesondere eine einstweilige Verfügung gegenüber der GmbH mit dem Verbot, den Inhalt des Beschlusses in das Handelsregister einzutragen, in Betracht[869].

---

861 OLG Hamburg, NJW 1992, 186; OLG Frankfurt, NJW-RR 1992, 934, 935; OLG Hamm NJW 1992, 106; LG München, ZIP 1994, 1858, 1859; ausf. v. *Gerkan*, ZGR 1985, 167, 172 ff.; a.A. OLG Koblenz, NJW 1991, 1119; *Scholz/Schneider*, GmbHG, § 38, Rdn. 72; *Tillmann*, GmbH-Geschäftsführer-Praktikum, Rdn. 357: »Denn wenn die einstweilige Verfügung später wieder aufgehoben würde, könnte der Beschluss nicht nachträglich zur Entstehung gelangen. Damit hätte die einstweilige Verfügung einen entgültigen Zustand herbeigeführt.«
862 Vgl. hierzu Muster VII 5, Rdn. E 117.
863 LG München, ZIP 1994, 1858, 1859.
864 *Hachenburg/Stein*, GmbHG, § 38, Rdn. 127.
865 Vgl. *Hachenburg/Stein*, GmbHG, § 38, Rdn. 127.
866 OLG Koblenz, NJW 1986, 1692, 1693.
867 OLG Hamm, NJW 1992, 186, 187.
868 OLG Hamm, GmbHR 1993, 163.
869 OLG Hamm, GmbHR 1993, 163.

4. Checklisten

E 109 a) **Inhalt des Anstellungsvertrages**

- Aufgabenbereich
  Pflichten und Verantwortlichkeiten
- Vertretungsbefugnis/Beschränkungen
- Geschäftsführungsbefugnis
- Befreiung vom Verbot des Selbstkontrahierens (§ 181 BGB)
  Zustimmungspflichtige Geschäfte
- Nebentätigkeit/Beteiligung an anderen Unternehmen
- Vertragsdauer/Kündigung
- Bezüge aller Art (Gehalt, Tantieme, Sachleistungen)
- Gehaltsfortzahlung bei Krankheit und im Fall des Todes; Alters-, Invaliden-, Witwen- und Waisenversorgung
- Urlaub
- Geheimhaltung, Betriebserfindungen
- Herausgabe von geschäftlichen Unterlagen
- Lebens- und Unfallversicherung
  Wettbewerbsverbot
- Änderung des Anstellungsvertrages

E 110 b) **Kompetenzen, die dem Geschäftsführer nicht entzogen werden dürfen**[870]

- Vertretung der Gesellschaft nach außen;
- Wahrnehmung der gesetzlichen Pflichten aus §§ 43 Abs. 3 i.V.m. 30, 31, 33, 49 Abs. 3 GmbHG;
- Erfüllung der gegenüber der Öffentlichkeit bestehenden Pflichten (Buchführungspflicht, Erstellung des Jahresabschlusses);

---

870 *Tillmann*, GmbH-Geschäftsführer-Praktikum, Rdn. 53.

c) Formen der Vertretung durch mehrere Personen   E 111

	Aktivvertretung	Passivvertretung
Gesetzliche Regelung, § 35 GmbHG	**Gesamtvertretung** durch alle Geschäftsführer ⇒ Erklärungen werden erst wirksam, wenn alle GF ihre Erklärung als Teil der Gesamterklärung abgegeben haben.	**Einzelvertretungsbefugnis** Es genügt, wenn die Erklärung an einen der GF gelangt.
Abweichende gesellschaftsvertragliche Regelung	**Einzelvertretung** ⇒ Allen oder einzelnen GF wird Einzelvertretungsmacht eingeräumt. **Modifizierte Gesamtvertretung** ⇒ Eine bestimmte Anzahl von GF muss zusammenwirken. **Unechte Gesamtvertretung** ⇒ Ein GF kann die Gesellschaft nur zusammen mit einem Prokuristen vertreten.	Nicht möglich, da § 35 Abs. 2 Satz 3 **zwingend**.

d) Haftung des Geschäftsführers   E 112

- **Gegenüber der Gesellschaft**
  - § 43 Abs. 2 u. 3 GmbHG

    Abs. 3 ist zwingend, von Abs. 2 kann abgewichen werden;

    § 43 Abs. 1 GmbHG = obj. Verschuldensmaßstab; Verhaltenspflichten ergeben sich aus Geschäftsführungsaufgabe, Treuepflicht und Sonderregelungen;

    Beweislast analog § 93 Abs. 2 Satz 2 AktG:

    Gesetzeskonkurrenz zu Ansprüchen aus Anstellungsvertrag;

    Verjährung: § 43 Abs. 4 GmbHG (5 Jahre);

E. Geschäftsführer

- § 64 Abs. 2 Satz 1 GmbHG
  Haftung wegen Verletzung der Insolvenzantragspflicht;
- Treuepflicht
- Delikt
  §§ 823 ff. BGB, insb. § 823 Abs. 2 BGB i.V.m. 266 StGB; § 826 BGB; Verjährung gemäß § 852 BGB: 3 Jahre;

• **Gegenüber den Gesellschaftern**
- § 31 Abs. 6 GmbHG
  Haftung für die Erstattung verbotener Rückzahlungen;
- Treuepflicht
  (+), wenn Geschäftsführer zugleich Gesellschafter;
- Delikt
  Str., ob Mitgliedschaftsrecht ein absolutes Recht darstellt;

• **Gegenüber Dritten**
- Rechtsschein
  (+) bei Zeichnung unter Weglassen des Zusatzes »mit beschränkter Haftung« oder »m.b.H.«;
- c.i.c.
  (+) bei bes. pers. Vertrauen oder erheblichem wirtschaftlichem Eigeninteresse;
- Delikt
  Str.: Haftung für Verletzung der Verkehrssicherungspflichten;
  Rspr.: Garantenstellung aus Organisationsherrschaft;
  § 43 GmbHG kein Schutzgesetz i.S.d. § 823 Abs. 2 BGB;
  Insb. Haftung des GF wegen Verletzung der Insolvenzantragspflicht gemäß § 823 Abs. 2 BGB i.V.m. § 64 Abs. 1 GmbHG: gegenüber Altgläubigern Quotenschaden; gegenüber Neugläubigern voller Schadensersatz.

VII. Muster

1. Anstellungsvertrag eines Fremdgeschäftsführers[871]

E 113

Zwischen der ... (*Firma*) in ... (*Sitz*), vertreten durch die Gesellschafterversammlung (im folgenden kurz Gesellschaft genannt), und ... wird folgender

Anstellungsvertrag

geschlossen:

§ 1 Aufgabenbereich

I. Herr ... ist vorläufig alleiniger Geschäftsführer der Gesellschaft. Er vertritt die Gesellschaft nach Maßgabe der Gesetze, der Satzung und der Beschlüsse der Gesellschafterversammlung.

II. Die Gesellschaft kann weitere Geschäftsführer bestellen und die Vertretungsmacht und Geschäftsführung neu regeln.

III. Einschränkungen in der Geschäftsführung durch Gesetze, Satzung, Geschäftsordnung oder durch diesen Vertrag sind von dem Geschäftsführer zu beachten. Ebenso sind Gesellschafterbeschlüsse zu befolgen, soweit Vereinbarungen in diesem Vertrag nicht entgegenstehen.

§ 2 Pflichten und Verantwortlichkeit

I. Der Geschäftsführer wird sein Amt mit der Sorgfalt eines ordentlichen Geschäftsmanns führen und die ihm durch Gesetz und Vertrag übertragenen Pflichten gewissenhaft erfüllen.

II. Der Geschäftsführer nimmt die Rechte und Pflichten des Arbeitgebers i.S.d. arbeits- und sozialrechtlichen Vorschriften wahr.

III. Der Geschäftsführer hat innerhalb der Frist des § 264 Abs. 1 HGB den Jahresabschluss sowie – falls gesetzlich erforderlich (§ 264 HGB) – einen Lagebericht (§ 289 HGB) für das abgelaufene Geschäftsjahr aufzustellen und den Gesellschaftern unverzüglich nach Aufstellung vorzulegen.

IV. Nach Vorlage des Jahresabschlusses beruft der Geschäftsführer unter Beachtung der Beschlussfrist des § 42 a Abs. 2 GmbHG eine Gesellschafterversammlung zwecks Beschlussfassung über die Feststellung des Jahresabschlusses und der Ergebnisverwendung ein.

---

[871] Vgl. *Tillmann*, GmbH-Geschäftsführer-Praktikum, Rdn. 592 ff.

§ 3 Zustimmungspflichtige Geschäfte

I. Die Befugnis zur Geschäftsführung erstreckt sich auf alle Handlungen, die der gewöhnliche Geschäftsbetrieb der Gesellschaft mit sich bringt.

II. Zur Vornahme von Handlungen, die darüber hinausgehen, bedarf der Geschäftsführer der Zustimmung der Gesellschaftversammlung. Dies gilt insbesondere für folgende Rechtsgeschäfte:
- Erwerb, Veräußerung oder Belastung von Grundstücken und grundstücksgleichen Rechten sowie die Verpflichtung zur Vornahme solcher Rechtsgeschäfte.
- Veräußerung und Stillegung des Betriebes oder wesentlicher Betriebsteile sowie die Aufgabe wesentlicher Tätigkeitsbereiche.
- Errichtung von Zweigniederlassungen.
- Gründung, Erwerb oder Veräußerung von anderen Unternehmen oder Beteilungen der Gesellschaft an anderen Unternehmen.
- Vornahme von baulichen Maßnahmen, soweit die Aufwendungen ... € übersteigen.
- Abschluss, Aufhebung oder Änderung von Leasing-, Pacht-, Mietverträgen oder anderen Dauerschuldverhältnissen für die Dauer von mehr als einem Jahr oder mit einer monatlichen Verpflichtung von von mehr als ... € netto.
- Einstellung und Entlassung von Arbeitnehmern mit monatlichen Bezügen von mehr als ... €.
- Beteiligung von Arbeitnehmern am Gewinn, Umsatz oder Vermögen der Gesellschaft sowie Versorgungszusagen jeder Art, es sei denn, dass sich diese Maßnahmen im Rahmen einer Betriebsvereinbarung oder einer ständigen betrieblichen Übung halten.
- Eingehung von Wechselverbindlichkeiten, Bürgschaftsverpflichtungen oder Inanspruchnahme von Krediten von mehr als ... €; ausgenommen sind laufende Warenkredite.
- Errichtung oder Aufgabe von Zweigniederlassungen, Erwerb anderer Unternehmen oder Beteiligungen an solchen.
- Veräußerung oder Verpachtung des Unternehmens im Ganzen oder von Teilbetrieben desselben sowie Veräußerung von Beteiligungen.
- Abschluss, Aufhebung oder Änderung von Verträgen mit Verwandten und Verschwägerten eines Gesellschafters oder Geschäftsführers.
- Erteilung und Widerruf von Prokura oder Handlungsvollmacht.

§ 4 Vertragsdauer

I. Der Vertrag tritt mit Wirkung vom ... in Kraft. Er ist auf die Dauer von ... Jahren geschlossen. Wird er nicht mit einer Frist von sechs Monaten von einer der Parteien gekündigt, so verlängert er sich jeweils um weitere ... Jahre.

II. Die Kündigung hat mittels eingeschriebenen Briefes zu erfolgen.
III. Der Vertrag ist jederzeit aus wichtigem Grund fristlos kündbar. Wichtige Gründe sind für die Gesellschaft insbesondere die Liquidation der Gesellschaft und schwere Verstöße des Geschäftsführers gegen Weisungen der Gesellschafterversammlung.
IV. Der Vertrag endet ohne besondere Kündigung mit Ablauf des Monats, in dem der Geschäftsführer das 65. Lebensjahr vollendet oder Berufsunfähigkeit eintritt.
V. Die Bestellung zum Geschäftsführer kann durch Beschluss der Gesellschafter jederzeit widerrufen werden. Der Widerruf gilt als Kündigung dieses Vertrages zum nächstmöglichen Zeitpunkt.

§ 5 Vergütung

I. Der Geschäftsführer erhält als Vergütung für seine Tätigkeit ein festes Monatsgehalt von ... €, das jeweils am Monatsende zu zahlen ist.
II. Weiterhin erhält der Geschäftsführer eine vom Gewinn abhängige Tantieme in Höhe von ... % des Jahresgewinns. Die Tantieme wird auf der Grundlage des körperschaftsteuerlichen Gewinns berechnet nach dem Reingewinn (ohne Gewinnvortrag aus dem Vorjahr), der sich nach Vornahme von Abschreibungen und Wertberichtigungen sowie nach Bildung von Rücklagen und Rückstellungen ergibt. Abzusetzen ist ferner der Teil des Gewinns, der durch die Auflösung von Rücklagen entstanden ist.
III. Im Falle der Erkrankung oder sonstiger unverschuldeter Verhinderung des Geschäftsführers wird das Festgehalt gemäß Abs. 1 für die Dauer von sechs Monaten weiter gezahlt, und zwar unter Abzug des Betrages, der dem von der Krankenkasse gezahlten Krankengeld entspricht. Die Gewinntantieme ist zu kürzen, wenn der Geschäftsführer sechs Monate im Kalenderjahr ununterbrochen seine Dienstgeschäfte aus vorgenannten Gründen nicht wahrnehmen konnte. Die Kürzung beträgt $1/12$ für jeden vollen Krankheitsmonat, der die Frist von sechs Monaten überschreitet.
IV. Stirbt der Geschäftsführer während der Dauer dieses Vertrages, so haben seine Witwe und seine ehelichen Kinder, soweit diese das 25. Lebensjahr noch nicht vollendet haben und sich noch in der Berufsausbildung befinden, als Gesamtgläubiger Anspruch auf Fortzahlung des Festgehalts gemäß Abs. 1 und der zeitanteiligen Tantieme (Abs. 2) für die Dauer von drei Monaten, wobei der Todesmonat nicht mitgerechnet wird.

§ 6 Urlaub

I. Der Geschäftsführer hat Anspruch auf einen Jahresurlaub von ... Tagen.
II. Kann der Geschäftsführer seinen Jahresurlaub nicht nehmen, weil Interessen der Gesellschaft entgegenstehen, so ist der Urlaubsanspruch abzugelten. Das Urlaubsabfindungsentgelt bemisst sich nach der Höhe des Festgehalts.

§ 7 Versorgungszusage

Der Geschäftsführer hat Anspruch auf Alters- und Hinterbliebenenversorgung entsprechend den Vorschriften des Pensionsplans der Gesellschaft.

§ 8 Sonstige Leistungen

I. Der Geschäftsführer erhält einen Firmenwagen, der auch zu privaten Zwecken genutzt werden kann. Die auf ihn entfallende Steuer trägt der Geschäftsführer.

II. Bei Geschäftsreisen hat der Geschäftsführer Anspruch auf Ersatz seiner Spesen. Übersteigen die aufgewendeten Spesen den nach den steuerlichen Vorschriften zulässigen Pauschalbetrag, so sind die Spesen im Einzelnen zu belegen.

III. Die Gesellschaft wird auf ihre Kosten den Geschäftsführer gegen Betriebs- und Privatunfall versichern, und zwar in Höhe von ... € bei Todesfall und ... € bei Invalidität.

§ 9 Nebentätigkeit, Wettbewerbsverbot

I. Die Übernahme jedweder Nebentätigkeit, sei sie entgeltlich oder unentgeltlich, bedarf der vorherigen Zustimmung der Gesellschafterversammlung. Das Gleiche gilt für die Übernahme von Aufsichtsratsmandaten und Ehrenämtern.

II. Für die Dauer dieses Vertrages und der darauf folgenden zwei Jahre ist es dem Geschäftsführer nicht gestattet, in einem dem Betrieb der Gesellschaft gleichartigen Betrieb innerhalb von ... tätig zu sein, ein solches Unternehmen zu beraten oder in irgendeiner Form zu unterstützen, ein solches Unternehmen zu errichten oder sich an einem solchen Unternehmen zu beteiligen, und zwar weder unmittelbar noch mittelbar, weder gelegentlich noch erwerbstätig.

III. Für die Zeit des Bestehens des Wettbewerbsverbots nach Ablauf des Vertrages verpflichtet sich die Gesellschaft zur Zahlung einer jährlichen Entschädigung von 50 v.H. des Jahresfestgehaltes ohne Tantieme, das der Geschäftsführer innerhalb der letzten zwölf Monate vor seinem Ausscheiden bezogen hat. Die so errechnete Vergütung wird in monatlichen Teilbeträgen von $1/12$ gezahlt.

IV. Für jeden Fall des Verstoßes gegen das Wettbewerbsverbot zahlt der Geschäftsführer der Gesellschaft eine Vertragsstrafe von ... €.

§ 10 Betriebsgeheimnisse/Geschäftsunterlagen

I. Der Geschäftsführer verpflichtet sich, gegenüber Dritten über alle Angelegenheiten der Gesellschaft strengstes Stillschweigen zu bewahren. Diese Verpflichtung besteht auch nach Beendigung des Vertragsverhältnisses.

II. Sämtliche die Angelegenheiten des Unternehmen betreffenden Unterlagen sind bei Beendigung des Vertragsverhältnisses unverzüglich an die Gesellschaft zu übergeben. Der Geschäftsführer ist nicht berechtigt, an diesen Unterlagen ein Zurückbehaltungsrecht auszuüben.

§ 11 Erfindungen

Etwaige Erfindungen des Geschäftsführers sind der Gesellschaft anzubieten. Einzelheiten sind in einem gesondert abzuschließenden Lizenzvertrag zu regeln.

§ 12 Schlussbestimmungen

I. Vertragsänderungen bedürfen in jedem Fall der Schriftform. Das gilt auch für die Änderung der Bestimmung des vorstehenden Satzes.

II. Sollten einzelne Bestimmungen dieses Vertrages unwirksam sein, so berührt dies die Wirksamkeit der übrigen Bestimmungen nicht. Anstelle der unwirksamen Vorschrift ist eine Regelung zu vereinbaren, die den mit der unwirksamen Bestimmung angestrebten wirtschaftlichen Erfolg so weit wie möglich erreicht.

... (Ort), ... (Datum)

(Unterschriften)

2. Anstellungsvertrag eines beherrschenden Gesellschafter-Geschäftsführers[872]   E 114

Zwischen der ... (Firma) in ... (Sitz), vertreten durch die Gesellschafterversammlung (im folgenden kurz Gesellschaft genannt), und ... wird folgender

Anstellungsvertrag

geschlossen:

§ 1 Aufgabenbereich

Herr ... ist alleiniger Geschäftsführer der Gesellschaft. Ihm obliegt die Leitung des Unternehmens der Gesellschaft.

§ 2 Pflichten und Verantwortlichkeit

I. Der Geschäftsführer wird sein Amt mit der Sorgfalt eines ordentlichen Kaufmanns führen und die ihm durch Gesetz und Vertrag übertragenen Obliegenheiten gewissenhaft erfüllen.

II. Der Geschäftsführer nimmt die Rechte und Pflichten des Arbeitgebers i.S.d. arbeits- und sozialrechtlichen Vorschriften wahr.

---

872 Vgl. *Tillmann*, GmbH-Geschäftsführer-Praktikum, Rdn. 605 ff.

III. Der Geschäftsführer hat innerhalb der Frist des § 264 Abs. 1 HGB den Jahresabschluss sowie – falls gesetzlich erforderlich (§ 264 HGB) – einen Lagebericht (§ 289 HGB) für das abgelaufene Geschäftsjahr aufzustellen und den Gesellschaftern unverzüglich nach Aufstellung vorzulegen.

IV. Nach Vorlage des Jahresabschlusses beruft der Geschäftsführer unter Beachtung der Beschlussfrist des § 42 a Abs. 2 GmbHG eine Gesellschafterversammlung ein zwecks Beschlussfassung über die Feststellung des Jahresabschlusses und die Ergebnisverwendung.

§ 3 Genehmigungspflichtige Geschäfte

Maßnahmen, die die Unternehmenspolitik betreffen oder zu Strukturveränderungen des Unternehmens führen, bedürfen der vorherigen Zustimmung der Gesellschafterversammlung[873].

§ 4 Vertragsdauer

I. Der Vertrag tritt mit Wirkung vom ... in Kraft. Er ist auf die Dauer von ... Jahren geschlossen. Wird er nicht mit einer Frist von sechs Monaten von einer der Parteien gekündigt, so verlängert er sich jeweils um weitere ... Jahre.

II. Die Kündigung hat mittels eingeschriebenen Briefes zu erfolgen.

III. Der Vertrag ist jederzeit aus wichtigem Grund fristlos kündbar. Wichtige Gründe sind für die Gesellschaft insbesondere die Liquidation der Gesellschaft und schwere Verstöße des Geschäftsführers gegen Weisungen der Gesellschafterversammlung.

IV. Das Vertragsverhältnis endet ohne Kündigung am Ende des Monats, in dem der Geschäftsführer das 70. Lebensjahr vollendet.

§ 5 Vergütung

I. Der Geschäftsführer erhält für seine Tätigkeit ein festes Monatsgehalt von ... €, das jeweils am Ende des Monats zu zahlen ist.

II. Weiterhin erhält der Gesellschafter eine gewinnabhängige Vergütung (Tantieme) in Höhe von ... % des Jahresgewinns der Gesellschaft, allerdings nur bis zu einem Gewinn von ... €. Die Tantieme wird mit Feststellung des Jahresabschlusses der Gesellschaft fällig. Sie wird auf der Grundlage des körperschaftsteuerlichen Gewinns berechnet nach dem Reingewinn (ohne Gewinnvortrag aus dem Vorjahr), der sich nach der Vornahme von Abschreibungen und Wertberichtigungen sowie nach Bildung von Rücklagen und Rückstellungen ergibt. Abzusetzen ist ferner der Teil des Gewinns, der durch die Auflösung von Rücklagen entstanden ist.

---

[873] Möglich ist auch, einen Katalog einzelner Maßnahmen wie beim vorherigen Muster hinzuzufügen.

III. Im Falle einer Erkrankung oder sonstiger unverschuldeter Verhinderung werden die Bezüge gemäß Abs. I auf die Dauer eines Jahres fortgezahlt. Die Gewinntantieme ist zu kürzen, wenn der Geschäftsführer sechs Monate im Kalenderjahr ununterbrochen seine Dienstgeschäfte aus vorgenannten Gründen nicht wahrnehmen konnte. Die Kürzung beträgt 1/12 für jeden vollen Krankheitsmonat, der die Frist von sechs Monaten überschreitet.

IV. Stirbt der Geschäftsführer während der Dauer dieses Vertrages, so haben seine Witwe und seine ehelichen Kinder, soweit diese das 25. Lebensjahr noch nicht vollendet haben und sich noch in der Berufsausbildung befinden, als Gesamtgläubiger Anspruch auf Fortzahlung des Festgehalts gemäß Abs. 1 und der zeitanteiligen Tantieme (Abs. 2) für die Dauer von drei Monaten, wobei der Todesmonat nicht mitgerechnet wird.

§ 6 Urlaub

Der Geschäftsführer hat Anspruch auf einen Jahresurlaub von 30 Tagen.

§ 7 Alters- und Witwenversorgung

I. Der Geschäftsführer erhält ein lebenslängliches Ruhegehalt, wenn er
 – dauernd arbeitsunfähig wird,
 – er nach Vollendung des 64. Lebensjahres das Anstellungsverhältnis kündigt,
 – der Vertrag gemäß § 4 Abs. 4 endet.

II. Das jährliche Ruhegehalt beträgt 75 % der Vergütung gemäß § 5 Abs. 1, die der Geschäftsführer bei Eintritt in den Ruhestand bezieht.

III. Stirbt der Geschäftsführer während der Dauer des Vertrages oder während der Zeit, in der ihm ein Anspruch auf Ruhegehalt zusteht, so erhält seine Ehefrau ein Witwengeld in Höhe von 60 % seines Ruhegehaltes.

IV. Ruhegehalt und Witwengeld ändern sich im gleichen Zeitpunkt und im gleichen Verhältnis, in dem sich das monatliche Grundgehalt eines Regierungsdirektors des Landes Nordrhein-Westfalen gegenüber dem Stand bei Eintritt in den Ruhestand ändert.

V. Ruhegehalt und Witwengeld sind jeweils am Monatsende zu zahlen.

§ 8 Nebentätigkeit

Der Geschäftsführer ist berechtigt, als ... tätig zu sein, soweit dies ohne Beeinträchtigung der Interessen der Gesellschaft möglich ist.

§ 9 Schriftform

Änderungen und Ergänzungen dieses Vertrages bedürfen der Schriftform.

... (Ort), ... (Datum)

(Unterschriften)

E. Geschäftsführer

E 115 **3. Gesellschafterbeschluss über die Abberufung und Neubestellung von Geschäftsführern**

> Niederschrift über die Gesellschafterversammlung der ... GmbH vom ... (*Datum*)
>
> Wir, die unterzeichneten alleinigen Gesellschafter der ... GmbH, halten hiermit unter Verzicht auf alle durch Gesetz oder Gesellschaftsvertrag vorgeschriebenen Formen und Fristen der Einberufung und Ankündigung eine Gesellschafterversammlung ab und beschließen:
>
> 1. Die Bestellung von Herrn ... zum Geschäftsführer wird mit sofortiger Wirkung widerrufen. Ihm wird die Entlastung verweigert.
>
> 2. Herr ... (*Name, Beruf, Privatanschrift*) wird mit sofortiger Wirkung zum Geschäftsführer bestellt. Er vertritt die Gesellschaft allein, solange er alleiniger Geschäftsführer ist, beim Vorhandensein mehrerer Geschäftsführer gemeinsam mit einem anderen Geschäftsführer oder einem Prokuristen.
>
> ... (*Ort*), den ... (*Datum*)
>
> ...
>
> (*Unterschriften*)

E 116 **4. Anmeldung der Abberufung und Neubestellung von Geschäftsführern**

> Amtsgericht
> – Handelsregister –
>
> Zum Handelsregister der ... GmbH überreiche ich als neubestellter Geschäftsführer den Gesellschafterbeschluss vom ... und melde zur Eintragung an:
>
> 1. Der bisherige Geschäftsführer ... wurde abberufen.
>
> 2. Ich selbst wurde zum neuen Geschäftsführer der Gesellschaft bestellt. Ich vertrete die Gesellschaft allein, solange ich alleiniger Geschäftsführer bin, beim Vorhandensein mehrerer Geschäftsführer gemeinsam mit einem anderen Geschäftsführer oder einem Prokuristen.
>
> Ich zeichne meine Unterschrift wie folgt:
>
> ...

Ich versichere, dass ich nicht wegen einer Insolvenzstraftat (§§ 283–283 d StGB) verurteilt worden bin und mir die Ausübung eines Berufes, Berufszweiges, Gewerbes oder Gewerbezweiges weder durch gerichtliches Urteil noch durch vollziehbare Entscheidung einer Verwaltungsbehörde untersagt ist und dass ich über meine unbeschränkte Auskunftspflicht gegenüber dem Gericht von dem beglaubigenden Notar belehrt worden bin.

... (Ort), den ... (Datum)

(Unterschrift, notarielle Beglaubigung der Unterschriftszeichnung und der Unterschrift)

5. **Antrag auf Erlass einer einstweiligen Verfügung des Gesellschafter-Geschäftsführers gegen den bevorstehenden Abberufungsbeschluss**[874]   E 117

An das Landgericht
– Kammer für Handelssachen –
Düsseldorf

Antrag auf Erlass einer einstweiligen Verfügung

des Geschäftsführers Axel Meyer, ... *(Adresse)*

                                    – Antragsteller –

gegen

den Gesellschafter Bernd Müller, ... *(Adresse)*

                                    – Antragsgegner –

wegen: Unterlassung gesellschaftswidrigen Verhaltens

Streitwert: 50 000,00 € (vorläufig geschätzt)

Wir bestellen uns zu Verfahrensbevollmächtigten des Antragstellers, in dessen Namen und Auftrag wir gem. §§ 938, 940 ZPO den Erlass folgender einstweiliger Verfügung – wegen der besonderen Eilbedürftigkeit gem. § 944 ZPO ohne vorherige mündliche Verhandlung durch den Vorsitzenden – beantragen:

1. Dem Antragsgegner wird es als Gesellschafter der Meyer & Müller GmbH, Düsseldorf, untersagt, den Antragsteller in der Gesellschafterversammlung vom ... als Geschäftsführer der Meyer & Müller GmbH abzuberufen.

---

874 Zur umstrittenen Frage der Zulässigkeit eines solchen Antrags s.o. VI 3, Rdn. E 104 ff.

E. Geschäftsführer

2. Für jeden Fall der Zuwiderhandlung gegen das in Ziff. 1 ausgesprochene Verbot wird dem Antragsgegner ein Ordnungsgeld bis zu 250 000,00 €, ersatzweise Ordnungshaft bis zu 6 Monaten, angedroht.
3. Die Kosten des Rechtsstreites werden dem Antragsgegner auferlegt.

Begründung:

1. Die Parteien sind die alleinigen Gesellschafter der Meyer & Müller GmbH (»Gesellschaft«), an deren Stammkapital in Höhe von 200 000,00 € sie je zur Hälfte beteiligt sind. Die Gesellschaft befasst sich mit dem Großhandel von Produkten des Gastronomiebedarfes. Im Geschäftsjahr 2000 erwirtschaftete sie einen Umsatz von 10 Mio. € und einen Gewinn von 750 000,00 €.

   Zur Geschäftsführung der Gesellschaft sind der Antragsteller und der Antragsgegner gemeinsam berufen. Das Recht hierzu steht beiden gem. § 5 des Gesellschaftsvertrages als Sonderrecht zu.

2. Mit Schreiben vom ... hat der Antragsgegner zu einer Gesellschafterversammlung am ... eingeladen. Einziger Tagesordnungspunkt dieser Gesellschafterversammlung soll die Abberufung des Antragstellers als Geschäftsführer aus wichtigem Grund sein. Wie der Antragsgegner weiß, ist der Antragsteller am ... nicht in der Lage, an der Gesellschafterversammlung teilzunehmen, da er sich an diesem Tage auf einer seit längerem geplanten und geschäftlich bedingten Auslandsreise in Thailand befindet, die er zum Zwecke der Wahrnehmung der Gesellschafterversammlung nicht unterbrechen kann. Deshalb hat er den Antragsgegner gebeten, die Gesellschafterversammlung zu verschieben. Der Antragsteller ist hierzu jedoch nicht bereit. Offensichtlich will er die Abwesenheit des Antragstellers auszunutzen, um diesen als Geschäftsführer abzuberufen.

3. Der Antragsteller kann sich in der für den ... einberufenen Gesellschafterversammlung auch nicht durch Dritte vertreten lassen, da der Gesellschaftsvertrag ausdrücklich die persönliche Wahrnehmung der Mitgliedschaftsrechte durch die Gesellschafter vorsieht und die Wahrnehmung von Gesellschafterrechten durch Bevollmächtigte oder Berater ausschließt.

   Unter diesen Umständen ist die Abhaltung der Gesellschafterversammlung am ... treuwidrig. Ein gleichwohl ergehender Beschluss wäre anfechtbar. Hiernach liegt ein Verfügungsanspruch vor.

4. Auch ein Verfügungsgrund ist gegeben. Ein Eingriff im Vorfeld gesellschaftlicher Beschlussfassungen durch eine einstweilige Verfügung ist in Ausnahmefällen zulässig. Abzuwägen sind hierbei die etwaigen Vor- und Nachteile für die Parteien. Diese Abwägung ergibt im vorliegenden Fall die Zulässigkeit der beantragten einstweiligen Verfügung. Denn dem Antragsgegner ist ohne weiteres zuzumuten, bis zur Rückkehr des Antragstellers von der erwähnten Auslands-Geschäftsreise, die für den ... geplant ist, zuzuwarten. Durch diese zeitliche Verzögerung entsteht weder dem Antragsteller noch der Gesellschaft ein Nachteil.

Demgegenüber ist das Interesse des Antragstellers an der beantragten einstweiligen Verfügung in jedem Falle schutzwürdig. Denn der Antragsgegner will die Abwesenheit des Antragstellers ausnutzen, um diesen als Geschäftsführer abzuberufen und die Geschäfte der Gesellschaft zukünftig allein zu führen. Für dieses Ansinnen fehlt jedoch jede Rechtfertigung. Angesichts des statutarisch begründeten Sonderrechts des Antragstellers auf Geschäftsführung wäre dessen Abberufung ohnehin nur aus wichtigem Grund gem. § 38 Abs. 2 GmbHG möglich. Ein wichtiger Grund ist jedoch nicht einmal im Ansatz ersichtlich und wird in dem Einladungsschreiben auch nicht dargetan.

Damit der Antragsteller seine seit langem geplante Geschäftsreise durchführen und sich im Anschluss hieran der Angriffe des Antragsgegners auf seine Geschäftsführer-Position erwehren kann, ist der Erlass der beantragten einstweiligen Verfügung unerlässlich.

...
(Rechtsanwalt)

6. Antrag auf Erlass einer einstweiligen Verfügung des Gesellschafter-Geschäftsführers im Anschluss an einen Abberufungsbeschluss

E 118

An das Landgericht
– Kammer für Handelssachen –
... *(Adresse)*

Antrag auf Erlass einer einstweiligen Verfügung

des Gesellschafter-Geschäftsführers Axel Meyer, ... *(Anschrift)*

– Antragsteller –

gegen

die Meyer & Müller GmbH, ... *(Anschrift)*

– Antragsgegnerin –

wegen: Abberufung als Geschäftsführer

Streitwert: 50 000,00 € (vorläufig geschätzt)

Wir bestellen uns zu Verfahrensbevollmächtigten der Antragstellers, in dessen Namen und Auftrag wir gem. §§ 938, 940 ZPO den Erlass folgender einstweiliger Verfügung – wegen der besonderen Eilbedürftigkeit gem. § 944 ZPO ohne vorherige mündliche Verhandlung durch den Vorsitzenden – beantragen:

1. Der Antragsgegnerin wird es bis zur rechtskräftigen Entscheidung über die Anfechtungsklage des Antragstellers gegen den Beschluss der Gesellschafterversammlung der Meyer & Müller GmbH vom ... untersagt,

a) den Antragsteller in seiner Tätigkeit als Geschäftsführer der Antragsgegnerin zu hindern,
b) die Abberufung des Antragstellers als Geschäftsführer der Antragsgegnerin zur Eintragung in das Handelsregister anzumelden.
2. Für jeden Fall der Zuwiderhandlung gegen das in Ziff. 1 ausgesprochene Verbot wird der Antragsgegnerin ein Ordnungsgeld bis zu 250 000,00 €, ersatzweise Ordnungshaft bis zu 6 Monaten, angedroht.
3. Die Kosten des Rechtsstreit werden der Antragsgegnerin auferlegt.

Begründung:

1. Der Antragsteller ist Gesellschafter der Antragstellerin, an deren Stammkapital er zu 40 % beteiligt ist. Weiterer Gesellschafter ist Herr Bernd Müller mit 60 % Anteil am Stammkapital. Die Gesellschaft befasst sich mit dem In- und Export von Textilien. Im Geschäftsjahr ... tätigte sie einen Umsatz von 10 Mio. € und erwirtschaftete einen Gewinn von 1 Mio. € Beiden Gesellschaftern räumt der Gesellschaftsvertrag ein Sonderrecht auf die gesamtvertretungsberechtigte Geschäftsführerstellung ein.
2. Mit Schreiben vom ... lud der Mitgesellschafter/Geschäftsführer Müller zu einer Gesellschafterversammlung am ... ein. Einziger Tagesordnungspunkt war die Abberufung des Antragstellers als Geschäftsführer.
3. Gegen die Stimmen des Antragstellers fasste der Mitgesellschafter Müller auf dieser Gesellschafterversammlung den Beschluss, den Antragsteller als Geschäftsführer aus wichtigem Grund gem. § 38 Abs. 2 GmbHG abzuberufen. In seiner Eigenschaft als Versammlungsleiter stellte er dieses Beschlussergebnis ausdrücklich fest. Zur Begründung verwies er darauf, dass zwischen ihm und dem Antragsteller eine schon länger andauernde Uneinigkeit über die zukünftige Geschäftspolitik bestehe und diese Uneinigkeit inzwischen ein derartiges Ausmaß angenommen habe, dass er, Müller, die Geschäfte nicht mehr gemeinsam mit dem Antragsteller führen könne.
Diese Auffassung ist unzutreffend. Müller verfolgt seit langem eine expansive Geschäftspolitik, die zu Lasten der Liquidität der Antragsgegnerin geht und von den Hausbanken nicht mehr mitgetragen wird. Der Antragsteller hat hiervor ebenfalls gewarnt. In jedem Falle ist seine Einstellung zur zukünftigen Geschäftspolitk rein sachlich begründet.
4. Der Beschluss gem. Ziff. 3 ist fehlerhaft und damit anfechtbar. Mangels Vorliegens eines wichtigen Grundes ist der Antragsteller nicht wirksam abberufen worden.
5. Der Antragsteller hat ein rechtlich schützenswertes Interesse daran, dass er sein ihm statutarisch vorbehaltenes Recht zur Geschäftsführung bis zu einer rechtskräftigen Entscheidung über die von ihm in den nächsten Tagen bei dem erkennenden Gericht einzureichende Anfechtungsklage ausüben kann. Anderenfalls besteht die Gefahr, dass der Mitgesellschafter Müller Fakten schafft, die dem Interesse des Antragstellers zuwiderlaufen.
Dies rechtfertigt den vorliegenden Verfügungsantrag.

(*Rechtsanwalt*)

F. Gesellschafterversammlung

Inhaltsübersicht

	Rdn.
I. Kurzkommentar	F 1
II. Aufgaben der Gesellschafterversammlung	F 3
1. Zwingende Aufgaben	F 4
2. Sonstige Aufgaben	F 5
a) Der Katalog des § 46 GmbHG	F 6
b) Geltendmachung von Ersatzansprüchen gegen Geschäftsführer und Gesellschafter	F 7
c) Ungeschriebene Zuständigkeiten	F 12
d) Kompetenzerweiterung durch Satzung	F 16
3. Verlagerung von Gesellschafterkompetenzen	F 17
III. Gesellschafterversammlung	F 20
1. Einberufung	F 21
2. Teilnahmerecht	F 28
3. Leitung	F 33
IV. Beschlussfassung	
1. Beschlussfähigkeit	F 34
2. Antragstellung	F 36
3. Stimmrecht	F 37
4. Ausübung des Stimmrechts	F 43
5. Ausschluss des Stimmrechts	F 49
6. Stimmenmehrheit	F 55
7. Protokollierung und Beschlussfeststellung	F 59
8. Aufhebung und Änderung von Gesellschafterbeschlüssen	F 65
9. Beschlussfassung außerhalb der Gesellschafterversammlung	F 67
10. Beschlussfassung in der Einmann-GmbH	F 70
V. Fehlerhafte Beschlüsse	F 73
1. Nichtige Beschlüsse	F 74
2. Unwirksame Beschlüsse	F 77
3. Anfechtbare Beschlüsse	F 78
4. Rechtsbehelfe	F 82
a) Klagearten	F 82
b) Prozeßbeteiligte	F 84
c) Einstweiliger Rechtsschutz	F 86
d) Schiedsfähigkeit von Anfechtungsklagen	F 88
VI. Beratungshilfen	
1. Teilnahmerecht des Rechtsbeistandes an Gesellschafterversammlungen	F 89

	Rdn.
2. Anfechtungsfrist für Gesellschafterbeschlüsse	F 92
3. Heilung von Beschlussmängeln durch nachträglichen Rügeverzicht	F 94
4. Durchbrechung von Stimmpflichten in Gesellschafterversammlungen und mittels einstweiliger Verfügung	F 97
a) Nichtberücksichtigung	F 98
b) Einstweilige Verfügung	F 100
5. Checklisten	F 101
a) Vorbereitung einer ordentlichen Gesellschafterversammlung	F 101
b) Mindestgegenstand einer ordentlichen Gesellschafterversammlung	F 102
c) Durchführung der Gesellschafterversammlung und Aufgaben des Versammlungsleiters	F 103
d) Katalog von Geschäftsführungsmaßnahmen, die häufig an die Zustimmung der Gesellschafterversammlung gebunden werden	F 104
e) Gestaltung, die das Abspaltungsverbot verhindern will	F 105
f) Stimmrechtsausschluss – ja oder nein?	F 106
VII. Muster	
1. Einladung zu einer ordentlichen/außerordentlichen Gesellschafterversammlung	F 107
2. Verlangen eines Gesellschafters auf Einberufung einer Gesellschafterversammlung	F 108
3. Einberufung der Gesellschafterversammlung durch Gesellschafter	F 109
4. Protokoll einer ordentlichen Gesellschafterversammlung	F 110
5. Protokoll einer Gesellschafterversammlung unter Verzicht auf Formen und Fristen der Einberufung und Ankündigung	F 111
6. Protokoll einer Gesellschafterversammlung in der Einmann-GmbH	F 112
7. Stimmbindungsvertrag	F 113
8. Anfechtungsklage gegen einen Gesellschafterbeschluss	F 114

F. Gesellschafterversammlung

I. Kurzkommentar

F 1   Die Rechte der Gesellschafter bestimmen sich, soweit nicht gesetzliche Vorschriften entgegenstehen, nach dem Gesellschaftsvertrag. Ist darin keine Regelung enthalten, so greifen die §§ 46–51 GmbHG ein (**§ 45 Abs. 2 GmbHG**).

F 2   Die Gesellschafter sind in ihrer Gesamtheit **oberstes Organ** der Gesellschaft[875]. Als solches besitzen sie das Weisungsrecht gegenüber den Geschäftsführern, § 37 Abs. 1 GmbHG, und die Befugnis zur Änderung der Satzung, § 53 Abs. 1 GmbHG. Ihre **Willensbildung** vollzieht sich durch Beschluss, und zwar regelmäßig, aber nicht zwingend, in Gesellschafterversammlungen (vgl. § 48 GmbHG).

II. Aufgaben der Gesellschafterversammlung

F 3   Der Gesellschafterversammlung sind bestimmte Aufgaben zwingend vorbehalten, andere können von ihr **delegiert** werden.[876]

1. Zwingende Aufgaben

F 4   Der Gesellschafterversammlung zwingend zugewiesen sind[877]:
- die **Änderung der Satzung** (§§ 53 ff. GmbHG)[878],
- die **Einforderung von Nachschüssen**, soweit die Satzung diese zulässt (§ 26 GmbHG),
- die **Auflösung der Gesellschaft** (§ 60 Abs. 1 Nr. 2 GmbHG) sowie
- die **Bestellung und Abberufung der Liquidatoren** (§ 66 GmbHG)[879].

2. Sonstige Aufgaben

F 5   Daneben bestehen **satzungsdispositive** (vgl. § 45 Abs. 2 GmbHG) **Zuständigkeiten**, die im Aufgabenkatalog des § 46 GmbHG niedergelegt sind, sowie ungeschriebene Zuständigkeiten. Die Satzung kann auch **zusätzliche Kompetenzen** vorsehen.

---

875 *Rowedder/Koppensteiner*, GmbHG, § 45, Rdn. 3; *Scholz/Schmidt*, GmbHG, § 45, Rdn. 5; *Roth/Altmeppen*, GmbHG, § 45, Rdn. 2; MünchHdb.GesR III/*Ingerl*, § 36, Rdn. 1; a.A. *Hachenburg/Hüffer*, GmbHG, § 45, Rdn. 6; *Baumbach/Hueck/Zöllner*, GmbHG, § 45, Rdn. 3: Nicht die Gesamtheit der Gesellschafter, sondern die Versammlung ist Organ der Gesellschaft.
876 RGZ 137, 305, 308; BGHZ 43, 261, 264; *Roth/Altmeppen*, GmbHG, § 45, Rdn. 2 m.w.N.
877 Einzelheiten: *Kallmeyer*, in: GmbH-Hdb. I, Rdn. 432–435.
878 Vgl. zur Satzungsänderung unten G II, Rdn. G 8 f.
879 RGZ 145, 104, *Roth/Altmeppen*, GmbHG, § 66, Rdn. 11; zur Liquidation s.u. O IV, Rdn. O 19 ff.

a) Der Katalog des § 46 GmbHG

Gemäß § 46 GmbHG sind die Gesellschafter zuständig für F 6
- Feststellung des Jahresabschlusses und die Verwendung des Ergebnisses (Nr. 1)[880];
- Einforderung von Einzahlungen auf die Stammeinlagen (Nr. 2);
- Rückzahlung von Nachschüssen (Nr. 3)[881];
- Teilung und Einziehung von Geschäftsanteilen (Nr. 4)[882];
- Bestellung und Abberufung von Geschäftsführern sowie deren Entlastung (Nr. 5);
- Maßregeln zur Prüfung und Überwachung der Geschäftsführung (Nr. 6);
- Bestellung von Prokuristen, §§ 48 ff. HGB, und Handlungsbevollmächtigten zum gesamten Geschäftsbetrieb, § 54 HGB (Nr. 7)[883];
- Geltendmachung von Ersatzansprüchen gegen Geschäftsführer oder Gesellschafter aus der Gründung oder Geschäftsführung (Nr. 8 Halbs. 1);
- Bestellung eines besonderen Vertreters für Prozesse der Gesellschaft gegen Geschäftsführer (Nr. 8 Halbs. 2);

b) Geltendmachung von Ersatzansprüchen gegen Geschäftsführer und Gesellschafter

Zu den **Ersatzansprüchen** des § 46 Nr. 8, Halbs. 1 GmbHG zählen sämtliche vertraglichen oder gesetzlichen Schadensersatz-, Erstattungs- oder Herausgabeansprüche aufgrund Pflichtverletzungen bei Gründung oder Geschäftsführung[884], ebenso Auskunfts-, Unterlassungs- und Beseitigungsansprüche[885]. Nach h.M. fallen auch Ansprüche aus Differenz-, Unterbilanz- und Ausfallhaftung sowie Rückerstattungspflichten wegen verbotener Ausschüttungen hierunter[886]. Als Anspruchsgegner kommen auch frühere Geschäftsführer in Betracht[887], wenngleich eine Notwendigkeit hierfür nach der ratio legis (Gewährleistung einer ausreichenden und unvoreingenommenen Prozeßvertretung für die GmbH) im Regelfall nicht bestehen dürfte[888]. F 7

Die Gesellschafterversammlung kann durch Beschluss einen Geschäftsführer, einen anderen Gesellschafter, aber auch einen Dritten zum Vertreter bestellen. Der zum F 8

---

880 Vgl. hierzu ausführlich unten L II 4, Rdn. L 28 u. III 1 b, Rdn. L 35 ff.
881 Zu Nachschüssen s.u. H V, Rdn. H 131.
882 Vgl hierzu oben D VI, Rdn. D 58 ff. und D XI, Rdn. D 112 ff.
883 Vgl. hierzu oben C, Rdn. C 1 ff.; nicht unter Nr. 7 fallen der Anstellungsvertrag des Prokuristen sowie der Widerruf der Prokura/Vollmacht, vgl. *Lutter/Hommelhoff*, GmbHG, § 46, Rdn. 19 f.
884 BGH, GmbHR 1965, 4, 6; BGH, NJW 1975, 977; BGHZ 97, 382, 390 ff.
885 *Scholz/Schmidt*, GmbHG, § 46, Rdn. 147.
886 *Baumbach/Hueck*, GmbHG, § 9, Rdn. 5; *Rowedder/Koppensteiner*, GmbHG, § 46, Rdn. 36; *Steinrücke*, GmbHR 1992, R 73; a.A. *Scholz/Schmidt*, GmbHG, § 46, Rdn. 48 u. *Hachenburg/Hüffer*, GmbHG, § 46, Rdn. 92.
887 BGHZ 28, 355, 357; BGH, NJW 1960, 1667.
888 Vgl. *Roth/Altmeppen*, GmbHG, § 46, Rdn. 50.

F. Gesellschafterversammlung

Vertreter zu bestellende Gesellschafter unterliegt keinem Stimmverbot[889]. Geschäftsführer, die nicht zu Prozessvertretern bestellt sind, können in diesem Prozess Zeuge sein.

F 9 Der für die Geltendmachung – vorbehaltlich abweichender Satzungsbestimmungen – erforderliche **Beschluss** erfolgt mit einfacher Mehrheit. Ein als Anspruchsgegner betroffener Gesellschafter-Geschäftsführer ist gemäß § 47 Abs. 4 GmbHG nicht stimmberechtigt[890]. In der Zweimann-GmbH kann daher jeder Gesellschafter die Geltendmachung beschließen[891]. Eine Klage ohne vorherige Beschlussfassung ist als unbegründet abzuweisen, da der Beschluss auch im Außenverhältnis materielle Anspruchsvoraussetzung ist[892]. Die fehlende Beschlussfassung kann jedoch noch während des Prozesses nachgeholt werden.

F 10 § 46 Nr. 8 Halbs. 2 GmbHG behandelt die **Vertretung** der Gesellschaft in **Prozessen gegen Geschäftsführer**. Diese Zuständigkeit gilt für Aktiv- und Passivprozesse der Gesellschaft gegen Geschäftsführer schlechthin[893]. Kann die Gesellschaft im Prozess gegen einen Geschäftsführer durch weitere vorhandene Geschäftsführer satzungsgemäß vertreten werden, so kann zwar die Gesellschafterversammlung auch in diesem Fall von der Möglichkeit des § 46 Nr. 8 GmbHG Gebrauch machen; sie muss es aber nicht[894]. Der Aufsichtsrat hat die Vertretungsbefugnis des § 112 AktG zwingend nach dem MitbestG, ansonsten kraft dispositiven Rechts gemäß § 52 GmbHG.

F 11 § 46 Nr. 8 Halbs. 2 GmbHG betrifft vom Wortlaut her nur die Zuständigkeit der Gesellschafter zur Bestellung eines Vertreters für Prozesse der Gesellschaft gegen **Geschäftsführer**. Die Vorschrift gilt aber entsprechend für einen Rechtsstreit gegen einen **Gesellschafter**[895].

c) Ungeschriebene Zuständigkeiten

F 12 Nach ungeschriebenem Recht entscheiden die Gesellschafter über:

- Abschluss, Aufhebung und Änderung des Anstellungsvertrages mit Geschäftsführern (vgl. § 46 Nr. 5 GmbHG)[896];
- Bestellung eines besonderen Vertreters für Prozesse der Gesellschaft gegen Gesellschafter in Analogie zu § 46 Nr. 8 Halbs. 2 GmbHG[897];

---

889 BGHZ 97, 28, 34 f.; *Scholz/Schmidt*, GmbHG, § 46, Rdn. 171; *Hachenburg/Hüffer*, GmbHG, § 46, Rdn. 105; a.A. *Baumbach/Hueck/Zöllner*, GmbHG, § 46, Rdn. 46.
890 BGHZ 116, 353, 358.
891 BGH, GmbHR 1991, 363, 364; BGH, GmbHR 1993, 591, 593; OLG Düsseldorf, GmbHR 1994, 172, 174; a.A. MünchHdb.GesR III/*Ingerl*, § 37, Rdn. 32; kritisch *Scholz/Schmidt*, GmbHG, § 46, Rdn. 153, 155.
892 BGHZ 87, 392, 390; BGH, ZIP 1993, 1076, 1078; vgl. hierzu *Kallmeyer*, in: GmbH-Hdb. I, Rdn. 450.
893 BGHZ 116, 353, 355; *Rowedder/Koppensteiner*, GmbHG, § 46, Rdn. 38.
894 BGH, ZIP 1992, 760, 761; *Rowedder/Koppensteiner*, GmbHG, § 46, Rdn. 38; *Roth/Altmeppen*, GmbHG, § 46, Rdn. 48.
895 BGHZ 116, 353, 355; *Roth/Altmeppen*, GmbHG, § 46, Rdn. 50.
896 BGH, GmbHR 1991, 363; BGH, GmbHR 1995, 373, 375; *Lutter/Hommelhoff*, GmbHG, § 46, Rdn. 13.
897 *Henze*, GmbH, Rdn. 924.

- Erhebung der Ausschlussklage gegen einen Gesellschafter[898];
- Zustimmung zum Abschluss von Unternehmensverträgen (Beherrschungs- und Gewinnabführungsverträgen)[899];

Den Gesellschaftern obliegt weiterhin **die Festlegung der Grundsätze der Geschäftspolitik**[900]. F 13

Auch Entscheidungen über sogenannte **ungewöhnliche Maßnahmen** sind den Gesellschaftern vorbehalten[901]. Dieses sind Geschäftsführungsakte, die F 14

- vom Unternehmensgegenstand nicht gedeckt sind[902],
- den bisherigen geschäftspolitischen Grundsätzen widersprechen[903],
- wegen ihrer wirtschaftlichen Bedeutung und ihres Risikos Ausnahmecharakter haben[904],
- von den Geschäftsführern als dem Willen der Gesellschaftermehrheit vermutlich widersprechend eingestuft werden[905].

Aufgrund ihres umfassenden Weisungsrechts (§ 37 Abs. 1 GmbHG) können die Gesellschafter **Geschäftsführungsentscheidungen** an sich ziehen[906]. Der hiergegen vorgebrachte Einwand, dass Geschäftsführer nicht zum bloßen Ausführungsorgan herabgestuft werden dürften[907], überzeugt nicht; denn das Gesetz bestimmt ausdrücklich und abschließend, welche Aufgaben neben der Vertretung der Gesellschaft nach außen den Geschäftsführern nicht entzogen werden können (vgl. z.B. §§ 30 ff.; 40, 49 Abs. 3; 64, 78 GmbHG). F 15

d) Kompetenzerweiterung durch Satzung

Die Gesellschafter können ihre internen Kompetenzen erweitern, indem sie im Gesellschaftsvertrag einen Katalog bedeutsamer Geschäftsführungsmaßnahmen festlegen, die im Innenverhältnis ihre Zustimmung erfordern[908]. F 16

---

898 *Baumbach/Hueck*, GmbHG, Anh. § 34, Rdn. 9; *Scholz/Winter*, GmbHG, § 15, Rdn. 139; zum Ausschluss eines Gesellschafters vgl. oben D XII 2, Rdn. D 133 ff.
899 BGHZ 105, 324, 331 ff.
900 H.M., vgl. OLG Düsseldorf, ZIP 1984, 1476, 1479; *Scholz/Schneider*, GmbHG, § 37, Rdn. 10; *Hommelhoff*, ZGR 1978, 119, 124 ff.; *Lutter/Hommelhoff*, GmbHG, § 37, Rdn. 8; a.A. *Baumbach/Hueck/Zöllner*, GmbHG, § 37, Rdn. 6; *Quort*, ZIP 1991, 1274, 1276.
901 BGH, NJW 1973, 1039; OLG Frankfurt/Main, WM 1989, 438, 440; *Scholz/Schneider*, GmbHG, § 37, Rdn. 12 ff.; a.A. *Baumbach/Hueck/Zöllner*, GmbHG, § 37, Rdn. 6; *Kort*, ZIP 1991, 1274 f.
902 OLG Frankfurt/Main, WM 1989, 438, 440; *Roth/Altmeppen*, GmbHG, § 34, Rdn. 21.
903 BGH, GmbHR 1991, 197.
904 BGHZ 83, 122, 131 f.; BGH, WM 1984, 305, 306; OLG Hamburg, GmbHR 1992, 43, 46; *Kort*, ZIP 1991, 1274, 1276.
905 BGH, WM 1984, 305, 306; OLG Frankfurt/Main, WM 1989, 438, 440.
906 OLG Düsseldorf, ZIP 1984, 1476, 1479; *Scholz/Schneider*, GmbHG, § 37, Rdn. 38; *Eisenhardt*, Festschrift Pfeiffer, 845 ff.; einschränkend *Hommelhoff*, ZGR 1978, 119, 128 ff., *Baumbach/Hueck/Zöllner*, GmbHG, § 37, Rdn. 11, *Hachenburg/Hüffer*, GmbHG, § 45, Rdn. 17, § 46, Rdn. 4, der von einem unentziehbaren Kernbereich spricht; differenzierend *Roth/Altmeppen*, GmbHG, § 34, Rdn. 18 ff.
907 *Baumbach/Hueck/Zöllner*, GmbHG, § 37, Rdn. 9.
908 *Roth/Altmeppen*, GmbHG, § 45, Rdn. 7.

3. Verlagerung von Gesellschafterkompetenzen

F 17   Zulässig ist die Übertragung von **Gesellschafterzuständigkeiten durch Satzungsregelung** auf andere **Organe** (Geschäftsführer, Aufsichtsrat, Gesellschafterausschüsse, Schiedsgremien)[909], nicht aber auf gesellschaftsfremde Dritte[910]. Die den Gesellschaftern zwingend zugewiesenen Aufgaben[911] dürfen jedoch nicht delegiert werden. **Die Grenze** ist erreicht, sobald die Stellung der Gesellschafter als oberstes Organ der GmbH in Frage gestellt wird[912].

F 18   Eine Delegation von Zuständigkeiten kann im **Einzelfall** mit einfacher Mehrheit beschlossen werden, sie muss aber in der Satzung vorgesehen sein, da andernfalls die Gefahr der Umgehung von Mehrheits- und Formerfordernissen für Satzungsänderungen besteht[913].

F 19   Trotz der Übertragung von Zuständigkeiten bleiben die Gesellschafter jedoch für die **Überwachung der betreffenden Organe** bei deren Ausführungshandlungen zuständig[914].

III. Gesellschafterversammlung[915]

F 20   Die Beschlüsse der Gesellschafter werden in Gesellschaftsversammlungen gefasst (§ 48 Abs. 1 GmbHG).

1. Einberufung

F 21   Die Einberufung der Gesellschafterversammlung obliegt den **Geschäftsführern** (§ 49 Abs. 1 GmbHG)[916], und zwar jedem **einzelnen**, gleichgültig, wie die Geschäftsführung geregelt ist[917].

---

909 *Scholz/Schmidt*, GmbHG, § 45, Rdn. 8 ff.
910 H.M., vgl. *Scholz/Schneider*, GmbHG, § 37, Rdn. 33 ff.; *Scholz/Schmidt*, GmbHG, § 45, Rdn. 15; a.A.: *Lutter/Hommelhoff*, GmbHG, § 46, Rdn. 11; *Beutin/Gätsch*, ZHR 1993, 483; vgl. im übrigen BGH, GmbHR 1980, 127, 129.
911 S.o. II 1, Rdn. F 3.
912 *Lutter/Hommelhoff*, GmbHG, § 45, Rdn. 6; *Baumbach/Hueck/Zöllner*, GmbHG, § 45, Rdn. 5, 6, § 46, Rdn. 4; a.A *Rowedder/Koppensteiner*, GmbHG, § 45, Rdn. 10.
913 MünchHdb.GesR III/*Ingerl*, § 37, Rdn. 23; *Scholz/Schmidt*, GmbHG, § 45, Rdn. 8; *Lutter/Hommelhoff*, GmbHG, § 45, Rdn. 5, § 46, Rdn. 1; *Rowedder/Koppensteiner*, GmbHG, § 45, Rdn. 10.
914 *Rowedder/Koppensteiner*, GmbHG, § 45, Rdn. 9; *Hachenburg/Hüffer*, GmbHG, § 46, Rdn. 80.
915 Vgl. Checkliste VI 5 a (Vorbereitung einer ordentlichen Gesellschafterversammlung), Rdn. F 101, 5 b (Mindestgegenstand einer ordentlichen Gesellschafterversammlung), Rdn. F 102 und 5 c (Durchführung der Gesellschafterversammlung und Aufgaben des Versammlungsleiters), Rdn. F 103.
916 Vgl. hierzu das Muster VII 1 (Einladung zu einer ordentlichen/außerordentlichen Gesellschafterversammlung), Rdn. F 107. Zur Einberufung durch den Geschäftsführer s. *van Venrooy*, GmbHR 2000, 166 ff.
917 *Baumbach/Hueck*, GmbHG, § 49, Rdn. 2; BayObLG, BB 1999, 1839.

Daneben ist eine **Minderheit der Gesellschafter**, deren Geschäftsanteile zusammen mindestens dem zehnten Teil des Stammkapitals entsprechen, berechtigt, unter Angabe des Zwecks und der Gründe die Einberufung einer Gesellschafterversammlung zu verlangen (§ 50 Abs. 1 GmbHG)[918]. Soweit diesem Verlangen nicht entsprochen wird, können die Minderheitsgesellschafter die Versammlung selbst einberufen (§ 50 Abs. 3 GmbHG)[919], falls die Geschäftsführer innerhalb **angemessener Frist** nicht tätig werden. Das ist – abhängig von der Eilbedürftigkeit im Einzelfall – nach einem Monat[920], jedenfalls aber nach Ablauf von sieben Wochen seit Stellung des Einberufungsverlangens[921], der Fall. Hat die Minderheit ihr Einberufungsrecht ausgeübt, so hat der Geschäftsführer kein Recht mehr, seinerseits zu einer früher oder später anberaumten Versammlung mit entsprechender Tagesordnung einzuladen[922]. F 22

Die Einberufung der Versammlung geschieht durch **eingeschriebenen Brief** an alle Gesellschafter, auch wenn sie in der Versammlung nicht stimmberechtigt sind[923]. Gemäß § 51 Abs. 1 Satz 2 GmbHG ist die Einladung mit einer **Frist von mindestens einer Woche** zu bewirken. Die Unterschreitung dieser Ladungsfrist führt zur Anfechtbarkeit gleichwohl gefasster Beschlüsse[924]. Nach h.M. **beginnt** die Frist mit dem Tag, an dem der Einschreibebrief bei ordnungsgemäßer Zustellung dem letzten Gesellschafter unter normalen Umständen zugegangen wäre[925]. Der Wochenfrist ist also die übliche Zustellungsfrist hinzuzurechnen. F 23

Mit der Einberufung soll der Zweck der Versammlung in Form der **Tagesordnung** angekündigt werden (§ 51 Abs. 2 GmbHG). Ist das nicht geschehen, muss die Ankündigung der Beschlussgegenstände mit einer Frist von drei Tagen vor der Gesellschafterversammlung nachgeholt werden (§ 51 Abs. 4 GmbHG), und zwar in der für die Einberufung vorgeschriebenen Weise, d. h. durch eingeschriebenen Brief[926]. Mangelhafte Ankündigung führt zur Anfechtbarkeit der gefassten Gesellschafterbeschlüsse[927], und zwar selbst dann, wenn die Gesellschafter ohnehin Kenntnis von der vorgesehenen Tagesordnung hatten[928]. F 24

Die Gesellschafterversammlung ist – außer in den im Gesetz (§§ 49 Abs. 3 GmbHG: Verlust der Hälfte des Stammkapitals; 50 Abs. 1 GmbHG: Minderheitsverlangen) oder Gesellschaftsvertrag ausdrücklich bestimmten Fällen – einzuberufen, F 25

---

918 Vgl. hierzu das Muster VII 2 (Verlangen eines Minderheitsgesellschafters auf Einberufung einer Gesellschafterversammlung); vgl. dazu auch BGH, ZIP 1985, 1837.
919 Vgl. hierzu das Muster VII 3 (Einberufung durch einen Minderheitsgesellschafter).
920 *Roth/Altmeppen*, GmbHG, § 50, Rdn. 9.
921 BGH, WM 1985, 567, 568.
922 BGH, WM 1985, 567, 568.
923 *Eder*, in: GmbH-Hdb. I, Rdn. 457. Zur Ladung per E-Mail und zur virtuellen Gesellschafterversammlung s. *Zwissler*, GmbHR 2000, 28 ff.
924 BGHZ 100, 264, 265.
925 BGHZ 100, 264, 268 f.; *Baumbach/Hueck/Zöllner*, GmbHG, § 51, Rdn. 17; *Lutter/Hommelhoff*, GmbHG, § 51, Rdn. 8; a.A. *Loritz*, GmbHR 1992, 790 ff.; *Meyer-Landruth/Miller/Niehus*, GmbHG, § 51, Rdn. 7, wonach die Frist bereits mit dem Tag der Aufgabe des Einschreibens zur Post beginnen soll. Zur Wartefrist, wenn ein Gesellschafter unpünktlich ist, vgl. OLG Dresden, GmbHR 2000, 435.
926 *Baumbach/Huck/Zöllner*, GmbHG, § 51, Rdn. 19; RA § 51 Rdn. 13
927 BGH, WM 1985, 567, 570.
928 *Lutter/Hommelhoff*, GmbHG, § 51, Rdn. 14.

wenn es im **Interesse der Gesellschaft** erforderlich erscheint (§ 49 Abs. 2 GmbHG). Das ist der Fall, wenn

- die Geschäftsführer Maßnahmen für notwendig erachten, die wegen ihrer Bedeutung in die Zuständigkeit der Gesellschafterversammlung fallen und
- die Beschlussfassung im schriftlichen Verfahren (§ 48 Abs. 2 GmbHG) untunlich ist[929].

F 26 Besteht ein **Aufsichtsrat**, so hat auch dieser das Recht und die Pflicht, eine Gesellschafterversammlung einzuberufen, wenn es das Wohl der Gesellschaft erfordert (§ 52 GmbHG, § 111 Abs. 3 Satz 1 AktG).

F 27 Die Pflicht zur unverzüglichen (§ 121 Abs. 1 Satz 1 BGB) Einberufung der Gesellschafterversammlung wegen des Verlustes der Hälfte des Stammkapitals gem. **§ 49 Abs. 3 GmbHG** steht im **öffentlichen Interesse** und daher nicht zur Disposition des Gesellschaftsvertrages[930]. Allerdings können die Gesellschafter ad hoc auf die Einberufung verzichten[931]. Haben sie sich bereits vorher mit der konkreten Situation befasst, dürfte eine Anzeige i.S.d. § 84 Abs. 1 Nr. 1 GmbHG genügen[932].

2. Teilnahmerecht

F 28 Jeder Gesellschafter hat grundsätzlich das Recht, an Gesellschafterversammlungen teilzunehmen, auch wenn er nicht mitstimmen darf[933]. Das Teilnahmerecht beinhaltet ein Rederecht; dementsprechend hat jeder Teilnehmer das Recht, seine Auffassung in angemessener Weise darzulegen und um Unterstützung zu werben[934].

F 29 Die **Satzung** kann das Teilnahmerecht regeln, soweit dadurch nicht in den unverzichtbaren **Kernbereich der Mitgliedschaft** eingegriffen wird[935]. Sie kann z.B. mehrere Gesellschafter über § 18 GmbH hinaus zur gemeinschaftlichen Rechtsausübung verpflichten[936]. Der Kernbereich wird berührt, wenn dem Gesellschafter eine Wahrnehmung seiner Rechte nicht mehr möglich ist, etwa wenn ihm ein Vertreter aufgezwungen wird, auf dessen Auswahl und Abstimmungsverhalten er keinen Einfluss nehmen kann[937]. Streitig ist das Teilnahmerecht des an der GmbH beteiligten **Konkurrenten**[938]: Sein **Ausschluss** dürfte nur zu bestimmten Verhandlungsgegenständen

---

929 *Rowedder/Koppensteiner*, GmbHG, § 48, Rdn. 12; RA § 49 Rdnr. 9.
930 *Roth/Altmeppen*, GmbHG, § 49, Rdn. 16.
931 *Rowedder/Koppensteiner* § 50, Rdnr. 10.
932 *Roth/Altmeppen*, GmbHG, a.a.O., § 49, Rdn. 16.
933 BGH, WM 1985, 567; vgl. zum Stimmrechtsausschluß unten IV, 5, Rdn. F 49 ff.
934 *Roth/Altmeppen*, GmbHG, § 48, Rdn. 7.
935 BGH, NJW-RR 1989, 347, 348; *Scholz/Schmidt*, GmbHG, § 48, Rdn. 15.
936 BGH, NJW-RR 1989, 347, 348.
937 *Scholz/Schmidt*, GmbHG, § 48, Rdn. 15; *Roth/Altmeppen*, GmbHG, § 48, Rdn. 4. Zum Stimmverbot s. BGHZ 88, 320, 323.
938 Vgl. hierzu *Scholz/Schmidt*, GmbHG, § 48, Rdn. 15; *Rowedder/Koppensteiner*, GmbHG, § 48, Rdn. 9 einerseits und *Baumbach/Hueck/Zöllner*, GmbHG, § 48, Rdn. 3 andererseits.

und nur dann zulässig sein, wenn die Gefahr besteht, dass die gewonnenen Informationen zu gesellschaftsfremden Zwecken missbraucht werden[939].

Der Gesellschaftsvertrag kann die **höchstpersönliche Teilnahme** und Ausübung des Stimmrechts vorschreiben. Auch in Fällen, in denen dieses nicht der Fall ist, müssen Bevollmächtigte nicht ohne weiteres zugelassen werden[940]. F 30

Auch das Recht, einen **Berater** in der Versammlung beizuziehen, besteht nicht ohne weiteres[941]. Die Versammlung kann dieses jedoch mit Mehrheitsbeschluss gestatten[942]. F 31

Geschäftsführer haben kraft ihres Amtes kein Teilnahmerecht, und zwar auch dann nicht, wenn die Gesellschaft eigene Anteile hält; u. U. sind sie jedoch bei entsprechender Weisung zur Teilnahme verpflichtet[943]. F 32

3. Leitung

Der Gesellschaftsvertrag kann einen **Versammlungsleiter** vorsehen[944]. Andernfalls wird über die Person des Vorsitzenden durch Beschluss entschieden[945]. Aufgabe des Versammlungsleiters ist es, die Versammlung ordnungsgemäß durchzuführen[946]. F 33

IV. Beschlussfassung

1. Beschlussfähigkeit

Vorbehaltlich abweichender gesellschaftsvertraglicher Regelungen ist die Gesellschafterversammlung beschlussfähig, wenn auch nur **ein stimmberechtigter Gesellschafter** anwesend ist[947]. Deshalb stellen Gesellschaftsverträge zumeist hohe Anforderungen an die Beschlussfähigkeit (Bsp.: Anwesenheit einer bestimmten Zahl von Gesellschaf- F 34

---

939 So *Lutter/Hommelhoff,* GmbHG, § 48, Rdn. 3; *Roth/Altmeppen,* GmbHG, § 48, Rdn. 4.
940 BGH, GmbHR 1989, 120; OLG Düsseldorf, WM 1993, 643; OLG Koblenz, ZIP 1992, 844; OLG Stuttgart, ZIP 1993, 1474; *Hachenburg/Hüffer,* GmbHG, § 48, Rdn. 22; *Baumbach/Hueck/Zöllner,* GmbHG, § 48, Rdn. 4; *Roth/Altmeppen,* GmbHG, § 48, Rdn. 4. Zum Missbrauch s. BGH, DStR 1996, 713.
941 *Scholz/Schmidt,* GmbHG, § 48, Rdn. 22; *Lutter/Hommelhoff,* GmbHG, § 48, Rdn. 4; OLG Düsseldorf, WM 1993, 643; *Roth/Altmeppen,* GmbHG, § 48, Rdn. 5 m.w.N.
942 OLG Stuttgart, ZIP 1993, 1474.
943 Vgl. *Roth/Altmeppen,* GmbHG, § 48, Rdn. 6.
944 *Roth/Altmeppen,* GmbHG, § 48, Rdn. 8.
945 *Lutter/Hommelhoff,* GmbHG, § 48, Rdn. 9; streitig sind die Mehrheitserfordernisse bei der Bestellung ohne Satzungsgrundlage: für einfache Mehrheit *Hachenburg/Hüffer,* GmbHG, § 48, Rdn. 29; *Roth/Altmeppen,* GmbHG, § 48, Rdn. 8; für einstimmigen Beschluss *Baumbach/Hueck/Zöllner,* GmbHG, § 48, Rdn. 8.
946 Vgl. hierzu die Checkliste VI 5 c, Rdn. F 103.
947 *Scholz/Schmidt,* GmbHG, § 48, Rdn. 41.

tern; Vertretung eines bestimmten Teils des Stammkapitals)[948]. Häufig sieht das Statut auch eine **Folgeversammlung** mit geringeren Anforderungen für den Fall vor, dass auf der vorgängigen Versammlung die notwendige Anzahl von Stimmen nicht vertreten war[949].

F 35 **Verlassen** Gesellschafter die Versammlung, so kann hierdurch deren Beschlussfähigkeit entfallen. Diese sollte deshalb zu Beginn sowie erneut bei **jeder Veränderung des Teilnehmerkreises** festgestellt und zu Protokoll notiert werden.

2. Antragstellung

F 36 Jede Beschlussfassung setzt einen der Tagesordnung entsprechenden Antrag voraus, der so formuliert ist, dass darauf nur noch mit »ja« oder »nein« zu anworten ist[950]. Antragsberechtigt ist **jeder** Gesellschafter, auch wenn er von der Abstimmung ausgeschlossen ist[951].

3. Stimmrecht

F 37 **Inhaber** des Stimmrechts ist der Gesellschafter. Anders als im Aktienrecht (vgl. § 134 Abs. 2 AktG) hängt es nicht von der Leistung der Einlage, sondern von deren Übernahme (§ 14 GmbHG), ab[952]. Testamentsvollstrecker, Nachlass- und Konkursverwalter sind nicht Träger eines eigenen Stimmrechts, sondern üben nur das Stimmrecht des Gesellschafters aus[953]. Bei Verpfändung oder Pfändung eines Geschäftsanteils verbleibt das Stimmrecht beim Gesellschafter, selbst wenn sich durch die Abstimmung das Pfandrecht verschlechtert[954]. Auch bei Bestellung eines Nießbrauchs am Geschäftsanteil bleibt nach h.M. allein der Gesellschafter stimmberechtigt[955]; hier sind lediglich Stimmbindungen von Rechts wegen oder kraft besonderer Vereinbarung im Interesse des Begünstigten möglich[956].

F 38 Das Stimmrecht ist weder einer gesonderten Übertragung fähig (**Abspaltungsverbot**), noch kann es unabhängig von der Mitgliedschaft begründet werden[957]. Ob dieser Grundsatz Ausnahmen zulässt, lässt der BGH ausdrücklich offen[958].

---

948 *Scholz/Schmidt*, GmbHG, § 48, Rdn. 42 f.
949 BGH, ZIP 1998, 335; *Eder*, in: GmbH-Hdb. I, Rdn. 463.2 b.
950 *Baumbach/Hueck/Zöllner*, GmbHG, § 47, Rdn. 6.
951 *Lutter/Hommelhoff*, GmbHG, § 48, Rdn. 8.
952 MünchHdb.GesR III/*Ingerl*, § 38, Rdn. 2.
953 *Scholz/Schmidt*, GmbHG, § 47, Rdn. 16.
954 *Baumbach/Hueck/Zöllner*, GmbHG, § 47, Rdn. 26; zum Pfandrecht s.o. D VIII 3, Rdn. D 97 ff.
955 OLG Koblenz, GmbHR 1992, 464, 465; *Scholz/Schmidt*, GmbHG, § 47, Rdn. 18; a.A. *Flume*, Juristische Person, § 7 II 1; *Schön*, ZHR 158 (1994), 229, zum Nießbrauch vgl. oben D VIII 2, Rdn. D 94 ff.
956 Vgl. *Roth/Altmeppen*, GmbHG, § 47, Rdn. 16; vgl. auch Ziff. D VIII 2, 3, Rdn. D 94 ff.
957 Ausführlich *Scholz/Schmidt*, GmbHG, § 47, Rdn. 17 ff.; *Lutter/Hommelhoff*, GmbHG § 14, Rdn. 11; kritisch *Fleck*, Festschrift Fischer (1979), 107 ff. u. *Theißen*, DB 1993, 469 ff.
958 BGH, NJW 1987, 780, 781 (zu § 134 Abs. 2 AktG).

Möglich ist jedenfalls die Erteilung einer – allerdings frei widerruflichen[959] – **Stimmrechtsvollmacht** an einen Mitgesellschafter oder an einen Dritten[960]. Die Satzung kann den Kreis der vertretungsberechtigten Personen beschränken, indem eine Bevollmächtigung etwa an persönliche Qualifikationen (z.B. Rechtsanwalt, Wirtschaftsprüfer oder Kaufmann) geknüpft wird[961]. Darüber hinaus sollte sie vorsehen, dass der Gesellschafter auch im Beistand seines Beraters an der Versammlung teilnehmen darf. F 39

Die Bindung des Stimmrechts an den Geschäftsanteil schließt die Schaffung stimmrechtsloser Geschäftsanteile nicht aus[962]. F 40

Gemäß der dispositiven Vorschrift des § 47 Abs. 2 GmbHG bemessen sich die Stimmrechte nach der Beteiligung der Gesellschafter am Stammkapital. Je 50 € eines Geschäftsanteils gewähren eine Stimme. Der Gesellschaftsvertrag kann das Stimmrecht auch nach Köpfen verteilen; er kann ferner einzelne Geschäftsanteile mit einem **Mehrfachstimmrecht** (dem begünstigten Gesellschafter werden zusätzliche Stimmen zugewiesen) ausstatten oder ein **Höchststimmrecht** (der Gesellschafter darf eine bestimmte Stimmenzahl nicht überschreiten) festlegen[963]. F 41

Die GmbH selbst hat aus **eigenen Anteilen** kein Stimmrecht[964]. F 42

4. Ausübung des Stimmrechts

Die Stimmabgabe ist **Willenserklärung**[965]. Eine Nichtigkeit kann sich insbesondere aus §§ 105, 116, 117 BGB und §§ 118, 119, 123, 142 BGB ergeben. Mängel der Stimmabgabe haben auf den hiervon zu trennenden Beschluss nur insoweit Auswirkungen, als durch sie die erforderliche Mehrheit beeinflusst werden kann[966]. F 43

Nach h.M. ist eine **uneinheitliche Stimmabgabe** eines Gesellschafters aus mehreren Geschäftsanteilen zulässig, nicht dagegen aus einem Anteil (Grundgedanke aus § 18 Abs. 1 GmbHG)[967]. F 44

Eine **Stimmrechtsvollmacht** ist dann unbedenklich, wenn sie **widerruflich** ist. Einer unwiderruflichen Vollmacht steht das Abspaltungsverbot entgegen[968]. Sie kann zwar gültig erteilt, jedoch jederzeit wirksam widerrufen werden. Die Unwirksamkeit F 45

---

959 BGHZ 20, 363, 365; BGH, DB 1976, 2295; vgl. *Roth/Altmeppen*, GmbHG, § 47, Rdn. 26 m.w.N.
960 *Baumbach/Hueck/Zöllner*, GmbHG, § 47, Rdn. 31 ff.; zur unwiderruflichen Stimmrechtsvollmacht s.u. Rdn. F 45.
961 *Scholz/Schmidt*, GmbHG, § 47, Rdn. 97.
962 *Roth/Altmeppen*, GmbHG, § 47, Rdn. 13.
963 Vgl. hierzu *Theißen*, DB 1993, 469, 471.
964 BGH, BB 1995, 690; BGH, ZIP 1998, 384.
965 BGHZ 14, 264, 267; *Rowedder/Koppensteiner*, GmbHG, § 47, Rdn. 20.
966 BGHZ 14, 264, 267 f.; *Baumbach/Hueck/Zöllner*, GmbHG, § 47, Rdn. 4.
967 BGHZ 104, 66, 74; *Scholz/Schmidt*, GmbHG, § 47, Rdn. 63 ff.; *Hachenburg/Hüffer*, GmbHG, § 47, Rdn. 59 m.w.N.; *Heckelmann*, AcP 170 (1970), 341 ff.; a.A. noch RGZ 137, 312 ff.
968 BGH, BB 1977, 10.

F. Gesellschafterversammlung

wirkt nur als schuldrechtliche Bindung im Innenverhältnis[969]. Genügen dürfte wohl auch, dass das zugrunde liegende Schuldverhältnis durch ordentliche Kündigung beendet werden kann[970].

F 46 Die **Ermächtigung** zur Ausübung des Stimmrechts im eigenen Namen ist ausgeschlossen[971]. Ein gesellschaftsvertraglicher Ausschluss der Vertretung gilt nicht für die gesetzliche Vertretung sowie bei zwingender Verhinderung der persönlichen Stimmabgabe[972]. Vollmachten bedürfen zu ihrer Gültigkeit der Schriftform (§ 47 Abs. 3 GmbHG).

F 47 Durch einen **Stimmbindungsvertrag**[973] wird ein künftiges Abstimmungsverhalten rechtsgeschäftlich festgeschrieben[974]. Die Stimmbindung wirkt nur als schuldrechtliche Verpflichtung gegenüber dem Vertragspartner, lässt also die Gültigkeit einer abredewidrig abgegebenen Stimme unberührt. Die Stimmbindung kann im Wege der Klage durch Verurteilung zu einer inhaltlich bestimmten Stimmabgabe gemäß § 894 ZPO durchgesetzt werden[975]. In Ausnahmefällen kann auch eine einstweilige Verfügung in Betracht kommen[976]. Die Möglichkeit der Stimmrechtsbindung ist nicht nur gegenüber **Mitgesellschaftern**, sondern auch gegenüber **Dritten** anzuerkennen, wobei es jedoch auf den konkreten Einzelfall ankommen wird[977]. Die wichtigste Form der Stimmbindung ist der Treuhandvertrag, in dem sich der Treuhänder zur Stimmabgabe i.S.d. Treugebers verpflichtet. Unwirksam ist die Verpflichtung, nach Weisung einer vom Stimmrecht ausgeschlossenen Person abzustimmen[978].

F 48 Die Treuepflicht des Gesellschafters kann sich zu einer **positiven Stimmpflicht** verdichten, soweit ein bestimmter Beschluss objektiv unabweisbar notwendig und subjektiv auch für den widerstrebenden Gesellschafter zumutbar ist[979]. Beispiel: Satzungsänderungen, die den Bestand der Gesellschaft sichern[980].

---

969 Vgl. *Roth/Altmeppen*, GmbHG, § 47, Rdn. 26.
970 Vgl. *Müller*, GmbHR 1969, 4, 10; BGH, BB 1977, 10.
971 *Schmidt*, GesR, § 19 III 4 a (S. 561).
972 *Roth/Altmeppen*, GmbHG, § 47, Rdn. 25.
973 Vgl. unten Muster VII 7 (Stimmbindungsvertrag), Rdn. F 113; ausführlich dazu *Noack*, Gesellschaftervereinbarungen bei Kapitalgesellschaften, 144.
974 Vgl. hierzu *Theißen*, DB 1993, 469, 470 f.
975 BGHZ 48, 163; ZIP 1989, 1261; *Scholz/Schmidt*, GmbHG, § 47, Rdn. 55; *Roth/Altmeppen*, GmbHG, Rdn. 33.
976 S.u. VI 4, Rdn. F 97 ff.
977 BGHZ 48, 163, 166; *Roth/Altmeppen*, GmbHG, § 47, Rdn. 32; *Reuter*, ZGR 1978, 633 ff.; abw. *Hachenburg/Hüffer*, GmbHG, § 47, Rdn. 75, der eine Stimmbindung gegenüber Dritten als unvereinbar mit dem Abspaltungsverbot ansieht. Nach *Lutter/Hommelhoff*, GmbHG, § 47, Rdn. 5, sind Stimmbindungen gegenüber Nichtgesellschaftern unwirksam, wenn sie sich auf Satzungsänderungen oder andere wichtige Strukturänderungen beziehen.
978 BGHZ 48, 163, 166 f.
979 *Roth/Altmeppen*, GmbHG, § 47, Rdn. 38.
980 In BGH, NJW 1985, 974, waren die Gesellschafter kraft ihrer Treuepflicht gehalten, eine Verzinsung ihrer Kapitaleinlagen aufzuheben, weil die Gesellschaft in die Krise geraten war.

5. Ausschluss des Stimmrechts

Gemäß § 47 Abs. 4 GmbHG darf ein Gesellschafter sein Stimmrecht nicht ausüben, wenn

- es um seine Entlastung (z.B. als Geschäftsführer) geht,
- er von einer Verbindlichkeit befreit werden soll,
- über die Vornahme eines Rechtsgeschäfts mit ihm selbst entschieden werden soll oder
- Beschlussgegenstand die Einleitung oder Erledigung eines Rechtsstreits gegen ihn ist.

F 49

Dieses Stimmverbot trifft den Gesellschafter auch insoweit, als er das Stimmrecht als Vertreter **für andere Gesellschafter** ausüben will[981].

F 50

Die Vorschrift erfaßt also zwei Konfliktsituationen: das **Insichgeschäft** und das **Richten in eigener Sache**[982]. Sie statuiert kein allgemeines Stimmverbot bei jeder Interessenkollision, sondern ein Abstimmungsverbot bei Missbrauch des Stimmrechtes, also bei unangemessener Benachteiligung der Gesellschaftsinteressen; letzteres ist nach dem Inhalt der Entscheidung im Einzelfall zu beurteilen[983]. Als **Grundregel** gilt: Sind Entscheidungen in das freie Ermessen der Gesellschafter gestellt, so kann auch der hiervon speziell betroffene Gesellschafter mitstimmen; soll hingegen eine Maßnahme zu Lasten eines Gesellschafters beschlossen werden, deren Statthaftigkeit von bestimmten rechtlichen, ihn diskriminierenden Voraussetzungen in der Person oder im Verhalten dieses Gesellschafters (»wichtiger Grund«) abhängt, so ist die Willensbildung der Gesellschaft der Mitwirkung des betroffenen Gesellschafters entzogen und dieser auf die gerichtliche Überprüfung des ihn belastenden Beschlusses zu verweisen[984]. Zu Einzelfällen des Stimmrechtsausschlusses wird auf die Checkliste unter Ziffer VI 5 f., Rdn. F 106, verwiesen.

F 51

§ 47 IV GmbHG ist auf **Umgehungsversuche** anzuwenden; so ist z.B. die Übertragung des Geschäftsanteils auf einen Treuhänder unzulässig, wenn diese allein dem Ziel dient, das ausgeschlossene Stimmrecht zur Geltung zu bringen[985].

F 52

§ 47 Abs. 4 GmbHG bezweckt den Schutz des Gesellschaftsvermögens gegenüber dem einzelnen Gesellschafter zugunsten der Gesamtheit aller Gesellschafter, nicht aber zugunsten der Gesellschaftsgläubiger. Kommt eine Interessenkollision zwischen Einzelgesellschafter und Gesamtheit der Gesellschafter von vornherein nicht in Betracht, greifen auch die Stimmverbote nicht ein. Auch in der Einmanngesellschaft kommt § 47 Abs. 4 GmbHG nicht zum Zuge[986].

F 53

Obwohl gemäß § 45 Abs. 2 GmbHG auch § 47 GmbHG zur Disposition des Gesellschaftsvertrages steht, kann – jedenfalls nach Auffassung der neueren Rechtspre-

F 54

---

981 BGH, ZIP 1995, 1982. Zum Stimmrechtsausschluss bei mehreren Anteilsinhabern (Erbengemeinschaft) s. BGHZ 116, 353, 358.
982 BGHZ 97, 28, 33; *Scholz/Schmidt,* GmbHG, § 47, Rdn. 102; *Lutter/Hommelhoff,* GmbHG, § 47, Rdn. 13.
983 *Roth/Altmeppen,* GmbHG, § 47, Rdn. 51.
984 *Roth/Altmeppen,* GmbHG, § 47, Rdn. 60 m.w.N.
985 BGH, NJW 1976, 713; *Lutter/Hommelhoff,* GmbHG, § 47, Rdn. 15.
986 *Lutter/Hommelhoff,* GmbHG, § 47, Rdn. 13.

chung und ihr folgend eines Teils der Literatur – § 47 Abs. 4 Satz 1 GmbHG nicht statutarisch abbedungen werden[987].

6. Stimmenmehrheit

F 55   Ein Beschlussantrag ist angenommen, wenn er die erforderliche Stimmenmehrheit erhalten hat. **Einfache Mehrheit** genügt, wenn nicht Gesetz oder Satzung höhere Anforderungen stellen (vgl. § 47 Abs. 1 GmbHG). Sie ist erreicht, wenn die Zahl der gültigen Ja-Stimmen die der gültigen Nein-Stimmen um wenigstens eine übertrifft[988]. Bei Stimmengleichheit ist der Antrag also abgelehnt. Stimmenthaltungen werden nicht mitgezählt[989].

F 56   Eine **qualifizierte Mehrheit** im Sinne von ¾ der abgegebenen Stimmen verlangt das Gesetz für

- Satzungsänderungen einschließlich Kapitalerhöhung und Kapitalherabsetzung, § 53 Abs. 2 Satz 1 GmbHG;
- Auflösung, § 60 Abs. 1 Nr. 2 GmbHG;
- Verschmelzung, § 50 Abs. 1 UmwG;
- Spaltung, §§ 125, 50 Abs. 1 UmwG;
- Vermögensübertragung, vgl. z.B. §§ 176 Abs. 1, 50 Abs. 1 UmwG;
- formwechselnde Umwandlung, §§ 233 Abs. 1 u. 2, 240 Abs. 1 u. 2 UmwG.

F 57   Zu besonderen Fällen (z.B. § 53 Abs. 3 GmbHG) verlangt das Gesetz über die qualifizierte Mehrheit hinaus die **Zustimmung aller Betroffenen**; solche Zustimmungserfordernisse erfassen auch abwesende Gesellschafter[990].

F 58   **Einstimmigkeit** wird gefordert für[991]

- eine Änderung des Gesellschaftszwecks und
- den Abschluss von Gewinnabführungs- und/oder Beherrschungsverträgen[992].

7. Protokollierung und Beschlussfeststellung

F 59   Das GmbH-Gesetz schreibt zur Gültigkeit von Gesellschafterbeschlüssen deren notarielle **Protokollierung** nur bei Satzungsänderungen (§ 53 Abs. 2 GmbHG) sowie die

---

[987] BGHZ 108, 21, 27; OLG Hamm, GmbHR 1993, 815; OLG Stuttgart, GmbHR 1995, 231; *Hachenburg/Hüffer*, GmbHG, § 47, Rdn. 188; *Scholz/Schmidt* § 47, Rdn. 173; *Rowedder/ Koppensteiner*, GmbHG, § 47, Rdn. 70; enger *Lutter/Hommelhoff*, GmbHG, § 47, Rdn. 13, die das Stimmverbot nur insoweit als satzungsfest erachten, als es dem Gesellschafter verwehrt, als »Richter in eigener Sache« mitzuentscheiden.
[988] *Baumbach/Hueck/Zöllner*, GmbHG, § 47, Rdn. 14.
[989] BGHZ 83, 35 f.; 104, 66, 74 f.; *Hachenburg/Hüffer*, GmbHG, § 47, Rdn. 14; BGHZ 83, 35, 36; *Roth/Altmeppen*, GmbHG, § 47, Rdn. 4.
[990] Vgl. §§ 51 Abs. 1 S. 2 GmbHG, 128, 233 Abs. 1 UmwG; *Roth/Altmeppen*, GmbHG, § 47, Rdn. 4. Ansonsten muss das Einstimmigkeitsprinzip ausdrücklich in der Satzung vereinbart sein (BGH, NJW-RR 1990, 99).
[991] Vgl. *Scholz/Schmidt*, GmbHG, § 47, Rdn. 5; *Hachenburg/Hüffer*, GmbHG, § 47, Rdn. 17.
[992] Str.; Einzelheiten unten P II 2, Rdn. P 6 ff., 12.

Anfertigung einer Niederschrift für den Fall vor, dass sich alle Geschäftsanteile in der Hand eines Gesellschafters oder daneben in der Hand der Gesellschaft selbst befinden (§ 48 Abs. 3 GmbHG)[993].

Gleichwohl empfiehlt sich, auch in allen übrigen Fällen aus Gründen der **Beweissicherung** und der Rechtssicherheit eine Niederschrift[994] mit folgenden Angaben zu erstellen: F 60

- Ort, Datum und Uhrzeit,
- Name des Versammlungsleiters und des Protokollführers,
- Feststellung der ordnungsgemäßen Einberufung,
- Teilnahmeverzichte,
- Feststellung der Beschlussfähigkeit,
- Nachweis etwaiger Vollmachten,
- Inhalt der gestellten Anträge,
- Art der Abstimmung und
- Feststellung des Abstimmungsergebnisses[995].

Die **Feststellung** des Beschlusses durch den Versammlungsleiter ist im Gesetz nicht vorgeschrieben und deshalb nicht Voraussetzung für dessen Zustandekommen[996]. Im Interesse allseitiger Klarheit über den gefassten Beschlussinhalt ist sie jedoch nachdrücklich anzuraten. F 61

Ist ein **Versammlungsleiter** bestellt, so wird man ihn – unabhängig von einer speziellen Verpflichtung durch Satzung, Geschäftsordnung oder Gesellschafterbeschluss – kraft seiner Funktion für verpflichtet ansehen können, für eine schriftliche Fixierung gefasster Beschlüsse Sorge zu tragen[997]. Zumindest sollte man dem einzelnen Gesellschafter einen Anspruch auf Protokollierung zubilligen[998]. F 62

Stellt der Versammlungsleiter oder die Gesamtheit der Gesellschafter ein Beschlussergebnis fest, so ist dieses um der Rechtsklarheit Willen der maßgebliche Beschlussinhalt[999]. Wer ein anderes Beschlussergebnis behaupten will, muss den festgestellten Beschluss anfechten und ggf. das von ihm behauptete Beschlussergebnis zum Gegenstand einer Feststellungsklage machen. F 63

Besteht mangels förmlicher oder angesichts widersprüchlicher Beschlussfeststellung Uneinigkeit über den Inhalt eines gefassten Beschlusses, so kann jeder Gesellschafter positive Feststellungsklage gegen die GmbH erheben, ohne dabei an eine Anfech- F 64

---

993 Zu § 48 Abs. 3 GmbHG s.u. IV 10, Rdn. F 70 ff.
994 Vgl. hierzu die Muster VII 4 (Protokoll einer ordentlichen Gesellschafterversammlung), 5 (Protokoll einer Versammlung unter Verzicht auf Formen und Fristen der Einberufung und Ankündigung) und 6 (Protokoll einer Versammlung in einer Einmann-GmbH), Rdn. F 110 ff.
995 Vgl. *Eder*, in: GmbH-Hdb. I, Rdn. 465; *Hachenburg/Hüffer*, GmbHG, § 48, Rdn. 37.
996 BGHZ 76, 154, 156; BGH, ZIP 1995, 1982; BGH, ZIP 1999, 656; *Scholz/Schmidt*, GmbHG, § 48, Rdn. 57.
997 Str.; vgl. *Roth/Altmeppen*, GmbHG, § 48, Rdn. 15 m.w.N.
998 Str.; vgl. *Scholz/Schmidt*, § 48 Rdn. 6; *Roth/Altmeppen*, GmbHG, § 48, Rdn. 15.
999 BGHZ 104, 66; ausführlich zur Bedeutung der statutarisch angeordneten Feststellung des Beschlussergebnisses durch den Leiter der Versammlung *Eder*, in: GmbHG-Hdb. I, Rdn. 465.1 u. 465.2.

tungsfrist gebunden zu sein[1000]. An dem Feststellungsrechtsstreit müssen die betroffenen Gesellschafter in angemessener Weise beteiligt werden, um ihre abweichende Auffassung zur Geltung zu bringen[1001]. Dieses mag im Wege der Streitverkündung gegenüber den betroffenen Gesellschaftern oder mittels Bestellung eines Prozessvertreters für die GmbH gem. § 46 Nr. 8, 2. Halbsatz GmbHG durch die Gesellschafterversammlung geschehen.

8. Aufhebung und Änderung von Gesellschafterbeschlüssen

F 65 Die **Aufhebung** eines bereits gefassten Beschlusses ist als Änderung der Willensbildung grundsätzlich möglich, und zwar mit **einfacher Mehrheit**. Diese ist auch dann ausreichend, wenn vom Gesetz für den aufzuhebenden Beschluss eine qualifizierte Mehrheit vorgesehen ist[1002].

F 66 Für die **Änderung** von Beschlüssen ist zu differenzieren: Erforderte der zu ändernde Regelungsgegenstand eine qualifizierte Mehrheit, so gilt diese auch für den Änderungsbeschluss; denn die Abänderung als solche rechtfertigt keine Absenkung des Mehrheitserfordernisses, zumal mit ihr regelmäßig eine neue Regelung einhergeht, die ihrerseits der qualifizierten Mehrheit bedarf. In allen anderen Fällen genügt auch für die Abänderung die einfache Mehrheit [1003].

9. Beschlussfassung außerhalb der Gesellschafterversammlung

F 67 § 48 Abs. 2 GmbHG lässt Abstimmungen auch ohne Versammlungen **zu (schriftliche Beschlussfassung)**. Der Wortlaut der Vorschrift ist zu weit gefaßt und dahin einzuschränken, dass eine schriftliche Beschlussfassung für **Umwandlungsbeschlüsse** (§§ 13 Abs. 1 Satz 2, 125, 176 f., 193 Abs. 1 Satz 2 UmwG) ausgeschlossen ist[1004]. Bei Satzungsänderungen findet § 48 Abs. 2 GmbHG dagegen nach h.M. Anwendung[1005].

F 68 Für die schriftliche Beschlussfassung sieht § 48 Abs. 2 GmbHG **zwei Alternativen** vor:

- Entweder erklären sich alle Gesellschafter schriftlich mit der in der Sache zu treffenden Regelung einverstanden, oder

---

1000 BGHZ 76, 154; 76, 191; 88, 320; 97, 28, 30; 104, 66, 69; BGH, NJW 1996, 259; OLG Hamburg, ZIP 1991, 1430; *Roth/Altmeppen*, GmbHG, § 48 Rdn. 18.
1001 BGHZ 97, 28 mit Anmerkung *K. Schmidt*, NJW 1996, 2051; OLG München, DB 1994, 320; *Roth/Altmeppen*, GmbHG, § 48, Rdn. 15.
1002 Allg. Meinung, vgl. *Hachenburg/Hüffer*, GmbHG, § 47, Rdn. 38; *Scholz/Schmidt*, GmbHG, § 45, Rdn. 33; *Baumbach/Hueck/Zöllner*, GmbHG, § 47, Rdn. 22; *Roth/Altmeppen*, GmbHG, § 47, Rdn. 9.
1003 Vgl. *Hachenburg/Hüffer*, GmbHG, § 47, Rdn. 39; *Scholz/Schmidt*, GmbHG, § 45, Rdn. 33.
1004 *Scholz/Schmidt*, GmbHG, § 48, Rdn. 61; *Lutter/Hommelhoff*, GmbHG, § 48, Rdn. 2.
1005 *Baumbach/Hueck/Zöllner*, GmbHG, § 48, Rdn. 16; *Lutter/Hommelhoff*, GmbHG, § 48, Rdn. 2; *Hachenburg/Ulmer*, GmbHG, § 53, Rdn. 40; *Scholz/Priester*, GmbHG, § 53, Rdn. 53.

- das Einverständnis bezieht sich nur auf das schriftliche Verfahren, während sie in der Sache unterschiedlich votieren.

In beiden Fällen ist das Einverständnis **sämtlicher** Gesellschafter, auch derjenigen, die kein Stimmrecht haben, erforderlich[1006]. Schriftlich i.S.d. Abs. 2 bedeutet nicht gesetzliche Schriftform gemäß § 126 BGB. Jede schriftlich verkörperte Mitteilung ist ausreichend (Beispiele: Telefax; von allen Gesellschaftern unterschriebenes Rundschreiben)[1007]. Die Einverständniserklärung im Fall der zweiten Alternative des Abs. 2 kann sogar formlos erfolgen[1008]. **F 69**

10. Beschlussfassung in der Einmann-GmbH

Auch in der Einmann-GmbH können Beschlüsse in Versammlungen (§ 48 Abs. 1 GmbHG) gefasst werden. Dies kommt in Betracht, wenn sich der Gesellschafter durch den Geschäftsführer oder andere Personen beraten lassen will[1009]. Praktisch relevant ist auch hier die schriftliche Beschlussfassung gemäß § 48 Abs. 2 GmbHG; dann fällt also die Niederschrift mit der Beschlussfassung zusammen. Darüber hinaus kann der Einmann-Gesellschafter jederzeit und formlos Beschlüsse fassen[1010]; gemäß § 48 Abs. 3 GmbHG muss er aber unverzüglich nach Beschlussfassung eine Niederschrift aufnehmen und unterschreiben. **F 70**

§ 48 Abs. 3 GmbHG setzt voraus, dass sich alle Geschäftsanteile in der Hand eines Gesellschafters oder daneben nur noch in der Hand der Gesellschaft befinden. Eine **analoge** Anwendung auf die Versammlung einer Mehrmann-Gesellschaft, wenn nur ein Gesellschafter erscheint oder wenn eine Person durch alle Gesellschafter bevollmächtigt wird, ist abzulehnen[1011]. **F 71**

Das Fehlen einer schriftlichen Fixierung macht Beschlüsse keineswegs nichtig. Die Einmann-Gesellschaft muss sich vielmehr von Dritten auch nicht protokollierte Beschlüsse entgegenhalten lassen[1012]. Der Gesellschafter und die GmbH können sich aber bei fehlender Dokumentation nicht auf das Vorhandensein eines Beschlusses berufen[1013]. **F 72**

1006 BGHZ 15, 324, 329; 28, 355, 358; BGH, DStR 1999, 1576; OLG Düsseldorf, ZIP 1989, 1554, 1556.
1007 *Lutter/Hommelhoff*, GmbHG, § 48, Rdn. 11; *Scholz/Schmidt*, GmbHG, § 48, Rdn. 62; *Baumbach/Hueck/Zöllner*, GmbHG, § 48 Rdn. 19; a.A. *Roth/Altmeppen*, GmbHG, § 48 Rdn. 21.
1008 BGHZ 28, 355, 358.
1009 *Scholz/Schmidt*, GmbHG, § 48, Rdn. 75.
1010 BGHZ 12, 337, 339.
1011 *Lutter/Hommelhoff*, GmbHG, § 48, Rdn. 15; a.A. *Rowedder/Koppensteiner*, GmbHG, § 49, Rdn. 24.
1012 *Hachenburg/Hüffer*, GmbHG, § 48, Rdn. 67; *Scholz/Schmidt*, GmbHG, § 48, Rdn. 78.
1013 OLG Köln, BB 1993, 1388, 1390; *Scholz/Schmidt*, GmbHG, § 48, Rdn. 78; *Lutter/Hommelhoff*, GmbHG, § 48 Rdn. 18; differenzierend *Baumbach/Hueck/Zöllner*, GmbHG, § 48, Rdn. 29; *Roth/Altmeppen*, GmbHG, § 48, Rdn. 34.

V. Fehlerhafte Beschlüsse

F 73 Die Rechtsfolgen der Mangelhaftigkeit eines Gesellschafterbeschlusses sind im GmbHG nicht geregelt. Diese Lücke wird durch die sinngemäße Anwendung der aktienrechtlichen Regeln über Nichtigkeit und Anfechtbarkeit von Beschlüssen der Hauptversammlung (§§ 241–249 AktG) geschlossen, soweit nicht die Besonderheiten der GmbH eine Abweichung notwendig machen[1014].

1. Nichtige Beschlüsse

F 74 Die **abschließende** Aufzählung der Nichtigkeitsgründe in § 241 AktG gilt auch für die GmbH[1015]. Andere Beschlussfehler können nur zur Erhebung der Anfechtungsklage berechtigen. Eine Erweiterung oder Einschränkung der Nichtigkeitsgründe durch Satzungsbestimmung ist nicht möglich[1016].

- Analog § 241 Nr. 1 AktG ist ein Gesellschafterbeschluss nichtig, wenn die Versammlung von einem Unbefugten einberufen wurde[1017]. Die Einberufungsbefugnis ergibt sich aus §§ 49 Abs. 1, 50 Abs. 1, 3 GmbHG bzw. den gesellschaftsvertraglichen Regelungen. Ein Beschluss ist ferner dann nichtig, wenn nicht alle Gesellschafter zur Versammlung oder zur Teilnahme an einer schriftlichen Abstimmung geladen wurden[1018]. Dieselbe Rechtsfolge tritt ein, wenn in der Ladung Angaben über Ort und Zeit fehlen[1019]. Dagegen bewirkt die Verletzung der Ladungs- und Ankündigungsfristen nur die Anfechtbarkeit[1020]. Mängel bleiben ohne Folgen, wenn der Beschluss in Anwesenheit sämtlicher Gesellschafter gefasst wird[1021 u. 1022]. Trotz (körperlicher) Anwesenheit wirkt der Mangel fort, wenn der nicht oder nicht ordnungsgemäß Geladene die Teilnahme an der Beschlussfassung verweigert oder der Beschlussfassung der übrigen Gesellschafter widerspricht[1023].
- **Nichtbeurkundung** (§ 241 Nr. 2 AktG analog) führt in der GmbH nur bei satzungsändernden (§ 55 Abs. 1 GmbHG) oder satzungsdurchbrechenden Beschlüssen sowie bei Verschmelzungs- (§§ 50 ff. UmwG) oder Umwandlungsbeschlüssen (§ 233 UmwG) und bei Beschlüssen über den Abschluss von Unternehmensverträ-

---

1014 BGHZ 11, 231, 235; 14, 25, 30; 15, 382, 384; 36, 207, 210 f.; 51, 209, 210 f.; 104, 66; BGH, DStR 1999, 907; ausführlich hierzu: *Noack,* Fehlerhafte Beschlüsse in Gesellschaften und Vereinen, 998 und 9, 115 ff.; gegen die Heranziehung der aktienrechtlichen Vorschriften insb. *Zöllner/Noack,* ZGR 1989, 525, 532 ff.
1015 BGH, ZIP 1997, 932.
1016 *Lutter/Hommelhoff,* GmbHG, Anh. § 47, Rdn. 9; a.A. *Baumbach/Hueck/Zöllner,* GmbHG, Anh. § 47, Rdn. 17.
1017 BGHZ 11, 231, 236; BayObLG, BB 1999, 1839; OLG Schleswig, NZG 2000, 318.
1018 BGHZ 36, 207, 211.
1019 KG, NJW 1965, 2157, 2159.
1020 BGH, BB 1987, 1551.
1021 BGHZ 18, 334, 339; 36, 207, 211.
1022 Zur Möglichkeit der Heilung durch *nachträglichen Rügeverzicht* s.u. VI 3, Rdn. F 94 ff.
1023 *Lutter/Hommelhoff,* GmbHG, Anh. § 47, Rdn. 14, § 51, Rdn. 19.

gen zu deren Nichtigkeit. Nur in diesen Fällen schreibt das Gesetz Beurkundung vor (vgl. §§ 53 Abs. 2 und § 13 Abs. 3 Satz 1 UmwG).
- Entsprechend § 241 Nr. 3 AktG sind Beschlüsse nichtig, die
  - mit dem **Wesen** der GmbH nicht zu vereinbaren sind (Bsp.: Eingriff in unverzichtbare Individualrechte wie das Teilnahme- (§ 48 GmbHG) oder das Informationsrecht (§ 51 a GmbHG) sowie die Verletzung zwingender Zuständigkeitsregeln[1024] oder
  - durch ihren Inhalt Vorschriften verletzen, die ausschließlich oder überwiegend dem **Schutz der Gläubiger** dienen (insb. die Vorschriften über die Kapitalaufbringung und -erhaltung) oder sonst im **öffentlichen Interesse** (Bsp.: Eignungsvoraussetzungen für den Geschäftsführer, § 6 Abs. 2 GmbHG; Strafbestimmungen; § 1 GWB) gegeben sind[1025].
- Analog § 241 Nr. 4 AktG sind Beschlüsse nichtig, wenn sie durch ihren Inhalt gegen die **guten Sitten** verstoßen. Beschlüsse, bei denen nicht der eigentliche Beschlussgegenstand, sondern nur Beweggrund oder Zweck unsittlich sind oder bei denen die Sittenwidrigkeit in der Art des Zustandekommens liegt, sind lediglich anfechtbar[1026].
- Entsprechend § 241 Nr. 5 AktG sind Beschlüsse nichtig, die auf Anfechtungsklage hin von einem Gericht rechtskräftig für nichtig erklärt worden sind.
- In analoger Anwendung des § 241 Nr. 6 AktG sind Beschlüsse nichtig, die gemäß § 144 Abs. 2 FGG aufgrund rechtskräftiger Entscheidung von Amts wegen im Handelsregister als nichtig gelöscht worden sind.
- Nichtigkeitsbestimmungen für spezielle Beschlussgegenstände enthalten die §§ 250, 253, 256 AktG, §§ 57 j, 57 n GmbHG.
- Die in § 241 Halbs. 1 AktG aufgezählten Bestimmungen, deren Verletzung die Nichtigkeit zur Folge hat, sind im GmbH-Recht nicht anwendbar[1027].

Die Beschlussnichtigkeit kann **jedermann** geltend machen, auch derjenige, der dem Beschluss zugestimmt hat[1028], und zwar sowohl im Wege der **Einrede** als auch im Wege der **Klage** (Feststellungs- oder Nichtigkeitsklage)[1029]. Nichtige Beschlüsse dürfen nicht ausgeführt, insbesondere nicht zum Handelsregister angemeldet werden[1030].

F 75

Beurkundungsmängel werden analog § 242 Abs. 1 AktG **geheilt**, wenn die Eintragung des Gesellschafterbeschlusses im Handelsregister erfolgt ist. Andere Nichtigkeitstatbestände können nach Ablauf von drei Jahren seit Eintragung im Handelsregister nicht mehr geltend gemacht werden (§ 242 Abs. 2 AktG analog)[1031].

F 76

1024 *Lutter/Hommelhoff*, GmbHG, § 47 Anh. Rdn. 17; *Scholz/Schmidt*, GmbHG, § 45, Rdn. 73; *Roth/Altmeppen*, GmbHG, § 47, Rdn. 87.
1025 Vgl. *Lutter/Hommelhoff*, GmbHG, Anh. § 47, Rdn. 16–19; *Scholz/Schmidt*, GmbHG, § 45, Rdn. 73; *Roth/Altmeppen*, GmbHG, § 47, Rdn. 87 f.
1026 BGHZ 101, 113, 116.
1027 *Rowedder/Koppensteiner*, GmbHG, § 47, Rdn. 90.
1028 BGHZ 11, 231, 239.
1029 Zu den Rechtsbehelfen im einzelnen s.u. 4, Rdn. F 82 ff.
1030 *Baumbach/Hueck/Zöllner*, GmbHG, Anh. § 47, Rdn. 32.
1031 BGHZ 80, 212, 216 f.; zur Möglichkeit der Heilung durch nachträglichen Rügeverzicht s.u. VI 3, Rdn. 94 ff. Dies gilt auch für die Erhebung der Einrede nach § 249 Abs. 1 Satz 2

2. Unwirksame Beschlüsse

F 77 Bedarf es zur Wirksamkeit eines Gesellschafterbeschlusses noch eines zusätzlichen Aktes, so ist der Beschluss zunächst schwebend unwirksam. I.d.R. handelt es sich hierbei um **Zustimmungserklärungen** von Gesellschaftern, in deren Sonderrechte oder unentziehbare Mitgliedschaftsrechte eingegriffen wird[1032]. Der zunächst schwebend unwirksame Beschluss wird mit nachträglicher Vervollständigung wirksam[1033].

3. Anfechtbare Beschlüsse

F 78 Analog § 243 Abs. 1 AktG kann ein Gesellschafterbeschluss nur wegen Verletzung von Gesetz oder Satzung angefochten werden. Ein Verstoß gegen schuldrechtliche Abreden der Gesellschafter untereinander begründet die Anfechtbarkeit grundsätzlich nicht[1034]. Die Einhaltung solcher Abreden muss durch Klage gegen die Mitgesellschafter durchgesetzt werden. Der BGH hat jedoch den Verstoß eines Mehrheitsbeschlusses gegen eine für alle Gesellschafter verbindliche **Stimmbindung** als Anfechtungsgrund zugelassen[1035]; diese Lösung erspare der Minderheit eine auf die Stimmbindung gestützte Leistungsklage gegen die Mehrheit auf Herbeiführung eines der Stimmbindung entsprechenden Beschlusses.

F 79 Anfechtbare Gesellschafterbeschlüsse sind zunächst **rechtswirksam**. Erst nach erfolgreicher Anfechtung tritt ihre Nichtigkeit ein.

F 80 Die Anfechtung von Gesellschafterbeschlüssen kann ausschließlich im Wege einer **Gestaltungsklage** erfolgen[1036]. Das Anfechtungsrecht ist ein unentziehbares Gesellschafterrecht und kann deshalb auch nicht statutarisch eingeschränkt werden[1037].

F 81 Das Beschlussergebnis muss auf dem dargelegten Mangel beruhen[1038]. Die Anfechtungsmöglichkeit entfällt, wenn der Beschluss auch ohne den gerügten Mangel zustande gekommen wäre. Die Ursächlichkeit des Verstoßes für das Zustandekommen des Beschlusses wird widerlegbar vermutet[1039]. Die Anfechtung ist ausgeschlos-

---

AktG (BGHZ 33, 175 f.). Zur Vermehrung der nach der Satzung zu erbringenden Leistungen und der Einschränkung des Abfindungsrechts vgl. BGHZ 116, 359, 363.
1032 BGH, WM 1966, 446, 447; *Rowedder/Koppensteiner*, GmbHG, § 47, Rdn. 74.
1033 *Baumbach/Hueck/Zöllner*, GmbHG, § 47, Rdn. 10.
1034 Ausführlich hierzu *Ulmer*, NJW 1987, 1849 ff.
1035 BGH, NJW 1987, 1890; dagegen *Rowedder/Koppensteiner*, GmbHG, § 47, Rdn. 99; vgl. auch *Scholz/Schmidt*, GmbHG, § 45, Rdn. 116.
1036 H.M., *Lutter/Hommelhoff*, GmbHG, Anh. § 47, Rdn. 42; *Rowedder/Koppensteiner*, GmbHG, § 47, Rdn. 98; die neuere Lehre stellt das Klageerfordernis prinzipiell in Frage, vgl. hierzu *Hachenburg/Raiser*, GmbHG, Anh. § 47, Rdn. 4–11, 88, 99, 172 ff., 185, 188.
1037 *Baumbach/Hueck/Zöllner*, GmbHG, Anh. § 47, Rdn. 17; *Rowedder/Koppensteiner*, GmbHG, § 47, Rdn. 100.
1038 BGHZ 14, 264, 267 f.; zur Kausalität eines Ladungsmangels (Nichteinhaltung der Ladungsfrist) für einen in der Gesellschafterversammlung gefaßten Beschluss vgl. BGH, ZIP 1998, 22.
1039 BGH, ZIP 1987, 293, 295; BGH, ZIP 1998, 22; BGH, ZIP 1998, 355.

sen, wenn der betroffene Gesellschafter dem Beschluss nachträglich zustimmt oder wenn die Gesellschafter den rechtswidrigen Beschluss in der Weise bestätigen, dass sein ursprünglicher Mangel beseitigt wird (§ 244 AktG analog)[1040].

4. Rechtsbehelfe

a) Klagearten

Anfechtbare Beschlüsse können mit der Anfechtungsklage[1041] analog §§ 246, 248 AktG vernichtet werden[1042]. Sie ist auf **Rechtsgestaltung** gerichtet[1043]. Bei Beschlussnichtigkeit kommt eine Nichtigkeitsklage analog § 249 AktG in Betracht. Sie ist auf **Feststellung** der Nichtigkeit gerichtet[1044]. Beide Klagen verfolgen dasselbe materielle Ziel, nämlich die richterliche Klärung der Unwirksamkeit des Gesellschafterbeschlusses für und gegen jedermann[1045]. Der Nichtigkeits- und Anfechtungsklage liegt demnach ein **einheitlicher Streitgegenstand** zugrunde, sofern sich die Klagen gegen denselben Beschluss richten und auf denselben Lebenssachverhalt stützen[1046]. Daraus ergeben sich wichtige Konsequenzen[1047]:

F 82

- Der Übergang von einem Nichtigkeits- oder Anfechtungsgrund zu einem anderen ist keine Klageänderung.
- Die Verbindung von Nichtigkeits- und Anfechtungsgründen ist keine Klagehäufung.
- Auf einen Nichtigkeitsantrag kann ein Anfechtungsurteil ergehen und umgekehrt.
- Wird die Klage abgewiesen, sind alle Nichtigkeits- und Anfechtungsgründe präkludiert. Eine neue Nichtigkeits- oder Anfechtungsklage kann nur auf einen anderen Sachverhalt gestützt werden[1048].

Das Erfordernis einer **positiven Beschlussfeststellungsklage** kann sich im GmbH-Recht daraus ergeben, dass Beschlüsse der Gesellschafterversammlung nicht zwingend festgestellt werden müssen. Findet keine Feststellung statt und entsteht unter den Gesellschaftern Streit über das Beschlussergebnis (Annahme oder Ablehnung), lässt sich

F 83

1040 *Lutter/Hommelhoff*, GmbHG, Anh. § 47, Rdn. 57 f.; zur Anfechtungsfrist vgl. unten V 2, Rdn. F 92 f.
1041 Vgl. Muster VII 8 (Anfechtungsklage gegen einen Gesellschafterbeschluss), Rdn. F 114.
1042 MünchHdb.GesR III/*Ingerl*, § 40, Rdn. 2–3.
1043 *Rowedder/Koppensteiner*, GmbHG, § 47, Rdn. 119.
1044 Die h.L. ordnet die Klage auf Feststellung der Nichtigkeit als Feststellungsklage besonderer Art ein, die im Verfahren und im Ergebnis der Anfechtungsklage als Gestaltungsklage weitgehend angenähert ist, vgl. *Geßler/Hefermehl/Ekkardt/Kropff/Hüffer*, AktG, § 249, Rdn. 7; *Wiedemann*, Gesellschaftsrecht, § 8 IV 2. *Schmidt*, JZ 1988, 729, 733 ff., ordnet die Nichigkeitsklage auch als Gestaltungsklage ein. Zur Frist vgl. BGH, GmbHR 1999, 477.
1045 BGH, ZIP 1997, 732, 733.
1046 *Rowedder/Koppensteiner*, GmbHG, § 47, Rdn. 119.
1047 BGHZ 116, 359, 372; 134, 364; vgl. *Hachenburg/Raiser*, GmbHG, Anh. § 47, Rdn. 195. Zur Zulässigkeit des Teilurteils s. BGH, ZIP 1999, 580.
1048 So auch jetzt BGH, ZIP 1997, 732, 733.

F. Gesellschafterversammlung

der exakte Angriffspunkt der Anfechtungsklage nicht ausmachen. Der klagende Gesellschafter ist in einem solchen Fall auf die Feststellung des Beschlussinhalts angewiesen[1049]. Weil die Klärung allgemeiner Rechtsfragen unzulässig ist, muss das begehrte Urteil für künftiges Verhalten der Gesellschafter richtungweisend sein[1050]. Eine diesem Ziel dienende Klage ist zulässig und kann ohne weiteres mit der Anfechtungsklage verbunden werden[1051].

b) Prozessbeteiligte

F 84 **Aktiv legitimiert** ist jeder Gesellschafter, der Geschäftsführer jedenfalls dann, wenn er sich durch die Ausführung des Beschlusses schadensersatzpflichtig (§ 43 Abs. 2 GmbHG) oder strafbar machen würde[1052]. Treugeber, Nießbraucher und Pfandgläubiger sind nicht anfechtungsbefugt, wohl aber der Testamentsvollstrecker und der Insolvenzverwalter[1053].

F 85 **Passiv legitimiert** ist immer die Gesellschaft selbst (§ 246 Abs. 2 Satz 1 AktG)[1054], die durch ihre Geschäftsführer vertreten wird (§ 35 Abs. 1 GmbHG).

c) Einstweiliger Rechtsschutz

F 86 Die **Verhinderung der Ausführung mangelhafter Beschlüsse** durch einstweilige Verfügung ist gemäß §§ 940 ff. ZPO möglich, sofern dies zur Abwendung wesentlicher Nachteile oder aus anderen Gründen nötig erscheint[1055]. Insbesondere der gegen seinen Willen gemäß § 38 Abs. 2 GmbHG abberufene Gesellschafter-Geschäftsführer kann deshalb mittels einstweiliger Verfügung die Fortführung seines Amtes bis zur Entscheidung der Hauptsache sichern, wenn er das Fehlen eines wichtigen Grundes glaubhaft machen kann.

F 87 Streitig und auch von der Rechtsprechung noch nicht abschließend geklärt ist die Zulässigkeit der einstweiligen Verfügung zu dem Zweck, die Beschlussfassung zu verhindern[1056]. Hiergegen wird eingewendet, die Verfügung würde einen endgültigen

---

1049 BGHZ 14, 25, 35 f.; 51, 209; 76, 154, 156; 104, 66, 68 f.; BGH, GmbHR 1996, 47.
1050 *Noack*, Fehlerhafte Beschlüsse in Gesellschaften und Vereinen, 82.
1051 *Lutter/Hommelhoff*, GmbHG, Anh. § 47, Rdn. 43.
1052 *Lutter/Hommelhoff*, GmbHG, Anh. § 47, Rdn. 32, 62; *Rowedder/Koppensteiner*, GmbHG, § 47, Rdn. 124; weitergehend *Scholz/Schmidt*, GmbHG, § 47, Rdn. 134 und *Baumbach/Hueck/Zöllner*, GmbHG, Anh. § 47, Rdn. 75. Der BGH hat die Anfechtungsbefugnis des Geschäftsführers abgelehnt, BGHZ 76, 154, 159; vgl. *Roth/Altmeppen*, GmbHG, § 47, Rdn. 121. Der Veräußerer eines Geschäftsanteils verliert seine Klagebefugnis mit der Anmeldung nach § 16 Abs. 1 GmbHG (BGH, NJW 1969, 133; BGHZ 43, 261, 267), wenn nicht der Veräußerer an der Fortsetzung des Rechtsstreits ein über die bloße Mitgliedschaft hinausgehendes Interesse hat (BGHZ 243, 261, 267 ff.).
1053 *Hachenburg/Raiser*, GmbHG, Anh. § 47, Rdn. 160.
1054 BGHZ 22, 101, 104; BGH, NJW 1981, 1041.
1055 *Scholz/Schmidt*, GmbHG, § 45, Rdn. 183.
1056 Gegen eine Einflussnahme auf die Beschlussfassung selbst: OLG Frankfurt, BB 1982, 274; OLG Stuttgart, NJW 1987, 2449; OLG Koblenz, DB 1990, 2413; *Baumbach/Hueck/*

Zustand herstellen, weil der Beschluss im Fall der späteren Aufhebung der einstweiligen Verfügung nicht nachträglich zur Entstehung gelangen könne[1057]. Wird aber dem Gesellschafter die Verhinderung des Zustandekommens eines Beschlusses unmöglich gemacht, so kann im Einzelfall sein Schaden weit größer sein als der durch die einstweilige Verfügung für die Gesellschaft verursachte Nachteil. Ein genereller Ausschluss des einstweiligen Rechtsschutzes im Vorfeld von Gesellschafterversammlungen zwecks Verhinderung von Gesellschafterbeschlüssen ist daher abzulehnen. Allerdings sind in diesen Fällen an die Tatbestandsvoraussetzungen des § 940 ZPO (Verfügungsanspruch, -grund) hohe Anforderungen zu stellen[1058], so dass letztlich eine solche gerichtliche Verfügung nur in Ausnahmefällen in Betracht kommen wird[1059].

d) Schiedsfähigkeit von Anfechtungsklagen

Der BGH lässt die Schiedsgerichtsfähigkeit der Anfechtungsklage an der **Wirkung des Schiedsspruchs** scheitern[1060]. Das den Gesellschafterbeschluss auf die Anfechtungsklage hin kassierende Urteil gelte analog §§ 248 Abs. 1 Satz 1, 249 Abs. 1 Satz 1 AktG für und gegen alle Gesellschafter sowie Organe der Gesellschaft. Eine solche Erstreckungswirkung könne dem Schiedsspruch nicht zugemessen werden. Dieser habe nur Wirkungen zwischen den Parteien (§ 1055 ZPO[1061]); eine Ausdehnung auf Dritte bedürfe ausdrücklicher gesetzlicher Anordnung[1062 u. 1063].

F 88

VI. Beratungshilfen

1. Teilnahmerecht des Rechtsbeistandes an Gesellschafterversammlungen

Häufig enthalten Gesellschaftsverträge lediglich eine Regelung dahin gehend, dass sich ein Gesellschafter durch einen zur Berufsverschwiegenheit verpflichteten Dritten (z.B. Rechtsanwalt, Wirtschaftsprüfer, Steuerberater) in der Gesellschafterversammlung

F 89

Zöllner, GmbHG, Anh. § 47, Rdn. 93 k; a.A. OLG Koblenz, ZIP 1986, 503; OLG Hamburg, NJW 1992, 186; LG München, ZIP 1994, 1858; *Schmidt*, ZIP 1992, 1212.
1057 OLG Frankfurt, WM 1982, 282; *Semler*, BB 1979, 1533, 1536; *Rowedder/Koppensteiner*, GmbHG, § 47, Rdn. 78.
1058 So *Hachenburg/Raiser*, GmbHG, Anh. § 47, Rdn. 257.
1059 Vgl. Muster in Ziff. E VII 5, 6, Rdn. E 117, 118.
1060 BGH, DB 1996, 1172; BGHZ 132, 278.
1061 Die Entscheidung ist zu § 1040 ZPO a.F. ergangen. § 1055 ZPO n.F. enthält aber eine inhaltsgleiche Regelung.
1062 Eine solche ist auch durch die Reform des schiedsrichterlichen Verfahrens nicht eingeführt worden.
1063 Für die Schiedsfähigkeit: *Kornmeier*, DB 1980, 193, 195; *Ebenroth/Müller*, DB 1992, 361, 362 f.; *Scholz/Schmidt*, GmbHG, § 45, Rdn. 150; differenzierend *Hachenburg/Raiser*, GmbHG, Anh. § 47, Rdn. 206 ff.; gegen den Begründungsansatz des BGH vgl. auch *Henze*, GmbH, Rdn. 1139 ff.

vertreten lassen kann. Immer wieder kommt es dann zum Streit darüber, ob ein Gesellschafter im Beistand seines Rechtsanwalts an der Gesellschafterversammlung teilnehmen darf.

F 90   Zur Vermeidung derartiger Auseinandersetzungen empfehlen sich klare Regelungen im Gesellschaftsvertrag, die das **Teilnahmerecht eines Beistands** auch dann sichern, wenn der Gesellschafter persönlich anwesend ist, etwa wie folgt:

F 91   »Jeder Gesellschafter kann sich in Gesellschafterversammlungen durch einen zur Berufsverschwiegenheit verpflichteten Dritten (z.B. Rechtsanwalt, Wirtschaftsprüfer, Steuerberater) vertreten lassen oder in dessen Beistand an Gesellschafterversammlungen teilnehmen.«

2. Anfechtungsfrist für Gesellschafterbeschlüsse

F 92   Gemäß § 246 Abs. 1 AktG muss die Anfechtungsklage innerhalb eines Monats nach der Beschlussfassung erhoben werden. Für die GmbH ist die Bestimmung entsprechend heranzuziehen, allerdings mit der Maßgabe, dass an die Stelle der **Monatsfrist** eine nach den Umständen des Einzelfalls zu bemessende **angemessene Frist** tritt[1064]. Die aktienrechtliche Monatsfrist kann hierbei als Leitbild dienen, wobei »die dem Aktionär zugebilligte Zeitspanne von einem Monat nach unten hin das absolute Minimum dessen ist, was dem Gesellschafter der GmbH zur Verfügung stehen muss.«[1065]

F 93   Für die Praxis ist es ratsam, sich bei Fehlen einer Satzungsbestimmung auf die Einhaltung der Monatsfrist des § 246 Abs. 1 AktG einzustellen. Eine Klageerhebung nach mehr als sechs Monaten ist verspätet[1066]. Soll der Gesellschaftsvertrag eine Regelung über die Anfechtungsfrist treffen, so empfiehlt sich zur Vermeidung überstürzter Klageerhebungen, die Frist auf **ein bis drei Monate** zu bemessen und auch den Fristbeginn klar zu definieren (z.B. Kenntnis des Gesellschafters von der Beschlussfassung und Erkennbarkeit des Beschlussmangels).

3. Heilung von Beschlussmängeln durch nachträglichen Rügeverzicht

F 94   Ein **Rügeverzicht**, der **vor** Durchführung der Gesellschafterversammlung ausgesprochen wird, bewirkt die Heilung eines wegen nicht ordnungsgemäßer Einberufung mangelhaften Beschlusses[1067]. Streitig ist, ob dieser Nichtigkeitsgrund auch durch **nachträglichen** Rügeverzicht behoben werden kann[1068].

1064 BGHZ 104, 66, 71 f.; 111, 224, 225 f.; BGH, ZIP 1995, 1982; BGHZ 137, 378; OLG München, GmbHR 2000, 385; OLG Stuttgart, GmbHR 2000, 385.
1065 BGHZ 111, 224.
1066 BGH, NJW-RR 1989, 347, 349.
1067 BGHZ 87, 2, 4; *Lutter/Hommelhoff*, GmbHG, § 51, Rdn. 19; *Rowedder/Koppensteiner*, § 47, Rdn. 95.
1068 Bejahend *Scholz/Schmidt*, GmbHG, § 51, Rdn. 38; *Hachenburg/Raiser*, GmbHG, Anh. § 47, Rdn. 78; verneinend *Hachenburg/Hüffer*, GmbHG, § 51, Rdn. 32; das Urteil des

Im Rahmen der Reform des AktG zur »Kleinen AG« hat der Gesetzgeber die bisher nur bei der GmbH zulässige Ladungsform durch eingeschriebenen Brief (§ 51 Abs. 1 Satz 1 GmbHG) auch für die Hauptversammlung bei solchen Aktiengesellschaften gestattet, bei denen die Aktionäre namentlich bekannt sind (§ 121 Abs. 4 AktG). Gemäß **§ 242 Abs. 2 Satz 4 AktG** können Verstöße hiergegen durch die Genehmigung des betroffenen Gesellschafters geheilt werden.

F 95

Da sowohl § 121 Abs. 4 AktG als auch § 51 Abs. 1 Satz 1 GmbHG dem kleinen Kreis der jeweiligen Gesellschaft (GmbH oder AG) Rechnung tragen, dürften einer analogen Anwendung des § 242 Abs. 4 Satz 4 AktG im GmbH-Recht keine Hindernisse entgegenstehen[1069], so dass auch eine dahin gehende Entscheidung der Streitfrage durch die Rechtsprechung zu erwarten ist. Von der hiernach gegebenen Möglichkeit des nachträglichen Rügeverzichts bei Einberufungsmängeln kann also ohne größere Bedenken Gebrauch gemacht werden.

F 96

4. Durchbrechung von Stimmpflichten in Gesellschafterversammlungen und mittels einstweiliger Verfügung

Widerspricht die Stimmabgabe eines Gesellschafters einem für alle Gesellschafter verbindlichen Stimmbindungsvertrag oder hat sich das Stimmrecht aufgrund Treue- oder Sorgfaltspflicht des Gesellschafters zur Stimmpflicht in einem bestimmten Sinne verdichtet[1070], so stellt sich die Frage, wie Verstöße gegen solche Stimmpflichten in Gesellschafterversammlungen zu behandeln sind und ob ein bestimmtes Stimmverhalten im Vorfeld der Gesellschafterversammlung mittels einstweiliger Verfügung erzwungen werden kann.

F 97

a) Nichtberücksichtigung

Die h.M. will die entgegen einer bindenden Stimmpflicht abgegebene Stimme bei der Feststellung des Beschlussergebnisses unberücksichtigt lassen und als nichtig ansehen[1071]. Sie soll bereits bei Feststellung des Beschlussergebnisses nicht mitgezählt werden[1072]. Hiernach muss das richtige Beschlussergebnis im Wege der Feststellungsklage – nötigenfalls nach vorheriger bzw. gleichzeitiger Anfechtung des in falscher Berechnung (also unter rechtswidriger Berücksichtigung bzw. Nichtberücksichtigung

F 98

BGH (BGHZ 87, 2, 4) ist unklar. Es kam aufgrund des Sachverhalts ein nachträglicher Rügeverzicht nicht in Betracht.
1069 So auch *Baumbach/Hueck/Zöllner*, GmbHG, Anh. § 47, Rdn. 38 und § 51, Rdn. 24; *Lutter/Hommelhoff*, GmbHG, Anh. § 47, Rdn. 29.
1070 Vgl. hierzu oben IV 4, Rdn. F 43 ff.; vgl. auch BGHZ 15, 382, 385; 101, 113, 116 f.; 116, 359, 374 f.
1071 *Baumbach/Hueck/Zöllner*, GmbHG, § 47, Rdn. 4 a; BGH, NJW 1983, 1910; BGH, NJW 1987, 1890; BGH, NJW 1988, 970; 1991, 846; UM, NJW 1983, 1910; BGH, NJW 1987, 1890; BGH, WM 1993, 1595; a.A. *Koppensteiner*, ZIP 1994, 1325; *Rowedder/Koppensteiner*, GmbHG, § 47, Rdn. 166.
1072 BGH, NJW 1991, 846; OLG Hamburg, ZIP 1991, 1430; *Baumbach/Hueck/Zöllner*, GmbHG, Anh. § 47, Rdn. 63; *Schmidt*, GmbHR 1992, 9.

der streitigen Stimme) förmlich festgestellten Beschlusses – klargestellt werden. Eine andere Ansicht sieht den Versammlungsleiter mit der Entscheidung über die Berücksichtigung der streitigen Stimme überfordert und will diese deshalb bei der förmlichen Ermittlung des Beschlussergebnisses berücksichtigen und es den betroffenen Mitgesellschaftern überlassen, das vorläufig gültige Beschlussergebnis im Klagewege zu beseitigen oder richtig zu stellen[1073].

F 99 In der Praxis wird der Versammlungsleiter die Entscheidung über die Behandlung der streitigen Stimme nur dann treffen können, wenn der Verstoß gegen die Stimmbindung und Treuepflicht klar auf der Hand liegt. Es ist dann Sache des betroffenen Gesellschafters, eine hiervon abweichende Berücksichtigung seiner Stimme im Klagewege durchzusetzen. In allen übrigen Fällen wird der Versammlungsleiter – will er nicht die Nichtigkeit des Beschlusses wegen unzulässigem Stimmrechtsausschluss eines Gesellschafters riskieren – die streitige Stimme zunächst berücksichtigen und es dann den übrigen Gesellschaftern überlassen müssen, das festgestellte Beschlussergebnis im Klagewege zu korrigieren.

b) Einstweilige Verfügung

F 100 Die Verhinderung einer pflichtwidrigen Stimmabgabe mittels einstweiliger Verfügung wird von der neueren Rechtsprechung zunehmend, wenngleich mit Einschränkungen, zugelassen[1074]. Auch hier kommt es letztlich auf die Schwere des bevorstehenden Pflichtverstoßes und den hierdurch zu befürchtenden Schaden an, so dass eine Interessenabwägung ähnlich derjenigen bei der Verhinderung der Abberufung des Gesellschafter-Geschäftsführers (§ 38 Abs. 2 GmbHG) vorzunehmen ist[1075].

5. Checklisten

F 101 a) **Vorbereitung einer ordentlichen Gesellschafterversammlung**[1076]

> - Bestimmung eines Geschäftsführers, der die Vorbereitung übernimmt;
> - Bestimmung des Ortes;
> - Bestimmmung des Termins unter Berücksichtigung der Ladungsfristen;
> - Raum-, Personal- und Ausstattungsorganisation;
> - Bestimmung etwaiger Teilnehmer außerhalb des Gesellschafterkreises (z.B. Geschäftsführer oder leitende Angestellte);

1073 Vgl. *Roth/Altmeppen*, GmbHG, § 47, Rdn. 44 f.; *Koppensteiner*, ZIP 1994, 1328.
1074 Vgl. OLG Koblenz, NJW 1986, 1692; OLG Hamburg, ZIP 1991, 1428; OLG Frankfurt/Main, GmbHR 1993, 161; abl. OLG Koblenz, DB 1990, 2413; OLG Hamm, GmbHR 1993, 163.
1075 Vgl. hierzu oben V 4 c, Rdn. F 86 f. sowie *Roth/Altmeppen*, GmbHG, § 47, Rdn. 46 m.w.N.
1076 *Heussen*, Vertragsverhandlung und Vertragsmanagement, Rdn. 1134.

- Zusammenstellung der mit der Einladung zu versendenden Unterlagen; zwingend: Jahresabschluss nebst Lagebericht, Vorschlag über die Ergebnisverwendung (bei Prüfung des Jahresabschlusses: Prüfbericht; bei Aufsichtsrat: Bericht des Aufsichtsrates);
- Versendung der Ladung mittels Einschreiben nebst der Unterlagen, die an die Gesellschafter versandt werden.

b) **Mindestgegenstand einer ordentlichen Gesellschafterversammlung**[1077] F 102

- Bericht der Geschäftsführung über das abgelaufene Geschäftsjahr einschließlich Erläuterung des Jahresabschlusses und des Vorschlages über die Ergebnisverwendung und über Aussichten und Planungen für das folgende Geschäftsjahr;
- Feststellung des Jahresabschlusses;
- Beschluss über Ergebnisverwendung;
- Beschluss über die Entlastung der Geschäftsführer;
- ggf. Wahl des Abschlussprüfers.

c) **Durchführung der Gesellschafterversammlung und Aufgaben des Versammlungsleiters** F 103

- Formalien
  - Wahl des Versammlungsleiters, soweit dieser nicht schon durch Gesellschaftsvertrag bestimmt ist;
  - Wahl eines Protokollführers;
- Feststellung der Ordnungsgemäßheit der Einberufung;
- Feststellung der Erschienenen und Prüfung der Ordnungsgemäßheit etwaiger Vollmachten;
- Feststellung der Beschlussfähigkeit;
- Aufruf der Beschlussgegenstände;
- Erteilung des Wortes und Erörterung bei angemessener Ausübung des Rederechts;
- Durchführung der Abstimmung;
- Feststellung des Beschlussergebnisses;
- Eventueller Ausschluss von der Versammlung;
- Schließung der Versammlung;
- Unterzeichnung und Versendung des Protokolls.

1077 *Heussen*, Vertragsverhandlung und Vertragsmanagement, Rdn. 1133.

F 104 **d) Katalog von Geschäftsführungsmaßnahmen, die häufig an die Zustimmung der Gesellschafterversammlung gebunden werden**

- **Erwerb, Veräußerung** oder **Belastung von Grundstücken;**
- **Bauliche Maßnahmen,** soweit im Einzelfall die Aufwendungen einen bestimmten Betrag übersteigen;
- Abschluss, Aufhebung oder Änderung von Leasing-, Pacht-, Mietverträgen oder anderen **Dauerschuldverhältnissen;** ggf. ab einer bestimmten jährlichen Belastung der Gesellschaft;
- **Anstellung oder Entlassung von Arbeitnehmern** ab bestimmten monatlichen Bruttobezügen;
- **Beteiligungen von Arbeitnehmern** an Gewinn, Umsatz oder Vermögen der Gesellschaft sowie Versorgungszusagen jeder Art;
- Eingehen von **Wechselverbindlichkeiten, Bürgschaftsverpflichtungen** oder Inanspruchnahme von **Krediten** ab einer bestimmten Höhe; ausgenommen laufende Warenkredite;
- Gewährung von Krediten oder Sicherheiten;
- Errichtung oder Aufgabe von **Zweigniederlassungen,** Erwerb anderer Unternehmen oder Beteiligung an solchen;
- **Veräußerung oder Verpachtung des Unternehmens** im Ganzen oder von Teilbetrieben sowie Veräußerung von Beteiligungen;
- Abschluss, Aufhebung oder Änderung von **Verträgen mit Verwandten** und Verschwägerten eines Gesellschafters oder Geschäftsführers;
- Erteilung und Widerruf von **Prokura** oder **Handlungsvollmacht.**

F 105 **e) Gestaltung, die das Abspaltungsverbot verhindern will**[1078]

- Isolierte **Übertragung** von Teilhaberechten (Stimmrechten, Klagerechten, Informationsrechten) auf ein Nichtmitglied;
- **Ermächtigung** zur Ausübung dieser Rechte im eigenen Namen;
- **unwiderrufliche** verdrängende **Bevollmächtigung** eines Dritten zur Ausübung dieser Rechte.

1078 Vgl. *Schmidt,* GesR, § 19 III 4 a (S. 561).

f) Stimmrechtsausschluss – ja oder nein? F 106

Beschlussgegenstand	ja	nein
1. Entlastung des Gesellschafters, z.B. als Geschäftsführer	X	
2. Befreiung des Gesellschafters von einer Verbindlichkeit	X	
3. Vornahme von Rechtsgeschäften mit dem Gesellschafter	X	
4. Einleitung oder Erledigung eines Rechtsstreits gegen den Gesellschafter	X	
5. Weisungen der Gesellschafter an die Geschäftsführer betr. 4.	X	
6. Abberufung des Gesellschafters als Geschäftsführer aus wichtigem Grund (§ 38 Abs. 2 GmbHG)	X	
7. Ausschluss des Gesellschafters	X	
8. Erhebung der Ausschlussklage gegen den Gesellschafter	X	
9. Ausübung des Stimmrechts durch den betroffenen Gesellschafter für andere Gesellschafter in den vorgenannten Fällen	X	
10. Entlastung des Geschäftsführers, der im Entlastungszeitraum ein Geschäft mit dem Gesellschafter abgeschlossen hat		X
11. Bürgschaft der GmbH zugunsten des Gesellschafters		X
12. Berufung und Abberufung des Gesellschafters als Geschäftsführer		X
13. Abschluss des Geschäftsführers-Anstellungsvertrages und dessen Änderungen		X
14. Beschlüsse betr. Stammkapital oder Geschäftsanteile		X
15. Satzungsänderung (§ 53 GmbHG)		X
16. Abschluss von Unternehmensverträgen mit Konzernunternehmen des Gesellschafters		X
17. Fusion mit anderen Gesellschaften des betroffenen Gesellschafters		X

VII. Muster

F 107 **1. Einladung zu einer ordentlichen/außerordentlichen Gesellschafterversammlung**

... (*Firma*) ... (*Ort*), ... (*Datum*)

Einschreiben

An die Gesellschafter der ... GmbH
1. Herrn ... (*Beruf, Name*)
2. Herrn ... (*Beruf, Name*)
...

Einladung zu einer (außerordentlichen) Gesellschafterversammlung

Die Anteilseigner unserer Gesellschaft werden hiermit zu einer (außerordentlichen) Gesellschafterversammlung eingeladen auf
den ... (*Datum*), ... (*Uhrzeit*), in die Geschäftsräume der Gesellschaft (*Sitzungszimmer*) in ... (*Ort*), ... (*Straße*).

Die Tagesordnung lautet:
a) ...
b) ...
c) ...

...
Geschäftsführer

---

2. Verlangen eines Gesellschafters auf Einberufung einer F 108
   Gesellschafterversammlung

... (*Name*) ... (*Ort*), ... (*Datum*)

An die
... GmbH
z. Hd. ihres Geschäftsführeres

... (*Name*)

Sofortige Einberufung einer Gesellschafterversammlung

Ich bin an der ... GmbH, deren Stammkapital ... € beträgt, mit Geschäftsanteilen im Gesamtnennbetrag von ... € beteiligt. Gemäß § 50 GmbHG verlange ich unter Hinweis darauf, dass meine Geschäftsanteile mehr als den zehnten Teil des Stammkapitals ausmachen, die sofortige Einberufung einer Gesellschafterversammlung mit folgender Tagesordnung:

1. ...
2. ...
3. ...

Sollte ich bis zum ... (*Datum*) nicht die Einladung zu der von mir verlangten Gesellschafterversammlung erhalten haben, werde ich von meinem Recht aus § 50 Absatz 3 GmbHG Gebrauch machen und die Berufung der Gesellschafterversammlung selbst bewirken.

Zur Begründung meines Einberufungsverlangens mache ich geltend:

...
...

Eine Abschrift meines heutigen Schreibens geht mit gleicher Post meinen Mitgesellschaftern zu.

...
(*Unterschrift*)

F 109 3. **Einberufung der Gesellschafterversammlung durch Gesellschafter**

... (*Name*) ... (*Ort*), ... (*Datum*)

Einschreiben

An die Gesellschafter der ... GmbH
...
...
...

Unter Bezugnahme auf § 50 Absatz 3 GmbHG lade ich hiermit die Gesellschafter der ... GmbH zu einer

    außerordentlichen Gesellschafterversammlung auf den ... (*Datum*) ... (*Uhrzeit*) in die Geschäftsräume der Gesellschaft (*Sitzungszimmer*) in ... (*Ort*), ... (*Straße*) ein.

Mit dem Ihnen abschriftlich übermittelten Schreiben vom ... (*Datum*), von dem ich eine Kopie diesem Schreiben beifüge, hatte ich bei der ... GmbH zu Händen ihres Geschäftsführers, ... (*Name*), die sofortige Einberufung einer Gesellschafterversammlung gemäß § 50 Abs. 1 GmbHG verlangt und hierfür eine Frist bis zum ... gesetzt.

Auf dieses Schreiben bin ich bis heute ohne Antwort der Geschäftsführung geblieben. Da die Behandlung der in meinem Schreiben beantragten Tagesordnung keinen weiteren Aufschub duldet, mache ich mit meinem heutigen Schreiben von meinem Recht auf Einberufung der Gesellschafterversammlung gemäß § 50 Abs. 3 GmbHG Gebrauch. Den Zweck der Versammlung bitte ich meinem Ihnen abschriftlich übermittelten Schreiben an die Gesellschaft vom ... (*Datum*) zu entnehmen.

...
(*Unterschrift*)

4. Protokoll einer ordentlichen Gesellschafterversammlung   F 110

Niederschrift über die ordentliche Gesellschafterversammlung der ... GmbH am ... (*Datum*) am Sitz der Gesellschaft in deren Geschäftsräumen

Teilnehmer

1. Es waren erschienen:
2. Die Gesellschafter ...
3. Die Geschäftsführer ...
...

Versammlungsleitung

Der Geschäftsführer ... übernahm mit Zustimmung aller Teilnehmer die Leitung der Versammlung, die er um ... Uhr eröffnete.

Feststellungen

Die erschienenen Gesellschafter ... erklärten übereinstimmend, dass sie an dem Stammkapital der ... GmbH im Nennbetrag von ... € wie folgt beteiligt seien.
1. der Gesellschafter ... mit einem Geschäftsanteil im Nennbetrag von ... €;
2. ...
3. ...

Die Gesellschafter bestätigten den fristgerechten Empfang der Einladung und erhoben gegen deren Form und Inhalt keine Einwendungen.

Abhandlung der Tagesordnung

Die in der Einladung vom ... angekündigte Tagesordnung wurde wie folgt abgehandelt:

1. Der Jahresabschluss zum ... (*Datum*) gemäß Anlage wurde von den Gesellschaftern einstimmig festgestellt.
2. Dem Antrag, den Jahresüberschuss in Höhe von ... € zu einem Teilbetrag von ... an die Gesellschafter auszuschütten, zu einem Teilbetrag von ...in die Gewinnrücklagen einzustellen und zu einem Teilbetrag von ... auf neue Rechnung vorzutragen, haben
   – ... Gesellschafter zugestimmt,
   – ... Gesellschafter abgelehnt und
   – ... Gesellschafter haben sich der Stimme enthalten.
   Der Versammlungsleiter stellte die Annahme des Antrags fest.

F. Gesellschafterversammlung

> 3. Bei Stimmenthaltung des ... wurde mit den Stimmen der übrigen Gesellschafter beschlossen, dem Geschäftsführer ... für das Geschäftsjahr ... Entlastung zu erteilen.
>
> Danach wurde die Gesellschafterversammlung um ... (*Uhrzeit*) geschlossen.
>
> ... (*Ort*), den ... (*Datum*)
>
> ...
> (*Unterschrift des Versammlungsleiters*)

F 111 **5. Protokoll einer Gesellschafterversammlung unter Verzicht auf Formen und Fristen der Einberufung und Ankündigung**

> Niederschrift über die außerordentliche Gesellschafterversammlung der ... GmbH am ... (*Datum*) am Sitz der Gesellschaft in deren Geschäftsräumen
>
> Wir, die unterzeichneten Gesellschafter der ... GmbH mit Sitz in ... (*Ort*), vertreten das gesamte Stammkapital der Gesellschaft im Nennbetrag von ... €.
>
> Unter Verzicht auf alle gesetzlichen und/oder gesellschaftsvertraglichen Formen und Fristen der Einberufung und Ankündigung halten wir hiermit eine außerordentliche Gesellschafterversammlung ab und beschließen einstimmig:
> 1. ...
> 2. ...
> 3. ...
> Damit ist die Gesellschafterversammlung beendet.
>
> ... (*Ort*), den ... (*Datum*)
>
> ...
> (*Unterschrift der Gesellschafter*)

6. Protokoll einer Gesellschafterversammlung in der Einmann-GmbH   F 112

> Niederschrift über die ordentliche Gesellschafterversammlung der ... GmbH am ... *(Datum)* am Sitz der Gesellschaft in deren Geschäftsräumen
>
> Es waren erschienen:
> 1. ..., alleiniger Gesellschafter der ... GmbH
> 2. ..., alleiniger Geschäftsführer der ... GmbH
>
> Der Erschienene zu 1. erklärte, er wolle eine Gesellschafterversammlung abhalten, und beschließe:
> 1. Der Jahresabschluss der Gesellschaft zum ... *(Datum)* wird gemäß Anlage festgestellt.
> 2. Der Jahresüberschuss in Höhe von ... € wird zu einem Teilbetrag von ... € ausgeschüttet, zu einem Teilbetrag von ... € in die Gewinnrücklagen eingestellt und zu einem Teilbetrag von ... € auf neue Rechnung vorgetragen.
> 3. Dem Geschäftsführer ... wird für das Geschäftsjahr ... Entlastung erteilt.
>
> ... *(Ort)*, den ... *(Datum)*
>
> ...
> *(Unterschrift des Gesellschafters)*

7. Stimmbindungsvertrag   F 113

> X, Y und Z sind an der ... GmbH in ... *(Ort)* mit Geschäftsanteilen von ... € (X), ... € (Y) und ... € (Z) beteiligt. An der Gesellschaft sind ferner ... weitere Gesellschafter beteiligt. Um eine einheitliche und zielstrebige Unternehmenspolitik zu gewährleisten, schließen die Parteien folgenden
>
> Stimmbindungsvertrag:
>
> § 1   Einheitliche Stimmabgabe
>
> Die Parteien werden zukünftig bei allen Gesellschafterbeschlüssen übereinstimmend mit Ja oder Nein stimmen oder sich übereinstimmend der Stimme enthalten.
>
> § 2   Abstimmungsverfahren
>
> Vor jeder Gesellschafterversammlung werden die Vertragsparteien ihr Stimmverhalten durch Beschluss festlegen. Der Beschluss wird mit Mehrheit der abgegebenen Stimmen gefasst. Je 50 € eines Geschäftsanteils gewähren eine Stimme.

F. Gesellschafterversammlung

§ 3 Vertragsstrafe

Weicht eine Vertragspartei von dem gemäß § 2 gefassten Beschluss ab, so hat sie an die übrigen Parteien im Verhältnis der Geschäftsanteile derselben zueinander eine Vertragsstrafe in Höhe von … € zu zahlen. Von der Zahlung der Vertragsstrafe wird das Recht, Schadensersatz, Erfüllung oder Unterlassung zu verlangen, nicht berührt. Die Vertragsstrafe wird auf den Schadensersatz angerechnet.

§ 4 Vertragsdauer

Dieser Vertrag wird für eine Dauer von … Jahren geschlossen.

… *(Ort)*, den … *(Datum)*

…
(Unterschrift der Vertragsparteien)

F 114 **8. Anfechtungsklage gegen einen Gesellschafterbeschluss**

Landgericht
Kammer für Handelssachen

… *(Adresse)*

Klage

des Herrn Axel Meier, … *(Anschrift)*

– Kläger –

Prozeßbevollmächtigte: …

gegen

die Müller & Meier GmbH, … *(Anschrift)*

– Beklagte –

wegen: Anfechtung eines Gesellschafterbeschlusses

Wir bestellen uns zu Prozessbevollmächtigten des Klägers, in dessen Namen und Auftrag wir Klage erheben mit den Anträgen:

1. Es wird festgestellt, dass der in der Gesellschafterversammlung der Beklagten vom 3. 3. 2000 gefasste Gesellschafterbeschluss, mit welchem der Abschluss eines Dienstleistungsvertrages zwischen der Beklagten und der Müller Holding AG, Düsseldorf, zugestimmt wurde, nicht wirksam zustande gekommen ist.
2. Die Beklagte trägt die Kosten des Rechtsstreits.

Begründung

1. Der Kläger ist Gesellschafter der Beklagten. Weitere Gesellschafter sind Herr Bernd Müller aus Köln und Herr Josef Schmidt aus Dortmund. Der Kläger ist zu 40 %, der Gesellschafter Müller ebenfalls zu 40 % und der Gesellschafter Schmidt zu 20 % am Stammkapital der Beklagten beteiligt. Die Gesellschafter Meyer und Müller haben nach der Satzung der Gesellschaft die gemeinschaftliche Geschäftsführungsbefugnis und Vertretungsmacht inne.

   Die Beklagte, eingetragen im Handelsregister des Amtsgerichts ... unter HRB Nr. ..., befasst sich mit der Herstellung und dem Vertrieb von Farben und Lacken. Im Geschäftsjahr 1999 erzielte sie einen Umsatz von 50 Mio. € und einen Gewinn von 1,5 Mio. €

2. Der Mitgesellschafter Müller hat als Geschäftsführer der Beklagten mit Schreiben vom 16. 2. 2000 zu einer Gesellschafterversammlung am 3. 3. 2000 geladen. Auf dieser Versammlung sollte unter TOP 1 Beschluss über den Abschluss eines Dienstleistungsvertrages zwischen der Beklagten und der Müller Holding AG, Köln, gefasst werden.

   Die Gesellschafterversammlung ist nicht ordnungsgemäß einberufen worden. Gemäß § 5 des Gesellschaftsvertrages beträgt die Einberufungsfrist drei Wochen. Zwischen der Absendung des Ladungschreibens vom 16. 2. 2000 und dem Termin der Versammlung lagen jedoch nur 14 Tage.

3. Auf der nicht ordnungsgemäß einberufenen »Versammlung« am 3. 3. 2000 waren lediglich der Kläger und Müller anwesend, der Gesellschafter Schmidt war nicht erschienen. Der Kläger hat zunächst jeglicher Beschlussfassung unter Hinweis auf die fehlerhafte Ladung widersprochen. Außerdem hat er vor der Abstimmung dieses nochmals ausdrücklich gerügt und zu Protokoll gegeben, dass er deswegen nicht abstimmen werde.

   Dennoch hat der Mitgesellschafter Müller den Beschluss über den Abschluss eines Dienstleistungsvertrages zwischen der Beklagten und der Müller Holding AG, Köln, gefasst. Bei diesem Beschluss hat der Kläger nicht mitgestimmt. Allein der Mitgesellschafter Müller hat seine Stimme abgegeben.

4. Der Beschluss ist nicht wirksam zustande gekommen, weil die gesellschaftsvertraglich vorgesehene Ladungsfrist von drei Wochen mißachtet wurde[1079]. Bei ordnungsgemäßer Ladung wäre der Beschluss nicht zustande gekommen, da sowohl der Kläger als auch der Gesellschafter Schmidt gegen den Abschluss des Dienstleistungsvertrages mit der mit dem Gesellschafter Müller konzernrechtlich verbundenen Müller Holding AG gestimmt hätten.

(*Rechtsanwalt*)

1079 Vgl. RGZ 89, 381; BGH, WM 1985, 570.

G. Abänderung des Gesellschaftsvertrages

Inhaltsübersicht

	Rdn.		Rdn.
I. Kurzkommentar		*IV. Anmeldung, Eintragung, Bekanntmachung, § 54 GmbHG*	G 20
1. Abänderung des Gesellschaftsvertrages nach Entstehen der GmbH	G 1	*V. Beratungshilfen*	
2. Abänderung des Gesellschaftsvertrages vor Entstehen der GmbH	G 3	1. Registersperre	G 24
		2. Redaktionelle Satzungsänderungen	G 26
II. Satzungsänderung und Satzungsdurchbrechung		3. Satzungsdurchbrechende Beschlüsse	G 30
1. Satzungsänderung	G 8	4. Checkliste: Beim Registergericht einzureichende Unterlagen	G 32
2. Satzungsdurchbrechung	G 10	*VI. Muster*	
III. Beschluss der Gesellschafter, § 53 GmbHG		1. Beschluss über die Abänderung des Gesellschaftsvertrages vor Eintragung	G 33
1. Form	G 12	2. Beschluss über die Abänderung des Gesellschaftsvertrages nach Eintragung	G 34
2. Mehrheitserfordernisse	G 13		
3. Leistungsvermehrung	G 14	3. Notarbescheinigung gemäß § 54 GmbHG	G 35
4. Zustimmungspflicht	G 16		
5. Abänderung von Gesellschaftszweck und Unternehmensgegenstand	G 17	4. Anmeldung der Satzungsänderung nach Eintragung	G 36

I. Kurzkommentar

1. Abänderung des Gesellschaftsvertrages nach Entstehen der GmbH

Die §§ 53–59 GmbHG unterwerfen die Abänderung des Gesellschaftsvertrages nach Entstehen der GmbH (§ 11 GmbHG) besonderen Regelungen. Während die **Grundbestimmungen** für alle Änderungen in §§ 53 und 54 GmbHG enthalten sind, haben die §§ 55–58 GmbHG die **Sonderfälle** der Erhöhung und Herabsetzung des Stammkapitals zum Gegenstand[1080]. G 1

§ 53 GmbHG regelt die gesetzlich zwingenden Voraussetzungen für die Wirksamkeit der Beschlussfassung. § 54 GmbHG bestimmt das Verfahren zur Eintragung des Beschlusses, durch welche die gültig beschlossene Satzungsänderung erst wirksam wird. Im Gegensatz zur Gründung, die durch Vertrag und damit durch übereinstimmende Willenserklärungen aller Gesellschafter erfolgt (**Einstimmigkeitsprinzip**), ist für die Änderung der Satzung ein **Mehrheitsbeschluss** ausreichend. Dieser muss je- G 2

[1080] Die Erhöhung und Herabsetzung des Stammkapitals wird im folgenden Kapitel (H IV, Rdn. H 99 u. VI, Rdn. H 138) behandelt.

doch den qualifizierten Anforderungen des § 53 Abs. 2 Satz 1 und Abs. 3 GmbHG genügen. Der Gesellschaftsvertrag kann noch andere Erfordernisse aufstellen (§ 53 Abs. 2 Satz 2 GmbHG).

2. Abänderung des Gesellschaftsvertrages vor Entstehen der GmbH

G 3 Satzungsänderungen in dem Zeitraum zwischen der Errichtung der Gesellschaft und ihrer Eintragung in das Handelsregister sind zulässig. Nach h.M. erfordern sie jedoch die **Mitwirkung aller Gesellschafter** und die Einhaltung der Form des § 2 GmbHG[1081]. Gleichwohl handelt es sich um eine echte Änderung des Vertrages und nicht um eine Neugründung.

G 4 Ein **Wechsel im Mitgliederbestand** der GmbH in Gründung ist nicht durch Übertragung der Mitgliedschaft, sondern nur durch Änderung des Gesellschaftsvertrages möglich[1082]. Von einer wirksamen Änderung des Gesellschaftsvertrages ist aber dann auszugehen, wenn in der notariellen Urkunde lediglich die »Übertragung des Geschäftsanteils« aufgenommen worden ist, von den Parteien in der Sache aber die Abänderung des Vertrages gewollt war[1083].

G 5 Möglich ist jedoch eine durch die Eintragung der GmbH aufschiebend bedingte Anteilsübertragung[1084].

G 6 Die §§ 53 ff. GmbHG sind erst ab Eintragung der Gesellschaft in das Handelsregister anwendbar[1085]. Jedoch besteht die Pflicht zur **Einreichung des vollständig neu gefassten Satzungstextes** in entsprechender Anwendung des § 54 Abs. 1 Satz 2 GmbHG schon bei der Anmeldung der Gesellschaft, wenn im Gründungsstadium, also vor Eintragung, die Satzung geändert wurde[1086].

G 7 Um **Satzungsbeanstandungen vor Eintragung** schnell und einfach nachkommen zu können, kann es bei einer Mehrpersonengesellschaft ratsam sein, einzelne Gründungsgesellschafter, Geschäftsführer oder Dritte im Gründungsprotokoll zu **bevollmächtigen**, den Gesellschaftsvertrag gegebenenfalls zu ändern und etwaige Änderungen zum Handelsregister anzumelden[1087]. Diese Vollmacht sollte mit der Einschränkung erteilt werden, dass sie mit der Eintragung der Gesellschaft erlischt.

1081 BGHZ 29, 300, 303; OLG Köln, WM 1996, 207; *Hachenburg/Ulmer,* GmbHG, § 2, Rdn. 19.
1082 BGH, GmbHR 1997, 405; OLG Frankfurt, GmbHR 1997, 896 = WiB 1997, 83 mit abl. Anmerkung *Arendt;* a.A. *Schmidt,* ZIP 1997, 671; *ders.,* GmbHR 1997, 869.
1083 OLG Frankfurt, WiB 1997, 83.
1084 *Rowedder/Rittner/Schmidt-Leithoff,* GmbHG, § 11, Rdn. 61; *Hachenburg/Ulmer,* GmbHG, § 11, Rdn. 35; zur Anteilsübertragung vgl. oben D VII, Rdn. D 65 ff.
1085 *Hachenburg/Ulmer,* GmbHG, § 2, Rdn. 20; *Priester,* ZIP 1987, 280 ff., vertritt die Auffassung, dass die in §§ 53 ff. GmbHG enthaltenen Regeln über die Satzungsänderung bei der eingetragenen GmbH bereits auf die Vorgesellschaft anwendbar sind.
1086 KG Berlin, BB 1997, 172, 173; BayObLG, DB 1988, 2354, 2355.
1087 *Basty,* in: Reithmann/Albrecht/Basty, Hdb. der notariellen Vertragsgestaltung, Rdn. 1307.

II. Satzungsänderung und Satzungsdurchbrechung

1. Satzungsänderung

Satzungsänderung ist jede Abänderung oder Ergänzung der im Gesellschaftsvertrag schriftlich verkörperten Bestimmungen. Beim Inhalt des Gesellschaftsvertrages ist zu unterscheiden zwischen **materiellen** (korporativen) und **formellen** (nichtkorporativen) Satzungsbestandteilen. Nur erstere unterliegen den §§ 53, 54 GmbHG[1088]. Mit materiellem Vertragsinhalt ist nicht nur der notwendige Mindestinhalt gemäß § 3 Abs. 1 GmbHG gemeint. Vielmehr ist auf die Gesamtheit derjenigen Bestimmungen abzustellen, die nur im Rahmen des Gesellschaftsvertrages wirksam getroffen werden können oder nach dem Parteiwillen an der besonderen Geltungswirkung des Vertragsinhalts teilhaben sollen[1089]. Formelle Satzungsänderungen betreffen demgegenüber alle anderen in der Urkunde verkörperten Regelungen, wie z.B. die Person des ersten, im Vertrag bestimmten Geschäftsführers. Im Hinblick auf ihren nicht korporativen Charakter werden sie auch als **unechte Satzungsbestimmungen** bezeichnet[1090].

G 8

Gegenstände von Satzungsänderungen sind häufig

G 9

- Firma und der Unternehmensgegenstand,
- Sitzverlegung,
- Stammkapital,
- Änderung des Geschäftsjahres.

2. Satzungsdurchbrechung

Einen Fall stillschweigender Satzungsänderung bildet die **Satzungsdurchbrechung**. Darunter versteht man einen Beschluss, mit dem die Gesellschafter für eine konkrete Einzelsituation bewußt von der Satzung abweichen, die fragliche Satzungsbestimmung jedoch grundsätzlich unverändert lassen wollen[1091]. Von der **Satzungsverletzung** unterscheidet sich die Satzungsdurchbrechung dadurch, dass die Gesellschafter den an sich satzungsverletzenden Beschluss in dem Willen fassen, dass die Satzung ausnahmsweise nicht gelten soll[1092].

G 10

Die **Rechtsfolgen** einer Satzungsdurchbrechung richten sich danach, ob eine **punktuelle** oder eine **dauernde Durchbrechung** gegeben ist. Punktuelle Durchbrechungen, bei denen sich die Wirkung des Beschlusses in der betreffenden Maßnahme erschöpft, werden trotz Formverstoßes als zulässig erachtet[1093]. Hierzu zählen etwa die

G 11

1088 BGHZ 18, 205, 208; *Hachenburg/Ulmer*, GmbHG, § 53, Rdn. 10.
1089 *Roth/Altmeppen*, GmbHG, § 53, Rdn. 2.
1090 S.o. B II 3, Rdn. B 24 ff.
1091 *Hachenburg/Ulmer*, GmbHG, § 53, Rdn. 30; *Priester*, ZHR, 40.
1092 *Tieves*, ZIP 1994, 1341, 1343 f.
1093 BGH, DB 1993, 1713.

Geschäftsführerbestellung oder die Zustimmung zur Anteilsübertragung durch die Gesellschafterversammlung anstelle eines an sich zuständigen Aufsichtsrates sowie die Abweichung von statutarischen Gewinnverteilungs- oder Bilanzierungsregelungen im Einzelfall. Ob derartige punktuelle Durchbrechungen anfechtbar sind und nicht wenigstens der notariellen Beurkundung bedürfen, ist bisher nicht entschieden[1094]. Dagegen sind Satzungsdurchbrechungen, die einen von der Satzung abweichenden rechtlichen Zustand etablieren (= dauernde Durchbrechungen), ohne Einhaltung der für eine Satzungsänderung geltenden Formvorschriften unwirksam (§ 54 Abs. 3 GmbHG), und zwar auch dann, wenn dieser Zustand auf einen bestimmten Zeitraum begrenzt ist[1095]. Beispiele hierfür sind die Bestellung von Geschäftsführern oder Mitgliedern anderer Gesellschaftsorgane, die nicht über die in der Satzung vorgeschriebene Qualifikation verfügen, oder die satzungswidrige Befreiung eines Gesellschafters vom Wettbewerbsverbot.

III. Beschluss der Gesellschafter, § 53 GmbHG[1096]

1. Form

G 12 Der für Satzungsänderungen gemäß § 53 Abs. 1 GmbHG zwingend erforderliche Gesellschafterbeschluss bedarf in jedem Fall der **notariellen Beurkundung** i.S.d. § 128 BGB (§ 53 Abs. 2 GmbHG). Da der zu beurkundende Beschluss ein Akt gesellschaftlicher Willensbildung und keine rechtsgeschäftliche Willenserklärung ist, betrifft die Beurkundung einen sonstigen Vorgang i.S.d. § 36 BeurkG[1097]. Die Urkundsform richtet sich also nach den §§ 36, 37 BeurkG[1098]. Erforderlich ist eine Niederschrift, welche die Bezeichnung des Notars sowie den Bericht über seine Wahrnehmungen hinsichtlich des zu beurkundenden Beschlusses enthält und von ihm eigenhändig unterschrieben sein muss (§ 37 Abs. 1, 3 BeurkG). Andernfalls ist die Beurkundung unwirksam[1099].

2. Mehrheitserfordernisse

G 13 § 53 Abs. 2 GmbHG verlangt für den satzungsändernden Beschluss eine Mehrheit von ¾ der abgegebenen Stimmen[1100]. Diese Regelung ist **zwingend**, durch die Satzung

---

1094 Bejahend: *Priester*, ZHR 151, 40, 51; verneinend: *Lutter/Hommelhoff*, GmbHG, § 53, Rdn. 23 f.; *Tieves*, ZIP 1994, 1341, 1345; vgl. hierzu auch *Roth/Altmeppen*, GmbHG, § 53, Rdn. 19.
1095 BGH, DB 1993, 1713.
1096 Vgl. Muster VI 1 (Beschluss über die Abänderung des Gesellschaftsvertrages vor Eintragung), Rdn. G 33 und 2 (Beschluss der Gesellschafterversammlung über die Abänderung des Gesellschaftsvertrages nach Eintragung), Rdn. G 34.
1097 *Hachenburg/Ulmer*, GmbHG, § 53, Rdn. 42.
1098 OLG Köln, BB 1993, 317, 318.
1099 *Scholz/Priester*, GmbHG, § 53, Rdn. 69.
1100 Gesellschafterbeschlüsse über sonstige Verhältnisse der Gesellschaft erfordern gemäß § 47 Abs. 1 GmbHG regelmäßig nur eine einfache Mehrheit.

kann also kein geringeres Quorum angeordnet werden[1101]. Möglich ist aber eine Erschwerung. Insbesondere kann die Satzung Einstimmigkeit vorsehen. Für die **Berechnung** der ¾-Mehrheit ist allein die Zahl der wirksam abgegebenen Stimmen und nicht die Zahl der bestehenden Stimmrechte maßgeblich[1102].

3. Leistungsvermehrung

Von dem Mehrheitserfordernis bei der Beschlussfassung gemäß § 53 Abs. 2 Satz 1 GmbHG zu unterscheiden ist das Zustimmungserfordernis des § 53 Abs. 3 GmbHG[1103]. Hiernach ist eine Vermehrung von Leistungen der Gesellschafter durch Satzungsänderung nur dann erlaubt, wenn **alle** davon **betroffenen Gesellschafter** ihre Zustimmung erteilen. Diese Regelung ist zwingend. Die Zustimmung bedarf hingegen keiner besonderen Form. Sie kann auch außerhalb der Gesellschafterversammlung mündlich oder durch schlüssige Handlung erklärt werden[1104]. Anzuraten ist aber die Schriftform. Der Begriff »Vermehrung der Leistungen« ist weit auszulegen. Erfasst wird die Einführung oder Erweiterung **aller Arten von Pflichten**, die über das ursprüngliche Beteiligungsrisiko hinausgehen[1105]. Beispiele sind die Nachschusspflicht, die Verschärfung der Einzahlungsbedingungen durch Fristverkürzung sowie die Einführung von Nebenleistungspflichten oder von Wettbewerbsverboten. Auf die **Verkürzung von Gesellschafterrechten** durch Änderung des Gesellschaftsvertrages findet § 53 Abs. 3 GmbHG keine Anwendung[1106]. G 14

Die Zustimmung ist unabhängig davon einzuholen, ob der betroffene Gesellschafter an der Beschlussfassung gemäß § 53 Abs. 2 Satz 1 GmbHG teilnimmt. Bis zur Erklärung der erforderlichen Zustimmung ist der Beschluss **schwebend unwirksam**[1107]. G 15

4. Zustimmungspflicht

Grundsätzlich besteht für einen Gesellschafter keine Rechtspflicht, einer Änderung des Gesellschaftsvertrages zuzustimmen. Im Recht der Personengesellschaften ist jedoch anerkannt, dass sich aus der gesellschaftlichen Treuepflicht[1108] eine positive Stimmpflicht ergeben kann. Die Treuepflicht kann es gebieten, einer Anpassung des Gesellschaftsvertrages an veränderte Verhältnisse zuzustimmen, die mit Rücksicht auf das Gesellschaftsverhältnis **dringend geboten** und den Gesellschaftern unter Berück- G 16

1101 *Kallmeyer*, in: GmbH-Hdb. I, Rdn. 492.
1102 MünchHdb.GesR III/*Marquardt*, § 22, Rdn. 30.
1103 Vgl. *Roth/Altmeppen*, GmbHG, § 53, Rdn. 33.
1104 *Hachenburg/Ulmer*, GmbHG, § 53, Rdn. 79.
1105 *Hachenburg/Ulmer*, GmbHG, § 53, Rdn. 76.
1106 BGHZ 116, 359, 362 f.; *Scholz/Priester*, § 53, Rdn. 54.
1107 Vgl. *Roth/Altmeppen*, GmbHG, § 53, Rdn. 33.
1108 Vgl. zur Treuepflicht D I 2 b, Rdn. D 13 ff.

sichtigung ihrer eigenen schutzwerten Belange **zumutbar** ist[1109]. Der BGH hat diese Rechtsgrundsätze auf die personalistisch ausgestaltete GmbH übertragen[1110]. Hiervon ausgehend kann beispielsweise eine positive Stimmpflicht des Gesellschafters bestehen bei der Änderung von Satzungsbestimmungen, die durch das Registergericht oder das Bundeskartellamt beanstandet wurden[1111].

5. Abänderung von Gesellschaftszweck und Unternehmensgegenstand

G 17 Eine Abänderung des **Gesellschaftszwecks** (§ 1 GmbHG) bedeutet eine Änderung des für den Zusammenschluss der Gesellschafter maßgebenden Ziels[1112]. Die Zweckänderung ist zwar im GmbH-Recht nicht geregelt[1113], stellt aber eine den Vorschriften der §§ 53, 54 GmbHG unterliegende Satzungsänderung dar[1114]. Eine Besonderheit besteht allerdings insoweit, als eine Zweckänderung entsprechend § 33 Abs. 1 Satz 2 BGB grundsätzlich der Zustimmung aller Gesellschafter bedarf[1115].

G 18 Für eine Änderung des **Unternehmensgegenstandes** (§ 3 GmbHG) genügt demgegenüber eine ¾-Mehrheit. Allerdings soll auch hier ausnahmsweise die Zustimmung aller Gesellschafter erforderlich sein, wenn besonders wichtige, die Struktur der Gesellschaft verändernde Maßnahmen beschlossen werden sollen, z.B. Einstellung der Produktion und Übergang zu rein vermögensverwaltender Tätigkeit oder Auslagerung sämtlicher Produktionseinheiten im Zuge einer Betriebsaufspaltung[1116]. Demgegenüber soll die Veräußerung des ganzen Unternehmens als Änderung des Unternehmensgegenstandes nur eine ¾-Mehrheit erfordern[1117]. Enthält der Gesellschaftsvertrag keine Bestimmung über den Gegenstand des Unternehmens oder ist diese nichtig, so kann dieser Mangel gem. § 76 GmbHG nur durch einstimmigen Gesellschafterbeschluss geheilt werden.

G 19 **Unternehmensverträge** bedürfen eines zustimmenden Gesellschafterbeschlusses sowohl der abhängigen als auch der herrschenden Gesellschaft. Während die h.M. auf seiten der abhängigen GmbH Einstimmigkeit verlangt, lässt sie auf Seiten der herrschenden eine ¾-Mehrheit genügen[1118].

1109 BGHZ 44, 40 ff.
1110 BGH, DB 1986, 2426; die Entscheidung betraf allerdings den Sonderfall einer Kapitalerhöhung bei einer Alt-GmbH zur Vermeidung der Auflösungsklage nach Art. 12 § 1 Abs. 1 Satz 1 der GmbH-Novelle 1980.
1111 MünchHdb.GesR III/*Marquardt*, § 22, Rdn. 38.
1112 Vom *Unternehmenszweck* (§ 1 GmbHG) zu unterscheiden ist der *Unternehmensgegenstand* (§ 3 Abs. 1 Nr. 2 GmbHG). Ersterer kennzeichnet das gemeinsame Ziel, häufig die Gewinnerzielung, letzterer dagegen das Mittel zur Erreichung dieses Ziels (s.o. B I 2, Rdn. B 2 f.).
1113 Vgl. für das Vereinsrecht § 33 Abs. 1 Satz 2 BGB.
1114 *Scholz/Priester*, GmbHG, § 53, Rdn. 182.
1115 H.M., vgl. *Hachenburg/Ulmer*, GmbHG, § 53, Rdn. 103; *Roth/Altmeppen*, GmbHG, § 53, Rdn. 30; *Lutter/Hommelhoff*, GmbHG, § 53, Rdn. 19.
1116 *Hachenburg/Ulmer*, GmbHG, § 53, Rdn. 103.
1117 Vgl. *Roth/Altmeppen*, GmbHG, § 53, Rdn. 30.
1118 Vgl. unten P II 2, Rdn. P 11 ff.

IV. Anmeldung, Eintragung, Bekanntmachung, § 54 GmbHG

Ebenso wie bei der Gründung einer GmbH (vgl. §§ 7 ff. GmbHG) dienen Anmeldung, Eintragung und Bekanntmachung von Satzungsänderungen (§ 54 GmbHG) der **Handelsregisterkontrolle** und der **Publizität**[1119]. Wirksamkeitsvoraussetzung jeder Satzungsänderung ist daher gemäß § 54 Abs. 3 GmbHG deren Eintragung in das Handelsregister[1120]; sie hat konstitutive Bedeutung.

G 20

Die **Anmeldung**[1121] hat durch die Geschäftsführer in vertretungsberechtigter Zahl zu erfolgen (§§ 78, 35 GmbHG)[1122]. Sie ist schriftlich in notariell beglaubigter Form einzureichen (§ 12 HGB; §§ 39, 40 BeurkG). Hinsichtlich des **Inhalts der Anmeldung** enthält § 54 Abs. 1 Satz 1 keine Aussage. Insoweit ist zu unterscheiden: Bezieht sich die Satzungsänderung auf eine gemäß § 10 Abs. 1, Abs. 2 GmbHG eintragungspflichtige Tatsache (Firma, Sitz, Unternehmensgegenstand, Stammkapital, Tag des Abschlusses des Gesellschaftsvertrages, Geschäftsführer, Dauer der Gesellschaft), so ist es erforderlich, dass die geänderten Satzungsbestandteile in der Anmeldung **schlagwortartig hervorgehoben** werden. Ansonsten reicht es aus, dass die Anmeldung auf das notarielle Beschlussprotokoll Bezug nimmt[1123]. Diese Differenzierung hat ihren Grund darin, dass bei den von § 10 Abs. 1 und Abs. 2 GmbHG erfassten Satzungsänderungen eine erhöhte Gewähr für die Richtigkeit der inhaltlichen Wiedergabe in Register und Bekanntmachung gegeben sein muss[1124].

G 21

Der Anmeldung sind gemäß § 54 Abs. 1 GmbHG **beizufügen**:

G 22

- das **Protokoll** über den Satzungsänderungsbeschluss;
- der vollständige **Satzungswortlaut**, § 5 Abs. 1 Satz 2 GmbHG, versehen mit einer **notariellen Bescheinigung**, dass die geänderten Bestimmungen des Gesellschaftsvertrages mit dem Beschluss über die Änderung des Gesellschaftsvertrages und die unveränderten Bestimmungen mit dem zuletzt zum Handelsregister eingereichten vollständigen Wortlaut des Gesellschaftsvertrages übereinstimmen;
- bei Leistungsvermehrung die **Zustimmungserklärungen** der betroffenen Gesellschafter.

Die Satzungsänderung wird zwar erst mit ihrer Eintragung, § 54 Abs. 3 GmbHG, wirksam. Gleichwohl sind die Gesellschafter untereinander schon vor der Eintragung hieran gebunden (sog. **innergesellschaftliche Bindung**). Streitig ist, ob die Bestandskraft so weit reicht, dass die Gesellschafterversammlung den Änderungsbeschluss vor der Eintragung nur einstimmig[1125] oder mit qualifizierter Mehrheit aufheben kann

G 23

1119 Hachenburg/Ulmer, GmbHG, § 54, Rdn. 1.
1120 Vgl. insoweit die parallele Vorschrift des § 11 Abs. 1 GmbHG betreffend die Gründung.
1121 Vgl. Muster VI 4 (Anmeldung der Satzungsänderung nach Eintragung), Rdn. G 36.
1122 Beachte: Bei Kapitalerhöhungen und -herabsetzungen muss die Anmeldung allerdings gemäß §§ 78, 57 Abs. 1, 58 Abs. 1 Nr. 3 GmbHG durch *alle* Gesellschafter vorgenommen werden.
1123 BGH, NJW 1987, 3191; Hachenburg/Ulmer, GmbHG, § 54, Rdn. 6.
1124 BGH, NJW 1987, 3191.
1125 Vgl. Roth/Altmeppen, GmbHG, § 53, Rdn. 21.

G. Abänderung des Gesellschaftsvertrages

oder ob bis dahin sogar die einfache Mehrheit hierfür ausreicht[1126]. Ob notarielle Beurkundung erforderlich ist, ist gleichfalls streitig[1127]. Nach erfolgter Eintragung unterliegen nicht nur die Änderung, sondern auch deren Aufhebung den Vorschriften über Satzungsänderungen.

V. Beratungshilfen

1. Registersperre

G 24 Betrifft die Satzungsänderung eine GmbH, die vor dem 1. 1. 1986 im Handelsregister eingetragen wurde, so ist die **Registersperre** nach Art. 12 § 7 Abs. 2 der GmbH-Novelle 1980 in der Fassung des Bilanzrichtlinien-Gesetzes 1985 zu berücksichtigen. Hiernach tragen die Registergerichte Satzungsänderungen nur ein, wenn zugleich ein Beschluss über die Gewinnverwendung gefasst und angemeldet ist. Die Registersperre gilt nur, wenn und soweit die Satzung die Gewinnverwendung nicht regelt und die Gesellschafter daher den nach Art. 12 § 7 Abs. 1 GmbHGÄndG fortgeltenden Anspruch auf Vollausschüttung entsprechend der früheren gesetzlichen Regelung in § 29 Abs. 1 GmbHG a.F. haben[1128].

G 25 Mit Rücksicht auf diese Registersperre ist es **ratsam**, sich als Notar vor Beurkundung und Anmeldung der Satzungsänderung über die »Altgesellschaft« zu erkundigen und gegebenenfalls einen Beschluss über die Gewinnverwendung anzuregen.

In ähnlicher Weise ist bei Gesellschaften zu verfahren, die ihr Stammkapital noch nicht auf Euro umgestellt haben. Nach dem 31. 12. 2001 darf bei diesen eine Änderung des Stammkapitals nur eingetragen werden, wenn das Kapital auf Euro umgestellt und die in Euro umgerechneten Nennbeträge der Geschäftsanteile auf einen durch zehn teilbaren Betrag, mindestens jedoch auf fünfzig Euro, gestellt werden. Auch diese Registersperre haben Berater und Notare zu beachten.

2. Redaktionelle Satzungsänderungen

G 26 Die §§ 53 ff. GmbHG gelten uneingeschränkt für die Änderung von Bestimmungen des Gesellschaftsvertrages mit materieller Satzungsqualität. Dies führt zu Abgrenzungsproblemen, wenn ein inhaltlicher Eingriff in den vorhandenen Satzungstext beabsichtigt ist. Dann ist zwischen der Änderung von Satzungsbestimmungen mit materiellem und formellem Inhalt zu differenzieren[1129].

1126 Für eine Dreiviertelmehrheit: *Scholz/Priester*, GmbHG, § 54, Rdn. 68; für eine einfache Mehrheit: *Hachenburg/Ulmer*, GmbHG, § 54, Rdn. 28 und § 53, Rdn. 73; *Baumbach/Hueck/Zöllner*, GmbHG, § 53, Rdn. 35; *Scholz/Schmidt*, GmbHG, § 45, Rdn. 33.
1127 Verneinend *Scholz/Priester*, GmbHG, § 53, Rdn. 193; *Hachenburg/Ulmer*, GmbHG, § 53, Rdn. 73; bejahend *Roth/Altmeppen*, GmbHG, § 2, Rdn. 23.
1128 BGH, NJW 1989, 459.
1129 S.o. II 1, Rdn. G 8.

Schwierigkeiten bereiten **redaktionelle Änderungen** des Satzungstextes, die erforderlich werden, wenn Satzungsbestimmungen inhaltlich unrichtig oder obsolet geworden sind, sprachlich geändert oder einer neuen Gesetzeslage ohne materielle Bedeutung angepasst werden müssen. In der Behandlung dieser Fälle besteht Übereinstimmung wohl nur insoweit, als eine Registereintragung geboten ist[1130]. Doch schon die konstitutive Wirkung dieser Eintragung ist streitig[1131], ebenso wie die Geltung von § 53 GmbHG[1132].

G 27

Aus Gründen der Rechtssicherheit empfiehlt es sich daher, als Satzungsänderung i.S.d. §§ 53 f. GmbHG **jede Abänderung** des Wortlauts des Gesellschaftsvertrages zu **betrachten,** und zwar unabhängig von der mitunter schwierigen Abgrenzung zwischen echten und unechten Satzungsbestimmungen.

G 28

Ferner sollte bei der Abfassung von Gesellschaftsverträgen darauf geachtet werden, dass unechte Satzungsbestimmungen, wie z.B. die Bestellung des ersten Geschäftsführers, außerhalb des eigentlichen Satzungstextes beschlossen werden. Auf diese Weise können spätere Abgrenzungsfragen weitgehend vermieden werden.

G 29

3. Satzungsdurchbrechende Beschlüsse

Von stillschweigenden Satzungsänderungen, insbesondere der Satzungsdurchbrechung im Einzelfall, ist wegen der damit einhergehenden Rechtsunsicherheit abzuraten. Diese resultiert aus der bisher höchstrichterlich nicht abschließend entschiedenen Frage, ob derartige Satzungsdurchbrechungen – selbst wenn sie nur für den Einzelfall gelten sollen –

G 30

- wegen Nichteinhaltung der für Satzungsänderungen geltenden Formvorschriften **anfechtbar** oder
- mangels Eintragung in das Handelsregister gemäß § 54 Abs. 3 GmbHG sogar **unwirksam**

sind.

Die Gesellschafter sind daher gut beraten, wenn sie bei allen Beschlüssen, die von Satzungsbestimmungen abweichen, die Regelungen der §§ 53 ff. GmbHG beachten.

G 31

4. Checkliste: Beim Registergericht einzureichende Unterlagen

G 32

- **Anmeldung,** § 54 Abs. 1 Satz 1 GmbHG,
- Protokoll über den **Satzungsänderungsbeschluss,**
- Vollständiger **Satzungswortlaut,** § 54 Abs. 1 Satz 2 GmbHG,
- **Bescheinigung des Notars,** § 54 Abs. 1 Satz 2 GmbHG[1133],
- Ggf. **Zustimmungserklärungen der betroffenen Gesellschafter** sowie **Genehmigungen der öffentlichen Hand.**

1130 Vgl. *Baumbach/Hueck/Zöllner,* GmbHG, § 53, Rdn. 11 a.
1131 Vgl. LG Bremen, GmbHR 1993, 590; *Lutter/Hommelhoff,* GmbHG, § 53, Rdn. 29 ff.
1132 Verneinend *Hachenburg/Ulmer,* GmbHG, § 53, Rdn. 27; *Lutter/Hommelhoff,* GmbHG, § 53, Rdn. 29.
1133 Vgl. Muster VI 3 (Notarbescheinigung), Rdn. G 35.

VI. Muster

G 33 **1. Beschluss über die Abänderung des Gesellschaftsvertrages vor Eintragung**

Eingang Notarurkunde

Die Erschienenen erklärten:

Wir sind die alleinigen Gesellschafter der ... GmbH i. G. in ... (*Sitz*).

Die Gesellschaft wurde am ... (*Datum*) zur Niederschrift des Notars ... (UR.-Nr. ...) gegründet. Am ... wurde sie zur Eintragung in das Handelsregister angemeldet. Das Registergericht hat die Eintragung der Gesellschaft mit der Begründung abgelehnt, die Firma sei mit einer im Handelsregister bereits eingetragenen verwechslungsfähig.

Deswegen kommen wir überein, die Firma der Gesellschaft in »...« zu ändern. § ... des Gesellschaftsvertrages wird wie folgt neu gefasst: »...«

Ausgang Notarurkunde

G 34 **2. Beschluss über die Abänderung des Gesellschaftsvertrages nach Eintragung**

Eingang Notarurkunde

Die Erschienenen erklärten:

Wir sind die alleinigen Gesellschafter der ... GmbH in ... (Sitz), eintragen im Handelsregister des Amtsgerichts ... (Ort) unter HRB ... .

Unter Verzicht auf die Einhaltung aller durch Gesetz oder Gesellschaftsvertrag vorgeschriebenen Formen und Fristen der Einberufung und Ankündigung treten wir zu einer Gesellschafterversammlung zusammen und beschließen folgende

Satzungsänderung:

1. § 1 wird wie folgt geändert:
   »...« (Text der geänderten Klausel)
2. § 2 wird wie folgt gefasst:
   »...«

Damit ist die Gesellschafterversammlung beendet.

Ausgang Notarurkunde

3. Notarbescheinigung gemäß § 54 GmbHG G 35

Hiermit bestätige ich in meiner Eigenschaft als Notar, dass die geänderten Bestimmungen des beigefügten Gesellschaftsvertrages mit dem Beschluss über die Änderung des Gesellschaftsvertrages und die unveränderten Bestimmungen mit dem zuletzt zum Handelsregister eingereichten vollständigen Wortlaut des Gesellschaftsvertrages übereinstimmen.

... (Ort), ... (Datum)

... (Unterschrift)

4. Anmeldung der Satzungsänderung nach Eintragung G 36

Amtsgericht
– Handelsregister –

Betr.:

Als Geschäftsführer der ... GmbH in ... (Sitz) überreichen wir folgende Unterlagen:

1. Ausfertigung der notariellen Niederschrift vom ...,
2. den vollständigen Wortlaut des Gesellschaftsvertrages in seiner jetzigen Fassung mit der Bescheinigung des Notars nach § 54 Abs. 1 Satz 2 GmbHG.

Wir melden die Änderung des Gesellschaftsvertrages in § 1 und § 2 zur Eintragung an.

... (Ort) , den ... (Datum)

...
(Unterschriften)

Unterschriftsbeglaubigung durch Notar

H. Kapital- und Finanzierungsmaßnahmen

Inhaltsübersicht

	Rdn.
I. Kurzkommentar	
1. Grundlagen der Finanzierung der Gesellschaft	H 1
2. Überblick: Sicherung der Kapitalaufbringung und -erhaltung im GmbHG	H 5
3. Formen der Kapitalbeschaffung	H 6
a) Eigenkapital	H 6
aa) Stammeinlagen/Nachschüsse	H 6
bb) Nebenleistungen/Zuschüsse	H 8
b) Fremdkapital	H 9
aa) Darlehen	H 9
bb) Stille Beteiligung	H 10
II. Kapitalerhaltung	
1. Kapitalerhaltung als Ergänzung zur Kapitalaufbringung	H 12
2. Auszahlungsverbot des § 30 GmbHG	H 17
a) Auszahlung	H 17
b) Verminderung des geschützten Vermögens	H 20
c) Zeitpunkt	H 24
d) Zahlungsempfänger	H 25
aa) Gesellschafter	H 25
bb) Nichtgesellschafter	H 27
cc) Kreditgewährung an Geschäftsführer	H 28
e) Ursache im Gesellschaftsverhältnis	H 29
3. Rechtsfolgen unzulässiger Auszahlungen	H 31
a) Auswirkungen auf das Verpflichtungs- und Erfüllungsgeschäft	H 31
b) Leistungsverweigerungsrecht	H 32
c) Rückzahlungsanspruch, § 31 Abs. 1 GmbHG	H 33
aa) Gegen Gesellschafter	H 33
bb) Gegen Dritte	H 34
cc) Treuhandverhältnisse	H 35
d) Fälligkeit des Rückzahlungsanspruchs	H 39
e) Erlöschen des Rückzahlungsanspruchs	H 41
4. Haftung der Mitgesellschafter gem. § 31 Abs. 3 GmbHG	H 42
a) Ausfallhaftung	H 42
b) Verhaltenshaftung	H 45

	Rdn.
c) Bestellung von Sicherheiten zugunsten Dritter für Verbindlichkeiten des Gesellschafters	H 48
III. Eigenkapitalersetzende Gesellschafterleistungen	
1. Grundlagen	H 52
a) Zweck der Eigenkapitalersatzregeln	H 52
b) Rechtsgrundlagen	H 54
2. Kapitalersatzfunktion	H 57
3. Darlehen und wirtschaftlich gleichstehende Handlungen	H 62
a) Darlehen	H 62
b) Gleichstehende Handlungen	H 66
aa) Besicherung von Drittdarlehen	H 67
bb) Stehenlassen in der Krise	H 70
cc) Gebrauchsüberlassung	H 76
dd) Cash Pooling	H 79b
4. Gesellschaftereigenschaft	H 80
5. Rechtsfolgen	H 86
a) Gesetzliche Regelung	H 87
b) Rechtsprechungsgrundsätze	H 90
c) Rechtsfolgen kapitalersetzender Gebrauchsüberlassung	H 94
6. Darlegungs- und Beweislast	H 95
7. Passivierungspflicht von eigenkapitalersetzenden Gesellschafterleistungen im Überschuldungsstatus	H 97
IV. Kapitalerhöhung	
1. Überblick	H 99
2. Kapitalerhöhung gegen Einlagen	H 102
a) Erhöhungsbeschluss	H 102
b) Zulassungsbeschluss	H 105
c) Übernahmevereinbarung	H 113
d) Aufbringung des erhöhten Stammkapitals	H 114
e) Anmeldung der Kapitalerhöhung zum Handelsregister, Eintragung und Bekanntmachung	H 120
3. Kapitalerhöhung aus Gesellschaftsmitteln	H 122
a) Begriff und Anwendungsbereich	H 122
b) Freie Rücklagen	H 125
c) Durchführung: Beschlussfassung, Anmeldung, Eintragung	H 126

9 Rotthege

V. *Nachschüsse*
1. Begriff und Bedeutung .... H 130
2. Einforderung .... H 133
3. Preisgaberecht (Abandon) .... H 134
4. Rückzahlung .... H 135

VI. *Kapitalherabsetzung*
1. Gesetzliche Regelung und Zweck ... H 137
2. Ordentliche Kapitalherabsetzung ... H 141
   a) Beschluss .... H 142
   b) Gläubigerschutz .... H 144
   c) Anmeldung/Eintragung/Veröffentlichung .... H 145
   d) Haftung der Geschäftsführer .... H 147
3. Vereinfachte Kapitalherabsetzung ... H 148
4. Verbindung von Kapitalherabsetzung und -erhöhung .... H 155

VII. *Beratungshilfen*
1. Verhinderung der Umqualifizierung von Gesellschafterleistungen in Eigenkapital .... H 160
2. Kapitalerhöhung .... H 162
   a) Kapitalerhöhung und Euro .... H 162
   b) Hinweispflichten des Notars bei der Beurkundung eines Kapitalerhöhungsbeschlusses, § 17 BeurkG .... H 163
   c) Kapitalerhöhung und Ausfallhaftung der Übernehmer gemäß § 24 GmbHG .... H 164
   d) Zahlung der Einlage auf ein debitorisches Bankkonto der Gesellschaft H 166
3. Checklisten .... H 167
   a) Formen der Kapitalbeschaffung .. H 167
   b) Indizien für die Kreditunwürdigkeit der GmbH .... H 168
   c) Prüfung, ob eine Kredithilfe des Gesellschafters eine eigenkapitalersetzende Leistung darstellt oder ob sie durch Stehenlassen zu Eigenkapital wurde .... H 169
   d) Anforderungen an Kapitalerhöhung durch Sacheinlage ...... H 170
   e) Schritte der effektiven und der nominellen Kapitalerhöhung im Vergleich .... H 171
   f) Prüfungsabfolge zur Zulässigkeit der vereinfachten Kapitalherabsetzung .... H 172

VIII. *Muster*
1. Rangrücktritt .... H 173
2. Kapitalerhöhung durch Geldeinlagen H 174
   a) Erhöhungsbeschluss .... H 174
   b) Getrennte Übernahmeerklärung .. H 175
   c) Bescheinigung des Notars gemäß § 54 Abs. 1 Satz 2 GmbHG .... H 176
   d) Anmeldung .... H 177
   e) Umwidmung einer verdeckten Sacheinlage .... H 178
      aa) Gesellschafterbeschluss ...... H 178
      bb) Bericht über die Änderung der Einlagendeckung .... H 179
      cc) Werthaltigkeitsbescheinigung H 180
      dd) Anmeldung zum Handelsregister .... H 181
3. Kapitalerhöhung aus Gesellschaftsmitteln .... H 182
   a) Gesellschafterbeschluss .... H 182
   b) Anmeldung .... H 183
4. Nachschusseinforderung .... H 184
5. Ordentliche (effektive) Kapitalherabsetzung .... H 185
   a) Gesellschafterbeschluss .... H 185
   b) Anmeldung .... H 186
6. Kapitalherabsetzung zur Beseitigung einer Unterbilanz (vereinfachte Kapitalherabsetzung) .... H 187
7. Kombinierter Sanierungsbeschluss ... H 188

I. Kurzkommentar

1. Grundlagen der Finanzierung der Gesellschaft

H 1 Die der GmbH zufließenden Mittel bilden **Eigenkapital** (Stammkapital; Nachschüsse; Einlagen) oder **Fremdkapital** (Darlehen; stille Beteiligungen). Eigenkapital weisen die Gesellschafter dem Unternehmen als nicht rückforderbare Eigenmittel zu; es steht den Gesellschaftsgläubigern als Haftungsmasse zur Verfügung[1134]. Der Unterschied zwi-

---

1134 *Weisang*, WM 1997, 197; zur Definition des Eigenkapitals vgl. *Priester*, DB 1991, 1917.

schen Eigen- und Fremdmitteln zeigt sich gerade im Gefährdungsgrad: Verluste treffen zunächst stets das Eigenkapital und erst danach die Fremdmittel. In der Insolvenz ist das Eigenkapital verloren; auf die Fremdfinanzierung entfällt gegebenenfalls die Insolvenzquote.

Während bei der Gründung das Eigenkapital durch die Gesellschafter zumindest in Höhe von 25 000 € (§ 5 Abs. 1 GmbHG) nachgewiesen werden muss, lässt das GmbHG den Beteiligten darüber hinaus die **Freiheit, die weitere Finanzierung** nach kaufmännischem Belieben **zu gestalten**[1135]. Die Fremdfinanzierung stellt sich in der Regel **flexibler** dar als die Finanzierung durch Stammeinlagen oder Nachschüsse[1136], für die es einer gesellschaftsvertraglichen Grundlage (§§ 2 Abs. 1 u. 3 Abs. 1 Nr. 3, 53 Abs. 2, 55 u. 26 GmbHG) bedarf, gegebenenfalls also einer Satzungsänderung. Die Rückzahlung dieser Eigenmittel ist durch ein formalisiertes Verfahren erschwert[1137]; sie kann sogar völlig ausgeschlossen sein (§ 30 Abs. 2 GmbHG). Demgegenüber ist die Finanzierung durch Gesellschafterdarlehen und/oder stille Beteiligungen ohne nennenswerte Förmlichkeiten möglich. Auch die Rückforderung richtet sich grundsätzlich nach den Absprachen zwischen der GmbH und ihren Gesellschaftern.

H 2

Das gesetzliche Mindestkapital von 25 000 € ist keine Garantie hinreichenden Eigenkapitals[1138]. Die häufig anzutreffende **Unterkapitalisierung**[1139] führt dazu, dass das Unternehmensrisiko auf außenstehende Gläubiger abgewälzt wird. Diese haben nur unter besonderen Umständen einen Durchgriffsanspruch gegen die hinter der Gesellschaft stehenden Gesellschafter[1140].

H 3

Für den Gläubigerschutz unverzichtbar ist der **Grundsatz der realen Kapitalaufbringung**, der in den §§ 7 Abs. 2 und 3, 8 Abs. 2, 9 a, 9 b, 19–25, 55–57 GmbHG seinen Ausdruck findet. Er soll gewährleisten, dass die von den Gesellschaftern versprochenen Einlagen im Zeitpunkt der Gründung der Gesellschaft oder nach ihrer Entstehung durch Zahlung erbracht werden[1141].

H 4

2. Überblick: Sicherung der Kapitalaufbringung und -erhaltung im GmbHG

H 5

- § 5 Abs. 1 Erfordernis eines Mindestkapitals von 25 000 €;
- Sicherstellung der Erbringung und Erhaltung der Stammeinlagen durch

---

1135 BGH, DB 1993, 2323; *Schmidt*, GesR, § 18 III 1 b).
1136 *Tillmann*, GmbHR 1987, 329.
1137 Der Gesetzgeber hat zwar mit Wirkung ab 19.10.1994 *eine vereinfachte Kapitalherabsetzung* eingeführt (vgl. §§ 58 a–f GmbHG). Diese ist jedoch nur zum Ausgleich von Wertminderungen oder zur Deckung sonstiger Verluste möglich. Es erfolgt keine Auszahlung von Kapital an die Gesellschafter.
1138 *Schmidt*, GesR, § 18 II 4 a).
1139 Nach der Definiton *Ulmers* (*Hachenburg/Ulmer*, GmbHG, Anh. § 30, Rdn. 16) ist eine Gesellschaft *unterkapitalisiert*, wenn das Eigenkapital nicht ausreicht, um den nach Art und Umfang der angestrebten oder tatsächlichen Geschäftstätigkeit unter Berücksichtigung der Finanzierungsmethoden bestehenden, nicht durch Kredite Dritter zu deckenden mittel- oder langfristigen Finanzbedarf zu befriedigen.
1140 S.o. D V 3 b, Rdn. D 56; die Rechtsprechung kommt jedoch im Einzelfall insbesondere zu einer Haftung aus § 826 BGB, wenn Gläubiger der Gesellschaft bewusst durch Unterkapitalisierung geschädigt werden (vgl. BGH, NJW 1979, 2104 f.; OLG Karlsruhe, BB 1978, 1332 f.).
1141 Zur Kapitalaufbringung vgl. auch B I, Rdn. B 1 ff.

- § 7 Abs. 2: Mindesteinzahlung vor Anmeldung,
- §§ 9 a u. b: Haftung der Gesellschafter für falsche Angaben,
- § 19 Abs. 2: Verbot der Befreiung von der Verpflichtung zur Leistung der Einlage und Aufrechnungsverbot,
- §§ 22: Haftung der Rechtsvorgänger für die Erbringung der Stammeinlagen bei Gesellschafter-Ausschluss,
- § 24: Gesamthaftung der Gesellschafter für ausstehende Einlagen,
- § 30 Abs. 1: Rückzahlungsverbot;
- §§ 5 Abs. 4, 7 Abs. 3, 8 Abs. 2, 9 Abs. 1, 19 Abs. 5: Verschärfte Anforderungen bei Sacheinlagen;
- §§ 32 a, 32 b: Umqualifizierung von Gesellschafter-Darlehen in haftendes Eigenkapital der Gesellschaft unter bestimmten Voraussetzungen.

3. Formen der Kapitalbeschaffung

a) Eigenkapital

aa) Stammeinlagen/Nachschüsse

H 6 **Stammeinlagen** und **Nachschüsse** (§ 26 GmbHG) werden von den Gesellschaftern auf satzungsmäßiger Grundlage erbracht und erhöhen das Gesellschaftsvermögen. Im **Unterschied** zu Nachschüssen müssen Stammeinlagen in ihrer Höhe im Gesellschaftsvertrag fest bestimmt sein; die Höhe des Stammkapitals muss in das Handelsregister eingetragen und bekannt gemacht werden (§§ 3 Abs. 1, 10, 57 f. GmbHG)[1142]. Nachschüsse bedürfen zu ihrer Einforderung eines Gesellschafterbeschlusses; sie können ohne Satzungsänderung zurückgezahlt werden, solange das Stammkapital erhalten bleibt (§ 30 Abs. 2 GmbHG)[1143].

H 7 Bei einer **Erhöhung des Stammkapitals** gelten die Vorschriften für die Begründung und Leistung der übernommenen Stammeinlagen entsprechend (Notwendigkeit einer Satzungsänderung; Beachtung der Kapitalaufbringungs- und -erhaltungsregeln, §§ 19 ff. GmbHG).

bb) Nebenleistungen/Zuschüsse

H 8 **Nebenleistungen** gemäß § 3 Abs. 2 GmbHG sind Leistungen, zu denen Gesellschafter sich über die Erbringung ihrer Stammeinlage hinaus im Gesellschaftsvertrag verpflichten. Wenn sich Gesellschafter außerhalb der Satzung zu Leistungen an die Gesellschaft verpflichten, spricht man von **Zuschüssen**. Dies geschieht z.B. in Form eines Forderungserlasses zum Zweck der Sanierung oder Vermeidung der Überschuldung der Gesellschaft[1144]. Eine Rückzahlung ist nur unter Beachtung des § 30 Abs. 1 GmbHG möglich[1145].

1142 *Scholz/Emmerich*, GmbHG, § 26, Rdn. 5.
1143 *Hachenburg/Müller*, GmbHG, § 26, Rdn. 19.
1144 *Hachenburg/Müller*, GmbHG, § 26, Rdn. 26.
1145 Zuschüsse fließen in das Vermögen der Gesellschaft und sind gegebenenfalls unter Kapitalrücklagen zu verbuchen (§ 272 Abs. 2 Nr. 4 HGB), vgl. *Scholz/Emmerich*, GmbHG, § 26, Rdn. 7.

b) Fremdkapital

aa) Darlehen

Bei der Fremdfinanzierung stehen **Kredite** im Vordergrund. Ist kein Außenstehender zur Darlehensgewährung bereit, so finanzieren die Gesellschafter die Gesellschaft oft mit eigenen Darlehen. Diese können eigenkapitalersetzenden Charakter haben; als Kapital aus Gesellschafterhand werden sie dann – auch im Insolvenzverfahren (§ 32 a GmbHG) – wie Eigenkapital der Gesellschaft behandelt und unterliegen den Eigenkapitalerhaltungsvorschriften (§§ 30 ff. GmbHG). Die Regeln über den Eigenkapitalersatz gelten jedoch nicht für den nicht geschäftsführenden Gesellschafter, der mit zehn vom Hundert oder weniger Stammkapital beteiligt ist (§ 32 a Abs. 3 Satz 2 GmbHG).

H 9

bb) Stille Beteiligung

Der stille Gesellschafter (§§ 230 ff. HGB) ist nicht Gesellschafter der GmbH[1146], sondern bildet mit dieser eine eigene (die stille) Gesellschaft und beteiligt sich mit seiner **Vermögenseinlage** an deren Handelsgewerbe[1147]. Seiner wirtschaftlichen Funktion nach steht er einem Darlehensgeber gleich[1148].

H 10

Dem **atypisch stillen Gesellschafter**, der nicht nur an Gewinn und Verlust, sondern auch am Vermögen der GmbH beteiligt ist[1149], werden häufig Mitsprache- und Gewinnbeteiligungsrechte ähnlich denjenigen eines GmbH-Gesellschafters sowie Geschäftsführungsbefugnisse eingeräumt. Er wird deshalb hinsichtlich der Finanzierungsverantwortung dem Gesellschafter weitgehend gleichgestellt[1150]. Das gilt insbesondere für die Anwendung des § 32 a GmbHG[1151].

H 11

II. Kapitalerhaltung

1. Kapitalerhaltung als Ergänzung zur Kapitalaufbringung

Die Bestimmungen der
- § 5 Abs. 4 (Sachgründungsbericht bei Sacheinlagen),
- § 7 Abs. 2 und 3 (Einzahlung vor Anmeldung),

H 12

1146 BGH, WM 1983, 594, 595.
1147 *Rotthege*, Firmen und Vereine, S. 129 ff.
1148 *Schmidt*, GesR, § 62 I 2 a) u. § 18 II 2 b) dd); Einzelheiten zur stillen Gesellschaft: MünchHdb.GesR II/*Bezzenberger*, S. 1079 ff.; *Rotthege*, Firmen und Vereine, S. 129 ff.
1149 *Rotthege*, Firmen und Vereine, S. 133 f.
1150 MünchHdb.GesR III/*Mayer/Vollrath*, § 50, Rdn. 34; *Hachenburg/Ulmer*, GmbHG, § 32 a, b, Rdn. 125.
1151 BGHZ 106, 7; *Hachenburg/Ulmer*, GmbHG, § 32 a, b, Rdn. 125; *Baumbach/Hueck*, GmbHG, § 32 a, Rdn. 22; *Lutter/Hommelhoff*, GmbHG, § 32 a, Rdn. 53; *Scholz/Schmidt*, GmbHG, § 32 a, Rdn. 19, 105, 123 m.w.N.; *Roth/Altmeppen*, GmbHG, § 32 a, Rdn. 69.

- § 8 Abs. 2 (Versicherung, dass Leistungen erbracht sind und sich in der freien Verfügung der Geschäftsführer befinden),
- § 9 (Differenzhaftung bei Sacheinlage unter Wert),
- §§ 9 a, 9 b (Haftung für falsche Angaben) und
- § 19 Abs. 2 GmbHG (Verbot der Befreiung von der Verpflichtung zur Leistung der Einlage und Aufrechnungsverbot).

H 13 haben die **Aufbringung** des Stammkapitals zum Ziel[1152]. Hierauf baut das der **Erhaltung** des Stammkapitals dienende Verbot der Auszahlung von Gesellschaftsvermögen an die Gesellschafter auf, § 30 GmbHG. Ein Verstoß gegen § 30 GmbHG löst den Erstattungsanspruch der Gesellschaft gemäß § 31 GmbHG aus. Die Kapitalaufbringung findet somit ihre Ergänzung in der Kapitalerhaltung. Die insoweit zentralen §§ 19 und 30 GmbHG bilden das »**Kernstück des GmbH-Rechts**«[1153]. Sie schützen im Interesse der Gesellschaft und deren Gläubiger den Teil des Reinvermögens, der rechnerisch dem satzungsmäßigen Stammkapital entspricht, und bilden die Rechtfertigung dafür, dass den Gläubigern grundsätzlich nur das Gesellschaftsvermögen, nicht aber das Vermögen der Gesellschafter haftet (§ 13 Abs. 2 GmbHG)[1154].

H 14 § 30 GmbHG verbietet den Geschäftsführern, Aktivvermögen der Gesellschaft an Gesellschafter auszuzahlen, wenn und soweit dadurch eine **Unterbilanz** herbeigeführt oder eine bereits vorhandene Unterdeckung vertieft wird[1155]. Das Bestehen einer Unterbilanz wird durch Vergleich des Nettovermögens der Gesellschaft mit ihrem Stammkapital ermittelt. Das Nettovermögen stellt den Unterschiedsbetrag zwischen der Summe aller in der Handelsbilanz angesetzten Aktiva abzüglich der Schulden (Verbindlichkeiten und Rückstellungen) dar. Ergibt der Vergleich, dass das Nettovermögen die Stammkapitalziffer nicht mehr erreicht, so ist eine Unterbilanz gegeben[1156].

H 15 § 30 Abs. 1 GmbHG liegt das **Prinzip des Vermögensschutzes** und nicht des gegenständlichen Eigentumsschutzes zugrunde[1157]. Das Gesellschaftsvermögen ist also nicht in seiner gegenständlichen Zusammensetzung geschützt, sondern in seinem rechnerischen Wert[1158]. Darüber hinaus sind nur das Stammkapital schmälernde Leistungen an die Gesellschafter verboten. Geschäfte mit Dritten werden nicht erfasst, so dass der Grundsatz der Kapitalerhaltung nicht gegen eine »**Verwirtschaftung des Stammkapitals**« schützt[1159].

H 16 Die Gesellschafter sind nicht verpflichtet, bei Verlusten das verminderte Stammkapital wieder aufzufüllen[1160]. Ebenso wenig folgt aus den Grundsätzen der realen Kapitalaufbringung und Kapitalerhaltung ein **Gebot zur angemessenen Kapitalausstattung** der Gesellschaft[1161].

1152 Zur Kapitalaufbringung vgl. auch oben B V, Rdn. B 71 ff.
1153 BGHZ 28, 77, 78.
1154 *Hachenburg/Goerdeler/Müller*, GmbHG, § 30, Rdn. 1; *Scholz/Westermann*, GmbHG, § 30, Rdn. 1.
1155 *Lutter/Hommelhoff*, GmbHG, § 30, Rdn. 2.
1156 OLG Karlsruhe, WM 1994, 1983.
1157 *Schmidt*, GesR, § 37 II 1 b.
1158 *Joost*, ZHR 148, 27 ff.; *Lutter/Hommelhoff*, GmbHG, § 30, Rdn. 2.
1159 *Roth/Altmeppen*, GmbHG, § 30, Anm. 4.
1160 *Scholz/Westermann*, GmbHG, § 30, Rdn. 1.
1161 BGH, BB 1980, 797 ff.; *Hachenburg/Goerdeler/Müller*, GmbHG, § 30, Rdn. 3.

Die §§ 32 a und b GmbHG sowie die von der Rechtsprechung entwickelten Grundsätze zum eigenkapitalersetzenden Gesellschafterdarlehen erweitern den Anwendungsbereich der Bestimmungen über die Erhaltung des Stammkapitals, indem sie die bei einer Unterkapitalisierung gewährten Gesellschafterdarlehen und deren Umgehungsformen einbeziehen.

2. Auszahlungsverbot des § 30 GmbHG

a) Auszahlung

Das Verbot des § 30 GmbHG richtet sich in erster Linie an die Geschäftsführer, die bei Verstößen den Gesellschaftern zum Schadensersatz verpflichtet sind. Unter bestimmten Umständen können aber auch die Mitgesellschafter haften (s.u., Rdn. H 42 ff.). H 17

Der Begriff der Auszahlung erfasst jede **Verringerung des Gesellschaftsvermögens**[1162]. Dazu zählen etwa H 18

- die unentgeltliche Sachübereignung,
- die Abtretung einer Forderung der Gesellschaft[1163],
- die Erfüllung einer Verbindlichkeit des Gesellschafters durch die Gesellschaft oder
- die Verrechnung einer Forderung der Gesellschaft gegen den Gesellschafter mit einer Gegenforderung[1164].

Mit Gesellschaftsvermögen ist hier das **Aktivvermögen**, nicht das rechnerische Reinvermögen gemeint[1165]. Nicht zu einer Auszahlung führt folglich die bloße **Begründung einer Verbindlichkeit**[1166]. Denn solange die Verbindlichkeit gegenüber dem Gesellschafter nicht erfüllt wird, bleibt das Aktivvermögen der Gesellschaft ungeschmälert erhalten[1167]. Gleichgültig ist, ob die Zuwendung des Vermögenswertes an den Gesellschafter offen oder verdeckt, d.h. im Wege eines nicht ausgewogenen Austauschverhältnisses, erfolgt[1168]. H 19

b) Verminderung des geschützten Vermögens

§ 30 GmbHG schützt das zur Erhaltung des Stammkapitals erforderliche Vermögen, das nach Abzug der Schulden einschließlich zurückgestellter Verbindlichkeiten einem **Wert in Höhe der Stammkapitalziffer** entspricht[1169]. Es ist durch eine Bilanz, die unter Beachtung der allgemeinen Bewertungsmaßstäbe aufgestellt wird[1170], zu ermitteln. Dabei müssen die Aktiva nach Abzug der Verbindlichkeiten mindestens den H 20

1162 BGHZ 31, 258, 276; *Hachenburg/Goerdeler/Müller*, GmbHG, § 30, Rdn. 56.
1163 BGH, WM 1984, 137.
1164 BGH, NJW 1984, 1036.
1165 *Hachenburg/Goerdeler/Müller*, GmbHG, § 30, Rdn. 57.
1166 *Meister*, WM 1980, 390, 392; *Hachenburg/Goerdeler/Müller*, GmbHG, § 30, Rdn. 57.
1167 *Joost*, ZHR 148, 27, 31.
1168 *Meyer-Landruth/Miller/Niehus*, GmbHG, § 30, Rdn. 4.
1169 *Scholz/Westermann*, GmbHG, § 30, Rdn. 13.
1170 *Kallmeyer*, in: GmbH-Hdb. I, Rdn. 253.

Nennbetrag des Stammkapitals erreichen[1171]. Eine Auszahlung ist im Hinblick auf § 30 GmbHG so lange unbedenklich, wie das Reinvermögen das Stammkapital deckt.

H 21 Das Auszahlungverbot des § 30 Abs. 1 GmbHG erfaßt auch die Fälle, in denen die Auszahlung nicht nur eine Unterbilanz, sondern sogar eine **Überschuldung** zur Folge hat oder eine bestehende Überschuldung noch verstärkt. Insoweit ist es unerheblich, ob eine bilanzielle Überschuldung (die buchmäßigen Passiva übersteigen die buchmäßigen Aktiva) oder eine echte Überschuldung (es ist kein ausreichendes Reinvermögen mehr vorhanden) vorliegt[1172]. Berücksichtigt man den Schutzzweck des § 30 GmbHG, so kann es nicht zweifelhaft sein, dass diese Vorschrift erst recht Anwendung findet, wenn das Stammkapital »verloren«, Vermögen, das zur Erhaltung des Stammkapitals erforderlich wäre, also nicht mehr vorhanden ist. Die §§ 30, 31 GmbHG sind also auch in der überschuldeten GmbH anzuwenden[1173].

H 22 Da § 30 GmbHG keinen gegenständlichen, sondern nur einen wertmäßigen Schutz des Stammkapitals bewirkt (s.o.), kann die Vorschrift nicht eingreifen, wenn der auszahlenden Gesellschaft eine aktivierbare **vollwertige Gegenleistung** zufließt[1174]. Die Geschäftsführung muss deshalb die Ausgeglichenheit der beiderseitigen Leistungen prüfen. Das Geschäft ist unbedenklich, wenn es dem Vergleich mit einem hypothetischen Geschäft, wie es mit einem gesellschaftsfremden Dritten hätte abgeschlossen werden können, standhält[1175].

H 23 § 30 GmbHG ist auch verletzt, wenn eine **verdeckte Gewinnausschüttung** vorliegt, weil der Gesellschafter Leistungen aus dem Gesellschaftsvermögen ohne äquivalente Gegenleistung erhält und das zur Erhaltung des Stammkapitals erforderliche Vermögen angegriffen wird[1176].

c) Zeitpunkt

H 24 Der **maßgebliche Zeitpunkt** für die Frage, ob eine Unterbilanz (bzw. Überschuldung) eintritt, ist der Zeitpunkt der **Auszahlung**.

d) Zahlungsempfänger

aa) Gesellschafter

H 25 § 30 Abs. 1 GmbHG stellt auf Leistungen an **Gesellschafter** ab, so dass die Vorschrift bei Zuwendungen an **Nichtgesellschafter** grundsätzlich nicht greift.

1171 *Meyer-Landruth/Miller/Niehus*, GmbHG, § 30, Rdn. 2.
1172 BGH, BB 1981, 1664, 1666; BGHZ 109, 334, 337 f.; 119, 201, 211; BGH, ZIP 1995, 23; *Kallmeyer*, in: GmbH-Hdb. I, Rdn. 253.4.
1173 BGHZ 60, 324; BGH, NJW 1990, 1730, 1732: »... der Rechnungsposten Stammkapital (ist) auch dann noch zu schützen ..., wenn das Aktivvermögen der Gesellschaft nicht mehr die vorhandenen Verbindlichkeiten sowie den rechnerischen Betrag des Stammkapitals schützt.«
1174 *Schmidt*, GesR, § 37 III 1 1 b).
1175 BGH, BB 1987, 433; *Scholz/Westermann*, GmbHG, § 30, Rdn. 21.
1176 BGH, ZIP 1996, 68; BGH, ZIP 1997, 281; BGH, ZIP 1997, 928; *Hachenburg/Goerdeler/Müller*, GmbHG, § 30, Rdn. 11. Zum Verzicht auf einen möglichen Gewinn vgl. BGH, NJW 1987, 1194.

Maßgebender **Zeitpunkt** für die Gesellschafter-Eigenschaft ist die **Begründung der Verpflichtung**[1177]. § 30 GmbHG bleibt also anwendbar, wenn der Gesellschafter vor oder nach der Erfüllung aus der Gesellschaft ausscheidet[1178]. War der Zahlungsempfänger bei der Begründung der Verpflichtung noch nicht Gesellschafter, wohl aber zum Zeitpunkt der Erfüllung, so greift § 30 GmbHG nicht ein, es sei denn, die Verpflichtung wurde im Hinblick auf ein künftiges Gesellschaftsverhältnis eingegangen[1179].

H 26

bb) Nichtgesellschafter

Eine Auszahlung an Nichtgesellschafter wird von § 30 GmbHG ausnahmsweise dann erfasst, wenn die Leistung an den Dritten dem Gesellschafter **mittelbar zugute kommt** oder wenn ein **Umgehungsgeschäft** vorliegt[1180]. Entscheidend ist, ob durch die Zuwendung an den Dritten in Wahrheit eine Leistung an den Gesellschafter bezweckt wird[1181]. Das ist der Fall, wenn der Gesellschafter die Leistung der Gesellschaft an den Dritten veranlasst und letzterem kein Anspruch gegen die Gesellschaft zusteht[1182] (z.B. die Erfüllung der Verbindlichkeit eines Gesellschafters gegenüber einem Dritten[1183])[1184]. Haftungsbegründend können auch Leistungen an Dritte sein, die aufgrund verwandtschaftlicher oder wirtschaftlicher Verbundenheit dem Gesellschafter besonders nahe stehen oder für seine Rechnung handeln (»qualifizierte Nähe«[1185]).

H 27

cc) Kreditgewährung an Geschäftsführer

In einem **gesetzlich** geregelten **Ausnahmetatbestand** greift das Auszahlungsverbot auch gegenüber Nichtgesellschaftern: Gemäß § 43 a GmbHG darf den Geschäftsführern, anderen gesetzlichen Vertretern, Prokuristen oder zum gesamten Geschäftsbetrieb ermächtigten Handlungsbevollmächtigten Kredit nicht aus dem zur Erhaltung des Stammkapitals erforderlichen Vermögen gewährt werden.

H 28

1177 BGH, BB 1953, 215; BGHZ 81, 252, 258; BGH, DStR 1996, 1779; *Roth/Altmeppen*, GmbHG, § 30, Rdn. 15 m.w.N.
1178 BGHZ 13, 49, 54; 69, 274, 280; *Scholz/Westermann*, GmbHG, § 30, Rdn. 42.
1179 *Hachenburg/Goerdeler/Müller*, GmbHG, § 30, Rdn. 55.
1180 BGHZ 60, 324, 330; *Hachenburg/Goerdeler/Müller*, GmbHG, § 30, Rdn. 47; *Roth/Altmeppen*, GmbHG, § 30, Rdn. 16.
1181 *Scholz/Westermann*, GmbHG, § 30, Rdn. 29.
1182 *Hachenburg/Goerdeler/Müller*, GmbHG, § 30, Rdn. 47.
1183 BGH, ZIP 1990, 1467, 1468.
1184 Fallgruppen gesellschaftsgleicher Behandlung Dritter werden unten (III 4, Rdn. H 80 ff.) näher dargestellt.
1185 BGHZ 81, 365, 368 f.; BGH, ZIP 1991, 366; BGH, ZIP 1993, 1072, jeweils zu nahen Angehörigen, BGH, ZIP 1990, 1593; BGH, ZIP 1992, 242, 244; BGH, ZIP 1996, 68; BGH, ZIP 1997, 115; BGH, DStR 1999, 1497, jeweils zu verbundenen Unternehmen. Vgl. auch *Fleck*, Festschrift 100 Jahre GmbH-Gesetz, S. 391, 408 ff.; *Baumbach/Hueck*, GmbHG, § 30, Rdnr. 17; *Scholz/Westermann*, § 30, Rdn. 28 ff., 34 ff. m.w.N.

e) Ursache im Gesellschaftsverhältnis

H 29 Schließlich muss die Auszahlung ihre Ursache im Gesellschaftsverhältnis haben[1186]. Folglich findet § 30 Abs. 1 GmbHG von vornherein nur auf Geschäfte der GmbH Anwendung, die durch die Gesellschafterstellung ihres Vertragspartners geprägt sind[1187].

H 30 Umsatzgeschäfte, die mit dem Gesellschafter wie mit einem Dritten geschlossen werden (sog. **Drittgeschäfte**), sind vom Auszahlungsverbot ausgenommen. Das gilt aber nur so lange, als für die Leistung der Gesellschaft eine **gleichwertige Gegenleistung** erbracht wird[1188].

3. Rechtsfolgen unzulässiger Auszahlungen

a) Auswirkungen auf das Verpflichtungs- und Erfüllungsgeschäft

H 31 Vereinbarungen, die zu einer unzulässigen Einlagenrückgewähr führen, haben weder die Nichtigkeit des obligatorischen noch des dinglichen Geschäfts zur Folge[1189]. Zwar war der BGH in früheren Entscheidungen der Auffassung, dass ein das Rückgewährverbot verletzendes Rechtsgeschäft nicht nur die Erstattungspflicht gemäß § 31 GmbHG auslöse, sondern ausnahmsweise dann nichtig sei, wenn die Beteiligten sich bewusst über das Rückzahlungsverbot hinweggesetzt hätten[1190]. Hiervon hat der BGH jedoch mittlerweile ausdrücklich Abstand genommen[1191]. Die Rechtsfolge eines Verstoßes gegen das Kapitalerhaltungsgebot ergebe sich ausschließlich aus der als Spezialregelung zu verstehenden **Rückerstattungsnorm des § 31 GmbHG**. Für die Anwendung der §§ 134, 812 ff. BGB sei daneben kein Raum[1192].

b) Leistungsverweigerungsrecht

H 32 Der Gesellschaft steht ein **Leistungsverweigerungsrecht** zu, solange und soweit durch die Erfüllung ihr Reinvermögen unter ihr Stammkapital sinken würde[1193]. Ihre Leistungsverpflichtung wird jedoch nicht endgültig beseitigt. Der Geschäftsführer

---

1186 *Scholz/Westermann*, GmbHG, § 30, Rdn. 19.
1187 *Meister*, WM 1980, 390.
1188 *Scholz/Westermann*, GmbHG, § 30, Rdn. 20; zur Gleichwertigkeit der Gegenleistung s.o. II 2 b, Rdn. H 22.
1189 BGH, BB 1953, 215; BGH, DB 1987, 1781, 1782; *Hachenburg/Goerdeler/Müller*, GmbHG, § 30, Rdn. 77 f.; *Meyer-Landruth/Miller/Niehus*, GmbHG, § 30, Rdn. 10; zum Streit über die Wirksamkeit des Erfüllungsgeschäfts vgl. *Scholz/Westermann*, GmbHG, § 30, Rdn. 12.
1190 BGHZ 69, 274, 280; 81, 365, 367 f.; 95, 188, 192; BGH, ZIP 1987, 1113, 1115; BGH, LM Nr. 1 zu § 30 GmbHG.
1191 BGH, BB 1997, 1807, 1808.
1192 BGH, BB 1997, 1807, 1808.
1193 BGH, BB 1953, 215.

muss aber von dem Recht zur Verweigerung der Leistung Gebrauch machen, solange die Erfüllung die Kapitalbindung verletzt[1194].

c) Rückzahlungsanspruch, § 31 Abs. 1 GmbHG

aa) Gegen Gesellschafter

Hat der Gesellschafter eine Leistung entgegen § 30 GmbHG empfangen, so muss er das Erhaltene gemäß § 31 Abs. 1 GmbHG **zurückerstatten**. Diese Pflicht wird bei Gutgläubigkeit des Empfängers auf das zur Befriedigung der Gläubiger Erforderliche beschränkt (§ 31 Abs. 2 GmbHG)[1195]. H 33

bb) Gegen Dritte

Erbringt die Gesellschaft zugunsten des Gesellschafters an einen **Dritten** eine ihr Stammkapital beeinträchtigende Leistung (**mittelbare Leistung**), haften grundsätzlich nur der begünstigte Gesellschafter (§ 31 Abs. 1 und 2 GmbHG) und die übrigen Gesellschafter (§ 31 Abs. 3 GmbHG), es sei denn, die Leistung ist nicht nur als eine solche an den Gesellschafter, sondern auch an den Dritten anzusehen[1196], etwa weil der Dritte dem Gesellschafter besonders **nahe steht** oder sogar eine **wirtschaftliche Einheit** mit ihm bildet[1197]. Dann haftet der Dritte gesamtschuldnerisch neben dem Gesellschafter auf Rückgewähr[1198]. Der Gesellschaft steht dann ein Leistungsverweigerungsrecht auch gegenüber dem Dritten zu[1199]. H 34

cc) Treuhandverhältnisse

Der **Treugeber** haftet unmittelbar und persönlich aus §§ 30, 31 GmbHG; die GmbH ist nicht etwa auf eine Pfändung des Regressanspruches des Treuhänders gegen den Treugeber (§ 670 BGB) zu verweisen[1200]. Für die Haftung des Treugebers kann es insbesondere keine Rolle spielen, ob die Leistung direkt an ihn oder zunächst an den Treuhänder/Strohmann erfolgt und dieser sie an den Treugeber weiterleiten muss (§ 667 BGB). Ob dies geschieht, ist für die Haftung des Treugebers ebenso unerheb- H 35

1194 *Scholz/Westermann*, GmbHG, § 30, Rdn. 11.
1195 Zur Ausfallhaftung s.u. Rdn. H 42 ff. Daneben kommt noch ein Bereicherungsanspruch in Betracht, wenn die Beteiligten sich bewusst über die Kapitalerhaltungsvorschriften hinweggesetzt haben (BGH, ZIP 1997, 1450).
1196 BGH, ZIP 1990, 1467, 1468.
1197 Zu den nahestehenden Personen s.o. 2 c bb, Rdn. H 27.
1198 BGH, ZIP 1992, 242, 244; BGH, DB 1996, 128; *Hachenburg/Goerdeler/Müller*, GmbHG, § 31, Rdn. 21; *Roth/Altmeppen*, GmbHG, § 30, vgl. auch Rdn. 30 m.w.N. zu den differenzierenden Auffassungen in der Literatur.
1199 BGH, DB 1996, 128.
1200 BGHZ 31, 258, 264 ff.; BGHZ 75, 334, 335; BGZ 95, 188, 193; BGHZ 107, 7, 11 ff.; BGHZ 118, 107, 110 ff.; *Roth/Altmeppen*, GmbHG, § 30, Rdn. 18 m.w.N.

lich wie die Frage, ob der Treugeber die Leistung an den Treuhänder veranlasst oder zumindest davon gewusst hat oder wissen musste.

H 36 Der Treugeber muss sich also aufgrund der von ihn gewählten Rolle als »Hintermann« Leistungen an seinen Treuhänder zurechnen lassen, auch wenn er diese noch nicht empfangen oder gekannt hat. Das Insolvenzrisiko im Hinblick auf den Treuhänder trägt somit der Treugeber und nicht die Gesellschaft, weil der Treuhänder gleichsam als »Empfangsstation« des Treugebers zu betrachten ist[1201].

H 37 Darüber hinaus haftet der **Treuhänder** selbst kraft seiner Stellung als Gesellschafter[1202]. Dabei spielt es keine Rolle, ob die Auszahlung direkt an den Treugeber oder über den Treuhänder in dessen Vermögen gelangt.

H 38 Dies gilt jedoch nicht, wenn der Treuhänder mit der Leistung nichts zu tun hat, weil er sie nicht empfangen oder veranlasst und die Gesellschaft direkt an den Treugeber geleistet hat[1203]. Dies dürfte jedoch der Ausnahmefall sein.

d) Fälligkeit des Rückzahlungsanspruchs

H 39 Der Rückzahlungsanspruch ist **sofort** fällig. Für seine Geltendmachung bedarf es keines Gesellschafterbeschlusses; § 46 Nr. 2 GmbHG findet keine entsprechende Anwendung[1204]. Nach Treu und Glauben kann die Gesellschaft verpflichtet sein, ihre Gesellschafter vorrangig vor einem bereits ausgeschiedenen, jedoch gem. § 31 GmbHG nach wie vor haftenden Gesellschafter in Anspruch zu nehmen[1205].

H 40 Fallen schuldrechtliches und dingliches Geschäft auseinander, kommt es auf die Erfüllung an[1206]. Bei bestehender **Unterbilanz** begründete Verbindlichkeiten dürfen erst erfüllt werden, nachdem die Unterbilanz nachhaltig beseitigt ist.

e) Erlöschen des Rückzahlungsanspruchs

H 41 Der Rückzahlungspruch, der nicht nur »Zahlungen« erfasst, sondern ebenso wie das Auszahlungsverbot **Leistungen aller Art**, entfällt, sobald und soweit das Gesellschaftsvermögen in Höhe der Stammkapitalziffer nachhaltig wiederhergestellt ist[1207], sei es durch Gewinne, Auflösung von Rückstellungen o.ä.

1201 *Roth/Altmeppen*, GmbHG, § 30, Rdnr. 18 m.w.N.
1202 BGHZ 31, 258, 263 ff.; BGHZ 105, 168, 175; zustimmend *Baumbach/Hueck*, GmbHG, § 31 Rdnr. 12; *Hachenburg/Goerdeler/Müller*, GmbHG, § 30 Rdnr. 49.
1203 *Fleck*, Festschrift 100-Jahre-GmbHG 1992, S. 391, 411; *Roth/Altmeppen*, GmbHG, § 30, Rdnr. 19.
1204 BGHZ 76, 326, 333 f.; BGH, NJW 1987, 779.
1205 BGH, NJW 1984, 1037 f.; NJW 1988, 139, 140; *Roth/Altmeppen*, GmbHG, § 31, Rdn. 4.
1206 BGH, NJW 1988, 139; *Scholz/Westermann*, GmbHG, § 30, Rdn. 43.
1207 BGH, DB 1987, 1781, 1782; BGH, NJW 1988, 139; ausführlich zu dieser Frage: *Müller*, ZIP 1996, 941 ff. differenzierend *Roth/Altmeppen*, GmbHG, § 31, Rdn. 7 f. mit Hinweisen auf die unterschiedlichen Stimmen in der Literatur.

4. Haftung der Mitgesellschafter gem. § 31 Abs. 3 GmbHG

a) Ausfallhaftung

Kann die Gesellschaft von dem Empfänger das verbotswidrig Geleistete nicht erlangen, so haften ihr die übrigen Gesellschafter verschuldensunabhängig **anteilig** (»nach dem Verhältnis ihrer Geschäftsanteile«, § 31 Abs. 2 und 3 GmbHG). H 42

Die Haftung der Mitgesellschafter ist **doppelt subsidiär**: Sie greift nur ein, wenn und soweit vom Empfänger der Leistung Befriedigung nicht zu erlangen ist und die Gesellschaft Mittel zur Befriedigung ihrer Gläubiger benötigt. H 43

Der **Umfang der Haftung der Mitgesellschafter** richtet sich grundsätzlich nach der Haftung des Auszahlungsempfängers. Letztere ist jedoch nicht auf den Betrag des Stammkapitals begrenzt. Das würde an sich bedeuten, dass die Mitgesellschafter einem unkalkulierbaren Haftungsrisiko ausgesetzt sind. Mit Rücksicht darauf, dass die Haftung nach § 31 Abs. 3 GmbHG die Kehrseite der Haftung nach § 24 GmbHG für nicht realisierbare Stammeinlagen darstellt und nach § 24 GmbHG die Haftung auf die uneinbringliche Stammeinlageverpflichtung beschränkt ist, soll die Ausfallhaftung gemäß § 31 Abs. 3 GmbHG ihre Begrenzung in dem satzungsmäßigen Stammkapital finden[1208]; die Mitgesellschafter sind hiernach also lediglich verpflichtet, das fehlende Stammkapital wieder aufzufüllen. Der BGH hat diese Frage bisher offen gelassen[1209]. H 44

b) Verhaltenshaftung

Darüber hinaus bejaht der BGH eine Haftung des Mitgesellschafters gleich dem die Leistung empfangenden Gesellschafter in deren voller Höhe, wenn er die Auszahlung schuldhaft mit veranlasst hat, sei es rein tatsächlich oder auch nur durch einen mit seiner Stimme herbeigeführten Beschluss der Gesellschafterversammlung[1210]. Diese Haftung kann weit über die Stammkapitalsumme hinausgehen, wenn die Gesellschaft als Folge der Auszahlung an den Mitgesellschafter überschuldet ist. H 45

Der BGH stützt diese Verschuldenshaftung der Mitgesellschafter auf § 276 BGB. Der Anspruch soll analog § 31 Abs. 5 GmbHG in fünf Jahren verjähren[1211]. Andere sehen die Wurzel dieses Schadenersatzanspruches in der Treuepflicht der Mitgesellschafter[1212]. H 46

Eine neuere Auffassung begründet den Anspruch mit einer Haftung der Mitgesellschafter für **besondere Geschäftsführungsmaßnahmen**, nämlich die Einlagenrückgewähr, die jedem Gesellschafter untersagt ist, sei er selbst Geschäftsführer (§ 43 H 47

1208 *Hachenburg/Goedeler/Müller*, GmbHG, § 31, Rdn. 54; eingehend *Reemann*, ZIP 1990, 1309 ff.; *Roth/Altmeppen*, GmbHG, § 30, Rdn. 13; § 31, Rdn. 10 m.w.N.
1209 BGH, DB 1990, 926, 927.
1210 BGHZ 93, 146, 149 f. Nach BGH, GmbHR 1999, 921 (m. Anm. v. *K. J. Müller*) haften die übrigen Gesellschafter – vom Fall der Existenzgefährdung der GmbH abgesehen – nur unter den Voraussetzungen der §§ 31 Abs. 3, 43 Abs. 3 S. 3 GmbHG.
1211 Vgl. NJW 1995, 1960.
1212 Vgl. *Lutter/Hommelhoff*, GmbHG, § 31, Rdnr. 29; *Fleck*, Festschrift 100 Jahre GmbH-Gesetz, S. 391, 408; *Ulmer*, ebendort, S. 363, 373 f.; *Ulmer*, ZGR 1985, 598, 607.

Abs. 3 GmbHG) oder nur in seiner Gesellschafterrolle an der Eigenkapitalrückgewähr beteiligt. Diese Auffassung stützt sich auf die Prämisse des BGH [1213], dass die §§ 30, 31 GmbHG sich an sämtliche Gesellschafter richten. Treffen die Gesellschafter **selbst Geschäftsführungsmaßnahmen**, so haften sie zwar nicht als Geschäftsführer, wohl aber weil eine schuldhafte Verletzung der Pflicht, das Stammkapital nicht zu tangieren, auch von einem Gesellschafter begangen werden kann, zumal dieser in einer Sonderrechtsbeziehung zur Gesellschaft steht und Adressat des Kapitalerhaltungsgebotes ist[1214]. Zwar hat der Gesellschafter regelmäßig nicht dieselbe Sorgfalt anzuwenden wie der Geschäftsführer[1215]. Insbesondere muss der Gesellschafter nicht ohne weiteres kontrollieren, ob Unterdeckung oder Überschuldung vorliegt. Dennoch kann ein Gesellschafter, zumal ein »herrschender«, der den erforderlichen Einblick hat, insoweit schuldhaft handeln und für diesen Fall auch Adressat der Verschuldenshaftung wegen Verletzung des Stammkapitalerhaltungsgebotes sein[1216].

c) Bestellung von Sicherheiten zugunsten Dritter für Verbindlichkeiten des Gesellschafters

H 48   Bestellt die Gesellschaft eine Sicherheit (Grundschuld, Hypothek, Pfandrecht, Übernahme einer Bürgschaft) für die Verbindlichkeit eines Gesellschafters oder für dessen Forderung gegen einen Dritten, so ist umstritten, wann ein Verstoß gegen § 30 Abs. 1 GmbHG vorliegt.

H 49   Nach h.M. führt die Bestellung der Sicherheit allein noch nicht zu einer Auszahlung von Vermögen der Gesellschaft, es sei denn, bei Begebung der Sicherheit ist deren Inanspruchnahme so wahrscheinlich, dass Rückstellungen gebildet werden müssen, die zu einer Unterbilanz führen, soweit nicht durchsetzbare Rückgriffsansprüche gegen den Gesellschafter gegeben sind[1217]. Die Gegenansicht weist zu Recht darauf hin, dass wegen der Übernahme des Delkredererisikos bereits in der Sicherheitenbestellung eine Zuwendung i.S.d. § 30 Abs. 1 GmbHG zu sehen ist[1218]. Bei einer dinglichen Sicherheit hat auch der BGH in deren Bestellung den maßgeblichen Zeitpunkt gesehen[1219].

H 50   Die Gesellschaft kann die Leistung gegenüber dem Dritten als Sicherungsnehmer verweigern, wenn dieser bei Erwerb der Sicherheit **Kenntnis** von dem Verstoß gegen § 30 GmbHG hatte[1220] oder sogar bewusst zum Schaden der Gesellschaft oder deren Gläubiger mit dem Gesellschafter zusammengewirkt hat (Kollusion)[1221]. Teilweise

---

1213 BGHZ 93, 146, 149.
1214 *Roth/Altmeppen*, GmbHG, § 31, Rdnr. 14 m.w.N.
1215 *Ulmer*, Festschrift 100 Jahre GmbH-Gesetz, S. 363, 373 f.; *Scholz/Westermann*, GmbHG, § 31, Rdn. 14.
1216 Vgl. *Roth/Altmeppen*, GmbHG, § 31, Rdn. 14.
1217 *Baumbach/Hueck*, GmbHG, § 30, Rdn. 19; *Hachenburg/Goedeler/Müller*, GmbHG, § 30, Rdn. 66.
1218 *Roth/Altmeppen*, GmbHG, § 30, Rdn. 60.
1219 BGH, NJW 1976, 751, 752 f. (zur KG). Vgl. auch *Kerber*, WM 1989, 473, 477; *Roth/Altmeppen*, GmbHG, § 30, Rdn. 61.
1220 *Roth/Altmeppen*, GmbHG, § 30, Rdn. 65.
1221 BGH, WM 1982, 1402; *Kallmeyer*, in: GmbH-Hdb. I, Rdn. 253.3.

wird darüber hinausgehend grundsätzlich eine Leistungsverweigerungsberechtigung der Gesellschaft angenommen, es sei denn, der Sicherungsnehmer weist nach, dass er die Gesellschafterstellung seines Schuldners nicht gekannt hat[1222].

Die Absicherung von Verbindlichkeiten der Gesellschafter gegenüber Dritten zu Lasten des Gesellschaftsvermögens spielt eine Rolle bei **Management-Buy-Outs**. Hierunter versteht man Unternehmenskäufe, bei denen die Manager einer Gesellschaft einen wesentlichen Teil der Geschäftsanteile erwerben[1223]. Der Finanzierung des Kaufpreises dient typischerweise ein Bankkredit, der durch Gesellschaftsvermögen (z.B. Grundpfandrechte) abgesichert wird[1224]. Angesichts des notwendigerweise engen Zusammenwirkens zwischen der Bank und den Anteilserwerbern liegen im Fall eines Verstoßes gegen § 30 GmbHG die das Leistungsverweigerungsrecht der GmbH begründenden subjektiven Voraussetzungen bei dem Kreditgeber regelmäßig vor, was zur Nichtigkeit der Sicherheitsabrede führen kann[1225]. H 51

III. Eigenkapitalersetzende Gesellschafterleistungen

1. Grundlagen

a) Zweck der Eigenkapitalersatzregeln

Darlehen, die der Gesellschafter der GmbH anstelle einer an sich gebotenen Eigenkapitalzufuhr gewährt (**kapitalersetzende Gesellschafterdarlehen**), werden wie haftendes Eigenkapital behandelt. Der BGH rechtfertigt die Umqualifizierung von Fremd- in Eigenkapital mit der Verantwortung der Gesellschafter für die ordnungsgemäße Finanzierung der GmbH[1226]. Zwar sind die Gesellschafter nicht verpflichtet, der Gesellschaft Eigenkapital zuzuführen; doch tragen sie dann die Verantwortung für die Folgen ihrer Finanzierungsentscheidungen[1227]. H 52

Auch **andere Gesellschafterleistungen** können eigenkapitalersetzenden Charakter haben (z.B. Sicherheiten, die der Gesellschafter einem kreditgebenden Dritten gewährt, § 32 a Abs. 2 GmbHG, oder die Überlassung eines Gegenstandes an die Gesellschaft zu deren Nutzung[1228]). H 53

1222 *Peltzer/Bell*, ZIP 1993, 1757, 1758; differenzierend nach Art der Sicherheit: *Scholz/Westermann*, GmbHG, § 30, Rdn. 33.
1223 Ausführlich hierzu: *Peltzer*, DB 1987, 973; *Kerber*, WM 1989, 473 ff.; *Wittowsky*, GmbHR 1990, 544; *Weber*, ZHR 155, 120.
1224 Vgl. *Scholz/Westermann*, GmbHG, § 30, Rdn. 32.
1225 *Roth/Altmeppen*, GmbHG, § 30, Rdn. 65 m.w.N.
1226 BGHZ 31, 258, 272; 67, 171, 175; 69, 274, 281; 75, 334, 336; 90, 381, 389. Zur Sondersituation von früheren DDR-Betrieben gemäß § 56 e I DMBilG s. BGH, DStR 1999, 247; BGH, DStR 1999, 465; BGH, DStR 1999, 467. Zum Verhältnis von eigenkapitalersetzenden Darlehen und Insolvenzrecht s. *Noack*, Neues Insolvenzrecht – neues Kapitalersatzrecht, in: FS Claussen, S. 307, 308.
1227 Sog. »Finanzierungsfolgenverantwortung«; vgl. *v. Gerkan*, ZGR 1997, 173, 177.
1228 Vgl. im Einzelnen unten 3 b, Rdn. H 66 ff.

b) Rechtsgrundlagen

H 54 Tatbestand und Rechtsfolgen eigenkapitalersetzender Gesellschafterleistungen sind gesetzlich geregelt in **§§ 32 a, 32 b GmbHG, § 135 InsO und § 6 AnfG**. § 32 a Abs. 1 GmbHG bestimmt, dass Gesellschafter eigenkapitalersetzende Darlehen in der Krise der GmbH nur als nachrangige Insolvenzgläubiger geltend machen können. §§ 32 a Abs. 2, 32 b GmbHG betreffen die sogenannten mittelbaren Gesellschafterdarlehen, d.h. Kredite Dritter an die GmbH, die von Gesellschaftern (z.B. durch Bürgschaften) besichert werden. Gemäß § 32 a Abs. 3 GmbHG werden auch Umgehungsgeschäfte erfasst. Gemäß § 32 a Abs. 3 Satz 2 GmbHG gelten die Regeln über den Eigenkapitalersatz nicht für nicht geschäftsführende Gesellschafter, die mit zehn vom Hundert oder weniger Stammkapital beteiligt sind.

H 55 Vor der Einführung dieser Vorschriften durch die GmbH-Novelle von 1980 hatte die **Rechtsprechung** bereits in **Analogie zu den Kapitalerhaltungsvorschriften der §§ 30, 31 GmbHG** den Grundsatz entwickelt, dass Gesellschafterfremdkapital dann in der Gesellschaft wie haftendes Kapital gebunden wird, wenn es faktisch Eigenkapital ersetzt. Das ist der Fall, wenn die Gesellschaft ohne die Leistung nicht mehr lebensfähig wäre[1229]. Rückzahlungsansprüche aus kapitalersetzenden Darlehen sind danach undurchsetzbar, wenn und soweit die Rückzahlung zur Entstehung oder Vergrößerung einer Unterbilanz oder Überschuldung der Gesellschaft führen würde.

H 56 Nach h.M. sind neben den §§ 32 a und 32 b GmbHG (Novellen-Regelung) die (alten) Rechtsprechungsgrundsätze weiterhin anwendbar[1230], so dass ein **duales Regelungssystem** besteht. Das ist insoweit von Bedeutung, als beide Regelungsbereiche nicht voll übereinstimmen: Nach den Rechtsprechungsgrundsätzen ist das Darlehen der Höhe nach nur so weit gebunden, wie es verlorenes Stammkapital oder eine über diesen Verlust hinaus bestehende Überschuldung abdeckt[1231]. Die §§ 32 a, 32 b GmbHG kennen eine solche Grenze nicht, setzen aber – im Gegensatz zu den Rechtsprechungsgrundsätzen – den Antrag auf Eröffnung des Insolvenzverfahrens oder eine Gläubigeranfechtung nach § 6 AnfG voraus[1232]. Für den Erstattungsanspruch analog § 31 Abs. 1 GmbHG gilt eine Verjährungsfrist von fünf Jahren (§ 31 Abs. 5 GmbHG). Im Rahmen der §§ 32 a, 32 b GmbHG kann demgegenüber Erstattung an die Gesellschaft nur verlangt werden, wenn die Leistungsrückgewähr innerhalb eines Jahres vor dem Antrag auf Eröffnung des Insolvenzverfahrens (§ 32 b Satz 1 GmbHG) oder der Anfechtung (§§ 6 Nr. 2, 13 AnfG) erfolgte.

2. Kapitalersatzfunktion

H 57 Für die Beurteilung, ob ein Darlehen oder eine ihm gleichzustellende Maßnahme Eigenkapital ersetzt, stellt § 32 a Abs. 1 GmbHG auf das **Finanzierungsverhalten**

1229 BGH, WM 1972, 74 ff.
1230 BGHZ 90, 370, 376; BGH, ZIP 1995, 816.
1231 BGHZ 76, 326, 332.
1232 Auch bei einem mangels Masse abgelehnten Insolvenzantrag greifen die §§ 32 a, b GmbHG nicht ein; zu Gläubigeranfechtung und Kapitalschutz vgl. *Hüttemann*, GmbHR 2000, 357.

III. Eigenkapitalersetzende Gesellschafterleistungen

ordentlicher Kaufleute ab. Dieser normative Begriff wurde in Rechtsprechung und Literatur durch das Merkmal der **Kreditunwürdigkeit** präzisiert[1233]. Das gilt sowohl im Anwendungsbereich der §§ 32 a, 32 b GmbHG als auch nach den Rechtsprechungsgrundsätzen[1234]. Eine Gesellschaft gilt demnach als kreditunwürdig, wenn sie das Darlehen wegen schlechter Vermögenslage von dritter Seite zu marktüblichen Bedingungen nicht erhalten hätte und deshalb ohne die Gesellschafterleistung hätte liquidiert werden müssen[1235]. Die Kreditunwürdigkeit lässt sich häufig nur aus einer umfassenden **Würdigung der Gesamtumstände** folgern[1236]. Ein **überschuldetes** Unternehmen dürfte allerdings nicht mehr kreditwürdig sein[1237]. Dasselbe gilt regelmäßig bei **Zahlungsunfähigkeit**[1238].

Nach Ansicht des BGH[1239] liegt eine Kreditunwürdigkeit dann »äußerst nahe«, wenn   H 58

- eine GmbH ihr **Stammkapital** bis auf geringe Reste **verloren** hat,
- **bilanziell überschuldet** ist,
- über **keine** wesentlichen **stillen Reserven** verfügt und
- ihren Kreditgebern keine Vermögensgegenstände als **Sicherheit** anbieten kann.

Aufgrund dieser Kriterien kann der Gesellschafter die Kreditunwürdigkeit der GmbH leichter feststellen als deren Überschuldung, die neben der bilanziellen Überschuldung eine negative Fortbestehensprognose erfordert (§ 19 Abs. 2 InsO)[1240].   H 59

Rangrücktrittsvereinbarungen bewirken die Gleichstellung der Gesellschafterleistung mit haftendem Eigenkapital[1241]. Rangrücktritt besagt, dass der Gesellschafter seine hingegebene Gesellschafterleistung in der Krise der Gesellschaft nicht zurückfordern und im Insolvenzverfahren nicht geltend machen kann, solange nicht sämtliche übrigen Gläubiger befriedigt sind[1242]. Die Behandlung von Rangrücktrittsvereinbarungen ist auf der Grundlage der Insolvenzordnung problematisch[1243].   H 60

Eigenkapitalersatzfunktion kraft interner Vereinbarung kann auch bei sog. **Finanzplankrediten** gegeben sein. Das sind Kredite, welche die Gesellschafter zusätzlich zu ihrer Einlage zur Verfügung stellen und auf welche die Gesellschaft ihrer Finanzplanung nach angewiesen ist, weil ihre Finanzierung auf einer Kombination von Eigen- und Fremdkapital beruht[1244]. Die Rechtsprechung geht von der Notwendigkeit aus,   H 61

1233 BGHZ 76, 326, 330; *Hachenburg/Ulmer,* GmbHG, § 32 a, b, Rdn. 46.
1234 *Hachenburg/Ulmer,* GmbHG, § 32 a, b, Rdn. 46.
1235 BGHZ 31, 258, 272; BGH, NJW 1994, 1477, 1478.
1236 Vgl. auch Checkliste VII 3 b (Indizien für die Feststellung der Kreditunwürdigkeit der Gesellschaft), Rdn. H 168.
1237 *Scholz/Schmidt,* GmbHG, §§ 32 a, 32 b, Rdn. 41.
1238 Eine nur *vorübergehende* Zahlungsunfähigkeit führt hingegen noch nicht zur Kreditunwürdigkeit (BGH, DB 1972, 351); BGH, ZIP 1990, 95 ff.; BGH, ZIP 1995, 23 zu ganz kurzfristigen Überbrückungskrediten.
1239 BGHZ 76, 326, 330; 81, 252, 255; 81, 311, 317 f.; 119, 201, 206; BGH, WM 1996, 259 f.; BGH, ZIP 1997, 1648.
1240 Zur Überschuldung und deren Feststellung vgl. unten N I 2 c, Rdn. N 7 ff.
1241 *Scholz/Schmidt,* GmbHG, §§ 32 a, 32 b , Rdn. 99.
1242 *Rowedder/Rowedder,* GmbHG, § 32 a, Rdn. 87; vgl. Muster VIII 1 (Rangrücktritt), Rdn. H 173.
1243 Vgl. hierzu unten Rdn. N 12.
1244 Vgl. BGHZ 121, 31, 41 und *v. Gerkan,* ZGR 1997, 173, 192 f.

dass diese Mittel aufgrund gesellschaftsvertraglich festgelegter Pflicht zu gewähren und dementsprechend wie Einlagen ausgestaltet und zu behandeln sind[1245]. Der »**Finanzplankredit**« ist somit keine eigenständige Kategorie des Eigenkapitalersatzrechts und begründet erst recht keine Haftung wegen »materieller Unterkapitalisierung«. Inwieweit ein Gesellschafter verpflichtet ist, ein derartiges Darlehen zur Verfügung zu stellen, richtet sich allein nach dem Inhalt der zwischen den Gesellschaftern untereinander oder mit der Gesellschaft – sei es auf satzungsrechtlicher Grundlage, sei es in Form einer schuldrechtlichen Nebenabrede – getroffenen Vereinbarungen. Im Übrigen gelten für die Umqualifizierung der Darlehen, die aufgrund einer solchen Vereinbarung gewährt worden sind, die allgemeinen Grundsätze über eigenkapitalersetzende Leistungen[1246].

3. Darlehen und wirtschaftlich gleichstehende Handlungen

a) Darlehen

H 62   Klassischer Anwendungsfall der Eigenkapitalersatzregeln ist die **Hingabe eines Darlehens** durch den Gesellschafter an die in eine Krise geratene GmbH, soweit der Gesellschafter mit mehr als 10 % am Stammkapital beteiligt oder Geschäftsführer ist (sog. Sanierungsprivileg, vgl. § 32 a Abs. 3 Satz 2 GmbHG)[1247].

H 63   **Maßgebender Zeitpunkt** für die Beurteilung, ob ein Darlehen eigenkapitalersetzenden Charakter hat, ist der Zeitpunkt der Kreditzusage, sofern die Leistung später gewährt wird. Denn bereits die verbindliche Zusage ermöglicht es der Gesellschaft, ihren Geschäftsbetrieb vorläufig aufrechtzuerhalten. Im Hinblick auf die gemäß § 610 BGB bestehende Widerrufsmöglichkeit des Darlehensgebers bei Verschlechterung der wirtschaftlichen Verhältnisse des Darlehensnehmers dürfte dieses jedoch nur gelten, wenn das Darlehensversprechen in Kenntnis der Unterkapitalisierung gegeben wurde[1248], zumal § 32 a GmbHG ein Rückzahlungsverbot und kein Leistungsgebot begründet[1249].

H 64   Ist die GmbH bei Auszahlung des Darlehens noch kreditwürdig, kommt nur ein »Stehenlassen«[1250] in Betracht.

H 65   **Kurzfristige Überbrückungskredite** sollen nicht von den Kapitalersatzregeln erfaßt werden, wenn im Zeitpunkt der Kreditgewährung aufgrund der wirtschaftlichen Lage des Unternehmens objektiv damit gerechnet werden konnte, dass die GmbH

1245 BGHZ 70, 61, 63 f.; 104, 33, 38 ff.; OLG Karlsruhe, ZIP 1996, 918; *Hachenburg/Ulmer*, GmbHG, § 32 a, Rdn. 61; *Roth/Altmeppen*, GmbHG, § 32 a, Rdn. 28; gegen das Erfordernis einer statutarischen Grundlage *v. Gerkan*, ZGR 1997, 173, 193 f.
1246 BGH, DStR 1999, 1198.
1247 Der frühere Streit, ob auch sog. Zwergenbeteiligungen dem § 32 a GmbHG unterfallen, ist durch die Neuregelung des GmbHG v. 22. 6. 1998 (BGBl. I S. 1474) entschieden; zum früheren Meinungsstreit vgl. die Vorauflage Rdn. H 63 m.w.N. *Gaiser*, GmbHR 1999, 210; *K. Schmidt*, GmbHR 1999, 1209; *Vollmer/Smerdka*, DB 2000, 757.
1248 Vgl. *Roth/Altmeppen*, GmbHG, § 32 a, Rdn. 17.
1249 BGH, ZIP 1996, 1829, 1830.
1250 S.u. 3 b, bb, Rdn. H 70 ff.

den Kredit in der vorgegebenen kurzen Zeitspanne zurückführen kann[1251]. In der zeitlichen Nähe einer Krise wird dieser Beweis jedoch kaum zu führen sein[1252].

b) Gleichstehende Handlungen

Von den Regeln über kapitalersetzende Gesellschafterdarlehen werden auch solche Rechtshandlungen erfasst, die der Darlehensgewährung durch den Gesellschafter wirtschaftlich entsprechen (§ 32 a Abs. 3 GmbHG). Das gilt nicht nur im Anwendungsbereich der **§§ 32 a und 32 b GmbHG**, sondern auch bei von den in Analogie zu §§ 30, 31 GmbHG entwickelten **Rechtsprechungsgrundsätzen**[1253] erfassten Sachverhalten. H 66

aa) Besicherung von Drittdarlehen

Ein Gesellschafter kann der Gesellschaft Eigenkapitalersatz auch dadurch verschaffen, dass er aus seinem Vermögen einem Dritten eine Sicherheit für ein von dem Dritten der GmbH gewährtes Darlehen einräumt (§§ 32 a Abs. 2, 32 b GmbHG). **Dritter** ist jeder Kreditgeber, der nicht zum Kreis der Gesellschafter oder der ihnen nach § 32 a Abs. 3 GmbHG gleichzubehandelnden Personen gehört. Der Begriff der Besicherung ist weit zu fassen und meint **alle Kreditsicherungsmittel** (Bsp.: Hypothek/Grundschuld, Schuldbeitritt, Bürgschaft, Sicherungsübereignung)[1254]. H 67

Für den **eigenkapitalersetzenden Charakter der Sicherheit** kommt es darauf an, ob die Gesellschaft ohne die Besicherung durch den Gesellschafter den Kredit von dem Drittgläubiger nicht erhalten hätte und ohne das Darlehen hätte liquidiert werden müssen[1255]. Maßstab hierfür ist das Verhalten eines vernünftig handelnden, nicht des konkreten Kreditgebers[1256]. H 68

Wurde die Sicherheit zeitlich nach der Darlehensgewährung gestellt, so ist für die Beurteilung der Kapitalersatzfrage auf diesen Zeitpunkt abzustellen[1257]. H 69

bb) Stehenlassen in der Krise

Tritt die Krise der Gesellschaft erst nach Gewährung der Leistung oder Sicherheit ein, so unterfällt die Kapitalhilfe **nachträglich** den Regeln über den Eigenkapitalersatz, H 70

1251 BGH, NJW 1995, 457; anders, wenn der Konkurs der Gesellschaft unvermeidbar ist (BGH, NJW 1996, 3203).
1252 *Roth/Altmeppen*, GmbHG, § 32 a, Rdn. 27.
1253 BGH, NJW 1992, 1764, 1765; BGH, WM 1999, 20 mit Besprechung von *Weisang;* WM 1997, 197, 201. Zur Anwendbarkeit beim Unternehmenskauf vgl. BGH, ZIP 1997, 1375. Vgl. ferner *Hey/Regel*, GmbHR 2000, 115; *Vollmer/Smerka*, DB 2000, 757 sowie *Altmeppen*, ZGR 1999, 291; *Habersack*, ZGR 1999, 427.
1254 Vgl. im Einzelnen *Hachenburg/Ulmer*, GmbHG, § 32 a, b, Rdn. 135 ff.
1255 *Hachenburg/Ulmer*, GmbHG, § 32 a, b, Rdn. 133.
1256 OLG Hamburg, WM 1990, 1292, 1297.
1257 BGH, WM 1986, 447; *Geßler*, GmbHR 1996, 565, 568.

H. Kapital- und Finanzierungsmaßnahmen

wenn sie der Gesellschaft in der kritischen Zeit unter solchen Umständen belassen worden ist, die zu ihrer Umqualifizierung führen[1258].

H 71 Erscheinungsformen des Stehenlassens sind u.a.:

- Verlängerung des fälligen Darlehens (Prolongation),
- Stundung der Rückzahlung,
- Nichtgeltendmachung einer fälligen Forderung,
- Nichtkündigung in der Krise.

H 72 Die Umqualifizierung setzt **objektiv** voraus, dass der Gesellschafter rechtlich die Möglichkeit hatte, das Finanzierungsmittel nach Eintritt der Krise abzuziehen, sei es durch Kündigung oder im Zuge der Liquidation der Gesellschaft[1259]. Einer besonderen »Finanzierungsabrede« zwischen der Gesellschaft und dem Gesellschafter bedarf es nicht[1260]. Bei einer **Kreditbürgschaft** steht dem Gesellschafter-Bürgen bei Verschlechterung der Vermögensverhältnisse ein Freistellungsanspruch nach § 775 Abs. 1 Nr. 1 BGB zu, um die Umqualifizierung der Bürgschaft in Eigenkapitalersatz zu verhindern[1261].

H 73 In **subjektiver** Hinsicht soll der Gesellschafter wenigstens die Möglichkeit gehabt haben, die Krise der Gesellschaft zu **erkennen**. Hieran sind aber keine hohen Anforderungen zu stellen[1262]. Insbesondere trifft den Gesellschafter die Pflicht, sich laufend zuverlässig über die wirtschaftliche Lage des Unternehmens zu informieren, so dass er mit dem Einwand fehlender Erkennbarkeit, für den er beweispflichtig ist, nur in besonders gelagerten Fällen durchdringen kann (etwa bei Informationsverweigerung oder -verfälschung gegenüber Gesellschaftern, die keine Geschäftsführungsaufgaben wahrnehmen)[1263]. Nach anderer Ansicht kommt es allein auf die objektive Erkennbarkeit der Krise an[1264].

H 74 Dem Gesellschafter ist eine **angemessene Überlegungsfrist** (höchstens 2–3 Wochen) zur Beurteilung der Lage und Vorbereitung seiner Entscheidung einzuräumen[1265]. Zur Umqualifizierung der Kredithilfe durch Stehenlassen kommt es erst dann, wenn der Gesellschafter diese Frist ungenutzt verstreichen lässt.

H 75 Wenn es ein Gesellschafter – mit oder ohne Stundungsabrede – zulässt, dass die Gesellschaft Forderungen, die ihm gegen diese aus Warenlieferungen zustehen, fortlaufend um mehrere Monate verspätet begleicht, so kann darin in Höhe des durchschnittlich offenen Forderungssaldos eine nach Kapitalersatzregeln zu beurteilende Kreditgewährung liegen[1266].

1258 BGH, DB 1993, 218, 319; *Scholz/Schmidt*, GmbHG, §§ 32 a, 32 b, Rdn. 47 ff.; *Roth/Altmeppen*, GmbHG, § 32 a, Rdn. 18 f.
1259 BGH, ZIP 1993, 189, 191.
1260 BGH, NJW 1995, 457, 458.
1261 BGH, ZIP 1992, 108; BGH, ZIP 1992, 177; BGH, DStR 1992, 330; BGH, DStR 1994, 144; BGHZ 127, 336; BGH, ZIP 1995, 646 ff.
1262 BGH, NJW 1995, 326 = ZIP 1994, 1934 mit Anm. *Altmeppen*; BGH, ZIP 1996, 273, 275.
1263 BGH, ZIP 1994, 1934; BGH, NJW 1995, 457; BGH, NJW 1995, 658; BGH, ZIP 1996, 273, 275; BGH, ZIP 1997, 1375; BGH, ZIP 1998, 1352; *Lutter/Hommelhoff*, GmbHG, § 32 a, Rdn. 45 m.w.N.; *Geßler*, GmbHR 1996, 566, 569.
1264 *Roth/Altmeppen*, GmbHG, § 32 a, Rdn. 20 f. mit beachtlichen Argumenten.
1265 BGH, DB 1993, 318, 319; BGH, GmbHR 1996, 198.
1266 BGH, NJW 1995, 457.

cc) Gebrauchsüberlassung

Auch die **Gebrauchsüberlassung** kann den gesetzlichen und den von der Rechtsprechung entwickelten Regeln über den Ersatz von Eigenkapital unterliegen[1267]. Denn sie kann ebenso wie die Darlehensgewährung geeignet sein, eine sanierungsbedürftige und damit ohne Eigenkapitalzuführung liquidationsreife GmbH fortzuführen[1268]. **H 76**

Ein **typischer Fall**, in dem sich die mit einer eigenkapitalersetzenden Nutzungsüberlassung verbundenen Probleme stellen, ist die **Betriebsaufspaltung**, bei der die Besitzgesellschaft die zum Betrieb ihres Unternehmens erforderlichen Anlagegüter miet- oder pachtweise einer Betriebs-GmbH überlässt. Die Gesellschafter der Betriebsgesellschaft sind auch dann von § 32 a Abs. 3 GmbHG erfasst, wenn sie ausnahmsweise nicht mit den Gesellschaftern der Betriebsgesellschaft identisch sind[1269]. **H 77**

Die Gebrauchsüberlassung hat kapitalersetzenden Charakter, wenn die GmbH weder über Mittel für die Anschaffung verfügt noch sich diese auf dem Kapitalmarkt beschaffen kann und kein Dritter bereit ist, ihr den Gegenstand zum Gebrauch zu überlassen (**Überlassungsunwürdigkeit**)[1270]. Ist die Gesellschaft **überschuldet**, wird die Gebrauchsüberlassung durch den Gesellschafter stets wie Eigenkapital behandelt[1271]. **H 78**

Da es hinsichtlich der Frage, ob die Zusage im Rahmen eines sog. **Finanzplankredits** auch nach dem Eintritt der Krise erfüllt werden muss, auf den Inhalt der getroffenen Abreden ankommt, ergibt sich nach ihnen, ob und wie lange die Gesellschafter die eingegangene, aber noch nicht erfüllte Verpflichtung aufheben können[1272]. Der BGH hat für den Fall, dass die Auslegung der Vereinbarung ergibt, dass die Darlehensverpflichtung auch für den Fall der Krise und sogar bis zur Befriedigung sämtlicher Gesellschaftsgläubiger Bedeutung haben soll, entschieden, dass eine Aufhebung der Verpflichtung nur außerhalb der Krise in Betracht kommt[1273]. Er versteht eine solche Abrede als Verpflichtung zu einer einlageähnlichen Leistung, die nicht ohne weiteres aufgehoben werden kann, wie sich aus einigen die Kapitalaufbringung sicherstellenden, einen allgemeinen Rechtsgedanken zum Ausdruck bringenden Bestimmungen des GmbHG (§ 19 Abs. 2 und 3, § 68) herleiten lässt. Der Sache nach handelt es sich bei dieser einlageähnlichen Zusage um etwas Ähnliches wie das Versprechen von Nachschusskapital (§ 26 GmbHG); ist dieses durch Einforderung entstanden und **H 79**

1267 BGH, NJW 1990, 516 ff.; NJW 1991, 1057, 1059; NJW 1993, 392, 393; NJW 1993, 2179, 2180; grundlegend BGHZ 127, 1 = NJW 1994, 2349 mit Anm. *Altmeppen*; bestätigt durch BGHZ 127, 17 = NJW 1994, 2760, 2762 f.
1268 BGH, NJW 1990, 516; auch die im Wege des sog. *sale-and-lease-back-Verfahren* vereinbarte Gebrauchsüberlassung stellt eine Rechtshandlung dar, die einer Darlehensgewährung i.S.d. § 32 a Abs. 1 und 2 GmbHG entspricht, so dass die gesetzliche Regelung hinsichtlich eigenkapitalersetzender Leistungen Anwendung findet (OLG Düsseldorf, DB 1997, 521).
1269 BGHZ 121, 31, 38 f.; BGH, ZIP 1995, 280. Vgl. *Roth/Altmeppen*, GmbHG, § 32 a, Rdn. 66, 82.
1270 BGH, NJW 1993, 392.
1271 BGH, NJW 1990, 516.
1272 *Goette*, DStR 1999, 1200; *Steinbeck*, ZGR 2000, 503 f.
1273 BGH, DStR 1999, 1198.

durch Anforderung fällig geworden, kann – sofern die Krise eingetreten ist – der Einforderungsbeschluss nicht mehr aufgehoben werden. Die Diskussion über die genaue dogmatische Einordnung dieser nicht unter die Eigenkapitalersatzregeln fallenden Figur hat eben erst eingesetzt. In Zukunft werden die Fälle eher selten sein, in denen sich die Gesellschafter zu einer derartigen einlageähnlich wirkenden Mittelzufuhr verpflichten[1274].

H 79a Ein weiteres Problem der eigenkapitalersetzenden Nutzungsüberlassung ergibt sich in der Krise der GmbH beim Zusammentreffen der unentgeltlichen Gebrauchsüberlassung eines Grundstücks mit einem Grundpfandrecht. Ist über das Grundstück die Zwangsverwaltung angeordnet, so ist der Grundpfandrechtsgläubiger nach der Rspr. des BGH[1275] berechtigt, ab Wirksamkeit des Beschlagnahmebeschlusses nach §§ 1123, 1124 BGB i.V.m. §§ 146 ff. ZVG von der GmbH den Miet- oder Pachtzins zu verlangen. Denn die Gebrauchsüberlassung bleibt ein Miet- oder Pachtverhältnis, dem vermietenden oder verpachtendem Gesellschafter wird lediglich für die Dauer der Krise verwehrt, den vereinbarten Miet- oder Pachtzins zu fordern. Diese zeitweilige Undurchsetzbarkeit des Nutzungsentgeltanspruchs steht einer Stundung und damit einer Vorausverfügung i.S.d. § 1124 BGB gleich[1276]. Eine solche Vorausverfügung muss aber der Grundpfandrechtsgläubiger ab Wirksamwerden des Beschlagnahmebeschlusses gemäß § 1124 Abs. 2 BGB nicht gelten lassen. Diese Regelung schafft einen sachgerechten Ausgleich zwischen den Interessen der Gesellschafts- und der Grundpfandrechtsgläubiger.

dd) Cash Pooling

H 79b Innerhalb von Konzernen ist das **Cash Pooling** ein Instrument zur Reduzierung der Kapitalkosten. Hierbei wird überschüssige Liquidität einzelner Tochtergesellschaften auf einem Konto der Konzernmutter gesammelt und darlehnsweise den Gesellschaften, die Liquiditätsbedarf haben, zur Verfügung gestellt.

Beim Cash Pooling sind eine Reihe rechtlicher Risiken zu beachten. Wird Stammkapital zur Finanzierung eines Cash Pools genutzt, so können die Geschäftsführer gemäß § 43 Abs. 3 GmbHG zum Ersatz dieser Mittel verpflichtet sein. Wird eine Tochtergesellschaft zahlungsunfähig, kann die finanzielle Hilfe der Konzernmutter als Eigenkapitalersatz angesehen werden. Wird das Insolvenzverfahren über die Tochtergesellschaft eröffnet, besteht demnach die Gefahr, dass die Muttergesellschaft ihre Ansprüche nicht mehr durchsetzen kann und erfolgte Rückzahlungen der Tochtergesellschaft an diese zurückgeben muss.

Ferner kann sich eine Haftung der Konzernherrin nach den Grundsätzen des qualifiziert faktischen Konzerns ergeben, falls sie es versäumt hat, die Finanzströme sorgfältig zu dokumentieren.

1274 *Goette*, DStR 1999, 1200.
1275 BGH, NJW 1999, 577 ff. = BB 1999, 173 ff. = GmbHR 1999, 175 ff. m. Anm. v. *Brauer* in GmbHR 1999, 914.
1276 BGH, NJW 1999, 577, 579 = BB 1999, 173, 175; MüKo-*Eickmann*, BGB, § 1124, Rdn. 9; BGH, WuB 2000, 461 mit Anm. v. *Gerkan* = GmbHR 1999, 175, 177; *Wahlers*, GmbHR 1999, 157, 161.

Aus steuerrechtlicher Sicht besteht die Gefahr, dass die Zuführung von Kapital auf das Pool-Konto als verdeckte Gewinnausschüttung an die Konzernmutter angesehen wird und folglich als Gewinn der Tochtergesellschaft versteuert werden muss. Um dies zu vermeiden, sollten Vereinbarungen im Rahmen des Cash Pool so getroffen werden, als ob es sich um Verträge mit Außenstehenden handelt.

Um diese Risiken zu vermeiden, sollten beim Cash Pooling folgende Maßnahmen getroffen werden:

- detaillierte Dokumentation der Geldströme;
- Etablierung eines Überwachungs- und Frühwarnsystems für den Fall, dass eine beteiligte Gesellschaft in Zahlungsschwierigkeiten gerät;
- Berechtigung der beteiligten Gesellschaften zur Beendigung des Cash Pools aus wichtigem Grund bei finanziellen Problemen einzelner beteiligter Gesellschaften;
- Abwicklung aller Vereinbarungen wie unter Außenstehenden.

4. Gesellschaftereigenschaft

Eine Erstreckung der Eigenkapitalersatzregeln auf nicht zum Kreis der Gesellschafter gehörende Dritte kommt nur ausnahmsweise in Betracht. Nach der Rechtsprechung des BGH[1277] gehören zu den Normadressaten der genannten Regeln Personen, die mit **Mitteln oder auf Rechnung eines Gesellschafters** der Gesellschaft Darlehen gewähren.   H 80

Erfasst werden auch Dritte, die als **Treugeber, atypische stille Gesellschafter, Nießbraucher** oder aufgrund eines ähnlichen Rechtsverhältnisses zum Gesellschafter ein Eigeninteresse an der Gesellschaft haben[1278].   H 81

Angehörige des Gesellschafters werden grundsätzlich nichtverwandten Dritten gleichgestellt[1279]; sie kommen dann als Adressaten des Kapitalersatzrechts in Betracht, wenn die Fremdmittel vom Gesellschafter stammen oder dieser seine Beteiligung lediglich als Treuhänder des Angehörigen hält[1280].   H 82

Die h.M. bezieht alle **verbundenen Unternehmen** im Sinne der §§ 15 ff. AktG in den Adressatenkreis ein[1281]. Nach neuerer Auffassung lassen sich aus dem Vorliegen einer Unternehmensverbindung nur Vermutungen für das Vorliegen einer die Gleichstellung rechtfertigenden **wirtschaftlichen Einheit** ableiten, wobei wie folgt unterschieden wird: Im Vertragskonzern und im qualifizierten faktischen Konzern sei von der unwiderlegbaren Vermutung einer wirtschaftlichen Einheit auszugehen, in den übrigen Fällen (einfacher Konzern, Abhängigkeit, Mehrheitsbeteiligung) könne die   H 83

1277 BGH, GmbHR 1997, 125, 126.
1278 *Hachenburg/Ulmer,* GmbHG, § 32 a, b, Rdn. 118.
1279 *v. Gerkan,* ZGR 1997, 173, 184.
1280 BGH, ZIP 1991, 366 f.
1281 Vgl. BGHZ 81, 311; 105, 168; BGH, GmbHR 1997, 173, 184; *Baumbach/Hueck,* GmbHG, § 32 a, Rdn. 24; *Hachenburg/Ulmer,* GmbHG, § 32 a, b, Rdn. 121; *Roth/Altmeppen,* GmbHG, § 32 a, Rdn. 59; zur Beteiligung einer KG an einer GmbH s. BGH, DStR 1997, 172; BGH, DStR 1999, 510.

Vermutung widerlegt werden[1282]. Entscheidend dürfte demgegenüber sein, ob der Kreditgeber bereits mit Risikokapital im Unternehmen der GmbH beteiligt ist[1283]. Dies ist bei der Konzernmutter, nicht aber bei Tochter- oder Schwestergesellschaften der Fall[1284].

H 84 Eine Finanzierungsleistung, die ein **ehemaliger Gesellschafter** in einer finanziellen Krise der Gesellschaft nach seinem Ausscheiden erbringt, kann als Kapitalersatz behandelt werden, wenn die rechtliche Grundlage für die Leistung bereits geschaffen wurde, als der Finanzierungsgeber noch Gesellschafter war[1285].

H 85 Ist der Gesellschafter bereits vor der Krise ausgeschieden, so finden die Kapitalersatzregeln keine Anwendung. Gleiches gilt, wenn der Kredit zuvor von einem neutralen Kreditgeber übernommen wurde, es sei denn, der nachfolgende Kreditgeber wäre Treuhänder oder Strohmann des Gesellschafters[1286].

Erwirbt ein Darlehnsgeber in der Krise der Gesellschaft Geschäftsanteile zum Zwecke der Überwindung der Krise, führt dies für seine bestehenden oder neu gewährten Kredite nicht zur Anwendung der Regeln über den Eigenkapitalersatz (sog. **Sanierungsprivileg**, § 32 a Abs. 3 Satz 3 GmbHG)[1287].

5. Rechtsfolgen

H 86 Hinsichtlich der Rechtsfolgen der Kapitalbindung ist das Zusammenspiel zwischen der **gesetzlichen Regelung** und den fortgeltenden **Rechtsprechungsgrundsätzen** zu beachten.

a) Gesetzliche Regelung

H 87 Solange nicht die Eröffnung des Insolvenzverfahrens beantragt ist, hindern die §§ 32 a, 32 b GmbHG den Gesellschafter nicht, die Rückzahlung des eigenkapitalersetzenden Darlehens zu verlangen. Im **Insolvenzverfahren** kann der Gesellschafter dagegen gemäß **§ 32 a Abs. 1 GmbHG** ein eigenkapitalersetzendes Darlehen nur als nachrangiger Insolvenzgläubiger geltend machen.

H 88 Diese Rechtsfolgen gelten für das eigenkapitalersetzende Gesellschafterdarlehen in seinem **gesamten Umfang**, auch wenn damit mehr Kapital gebunden wird als der Stammkapitalziffer entspricht. Eine Aufteilung in einen eigenkapitalersetzenden und einen Teilbetrag, der Fremdkapital darstellt, ist nicht zulässig[1288].

1282 *Lutter/Hommelhoff*, GmbHG, §§ 32 a, b, Rdn. 63.
1283 *Altmeppen*, ZIP 1993, 1677, 1682 ff.
1284 Vgl. *Roth/Altmeppen*, GmbHG, § 32 a, Rdn. 65 ff.; *Rowedder/Rohwedder*, GmbHG, § 32 a, Rdn. 37.
1285 BGH, NJW 1996, 1341, 1342.
1286 Vgl. BGH, ZIP 1994, 1934, 1939; BGH, ZIP 1991, 366 m.w.N.; vgl. auch *Roth/Altmeppen*, GmbHG, § 32 a, Rdn. 22.
1287 *Habersack*, Eigenkapitalersatz und Gesellschaftergläubiger, ZGR 1999, 427 ff.; *Altmeppen*, Die Auswirkungen des KontraG auf die GmbH, ZGR 1999, 291 ff.
1288 H.M.; vgl. *Scholz/Schmidt*, GmbHG, §§ 32 a, 32 b, Rdn. 53.

Wird ein Darlehen **innerhalb eines Jahres** vor dem Antrag auf Eröffnung des Insolvenzverfahrens bzw. vor der Gläubigeranfechtung an den Gesellschafter **zurückgezahlt**, so muss dieser gemäß §§ 135 InsO, 6 AnfG die zurückgezahlten Beträge erstatten. Hat die Gesellschaft oder der Insolvenzverwalter das vom Gesellschafter verbürgte oder sonst **gesicherte Drittdarlehen** zurückgezahlt, gewährt **§ 32 b GmbHG** zusätzlich einen unmittelbaren Erstattungsanspruch gegen den betroffenen Gesellschafter in der Höhe, bis zu der er als Bürge oder mit anderen Sicherheiten haftete. H 89

b) Rechtsprechungsgrundsätze

Die analoge Anwendung der §§ 30, 31 GmbHG auf eigenkapitalersetzende Gesellschafterleistungen (Rechtsprechungsgrundsätze) hat ein **Rückzahlungsverbot** für Gesellschafterdarlehen und diesen entsprechende Gesellschafterleistungen zur Folge, soweit und solange die Rückgewähr auf Kosten des zur Erhaltung des Stammkapitals erforderlichen Vermögens erfolgen würde[1289]. H 90

Der Bürge muss aus der Bürgschaft für ein Gesellschafterdarlehen auch dann leisten, wenn die zur Rückzahlung verpflichtete GmbH sich auf die Auszahlungssperre analog §§ 30, 31 GmbHG berufen kann. Voraussetzung hierfür ist allerdings, dass der Bürge bei Übernahme der Bürgschaft weiß, dass der Darlehensgeber Gesellschafter der GmbH ist und diese sich in einer finanziellen Krise befindet. Insoweit tritt der Grundsatz der **Akzessorietät** der Bürgschaft hinter deren **Sicherungszweck** zurück[1290]. H 91

Eine entgegen dem Auszahlungsverbot erbrachte Leistung an den Gesellschafter bewirkt nicht die Unwirksamkeit des Erfüllungsgeschäfts, sondern löst nur den **Rückzahlungsanspruch** entsprechend § 31 Abs. 1 GmbHG aus[1291]. Dieser Anspruch besteht in der Höhe, die zur Wiederherstellung des Stammkapitals erforderlich ist; allerdings muss der Gesellschafter nicht mehr zurückgewähren, als an ihn geleistet wurde. Eine summenmäßige Beschränkung auf den Betrag des Stammkapitals besteht nicht[1292]. H 92

Aus einem **gesellschafterbesicherten** (und eigenkapitalersetzenden) **Drittdarlehen** hat der Gläubiger zwar Anspruch auf Rückgewähr (§ 607 BGB) und verliert damit nicht schlechthin den Rang einer Insolvenzforderung; er muss aber zuerst aus der Sicherung Befriedigung suchen. In der Insolvenz ist seine Forderung nur insoweit gleichrangig, als er bei der Inanspruchnahme der Sicherheit ausfällt[1293]. Der Gesellschafter, der den Dritten befriedigt und dessen Darlehensforderung gegen die Gesellschaft erwirbt (z.B. §§ 774, 1143, 1225 BGB), muss die Rechtsfolge des § 32 a Abs. 1 GmbHG gegen sich gelten lassen[1294]. Zahlt die Gesellschaft ein solches Drittdarlehen zurück, so ergibt sich gleichfalls ein Erstattungsanspruch der Gesellschaft gegen den H 93

1289 BGHZ 76, 326, 332 ff.; 109, 55, 66; 127, 1, 7.
1290 BGH, NJW 1996, 1341, 1342.
1291 BGHZ 81, 365, 367 ff.
1292 *Rowedder/Rowedder*, GmbHG, § 32 a, Rdn. 83.
1293 *Roth/Altmeppen*, GmbHG, § 32 a, Rdn. 49.
1294 BGHZ 81, 252 zum alten Recht; *Hachenburg/Ulmer*, GmbHG, § 32 a, Rdn. 146; *Baumbach/Hueck*, GmbHG, § 32 a, Rdn. 71 m.w.N. zum neuen Recht.

sicherheitsgewährenden Gesellschafter[1295], obwohl dieser nicht Leistungsempfänger ist.

c) Rechtsfolgen kapitalersetzender Gebrauchsüberlassung

H 94 Die Rechtsfolgen kapitalersetztender Gebrauchsüberlassung sind noch nicht abschließend geklärt. Folgendes ist u.a. höchstrichterlich entschieden:
- Dem Kapitalersatzrecht unterliegt lediglich das **Recht der Gesellschaft, die** von dem Gesellschafter zur Verfügung gestellten **Gegenstände zu nutzen.** Eine Verpflichtung des Gesellschafters, in der Insolvenz der Gesellschaft den zur Nutzung überlassenen Gegenstand dem Gesellschaftsvermögen einzuverleiben oder eine solche Änderung der dinglichen Rechtslage mit dem Zeitpunkt der Anwendbarkeit der Eigenkapitalersatzregeln von selbst eintreten zu lassen, besteht nicht[1296].
- Entsprechend §§ 30, 31 GmbHG darf der **Anspruch auf das vertragliche Nutzungsentgelt** nicht aus dem zur Deckung des Stammkapitals erforderlichen Vermögen der Gesellschaft erfüllt werden. Unabhängig von einer Beeinträchtigung des Stammkapitals kann der Anspruch auf den Miet- oder Pachtzins in der Insolvenz gemäß §§ 32 a Abs. 1 Satz 1 GmbHG, 135 InsO von dem Gesellschafter nicht geltend gemacht werden[1297]. Nutzungsentgelte, die nach den Regeln des Eigenkapitalersatzes nicht hätten entrichtet werden dürfen, sind entweder gemäß §§ 135, 143 InsO oder entsprechend § 31 GmbHG zurückzugewähren.
- Der Gesellschafter muss der Gesellschaft das Nutzungsrecht nur für die sich aus dem Miet- oder Pachtvertrag ergebende Vertragsrestlaufzeit überlassen, es sei denn, die **vertraglich vereinbarten Begrenzungen** sind nicht ernst gemeint und ein inhaltsgleicher Vertrag wäre mit einem außenstehenden Dritten nur mit längerer Laufzeit oder längeren Kündigungsfristen abgeschlossen worden[1298].
- Die Regeln des Eigenkapitalersatzes begründen lediglich ein Abzugsverbot, aber kein Zuführungsgebot[1299]. Ein Anspruch gegen den Gesellschafter auf den kapitalisierten Wert der weiteren Nutzung scheidet mithin aus. Das Risiko einer Verwertung des Nutzungsrechts wird damit dem Insolvenzverwalter zugewiesen. Ein **Wertersatzanspruch** besteht ausnahmsweise dann, wenn die weitere Nutzungsüberlassung dadurch unmöglich wird, dass der Gesellschafter die Gegenstände gegen den Willen der Gesellschaft oder des Insolvenzverwalters verkauft oder wenn diese einvernehmlich veräußert werden mit der Abrede, dass der Erlös in Höhe des Restwertes des Nutzungsrechts der Gesellschaft oder der Insolvenzmasse zufließen soll[1300].
- Bei Grundstücken endet die Wirkung einer eigenkapitalersetzenden Gebrauchsüberlassung, dass nämlich die Gesellschaft bzw. ihr Insolvenzverwalter das überlas-

---

1295 BGHZ 81, 252, 260; *Hachenburg/Ulmer,* GmbHG, § 32 a , b, Rdn. 175.
1296 BGH, ZIP 1994, 1261 ff.; *Altmeppen,* NJW 1994, 2353 f.; *ders.,* ZIP 1995, 26 f. m.w.N.
1297 BGH, NJW 1990, 516, 518; BGH, NJW 1993, 392; BGH, NJW 1994, 2349; BGH, NJW 1994, 2760.
1298 BGH, ZIP 1994, 1261 ff.
1299 BGH, NJW 1994, 2760, 2763.
1300 BGH, NJW 1994, 2349.

sene Grundstück nutzen darf, sofern es mit einem Grundpfandrecht belastet war, in entsprechender Anwendung von §§ 146 ff. ZVG, 1123, 1124 Abs. 2 BGB mit dem Wirksamwerden des im Wege der Zwangsverwaltung erlassenen Beschlagnahmebeschlusses, ohne dass es eines weiteren Tätigwerdens des Zwangsverwalters bedarf[1301].

6. Darlegungs- und Beweislast

Die Darlegungs- und Beweislast dafür, dass die Tatbestandsmerkmale einer eigenkapitalersetzenden Gesellschafterleistung vorliegen, trägt grundsätzlich die Gesellschaft bzw. der Insolvenzverwalter[1302].   **H 95**

Hat der Insolvenzverwalter aber **gewichtige Indizien** für die Annahme von Kreditunwürdigkeit vorgetragen, so liegt es an dem in Anspruch genommenen Gesellschafter, darzulegen, worauf sich die Kreditwürdigkeit der Gesellschaft hätte stützen sollen[1303]. Umstände, die nach Auffassung des BGH in ihrer Gesamtheit die Darlegungs- und Beweislast der Gesellschaft bzw. ihres Insolvenzverwalters hinsichtlich der Tatbestandsvoraussetzungen eines eigenkapitalersetzenden Darlehens erleichtern, sind[1304]:   **H 96**

- Überschuldung nach Buchwerten im Zeitpunkt des Antrags auf Eröffnung des Insolvenzverfahrens;
- laut letzter Bilanz gegebener Verlust von mehr als der Hälfte des Stammkapitals;
- weitere Verluste in den Folgejahren mit der Folge einer hochgradigen Überschuldung;
- kein Vorhandensein stiller Reserven, insbesondere kein Grundvermögen;
- Forderungen der Gesellschaft aus Lieferungen und Leistungen, denen jedoch in zumindest gleicher Höhe Verbindlichkeiten gegenüberstehen;
- keine Anhaltspunkte für geschäftliche Aktivitäten, die zum Ausgleich der Verluste führen können.

7. Passivierungspflicht von eigenkapitalersetzenden Gesellschafterleistungen im Überschuldungsstatus

Zeichnen sich wirtschaftliche Schwierigkeiten ab, so sind die Geschäftsführer einer GmbH im Hinblick auf § 43 GmbHG verpflichtet, neben der regulären Jahresbilanz eine **Überschuldungsbilanz** zu erstellen und diese regelmäßig fortzuschreiben. Dies gilt spätestens dann, wenn ein nicht durch Eigenkapital gedeckter Fehlbetrag (**§ 268 Abs. 3 HGB**) ausgewiesen werden muss.   **H 97**

1301 BGH, WM 1999, 20; *Habersack*, Die Regeln über den Eigenkapitalersatz und die Gläubiger des Gesellschafters, WuM 1999, 427 ff.
1302 BGH, WM 1989, 61; BGH, DStR 1999, 553. Dies gilt nicht bei nur ganz theoretischen Einwänden (BGH, WM 1997, 1770; BGH, DStR 1998, 426).
1303 BGH, DB 1996, 465 f.; BGH, DStR 1999, 1622.
1304 BGH, DB 1996, 465 f.

H 98 Die sich hieran anschließende praxisrelevante Frage ist, ob in der Überschuldungsbilanz eigenkapitalersetzende Gesellschafterleistungen zu **passivieren**, ob sie also den echten Fremdverbindlichkeiten gleichzustellen sind. Die überwiegende Auffassung in der Literatur und wohl auch in der Rechtsprechung der Instanzgerichte nimmt eine Passivierungspflicht grundsätzlich an. Diese entfällt nur dann, wenn die Gesellschaft und die Gesellschafter bezüglich der Gesellschafterforderung den **Rangrücktritt**[1305] vereinbaren[1306]. Der **BGH** hat die Passivierungspflicht zwar für die **Jahresbilanz** bejaht, für Zwecke der Feststellung einer Überschuldung aber offen gelassen[1307].

IV. Kapitalerhöhung

1. Überblick

H 99 Jede Kapitalerhöhung ist **Satzungsänderung**, denn der Betrag des Stammkapitals ist zwingender Bestandteil des Gesellschaftsvertrages (§ 3 Abs. 1 Nr. 3 GmbHG). Somit unterfällt die Kapitalerhöhung den allgemeinen Vorschriften der **§§ 53, 54 GmbHG**. Zusätzlich gelten die besonderen Bestimmungen der **§§ 55 ff. GmbHG**.

H 100 Das Kapital einer GmbH kann im Wege der (effektiven) Kapitalerhöhung **gegen Einlagen** und im Wege der (nominellen) Kapitalerhöhung **aus Gesellschaftsmitteln** erhöht werden. Die Kapitalerhöhung aus Gesellschaftsmitteln (§§ 57 c–o GmbHG) führt zwar zur Erhöhung des Stammkapitals, nicht aber zur Vermehrung der Eigenmittel, weil lediglich als freie Rücklage bereits vorhandenes Eigenkapital in gebundenes Stammkapital umgewandelt wird.

H 101 Mit der Erhöhung kann **bezweckt** sein, der Gesellschaft weitere Betriebsmittel zuzuführen, ihre Kreditwürdigkeit zu verbessern, Einbringungs- und Verschmelzungsvorgänge vorzubereiten und/oder Verluste auszugleichen[1308].

2. Kapitalerhöhung gegen Einlagen

Die Kapitalerhöhung gegen Einlagen (**§§ 55–57 b GmbHG**) vollzieht sich in folgenden Schritten:

1305 Vgl. *Roth/Altmeppen,* GmbHG, § 32 a, Rdn. 12 m.w.N.; vgl. auch den Formulierungsvorschlag eines Rangrücktritts unten Muster VIII 1, Rdn. H 173 und ausführlich N 10 ff.
1306 OLG Düsseldorf, DB 1996, 1226, bestätigt durch Nichtannahmebeschluss des BGH, DB 1996, 1226; OLG Düsseldorf, GmbHR 1999, 615; *Scholz/Schmidt,* GmbHG, §§ 32 a, 32 b, Rdn. 63; a. A. OLG München, NJW 1966, 2366: Ein Rangrücktritt ist nicht notwendig, um die Nichtberücksichtigung eines eigenkapitalersetzenden Darlehens in einer der Feststellung konkursrechtlicher Überschuldung dienenden Überschuldungsbilanz zu erreichen; zum Begriff des Rangrücktritts s.o. III 2, Rdn. H 60.
1307 BGHZ 124, 282, 285 f.
1308 MünchHdb.GesR III/*Wegmann,* § 54, Rdn. 1.

a) Erhöhungsbeschluss[1309]

Die Gesellschafter fassen einen Beschluss über die Kapitalerhöhung, dessen Wirksamkeit die Erfüllung sämtlicher Voraussetzungen einer Satzungsänderung erfordert (insb. notarielle Beurkundung). Die Volleinzahlung des bisherigen Kapitals ist für eine Erhöhung nicht notwendig[1310]. Der Beschluss bedarf der ¾-Mehrheit der abgegebenen Stimmen (§ 53 Abs. 2 GmbHG). Eine **Zustimmung aller Gesellschafter** gemäß § 53 Abs. 3 GmbHG ist so lange nicht erforderlich, als nicht eine Pflicht der Gesellschafter zur Übernahme von Stammeinlagen auf das erhöhte Kapital begründet werden soll[1311]. Denn die eventuelle **Ausfallhaftung** für das erhöhte Kapital nach § 24 GmbHG stellt nur eine mittelbare Leistungsvermehrung dar[1312].

H 102

§ 55 Abs. 3 GmbHG legt den Schluss nahe, dass eine Kapitalerhöhung nur durch **Bildung neuer Geschäftsanteile** möglich ist. Die neuen Stammeinlagen müssen mindestens auf 100 € lauten und in Euro durch 50 teilbar sein, § 55 Abs. 4 GmbHG i.V.m. § 5 Abs. 1 und Abs. 3 Satz 2 GmbHG. Demgegenüber lässt die h.M. die Erhöhung des Nennbetrags vorhandener Geschäftsanteile (**Aufstockung**) grundsätzlich zu[1313]. Diese Gestaltung ist aber wegen des etwaigen Rückgriffs auf die Vormänner (§ 22 GmbHG) und des etwaigen Rückerwerbs des Anteils durch einen Vormann (§ 22 Abs. 4 GmbHG) nur dann zulässig, wenn die alten Anteile entweder voll eingezahlt sind oder sich noch in der Hand der Gründer befinden und eine Nachschusspflicht nicht besteht[1314].

H 103

Notwendiger Inhalt des Beschlusses ist die Angabe des Betrages, um den das Stammkapital erhöht werden soll. Zulässig ist insoweit die Nennung eines **Höchstbetrages**. Der entgültige Betrag kann nach Übernahme der Stammeinlagen festgelegt werden[1315]. Damit wird vermieden, dass sich die angestrebte Kapitalerhöhung mangels Deckung durch übernommene Stammeinlagen als undurchführbar erweist.

H 104

b) Zulassungsbeschluss

§ 55 Abs. 2 Satz 1 GmbHG bestimmt, dass von der Gesellschaft zur Übernahme einer Stammeinlage die bisherigen Gesellschafter oder andere, der Gesellschaft beitretende Personen zugelassen werden können. Streitig ist, ob sich hieraus stets das **Erfordernis**

H 105

1309 Vgl. Muster VII 2 a (Erhöhungsbeschluss einer Kapitalerhöhung aus Gesellschaftsmitteln), Rdn. H 174.
1310 Vgl. *Roth/Altmeppen*, GmbHG, § 55, Rdn. 8.
1311 RGZ 122, 159, 163; *Scholz/Priester*, GmbHG, § 55, Rdn. 22; *Baumbach/Hueck/Zöllner*, GmbHG, § 55, Rdn. 4.
1312 *Rowedder/Zimmermann*, GmbHG, § 55, Rdn. 7; *Roth/Altmeppen*, GmbHG, § 55, Rdn. 4.
1313 BGHZ 63, 116 ff.; *Eder*, in: GmbH-Hdb. I, Rdn. 504.1; ausdrücklich zugelassen ist die Aufstockung allerdings nur für die Kapitalerhöhung aus Gesellschaftsmitteln, § 57 h Abs. 1 GmbHG.
1314 *Lutter/Hommelhoff*, GmbHG, § 55, Rdn. 6; *Roth/Altmeppen*, GmbHG, § 55, Rdn. 32.
1315 H.M., vgl. *Scholz/Priester*, GmbHG, § 55, Rdn. 20; *Baumbach/Hueck/Zöllner*, GmbHG, § 55, Rdn. 7; *Lutter/Hommelhoff*, GmbHG, § 55, Rdn. 16; *Roth/Altmeppen*, GmbHG, § 55, Rdn. 2.

eines ausdrücklichen **Zulassungsbeschlusses** ergibt, in dem festgelegt wird, wem und in welcher Höhe eine neue Einlage angeboten wird[1316]. Dieser Streit hängt zusammen mit der Frage, ob den bisherigen Gesellschaftern ein **gesetzliches Bezugsrecht** entsprechend ihrer schon vorhandenen Beteiligung zusteht. Geht man hiervon aus, so ist ein ausdrücklicher Zulassungsbeschluss nur dann erforderlich, wenn das Bezugsrecht der bisherigen Gesellschafter ganz oder teilweise ausgeschlossen werden soll[1317].

H 106   Anders als im Aktienrecht (§ 186 AktG) findet sich im GmbHG jedoch keine ausdrückliche **Bezugsrechtsregelung**, so dass bei Fehlen gesellschaftsvertraglicher Bestimmungen zur Übernahme des erhöhten Kapitals sowohl Gesellschafter als auch Dritte in Betracht kommen (§ 55 Abs. 2 GmbHG)[1318]. Für die Altgesellschafter ist die Entscheidung, wer zur Übernahme zugelassen wird, schon deshalb bedeutsam, weil sich hierdurch das Stimmgewicht verschieben kann und die neuen Anteile proportional an dem Unternehmenswert teilhaben, wodurch sich der Wert der Altanteile verwässert[1319]. In ihrem Interesse ist daher ein ausdrücklicher Beschluss bei Zulassung Dritter erforderlich.

H 107   Bei der Zuweisung an Gesellschafter ist der **Grundsatz der Gleichbehandlung** zu beachten und die Minderheit gegen eine Zuweisung an Dritte zu schützen[1320]. Als Ausgangspunkt sind die Regelungen des Gesellschaftsvertrages zum Bezugsrecht der Gesellschafter maßgeblich. Fehlen solche, so gilt das gleichmäßige Bezugrecht aller Gesellschafter ohne einen Zulassungsbeschluss als zu vermutende Normalregelung bzw. konkludenter Bestandteil des Kapitalerhöhungsbeschlusses[1321].

H 108   Eine Zulassungsregelung, die von der gleichmäßigen Bezugsberechtigung aller Altgesellschafter abweicht, bedarf – wie der Kapitalerhöhungsbeschluss – der satzungsändernden ¾-Mehrheit[1322], wobei bezugsprivilegierte Gesellschafter bei der Beschlussfassung mit ihrer Stimme ausgeschlossen sein dürften[1323].

H 109   Ein **Bezugsrechtsausschluss** zur Wahrung der Belange der GmbH ist hiernach allerdings anzunehmen bei Kapitalerhöhungen, die zum Zwecke

- der Deckung eines dringenden, von den Gesellschaftern nicht aufzubringenden **Finanzbedarfs** oder
- der Erbringung von **nichtgeldlichen Leistungen** (z.B. Patente, Know-how), an denen die Gesellschaft ein ernst zu nehmendes betriebswirtschaftliches Interesse hat und über die die bisherigen Gesellschafter nicht verfügen,

erfolgen[1324].

1316 Bejahend *Hachenburg/Ulmer*, GmbHG § 55, Rdn. 33; *Roth/Altmeppen*, GmbHG, § 55, Rdn. 22; verneinend *Scholz/Priester*, GmbHG, § 55, Rdn. 40; *Schmidt*, GesR, § 37 V1 a) cc).
1317 *Scholz/Priester*, GmbHG, § 55, Rdn. 40.
1318 *Roth/Altmeppen*, GmbHG, § 55, Rdn. 18.
1319 *Roth/Altmeppen*, GmbHG, § 55, Rdn. 21.
1320 *Lutter/Hommelhoff*, GmbHG, § 55, Rdn. 20 ff.
1321 *Roth/Altmeppen*, GmbHG, § 55, Rdn. 25.
1322 *Roth/Altmeppen*, GmbHG, § 55, Rdn. 23; *Baumbach/Hueck/Zöllner*, GmbHG, § 55, Rdn. 13; *Lutter/Hommelhoff*, GmbHG, § 55, Rdn. 9; für einfache Mehrheit *Rowedder/Zimmermann*, GmbHG, § 55, Rdn. 33; *Hachenburg/Ulmer*, GmbHG, § 55, Rdn. 36.
1323 *Roth/Altmeppen*, GmbHG, § 55, Rdn. 24; *Baumbach/Hueck/Zöllner*, GmbHG, § 55, Rdn. 14.
1324 *Scholz/Priester*, GmbHG, § 55, Rdn. 54 ff.; *Hachenburg/Ulmer*, GmbHG, § 55, Rdn. 48.

Eine Pflicht von Gesellschaftern zur Übernahme von Stammeinlagen auf das erhöhte Kapital besteht grundsätzlich nicht[1325]; insbesondere folgt eine solche nicht schon aus dem Kapitalerhöhungsbeschluss[1326]. **H 110**

Ein Verstoß gegen das Bezugsrecht der Altgesellschafter und das Gebot ihrer Gleichbehandlung macht den Zulassungsbeschluss anfechtbar. **H 111**

Geschäftsführer, die bei der Zuteilung im Rahmen eines ihnen belassenen Entscheidungsspielraums willkürlich handeln, verletzen ihre Pflicht gegenüber der GmbH[1327]. **H 112**

c) Übernahmevereinbarung[1328]

Auch bei der Kapitalerhöhung muss das neue Stammkapital durch die **Übernahme von Stammeinlagen** gedeckt sein. Diese setzt sich zusammen aus der – notariell beurkundeten oder beglaubigten – Erklärung des Übernehmers sowie der – formfreien – Annahme durch die Gesellschaft[1329]. Die Übernahme ist mithin zu beurteilen als **Vertrag zwischen dem Übernehmer und der Gesellschaft** über den Erwerb oder die Aufstockung eines Geschäftsanteils gegen Erbringung der hierauf entfallenden Einlage[1330]. Im Hinblick auf den korporativen Charakter des Übernahmevertrages ist für die Annahmeerklärung die Gesellschafterversammlung und nicht der Geschäftsführer zuständig. Die Gesellschafter können den Geschäftsführer aber ermächtigen, den Übernahmevertrag abzuschließen[1331]. Ist der Übernehmer bereits Gesellschafter, so erwirbt er mit der Übernahme einen weiteren Geschäftsanteil. Ist er es noch nicht, wird er durch den Übernahmevertrag in die Gesellschaft aufgenommen (§ 55 Abs. 2 GmbHG)[1332]. **H 113**

d) Aufbringung des erhöhten Stammkapitals

Für die Leistung der Einlagen auf das neue Stammkapital bestimmt § 56 a GmbHG, dass § 7 Abs. 2 Satz 1 und 3, Abs. 3 GmbHG entsprechende Anwendung finden. Erforderlich sind daher eine **Mindesteinlage von ¼** und die Bestellung etwaiger Sicherungen (bei der Einmann-GmbH). **H 114**

§ 56 GmbHG unterwirft die **Leistung von Sacheinlagen** im Zuge einer Kapitalerhöhung denselben Beschränkungen wie bei der Gründung der GmbH (vgl. § 5 Abs. 4 Satz 1 GmbHG)[1333]. Insbesondere sind die Grundsätze über die verdeckte Sacheinlage bzw. deren Heilungsmöglichkeiten zu beachten[1334]. **H 115**

1325 *Roth/Altmeppen*, GmbHG, § 55, Rdn. 26.
1326 *Lutter/Hommelhoff*, GmbHG, § 55, Rdn. 13.
1327 *Roth/Altmeppen*, GmbHG, § 55, Rdn. 26.
1328 Vgl. Muster VIII 2 b (Getrennte Übernahmeerklärung), Rdn. H 175.
1329 *Scholz/Priester*, GmbHG, § 55, Rdn. 70; zum Verstreichen der Erklärungsfrist s. BGH, GmbHR 1999, 287.
1330 BGHZ 49, 117, 119; *Hachenburg/Ulmer*, GmbHG, § 55, Rdn. 61.
1331 BGHZ 49, 117, 120.
1332 *Rowedder/Zimmermann*, GmbHG, § 55, Rdn. 36.
1333 S.o. B IV 2, Rdn. B 57 ff.
1334 Zur verdeckten Sacheinlage s.o. B IV 5, Rdn. B 66; zur Heilungsmöglichkeit vgl. insbesondere B IV 5 c, Rdn. B 70 und die unten unter VIII 2 e aa–dd dargestellten Muster

H. Kapital- und Finanzierungsmaßnahmen

H 116 Der Tatbestand der **verdeckten Sacheinlage** kann erfüllt sein, wenn die Gesellschafter eine Kapitalerhöhung im Wege des **Auschüttungsrückholverfahrens** durchführen[1335]. Werden Gewinne zur Kapitalerhöhung verwendet, so war letztere nach der **bisherigen** Rechtsprechung des BGH nur unter Beachtung der Sacheinlagevorschriften möglich[1336]. Es sei allein maßgeblich, dass auf »technischem Wege« der Gesellschaft beim »Schütt-aus-hol-zurück«-Verfahren letztlich kein bares Kapital zugeführt werde; vielmehr erhalte die Gesellschaft statt liquiden Kapitals lediglich ein Surrogat in Form einer Befreiung von einer Verbindlichkeit (Gewinnauszahlungsanspruch) gegenüber ihrem Gesellschafter. Haben Gesellschafter ausgeschüttete Gewinne als Barkapitaleinlage (und nicht wie erforderlich als Sacheinlage) wieder eingebracht, so haften sie für die Zahlung der von ihnen übernommenen Bareinlage weiter, ohne die Aufrechnung mit ihrem insoweit gegebenen Rückzahlungsanspruch erklären oder deswegen ein Zurückbehaltungsrecht geltend machen zu können. Insoweit sei verwiesen auf die Grundsätze der Rechtsprechung zur Heilung einer verdeckten Sacheinlage[1337].

H 117 Der gegenüber dieser Rechtsprechung in der Literatur geäußerten Kritik[1338] hat der BGH in einer **jüngeren** Entscheidung Rechnung getragen. Hiernach finden die Regeln über die verdeckte Sacheinlage dann keine Anwendung, wenn die Kapitalerhöhung im Wege des »Schütt-aus-hol-zurück«-Verfahrens gegenüber dem Registergericht offen gelegt wird[1339] und die Eintragung der Kapitalerhöhung an den für die Kapitalerhöhung aus Gesellschaftsmitteln (§ 57 c GmbHG) geltenden Regeln ausgerichtet ist[1340]. Das bedeutet[1341]:

- Die Durchführung der Kapitalerhöhung im Wege des »Ausschüttungsrückholverfahrens« muss im Kapitalerhöhungsbeschluss offen gelegt werden.
- In analoger Anwendung des § 57 e Abs. 1 Satz 1, Abs. 2 GmbHG ist bei der Anmeldung eine testierte Bilanz einzureichen, die nicht älter als acht Monate sein darf.
- Bei der Registeranmeldung ist in analoger Anwendung des § 57 i Abs. 1 Satz 2 GmbHG durch die Geschäftsführer zu erklären, dass bis zum Tag der Anmeldung der Kapitalerhöhung keine Vermögensminderung eingetreten ist, die der Kapital-

---

(Umwidmung einer verdeckten Sacheinlage: Gesellschafterbeschluss; Bericht über die Änderung der Einlagendeckung; Werthaltigkeitsbescheinigung; Anmeldung zum Handelsregister), Rdn. H 178 ff.

1335 Zum »Schütt-aus-hol-zurück«-Verfahren s.u. L III 3 c, Rdn. L 46; hierzu ausführlich *Sernetz*, ZIP 1995, 173 ff. Zur Mischeinlage s. OLG Köln, GmbHR 1999, 288.

1336 BGHZ 113, 335 ff.; die Entscheidung wird von *Crezelius*, ZIP 91, 499 ff. und *Priester*, ZIP 1991, 345, 354 besprochen; vgl. auch neuerdings OLG Köln, DB 1996, 2068 = WiB 1996, 1049 mit Anm. *Gummert*: »Der Gesellschafter einer GmbHG wird auch dann von seiner Einlageverpflichtung frei, wenn die Kapitalerhöhung im Wege des ›Ausschüttungs-Rückhol-Verfahren‹ nicht ausdrücklich als Kapitalerhöhung durch Sacheinlage beim Handelsregister angemeldet worden ist, die wesentlichen Voraussetzungen des Verfahrens über die Kapitalerhöhung durch Sacheinlagen aber eingehalten sind.«

1337 S.o. B IV 5 c.

1338 *Roth/Altmeppen*, GmbHG, § 19, Rdn. 58 m.w.N.

1339 BGH, DB 1997, 1602.

1340 Vgl. unten 3.

1341 Vgl. *Rosengarten*, WiB 1997, 917 f.

IV. Kapitalerhöhung

erhöhung entgegenstünde, wenn sie am Tag der Anmeldung beschlossen worden wäre.
- Gemäß § 57 Abs. 2 Satz 1 GmbHG muss eine Versicherung der Geschäftsführer zum Handelsregister eingereicht werden, dass die Einlagen bewirkt sind und sich endgültig in ihrer freien Verfügung befinden.
- Das Registergericht hat in Anlehnung an § 57 i Abs. 4 GmbHG bei der Eintragung der Kapitalerhöhung anzugeben, dass es sich um eine Kapitalerhöhung im Wege des »Schütt-aus-hol-zurück«-Verfahrens handelt.

Gelegentlich wird das Kapital schon vor der Beschlussfassung über die Kapitalerhöhung eingezahlt, um die Deckung eines akuten Kapitalbedarfs in Krisensituationen der Gesellschaft zu ermöglichen. Ob solche **Voreinzahlungen auf künftige Einlageverpflichtungen** die Erfüllung der erst später entstehenden Einlagepflicht gewährleisten können, ist fraglich. Die ältere BGH-Rechtsprechung machte die Tilgungswirkung der Voreinzahlung davon abhängig, dass die Mittel im Zeitpunkt der Beschlussfassung über die Kapitalerhöhung der Gesellschaft noch unverbraucht in Geld zu deren freier Verfügung stehen[1342]. Diese Auffassung dürfte heute überholt sein. Vielmehr ist davon auszugehen, dass Voreinzahlungen auf künftige Einlageschulden jedenfalls dann schuldbefreiend sind, wenn sie

H 117a

- in **engem zeitlichen Zusammenhang** mit einer konkret geplanten Kapitalerhöhung stehen,
- der **Beseitigung einer Krise der Gesellschaft** dienen,
- **eindeutig und für Dritte erkennbar** als Vorauszahlungen geleistet werden und
- im Interesse hinreichender Publizität und Registerkontrolle im Kapitalerhöhungs-Beschluss und der Annahmeversicherung **offen gelegt** werden[1343].

Der **BGH** hat in jüngerer Zeit eine an diese Voraussetzungen gebundene Zulassung von Voreinzahlungen zwar erwogen, eine abschließende Entscheidung zu deren Tilgungswirkung zu Sanierungszwecken aber noch nicht getroffen[1344].

H 118

Voreinzahlungen auf künftige Einlagepflichten haben stets schuldbefreiende Wirkung, wenn die zugeführten Mittel im Zeitpunkt der Handelsregistereintragung noch zur freien Verfügung der Geschäftsführer stehen. Diese Situation ist von der Tilgungswirkung im Fall der Unternehmenskrise zu unterscheiden[1345].

H 119

1342 BGH, NJW 1967, 44.
1343 *Rowedder/Zimmermann*, GmbHG, § 56 a, Rdn. 6; MünchHdb.GesR III/*Wegmann*, § 54, Rdn. 43; ähnlich *Scholz/Priester*, GmbHG, § 56 a, Rdn. 17, der allerdings die Tilgungswirkung nicht abhängig macht vom Vorliegen einer Unternehmenskrise.
1344 BGHZ 96, 231, 242; 118, 83, 89 ff.; BGH, DB 1995, 205; BGH, DStR 1995, 894; BGH, DStR, 1995, 945; BGH, ZIP 1996, 1416; BGH, ZIP 1996, 1466; vgl. auch OLG Düsseldorf, GmbHR 1997, 606 ff. Nach BGHZ 119, 177, 187 f.; BGH, ZIP 1996, 1466 ist eine Verwendung des Kapitals nur zulässig, wenn diese zu einer wertgleichen Deckung geführt hat; s. auch OLG Düsseldorf, GmbHR 2000, 564.
1345 Hierauf weisen *Klaft/Maxem*, GmbHR 1997, 586 ff., zutreffend hin; a.A. LG Düsseldorf, Urt. v. 5. 7. 1995 – 9 O 71/95 (n.v.).

e) Anmeldung der Kapitalerhöhung zum Handelsregister, Eintragung und Bekanntmachung

H 120 Die beschlossene Stammkapitalerhöhung ist wie jede Satzungsänderung zum Handelsregister **anzumelden**[1346]. § 54 GmbHG findet auch hier Anwendung, soweit **§§ 57, 57 b GmbHG** keine Abweichungen enthalten[1347]. Die Anmeldung setzt voraus, dass das erhöhte Stammkapital voll übernommen (gezeichnet), die Kapitalerhöhung also durchgeführt ist. Sie muss die **Versicherung** gemäß § 57 Abs. 2 GmbHG enthalten. Die beizufügenden **Anlagen** sind in § 57 Abs. 3 GmbHG aufgelistet. Die für die **Haftung** bei unrichtigen oder unvollständigen Angaben geltende Vorschrift des § 57 Abs. 4 GmbHG verweist nicht auf § 9 a Abs. 2 und Abs. 4 GmbHG, so dass im Unterschied zur Gründung einer GmbH diese Haftung auf die Geschäftsführer beschränkt ist, Gesellschafter und ihre Hintermänner somit nicht verantwortlich sind[1348].

H 121 Mit ihrer **Eintragung** wird die Kapitalerhöhung wirksam. Der neue Geschäftsanteil entsteht, § 55 Abs. 3 GmbHG, selbst wenn die neue Stammeinlage durch einen bisherigen Gesellschafter übernommen wurde. § 55 Abs. 3 GmbHG will den Rückgriff auf Rechtsvorgänger nach einer Kaduzierung gemäß § 22 GmbHG nicht dadurch erschweren, dass ein Geschäftsanteil bei der Kapitalerhöhung seine Selbständigkeit verliert[1349]. Die Übernehmer neuer Einlagen, die bisher nicht Gesellschafter waren, treten mit der Eintragung der Gesellschaft bei. Ihre Einlageverpflichtung entsteht aber bereits mit der Übernahme des neuen Geschäftsanteils.

3. Kapitalerhöhung aus Gesellschaftsmitteln

a) Begriff und Anwendungsbereich

H 122 Nach der Legaldefinition des § 57 c Abs. 1 GmbHG liegt eine **Kapitalerhöhung aus Gesellschaftsmitteln** vor, wenn das Stammkapital durch Umwandlung von umwandlungsfähigen Rücklagen (§ 57 d GmbHG) in Stammkapital erhöht wird. Anders als bei der Kapitalerhöhung gegen Einlagen werden dem Vermögen der Gesellschaft also keine neuen Eigenmittel zugeführt; es wird lediglich die Ziffer des Stammkapitals, nicht aber das Gesellschaftsvermögen erhöht. Das Gegenstück zur Kapitalerhöhung aus Gesellschaftsmitteln ist die **nominelle Kapitalherabsetzung** zur Beseitigung einer Unterbilanz (§§ 58 a–f GmbHG)[1350].

H 123 **Wesentlich** ist, dass die Gesellschafter die neuen Geschäftsanteile streng entsprechend ihrer bisherigen Beteiligung erhalten, § 57 j GmbHG; es kommt **nicht** zu einer **Veränderung der Anteilsverhältnisse**.

1346 Vgl. Muster VIII 2 d (Anmeldung einer Kapitalerhöhung durch Geldeinlagen), Rdn. H 177.
1347 *Hachenburg/Ulmer*, GmbHG, § 57, Rdn. 2.
1348 *Lutter/Hommelhoff*, GmbHG, § 57, Rdn. 15.
1349 BGHZ 63, 116, 117; zur daneben bestehenden Möglichkeit der Aufstockung (= Erhöhung des Nennbetrags) s.o. IV 2 a, Rdn. H 102 ff.
1350 Vgl. unten VI, Rdn. H 138 ff.

Eine nominelle Kapitalerhöhung verbessert die **Kreditwürdigkeit** der GmbH. Ist   H 124
die Gesellschaft also an der Beschaffung von Fremdkapital interessiert, so bietet sich
im Rahmen der bestehenden Möglichkeiten ein Vorgehen nach §§ 57 c–o GmbHG
an[1351].

b) Freie Rücklagen

§ 57 d GmbHG bestimmt, welche **Rücklagen** in Stammkapital umgewandelt werden   H 125
können, nämlich Kapital- und Gewinnrücklagen. Hierdurch soll erreicht werden, dass
das Stammkapital nur aus solchen Mitteln erhöht wird, die in der Gesellschaft auch
wirklich frei vorhanden sind.

c) Durchführung: Beschlussfassung, Anmeldung, Eintragung

Erforderlich ist ein mit satzungsändernder Mehrheit gefasster und notariell beurkun-   H 126
deter **Beschluss** über die Erhöhung des Stammkapitals aus Gesellschaftsmitteln, § 57 c
Abs. 4 GmbHG. Diesem Beschluss ist gemäß § 57 c Abs. 3 GmbHG stets eine **Bilanz**
zugrunde zu legen. Dies kann die Jahresbilanz (§ 57 e Abs. 1 GmbHG) oder eine auf
einen vom Wirtschaftsjahr abweichenden Stichtag aufgestellte Zwischenbilanz (§ 57 f
Abs. 1 GmbHG) sein. Die zugrundeliegende Bilanz muss auf einen höchstens acht
Monate vor der Anmeldung der Kapitalerhöhung zur Eintragung in das Handelsregister zurückliegenden Stichtag aufgestellt sein, § 57 Abs. 1 Satz 2 GmbHG. Sie
muss weiterhin durch einen ordnungsgemäß ausgewählten Prüfer geprüft und mit
dessen uneingeschränktem Bestätigungsvermerk versehen sein, §§ 57 e Abs. 1, 57 f
Abs. 2 GmbHG.

Der Beschluss muss den **genauen Betrag** enthalten, um den das Stammkapital er-   H 127
höht werden soll. Im Unterschied zur Kapitalerhöhung gegen Einlagen genügt nicht
die Nennung eines Höchstbetrages[1352].

Die nominelle Kapitalerhöhung kann entweder durch **Bildung neuer** oder **Erhö-**   H 128
hung des Nennbetrags der vorhandenen Geschäftsanteile ausgeführt werden,
§ 57 h Abs. 1 Satz 1 GmbHG. Dabei ist die Bildung neuer Anteile für den einzelnen
Gesellschafter insofern **vorteilhafter**, als diese neuen Anteile selbständig verwertbar
sind, während hierfür bei einer Nennwertaufstockung eine spätere Teilung des Geschäftsanteils erfolgen müsste, für die eine Genehmigung der Gesellschaft erforderlich
wird[1353].

Die der Anmeldung[1354] zur Eintragung in das Handelsregister beizufügenden Un-   H 129
terlagen/Angaben sind in § 57 i Abs. 1 GmbHG aufgelistet. Bei der **Eintragung** des
Kapitalerhöhungsbeschlusses in das Handelsregister ist anzugeben, dass es sich um ei-

---

1351 *Kallmeyer,* in: GmbH-Hdb. I, Rdn. 521.2.
1352 *Scholz/Priester,* GmbHG, § 57 c, Rdn. 5; *Roth/Altmeppen,* GmbHG, § 57 c, Rdn. 8. Zur
    Bewertung der Anteile s. OLG Stuttgart, DB 2000, 135.
1353 *Priester,* GmbHR 1980, 236, 237; *Kallmeyer,* in: GmbH-Hdb. I, Rdn. 524.1
1354 Vgl. Muster VIII 3 b (Anmeldung einer Kapitalerhöhung aus Gesellschaftsmitteln), Rdn.
    H 183.

ne Kapitalerhöhung aus Gesellschaftsmitteln handelt (§ 57 i Abs. 4 GmbHG). So wird für jedermann ersichtlich, dass keine Zuführung neuen Kapitals zu erwarten ist.

V. Nachschüsse

1. Begriff und Bedeutung

H 130 **Nachschüsse** (vgl. §§ 26–28, 30 Abs. 2 GmbHG) sind Gesellschafterbeiträge, die über die Stammeinlage hinaus zu leisten sind. Die Nachschusspflicht i.S.v. § 26 GmbHG muss im Gesellschaftsvertrag vereinbart sein. Wird sie nachträglich im Wege der Satzungsänderung begründet, bedarf es der Zustimmung aller betroffenen Gesellschafter nach § 53 Abs. 3 GmbHG, da die Nachschusspflicht eine Vermehrung der Leistungen der Gesellschafter bedeutet[1355]. Ihre Einforderung setzt zwingend einen Beschluss der Gesellschafterversammlung voraus. Nachschüsse unterliegen nicht (wie Stammeinlagen) den zentralen Vorschriften zur Sicherung der Kapitalaufbringung und -erhaltung[1356] und sind zu unterscheiden von **Nebenleistungspflichten** (§ 3 Abs. 2 GmbHG), die (anders als Nachschüsse) nach Art, Umfang und Leistungszeit in der Satzung begründet werden und deren Einforderung keines Gesellschafterbeschlusses bedarf[1357]. Im Rahmen der **Vertragsgestaltung** ist darauf zu achten, dass aus der Satzungsbestimmung, welche die zusätzliche Verpflichtung des Gesellschafters begründet, der Rechtscharakter der Leistungsverpflichtung eindeutig hervorgeht.

H 131 Es gibt drei Arten der Nachschusspflicht:

- Die **beschränkte Nachschusspflicht**, §§ 26 Abs. 3, 28 GmbHG, bei der im Gesellschaftsvertrag eine betragsmäßige Höchstgrenze festgelegt ist,
- die **unbeschränkte Nachschusspflicht** ohne Obergrenze, § 27 GmbHG,
- die **gemischte Nachschusspflicht**, §§ 27 Abs. 4, 28 Abs. 1 Satz 2 GmbHG.

H 132 Von der Möglichkeit, durch den Gesellschaftsvertrag Nachschusspflichten der Gesellschafter einzuführen, wird in der **Praxis** eher selten Gebrauch gemacht, da es andere, sinnvollere Möglichkeiten der Kapitalbeschaffung gibt, so vor allem die **Kapitalerhöhung**[1358].

2. Einforderung

H 133 Die Einforderung von Nachschüssen durch die **Geschäftsführung** setzt zwingend einen **Gesellschafterbeschluss** voraus, der seinerseits einer Grundlage in der Satzung

---

1355 *Rowedder/Rowedder*, GmbHG, § 26, Rdn. 9.
1356 *Roth/Altmeppen*, GmbHG, § 26, Rdn. 3.
1357 OLG Frankfurt, GmbHR 1992, 665 f.; *Hachenburg/Müller*, GmbHG, § 26, Rdn. 26; *Scholz/Emmerich*, GmbHG, § 26, Rdn. 20; *Roth/Altmeppen*, GmbHG, § 26, Rdn. 3.
1358 *Rowedder/Rowedder*, GmbHG, § 26, Rdn. 2; vgl. aber *Hachenburg/Müller*, GmbHG, § 26, Rdn. 5, für den der geringe Einsatz des Nachschusskapitals nicht verständlich ist.

bedarf und mit einfacher Mehrheit zu fassen ist, soweit der Gesellschaftsvertrag kein höheres Quorum bestimmt (§§ 26 Abs. 1, 47 GmbHG)[1359]. Grundsätzlich müssen die Stammeinlagen **vollständig eingefordert**, brauchen aber noch nicht eingezahlt zu sein. Die Satzung kann aber nach §§ 28 Abs. 2, 27 Abs. 4, 28 Abs. 1 Satz 2 GmbHG etwas anderes bestimmen. Die Einzahlung der Nachschüsse hat nach dem **Verhältnis der Geschäftsanteile** zu erfolgen, § 26 Abs. 2 GmbHG[1360].

3. Preisgaberecht (Abandon)

Ist die Nachschusspflicht **nicht** auf einen bestimmten Betrag **beschränkt**, so hat jeder Gesellschafter, falls er die Stammeinlage **vollständig eingezahlt** hat, das Recht, sich von der Zahlung des auf den Geschäftsanteil eingeforderten Nachschusses dadurch zu **befreien**, dass er innerhalb eines Monats nach der Aufforderung zur Einzahlung den Geschäftsanteil der Gesellschaft zur Befriedigung aus demselben zur Verfügung stellt (**Abandon, § 27 GmbHG**)[1361]. Der Gesellschafter steht dann für die Zahlung des Nachschusses nur noch mit seinem preisgegebenen Geschäftsanteil ein[1362]. H 134

4. Rückzahlung

Die im Gegensatz zur Stammeinlage grundsätzlich mögliche Rückzahlung von Nachschüssen ist an folgende **Voraussetzungen** geknüpft[1363]: H 135

- Das Stammkapital muss vollständig eingezahlt sein, § 30 Abs. 2 Satz 3 GmbHG, und das zu seiner Erhaltung notwendige Vermögen muss in der Gesellschaft verbleiben, § 30 Abs. 1 GmbHG.
- Die Rückzahlung muss durch die Gesellschafterversammlung beschlossen, § 46 Abs. 3 GmbHG, oder durch ein in der Satzung vorgesehenes Organ bestimmt werden.
- Der Beschluss bzw. die Anordnung ist in den Gesellschaftsblättern zu veröffentlichen, § 30 Abs. 2 Satz 2 GmbHG.
- Es muss eine Sperrfrist von drei Monaten von der Veröffentlichung bis zur Auszahlung beachtet werden, § 30 Abs. 2 Satz 2 GmbHG.

Halten sich die Gesellschafter nicht an die Voraussetzungen der Rückzahlung, treten die strengen Rechtsfolgen des **§ 31 GmbHG** ein[1364]. H 136

1359 Vgl. Muster VIII 4 (Nachschusseinforderung), Rdn. H 184.
1360 Vgl. *Roth/Altmeppen*, GmbHG, § 26, Rdn. 10 ff.
1361 Vgl. hierzu Muster D XV 11 (Preisgabe eines Geschäftsanteils), Rdn. D 179.
1362 *Hachenburg/Müller*, GmbHG, § 27, Rdn. 46.
1363 *Eder*, in: GmbH-Hdb. I, Rdn. 320.
1364 Beck GmbH-Hdb./*Hense/Jung/Schwaiger*, § 7, Rdn. 97; zu § 31 GmbHG s.o. II 3 c, Rdn. H 33 ff.

VI. Kapitalherabsetzung

1. Gesetzliche Regelung und Zweck

H 137 Die Herabsetzung des Stammkapitals ist in §§ 58–58 f GmbHG[1365] geregelt und stellt ebenso wie die Kapitalerhöhung eine **Satzungsänderung** dar, so dass daneben die §§ 53, 54 GmbHG anwendbar bleiben[1366]. Durch die Kapitalherabsetzung mindert sich die ziffernmäßige Höhe des Stammkapitals, was wiederum eine Minderung der Vermögensbindung und damit – jedenfalls bei der effektiven Kapitalherabsetzung – eine **Gefährdung der Gläubiger** zur Folge hat. Dementsprechend enthält das Gesetz in den Kapitalherabsetzungsvorschriften besondere Bestimmungen zu deren Schutz.

H 138 Wie bei der Kapitalerhöhung wird zwischen der nominellen und der effektiven Kapitalherabsetzung unterschieden.

H 139 Die **nominelle Kapitalherabsetzung**, bei der keine Ausschüttung an die Gesellschafter erfolgt, dient der **Beseitigung einer Unterbilanz**, d.h. der Anpassung des Stammkapitals an die tatsächlichen Vermögensverhältnisse nach eingetretenen Verlusten und damit der Schaffung besserer Sanierungsvoraussetzungen[1367]. Da hier faktisch kein Vermögen von der Bindung durch die Kapitalziffer befreit wird, sondern der der Herabsetzung entsprechende Teil des Vermögens bereits verloren ist, werden die Gläubigerinteressen im Falle der Beseitigung einer Unterbilanz nicht beeinträchtigt, so dass die Gläubigerschutzvorschriften des § 58 GmbHG nicht passen[1368]. Der Gesetzgeber hat deshalb durch die Einführung der §§ 58 a–f GmbHG die sogenannte **vereinfachte Kapitalherabsetzung**[1369] zugelassen, bei der im Gegensatz zur **ordentlichen Kapitalherabsetzung** der Gläubigerschutz geringer ausgeprägt ist. Die vereinfachte Kapitalherabsetzung ist aber nur zulässig zum Zweck des Ausgleichs von Wertminderungen und der Deckung sonstiger Verluste (§ 58 a Abs. 1 GmbHG) und nur nach Auflösung von Kapital- und Gewinnrücklagen sowie eines etwaigen Gewinnvortrages (§ 58 a Abs. 2 GmbHG). Zu beachten ist, dass eine gegebenenfalls vorliegende **Überschuldung** allein durch eine Kapitalherabsetzung ohne Zuführung neuer Mittel nicht beseitigt werden kann[1370].

H 140 Bei der **effektiven Kapitalherabsetzung** wird Gesellschaftsvermögen verfügbar gemacht. Damit können unterschiedliche Einzelzwecke verfolgt werden[1371]:

- **Rückzahlung oder Erlass von Einlagen**

  Eine Rückzahlung des Stammkapitals, die ansonsten gegen § 30 GmbHG verstoßen würde, oder der Erlass von Stammeinlagen, der ohne die Kapitalherabsetzung we-

---

1365 Vgl. auch die wesentlich ausführlichere gesetzliche Regelung im Aktienrecht, §§ 222–240 AktG.
1366 *Scholz/Priester*, GmbHG, § 58, Rdn. 2.
1367 *Hachenburg/Ulmer*, GmbHG, § 58, Rdn. 12 f.
1368 *Rowedder/Zimmermann*, GmbHG, § 58, Rdn. 6.
1369 S.u. Ziff. VI 3, Rdn. H 149 ff.
1370 *Hachenburg/Ulmer*, GmbHG, § 58, Rdn. 13.
1371 Vgl. die Darstellung bei *Scholz/Priester*, GmbHG, § 58, Rdn. 7–11.

gen § 19 Abs. 2 GmbHG verboten wäre, kommen vor allem dann in Betracht, wenn das gebundene Kapital wegen Reduzierung des Unternehmensgegenstandes nicht mehr in vollem Umfang benötigt wird[1372].

- **Abfindung ausscheidender Gesellschafter**
  Durch die Kapitalherabsetzung sollen Mittel zur Aufbringung der Abfindung freigesetzt werden.

- **Einstellung in Rücklagen**
  Zwar bleibt durch die Einstellung in Rücklagen das Eigenkapital unverändert, die entsprechenden Beträge sind jedoch nicht mehr gemäß § 30 GmbHG gebunden und können zu einem späteren Zeitpunkt Verwendung finden.

2. Ordentliche Kapitalherabsetzung

Die ordentliche Kapitalherabsetzung (§ 58 GmbHG) dürfte in der Praxis nur noch Bedeutung haben für die **effektive Herabsetzung des Stammkapitals**, da die nominelle Kapitalherabsetzung nach den §§ 58 a–f GmbHG den Gesellschaftern weniger Hindernisse in den Weg legt. Sie bleibt aber weiterhin möglich[1373].

H 141

a) Beschluss[1374]

Der Beschluss der Gesellschafterversammlung über die Kapitalherabsetzung muss mit einer **Mehrheit von ¾ der abgegebenen Stimmen** gefasst werden, wenn die Satzung nicht ein höheres Quorum vorsieht, § 53 Abs. 2 GmbHG. Geht die Kapitalherabsetzung aber nicht gleichmäßig zu Lasten aller Gesellschafter entsprechend ihrer Beteiligungsquote, bedarf es zusätzlich der Zustimmung der benachteiligten Gesellschafter[1375]. Dies gebietet der **Gleichbehandlungsgrundsatz**.

H 142

Inhaltlich muss der Beschluss den **Betrag** enthalten, um den das Kapital herabgesetzt werden soll. Zur Klarstellung ist die Angabe des bisherigen und des künftigen Kapitals sinnvoll[1376]. Durch die Kapitalherabsetzung darf das Mindestkapital von 25 000 € nicht unterschritten werden, § 58 Abs. 2 Satz 1 GmbHG. Das gilt selbst dann, wenn gleichzeitig eine Kapitalerhöhung beschlossen wird[1377]. Da die **Anpassung der Nennbeträge der Geschäftsanteile** an das herabgesetzte Kapital grundsätz-

H 143

1372 *Rowedder/Zimmermann*, GmbHG, § 58, Rdn. 2 f.
1373 MünchHdb.GesR III/*Wegmann*, § 55, Rdn. 28; *Scholz/Priester*, GmbHG, Vor § 58 a, Rdn. 10.
1374 Vgl. Muster VIII 5 a (Gesellschafterbeschluss einer ordentlichen Kapitalherabsetzung), Rdn. H 185.
1375 *Hachenburg/Ulmer*, GmbHG, § 58, Rdn. 26.
1376 *Scholz/Priester*, GmbHG, § 58, Rdn. 29.
1377 *Scholz/Priester*, GmbHG, § 58, Rdn. 29.

lich automatisch erfolgt, braucht sie nicht in den Beschluss aufgenommen zu werden[1378]. Zu Verdeutlichungszwecken ist die Angabe aber ratsam[1379]. Zwingend ist sie dann, wenn die Anteile nicht im gleichen Verhältnis herabgesetzt werden sollen[1380]. Die angepassten Geschäftsanteile müssen nach § 58 Abs. 2 Satz 2 GmbHG i.V.m. § 5 Abs. 1 und 3 GmbHG noch mindestens 100 € betragen und in Euro durch 50 teilbar sein. Können diese **Untergrenzen** nicht eingehalten werden, bietet sich eine **Zusammenlegung** mehrerer Kleinanteile zu einem Vollanteil an[1381]. Für Geschäftsanteile, die aus einer Kapitalerhöhung aus Gesellschaftsmitteln stammen, gelten abweichend von § 58 Abs. 2 Satz 2 GmbHG die Grenzen des § 57 h Abs. 1 Satz 2 GmbHG: Mindestbetrag von 50 € und Teilbarkeit durch 10[1382]. Der Kapitalherabsetzungsbeschluss muss schließlich in entsprechender Anwendung des § 222 Abs. 3 AktG den **Zweck der Kapitalherabsetzung** enthalten[1383]. Angaben über die Durchführung der Herabsetzung sind dagegen entbehrlich[1384].

b) Gläubigerschutz

H 144 Die Interessen der Gläubiger, werden bei der ordentlichen Kapitalherabsetzung durch folgende Anforderungen, die § 58 Abs. 1 GmbHG stellt, geschützt:

- **Bekanntmachung und Aufforderung der Gläubiger**

  Die Geschäftsführer haben in vertretungsberechtigter Zahl den Herabsetzungsbeschluss in den Gesellschaftsblättern zu drei verschiedenen Malen bekannt zu machen und in der Bekanntmachung die Gläubiger aufzufordern, sich bei der Gesellschaft zu melden, §§ 58 Abs. 1 Nr. 1, 10 Abs. 3, 30 Abs. 2 GmbHG i.V.m. §§ 10, 11 HGB. Darüber hinaus sind diejenigen Gläubiger, die der Gesellschaft bekannt sind, durch besondere Mitteilung zur Anmeldung aufzufordern. Diese Mitteilung kann zwar auch formlos erfolgen, Schriftform empfiehlt sich hingegen mit Rücksicht auf die Nachweisbarkeit[1385].

- **Befriedigung und Sicherung der Gläubiger**

  Gläubiger, die der Kapitalherabsetzung nicht zuzustimmen, sind bis zum Ablauf des Sperrjahres zu befriedigen oder ihre Forderung ist zu sichern, § 58 Abs. 1 Nr. 2 GmbHG, §§ 232 ff. BGB.

1378 *Rowedder/Zimmermann*, GmbHG, § 58, Rdn. 15.
1379 Für die vereinfachte Kapitalherabsetzung verlangt § 58 a Abs. 3 Satz 1 GmbHG allerdings ausdrücklich die Anpassung der Nennwerte im Herabsetzungsbeschluss; vgl. *Roth/Altmeppen*, GmbHG, § 58, Rdn. 12.
1380 *Scholz/Priester*, GmbHG, § 58, Rdn. 31. *Roth/Altmeppen*, GmbHG, § 58, Rdn. 12.
1381 *Scholz/Priester*, GmbHG, § 58, Rdn. 26.
1382 *Rowedder/Zimmermann*, GmbHG, § 58, Rdn. 11.
1383 BayObLG, BB 1979, 240; *Roth/Altmeppen*, GmbHG, § 58, Rdn. 14 m.w.N.
1384 *Hachenburg/Ulmer*, GmbHG, § 58, Rdn. 35.
1385 *Kallmeyer*, in: GmbH-Hdb. I, Rdn. 532.1.

- **Sperrjahr**

  Zwischen der letzten Veröffentlichung und der Anmeldung der ordentlichen Kapitalherabsetzung muss mindestens ein Jahr liegen, § 58 Abs. 1 Nr. 3 GmbHG. Eine Anmeldung vor Ablauf des Sperrjahres weist das Registergericht zurück[1386].

c) Anmeldung/Eintragung/Veröffentlichung

Die **Anmeldung** hat durch **sämtliche Geschäftsführer** zu erfolgen[1387]. Ihr sind beizufügen: H 145

- der Beschluss über die Kapitalherabsetzung in Ausfertigung oder beglaubigter Abschrift,
- die Belegblätter über die drei öffentlichen Bekanntmachungen,
- eine **höchstpersönliche Versicherung** sämtlicher Geschäftsführer des Inhalts, dass die Forderungen aller Gläubiger, die sich gemeldet und nicht zugestimmt haben, befriedigt oder sichergestellt sind (§ 58 Abs. 1 Nr. 4 GmbHG).

Führt die Prüfung durch das Registergericht zu keiner Beanstandung, wird die Kapitalherabsetzung im Handelsregister **eingetragen** und die Eintragung **bekannt gemacht**. Auch die Kapitalherabsetzung wird erst mit der Eintragung **wirksam**.   H 146

d) Haftung der Geschäftsführer

Für die ordnungsgemäße Durchführung der Kapitalherabsetzung haftet der Geschäftsführer gegenüber der Gesellschaft gemäß § 43 GmbHG[1388]. Den Gesellschaftsgläubigern gegenüber ist er gemäß § 823 Abs. 2 BGB i.V.m. § 58 GmbHG zum Schadensersatz verpflichtet, wenn er z.B. Gläubiger zu Unrecht nicht befriedigt oder sicherstellt[1389]. Ist die nach § 59 Abs. 1 Nr. 4 GmbHG abgegebene Versicherung unwahr, kann sich eine Strafbarkeit nach § 82 Abs. 2 Nr. 1 GmbHG[1390] ergeben.   H 147

3. Vereinfachte Kapitalherabsetzung[1391]

Die vereinfachte Kapitalherabsetzung, §§ 58 a–f GmbHG, ist nur zum Zweck des **Verlustausgleichs** zulässig, § 58 a Abs. 1 GmbHG. Dabei kann **Nebenzweck** die Ein-   H 148

1386 Demgegenüber lässt das Aktienrecht die sofortige Anmeldung zu und räumt den Gläubigern nur eine Frist von sechs Monaten zur Sicherung ihrer Ansprüche ein, §§ 223, 224, 225, 227 Abs. 2 AktG.
1387 Vgl. Muster VIII 5 b (Anmeldung einer ordentlichen Kapitalherabsetzung), Rdn. H 186.
1388 *Scholz/Priester*, GmbHG, § 58, Rdn. 77.
1389 BayObLG, BB 1974, 1363; *Baumbach/Hueck/Zöllner*, GmbHG, § 58, Rdn. 41; *Rowedder/Zimmermann*, GmbHG, § 58, Rdn. 29.
1390 *Baumbach/Hueck/Zöllner*, GmbHG, § 58, Rdn. 41.
1391 Vgl. Muster VIII 6 (Kapitalherabsetzung zur Beseitigung einer Unterbilanz), Rdn. 187 und den Überblick über die Prüfungsabfolge hinsichtlich der Zulässigkeit der vereinfachten Kapitalherabsetzung unten VII 3 f., Rdn. H 172.

stellung der durch die Herabsetzung gewonnenen Beträge in die Kapitalrücklage sein[1392].

H 149   Ist ein Gewinnvortrag vorhanden oder betragen die **Kapital- und Gewinnrücklagen** mehr als 10 % des herabgesetzten Stammkapitals, **§ 58 a Abs. 2 GmbHG**, ist die vereinfachte Kapitalherabsetzung unzulässig. Dies folgt daraus, dass die Kapitalherabsetzung nach § 58 a–f GmbHG zum Verlustausgleich notwendig sein muss. Dementsprechend sind die Rücklagen gegebenfalls vorher aufzulösen und zur Verlustdeckung zu benutzen[1393].

H 150   **Notwendiger Inhalt des Kapitalherabsetzungsbeschlusses** ist die Angabe, dass es sich um eine vereinfachte Kapitalherabsetzung handelt. Nach **§ 58 a Abs. 3 Satz 1 GmbH** ist – anders als bei der ordentlichen Kapitalherabsetzung – die Festlegung der sich durch die Herabsetzung des Stammkapitals ändernden **Nennbeträge** der Geschäftsanteile im Herabsetzungsbeschluss vorgeschrieben. § 58 a Abs. 3 Satz 2 und 3 GmbHG lässt die Herabsetzung des Nennbetrages der Geschäftsanteile auf 50 € und die Teilbarkeit durch 10 zu. Das Stammkapital kann unter den Betrag von 25 000 € herabgesetzt werden, wenn zugleich eine Kapitalerhöhung beschlossen wird, § 58 a Abs. 4 GmbHG[1394].

H 151   Ein Gläubigeraufruf findet nicht statt. Eine Meldung der Gläubiger bei der Gesellschaft erfolgt dementsprechend ebenfalls nicht. Auch müssen die Geschäftsführer die Versicherung gemäß § 58 Abs. 1 Nr. 4 GmbHG nicht abgeben. Das Sperrjahr braucht nicht eingehalten zu werden. Die Herabsetzung kann sogleich zum Handelsregister angemeldet und dort eingetragen werden[1395].

H 152   Die Beträge, die aus der Auflösung der Kapital- oder Gewinnrücklagen und aus der Kapitalherabsetzung gewonnen werden, dürfen nur verwandt werden, um Wertminderungen auszugleichen oder sonstige Verluste zu decken (§ 58 b Abs. 1 GmbHG). Ergibt sich bei Aufstellung der Jahresbilanz für das Geschäftsjahr, in dem der Beschluss über die Kapitalherabsetzung gefasst wurde, oder eines der beiden folgenden Geschäftsjahre, dass Wertminderungen und sonstige Verluste in der bei Beschlussfassung angenommenen Höhe tatsächlich nicht eingetreten oder ausgeglichen waren, so ist der Unterschiedsbetrag in die Kapitalrücklage einzustellen (§ 58 c Satz 1 GmbHG).

H 153   **Gewinn** darf vor Ablauf des fünften nach der Beschlussfassung über die Kapitalherabsetzung beginnenden Geschäftsjahres nur ausgeschüttet werden, wenn die Kapital- und Gewinnrücklage zusammen zehn vom Hundert des Stammkapitals erreichen (§ 58 d Abs. 1 Satz 1 GmbHG).

H 154   Im Jahresabschluss für das letzte vor der Beschlussfassung über die Kapitalherabsetzung abgelaufene Geschäftsjahr können das Stammkapital sowie die Kapital- und Gewinnrücklagen in der Höhe ausgewiesen werden, in der sie nach der Kapitalherabsetzung bestehen sollen (§ 58 e Abs. 1 Satz 1 GmbHG). Hierbei handelt es sich bilanzrechtlich um **eine Durchbrechung des Stichtagsprinzips** (§ 252 Satz 1 Nr. 3 HGB)[1396]. Der Beschluss über die Feststellung des Jahresabschlusses soll zugleich mit

---

1392 Anders im Aktienrecht gemäß § 229 Abs. 1 AktG.
1393 *Kallmeyer*, in: GmbHG-Hdb. I, Rdn. 534.1.
1394 Vgl. dazu die Ausführungen unter 4, Rdn. H 156.
1395 *Scholz/Priester*, GmbHG, Vor § 58 a, Rdn. 9.
1396 Vgl. *Scholz/Priester*, GmbHG, § 58 e, Rdn. 1.

dem Beschluss über die Kapitalherabsetzung gefasst werden (§ 58 e Abs. 2 GmbHG). Er wird durch einen Verstoß gegen diese Sollvorschrift nicht fehlerhaft[1397]. Wird die Kapitalherabsetzung nicht binnen drei Monaten nach der Beschlussfassung ins Handelsregister eingetragen, sind gemäß § 58 Abs. 3 Satz 1 GmbHG sowohl der Kapitalherabsetzungsbeschluss als auch der Beschluss über die Feststellung des Jahresabschlusses nichtig.

4. Verbindung von Kapitalherabsetzung und -erhöhung

Die Verbindung von Kapitalherabsetzung und Kapitalerhöhung zielt auf die Sanierung der Gesellschaft und wird daher auch als **kombinierter Sanierungsbeschluss** bezeichnet[1398]. Durch die die Unterbilanz beseitigende nominelle (vereinfachte) Kapitalherabsetzung und den damit verbundenen Kapitalschnitt wird gewährleistet, dass die bisherigen Verluste nur von den Inhabern der Altanteile getragen werden und die Ausschüttungssperre des § 30 Abs. 1 GmbHG für die Auszahlung künftiger Jahresüberschüsse überwunden werden kann. Nur so lassen sich neue Kapitalgeber für die notwendige Zuführung neuer Eigenmittel finden[1399]. H 155

Die Kombination von Kapitalherabsetzung und Kapitalerhöhung **auf der Basis des § 58 GmbHG** ist vor allem wegen des Sperrjahres mit erheblichen Schwierigkeiten verbunden[1400]. Dieses Hindernis entfällt bei der vereinfachten Kapitalherabsetzung. Darüber hinaus regelt das Gesetz nunmehr ausdrücklich die kombinierte Sanierungsmaßnahme, die sich zusammensetzt aus einer vereinfachten Kapitalherabsetzung und einer (effektiven) Kapitalerhöhung (vgl. §§ 58 a Abs. 4, 58 f. GmbHG). H 156

Der **Mindestnennbetrag** des § 5 Abs. 1 GmbHG gilt im Rahmen der Verbindung von Kapitalherabsetzung und -erhöhung gemäß § 58 a Abs. 4 GmbHG nur für das erhöhte Stammkapital (§ 58 a Abs. 4 Satz 1 GmbHG). Das Kapital kann somit zunächst **auf Null** herabgesetzt werden[1401]. Die gleichzeitige Erhöhung des Stammkapitals muss eine **Barkapitalerhöhung** sein, zumindest bis zum Betrag des Mindeststammkapitals[1402]. Insoweit kommt nur eine effektive Kapitalerhöhung in Betracht und keine Erhöhung aus Gesellschaftsmitteln[1403]. H 157

Die Beschlüsse über die Kapitalherabsetzung und die Kapitalerhöhung müssen **gleichzeitig**, d.h. in derselben Gesellschafterversammlung gefasst werden. Beide Beschlüsse müssen **innerhalb von drei Monaten** nach der Beschlussfassung in das Handelsregister eingetragen sein. Andernfalls sind sie nichtig (§ 58 a Abs. 4 Satz 2 GmbHG). H 158

1397 *Baumbach/Hueck/Zöllner*, GmbHG, § 58 e, Rdn. 6.
1398 *Kallmeyer*, in: GmbH-Hdb. I, Rdn. 540.; vgl. auch Muster VIII 7 (kombinierter Sanierungsbeschluss), Rdn. H 188.
1399 *Maser/Sommer*, GmbHR 1996, 22, 24.
1400 *Scholz/Priester*, GmbHG, § 58, Rdn. 78.
1401 Für das Aktienrecht hat die Rechtsprechung die *Kapitalherabsetzung auf Null* bei gleichzeitiger Kapitalerhöhung ausdrücklich anerkannt, vgl. BGHZ 119, 305 ff.
1402 *Rowedder, Zimmermann*, GmbHG, § 58 a, Rdn. 15.
1403 Beck GmbH-Hdb./*Hense/Gnadenberger*, § 8, Rdn. 169.

H 159 § 58 f GmbHG bestimmt, dass der **rückwirkende bilanzielle Vollzug** der neuen Kapitalverhältnisse in gleicher Weise wie in § 58 GmbHG auf die Kapitalerhöhung erstreckt werden kann. Das neue, aufgrund von Herabsetzung und Erhöhung entstandene Stammkapital darf also schon im Jahresabschluss des letzten vor der Beschlussfassung abgelaufenen Geschäftsjahres ausgewiesen werden.

VII. Beratungshilfen

1. Verhinderung der Umqualifizierung von Gesellschafterleistungen in Eigenkapital

H 160 Hat der Gesellschafter der GmbH Leistungen in Form von Darlehen, Sicherheiten, Nutzungsüberlassungen o.ä. gewährt und gerät die Gesellschaft danach in eine Krise, so besteht die Gefahr der **Umqualifizierung der Leistung in Eigenkapital durch Stehenlassen**[1404]. Der Gesellschafter muss überlegen, ob und gegebenenfalls welche Maßnahmen er ergreift. Zu diesem Zweck sollte er von seinem **Informationsrecht gemäß § 51 a GmbHG** Gebrauch machen. War es ihm nicht möglich, die Krise der Gesellschaft zu erkennen, und hat er das Ausschöpfen der ihm nach § 51 a GmbHG zustehenden Rechte entsprechend dokumentiert, so kann dies nach der Rechtsprechung des BGH eine Umqualifizierung ausschließen[1405].

H 161 Innerhalb von **2 bis 3 Wochen** muss sich der Gesellschafter dann entscheiden, ob er

- die Leistung der Gesellschaft belässt und damit wegen der Umqualifizierung in Eigenkapital das Verlustrisiko trägt oder
- die Leistung abzieht und damit
- die Liquidation der Gesellschaft einleitet und gegebenenfalls sogar Antrag auf Eröffnung des Insolvenzverfahrens stellt[1406].

2. Kapitalerhöhung

a) Kapitalerhöhung und Euro

H 162 Die Vorschrift des § 55 GmbHG wurde im Zuge des EuroEG nicht geändert. Abs. 4 verweist jedoch auf § 5 GmbHG; ferner ist § 86 GmbHG zu beachten. Bis zum 31.12. 2001 sind somit folgende Fälle von Kapitalerhöhungen denkbar:

1404 S.o. III 3 b bb, Rdn. H 70 ff.
1405 BGH, NJW 1995, 658.
1406 Wird der Antrag auf Eröffnung des Insolvenzverfahrens ohne Zutun des Gesellschafters rechtzeitig gestellt, verhindert dies auch, dass seine Leistung als Eigenkapital eingestuft wird.

Existenz der GmbH	Stammkapital lautet in	Kapitalerhöhung
vor 1.1.1999	DM	in DM möglich
nach 1.1.1999	DM (gem. § 86 Abs. 2 GmbHG)	in DM möglich
vor oder nach 1.1.1999	DM, aber Umstellung auf Euro ist beabsichtigt (nach 1.1.2001 zwingend, § 86 Abs. 1 Satz 4 GmbHG)	in Euro; Kapitalerhöhung kann zur Glättung der durch die Umstellung sich ergebenden »krummen« Euro-Beträge genutzt werden.
nach 1.1.1999	Euro	Euro

Bei der Umstellung des Stammkapitals auf Euro ist kein Gesellschafter verpflichtet, an einer zur Glättung der durch die Umstellung sich ergebenden »krummen« Euro-Beträge erforderlichen Kapitalerhöhung mitzuwirken (§ 707 BGB). Besteht diese Bereitschaft der Gesellschafter nicht, so kann die Rundung durch eine Kapitalerhöhung aus Gesellschaftsmitteln gemäß §§ 57 c ff. GmbHG erfolgen, falls ausreichende Rücklagen vorhanden sind. Der entsprechende Beschluss erfordert eine satzungsändernde Mehrheit (§ 86 Abs. 3 GmbHG), doch sind die Gesellschafter aus ihrer Treuepflicht gegenüber der Gesellschaft verpflichtet, an dem Zustandekommen des Beschlusses mitzuwirken[1407].

Bei einer GmbH mit einem Stammkapital von 50 000 DM führt die Umstellung auf Euro zu einem Stammkapital von 25 564,59 €. Die Rundung wird durch eine Kapitalherabsetzung um 564,59 € auf 25 000 € mit anschließender Bar-Kapitalerhöhung gemäß § 86 Abs. 3 Satz 3 GmbHG auf eine glatten Euro-Betrag, etwa 30 000 €, durchgeführt, was im Ergebnis zu einer Kapitalerhöhung um 5000 € führt.

b) Hinweispflichten des Notars bei der Beurkundung eines Kapitalerhöhungsbeschlusses, § 17 BeurkG

Wird dem Notar bei der Beurkundung eines Kapitalerhöhungsbeschlusses mitgeteilt, die neuen Geschäftsanteile seien **voll »eingezahlt«**, so können Gesellschafter damit auch die Verrechnung der übernommenen Einlagen mit Gegenansprüchen meinen[1408]. Die Belehrungspflicht nach **§ 17 BeurkG** verpflichtet den Notar, sich davon zu **vergewissern**, dass die Beteiligten die Bedeutung der Einzahlung im Zusammenhang mit der Übernahme einer Bareinlageverpflichtung kennen. Notfalls muss er sie hierüber

H 163

1407 BGH, WM 1986, 1346; BGH, WM 1987; *Lutter*, ZHR 1998, 164; *Lutter/Hommelhoff*, GmbHG, § 55, Rdn. 7.
1408 BGH, ZIP 1996, 19, 20.

aufklären[1409]. Der Begriff »Bareinzahlung« wird nach den Erfahrungen der Praxis häufig nicht richtig verstanden. Es wird vielfach gemeint, eine übernommene Bareinlage könne durch Verrechnung mit bereits bestehenden Forderungen gegen die Gesellschaft, insbesondere aus früheren Darlehensgewährungen, erbracht werden[1410].

c) Kapitalerhöhung und Ausfallhaftung der Übernehmer gemäß § 24 GmbHG

H 164 Da die Volleinzahlung des Altkapitals anders als nach § 182 Abs. 4 AktG nicht Voraussetzung für die Kapitalerhöhung ist, haften die im Rahmen der Kapitalerhöhung neu beitretenden Gesellschafter nach **§ 24 GmbHG** für **rückständige Einlagen der Altgesellschafter**[1411].

H 165 Um eine Ausfallhaftung zu **vermeiden**, bietet sich die Aufnahme einer Satzungsbestimmung an, die eine Kapitalerhöhung nur nach vollständiger Einzahlung des Stammkapitals und bei Volleinzahlung der neu ausgegebenen Stammeinlagen ermöglicht.

d) Zahlung der Einlage auf ein debitorisches Bankkonto der Gesellschaft

H 166 Ebenso wie bei der Gründung hat bei der Kapitalerhöhung die **Zahlung auf ein debitorisches Konto** der Gesellschaft grundsätzlich **Tilgungswirkung**[1412]. Die Zahlung verstößt nur dann gegen das Gebot, die Einlage zur freien Verfügung der Geschäftsführer zu leisten, wenn die Gesellschaft wegen Kündigung des Kredits und gleichzeitiger Rückführung des Kreditrahmens nicht die Möglichkeit hat, über die Mittel frei zu verfügen[1413]. In einem solchen Fall ist zu empfehlen, ein **neues Konto bei einer anderen Bank** zu errichten[1414]. Nur dann ist der Geschäftsführer in der Verfügung frei. Darüber hinaus sollte eine direkte Zahlung auf ein debitorisches Gesellschaftskonto vermieden werden, wenn über die Kündigung des Kredits oder die Höhe des Kreditrahmens später Streit entstehen könnte[1415].

1409 BGH, ZIP 1996, 19, 20.
1410 BGH, ZIP 1996, 19, 20.
1411 *Rowedder/Zimmermann*, GmbHG, § 55, Rdn. 15; *Scholz/Priester*, GmbHG, § 55, Rdn. 17.
1412 BGH, DB 1990, 2212; BGH, DB 1991, 691.
1413 BGH, DB 1991, 691.
1414 *Lutter/Hommelhoff*, GmbHG, § 56 a, Rdn. 5.
1415 *Langenfeld*, GmbH-Vertragspraktikum, Rdn. 254 a.E.

3. Checklisten

a) Formen der Kapitalbeschaffung H 167

Eigenkapital	Fremdfinanzierung
Stammeinlagen, werden entweder im Rahmen der Gründung oder einer (effektiven) Kapitalerhöhung übernommen; müssen im Gesellschaftsvertrag fest bestimmt sein, und ihre Gesamthöhe muss im Handelsregister eingetragen und bekannt gemacht werden.	**Darlehen** Drittkredite Gesellschafterkredite Drittkredite mit Besicherung durch die Gesellschafter.
	Gefahr der Umwandlung von Fremdkapital in Eigenkapital.
Nachschüsse, § 26 GmbHG müssen im Gesellschaftsvertrag vorgesehen sein und bedürfen der Einforderung durch einen Gesellschafterbeschluss.	
Nebenleistungen, § 3 Abs. 2 GmbHG Gesellschaftsvertragliche Verpflichtungen des Gesellschafters gegenüber der Gesellschaft außer der Leistung von Kapitaleinlagen.	
Zuschüsse Leistungen des Gesellschafters an die Gesellschaft außerhalb des Gesellschaftsvertrages.	
Atypische stille Beteiligung Beteiligung an Gewinn und Verlust und am Vermögen.	**Typische stille Beteiligung** Beteiligung an Gewinn und Verlust.

b) Indizien für die Kreditunwürdigkeit der GmbH[1416] H 168

- Verlust von mehr als der Hälfte des Stammkapitals;
- Fehlen stiller Reserven im Aktivvermögen;

1416 BGH, NJW 1996, 720; BGH, NJW 1996, 722.

- Unterlassene Begleichung fälliger Verbindlichkeiten;
- Unvermögen zur Gestellung eigener Kreditsicherheiten;
- Die kreditgebende Bank macht den Fortbestand der Kreditlinie von Bürgschaften der Gesellschafter abhängig;
- Höhe der bei Beantragung der Eröffnung des Insolvenzverfahrens bestehenden Überschuldung.

H 169 c) **Prüfung, ob eine Kredithilfe des Gesellschafters eine eigenkapitalersetzende Leistung darstellt oder ob sie durch Stehenlassen zu Eigenkapital wurde**[1417]

- War die Gesellschaft zum Zeitpunkt der Leistung der Kredithilfe bereits überschuldet, liegt Eigenkapital vor.
- Verneinendenfalls ist zu untersuchen, ob der Gesellschafter die Hilfe stehen ließ, obwohl die Gesellschaft am Markt aus eigener Kraft keine Kredite mehr zu marktüblichen Konditionen erhalten hätte.
- Ist dies der Fall, so muss dem Gesellschafter zusätzlich eine angemessene Überlegungsfrist zur Verfügung gestanden haben.
- Entscheidend ist, wieviel Zeit zwischen dem Eintritt bzw. dem Bekanntwerden der Krise und der Reaktion vergangen ist.
- Rechtfertigen außergewöhnliche Umstände den Einwand, der Gesellschafter habe die Krise der Gesellschaft nicht erkennen können?
  Das dürfte eher selten der Fall sein.

H 170 d) **Anforderungen an Kapitalerhöhung durch Sacheinlage**[1418]

- Die **Tagesordnung der Gesellschafterversammlung** muss neben der Ankündigung einer Kapitalerhöhung den Hinweis enthalten, dass Sacheinlagen erbracht werden sollen. Die genauen Festsetzungen, wie sie für den Beschlussinhalt erforderlich sind, brauchen in der Regel nicht angekündigt zu werden.
- Der **Kapitalerhöhungsbeschluss** muss den Gegenstand der Sacheinlage und den Erhöhungsbetrag, auf den sich die Sacheinlage bezieht, festsetzen, § 56 Abs. 1 GmbHG. Dazu gehört auch die Festlegung, wer die betreffenden Anteile übernimmt.
- Die **Übernahmeerklärung** des an der Kapitalerhöhung teilnehmenden Sacheinlegers gemäß § 55 Abs. 1 GmbHG muss nach § 56 Abs. 1 Satz 2 GmbHG die im Beschluss getroffenen Festsetzungen enthalten.

1417 Vgl. BGH, WiB 1995, 112 m. Anm. *Schulte.*
1418 *Lutter/Zöllner*, ZGR 1996, 164, 174.

- Die Sacheinlage muss bei Anmeldung der Kapitalerhöhung bereits voll erbracht sein, §§ 57 Abs. 2 i.V.m. 7 Abs. 3 GmbHG.
- Der Registerrichter hat in der Regel die Werthaltigkeit der Sacheinlage analog § 9 c GmbHG vor Eintragung zu prüfen.
- Trägt der Registerrichter die Kapitalerhöhung ein, hat er neben dieser auch die getroffene Sacherhöhungsfestsetzung bekannt zu machen, § 57 b GmbHG.

e) Schritte der effektiven und der nominellen Kapitalerhöhung im Vergleich   H 171

Effektive Kapitalerhöhung	Nominelle Kapitalerhöhung
Erhöhungsbeschluss	Erhöhungsbeschluss
Zulassungsbeschluss	–
Übernahmevertrag	–
Aufbringung des Kapitals wenigstens in der Mindesthöhe	–
Anmeldung zum Handelsregister	Anmeldung zum Handelsregister
Eintragung und Bekanntmachung	Eintragung und Bekanntmachung

f) Prüfungsabfolge zur Zulässigkeit der vereinfachten Kapitalherabsetzung[1419]   H 172

- Sind **Kapital- oder Kapitalrücklagen** vorhanden, die 10 % des Stammkapitals, auf das herabgesetzt werden soll, übersteigen?
  Wenn ja, ist eine vereinfachte Kapitalherabsetzung unzulässig; die Gewinn- oder Kapitalrücklagen sind zum Verlustausgleich zu verwenden.
  Ist ein **Gewinnvortrag** vorhanden?
  Wenn ja, ist die vereinfachte Kapitalherabsetzung unzulässig; der Gewinnvortrag muss zunächst aufgelöst werden.
- Liegen **Verluste** vor, die nicht durch die vorstehenden Maßnahmen gedeckt sind?
  Wenn ja, ist die vereinfachte Kapitalherabsetzung zum Ausgleich von Verlusten zulässig; daneben kann die Kapitalrücklage auf bis zu 10 % des Stammkapitals nach Herabsetzung aufgefüllt werden.

  Sind Verluste noch nicht eingetreten, werden sie aber für das folgende Geschäftsjahr erwartet?
  Wenn ja, ist eine vereinfachte Kapitalherabsetzung unzulässig; das gilt auch dann, wenn weder Gewinn- noch Kapitalrücklagen noch ein Gewinnvortrag vorhanden ist.

1419 Beck GmbH-Hdb./*Hense/Gandenberger*, § 8, Rdn. 149.

VIII. Muster

H 173 ### 1. Rangrücktritt[1420]

> Der Gläubiger erklärt hinsichtlich seiner Forderung gegen die Schuldnerin den Rangrücktritt zugunsten aller gegenwärtigen und zukünftigen Gläubiger der Schuldnerin, indem er mit der Schuldnerin vereinbart, dass die Tilgung (ggf. auch die Zinslast) lediglich aus einem im Vermögensstatus der Schuldnerin ausgewiesenen Reinvermögen oder einem künftigen Liquidationsüberschuss zu leisten ist. Der Gläubiger verpflichtet sich demnach insbesondere, seine Forderung gegenüber der Schuldnerin so lange nicht geltend zu machen, wie die teilweise oder vollständige Befriedigung dieser Forderung zu einer rechnerischen Überschuldung der Schuldnerin im Sinne von § 19 Abs. 2 InsO führt. Für den Fall, dass über das Vermögen der Schuldnerin ein Insolvenzverfahren eröffnet werden sollte, verzichtet der Gläubiger hiermit aufschiebend bedingt auf die Forderung. Der Verzicht entfällt jedoch, wenn alle Gläubiger, die keinen Rangrücktritt erklärt haben, vollständig befriedigt sind oder wenn das Insolvenzverfahren aufgehoben wird.

2. Kapitalerhöhung durch Geldeinlagen

H 174 #### a) Erhöhungsbeschluss

> *Eingang Notarurkunde*
> Die Erschienenen erklärten:
> I. Wir sind die alleinigen Gesellschafter der ... GmbH mit Sitz in ... (*Ort*), eingetragen im Handelsregister des Amtsgerichts ... unter HRB ... . Das Stammkapital von ... € ist voll erbracht. Wir halten hiermit unter Verzicht auf Formen und Fristen der Ankündigung und Einberufung eine Gesellschafterversammlung ab und beschließen einstimmig:
> 1. Das Stammkapital der Gesellschaft wird von ... € um ... € auf ... € erhöht
> 2. § 3 des Gesellschaftsvertrages wird wie folgt geändert:
> »Das Stammkapital beträgt ... €.«
> 3. Zur Übernahme der neuen Stammeinlagen wird jeder der Erschienenen mit einer Stammeinlage von je ... € verpflichtet.
> 4. Die neuen Stammeinlagen sind sofort durch Barzahlung zu leisten. Sie nehmen am Gewinn des laufenden Geschäftsjahres teil.
>
> Damit ist die Gesellschafterversammlung beendet.
> II. Die Erschienenen erklärten sodann:
> Jeder von uns übernimmt zu den oben genannten Bedingungen eine Stammeinlage von ... €.

[1420] Zur Bedeutung des enthaltenen Forderungsverzichts s.u. N 12.

III. Der Notar hat die Erschienenen darauf hingewiesen, dass die Einlagen in bar einzuzahlen sind, die verdeckte Sacheinlage keine Erfüllungswirkung hat und dass die Gesellschafter für die Leistung der von den Übernehmern übernommenen, aber nicht einbezahlten Stammeinlagen haften.

Ausgang Notarurkunde

b) Getrennte Übernahmeerklärung   H 175

Die Gesellschafterversammlung der ... GmbH mit Sitz in ... (Ort), eingetragen im Handelsregister des Amtsgerichts ... unter HRB ... , hat durch notarielle Urkunde vom ... eine Erhöhung des Stammkapitals von ... € um ... € auf ... € beschlossen und mich zur Übernahme einer neuen Stammeinlage von ... DM zugelassen. Ich übernehme diese Stammeinlage hiermit zu den Bedingungen des Erhöhungsbeschlusses.

... (Ort) , den ... (Datum)

...
(Unterschrift)

...
(Beglaubigungsvermerk)

c) Bescheinigung des Notars gemäß § 54 Abs. 1 Satz 2 GmbHG   H 176

Ich bescheinige hiermit, dass der vorstehende Satzungswortlaut vollständig ist, dass also die geänderten Bestimmungen des Gesellschaftsvertrages und die unveränderten Bestimungen mit dem zuletzt zum Handelsregister eingereichten vollständigen Wortlaut des Gesellschaftsvertrages übereinstimmen.

d) Anmeldung   H 177

Amtsgericht
Handelsregister

Betr.:

Als Geschäftsführer der ... GmbH überreichen wir:

1. Eine beglaubigte Abschrift der Urkunde Nr. ... des Notars ... vom ..., in der folgende Beschlüsse enthalten sind:

   a) Beschluss über die Erhöhung des Stammkapitals der Gesellschaft von ... € um ... € auf ... €,

> b) Beschluss über die Änderung von § 3 des Gesellschaftsvertrages,
> c) Erklärungen zur Übernahme der Stammeinlagen;
>
> 2. Liste der Personen, welche die neuen Stammeinlagen übernommen haben;
> 3. der vollständige Wortlaut des Gesellschaftsvertrages mit der Bescheinigung des Notars gemäß § 54 Abs. 1 Satz 2 GmbHG.
>
> Wir versichern, dass die neuen Stammeinlagen voll eingezahlt sind und sich die eingezahlten Beträge endgültig in unserer freien Verfügung befinden.
>
> Wir melden zur Eintragung in das Handelsregister an:
>
> Das Stammkapital der Gesellschaft ist von ... € um ... € auf ... € erhöht worden. § 3 des Gesellschaftsvetrages ist entsprechend geändert.
>
> ... (Ort) , den ... (Datum)
>
> ...
> (Unterschriften der Geschäftsführer)
>
> ...
> (Beglaubigungsvermerk)

e) **Umwidmung einer verdeckten Sacheinlage**[1421]

H 178 aa) **Gesellschafterbeschluss**

> *Eingang Notarurkunde*
> I. Wir sind die alleinigen Gesellschafter der ... GmbH mit Sitz in ..., eingetragen im Handelsregister des Amtsgerichts ... unter HRB ... . Die Gesellschafter *A* und *B* sind an dem Stammkapital der Gesellschaft i.H.v. ... € wie folgt beteiligt:
> – *A* hält Geschäftsanteile im Nennbetrag von ... € und ... €
> – *B* hält Geschäftsanteile im Nennbetrag von ... € und ... €.
> II. Die Gesellschaft hat mit Beschluss vom ... eine Kapitalerhöhung aus Barmitteln von ... € um ... € auf ... € durchgeführt. Zur Übernahme von Stammeinlagen auf das erhöhte Stammkapital wurden zugelassen:
> – Gesellschafter *A* i.H.v. ... €,
> – Gesellschafter *B* i.H.v. ... €.
> Diese haben die Stammeinlagen auf das erhöhte Stammkapital in voller Höhe übernommen. Die durch die Kapitalerhöhung entstandenen neuen Stammeinlagen wurden am ... mit Wertstellung zum ... durch Abtretung einer Forderung

[1421] Vgl. *Werner*, WiB 1995, 406 ff.

des Gesellschafters *A* gegen ... in gleicher Höhe sowie mittels Abtretung der Forderung des Gesellschafters *B* gegen ... ebenfalls in gleicher Höhe an die Gesellschaft geleistet. Die Gesellschaft hat die ihr abgetretenen Forderungen in voller Höhe realisiert.

Am ... wurde die Kapitalerhöhung zur Eintragung im Handelsregister angemeldet und am ... eingetragen.

Nach rechtlicher Beratung darüber, dass die erfolgten Abtretungen nicht zur Erfüllung der Bareinzahlungsverpflichtung verwendet werden konnten, haben sich die Gesellschafter entschlossen, die mit der außerordentlichen Gesellschafterversammlung vom ... beschlossene Barkapitalerhöhung in eine Sachkapitalerhöhung umzuwidmen und ihre daraus resultierenden Einlageverpflichtungen durch Erbringung ihrer gegen die Gesellschaft gerichteten konditionsrechtlichen Ansprüche als Sacheinlage zu leisten.

III. Unter Verzicht auf alle gesetzlichen oder gesellschaftsvertraglichen Fristen und Formen der Ankündigung sowie Einberufung von Gesellschafterversammlungen halten die Gesellschafter eine außerordentliche Gesellschafterversammlung ab und beschließen einstimmig:

1. Die am ... beschlossene und am ... eingetragene Erhöhung des Stammkapitals von ... € um ... € auf ... € aus Barmitteln wird in eine Kapitalerhöhung mit Sacheinlageverpflichtung entsprechend den folgenden Bestimmungen umgewidmet.

2. Die Stammeinlage auf diese Geschäftsanteile ist nicht in Geld zu erbringen, sondern dadurch, dass

   a) der Gesellschafter *A* seine fällige konditionsrechtliche Forderung gegen die Gesellschaft resultierend aus der o.a. Abtretung i.H.v. ... € auf die von ihm übernommene Stammeinlage sowie

   b) der Gesellschafter *B* seine fällige konditionsrechtliche Forderung gegen die Gesellschaft resultierend aus der o.a. Abtretung i.H.v. ... € auf die von ihm übernommene Stammeinlage

   in die Gesellschaft einbringt.

3. Der Wirtschaftsprüfer ... bestätigt mit dem diesem Beschluss als Anlage beigefügten Schreiben, dass die in die Gesellschaft einzubringenden konditionsrechtlichen Forderungen den ursprünglich zu leistenden Bareinlagen gleichwertig sind.

Ausgang Notarurkunde

bb) Bericht über die Änderung der Einlagendeckung   H 179

Wir, die unterzeichneten sämtlichen Gesellschafter der ... GmbH, erstatten folgenden Bericht über die Änderung der Einlagendeckung von der Bar- zur Sacheinlage.

1. Änderung der Bareinlage des Gesellschafters *A* in eine Sacheinlage:
   Forderung gegen die Gesellschaft resultierend aus ...

2. Änderung der Bareinlage des Gesellschafter B in eine Sacheinlage: Forderung gegen die Gesellschaft resultierend aus …

Die Angemessenheit der Leistungen ergibt sich aus der Werthaltigkeitsbescheinigung der … – Wirtschaftsprüfungsgesellschaft.

… (Ort), den … (Datum)

…

(Unterschriften)

H 180 **cc) Werthaltigkeitsbescheinigung**

Amtsgericht
Handelsregister

Betr.: …

Umwandlung der Barkapitalerhöhung von … € auf … €, eingetragen im Handelsregister am …, in eine Sachkapitalerhöhung

Werthaltigkeitsbestätigung

I. Die außerordentliche Gesellschafterversammlung der … GmbH mit Sitz in …, eingetragen im Handelsregister des Amtsgerichts … unter HRB …, hat am … eine Barkapitalerhöhung von … € um … € auf … € beschlossen. Die Gesellschafter A und B wurden zur Übernahme der neu gebildeten Stammeinlagen von … € (A) … und … € (B) zugelassen. Die Gesellschafter haben die neu gebildeten Stammeinlagen mit Erklärung vom … übernommen.

II. Die Gesellschafter haben ihre Einlageverpflichtung nicht in bar erbracht, sondern

– Gesellschafter A hat Forderungen im Wert von … € mit Wertstellung zum … an die … GmbH abgetreten und

– Gesellschafter B hat Forderungen im Wert von … € mit Wertstellung zum … an die … GmbH abgetreten.

III. Wir, die … Wirtschaftsprüfungsgesellschaft, sind Abschlussprüfer der … GmbH. Wir haben den Jahresabschluss der … GmbH zum 31. 12. … geprüft und aufgrund dieser Prüfung dem Jahresabschluss für das Geschäftsjahr … den uneingeschränkten Bestätigungsvermerk vom … erteilt.

IV. Wir bestätigen hiermit, dass nach unseren Feststellungen die aus den ursprünglich zur Erfüllung der Bareinlageverpflichtungen durch die Gesellschafter A und B an die ... GmbH getätigten Abtretungen und die aus der Erfüllung der abgetretenen Ansprüche resultierenden fälligen kondiktionsrechtlichen Forderungen nach wie vor werthaltig sind und – ohne jeden Abzug – aus dem Gesellschaftsvermögen erbracht werden können. Uns sind weder im Zuge unserer Prüfung noch nachträglich Sachverhalte bekannt geworden, die Zweifel an der Werthaltigkeit dieser Forderungen erkennen lassen.

...
(... – Wirtschaftsprüfungsgesellschaft)

dd) Anmeldung zum Handelsregister H 181

Amtsgericht
Handelsregister

Betr.:

Wir, die unterzeichnenden Geschäftsführer, überreichen zum Handelsregister der ... GmbH mit Sitz in ... folgende Unterlagen:

1. Ausfertigung der notariellen Niederschrift über die außerordentliche Gesellschafterversammlung vom ... (Ur.-Nr.: ... Notar ...),
2. die Werthaltigkeitsbescheinigung der ... Wirtschaftsprüfungsgesellschaft vom ...,
3. Bericht über die Änderung der Einlagendeckung von der Bar- zur Sacheinlage,
4. den vollständigen Wortlaut des Gesellschaftsvertrages mit der Bescheinigung des Notars nach § 54 Abs. 1 Satz 2 GmbHG.

Wir melden zur Eintragung an:

Die außerordentliche Gesellschafterversammlung vom ... hat die nachträgliche Umwidmung der bei der Erhöhung des Stammkapitals vom ... zunächst beschlossenen Bareinlageverpflichtung in eine Sacheinlageverpflichtung beschlossen.

Als Geschäftsführer der Gesellschaft versichern wir, dass die als Sacheinlagen eingebrachten Forderungen zu unserer freien Verfügung stehen.

Wir erklären, dass nach unserer Kenntnis seit dem Tag der Ausstellung der Werthaltigkeitsbescheinigung der ... – Wirtschaftsprüfungsgesellschaft vom ... bis zum heutigen Tag keine Umstände aufgetreten sind, die Bedenken an der Werthaltigkeit der kondiktionsrechtlichen Forderungen der Gesellschafter ... erkennen ließen.

... (Ort), den ... (Datum)
...
(Unterschriften)

3. Kapitalerhöhung aus Gesellschaftsmitteln

a) Gesellschafterbeschluss

> *Eingang Notarurkunde*
>
> Die Erschienenen erklärten:
>
> Wir sind die alleinigen Gesellschafter der ... GmbH mit Sitz in ... (*Ort*), eingetragen im Handelsregister des Amtsgerichts ... unter HRB ... . Das Stammkapital von ... € ist voll erbracht. Wir halten hiermit unter Verzicht auf alle nach Gesetz und/oder Gesellschaftsvertrag bestehenden Form- und Fristerfordernisse eine Gesellschafterversammlung ab und beschließen einstimmig:
>
> 1. Das Stammkapital der Gesellschaft wird von ... € um ... € auf ... € erhöht.
> 2. Die Kapitalerhöhung erfolgt aus Gesellschaftsmitteln nach den Vorschriften der §§ 57 c ff. GmbHG.
> 3. Der Kapitalerhöhung wird die geprüfte und festgestellte und mit dem uneingeschränkten Bestätigungsvermerk des gewählten Abschlussprüfers versehene Jahresbilanz zum ... zugrunde gelegt.
> 4. Die in dieser Bilanz ausgewiesene freie Rücklage von ... € wird in Stammkapital umgewandelt.
> 5. Die Stammkapitalerhöhung erfolgt durch Erhöhung der Nennbeträge der Geschäftsanteile.
> 6. Der Geschäftsanteil des Gesellschafters ... wird um ... € auf ... € erhöht. Der Geschäftsanteil des Gesellschafters ... wird um ... € auf ... € erhöht.
> 7. § 3 der Satzung wird wie folgt neu gefasst:
>   »Das Stammkapital der Gesellschaft beträgt ...«
>
> Der Notar hat die Erschienenen über die Rechtsfolgen der Kapitalerhöhung belehrt.
>
> *Ausgang Notarurkunde*

b) Anmeldung   H 183

Amtsgericht
– Handelsregister –

Betr.:

Als Geschäftsführer der ... GmbH mit Sitz in ... (Ort), eingetragen im Handelsregister des Amtsgerichts ... unter HRB ... überreichen wir:

1. Eine beglaubigte Abschrift der Urkunde Nr. ... des Notars ... vom ..., in der folgende Beschlüsse enthalten sind:

    a) Beschluss über die Erhöhung des Stammkapitals der Gesellschaft von ... € um ... € auf ... €,

    b) Beschluss über die Änderung von § 3 des Gesellschaftsvertrages.

2. Den vollständigen Wortlaut des Gesellschaftsvertrages nebst der Bescheinigung des Notars gemäß § 54 GmbHG.

Wir melden zur Eintragung in das Handelsregister an:

Die Gesellschaft hat ihr Kapital gemäß §§ 57 c ff. GmbHG aus Gesellschaftsmitteln unter Zugrundelegung der letzten, nicht länger als acht Monate zurückliegenden Jahresbilanz von ... € um ... € auf ... € erhöht.

Die der Kapitalerhöhung zugrunde gelegte Bilanz ist beigefügt.

Wir erklären, dass nach unserer Kenntnis seit dem Stichtag der Bilanz bis zum heutigen Tag keine Vermögensminderung eingetreten ist, die der Kapitalerhöhung entgegenstünde, wenn sie am Tag der Anmeldung beschlossen würde.

... (Ort) , den ... (Datum)

...
(Unterschriften aller Geschäftsführer)

...
(Beglaubigungsvermerk)

4. Nachschusseinforderung

H 184

> ... GmbH ... (*Ort*), ... (*Datum*)
>
> An
> Herrn ...
>
> Betr.: Nachschusseinforderung
>
> In der Gesellschafterversammlung vom ... waren Sie nicht anwesend. Es wurde gemäß § ... des Gesellschaftsvertrages beschlossen, von jedem Gesellschafter einen Nachschuss in Höhe von ... vom Hundert seiner Stammeinlage einzufordern.
>
> Der Gesellschaftsvertrag sieht eine unbeschränkte Nachschusspflicht vor. Die dort genannten Einforderungsvoraussetzungen sind erfüllt. Der Einforderungsbeschluss wurde mit der von § ... des Gesellschaftsvertrages geforderten Mehrheit gefasst.
>
> Hiermit fordern wir Sie auf, den entsprechend Ihrer Stammeinlage von ... € zu leistenden Nachschuss in Höhe von ... € unverzüglich, spätestens aber bis zum ... zugunsten unserer Gesellschaft auf eines der angegebenen Konten einzuzahlen.
>
> ...
> (*Unterschrift der Geschäftsführer*)

5. Ordentliche (effektive) Kapitalherabsetzung

H 185 a) **Gesellschafterbeschluss**

> *Eingang Notarurkunde*
>
> Die Erschienenen erklärten:
>
> I. Wir sind die alleinigen Gesellschafter der ... GmbH mit Sitz in ... (*Ort*), eingetragen im Handelsregister des Amtsgerichts ... unter HRB ... . Das Stammkapital beträgt ... €. Der Geschäftsanteil des Gesellschafters ... ist voll eingezahlt, der Geschäftsanteil des Gesellschafters ... ist in Höhe von ... € eingezahlt.
>
> II. Unter Verzicht auf alle nach Gesetz und/oder Gesellschaftsvertrag bestehenden Form- und Fristerfordernisse halten wir hiermit eine Gesellschafterversammlung ab und beschließen einstimmig:
>
> 1. Das Stammkapital der Gesellschaft wird von ... € um ... € auf ... € herabgesetzt. Die Herabsetzung erfolgt zum Zwecke der teilweisen Rückzahlung von Stammeinlagen bzw. des Erlasses von Einlageverpflichtungen.

2. Die Kapitalherabsetzung wird durchgeführt, indem an den Gesellschafter ... ein Teil in Höhe von ... € einer Stammeinlage in Höhe von ... € zurückgezahlt und ferner dem Gesellschafter ... die Verpflichtung zur Einzahlung seiner Stammeinlage von ... € in Höhe eines Teilbetrages von ... € erlassen wird.
3. Der Nennwert der Stammeinlagen beträgt hiernach jeweils noch ... €.
4. § 3 der Satzung wird wie folgt neu gefasst:
»Das Stammkapital der Gesellschaft beträgt ....«

Der Notar wies die Erschienenen darauf hin, dass
- der Beschluss auf Herabsetzung des Stammkapitals von der Gesellschaft zu drei verschiedenen Malen bekannt gemacht werden muss,
- die Anmeldung des Herabsetzungsbeschlusses zur Eintragung in das Handelsregister nicht vor Ablauf eines Jahres seit dem Tage erfolgt, an welchem die Aufforderung der Gläubiger in den öffentlichen Blättern zum dritten Mal stattgefunden hat,
- die Geschäftsführer zugleich mit der Anmeldung die Versicherung gemäß § 58 Abs. 4 GmbHG abzugeben haben,
- die Gläubiger, die sich bei der Gesellschaft melden und der Herabsetzung nicht zustimmen, wegen der erhobenen Ansprüche zu befriedigen oder sichzustellen sind,
- die Kapitalherabsetzung erst mit der Eintragung im Handelsregister wirksam wird,
- der Erlass von Einlageverpflichtungen und die Rückzahlung von Einlagen erst nach Wirksamwerden der Kapitalherabsetzung erfolgen dürfen.

Ausgang Notarurkunde

b) Anmeldung   H 186

Amtsgericht
– Handelsregister –

Betr.:

Als Geschäftsführer der ... GmbH mit Sitz in ... (Ort) überreichen wir:
1. Ausfertigung der notariellen Urkunde über die Gesellschafterversammlung vom ... (UR ... Notar ...), aus der sich die Herabsetzung des Stammkapitals von ... € um ... € auf ... € und die damit verbundene Änderung des § 3 des Gesellschaftsvertrages ergibt,
2. die Belegexemplare der Nummern ... des Bundesanzeigers vom ... , welche die Bekanntmachung der Herabsetzung des Stammkapitals der Gesellschaft und die Aufforderung an die Gläubiger der Gesellschaft zur Anmeldung enthalten,

H. Kapital- und Finanzierungsmaßnahmen

3. den vollständigen Wortlaut des Gesellschaftsvertrages mit der Bescheinigung des Notars gemäß § 54 Abs. 1 Satz 2 GmbHG.

Wir melden zur Eintragung an, dass das Stammkapital der Gesellschaft von ... € um ... € auf ... € herabgesetzt wurde.

§ 3 der Satzung wurde neu gefasst.

Wir versichern, dass alle Gläubiger, die sich bei der Gesellschaft gemeldet und der Herabsetzung des Stammkapitals nicht zugestimmt haben, befriedigt oder sichergestellt wurden.

... (*Ort*), den ... (*Datum*)

...

(*Unterschriften aller Geschäftsführer*)
(*Beglaubigungsvermerk*)

H 187 **6. Kapitalherabsetzung zur Beseitigung einer Unterbilanz (vereinfachte Kapitalherabsetzung)**

Eingang Notarurkunde

Die Erschienenen erklärten:

I. Wir sind die alleinigen Gesellschafter der ... GmbH mit Sitz in ... (*Ort*), eingetragen im Handelsregister des Amtsgerichts ... unter HRB ... . Das Stammkapital der Gesellschaft beträgt ... €. Der Geschäftsanteil des Gesellschafters ... ist voll eingezahlt, der Geschäftsanteil des Gesellschafters ... ist in Höhe von ... € eingezahlt.

II. Unter Verzicht auf alle nach Gesetz und/oder Gesellschaftsvertrag bestehenden Form- und Fristerfordernisse halten wir hiermit eine Gesellschafterversammlung ab und beschließen einstimmig:

1. Das Stammkapital der Gesellschaft wird von ... € um ... € auf ... € herabgesetzt. Die Herabsetzung erfolgt zum Ausgleich des in der Bilanz zum ... ausgewiesenen Bilanzverlustes.

2. Die Herabsetzung wird so durchgeführt, dass die Nennbeträge der einzelnen Geschäftsanteile herabgesetzt werden.
   a) Der Geschäftsanteil des Gesellschafters ... wird von ... € um ...€ auf € herabgesetzt.
   b) Der Geschäftsanteil des Gesellschafters ... wird von ... € um ... € auf ... € herabgesetzt.

> § 3 der Satzung wird wie folgt neu gefaßt: »Das Stammkapital der Gesellschaft beträgt ... € und ist aufgeteilt in ... Geschäftsanteile zu je ... €.«
> ...
> Der Notar hat die Erschienenen über die Rechtsfolgen der Kapitalherabsetzung belehrt.
> Vorstehendes Protokoll wurde den Erschienenen von dem Notar vorgelesen, von ihnen genehmigt und eigenhändig – wie folgt – unterschrieben:
>
> *Ausgang Notarurkunde*

7. Kombinierter Sanierungsbeschluss H 188

> *Eingang Notarurkunde*
>
> Die Erschienenen erklärten:
> Wir sind die alleinigen Gesellschafter der ... GmbH mit Sitz in ... (*Ort*), eingetragen im Handelsregister des Amtsgerichts ... unter HRB ... . Das Stammkapital der Gesellschaft beträgt ... €. Hieran sind wir wie folgt beteiligt:
>
> 1. der Erschienene zu 1. mit einem Geschäftsanteil im Nennbetrag von ... €,
> 2. der Erschienene zu 2. mit einem Geschäftsanteil im Nennbetrag von ... €.
>
> Sämtliche Stammeinlagen sind voll erbracht.
>
> Wir sind übereingekommen, das Stammkapital der Gesellschaft angesichts des im vergangenen Geschäftsjahres angefallenen Jahresfehlbetrages in Höhe von ... € gemäß § 58 a Abs. 1 GmbHG vereinfacht herabzusetzen und zugleich in demselben Umfang zu erhöhen. Zur Übernahme der neuen Stammeinlage soll Herr ... zugelassen werden.
>
> Hierfür halten wir unter Verzicht auf alle nach Gesetz und/oder Gesellschaftsvertrag bestehenden Form- und Fristerfordernisse der Ankündigung und Einberufung eine außerordentliche Gesellschafterversammlung ab und beschließen einstimmig:
>
> **I. Kapitalherabsetzung**
>
> 1. Das Stammkapital der Gesellschaft wird gemäß § 58 a Abs. 1 GmbHG von ... € um ... € auf ... € vereinfacht herabgesetzt, um die entstandenen Verluste abzudecken.
> 2. Die Nennbeträge der Geschäftsanteile werden im bestehenden Verhältnis zueinander herabgesetzt, so dass
>   a) dem Erschienen zu 1. ein Geschäftsanteil im Nennbetrag von ... €,
>   b) dem Erschienen zu 2. ein Geschäftsanteil im Nennbetrag von ... €
> zusteht.

II. Kapitalerhöhung

1. Das herabgesetzte Stammkapital der Gesellschaft wird von ... € um ... € auf ... € erhöht.
2. Herr ... wird zur Übernahme einer Stammeinlage in Höhe von ... € zugelassen. Die neue Stammeinlage wird zum Nennwert ausgegeben und ist sofort und vollständig in bar zu erbringen. Sie wird vom Beginn des bei der Eintragung der Kapitalerhöhung laufenden Geschäftsjahres am Gewinn der Gesellschaft beteiligt.

III. Fortbestand des Gesellschaftsvertrages

§ ... des Gesellschaftsvertrages betreffend das Stammkapital der Gesellschaft wird nicht geändert.

Ausgang Notarurkunde

I. Aufsichtsrat

Inhaltsübersicht

	Rdn.		Rdn.
I. Kurzkommentar	I 1	b) Aufgaben der Gesellschafterversammlung, die auf den Aufsichtsrat übertragen werden können	I 33
II. Fakultativer Aufsichtsrat		c) Größenkriterien für Kontrollregelungen bei der GmbH	I 34
1. Gründung	I 5		
2. Zusammensetzung	I 6		
3. Tätigkeit	I 9	*V. Muster*	
4. Vergütung	I 17	1. Gesellschafterbeschluss über die Schaffung eines fakultativen Aufsichtsrates und Bestellung der Mitglieder	I 35
5. Verantwortlichkeit	I 18		
6. Entscheidungen durch Beschluss	I 19		
7. Publizität	I 22		
III. Obligatorischer Aufsichtsrat	I 24	2. Bekanntmachung der Mitglieder des ersten nach der Eintragung der Gesellschaft in das Handelsregister bestellten Aufsichtsrates	I 36
1. Aufsichtsrat nach dem BetrVG 1952	I 25		
2. Aufsichtsrat nach dem MitbestG 1976	I 28		
IV. Beratungshilfen			
1. Beratungsverträge mit Aufsichtsratsmitgliedern	I 30	3. Einreichung der Bekanntmachung der Mitglieder des ersten nach der Eintragung der Gesellschaft in das Handelsregister bestellten (fakultativen) Aufsichtsrates	I 37
2. Checklisten	I 32		
a) Primäre Zuständigkeiten der Gesellschafterversammlung, die nicht auf den Aufsichtsrat übertragen werden können (Grundlagenbeschlüsse)	I 32		

I. Kurzkommentar

Das GmbHG überlässt es dem Willen der Gesellschafter, neben den beiden zwingenden Organen (Gesellschafterversammlung und Geschäftsführung) durch Gesellschaftsvertrag einen Aufsichtsrat zu errichten (**fakultativer Aufsichtsrat**). Eine Verpflichtung hierzu aufgrund gesetzlicher Bestimmungen besteht in den folgenden Fällen (**obligatorischer Aufsichtsrat**):

I 1

- nach Maßgabe des Montanmitbestimmungsgesetzes, wenn die GmbH ein Unternehmen i.S.d. § 1 MontanMitbestG betreibt, in der Regel mehr als 1000 Arbeitnehmer beschäftigt oder es sich um eine Einheitsgesellschaft handelt, § 3 MontanMitbestG, sowie nach dem MontanMitBestErgG für Montankonzerne (**montanmitbestimmter Aufsichtsrat**);
- nach dem MitbestG 1976, wenn die GmbH in der Regel mehr als 2000 Arbeitnehmer beschäftigt (**Aufsichtsrat nach dem MitbestG 1976**);
- nach § 77 BetrVG 1952 für jede GmbH, die mehr als 500 Arbeitnehmer hat (**Aufsichtsrat nach dem BetrVG 1952**);
- nach dem Gesetz für Kapitalanlagegesellschaften (**KAGG**) für Investmentgesellschaften;

- nach der VO zur Durchführung des Gesetzes über die Gemeinnützigkeit im Wohnungswesen für Wohnungsunternehmen (**WGGDV**).

I 2 **§ 52 Abs. 1 GmbHG** sieht für den fakultativen Aufsichtsrat – und nur für diesen – die entsprechende Anwendung der §§ 90 Abs. 3, 4, 5 Satz 1 und 2, 95 Satz 1, 100 Abs. 1 und 2 Nr. 2, 101 Abs. 1 Satz 1, 103 Abs. 1 Satz 1 und 2, 105, 110 bis 114, 116 AktG i.V.m. § 93 Abs. 1 und 2 AktG sowie der §§ 170, 171, 337 AktG vor. Diese Aufzählung ist **abschließend**[1422]. Gleichwohl sind diese Vorschriften für die GmbH grundsätzlich **dispositiv**[1423]. Bei der sinngemäßen Anwendung dieser aktienrechtlichen Vorschriften ist stets zu beachten, dass der GmbH-Aufsichtsrat – anders als im Aktienrecht – der Gesellschafterversammlung als oberstem Organ der Gesellschaft untergeordnet ist und keine öffentlichen Belange wahrzunehmen hat[1424]. § 52 Abs. 1 GmbHG soll die Funktionsfähigkeit des Aufsichtsrates auch dann sicherstellen, wenn der Gesellschaftsvertrag die notwendigen Regelungen nicht enthält[1425]. Für den obligatorischen Aufsichtsrat gelten die Bestimmungen derjenigen Gesetze, die seine Bildung vorschreiben[1426].

I 3 Wesensmerkmal des Aufsichtsrates ist die **Überwachung der Geschäftsführung**[1427]. Ein Gremium, das lediglich beratende Funktionen wahrnimmt oder selbst Geschäfte führt, ist kein Aufsichtsrat, auch wenn es so bezeichnet wird[1428]. Umgekehrt ist aber jedes Gremium Aufsichtsrat, dessen Funktion (auch) die Überwachung der Geschäftsführung ist, und zwar ohne Rücksicht auf die verwendete Bezeichnung[1429]. Neben der Überwachung können dem fakultativen Aufsichtsrat weitere Aufgaben übertragen werden, z.B. ein Zustimmungserfordernis für bestimmte Geschäftsführungsmaßnahmen oder die Bestellung und Abberufung der Geschäftsführer[1430].

I 4 Neben dem Aufsichtsrat können die Gesellschafter weitere Organe bilden, denen keine Überwachungsfunktion zukommt[1431]. Sie lassen sich zusammenfassen unter dem Sammelbegriff »**Beirat**«[1432]. Ein solcher Beirat bietet sich etwa an, wenn eine Beratung durch kompetente Personen angestrebt wird[1433]. Um Zuständigkeitsstreitigkeiten zu vermeiden, müssen die Aufgaben von Aufsichtsrat und Beirat im Gesellschaftsvertrag klar definiert und voneinander abgegrenzt werden.

1422 *Rowedder/Koppensteiner*, GmbHG, § 52, Rdn. 1 (str.).
1423 *Eder*, in: GmbH-Hdb. I, Rdn. 479.1.
1424 *Eder*, in: GmbH-Hdb. I, Rdn. 479.1.
1425 *Rowedder/Koppensteiner*, GmbHG, § 52, Rdn. 2.
1426 S.o., Rdn. I 1.
1427 *Scholz/Schneider*, GmbHG, § 52, Rdn. 38 a.
1428 *Hachenburg/Raiser*, GmbHG, § 52, Rdn. 17.
1429 Häufig werden von den Gesellschaftern auch andere Begriffe, namentlich »Beirat«, »Gesellschafterausschuss« oder »Verwaltungsrat« gewählt.
1430 *Scholz/Schneider*, GmbHG, § 52, Rdn. 38.
1431 Für *Scholz/Schneider*, GmbHG, § 52, Rdn. 39, folgt dies aus § 82 Abs. 2 Nr. 2 GmbHG, wo nicht nur von den Mitgliedern eines Aufsichtsrats, sondern auch von den Mitgliedern eines »ähnlichen Organs« gesprochen werde.
1432 So *Hachenburg/Raiser*, GmbHG, § 52, Rdn. 298; zum Beirat in Familiengesellschaften vgl. *Hennerkes/Kirchdorfer*, Unternehmenshandbuch Familiengesellschaften, § 15, 359 ff.
1433 MünchHdb.GesR III/*Marsch-Barner/Diekmann*, § 48, Rdn. 6.

II. Fakultativer Aufsichtsrat

1. Gründung

Ein fakultativer Aufsichtsrat kann nur durch **Gesellschaftsvertrag** begründet werden. Zulässig ist aber eine Satzungsbestimmung, nach welcher der Aufsichtsrat erst gebildet werden soll, wenn die Gesellschafter dies beschließen[1434]. Ein Beratungs- und Überwachungsgremium, das aufgrund **schuldrechtlicher Absprachen** außerhalb des Gesellschaftsvertrages eingerichtet wird, ist kein Organ i.S.d. § 52 GmbHG[1435].

I 5

2. Zusammensetzung

Die Zusammensetzung des Aufsichtsrates bestimmt sich mangels anderslautender gesellschaftsvertraglicher Vereinbarung nach den §§ 95 Satz 1, 100 Abs. 1 und 2 Nr. 2, 101 Abs. 1 Satz 1, 103 Abs. 1 Satz 1 und 2, 105 AktG. Danach muss der Aufsichtsrat aus mindestens **drei Mitgliedern** bestehen. Statutarisch kann die Zahl beliebig vergrößert oder verkleinert werden; bei der GmbH ist auch ein »Einpersonen-Aufsichtsrat« möglich.

I 6

Es können nur **natürliche und unbeschränkt geschäftsfähige Personen** gewählt werden. § 101 Abs. 1 AktG ist insoweit auch für den fakultativen Aufsichtsrat zwingend[1436]. Nicht zur Disposition der Satzung steht auch § 105 AktG. Die hierin zum Ausdruck kommende Inkompatibilität zwischen den Ämtern des Aufsichtsrats und des **Geschäftsführers** verkörpert den allgemeinen Grundsatz, dass niemand sich selbst kontrollieren kann[1437]. Der Gesellschaftsvertrag kann die Wählbarkeit der Mitglieder des Aufsichtsrats abhängig machen von bestimmten persönlichen oder sachlichen Voraussetzungen, z.B Ausbildung/Beruf, Gesellschafterstellung oder Familienzugehörigkeit.

I 7

Gemäß **§ 101 Abs. 1 AktG** werden die Mitglieder des Aufsichtsrates von den Gesellschaftern mit **einfacher Mehrheit** gewählt. Der Gesellschaftsvertrag kann Abweichendes vorsehen. Zulässig sind insbesondere **Entsendungsrechte** zugunsten einzelner Gesellschafter als Sonderrechte[1438]. Streitig ist, ob Entsendungsrechte auch zugunsten von Nichtgesellschaftern (z.B. Banken, Kommanditisten einer GmbHG & Co.

I 8

1434 MünchHdb.GesR III/*Marsch-Barner/Diekmann*, § 48, Rdn. 15.; vgl. auch Muster V 1 (Gesellschafterbeschluss über die Schaffung eines fakultativen Aufsichtsrat und die Bestellung der Mitglieder), Rdn. I 35.
1435 *Scholz/Schneider*, GmbHG, § 52, Rdn. 2.
1436 *Lutter/Hommelhoff*, GmbHG, § 52, Rdn. 9 (str.).
1437 *Rowedder/Koppensteiner*, GmbHG, § 52, Rdn. 8; *Eder*, in: GmbH-Hdb. I, Rdn. 480.2; a.A. *Scholz/Schneider*, GmbHG, § 52, Rdn. 160; *Hachenburg/Raiser*, GmbHG, § 52, Rdn. 36; das OLG Frankfurt hat die Personalunion nicht anerkannt, sofern das betreffende Aufsichtsratsmitglied alleiniger Geschäftsführer ist (BB 1981, 1542 f.) oder wenn bei allenfalls zwei Geschäftsführern der eine von ihnen zugleich im Aufsichtsrat eine beherrschende Stellung einnimmt (BB 1987, 22).
1438 *Hachenburg/Raiser*, GmbHG, § 52, Rdn. 43; zur Bestellung und Abberufung s. *Simon*, GmbHR 1999, 257.

I. Aufsichtsrat

KG) eingeräumt werden können[1439]. Die **Abberufung** von Aufsichtsratsmitgliedern erfolgt durch das Bestellungsorgan mittels einseitiger Erklärung. Ein besonderer Grund ist nicht erforderlich. Die vorzeitige Abberufung gemäß § 103 Abs. 1 Satz 1 AktG ist grundsätzlich mit ¾-Mehrheit zu beschließen.

3. Tätigkeit

I 9   Der **Aufsichtsratsvorsitzende**, dessen Existenz nicht zwingend (§ 52 Abs. 1 GmbHG enthält keine Verweisung auf § 107 AktG), aber zweckmäßig ist, hat den Aufsichtsrat in der Regel einmal im Kalendervierteljahr, mindestens aber einmal im Kalenderhalbjahr, einzuberufen, § 52 Abs. 1 GmbHG i.V.m. § 110 Abs. 3 AktG.

I 10 Zu den **Mindestaufgaben** des Aufsichtsrates zählt die Kontrolle der Legalität, der Ordnungsmäßigkeit und der Wirtschaftlichkeit der Geschäftsführung (§ 52 Abs. 1 GmbHG i.V.m. § 111 Abs. 1 AktG)[1440]:

- Die Überwachung der **Legalität** umfaßt die Einhaltung gesetzlicher, insbesondere wirtschafts-, steuer- und arbeitsrechtlicher Vorschriften sowie der Regeln der Satzung.
- Zur **Ordnungsmäßigkeit** gehören die Beachtung betriebswirtschaftlicher Regeln der Organisation, eine angemessene Planung und entsprechende interne Kontrolle aufgrund eines effektiven Rechnungs- und Berichtswesens.
- Die Gewährleistung der **Wirtschaftlichkeit** soll die Lebensfähigkeit der Gesellschaft sichern.
- Weitere Aufgaben resultieren aus dem Gesetz zur Kontrolle und Transparenz im Unternehmensbereich (KonTraG)[1441].

I 11 Um diese Aufgaben zu erfüllen, dürfen sich die Aufsichtsratsmitglieder anhand von Berichten und Gesprächen mit den Geschäftsführern sowie durch Besichtigung der Betriebsstätten und Einsicht in die Unterlagen der Gesellschaft **informieren** (§ 52 Abs. 1 GmbHG i.V.m. § 111 Abs. 2 AktG).

I 12 Zu den Pflichten des Aufsichtsrates bei der **Verfolgung von Haftungsansprüchen gegenüber der Geschäftsführung** gehören zunächst die Feststellung des zum Schadensersatz verpflichtenden Tatbestandes in tatsächlicher wie rechtlicher Hinsicht sowie die Analyse des Prozeßrisikos und der Beitreibbarkeit der Forderung. Dem Aufsichtsrat steht insoweit keinerlei Ermessen zu. Wenn die Prüfung des Anspruchs und des Prozeßrisikos positiv verläuft, ist der Aufsichtsrat in der Regel gezwungen, diese Ansprüche auch zu verfolgen. Ein unternehmerischer Ermessensspielraum steht ihm auch hier nicht zu. Nur ausnahmsweise kann der Aufsichtsrat von einer Rechtsverfolgung absehen, wenn gewichtige Gründe des Gesellschaftswohls dagegen sprechen und diese Umstände die Gründe, die für eine Rechtsverfolgung sprechen, überwiegen oder

---

1439 Vgl. *Scholz/Schneider,* GmbHG, § 52, Rdn. 136; *Roth/Altmeppen,* GmbHG, § 52, Rdn. 9 m.w.N.
1440 Vgl. *Lutter/Hommelhoff,* GmbHG, § 52, Rdn. 11.
1441 Vgl. hierzu unter L 66.

ihnen zumindest gleichwertig sind[1442]. Ein gerichtlich nicht überprüfbares Ermessen des Aufsichtsrates tritt erst dann ein, wenn feststeht, dass durch die Nichtgeltendmachung der Ansprüche Nachteile entstünden, die den Schaden, von dessen Kompensation abgesehen wird, zumindest annähernd aufwiegen[1443].

Neben seiner Überwachungsfunktion obliegt dem Aufsichtsrat auch die **Vertretung** der Gesellschaft gegenüber Mitgliedern der Geschäftsführung (§ 52 Abs. 1 GmbHG i.V.m. § 112 AktG)[1444], es sei denn, die Gesellschafter haben sich diese im Gesellschaftsvertrag vorbehalten.   I 13

Der Aufsichtsrat muss eine **Gesellschafterversammlung einberufen,** wenn das Wohl der Gesellschaft dies erfordert (§ 52 Abs. 1 GmbHG i.V.m. § 111 Abs. 3 AktG).   I 14

Die Satzung kann im übrigen die Zuständigkeit des Aufsichtrates nahezu beliebig **ausweiten** oder **einschränken**[1445]: Es können   I 15

- **Einzelmaßnahmen der Geschäftsführung**, nicht aber die Geschäftsführung als Ganzes, delegiert,
- **delegierbare Zuständigkeiten der Gesellschafterversamlung** übertragen sowie
- **Zustimmungsvorbehalte für Geschäftsführungsmaßnahmen** vereinbart werden (§ 111 Abs. 4 Satz 2 AktG).

Zu den delegierbaren Zuständigkeiten der Gesellschafterversammlung zählen insbesondere die Bestellung und Anstellung, Abberufung und Kündigung der Geschäftsführer, die Befugnis zu Weisungen gegenüber der Geschäftsführung, zur Erteilung einer Genehmigung gemäß § 15 Abs. 5 GmbHG, die Feststellung des Jahresabschlusses und die Gewinnverteilung. **Nicht übertragbar** ist demgegenüber die Zuständigkeit der Gesellschafterversammlung im Bereich der sogenannten Grundlagenbeschlüsse[1446]. **Grundlagenbeschlüsse** sind solche, die Satzungsänderungen, Verschmelzungen, Formwechsel, Abschlüsse von Unternehmensverträgen oder die Auflösung und die Fortsetzung einer aufgelösten Gesellschaft zum Gegenstand haben[1447].   I 16

4. Vergütung

Die Vergütung der Aufsichtsratsmitglieder richtet sich, wenn nichts anderes vereinbart ist, nach § 52 Abs. 1 GmbHG i.V.m. § 113 AktG. Dementsprechend bedarf sie der **Festsetzung im Gesellschaftsvertrag** oder eines **Gesellschafterbeschlusses**. Fehlt beides, gilt gem. § 612 BGB eine übliche Vergütung als stillschweigend vereinbart, wenn die Tätigkeit als Aufsichtsratsmitglied den Umständen nach nur gegen eine Vergütung zu erwarten ist, was insbesondere bei Nichtgesellschaftern der Fall sein wird[1448].   I 17

1442 BGH, ZIP 1997, 883 (»ARAG/*Garmenbeck*«); hierzu *Thümmel,* DB 1997, 1117 ff., *Jaeger/Trölitzsch,* WiB 1997, 684 ff.
1443 So *Jaeger/Trölitzsch,* WiB 1997, 684, 687.
1444 Vgl. im Einzelnen *Scholz/Schneider,* GmbHG, § 52, Rdn. 103 ff.
1445 *Lutter/Hommelhoff,* GmbHG, § 52, Rdn. 10.
1446 Beck GmbH-Hdb./*Müller,* § 6, Rdn. 45, 51.
1447 Zu den Aufgaben der Gesellschafterversammlung vgl. oben F II, Rdn. F 3.
1448 *Hachenburg/Raiser,* GmbHG, § 52, Rdn. 122.

5. Verantwortlichkeit

I 18   Nach § 52 Abs. 1 GmbHG i.V.m. §§ 116, 93 Abs. 1 und 2 AktG haben die Aufsichtsratsmitglieder bei ihrer Tätigkeit die **Sorgfalt eines ordentlichen und gewissenhaften Aufsichtsratsmitglieds** anzuwenden[1449]. Es gilt der **Grundsatz der Gesamtverantwortung**: Die Aufsichtsratsmitglieder können sich nicht damit entlasten, dass ein anderes Mitglied einen Vorgang aufgrund besserer Sachkunde hätte beanstanden müssen[1450]. Der Haftungsmaßstab ergibt sich aus § 276 BGB. Auf die Einschränkung gemäß § 708 BGB (diligentia quam in suis) kann sich ein Aufsichtsratsmitglied in der Regel auch dann nicht berufen, wenn es Gesellschafter der GmbH ist[1451]. Der Ersatzanspruch steht der Gesellschaft zu. Schuldner ist das einzelne Mitglied des Aufsichtsrates[1452]. Der Anspruch verjährt in fünf Jahren ab seiner Entstehung, d.h. ab Abschluss der rechtswidrigen Handlung und Auftreten des Schadens (§ 52 Abs. 3 GmbHG)[1453]. Die **Haftung** (§ 93 Abs. 2 AktG) kann aber gesellschaftsvertraglich auf Vorsatz und grobe Fahrlässigkeit **beschränkt** werden[1454]. Die Gesellschafter können auch auf einen Schadensersatzanspruch verzichten. Bereits die Entlastung der Geschäftsführung durch die Gesellschafterversammlung hat einen **Verzicht** auf erkennbare Schadensersatzansprüche gegen Aufsichtsratsmitglieder zur Folge[1455].

6. Entscheidungen durch Beschluss

I 19   Der Aufsichtsrat entscheidet durch Beschluss. Da das GmbHG die Einzelheiten der Beschlussfassung nicht regelt (in § 52 Abs. 1 GmbHG wird nicht auf § 108 AktG Bezug genommen), kann insoweit auf das Vereinsrecht zurückgegriffen werden (§§ 28, 32, 34 BGB).

I 20   Der Aufsichtsrat entscheidet in der Regel in **Sitzungen** (§ 32 Abs. 1 Satz 1, Abs. 2 BGB), außerhalb von Sitzungen nur, wenn kein Aufsichtsratsmitglied widerspricht[1456]. **Beschlussfähigkeit** ist gegeben, wenn die Mitglieder des Aufsichtsrates ordnungsgemäß geladen wurden und in der von der Satzung geforderten Mindestzahl erschienen sind. Bei Fehlen einer entsprechenden Satzungsbestimmung müssen analog § 108 Abs. 2 Satz 2 AktG zumindest die Hälfte der Mitglieder, wenigstens jedoch drei Mitglieder, an der Beschlussfassung teilnehmen[1457]. Nach anderer Ansicht soll es sogar ausreichen, dass nur ein Mitglied an der Sitzung teilnimmt[1458]. Beschlüsse werden mit der **Mehrheit der erschienenen Mitglieder** gefasst (§ 32 Abs. 1 Satz 3 BGB), sofern der Gesellschaftsvertrag nicht andere Mehrheiten vorsieht. Enthaltungen werden nicht berücksichtigt. Analog §§ 34 BGB, 47 Abs. 4 GmbHG ist ein Aufsichtsratsmit-

---

1449 *Hachenburg/Raiser*, GmbHG, § 52, Rdn. 129.
1450 *Hachenburg/Raiser*, GmbHG, § 52, Rdn. 129.
1451 *Meyer-Landruth/Miller/Niehus*, GmbHG, § 52, Rdn. 37.
1452 Beck GmbH-Hdb./*Müller*, § 6, Rdn. 66.
1453 *Hachenburg/Raiser*, GmbHG, § 52, Rdn. 147.
1454 MünchHdb.GesR III/*Marsch-Barner/Diekmann*, § 48, Rdn. 89.
1455 *Scholz/Schneider*, GmbHG, § 52, Rdn. 361.
1456 *Hachenburg/Raiser*, GmbHG, § 2, Rdn. 74.
1457 *Lutter/Krieger*, Rechte und Pflichten des Aufsichtsrats, S. 242 f.
1458 *Scholz/Schneider*, GmbHG, § 52, Rdn. 289.

glied nicht stimmberechtigt, wenn die Beschlussfassung die Vornahme eines Rechtsgeschäfts mit ihm oder die Einleitung oder Erledigung eines Rechtsstreits zwischen ihm und der Gesellschaft betrifft[1459].

Die Rechtsfolgen einer fehlerhaften Stimmabgabe oder eines fehlerhaften Aufsichtsratsbeschlusse sind im einzelnen streitig[1460]. Es gelten folgende Grundsätze:

I 21

- Eine **unwirksame Stimmabgabe**[1461] führt zur Nichtigkeit des Beschlusses, wenn sie für das Beschlussergebnis entscheidend war[1462]. Der Mangel kann jedoch geheilt werden, wenn das Mitglied nachträglich eine gültige Stimme abgibt[1463].
- Aufsichtsratsbeschlüsse, die in verfahrensmäßiger oder inhaltlicher Beziehung gegen **zwingendes Gesetzes- oder Satzungsrecht** verstoßen, sind nach der Rechtsprechung **nichtig**[1464]. Eine analoge Anwendung der aktienrechtlichen Vorschriften über die Anfechtbarkeit und Nichtigkeit fehlerhafter Hauptversammlungsbeschlüsse (§§ 241 ff. AktG) kommt hiernach nicht in Betracht[1465]. Dem Bedürfnis, die Nichtigkeitsfolge im Interesse der Rechtssicherheit zurückzudrängen, ist durch eine Begrenzung des zur Geltendmachung berechtigten Personenkreises mit Hilfe einer sachgerechten Bestimmung des erforderlichen **Rechtschutzinteresses** sowie durch den Einsatz des Rechtsinstituts der **Verwirkung** bei der Geltendmachung minderschwerer Mängel Rechnung zu tragen[1466]. So sind Verstöße gegen verzichtbare Verfahrensnormen (fehlende Einladung, Verletzung der Ladefrist) unverzüglich durch entsprechende Erklärung gegenüber dem Aufsichtsratsvorsitzenden geltend zu machen, um einen Schwebezustand zu beseitigen[1467].
- Jedes Aufsichtsratsmitglied, jeder Gesellschafter und jeder Geschäftsführer kann im Wege der **Feststellungsklage** gegen nichtige Aufsichtsratsbeschlüsse vorgehen[1468].

7. Publizität[1469]

Erfolgt die Bestellung des Aufsichtsrates **nach Eintragung der Gesellschaft im Handelsregister**, haben die Geschäftsführer die Bestellung der Aufsichtsratsmitglieder un-

I 22

1459 *Scholz/Schneider*, GmbHG, § 52, Rdn. 295.
1460 Vgl. die Darstellung bei *Scholz/Schneider*, GmbHG, § 52, Rdn. 305 ff.; *Roth/Altmeppen*, GmbHG, § 52, Rdn. 24 ff.
1461 Die Unwirksamkeit kann sich aus allgemeinen Rechtsgrundsätzen ergeben, da die Stimmabgabe ein Rechtsgeschäfts ist. Eine Stimmabgabe kann aber auch beispielsweise wegen Interessenkonfliktes entsprechend § 47 Abs. 4 GmbHG ungültig sein.
1462 *Lutter/Hommelhoff*, GmbHG, § 52, Rdn. 51.
1463 *Hachenburg/Raiser*, GmbHG, § 52, Rdn. 79.
1464 BGH, DB 1993, 1609 ff.
1465 BGH, WM 1994, 22, 23; a.A. OLG Hamburg, WM 1992, 1278, 1281 f. = WuB II A § 107 AktG 1.92 m. Anm. *Butzke*; *Baums*, ZGR 1983, 300, 305 ff.
1466 BGH, DB 1993, 1609, 1611.
1467 *Scholz/Schneider*, GmbHG, § 52, Rdn. 311.
1468 *Scholz/Schneider*, GmbHG, § 52, Rdn. 311 a; *Hachenburg/Raiser*, GmbHG, § 52, Rdn. 83; *Roth/Altmeppen*, GmbHG, § 52, Rdn. 25.
1469 Vgl. Muster V 2 (Bekanntmachung der Mitglieder des ersten nach der Eintragung der Gesellschaft in das Handelsregister bestellten Aufsichtsrates) und V 3 (Einreichung der Bekanntmachung der Mitglieder des ersten nach der Eintragung der Gesellschaft in das Handelsregister bestellten Aufsichtsrates), Rdn. I 36 f.

I. Aufsichtsrat

verzüglich im Bundesanzeiger und den Gesellschaftsblättern bekannt zu machen (**§ 52 Abs. 2 Satz 2 GmbHG**) und die Bekanntmachung zum Handelsregister einzureichen. Die Aufsichtsratsmitglieder werden nicht in das Handelsregister eingetragen.

I 23 Werden die Aufsichtsratsmitglieder **vor Eintragung der Gesellschaft im Handelsregister** bestellt, ist mit der Anmeldung der Gesellschaft der Beschluss über die Bestellung des Aufsichtsrates beim Handelsregister einzureichen (§ 52 Abs. 2 Satz 1 GmbHG i.V.m. § 37 Abs. 4 Ziff. 3 AktG). Die Bekanntmachung ist dann durch das Gericht zu veranlassen (§ 10 HGB). Sie muss Name, Beruf und Wohnsitz der Aufsichtsratsmitglieder angeben (§ 52 Abs. 2 Satz 1 GmbHG i.V.m. § 40 Abs. 1 Ziff. 4 AktG).

III. Obligatorischer Aufsichtsrat

I 24 Die Ausführungen zum obligatorischen Aufsichtsrat beschränken sich im Wesentlichen auf die **Voraussetzungen seiner Bildung,** und zwar nur für den Aufsichtsrat nach dem BetrVG 1952 und denjenigen nach dem MitbestG 1976.

1. Aufsichtsrat nach dem BetrVG 1952

I 25 Hat die GmbH **in der Regel mehr als 500 Arbeitnehmer** und ist sie weder nach dem MitbestG 1976 noch nach sonstigen gesetzlichen Vorschriften[1470] mitbestimmungspflichtig (§ 85 Abs. 2 BetrVG 1952), hat sie gemäß **§ 77 Abs. 1 BetrVG 1952**[1471] einen Aufsichtsrat zu bilden. Ausgenommen sind gemäß § 81 BetrVG 1952 Religionsgemeinschaften und ihre karitativen und erzieherischen Einrichtungen sowie sogenannte **Tendenzunternehmen** (die politischen, gewerkschaftlichen, konfessionellen, karitativen, erzieherischen, wissenschaftlichen, künstlerischen oder ähnlichen Zwecken dienen[1472]). Der Aufsichtsrat besteht zu **einem Drittel** aus Vertretern der Arbeitnehmer (§ 76 Abs. 1 BetrVG 1952). Die Zusammensetzung des Aufsichtsrates, seine Zuständigkeit und Aufgaben bestimmen sich nach § 90 Abs. 3, 4, 5 Satz 1 und 2, §§ 95 bis 114, 116, 188 Abs. 2, 3, 125 Abs. 3, §§ 171, 268 Abs. 2 AktG und nach § 76 BetrVG 1952. Diese Verweisung ist **zwingend**[1473]. Änderungen und Ergänzungen der aktienrechtlichen Vorschriften sind nur zulässig, soweit das Aktienrecht selbst Änderungen zulässt[1474]. Insbesondere kann gesellschaftsvertraglich die Anzahl der Arbeitnehmervertreter zwar erhöht, nicht aber herabgesetzt werden.

I 26 Die **maßgebliche Arbeitnehmerzahl** bestimmt sich nach dem regelmäßigen Arbeitnehmerstand, so dass ein vorübergehendes Überschreiten oder Absinken ohne

---

[1470] Vgl. die Aufzählung oben I, Rdn. I 1.
[1471] Gemäß § 129 BetrVG 1972 gelten die §§ 76 bis 77 a, 81, 85 und 87 BetrVG 1952 weiter.
[1472] *Hachenburg/Raiser,* GmbHG, § 52, Rdn. 5.
[1473] *Rowedder/Koppensteiner,* GmbHG, § 52, Rdn. 4.
[1474] MünchHdb.GesR III/*Marsch-Barner/Diekmann,* § 48, Rdn. 92.

Bedeutung ist[1475]. Wer Arbeitnehmer ist, ergibt sich aus §§ 5 und 6 BetrVG[1476]. Arbeitnehmer eines von der GmbH abhängigen Unternehmens sind nur dann mitzuzählen, wenn die GmbH **herrschendes Unternehmen eines Konzerns** ist und zwischen den Unternehmen ein **Beherrschungsvertrag** besteht (§ 77 a BetrVG 1952). Es reicht nicht aus, dass die Unternehmen durch andere Verträge verbunden sind. Die Arbeitnehmer bloß faktisch abhängiger Unternehmen sind nicht hinzuzuzählen[1477].

Im Hinblick auf ihre Rechtsnatur ist auch die **Vor-GmbH**[1478] aufsichtratspflichtig gemäß § 77 BetrVG 1952[1479].   I 27

2. Aufsichtsrat nach dem MitbestG 1976

Beschäftigt eine GmbH **in der Regel mehr als 2000 Arbeitnehmer**, so hat sie nach dem MitbestG 1976 einen Aufsichtsrat einzurichten (§§ 6 Abs. 1, 1 Abs. 1 Nr. 1 MitbestG). Die §§ 6 Abs. 2, 25 Abs. 1 Nr. 2, 31 Abs. 1 MitbestG erklären die §§ 84, 85, 90 Abs. 3, 4 und 5 Satz 1 und 2, 96 Abs. 2, 97 bis 101 Abs. 1 und 3, 102 bis 106, 107 bis 116, 118 Abs. 2, 125 Abs. 3, 171 und 268 Abs. 2 AktG für anwendbar. Die mitbestimmungsrechtlichen Vorschriften über den Aufsichtsrat sind grundsätzlich **zwingend**[1480]. Die Arbeitnehmervertreter stellen die **Hälfte der Mitglieder** (§ 7 Abs. 1 MitbestG). Ausgenommen von der Mitbestimmung sind wiederum Tendenzunternehmen (§ 1 Abs. 4 MitbestG).   I 28

Wer **Arbeitnehmer** im Sinne dieses Gesetzes ist, bestimmt § 3 MitbestG 1976. Arbeitnehmer eines konzernabhängigen Unternehmens gelten als Arbeitnehmer der GmbH. Im Unterschied zum Aufsichtsrat nach dem BetrVG 1952 ist das Vorhandensein eines Beherrschungsvertrages nicht erforderlich (§ 5 Abs. 1 MitbestG). Einer GmbH, die Komplementär einer Kommanditgesellschaft ist, werden nach § 4 Abs. 1 MitbestG die Arbeitnehmer der Kommanditgesellschaft zugerechnet, sofern die Mehrheit der Kommanditisten die Mehrheit der Anteile an der GmbH hält.   I 29

IV. Beratungshilfen

1. Beratungsverträge mit Aufsichtsratsmitgliedern

In der Praxis kommt es häufig vor, dass Aufsichtsratsmitglieder die Gesellschaft daneben noch auf der **Grundlage besonderer vertraglicher Vereinbarungen** beraten. Es handelt sich – je nach Ausgestaltung – um Dienst- oder Geschäftsbesorgungsverträge (§§ 611 ff.; § 675 BGB).   I 30

1475 Beck GmbH-Hdb./*Müller*, § 6, Rdn. 73.
1476 *Hachenburg/Raiser*, GmbHG, § 52, Rdn. 153.
1477 BayObLG, NJW 1993, 1804.
1478 S.o. B I 4 b, Rdn. B 12.
1479 *Rowedder/Koppensteiner*, GmbHG, § 52, Rdn. 22.
1480 *Rowedder/Koppensteiner*, GmbHG, § 52, Rdn. 5.

I 31 Bei der Vertragsgestaltung ist im Hinblick auf die Vereinbarkeit einer solchen **ergänzenden Beratung** mit der Organstellung des Aufsichtsratsmitglieds zu beachten:
- Außerhalb der gesetzlichen und satzungsmäßigen Aufgaben des Aufsichtsrates kann die Gesellschaft mit einzelnen Aufsichtsratsmitgliedern Dienst- oder Werkverträge höherer Art abschließen. Sie bedürfen zu ihrer Wirksamkeit der Zustimmung des Aufsichtsrates (§ 52 GmbHG i.V.m. § 114 Abs. 1 AktG).
- Beratungsverträge sind **nichtig**, wenn die übernommene Beratungstätigkeit von der im Rahmen der Überwachungsaufgabe des Aufsichtsrates ohnehin bestehenden Beratungspflicht umfasst wird[1481].
- Für die **Abgrenzung** ist nicht maßgebend der Umfang der Tätigkeit, oder welches Organ den Auftrag erteilt hat, sondern ob die zu leistenden Dienste **Fragen eines besonderen Fachgebiets** betreffen[1482].
- Für den **fakultativen Aufsichtsrat** können diese Beschränkungen gesellschaftsvertraglich abbedungen werden (§ 52 Abs. 1 Satz 1 GmbHG).

2. Checklisten

I 32 a) **Primäre Zuständigkeiten der Gesellschafterversammlung, die nicht auf den Aufsichtsrat übertragen werden können (Grundlagenbeschlüsse)**[1483]

- Satzungsänderungen, insb. Änderungen des Stammkapitals (Erhöhung und Herabsetzung);
- Verschmelzung, Spaltung, Formwechsel (UmwG);
- Abschluss von Unternehmensverträgen;
- Auflösung (§ 60 Abs. 1 Nr. 2 GmbHG) sowie Fortsetzung der aufgelösten Gesellschaft;

I 33 b) **Aufgaben der Gesellschafterversammlung, die auf den Aufsichtsrat übertragen werden können**[1484]

- Feststellung des Jahresabschlusses und Ergebnisverwendung;
- Einforderungen von Einzahlungen;
- Rückzahlung von Nachschüssen;
- Teilung und Einziehung von Geschäftsanteilen;
- Bestellung, Abberufung und Entlastung von Geschäftsführern;
- Prüfung und Überwachung der Geschäftsführung;
- Erteilung und Widerruf von Prokura und Handlungsvollmacht;
- Geltendmachung von Ersatzansprüchen gegenüber der Geschäftsführung und Bestellung von Prozessvertretern

---

1481 BGHZ 114, 127 ff.
1482 BGHZ 114, 127, 130 ff.
1483 *Hachenburg/Hüffer*, GmbHG, § 46, Rdn. 115, 119.
1484 *Hachenburg/Hüffer*, GmbHG, § 46, Rdn. 119.

c) Größenkriterien für Kontrollregelungen bei der GmbH[1485]   I 34

Mitarbeiter-anzahl	GmbH ≤ 500	500 < GmbH ≤ 2000	GmbH > 2000
Gesetzliche Regelung	nur GmbHG	GmbHG + BetrVG 1952 iV.m. AktG	GmbHG + MitbestG 1976 i.V.m. AktG
Kontrollorgane	Gesellschafter-versammlung oder von dieser gebildete Organe (fakultativer AR/Beirat)	Gesellschafterversammlung und AR mit Drittelbesetzung durch Arbeitnehmer	Gesellschafter-versammlung und AR mit hälftiger Besetzung durch Arbeitnehmer
Zuordnung der Kontroll-funktion	Kontrollfunktion unterliegt der Vertragsfreiheit	Überwachungs- und Kontrollpflicht obliegt obligatorisch dem AR (§ 77 BetrVG 1952 i.V.m. § 111 AktG). Das Aufsichtsrecht des § 46 Nr. 6 GmbHG und das Weisungsrecht der Gesellschafterversammlung sowie das Recht zur Bestellung und Abberufung der Geschäftsführung gem. § 38 Abs. 1 GmbHG bleiben aber bestehen.	Gem. § 25 Abs. 2 MitbestG haben die Kontroll-regelungen des Aktienrechts, die auf den AR übertragen wurden, Vorrang. Die Möglichkeiten der Gesellschafter-versammlung zur Durchsetzung der Kontrolle werden durch § 31 MitbestG 1976 deutlich beschnitten.

1485 Vgl. *Bea/Scheurer*, DB 1995, 1289 ff.

V. Muster

I 35   1. Gesellschafterbeschluss über die Schaffung eines fakultativen Aufsichtsrates und Bestellung der Mitglieder

> Niederschrift über die Gesellschafterversammlung der ... (*Firma*) vom ... (*Datum*)
>
> Wir, die unterzeichneten alleinigen Gesellschafter der ... (*Firma*), halten hiermit unter Verzicht auf alle durch Gesetz und Gesellschaftsvertrag vorgeschriebenen Formen und Fristen der Einberufung und Ankündigung eine Gesellschafterversammlung der ... (Firma) ab und beschließen einstimmig:
>
> – Die Gesellschaft hat einen Aufsichtsrat i.S.d. § 52 Abs. 1 GmbHG. Er besteht aus ... Mitgliedern, die durch Gesellschafterbeschluss bestellt werden.
>
> – Der AR berät die Gesellschafter, wirkt mit bei der Überwachung der Geschäftsführung und hat die ihm in § 52 GmbHG zugewiesenen Rechte und Pflichten. Ihm obliegen außerdem der Abschluss und die Beendigung der Anstellungsverträge mit den Geschäftsführern; deren Bestellung und Abberufung bleibt Aufgabe der Gesellschafterversammlung.
>
> – Das Amt eines Aufsichtsratsmitgliedes dauert drei Jahre. Jedes Mitglied kann vor Ablauf seiner Amtszeit durch einen mit der Mehrheit von ¾ der abgegebenen Stimmen gefassten Beschluss der Gesellschafter abberufen werden. Jedes Mitglied selbst kann sein Amt durch schriftliche Erklärung vor Ablauf seiner Amtszeit niederlegen.
>
> – Der Aufsichtsrat hat einen Vorsitzenden und einen stellvertretenden Vorsitzenden, die durch Gesellschafterbeschluss bestellt werden.
>
> – Der Aufsichtsrat entscheidet durch Beschluss. Er ist nur beschlussfähig, wenn mindestens zwei Drittel der Mitglieder an der Beschlussfassung teilnehmen. Beschlüsse werden mit der Mehrheit der abgegebenen Stimmen gefasst. Enthaltungen werden nicht mitgezählt.
>
> – Der Aufsichtsrat entscheidet in Sitzungen. Schriftliche Beschlussfassung ist zulässig, wenn die Ausfertigung des Beschlusses von allen Mitgliedern des Aufsichtsrates unterschrieben wird.
>
> – Über die Sitzungen und Beschlüsse des Aufsichtsrates ist eine Niederschrift zu fertigen, die Ort und Tag der Sitzung und Beschlussfassung sowie ihrer Teilnehmer zu benennen und den Verlauf der Verhandlungen sowie den Inhalt der Beschlussfassung wiederzugeben hat.
>
> – Die Mitglieder des Aufsichtsrates erhalten neben dem Ersatz ihrer Aufwendungen eine angemessene Vergütung, über deren Höhe die Gesellschafterversammlung anlässlich der Feststellung des Jahresabschlusses beschließt.
>
> – Die Haftung der Aufsichtsratsmitglieder gegenüber der Gesellschaft ist auf Vorsatz und grobe Fahrlässigkeit beschränkt.

Zu den Mitgliedern des Aufsichtsrates werden bestellt:
- als Voritzender Herr ... (*Beruf, Privatanschrift*),
- als stellvertretender Vorsitzender Herr ... (*Beruf, Privatanschrift*),
- Herr ... (*Beruf, Privatanschrift*),
- Herr ... (*Beruf, Privatanschrift*),
- Herr ... (*Beruf, Privatanschrift*),
- Herr ... (*Beruf, Privatanschrift*).

... (*Ort*), den ... (*Datum*)

...
(*Unterschriften der Gesellschafter*)

2. Bekanntmachung der Mitglieder des ersten nach der Eintragung der Gesellschaft in das Handelsregister bestellten Aufsichtsrates

I 36

Die ... (*Firma*) mit Sitz in ... (*Ort*) hat einen Aufsichtsrat bestellt, dem die nachfolgend genannten sechs Personen als Mitglieder angehören:

1. Herr ... (*Beruf, Privatanschrift*)
   – Vorsitzender –
2. Herr ... (*Beruf, Privatanschrift*)
   – stellvertretender Vorsitzender –
3. Herr ... (*Beruf, Privatanschrift*)
4. Herr ... (*Beruf, Privatanschrift*)
5. Herr ... (*Beruf, Privatanschrift*)
6. Herr ... (*Beruf, Privatanschrift*)

... (*Ort*), ... (*Datum*)

...
(*Unterschrift der Geschäftsführung*)

I. Aufsichtsrat

I 37 **3. Einreichung der Bekanntmachung der Mitglieder des ersten nach der Eintragung der Gesellschaft in das Handelsregister bestellten (fakultativen) Aufsichtsrates**

Amtsgericht
– Handelsregister –

Betr.: HRB Nr. ...

Als Geschäftsführer der ... *(Firma)* reichen wir je ein Exemplar des Bundesanzeigers Nr. ... vom ... *(Datum)* und der ... *(Zeitung)* vom ... *(Datum)*, die gemäß § ... des Gesellschaftsvertrages für die Bekanntmachungen der Gesellschaft bestimmt sind, zum Handelsregister ein. Aus den Belegexemplaren ergibt sich

1. die Bekanntmachung der Mitglieder des ersten Aufsichtsrates der ... *(Firma)*,
2. wer zum Vorsitzenden und wer zum stellvertretenden Vorsitzenden bestellt wurde.

... *(Ort)* , den ... *(Datum)*

...
(Unterschrift der Geschäftsführung)

J. Zweigniederlassung

Inhaltsübersicht

	Rdn.		Rdn.
I. Kurzkommentar	J 1	Checkliste: Der Anmeldung beizufügende Unterlagen	J 12
II. Firma	J 3	VIII. Muster	J 13
III. Errichtung, Anmeldung, Eintragung	J 5	1. Beschlussfassung über die Errichtung einer Zweigniederlassung	J 13
IV. Vertretung	J 7	2. Anmeldung einer Zweigniederlassung	J 14
V. Änderungen	J 8		
VI. Zweigniederlassung einer ausländischen GmbH	J 9	3. Anmeldung der Zweigniederlassung einer polnischen Gesellschaft	J 15
VII. Beratungshilfen			

I. Kurzkommentar

Die GmbH kann durch den Betrieb einer oder mehrerer Zweigniederlassungen[1486] den Tätigkeitsbereich ihres Unternehmens ausdehnen. Die Zweigniederlassung ist ein Teil der Gesellschaft, der **organisatorisch** und **räumlich, nicht** aber **rechtlich verselbständigt** ist[1487]. Rechtsfähig bleibt ausschließlich die Gesellschaft. Dadurch unterscheidet sich die Zweigniederlassung von der **Tochtergesellschaft**, die selbständige juristische Person und nur im konzernrechtlichen Sinne von der Muttergesellschaft abhängig ist (vgl. § 17 AktG). Wesentliches Merkmal organisatorischer Selbständigkeit ist die gesonderte Buchführung[1488].   **J 1**

Die Zweigniederlassung **entsteht**, indem die Gesellschaft entweder einen eigenständigen Betrieb neu errichtet oder einen bereits bestehenden übernimmt und neben der Hauptniederlassung als Zweigniederlassung fortführt[1489].   **J 2**

II. Firma

Die Zweigniederlassung kann als Teil der GmbH deren Firma führen. Eines Hinweises auf die Zweigniederlassung bedarf es nicht[1490]. Ein solcher **Zusatz** ist aber zulässig   **J 3**

[1486] Sie werden auch vielfach Filialen, Zweigstellen, oder Geschäftsstellen genannt.
[1487] *Eder*, in: GmbH-Hdb. I, Rdn. 199.2; ausführlich zum Begriff der Zweigniederlassung: *Scholz/Winter*, GmbHG, § 12, Rdn. 6 ff.
[1488] MünchHdb. GesR III/*Heinrich*, § 12, Rdn. 1.
[1489] *Rowedder/Rittner/Schmidt-Leithoff*, GmbHG, § 12, Rdn. 9.
[1490] *Eder*, in: GmbH-Hdb. I, Rdn. 200.

(vgl. § 13 Abs. 3 Satz 3 Halbs. 2 HGB)[1491]. Erforderlich ist er, wenn an dem Ort der Zweigniederlassung bereits die gleiche oder eine verwechslungsfähige Firma besteht (§ 30 Abs. 3 HGB)[1492]. Die Zweigniederlassung kann auch eine Firma führen, die von derjenigen der Hauptniederlassung noch weitergehender abweicht, sofern der Zusammenhang zwischen Haupt- und Zweigniederlassung erkennbar bleibt[1493]. Auf diese Weise kann z.B. die Firma eines übernommenen Unternehmens fortgeführt werden (Bsp.: »SB Mode + Sport, Zweigniederlassung der X-Kommanditgesellschaft auf Aktien«[1494]).

J 4   Einer **Aufnahme der Firma der Zweigniederlassung in den Gesellschaftsvertrag** bedarf es nicht, wenn sie mit dem Namen der Hauptniederlassung vollständig identisch ist oder lediglich um eine Ortsangabe oder einen Hinweis auf den Filialcharakter ergänzt wird[1495]. Umstritten ist, ob bei weitergehenden Abweichungen beide Bezeichnungen in die Satzung aufgenommen werden müssen. Das Bayerische Oberste Landesgericht hält dieses für erforderlich[1496].

III. Errichtung, Anmeldung, Eintragung

J 5   Die **Errichtung** ist ein **tatsächlicher Akt**, den die Geschäftsführung im Rahmen ihrer Verwaltungsbefugnis vollzieht[1497]. Eine Änderung der Satzung ist dafür nicht erforderlich, sofern der Unternehmensgegenstand die Errichtung von Niederlassungen deckt. Die Eintragung in das Handelsregister wirkt nur deklaratorisch[1498].

J 6   Die Errichtung einer Zweigniederlassung muss stets bei dem Gericht des Sitzes der Gesellschaft zur Eintragung in das Handelsregister **angemeldet** werden[1499]. Dieses gibt die Anmeldung an das Gericht der Zweigniederlassung weiter (§ 13 Abs. 1 HGB). Die Anmeldung ist durch die Geschäftsführer in vertretungsberechtigter Zahl zu bewirken (§§ 13 b Abs. 2 Satz 1 HGB, 78 GmbHG). Der Inhalt der **Eintragung** im Zweigregister deckt sich mit dem des Hauptregisters; zusätzlich ist aber die Angabe des Ortes der Zweigniederlassung und gegebenenfalls des Firmenzusatzes erforderlich. Die Eintragung wird gemäß § 10 HGB vom Registergericht der Zweigniederlassung in seinen Blättern **bekannt gemacht**.

1491 *Rowedder/Rittner/Schmidt-Leithoff*, GmbHG, § 12, Rdn. 14.
1492 In Betracht kommen die Zusätze »Zweigniederlassung« oder »Filiale«, jeweils versehen mit dem Ort der Zweigniederlassung.
1493 *Hachenburg/Heinrich*, GmbHG, § 4, Rdn. 72 f.
1494 BayObLG, BB 1992, 944 f.; *Roth/Altmeppen*, GmbHG, § 4, Rdn. 41.
1495 *Dirksen/Volkers*, BB 1993, 598, 599.
1496 BayObLG, BB 1992, 944 f.; a.A. *Lutter/Hommelhoff*, GmbHG, § 12, Rdn. 3.
1497 Vgl. auch Muster VII 1 (Beschlussfassung über die Errichtung einer Zweigniederlassung), Rdn. J 13.
1498 BayObLG, BB 1992, 944.
1499 Vgl. Muster VII 2 (Anmeldung einer Zweigniederlassung), Rdn. J 14.

IV. Vertretung

Die Zweigniederlassung wird durch die **Geschäftsführer** oder **Prokuristen** der Hauptniederlassung in vertretungsberechtigter Anzahl oder durch einen eigenen **Handlungsbevollmächtigten** vertreten[1500]. Unzulässig ist die Bestellung eines besonderen Geschäftsführers für die Zweigniederlassung. Doch kann Prokura unter Beschränkung auf die Zweigniederlassung erteilt und eingetragen werden (Filialprokura, vgl. § 50 Abs. 3 HGB)[1501].

J 7

V. Änderungen

Anmeldungen, welche die Zweigniederlassung betreffen, erfolgen beim **Registergericht des Hauptsitzes**, § 13 c Abs. 1 HGB. Die **Aufhebung der Zweigniederlassung** unterliegt denselben Regeln wie ihre Errichtung[1502]. Ebenso erfolgt die Anmeldung entsprechend der Errichtung. Die **Verlegung der Zweigniederlassung** an einen anderen Ort vollzieht sich wie eine Neuanmeldung[1503].

J 8

VI. Zweigniederlassung einer ausländischen GmbH

Zweigniederlassungen ausländischer Gesellschaften sind gemäß §§ 13 d, e, g HGB anmelde- und eintragungspflichtig[1504]. Das Recht der GmbH ist entsprechend anzuwenden, wenn die ausländische Gesellschaft in ihren Grundzügen der GmbH nahekommt[1505].

J 9

Alle die inländische Zweigniederlassung betreffenden Anmeldungen, Zeichnungen, Einreichungen und Eintragungen haben bei dem **Gericht der Zweigniederlassung** zu erfolgen (§ 13 d Abs. 1 HGB). Anmeldung und Eintragung richten sich grundsätzlich wie bei der inländischen Hauptniederlassung nach §§ 8 und 10 GmbHG (vgl. die Verweisungen in § 13 g Abs. 2–4 HGB). Die Anmeldung erfolgt durch die Geschäftsführer der ausländischen Gesellschaft in vertretungsberechtigter Zahl (§ 13 e Abs. 2 HGB)[1506]. Zu den gemäß § 8 GmbHG beizufügenden Urkunden zählt insbesondere der Gesellschaftsvertrag in öffentlich beglaubigter Abschrift und bei Abfas-

J 10

1500 *Eder*, in: GmbH-Hdb. I, Rdn. 201.
1501 *Lutter/Hommelhoff*, GmbHG, § 12, Rdn. 4.
1502 *Rowedder/Rittner/Schmidt-Leithoff*, GmbHG, § 12, Rdn. 12.
1503 *Lutter/Hommelhoff*, GmbHG, § 12, Rdn. 9.
1504 Vgl. *Baumbach/Hueck*, GmbHG, § 12, Rdn. 7; *Scholz/Winter*, GmbHG, § 78, Rdn. 9 a; *Seibert*, DB 1993, 1705; *Kindler*, NJW 1993, 3301.
1505 Vgl. hierzu die Auflistung bei *Lutter/Hommelhoff*, GmbHG, § 12, Rdn. 11 und *Rowedder/Rittner/Schmidt-Leithoff*, GmbHG, § 12, Rdn. 41, 41 a.
1506 *Rowedder/Rittner/Schmidt-Leithoff*, GmbHG, § 12, Rdn. 42; *Lutter/Hommelhoff*, GmbHG, § 12, Rdn. 21; *Baumbach/Hueck*, GmbHG § 12, Rdn. 7; a.A. zum früheren § 12 GmbHG BayObLG, WM 1985, 1203.

sung in ausländischer Sprache zusätzlich mit beglaubigter Übersetzung (§ 13 g Abs. 2 Satz 1 HGB). Nicht erforderlich sind Angaben über Sacheinlagen nach § 8 Abs. 1, Nr. 4, 5 GmbHG und die Versicherung über Einlagen nach § 8 Abs. 2 GmbHG. Auch § 8 Abs. 3 GmbHG ist nicht anwendbar[1507].

J 11   Hat die Gesellschaft mehrere inländische Zweigniederlassungen in verschiedenen Registergerichtsbezirken, kann sie ein Register zum Hauptregister bestimmen[1508].

Die Eintragung der Niederlassung einer ausländischen Gesellschaft setzt deren wirksame Gründung voraus.

In der Rechtspraxis wurde bisher davon ausgegangen, dass sich das auf Gesellschaften anwendbare Recht (Gesellschaftsstatut) ausschließlich nach dem Recht des Staates richtet, in dem die Gesellschaft ihren Verwaltungssitz hat[1509]. Bei Auslandsgründung einer Gesellschaft, die tatsächlich vom Inland aus verwaltet wird, fallen demgemäß anwendbares Recht und angewandtes Recht auseinander. Bei einem inländischen Verwaltungssitz kann deshalb die Gesellschaft nur dann entstehen, wenn die inländischen Gründungsbestimmungen beachtet sind[1510]. Unerheblich ist, ob den Bestimmungen des ausländischen Rechts entsprochen wird. (Briefkasten-)Gesellschaften müsste deshalb die Existenz abgesprochen werden (sog. »Nichtanerkennungstheorie«). Zur Begründung wird insbesondere darauf abgestellt, dass die Einhaltung der zwingenden Bestimmungen des deutschen Gesellschaftsrechts nicht durch Auslandsgründungen umgangen werden dürfe. Durch eine Nichtanerkennung wird einer Umgehung des deutschen Gesellschaftsrechts wirksam begegnet.

J 11a   Diese Auffassung ist allerdings durch die Centros-Entscheidung des EuGH in Frage gestellt worden[1511]. Der EuGH hatte darüber zu entscheiden, ob die Eintragung der Zweigniederlassung einer englischen Ltd. in Dänemark allein deswegen verweigert werden durfte, weil hierdurch dänische Gründungsbestimmungen umgangen werden sollten. Der EuGH befand, dass die Versagung der Eintragung der Zweigniederlassung einen unverhältnismäßigen Eingriff in die Niederlassungsfreiheit (Art. 52, 58 EG-Vertrag a. F.[1512]) darstelle. Hieraus wird in der Literatur teilweise der Schluss gezogen, dass die Realsitztheorie obsolet sei, da auch diese im Ergebnis eine Versagung der Anerkennung zur Folge habe[1513]. Der BGH hat diese Rechtsfrage inzwischen dem

---

1507 *Lutter/Hommelhoff,* GmbHG, § 12, Rdn. 22.
1508 Vgl. *Baumbach/Hueck,* GmbHG, § 12, Rdn. 7; *Lutter/Hommelhoff,* GmbHG, § 12, Rdn. 20.
1509 Vgl. hierzu ausführlich *Kösters,* Rechtsträgerschaft und Haftung bei Kapitalgesellschaften ohne Verwaltungssitz im Gründungsstaat, NZG 1998, 241 ff.; *Lachmann,* Haftungs- und Vermögensfolgen bei Sitzverlegung ausländischer Kapitalgesellschaften ins Inland, Diss. Marburg 2000.
1510 *Kösters,* NZG 1998, 241 ff., 242.
1511 EuGH, ZIP 1999, 438 ff.
1512 Art. 43, 48 EG-Vertrag n. F.
1513 *Meilicke,* Anm. zur Centros-Entscheidung des EuGH, DB 1999, 627, allerdings unter der unzutreffenden Prämisse, dass in Dänemark eine Variante der Sitztheorie zur Anwendung gelangt; im Ergebnis ebenso: *Koblenzer,* Die Auswirkungen der »Centros«-Entscheidung des EuGH auf das deutsche Körperschaftsrecht, EWS 1999, 418 ff., 419; auch nach Auffassung von *Soergel,* Körperschaftssteuerliche Auswirkungen der »Centros«-Entscheidung des EuGH, DB 1999, 2236, kann die Sitztheorie, so wie von der h.M. bislang verstanden, keine uneingeschränkte Anwendung mehr finden.

EuGH zur Entscheidung vorgelegt[1514]. Bis zur endgültigen Klärung sollte davon ausgegangen werden, dass die bisherige Rechtsprechung weiterhin Gültigkeit hat.

VII. Beratungshilfen

Checkliste: Der Anmeldung beizufügende Unterlagen J 12

- Unterschriften sämtlicher Geschäftsführer (in der Form des § 12 HGB);
- Firmenzeichnung und Unterschriften sämtlicher Prokuristen (ebenfalls in der Form des § 12 HGB);
- Satzung in gültiger Fassung (in beglaubigter Form, § 13 b Abs. 2 Satz 2 HGB);
- Liste der Gesellschafter in zuletzt gemeldeter Fassung (ebenfalls in beglaubigter Form, § 13 b Abs. 2 Satz 2 HGB);

VIII. Muster

1. Beschlussfassung über die Errichtung einer Zweigniederlassung J 13

Niederschrift über die Gesellschafterversammlung der ... (*Firma*) vom ... (*Datum*)
Wir, die unterzeichneten alleinigen Gesellschafter der ... (*Firma*), halten hiermit unter Verzicht auf alle durch Gesetz und Gesellschaftsvertrag vorgeschriebenen Formen und Fristen der Einberufung und Ankündigung eine Gesellschafterversammlung der ... (*Firma*) ab und beschließen einstimmig:
1. In ... (*Ort*) ist eine Zweigniederlassung unter der Firma »...« zu errichten.
2. Herr ... (*Name, Privatanschrift*) erhält Prokura unter Beschränkung auf die zu errichtende Zweigniederlassung.
3. Die Errichtung der Zweigniederlassung und ihre Anmeldung obliegt der Geschäftsführung.
... (*Ort*), den ... (*Datum*)
...
(*Unterschriften der Gesellschafter*)

[1514] BGH, Beschluss vom 30. 3. 2000, GmbHR 2000, 715; hierzu *Zimmer*, BB 2000, 1361 mit ausführlicher Darstellung von Literatur und Rechtsprechung.

J 14 2. Anmeldung einer Zweigniederlassung

> Amtsgericht
> – Handelsregister –
>
> Betr.: Zweigniederlassung der ... GmbH
>
> Als Geschäftsführer der ... GmbH überreichen wir:
>
> 1. beglaubigte Abschrift des Gesellschaftsvertrages in seiner derzeit gültigen Fassung und
> 2. beglaubigte Liste der Gesellschafter.
>
> Wir melden zur Eintragung in das Handelsregister an:
>
> Die Gesellschaft hat in ... (*Ort*) eine Zweigniederlassung unter der Firma ... errichtet. Die Geschäftsräume der Zweigniederlassung befinden sich in ... (*Straße*). Die Zweigniederlassung beschäftigt sich mit ... .
>
> Die Geschäftsführer zeichnen ihre Unterschriften wie folgt:
>
> ...
>
> Die Prokuristen zeichnen die Firma der Zweigniederlassung und ihre Unterschriften wie folgt:
>
> ...
> ... (*Ort*) , den ... (*Datum*)
> ...
>
> (*Unterschriften aller Geschäftsführer*)
>
> ...
>
> (*Beglaubigungsvermerk*)

3. Anmeldung der Zweigniederlassung einer polnischen Gesellschaft J 15

Amtsgericht
– Handelsregister –
Düsseldorf

Betr.: Zweigniederlassung der Auto Polska Sp. z o.o., Katowice, Polen

Anliegend überreiche ich

- beglaubigte Abschrift des Gründungsvertrages vom ... einschließlich Gesellschaftsvertrag nebst beglaubigter Übersetzung (Anlage 1),
- beglaubigte Ablichtung des Auszuges aus dem Handelsregister Katowice nebst beglaubigter Übersetzung (Anlage 2),
- Vollmachten vom ... nebst beglaubigter Übersetzung, lautend auf Herrn ... (Anlage 3),
- Unterschriftsproben der Vorstandsmitglieder ... – jeweils in notariell beglaubigter Form nebst beglaubigter Übersetzung – (Anlagen 4)

und melde zur Eintragung an:

Die Auto Polska Sp. z o.o. hat in Düsseldorf eine Zweigniederlassung unter der Firma

Auto Polska, Zweigniederlassung der Auto Polska Sp. z o.o., Katowice, Polen

errichtet. Ich wurde bevollmächtigt, diese Zweigniederlassung zu leiten und zu verwalten.

Der Gegenstand der Zweigniederlassung ist die Herstellung von Autozubehör.

Die anmeldende Gesellschaft wurde unter der Firma Auto Polska Sp. z o.o., am 22. 6. 1995 durch notarielle Urkunde zur Urkundenrolle Nr. 2206/96 der Notarin Joanna Zmuda, Katowice, gegründet (Anlage 1).

Die Gesellschaft wird vertreten durch ... .

Für die Zweigniederlassung soll das polnische Recht gelten.

Das Stammkapital der Gesellschaft beträgt 400 000 PLN (neue polnische Złoty), das sind ca. 100 000 €.

... (*Ort*), den ... (*Datum*)

...
(*Unterschrift*)
(*Beglaubigungsvermerk*)

K. Umwandlung

Inhaltsübersicht

	Rdn.
I. Kurzkommentar	
1. UmwG 1994	K 1
2. Motive der Umwandlung	K 3
3. Umwandlungsarten	K 4
4. Umwandlungsverfahren	K 9
5. Rechtsschutz der Gläubiger	K 13
6. Arbeitsrecht	K 14
7. Umwandlungssteuerrecht	K 15
II. Umwandlungsfälle unter Beteiligung der GmbH	
1. Verschmelzung	K 17
a) Verschmelzungsfähige Rechtsträger	K 19
b) Arten der Verschmelzung	K 22
aa) Verschmelzung durch Aufnahme	K 23
(1) Vertrag	K 24
(2) Bericht	K 25
(3) Prüfung	K 27
(4) Beschluss	K 29
(5) Kapitalerhöhung	K 30
(6) Rechtsmittel	K 31
(7) Register-Anmeldung	K 32
(8) Rechtsfolgen der Eintragung	K 35
bb) Verschmelzung durch Neugründung	K 39
c) Verschmelzung der GmbH mit Personenhandelsgesellschaften	K 40
d) Verschmelzung der GmbH mit dem Vermögen ihres Alleingesellschafters	K 42
2. Spaltung der GmbH	K 44
a) Spaltung zur Aufnahme	K 46
b) Spaltung zur Neugründung	K 50
c) Abspaltung aus dem Vermögen einer GmbH auf eine andere GmbH	K 52
d) Ausgliederung	K 56
aa) Allgemeines	K 56
bb) Ausgliederung aus dem Vermögen eines Einzelkaufmanns	K 59
3. Formwechsel	K 63
a) Formwechsel von Personenhandelsgesellschaften in GmbH	K 65
b) Formwechsel von GmbH in Personenhandelsgesellschaften	K 73
c) Formwechsel von GmbH in AG	K 76

	Rdn.
III. Beratungshilfen	
1. Verschmelzung im Wege der Neugründung oder Aufnahme?	K 77
2. Aufspaltung oder Abspaltung?	K 78
3. Ausgliederung oder Einzelrechtsnachfolge?	K 81
4. Checklisten	
a) Verschmelzung und Spaltung durch Aufnahme	K 84
b) Formwechsel	K 85
c) Überblick über das UmwStG	K 86
IV. Muster	
1. Verschmelzung	K 87
a) Verschmelzung durch Aufnahme	K 87
aa) Verschmelzungsvertrag zweier GmbH durch Aufnahme	K 87
bb) Zustimmungsbeschluss der übernehmenden Gesellschaft	K 88
cc) Zustimmungsbeschluss der übertragenden Gesellschaft	K 89
dd) Anmeldung zum Handelsregister der übertragenden Gesellschaft	K 90
ee) Anmeldung zum Handelsregister der übernehmenden Gesellschaft	K 91
b) Verschmelzungsvertrag bei Neugründung	K 92
2. Spaltung	K 93
a) Abspaltung zur Aufnahme – Spaltungsvertrag	K 93
b) Abspaltung zur Neugründung – Spaltungsplan	K 94
3. Formwechsel	K 95
a) Umwandlungsbeschluss bei Formwechsel KG in GmbH	K 95
b) Handelsregisteranmeldung bei Formwechsel KG in GmbH	K 96
4. Anfechtungsklage gegen die Wirksamkeit eines Verschmelzungsbeschlusses	K 97
5. Antrag gem. § 16 Abs. 3 UmwG auf Feststellung, dass die Erhebung der Anfechtungsklage der Eintragung der Verschmelzung nicht entgegensteht	K 98

I. Kurzkommentar

1. UmwG 1994

K 1   Das UmwG 1994 fasst die Umstrukturierungen von Unternehmensträgern in einer Kodifikation zusammen. Es verwendet den Begriff der **Umwandlung** als **Oberbegriff** für die verschiedenen Änderungen der Gesellschaftsstruktur bzw. der Rechtsform. § 1 UmwG enthält eine **abschließende** Aufzählung der Umwandlungsarten. Wirtschaftlich gleichwertige Konstruktionen der Strukturänderung von Rechtsträgern außerhalb des UmwG bleiben möglich, sofern sie sich mit einer Einzelnachfolge begnügen oder auf dem Prinzip der An- und Abwachsung nach § 738 BGB beruhen[1515]. Aus § 1 Abs. 2 UmwG folgt ein **Analogieverbot**[1516].

K 2   Das UmwG ist in **acht Bücher** unterteilt, wovon sich das **erste** auf die soeben erwähnte Vorschrift des § 1 UmwG beschränkt. Das **zweite** enthält in den §§ 2–122 UmwG die Vorschriften über die Verschmelzung, das **dritte** in den §§ 123–173 UmwG Regelungen über die Spaltung. Im **vierten** Buch findet sich in §§ 174–189 UmwG die Vermögensübertragung, das **fünfte** Buch regelt in §§ 190–304 UmwG die Umwandlungsvarianten durch Formwechsel. Infolge umfangreicher Verweisungen im dritten, vierten und fünften Buch erlangen insbesondere die allgemeinen Vorschriften über die Verschmelzung (§§ 2–38 UmwG) Bedeutung auch für die anderen Umwandlungsarten. Das Spruchverfahren ist im **sechsten** Buch (§§ 305–312 UmwG) normiert. Das **siebte** Buch enthält in den §§ 313–316 UmwG Strafvorschriften und eine Zwangsgeldregelung. Das UmwG endet mit den im **achten** Buch enthaltenen Übergangs- und Schlussbestimmungen unter Einbeziehung arbeitsrechtlicher Regelungen (§§ 317–325 UmwG).

2. Motive der Umwandlung

K 3   Die **Motive** für eine Umwandlung sind vielfältig. So kann etwa die Verschmelzung der Aufhebung eines Vertragskonzerns und der Straffung der Führung dienen, die Spaltung der Trennung von Unternehmensbereichen und der Schaffung eigenverantwortlicher Geschäftsführungen, der Formwechsel der Anpassung an neue Entwicklungen im Steuer- oder Betriebsverfassungsrecht.

3. Umwandlungsarten

K 4   Das UmwG sieht **vier Grundtypen** mit verschiedenen Unterarten von Umwandlungen vor, und zwar
- Verschmelzung (§§ 2–122 UmwG),
- Spaltung (§§ 123–173 UmwG),
- Vermögensübertragung (§§ 174–189 UmwG),
- Rechtsformwechsel (§§ 190–304 UmwG).

1515 *Rowedder/Zimmermann*, GmbH,G Anh. nach § 77, Rdn. 17.
1516 *Schmidt*, GesR, § 13 I 3 b (S. 371).

Bei der **Verschmelzung** geht das gesamte Vermögen eines oder mehrerer übertragen- K 5
der Rechtsträger im Wege der Gesamtrechtsnachfolge entweder auf einen bereits bestehenden (Verschmelzung **durch Aufnahme**) oder auf einen neu gegründeten
(Verschmelzung **durch Neugründung**) Rechtsträger über, wobei der oder die übertragenden Rechtsträger ohne Abwicklung kraft Gesetzes aufgelöst werden. Die Anteilsinhaber des übertragenden Rechtsträgers erhalten im Wege des Anteilstausches
Anteile am aufnehmenden bzw. neu gegründeten Rechtsträger (§ 2 UmwG).

Spaltungen sind möglich als Aufspaltung, Abspaltung oder Ausgliederung. K 6

- Die **Aufspaltung** (§ 123 Abs. 1 UmwG) ist die Umkehrung der Verschmelzung.
  Die Vermögensteile gehen als Gesamtheit im Wege der Sonderrechtsnachfolge (partielle Gesamtrechtsnachfolge) auf zwei oder mehr bereits bestehende (Aufspaltung
  zur Aufnahme) oder neu gegründete (Aufspaltung **zur Neugründung**) Rechtsträger über. Der übertragende Rechtsträger geht ohne Abwicklung unter. Die Anteilsinhaber des übertragenden Rechtsträgers erhalten Anteile oder Mitgliedschaften
  an den übernehmenden bzw. neu gegründeten Rechtsträgern.

- Bei der **Abspaltung** (§ 123 Abs. 2 UmwG) überträgt ein im Übrigen fortbestehen-
  der Rechtsträger im Wege der Sonderrechtsnachfolge (partielle Gesamtrechtsnachfolge) einen bzw. mehrere Vermögensteile – jeweils als Gesamtheit – entweder auf
  einen oder mehrere andere, bereits bestehende (Abspaltung **zur Aufnahme**) oder
  neugegründete (Abspaltung **zur Neugründung**) Rechtsträger. Auch hier werden
  die Anteilsinhaber des übertragenden Rechtsträgers Inhaber der neuen Anteile oder
  Mitgliedschaften.

- Die **Ausgliederung** (§ 123 Abs. 3 UmwG) gleicht der Abspaltung darin, dass der
  übertragende Rechtsträger bestehen bleibt. Im Unterschied zur Abspaltung werden
  aber die Anteile am übernehmenden bzw. neu gegründeten Rechtsträger nicht den
  Anteilsinhabern des übertragenden Rechtsträgers, sondern diesem selbst gewährt.

Die **Vermögensübertragung** ist ein Sondertatbestand der Übertragung von Kapital- K 7
gesellschaften auf den Bund, ein Land oder eine Gebietskörperschaft (§ 175 Nr. 1
UmwG) sowie zwischen Versicherungsunternehmen verschiedener Rechtsformen
(§ 175 Nr. 2 UmwG). Der Unterschied zur Verschmelzung und Spaltung besteht
darin, dass nicht Anteile als Gegenleistung gewährt werden, sondern Geld oder andere
Wirtschaftsgüter.

Ein **Formwechsel** von der Personengesellschaft zur Kapitalgesellschaft oder umge- K 8
kehrt führt nicht zur Übertragung von Vermögen (§ 202 Abs. 1 Nr. 1 UmwG). Das
Gesetz sieht nach Vollzug des Formwechsels den »neuen« Rechtsträger als mit dem
»alten« identisch an.

4. Umwandlungsverfahren

Rechtsgeschäftliche Grundlage der Umwandlung ist bei Verschmelzung, Spaltung K 9
und Vermögensübertragung ein Verschmelzungsvertrag (§§ 4–7 UmwG), ein Spal-
tungs- und Übernahmevertrag (§§ 125, 126 UmwG), ein Spaltungsplan (§ 136
UmwG) oder ein Übertragungsvertrag (§§ 176, 177 UmwG). Beim Formwechsel ge-

nügt der Entwurf eines Umwandlungsbeschlusses. Für alle genannten Rechtsakte wird jeweils ein bestimmter Mindestinhalt vorgeschrieben[1517].

K 10 Vorbereitungsmaßnahme ist daneben der **Umwandlungsbericht** (§§ 8, 36, 127, 135 162, 176, 177, 192 UmwG), der den beabsichtigten Vorgang für die Anteilsinhaber erläutert und begründet. Die **Prüfung** der Umwandlung bezieht sich, soweit sie erforderlich ist (das ist bei einer GmbH nur auf Verlangen eines ihrer Gesellschafter der Fall, vgl. §§ 48, 56, 125, 135 Abs. 1 UmwG), insbesondere auf das Umtauschverhältnis der Anteile oder die Gegenleistung.

K 11 Die Anteilsinhaber der beteiligten Rechtsträger haben dem Umwandlungsvertrag, Spaltungsplan oder Umwandlungsbeschluss durch notariell zu beurkundenden **Beschluss** zuzustimmen (§§ 13, 65, 125, 128, 176, 177, 193, 194 Abs. 1 UmwG). Damit wird die Umwandlung bindend.

K 12 Schließlich erfolgt die **Anmeldung** der Umwandlung zu den Handelsregistern der jeweiligen Rechtsträger. Die dortige **Eintragung** bewirkt die rechtsgeschäftliche Gesamt- bzw. Sonderrechtsnachfolge auf den übernehmenden oder neuen Rechtsträger.

5. Rechtsschutz der Gläubiger

K 13 Der Gläubigerschutz wird im Wesentlichen durch folgende Regelungen sichergestellt:

- Zieht die Umwandlung die Neugründung einer Gesellschaft nach sich, so ist neben den speziellen Umwandlungsvorschriften das jeweilige Gründungsrecht einschließlich der **Kapitalschutzvorschriften** des zu gründenden Rechtsträgers anzuwenden (vgl. §§ 36 Abs. 2, 135 Abs. 2, 197 UmwG).

- Die **Erhaltung der Haftungsmasse** ergibt sich im Falle des Formwechsels und der Verschmelzung aus der Gesamtrechtsnachfolge, die auch die Verbindlichkeiten erfaßt. Bei der Spaltung bestimmt § 133 UmwG, dass für Verbindlichkeiten des übertragenden Rechtsträgers, die vor dem Wirksamwerden der Spaltung begründet worden sind, die an der Spaltung beteiligten Rechtsträger als Gesamtschuldner haften.

- Die **Vertretungsorgane** der an der Umwandlung beteiligten Rechtsträger haften gegenüber den Gläubigern der beteiligten Rechtsträger im Falle schuldhafter Gesetzesverletzung unmittelbar und persönlich (§§ 25, 36 Abs. 1 Satz 1, 125, 176 Abs. 1, 177 Abs. 1, 205, 206 UmwG).

- Ferner steht den Gläubigern das Recht auf **Sicherheitsleistung** zu, wenn sie eine Gefährdung ihrer Ansprüche glaubhaft machen können und binnen sechs Monaten ab Bekanntmachung der Eintragung ihren Anspruch nach Grund und Höhe schriftlich anmelden (vgl. §§ 22, 36 Abs. 1, 125, 133 Abs. 1 Satz 2, 176 Abs. 1, 177 Abs. 1, 204 UmwG).

[1517] Vgl. §§ 5 Abs. 1, 37, 126 Abs. 1, 2, 135 Abs. 1 UmwG; zusätzliche Anforderungen enthalten §§ 40, 46, 80, 110, 118, 125 UmwG.

6. Arbeitsrecht

Die Arbeitnehmer und Betriebsräte sind von der Umwandlung zu **informieren** (§§ 5 Abs. 3, 17 Abs. 1 UmwG). Soweit durch Umwandlungen Betriebe oder Betriebsteile übergehen, führt dies grundsätzlich auch zum **Übergang der Arbeitsverhältnisse** nach § 613 a BGB mit flankierenden Regelungen zum Kündigungsschutz (§§ 323, 324 UmwG)[1518].

K 14

7. Umwandlungsteuerrecht[1519]

Ziel des **UmwStG 1994** ist es, betriebswirtschaftlich erwünschte und handelsrechtlich zulässige Umstrukturierungen von Unternehmen nicht durch die Aufdeckung und Versteuerung von stillen Reserven zu erschweren oder unmöglich zu machen.

K 15

Die **steuerneutrale Umstrukturierung** wird durch die nahezu durchgängige Möglichkeit der aufnehmenden Gesellschaft realisiert, die übernommenen Wirtschaftsgüter zu den bisher von der Überträgerin angesetzten Buchwerten zu übernehmen und zu diesen Werten fortzuführen (**Buchwertfortführung**)[1520].

K 16

II. Umwandlungsfälle unter Beteiligung der GmbH

1. Verschmelzung

Das Gesetz behandelt die Verschmelzung als Hauptfall der Umwandlung und stellt sie an die Spitze der Umwandlungsfälle (§ 1 Abs. 1 Nr. 1 UmwG).

K 17

Die Verschmelzung ist **gekennzeichnet** durch[1521]

K 18

- die Übertragung des Vermögens der übertragenden Gesellschaft im Wege der Gesamtrechtsnachfolge auf die übernehmende Gesellschaft,
- die liquidationslose Vollbeendigung der übertragenden Gesellschaft und
- die Abfindung der Gesellschafter der übertragenden Gesellschaft durch Anteile an der übernehmenden Gesellschaft.

1518 Vgl. zu den arbeitsrechtlichen Aspekten des Umwandlungsrechts *Wlotzke*, DB 1995, 40 ff.
1519 Zu den einzelnen steuerrechtlichen Aspekten der Umwandlung vgl. *Limmer,* in: Hdb. der Unternehmensumwandlung, Rdn. 1999 ff.; vgl. ferner die Übersicht über das UmwStG in Ziffer III 4 c, Rdn. K 86.
1520 Vgl. zum UmwStG *Dehmer,* DStR 1994, 1713 ff., 1753 ff.
1521 Vgl. MünchHdb.GesR III/*Mayer,* § 76, Rdn. 4.

a) Verschmelzungsfähige Rechtsträger

K 19 Verschmelzungsfähige Rechtsträger sind gemäß § 3 Abs. 1 und 2 UmwG:

- Personenhandelsgesellschaften, §§ 39–45 UmwG;
- Partnerschaftsgesellschaften, §§ 45 a–45 e UmwG;
- GmbH, §§ 46–59 UmwG;
- Aktiengesellschaften, §§ 60–77 UmwG;
- KGaA, § 78 UmwG;
- eingetragene Genossenschaften, §§ 79–98 UmwG;
- eingetragene Vereine, §§ 99–104 a UmwG;
- Prüfungsverbände, §§ 105–108 UmwG;
- Versicherungsvereine auf Gegenseitigkeit, §§ 109–119 UmwG;
- Gesellschafter einer Ein-Mann-GmbH, §§ 120–122 UmwG.

K 20 Die Gesellschaft bürgerlichen Rechts, die Erbengemeinschaft und die EWIV (europäische wirtschaftliche Interessenvereinigung) können dagegen **nicht** Beteiligte eines Verschmelzungsvorgangs sein[1522].

K 21 Für die Verschmelzung einer oder mehrerer GmbH auf eine andere GmbH gelten neben den allgemeinen Vorschriften der §§ 2–38 UmwG die besonderen Vorschriften für Verschmelzungen unter Beteiligung einer GmbH (§§ 46–55 UmwG).

b) Arten der Verschmelzung

K 22 Zu unterscheiden sind die Verschmelzung durch **Aufnahme**, bei der das Vermögen eines (oder mehrerer) Rechtsträger unter Auflösung desselben als Ganzes auf einen anderen bestehenden Rechtsträger übergeht (§ 2 Abs. 1 UmwG), und die Verschmelzung durch **Neugründung**, bei der das Vermögen zweier oder mehrerer Rechtsträger unter Auflösung derselben jeweils als Ganzes auf einen neuen, von ihnen dadurch gegründeten Rechtsträger übergeht (§ 2 Nr. 2 UmwG).

aa) Verschmelzung durch Aufnahme[1523]

K 23 Die Verschmelzung durch Aufnahme bildet die **Grundform** der Fusion und ist in der Praxis häufig anzutreffen, da sie weniger Kosten verursacht[1524].

(1) Vertrag

K 24 Der gemäß § 6 UmwG notariell zu beurkundende **Verschmelzungsvertrag** muss folgende Mindestangaben enthalten (§§ 5, 46 UmwG):

1522 *Rowedder/Zimmermann*, GmbHG, Anh. nach § 77, Rdn. 282.
1523 Vgl. Muster IV 1 a aa–ee, Rdn. K 87 ff.
1524 Vgl. *Rowedder/Zimmermann*, GmbHG, Anh. nach § 77, Rdn. 284 und Beratungshilfe III 1, Rdn. K 77.

- Name und Sitz der an der Verschmelzung beteiligten Gesellschaften;
- Vereinbarung über die Übertragung des Vermögens jedes übertragenden Rechtsträgers als Ganzes gegen Gewährung von Anteilen an dem übernehmenden Rechtsträger;
- Umtauschverhältnis und Nennbeträge der Anteile jedes Gesellschafters an dem übernehmenden Rechtsträger und ggf. die Höhe der baren Zuzahlung;
- Einzelheiten für den Umtausch der Geschäftsanteile;
- Zeitpunkt, von dem an diese Anteile einen Anspruch auf einen Anteil am Bilanzgewinn gewähren, sowie alle Besonderheiten in Bezug auf diesen Anspruch;
- Zeitpunkt, von dem an die Handlungen des übertragenden Rechtsträgers als für Rechnung der übernehmenden GmbH vorgenommen gelten (Verschmelzungsstichtag);
- Rechte, welche die übernehmende GmbH einzelnen Anteilsinhabern sowie den Inhabern besonderer Rechte gewährt, oder die für diese Personen vorgesehenen Maßnahmen;
- Vorteile für Geschäftsführer, Aufsichtsratsmitglieder, Partner, Abschlussprüfer oder Verschmelzungsprüfer;
- Folgen der Verschmelzung für die Arbeitnehmer und ihre Vertretungen sowie die insoweit vorgesehenen Maßnahmen;
- ggf. erforderliches Abfindungsangebot (§ 29 UmwG).

(2) Bericht

Ein **Verschmelzungsbericht** (§ 8 UmwG) ist nicht erforderlich (§ 8 Abs. 3 UmwG), wenn **K 25**

- sich alle Anteile an dem übertragenden Rechtsträger in der Hand des übernehmenden Rechtsträgers befinden oder
- alle Gesellschafter aller beteiligten GmbH durch notariell beurkundete Erklärung auf seine Erstattung verzichten.

Ansonsten muss der Bericht die Verschmelzung, den Verschmelzungsvertrag oder seinen Entwurf und insbesondere das Umtauschverhältnis der Anteile sowie die Höhe einer anzubietenden Barabfindung rechtlich und wirtschaftlich erläutern und begründen. Ist ein an der Verschmelzung beteiligter Rechtsträger ein verbundenes Unternehmen i.S.d. § 15 AktG, so sind in dem Bericht auch Angaben über alle für die Verschmelzung wesentlichen Angelegenheiten der anderen verbundenen Unternehmen zu machen. Für die an der Verschmelzung beteiligten Gesellschaften oder mit ihnen verbundene Unternehmen nachteilige Tatsachen brauchen im Verschmelzungsbericht nicht angegeben zu werden (§ 8 Abs. 2 UmwG). In diesem Fall sind aber die Gründe, aus denen die Tatsachen nicht aufgenommen worden sind, darzulegen. **K 26**

(3) Prüfung

Einer **Verschmelzungsprüfung** (§§ 9–12, 48 UmwG) bedarf es nicht (§§ 9, 48 UmwG), wenn **K 27**

- sich alle Anteile einer übertragenden GmbH in der Hand der übernehmenden GmbH befinden und damit eine Kapitalerhöhung sowie ein Umtausch von Anteilen unterbleibt;
- kein Gesellschafter der an der Verschmelzung beteiligten Gesellschaften die Prüfung verlangt (§ 48 UmwG);
- alle ggf. zu einer Barabfindung berechtigten Gesellschafter durch notariell beurkundete Erklärung auf die Prüfung verzichten (§ 30 Abs. 2 i.V.m. §§ 8 Abs. 3 u. 12 Abs. 3 UmwG).

K 28 In den übrigen Fällen hat die Prüfung durch einen oder mehrere sachverständige Prüfer zu erfolgen, die von dem jeweiligen Vertretungsorgan oder auf dessen Antrag vom Gericht bestellt werden (§ 10 Abs. 1 Satz 1 UmwG). Die Verschmelzungsprüfer können für mehrere oder alle Gesellschaften gemeinsam bestellt werden (§ 10 Abs. 1 Satz 2 UmwG). Für ihre Stellung, Verantwortlichkeit und Vergütung verweisen die §§ 10, 11 UmwG auf die einschlägigen Vorschriften des HGB zur Bilanzprüfung. Die Prüfung erstreckt sich auf die Vollständigkeit des Verschmelzungsvertrages, die Richtigkeit der in ihm enthaltenen Angaben und die Angemessenheit des Umtauschverhältnisses. Die Verschmelzungsprüfer erstatten nach § 12 UmwG einen schriftlichen Prüfungsbericht.

(4) Beschluss

K 29 Der Verschmelzungsvertrag wird nur wirksam, wenn die Anteilsinhaber der beteiligten Rechtsträger ihm durch Beschluss (**Verschmelzungsbeschluss**) zustimmen, § 13 Abs. 1 Satz 1 UmwG. Der Beschluss kann nur in einer Versammlung gefasst werden, § 13 Abs. 1 Satz 2 UmwG. Schriftliche Abstimmung (§ 48 Abs. 2 GmbHG) reicht deshalb nicht aus. Der Beschluss bedarf einer Mehrheit von mindestens drei Vierteln der abgegebenen Stimmen, § 50 Abs. 1 Satz 1 UmwG. Er ist beurkundungspflichtig, § 13 Abs. 3 Satz 1 UmwG. Dem Verschmelzungsbeschluss müssen alle anwesenden sowie alle nichtanwesenden Gesellschafter der übertragenden GmbH zustimmen, wenn Geschäftsanteile der übernehmenden GmbH noch nicht voll eingezahlt sind, § 50 Abs. 1 Satz 1, 2 UmwG. Dem Beschluss müssen ferner die Gesellschafter der übertragenden Gesellschaft zustimmen, von deren Genehmigung die Abtretung von Geschäftsanteilen abhängt, § 13 Abs. 2 UmwG, sowie diejenigen Gesellschafter, die durch die Verschmelzung auf dem Gesellschaftsvertrag beruhende Minderheitsrechte verlieren oder denen Sonderrechte auf Geschäftsführung, Bestellung von Geschäftsführern oder ein Vorschlagsrecht für die Geschäftsführung zustehen, § 50 Abs. 2 UmwG.

(5) Kapitalerhöhung

K 30 Zur Schaffung der an die Anteilsinhaber der übertragenden Rechtsträger zu gewährenden Anteile ist eine **Kapitalerhöhung** erforderlich, soweit nicht die übernehmende GmbH eigene Anteile besitzt oder eine übertragende GmbH Anteile an der übernehmenden GmbH hält (§ 54 Abs. 1 Satz 2 UmwG). Der Kapitalerhöhungsbeschluss kann in derselben Versammlung gefasst werden, in der auch der Verschmelzungsbeschluss gefasst wird[1525]. Im Beschluss muss der Gegenstand der Sacheinlage, also das aufgrund der Verschmelzung übertragene Vermögen, festgesetzt werden (§ 56 GmbHG). Dies ist das ganze Vermögen der übertragenden GmbH. Wird im Zeitpunkt der Anmeldung, gemessen am Stammeinlagebetrag, das Vermögen des übertragenden Rechtsträgers überbewertet und die Kapitalerhöhung dennoch eingetragen, so trifft die Anteilsinhaber die Differenzhaftung gemäß § 9 i.V.m. § 56 Abs. 2 GmbHG[1526]. Gemäß § 55 Abs. 1 UmwG sind die §§ 55 Abs. 1, 56 a, 57 Abs. 2, Abs. 3 Nr. 1 GmbHG nicht anwendbar. Ein gesetzliches Bezugsrecht der Gesellschafter der übernehmenden Gesellschaft ähnlich wie bei der Kapitalerhöhung aus Gesellschaftsmitteln[1527] gibt es nicht[1528]. Ein solches würde die Verschmelzung verhindern.

(6) Rechtsmittel

Eine **Klage** gegen die Wirksamkeit eines Verschmelzungsbeschlusses muss binnen eines Monats nach der Beschlussfassung erhoben werden (§ 14 Abs. 1 UmwG), und zwar ohne Rücksicht auf den geltend gemachten Mangel[1529]. Gemäß § 14 Abs. 2 UmwG ist eine Klage gegen den Umwandlungsbeschluss wegen zu niedriger Bemessung des Umtauschverhältnisses der Anteile oder mangelhaftem Gegenwert der Mitgliedschaft bei dem übernehmenden Rechtsträger ausgeschlossen. Dem Anteilsinhaber verbleibt aber gemäß § 15 UmwG die Möglichkeit eines Antrags auf Ausgleich durch zu verzinsende Zuzahlung in bar.

K 31

(7) Register-Anmeldung

Die Verschmelzung ist von den Geschäftsführern der beteiligten Gesellschaften in vertretungsberechtigter Zahl jeweils zur Eintragung in das Register des Sitzes ihrer Gesellschaft **anzumelden**, § 16 Abs. 1 Satz 1 UmwG. Auch die Geschäftsführer der übernehmenden Gesellschaft sind berechtigt, die Verschmelzung zur Eintragung in das Handelsregister des Sitzes der übertragenden Gesellschaften anzumelden, § 16 Abs. 1 Satz 2 UmwG. Bei der Anmeldung ist eine Negativerklärung über Anfechtungsklagen abzugeben (§ 16 Abs. 2 UmwG). Ohne sie darf nicht eingetragen werden, es sei denn, es wird ein Gerichtsbeschluss gemäß § 16 Abs. 3 UmwG erwirkt[1530].

K 32

In Ausfertigung oder öffentlich beglaubigter Abschrift sind bei der Anmeldung der übertragenden Gesellschaft **beizufügen** (§§ 17, 52 Abs. 2 UmwG):

- der Verschmelzungsvertrag;
- die Niederschriften der Verschmelzungsbeschlüsse aller beteiligten Gesellschaften;

[1525] *Kallmeyer*, in: GmbH-Hdb. I, Rdn. 639.2.
[1526] *Kallmeyer*, in: GmbH-Hdb. I, Rdn. 639.2.
[1527] Vgl. zum Bezugsrecht oben H IV 2 b, Rdn. H 105.
[1528] *Rowedder/Zimmermann*, GmbHG, Anh. nach § 77, Rdn. 335.
[1529] *Dörrie*, WiB 1995, 1, 6.
[1530] OLG Düsseldorf (»Krupp/Thyssen«), WM 1999, 1671; OLG Hamm, WM 1999, 1677; ausführlich hierzu *Kösters*, Das Unbedenklichkeitsverfahren nach § 16 Abs. 3 UmwG, WM 2000, 1921 ff. mit umfassender Darlegung von Rechtsprechung und Literatur.

- die Zustimmungserklärungen der Inhaber von Sonderrechten;
- die Zustimmungserklärungen nicht erschienener Gesellschafter;
- der Verschmelzungsbericht;
- der Prüfungsbericht oder die Verzichtserklärungen nach §§ 8 Abs. 3, 9 Abs. 3 oder 12 Abs. 3 UmwG;
- ein Nachweis über die rechtzeitige Zuleitung des Verschmelzungsvertrages oder seines Entwurfes an den zuständigen Betriebsrat;
- eine etwa erforderliche staatliche Genehmigung;
- eine Schlussbilanz der übertragenden Gesellschaft, deren Stichtag höchstens acht Monate vor dem Tag der Anmeldung liegen darf.

K 33 Bei Anmeldung der aufnehmenden Gesellschaft ist eine Beifügung der Schlußbilanz in § 17 UmwG nicht vorgeschrieben; sie ist aber zu empfehlen[1531]. Der Anmeldung der aufnehmenden Gesellschaft ist ferner eine von den Geschäftsführern unterschriebene berichtigte Gesellschafterliste beizufügen, § 52 Abs. 2 UmwG.

K 34 Nach Prüfung der Anmeldung erfolgt die **Eintragung**, § 19 UmwG. Zu beachten ist folgende Reihenfolge: Die Verschmelzung darf in das Register des Sitzes der übernehmenden GmbH erst eingetragen werden, nachdem sie im Register des Sitzes jeder der übertragenden GmbH eingetragen worden ist, § 19 Abs. 1 Satz 1 UmwG.

(8) Rechtsfolgen der Eintragung

K 35 Die **Rechtsfolgen der Eintragung** sind im Wesentlichen in §§ 20, 21 UmwG geregelt:
- Das Vermögen der übertragenden Rechtsträger einschließlich der Verbindlichkeiten geht auf den übernehmenden Rechtsträger über.
- Die übertragenden Rechtsträger erlöschen, ohne dass es einer besonderen Löschung bedarf.
- Die Anteilsinhaber der übertragenden Rechtsträger werden Anteilsinhaber des übernehmenden Rechtsträgers.
- Rechte Dritter an den alten Anteilen bestehen an den neuen weiter.
- Der Mangel der notariellen Beurkundung des Verschmelzungsvertrages und ggf. erforderlicher Zustimmungs- oder Verzichtserklärungen wird geheilt.
- Sonstige Mängel der Verschmelzung lassen die Eintragungswirkungen unberührt.
- Zur Zeit der Verschmelzung schwebende gegenseitige Verträge, in denen Abnahme-, Lieferungs- oder ähnliche Verpflichtungen zusammentreffen, die miteinander unvereinbar sind, werden angepasst, soweit ihre Erfüllung für das übernehmende Unternehmen eine schwere Unbilligkeit bedeuten würde (§ 21 UmwG).
- Die übernehmende GmbH darf grundsätzlich die Firma der übernommenen GmbH fortführen, und zwar mit oder ohne einen Zusatz, der das Nachfolgeverhältnis andeutet (§ 18 UmwG).

K 36 Gemäß § 22 Abs. 1 UmwG ist den Gläubigern der an der Verschmelzung beteiligten Rechtsträger **Sicherheit zu leisten**, wenn sie binnen sechs Monaten nach dem Tag, an dem die Eintragung der Verschmelzung in das Register des Sitzes derjenigen Rechts-

---

[1531] *Rowedder/Zimmermann*, GmbHG, Anh. nach § 77, Rdn. 354.

träger, deren Gläubiger sie sind, nach § 19 Abs. 3 als bekannt gemacht gilt, ihren Anspruch nach Grund und Höhe anmelden. Dieses Recht steht den Gläubigern jedoch nur zu, wenn sie glaubhaft machen, dass durch die Verschmelzung die Erfüllung ihrer Forderung gefährdet wird (§ 22 Abs. 1 S. 2 UmwG). Das Recht besteht nicht, soweit Befriedigung verlangt werden kann.

Den Inhabern von Rechten in einer übertragenden Gesellschaft, die kein Stimmrecht gewähren, insbesondere den Inhabern von Anteilen ohne Stimmrecht, von Wandelschuldverschreibungen, Gewinnschuldverschreibungen und von Genussrechten, sind gleichwertige Rechte in der übernehmenden Gesellschaft zu gewähren, § 23 UmwG.

K 37

Erleiden die übertragende GmbH, ihre Gesellschafter oder Gläubiger durch die Verschmelzung einen **Schaden**, so haften ihnen hierfür die Geschäftsführer und, wenn ein Aufsichtsrat vorhanden ist, dessen Mitglieder als Gesamtschuldner, § 25 Abs. 1 Satz 1 UmwG.

K 38

bb) Verschmelzung durch Neugründung[1532]

§§ 36, 56 UmwG bestimmen die entsprechende Anwendung der Vorschriften über die Verschmelzung durch Aufnahme, soweit sich keine Abweichungen daraus ergeben, dass die übernehmende Gesellschaft neu gegründet werden muss. Auf die **Gründung der neuen Gesellschaft** sind grundsätzlich die für sie geltenden Gründungsvorschriften anzuwenden, § 36 Abs. 2 Satz 1 UmwG. Gemäß § 58 Abs. 2 UmwG ist ein Sachgründungsbericht nicht erforderlich, wenn eine GmbH übertragender Rechtsträger ist. Der Gesellschaftsvertrag der neuen Gesellschaft wird nur wirksam, wenn ihm die Gesellschafter jeder der übertragenden Gesellschaften durch Verschmelzungsbeschluss zustimmen, § 59 Satz 1 UmwG.

K 39

c) Verschmelzung der GmbH mit Personenhandelsgesellschaften

Die Verschmelzung der GmbH mit Personenhandelsgesellschaften ist in den §§ 2–35, 39–45 UmwG und den §§ 46–55 UmwG geregelt.

K 40

Für die **übernehmende Personenhandelsgesellschaft** ist folgendes zu beachten:

K 41

- Der **Verschmelzungsvertrag** hat für jeden GmbH-Gesellschafter zu bestimmen, ob ihm in der übernehmenden Personenhandelsgesellschaft die Stellung eines persönlich haftenden Gesellschafters oder eines Kommanditisten gewährt wird. Dabei ist der Betrag der Einlage jedes Gesellschafters festzusetzen (§ 40 Abs. 1 UmwG).
- Den Gesellschaftern der übertragenden GmbH ist grundsätzlich die **Stellung eines Kommanditisten** zu gewähren (§ 40 Abs. 2 Satz 1 UmwG). Abweichende Bestimmungen sind nur wirksam, wenn die betroffenen GmbH-Gesellschafter dem Verschmelzungsbeschluss des übertragenden Rechtsträgers zustimmen (§ 40 Abs. 2 Satz 2 UmwG).

1532 Vgl. §§ 2 Nr. 2, 36 ff. UmwG und Muster IV 1 b, Rdn. K 92.

K. *Umwandlung*

- Ein **Verschmelzungsbericht** ist für die Personenhandelsgesellschaft nicht erforderlich, wenn alle Gesellschafter dieser Gesellschaft zur Geschäftsführung berechtigt sind (§ 41 UmwG).
- Der Verschmelzungsvertrag oder sein Entwurf und der Verschmelzungsbericht sind den Gesellschaftern, die von der Geschäftsführung ausgeschlossen sind, spätestens zusammen mit der Einberufung der Gesellschafterversammlung, die gemäß § 13 Abs. 1 UmwG über die Zustimmung zum Verschmelzungsvertrag beschließen soll, zu übersenden (§ 42 UmwG).
- Der Verschmelzungsbeschluss der Gesellschafterversammlung der aufnehmenden Personenhandelsgesellschaft bedarf der Zustimmung aller anwesenden Gesellschafter (§ 43 Abs. 1 UmwG). Der Gesellschaftsvertrag kann eine Mehrheitsentscheidung vorsehen. Die Mehrheit muss mindestens drei Viertel der abgegebenen Stimmen betragen (§ 43 Abs. 2 UmwG).
- Sieht der Gesellschaftsvertrag der übernehmenden Personenhandelsgesellschaft eine Mehrheitsentscheidung vor, ist der Verschmelzungsvertrag oder sein Entwurf auf Verlangen eines der Gesellschafter zu prüfen (§ 44 UmwG).

d) Verschmelzung der GmbH mit dem Vermögen ihres Alleingesellschafters

K 42   Die Verschmelzung einer GmbH mit dem Vermögen ihres Alleingesellschafters (vgl. § 3 Abs. 2 Nr. 2, §§ 120–122 UmwG) ist nur als Verschmelzung zur **Aufnahme** zulässig, da sie von der Existenz eines Rechtsträgers ausgeht[1533]. Sie setzt voraus, dass

- sich **alle** Geschäftsanteile der Gesellschaft in der Hand eines Gesellschafters befinden, wobei dem Gesellschafter eigene Anteile der Gesellschaft zugerechnet werden;
- der Alleingesellschafter eine **natürliche Person** ist.

K 43   Die Verschmelzung erfolgt mit dem Vermögen des Alleingesellschafters (§ 120 UmwG). Ein noch nicht in das Handelsregister eingetragener Alleingesellschafter oder -aktionär ist nach den Vorschriften des HGB in das Handelsregister einzutragen. Kommt eine Eintragung nicht in Betracht, treten die im § 20 UmwG genannten Wirkungen durch die Eintragung der Verschmelzung in das Register des Sitzes der übertragenden Kapitalgesellschaft ein (vgl. § 122 UmwG).

2. Spaltung der GmbH

K 44   Die Spaltung (§§ 123 ff. UmwG) bewirkt die Realteilung von Gesellschaften. Sie ist das **Gegenstück der Verschmelzung**. § 125 UmwG sieht grundsätzlich die entsprechende Anwendung der Vorschriften der Verschmelzung vor.

K 45   Die GmbH ist ein spaltungsfähiger Rechtsträger und kann als übertragender, übernehmender oder neuer Rechtsträger an Spaltungen beteiligt sein (§ 124 i.V.m. §§ 3, 138 ff. UmwG).

1533 MünchHdb.GesR III/*Mayer*, § 76, Rdn. 67.

a) Spaltung zur Aufnahme

Das Gesetz behandelt die Spaltung zur Aufnahme (§§ 126–134 UmwG) als den Grundfall der Spaltung. Bei der Spaltung zur Aufnahme (Aufspaltung) müssen als übernehmende Rechtsträger mindestens **zwei** Gesellschaften vorhanden sein[1534]. Mit der Aufspaltung wird der übertragende Rechtsträger ohne Abwicklung aufgelöst, seine Anteilsinhaber erhalten im Gegenzug Anteile von dem übernehmenden Rechtsträger.

K 46

Der notwendige Inhalt des **Spaltungs- und Übernahmevertrages** ist in §§ 126, 125 i.V.m. §§ 46, 29 UmwG geregelt. Ein wesentlicher Bestandteil ist das Umtauschverhältnis der Anteile (§ 126 Abs. 1 Nr. 3 UmwG). Werden die Anteile der übernehmenden GmbH den Anteilsinhabern der übertragenden GmbH nicht in dem Verhältnis zugeteilt, das ihrer Beteiligung an der übertragenden GmbH entspricht, so wird der Spaltungs- und Übernahmevertrag nur wirksam, wenn ihm alle Anteilsinhaber des übertragenden Rechtsträgers zustimmen (§ 128 UmwG). Der Vertrag muss in entsprechender Anwendung des § 6 UmwG **notariell beurkundet** werden.

K 47

Im Unterschied zur Verschmelzung müssen die an jeden der übernehmenden Rechtsträger zu übertragenden Gegenstände des Aktiv- und des Passivvermögens genau **bezeichnet** und **aufgeteilt** werden (§ 126 Nr. 9 UmwG). Soweit für die Übertragung von Gegenständen im Falle der Einzelrechtsnachfolge in den allgemeinen Vorschriften eine besondere Art der Bezeichnung bestimmt ist, sind diese Regelungen auch für die Bezeichnung der Gegenstände des Aktiv- und Passivvermögens anzuwenden (§ 126 Abs. 2 Satz 1 UmwG). Das gilt z.B. für die Grundsätze der Sicherungsübereignung von Warenbeständen oder die Veräußerung von Unternehmen durch Übereignung der einzelnen Wirtschaftsgüter[1535]. Grundstücke sind entsprechend § 28 GBO so genau zu bezeichnen, wie dies der beurkundende Notar auch bei einer Einzelauflassung tun würde[1536]. Im Übrigen kann auf Urkunden wie Bilanzen und Inventare Bezug genommen werden, deren Inhalt eine Zuweisung des einzelnen Gegenstandes ermöglicht (§ 126 Abs. 2 Satz 3 UmwG).

K 48

Auf den **Spaltungsbericht** gemäß § 127 UmwG kann entsprechend § 8 Abs. 3 UmwG verzichtet werden. **Anmeldung, Eintragung** und **Bekanntmachung** sind in den §§ 129, 130 UmwG geregelt, die Wirkungen der Eintragung in § 131 UmwG. Die Gläubiger des übertragenden Rechtsträgers werden durch die von §§ 133, 134 UmwG angeordnete gesamtschuldnerische Haftung der an der Spaltung beteiligten Rechtsträger geschützt.

K 49

b) Spaltung zur Neugründung

Bei der Spaltung zur Neugründung gibt es nur einen beteiligten Rechtsträger, nämlich den übertragenden Rechtsträger. Deshalb kann es keinen Spaltungs- und Übernahmevertrag geben. Er wird nach § 136 UmwG ersetzt durch einen vom Vertretungsorgan

K 50

1534 *Rowedder/Zimmermann*, GmbHG, Anh. nach § 77, Rdn. 483.
1535 *Rowedder/Zimmermann*, GmbHG, Anh. nach § 77, Rdn. 489.
1536 *Kallmeyer*, in: GmbH-Hdb. I, Rdn. 657.

des übertragenden Rechtsträgers aufzustellenden **Spaltungsplan**. Dieser bedarf gemäß § 6 i.V.m. § 125 UmwG der notariellen Beurkundung.

K 51 § 136 UmwG findet keine Anwendung im Fall einer Spaltung, bei der Übertragungen auf übernehmende und neue Rechtsträger vorgenommen werden sollen (§ 123 Abs. 4 UmwG). Hier ist nach § 4 i.V.m. § 125 UmwG der Abschluss eines Spaltungs- und Übernahmevertrages zwischen dem übertragenden und den übernehmenden Rechtsträgern erforderlich.

c) **Abspaltung aus dem Vermögen einer GmbH auf eine andere GmbH**[1537]

K 52 Gemäß § 123 Abs. 2 UmwG kann eine GmbH einen Teil oder auch mehrere Teile aus ihrem Vermögen auf eine oder mehrere andere Gesellschaften abspalten. Im Gegensatz zur Aufspaltung bleibt sie jedoch als Rechtsträger bestehen. Im Fall des § 123 Abs. 2 Nr. 1 UmwG übernimmt eine **bestehende** GmbH das abgespaltene Vermögen, im Fall des § 123 Abs. 2 Nr. 2 UmwG ist dies eine **neu gegründete** GmbH. Die Gesellschafter der abspaltenden GmbH erhalten im Gegenzug entsprechende Anteile an dem übernehmenden Rechtsträger.

K 53 Durch die Abspaltung von Vermögensteilen der übertragenden Gesellschaft kann es zu einer **Unterbilanz** dieser Gesellschaft kommen, wenn die verbleibenden Vermögensteile abzüglich der Schulden das Stammkapital nicht mehr decken. Die Abspaltung verstößt dann gegen § 30 GmbHG und führt zur Erstattungspflicht der Gesellschafter gemäß § 31 GmbHG. Um dieses zu vermeiden, ermöglicht § 139 UmwG eine Herabsetzung des Stammkapitals in vereinfachter Form[1538]. Wird das Stammkapital herabgesetzt, so darf die Abspaltung erst nach der Kapitalherabsetzung eingetragen werden, § 139 Satz 2 UmwG. Allerdings ist eine Herabsetzung unter das Mindestkapital von 25 000 € (§ 5 Abs. 1 GmbHG) nicht möglich.

K 54 Dementsprechend haben die Geschäftsführer bei der Anmeldung zu **versichern**, dass das Stammkapital der übertragenden Gesellschaft noch gedeckt ist (vgl. § 140 UmwG). Allerdings darf das Registergericht die Beachtung der Kapitalerhaltungsvorschriften nicht überprüfen[1539].

K 55 Bei der Abspaltung ist die Übertragung der **Firma** auf die übernehmende Gesellschaft gemäß § 18 UmwG ausgeschlossen (vgl. § 125 UmwG)[1540].

1537 Vgl. Muster IV 2 a (Abspaltung zur Aufnahme – Spaltungsvertrag), Rdn. K 93 sowie Muster b (Abspaltung zur Neugründung – Spaltungsplan), Rdn. K 94.
1538 Zum Streit, ob es sich dabei um eine bloße Rechtsfolgenverweisung handelt, vgl. *Rowedder/Zimmermann*, GmbHG, Anh. nach § 77, Rdn. 536.
1539 MünchHdb.GesR III/*Mayer*, § 76, Rdn. 212.
1540 Für Zulassung der Firmenfortführung bei Abspaltung eines Teilbetriebes unter Hinweis auf § 4 Abs. 1 Satz 3 GmbHG a.F.: MünchHdb.GesR III/*Mayer*, § 76, Rdn. 214.

d) Ausgliederung

aa) Allgemeines

Anders als bei Auf- und Abspaltung werden bei der Ausgliederung die Anteile bzw. Beteiligungen an dem übernehmenden Rechtsträger nicht den Gesellschaftern der übertragenden GmbH, sondern dieser selbst gewährt. Ein **Anteilstausch** auf der Ebene der Gesellschafter findet **nicht** statt. K 56

Für die Ausgliederung gelten die allgemeinen Vorschriften der §§ 123 ff. UmwG über die Spaltung sowie die besonderen Vorschriften der § 138 ff. UmwG für die jeweils beteiligten Rechtsträger. Für die GmbH sind dies die §§ 138–140 UmwG. § 125 UmwG ordnet die Geltung der Verschmelzungsvorschriften an, mit Ausnahme der Vorschriften über die Firma (§ 18 UmwG), die Prüfung (§§ 9–12 UmwG), die Abfindung (§§ 29–34 UmwG) und das Verbot von Zuzahlungen sowie von Kapitalerhöhungen in bestimmten Fällen (§ 54 UmwG). Sonderregelungen für die Ausgliederung enthält das Gesetz nur für die Ausgliederung aus dem Vermögen eines Einzelkaufmanns (vgl. §§ 152–161 UmwG). Sie eröffnet die Möglichkeit der **Einbringung durch Sacheinlage** eines Unternehmens im Wege der **Gesamtrechtsnachfolge**. K 57

Die Ausgliederung kann sowohl auf **bestehende** als auch auf **neu gegründete** Rechtsträger erfolgen, wobei letzterer eine Kapitalgesellschaft sein muss[1541]. K 58

bb) Ausgliederung aus dem Vermögen eines Einzelkaufmanns

Die Ausgliederung aus dem Vermögen eines Einzelkaufmanns zur Aufnahme in eine GmbH oder zur Neugründung einer GmbH ist zulässig; sie kann nicht erfolgen, wenn die **Verbindlichkeiten** des Einzelkaufmanns sein Vermögen übersteigen (§ 152 UmwG). Wird die Ausgliederung aber in das Handelsregister eingetragen, so ist sie gleichwohl wirksam, § 131 Abs. 2 UmwG. K 59

Gemäß § 156 Satz 1 UmwG wird der Einzelkaufmann durch den Übergang von Verbindlichkeiten auf übernehmende oder neue Gesellschaften von der Haftung nicht befreit. Seine **Nachhaftung** ist jedoch zeitlich begrenzt, § 157 UmwG[1542]. K 60

Für die **Ausgliederung zur Übernahme** in eine bestehende GmbH gilt: K 61

- Der Einzelkaufmann hat mit der übernehmenden GmbH einen **Ausgliederungsvertrag** zu schließen, § 126 UmwG.
- Der Ausgliederungsvertrag wird nicht **geprüft**, § 125 Satz 2 UmwG.
- Für die Gesellschafter der übernehmenden GmbH ist ein **Ausgliederungsbericht** nach allgemeinen Regeln zu erstellen (§ 125 i.V.m. § 8 Abs. 3 UmwG).
- Gliedert der Einzelkaufmann sein gesamtes Unternehmen aus, so erlischt seine **Firma** mit der Eintragung der Ausgliederung, § 155 Satz 1 UmwG.

1541 Dies wird mit dem begrifflichen Ausschluss der Gründung einer Einmann-Personengesellschaft begründet (amtl. Begr., S. 128).
1542 Vgl. auch das Vorbild des § 45 UmwG.

K. Umwandlung

K 62 Im Fall der **Ausgliederung zur Neugründung** ist Folgendes zu beachten:
- Der Ausgliederungsvertrag wird ersetzt durch den **Ausgliederungsplan** des Einzelkaufmanns, der den Gesellschaftsvertrag der neuen GmbH enthalten muss[1543].
- Ein **Ausgliederungsbericht** ist nicht erforderlich.
- Es ist ein **Sachgründungsbericht** zu erstellen, § 159 Abs. 1 i.V.m. § 58 Abs. 1 UmwG.

3. Formwechsel

K 63 Von der Verschmelzung und der Spaltung unterscheidet sich der Formwechsel durch die **Wahrung der Identität des Rechtsträgers**. Eine **Vermögensübertragung** findet nicht statt. Steuerrechtlich wird der Formwechsel dagegen gemäß §§ 14, 3 UmwStG wie die Verschmelzung behandelt, also als ein Fall der Vermögensübertragung.

K 64 Das UmwG enthält in den §§ 190–213 allgemeine Vorschriften über den Formwechsel und in den §§ 214–237 besondere Vorschriften über den Formwechsel einer Personenhandelsgesellschaft (§§ 214–225 UmwG) sowie einer Kapitalgesellschaft (§§ 226–257 UmwG). Bei dem Zusammenspiel der allgemeinen und der besonderen Vorschriften ist darauf zu achten, dass letztere im Vergleich zum allgemeinen Teil Ausnahmen enthalten können[1544].

a) Formwechsel von Personenhandelsgesellschaften in GmbH[1545]

K 65 Die **BGB-Gesellschaft** kann beim Formwechsel nicht Ausgangs-, sondern nur Zielgesellschaft sein (§ 191 Abs. 1, 2 UmwG). Das UmwG ermöglicht für **Personenhandelsgesellschaften** lediglich den Formwechsel in eine Kapitalgesellschaft oder eingetragene Genossenschaft (§ 214 Abs. 1 UmwG), der Formwechsel in eine Personenhandelsgesellschaft anderer Rechtsform oder in eine BGB-Gesellschaft vollzieht sich nach allgemeinen Vorschriften außerhalb des UmwG (§ 190 Abs. 2 UmwG).

K 66 Der gemäß § 192 UmwG von dem Vertretungsorgan der formwechselnden Personenhandelsgesellschaft zu erstellende **Umwandlungsbericht** ist gemäß § 215 UmwG nicht erforderlich, wenn alle Gesellschafter zur Geschäftsführung berechtigt sind. Beim Formwechsel einer OHG entfällt also regelmäßig ein Umwandlungsbericht, es sei denn, Gesellschafter sind gemäß § 114 Abs. 2 HGB von der Geschäftsführung ausgeschlossen. Der Umwandlungsbericht ist ferner entbehrlich, wenn an dem formwechselnden Rechtsträger nur ein Anteilsinhaber beteiligt ist oder wenn alle Anteilsinhaber auf seine Erstattung verzichten (§ 192 Abs. 3 UmwG). Nichtgeschäftsführungsberechtigte Gesellschafter sind gemäß § 217 UmwG von der Umwandlung zu unterrichten.

[1543] Rowedder/Zimmermann, GmbHG, Anh. nach § 77, Rdn. 624.
[1544] MünchHdb.GesR/Mayer, § 76, Rdn. 80; zum Formenwechsel in der Familiengesellschaft s. Hennerkes/Kirchdörfer, Unternehmenshandbuch Familiengesellschaften, § 5, 136 ff.
[1545] Vgl. Muster IV 3 a u. b, Rdn. K 95 f.

Der **Umwandlungsbeschluss** (§§ 193, 194, 217, 218 UmwG) bedarf grundsätzlich K 67
der Zustimmung aller Gesellschafter, § 217 Abs. 1 UmwG. Dazu zählen auch die
nicht erschienenen (vgl. § 193 Abs. 1 UmwG). Der Gesellschaftsvertrag kann aber
eine Mehrheitsentscheidung vorsehen (§ 217 Abs. 1 Satz 2 UmwG). Die Mehrheit
muss mindestens ¾ der abgegebenen Stimmen betragen (§ 217 Abs. 1 Satz 3 UmwG).
Die Mehrheitsklausel muss sich ausdrücklich auf den Beschluss über den Formwechsel beziehen[1546]. Ein Formwechsel durch Mehrheitsbeschluss ist unbedenklich, weil
die überstimmten Gesellschafter nicht ausgeschlossen werden, sondern die Möglichkeit erhalten, gegen **Abfindung** auszuscheiden (§§ 207, 194 Abs. 1 Nr. 6 UmwG). Das
Abfindungsangebot ist auf Verlangen eines Gesellschafters auf seine Angemessenheit
hin zu prüfen (§ 225 UmwG). Die Abfindung muss die Vermögens- und Ertragslage
der Gesellschaft im Zeitpunkt des Umwandlungsbeschlusses berücksichtigen (§§ 208,
30 Abs. 1 Satz 1 UmwG). Sie unterliegt den Schranken des § 30 GmbHG.

In dem Umwandlungsbeschluss muss auch der **Gesellschaftsvertrag** der GmbH K 68
enthalten sein (§ 218 Abs. 1 UmwG).

Der Umwandlungsbeschluss hat Zahl, Art und Umfang der Anteile aufzuführen,
welche die Anteilsinhaber durch den Formwechsel erhalten sollen (vgl. § 194 Abs. 1
Nr. 4 UmwG). Hieraus ergibt sich die Zulässigkeit eines **quotenändernden Formwechsels**[1547].

Gemäß § 197 UmwG sind auf den Formwechsel die für die neue Rechtsform geltenden Gründungsvorschriften anzuwenden, d.h. die Regelungen über die Gründung K 69
einer GmbH durch Sacheinlagen. Der Nennbetrag des Stammkapitals darf das nach
Abzug der Schulden verbleibende Vermögen der formwechselnden Gesellschaft nicht
übersteigen (§ 220 Abs. 1 UmwG).

Die **Anmeldung** des Formwechsels erfolgt bei dem Register, in dem der formwech- K 70
selnde Rechtsträger eingetragen ist, und zwar durch alle Geschäftsführer (§§ 198, 222
UmwG). Der Anmeldung sind als Anlagen beizufügen:

- der Umwandlungsbeschluss nebst etwa erforderlicher Zustimmungserklärungen
einzelner Anteilsinhaber;
- der Umwandlungsbericht oder entsprechende Verzichtserklärungen;
- der Nachweis, dass der Entwurf des Umwandlungsbeschlusses dem Betriebsrat zugeleitet wurde (§ 194 Abs. 2 UmwG);
- die Liste der Gesellschafter (§ 8 Abs. 1 GmbHG);
- der Sachgründungsbericht (§ 220 Abs. 2 UmwG i.V.m. § 5 Abs. 4 GmbHG);
- Wertnachweisunterlagen (§ 8 Abs. 1 Nr. 5 GmbHG).

Die **Wirkungen der Eintragung** sind in § 202 UmwG bestimmt. Für Altverbindlich- K 71
keiten besteht gemäß § 224 UmwG eine auf fünf Jahre begrenzte **Nachhaftung**.

Gemäß § 200 Abs. 1 UmwG darf der Rechtsträger neuer Form grundsätzlich seine K 72
bisher geführte **Firma** beibehalten. Ist an der Personenhandelsgesellschaft eine natürliche Person beteiligt, deren Beteiligung an der GmbH entfällt, so darf der Name
dieses Anteilsinhabers nur dann in der beibehaltenen bisherigen oder in der neu gebildeten Firma verwendet werden, wenn der betroffene Gesellschafter in die Verwendung seines Namens einwilligt (§ 200 Abs. 3 UmwG). Im Übrigen gilt § 4 Abs. 2

1546 Zum Bestimmtheitsgrundsatz vgl. BGHZ 85, 350, 356.
1547 *Kallmeyer*, ZIP 1994, 1741, 1751.

GmbHG entsprechend (§ 200 Abs. 2 UmwG). Ein Hinweis auf die frühere Rechtsform ist unzulässig (§ 200 Abs. 1 Satz 2 UmwG).

b) Formwechsel von GmbH in Personenhandelsgesellschaften

K 73   Gemäß § 226 UmwG kann eine Kapitalgesellschaft in eine Gesellschaft bürgerlichen Rechts, eine Personenhandelsgesellschaft, eine andere Kapitalgesellschaft oder eine eingetragene Genossenschaft umgewandelt werden. Für den Formwechsel einer GmbH in eine Personengesellschaft gelten die §§ 228–237 UmwG.

K 74   Gemäß § 228 UmwG kann in eine Personenhandelsgesellschaft nur umgewandelt werden, wenn der Unternehmensgegenstand der GmbH im Zeitpunkt des Wirksamwerdens des Formwechsels den Vorschriften über die Gründung einer OHG genügt (§ 105 Abs. 2 und 2 HGB). Ist aus tatsächlichen Gründen zweifelhaft, ob der Gegenstand des Unternehmens einen Formwechsel in eine Personenhandelsgesellschaft zuläßt, kann im Umwandlungsbeschluss bestimmt werden, dass die Gesellschaft die Rechtsform einer Gesellschaft bürgerlichen Rechts erlangen soll (§ 228 Abs. 2 UmwG). Ein solcher, das Scheitern des gesamten Umwandlungsverfahrens verhindernder »hilfsweiser Formwechsel« kommt im umgekehrten Fall, in dem die GmbH in eine GbR umgewandelt werden soll, der Unternehmensgegenstand jedoch nur eine Umwandlung in eine Personenhandelsgesellschaft zulässt, nicht in Betracht. Dann muss vielmehr ein neues Umwandlungsverfahren durchgeführt werden[1548].

K 75   Dem **Umwandlungsbeschluss** müssen grundsätzlich alle Gesellschafter zustimmen (§ 233 Abs. 1 UmwG); eine **Mehrheitsumwandlung** einer Kapitalgesellschaft in eine Personengesellschaft ist nicht möglich. Das ist nur bei einer Umwandlung in eine Kommanditgesellschaft anders (§ 233 Abs. 2 UmwG). Hier bedarf der Beschluss nur einer Mehrheit von ¾ der abgegebenen Stimmen. Zustimmen müssen aber alle Gesellschafter, die in der Kommanditgesellschaft die Stellung eines persönlich haftenden Gesellschafters haben sollen (§ 233 Abs. 2 Satz 3 UmwG).

Ergänzend zu § 194 UmwG bestimmt § 234 UmwG, dass im **Umwandlungsbeschluss**

- die Bestimmung des Sitzes der Personengesellschaft und
- beim Formwechsel in eine Kommanditgesellschaft die Angabe der Kommanditisten sowie des Betrages der Einlage eines jeden von ihnen

enthalten sein muss. Auf die Aufnahme des Gesellschaftsvertrages der Personengesellschaft in den Beschluss wurde verzichtet, weil dieser keiner Schriftform bedarf.

c) Formwechsel von GmbH in AG

K 76   Gemäß §§ 238 ff. UmwG kann die GmbH auch in eine Kapitalgesellschaft anderer Rechtsform, insbesondere also in eine Aktiengesellschaft, umgewandelt werden. Bei diesem Rechtsformwechsel bedürfen die Kapitalerhaltungsvorschriften besonderer

---

1548 MünchHdb.GesR III/*Mayer*, § 76, Rdn. 123.

Beachtung. § 245 Abs. 1 Satz 2 UmwG verweist expressis verbis auf § 220 UmwG. Damit kommen grundsätzlich auch die Nachgründungsvorschriften des § 52 AktG zur Anwendung[1549].

III. Beratungshilfen

1. Verschmelzung im Wege der Neugründung oder Aufnahme?

Steht bei einer geplanten Umstrukturierung eine Verschmelzung durch Aufnahme oder durch Neugründung (vgl. § 2 UmwG) zur Wahl, so sind die jeweiligen Vor- und Nachteile gegeneinander abzuwägen: **K 77**

- Ein Nachteil der Verschmelzung zur Neugründung sind die hohen Kosten für Beurkundung. Diese werden nach dem Gesamtvermögen aller sich verschmelzenden Gesellschaften berechnet[1550]. Demgegenüber bestimmt sich bei der Verschmelzung durch Aufnahme der Geschäftswert lediglich nach dem Wert des Vermögens der übertragenden Gesellschaft.
- Die Verschmelzung durch Neugründung ist der umständlichere Weg, da die Gründungsvorschriften der betreffenden Rechtsform zur Anwendung kommen (§ 36 Abs. 2 UmwG). Bei der Verschmelzung durch Aufnahme sind dagegen allenfalls die Kapitalerhöhungsvorschriften zu beachten[1551].
- Eine Verschmelzung zur Neugründung bietet sich somit an, wenn Streit darüber besteht, welche von zwei gleichstarken Gesellschaften durch die Verschmelzung untergehen soll oder wenn eine von den übertragenden Rechtsträgern unterschiedliche Rechtsform gewählt werden soll[1552].

2. Aufspaltung oder Abspaltung?

Die Aufspaltung bedeutet im Vergleich zu der ebenfalls eine Realteilung herbeiführenden Abspaltung einen größeren Aufwand[1553]. Denn die Aufspaltung erfordert den Übergang des gesamten Vermögens des übertragenden auf andere Rechtsträger. Bei   **K 78**

[1549] Kritisch hierzu *Martens*, Nachgründungskontrolle beim Formwechsel einer GmbH in eine Aktiengesellschaft, ZGR 1999, 548–567 m.w.N.
[1550] Kölner Komm./*Kraft*, AktG, § 339, Rdn. 19.
[1551] Und zwar dann, wenn die an die Gesellschafter der übertragenden Gesellschaft zu gewährenden Anteile an der aufnehmenden Gesellschaft erst im Wege der Kapitalerhöhung neu gebildet werden müssen, weil keine eigenen Anteile der Gesellschaft zur Verfügung stehen (vgl. auch § 53 UmwG) und der Gesellschafterkreis von übertragendem und aufnehmendem Rechtsträger unterschiedlich ist.
[1552] Kölner Komm./*Kraft*, AktG, § 339, Rdn. 19.
[1553] *Kallmeyer*, in: GmbH-Hdb. I, Rdn. 652.

der Abspaltung verbleibt der nicht betroffene Vermögensteil beim übertragenden Rechtsträger und fällt damit kostenmäßig nicht ins Gewicht.

K 79 Ist im Fall einer Aufspaltung ein **Gegenstand** im Vertrag **keinem** der übernehmenden **Rechtsträger** zugeteilt worden und lässt sich die Zuordnung auch nicht durch Auslegung des Vertrages ermitteln, so gilt gemäß § 131 Abs. 3 Halbs. 1 UmwG, dass der Gegenstand auf alle übernehmenden Rechtsträger in dem Verhältnis übergeht, das sich aus dem Vertrag für die Aufteilung des Überschusses der Aktivseite der Schlussbilanz über deren Passivseite ergibt. Ist eine Zuteilung des Gegenstandes an mehrere Rechtsträger nicht möglich, so ist sein Gegenwert in dem bezeichneten Verhältnis aufzuteilen (§ 131 Abs. 3 Halbs. 2 UmwG). Dieses recht komplizierte Verfahren wird bei der Abspaltung durch § 131 Abs. 1 Nr. 1 Satz 2 UmwG ersetzt. Danach verbleiben nicht übertragbare Gegenstände beim übertragenden Rechtsträger.

K 80 Somit wird regelmäßig die Abspaltung der Aufspaltung vorzuziehen sein.

3. Ausgliederung oder Einzelrechtsnachfolge?

K 81 Eine Alternative zur Ausgliederung nach dem UmwG bildet die Einzelrechtsübertragung von Vermögen und Überleitung von Verbindlichkeiten auf den oder die übernehmenden Rechtsträger gegen Gewährung von Anteilen, insbesondere im Wege der Sacheinlage.

K 82 Die §§ **20 ff. UmwStG**, nach denen die Buchwertfortführung zugelassen ist, finden auch im Fall der Ausgliederung durch Einzelrechtsnachfolge Anwendung[1554].

K 83 Nachteilig an der Einzelrechtsnachfolge ist neben der zumeist aufwendigeren Rechtsübertragung die für die befreiende Schuldübernahme erforderliche Zustimmung der Gläubiger entsprechend § 415 BGB[1555]. Demgegenüber besteht bei der Ausgliederung nach dem UmwG eine fünfjährige gesamtschuldnerische Haftung des übernehmenden Rechtsträgers für die zur Zeit der Ausgliederung bestehenden Verbindlichkeiten des übertragenden Rechtsträgers (§ 133 UmwG).

1554 *Kallmeyer*, ZIP 1994, 1746, 1749; vgl. auch *Feddersen/Kiem*, ZIP 1994, 1078, 1086.
1555 *Kallmeyer*, GmbH-Hdb. I, Rdn. 653.1.

4. Checklisten

a) Verschmelzung und Spaltung durch Aufnahme[1556]   K 84

Ablauf	Verschmelzung (§§ des UmwG)	Spaltung (§§ des UmwG)
• Umwandlungsfähiger Rechtsträger	3 I, II, II; 39	124 I
• Möglichkeit der Umwandlung	3 IV; 79, 99, 105, 109, 120	123 IV, 124 II; 147, 149, 150, 151, 152, 161, 168
• Notariell beurkundeter Umwandlungsvertrag – erforderlicher Mindestinhalt – Sonderregelungen (GmbH)	4 ff. 5 46	126, 125 126 125
• Umwandlungsbericht durch die Vertretungsorgane – entbehrlich	8 8 III; 41	127 125, 127 S. 2; 153
• Umwandlungsprüfung – entbehrlich	9 ff.; 44, 48, 60, 78, 100 9 II, III i.V.m. 8 III	125 125
• Unterrichtung der Anteilsinhaber bzw. Vorbereitung der beschlussfassenden Versammlung	42, 47 bzw. 49, 62 III, 63, 78, 82, 101, 106, 112, 118	125; 143
• Zustimmung durch notariell beurkundeten Umwandlungsbeschluss – entbehrlich – erforderliche Mehrheitsverhältnisse	13 I, III 62 I 43, 50 I, 65 I, 84, 103, 106, 112 IIII, 118	125 125 125; 163
– notariell beurkundete Individualzustimmungen	13 II, III; 40 II 2, 50 II, 51, 65 II, 78	125, 128
– Abfindungsangebot bei Widerspruch gegen die Umwandlung	29 ff.; 90 ff.	125
– ordnungsgemäße Durchführung der Versammlung	64, 78, 83, 102, 106, 112, 110	125

1556 Vgl. *Dörrie*, WiB 1995, 1, 4.

K. Umwandlung

Ablauf	Verschmelzung (§§ des UmwG)	Spaltung (§§ des UmwG)
• **Anmeldung der Umwandlung** – Registersperre bei anhängiger oder bereits erfolgter Klage gegen Umwandlungsbeschluss	16 f., 35; 52, 62 II, 4, 5, 78, 86	125, 129; 140, 146, 148
⇒ Umwandlungsbeschluss	16 II	125
fristgerechte Klage gegen Umwandlungsbeschluss	14 I	125
⇒ Klage kann nicht auf zu niedrig bemessenes Umtauschverhältnis oder auf eine fehlerhaft angebotene Barabfindung gestützt werden	14 II, 32	125
⇒ Verbesserung des Umtauschverhältnisses und gerichtliche Nachprüfung der Barabfinung im Spruchverfahren	15, 34; 85, 113, 118; 305 ff.	125; 305 ff.
– Überwindung der Registersperre bei anhängiger Klage durch Unbedenklichkeitsbeschluss des Prozessgerichts	16 III	125
• **Eintragung und Bekanntmachung der Umwandlung**	19; 53, 66, 78, 104	130, 125; 139, 145, 154
• **Wirkungen der Eintragung** – Übergang des Vermögens bzw. der Vermögensteile, bei Verschmelzung im Wege der Gesamtrechtsnachfolge, bei Spaltung im Wege der Sonderrechtsnachfolge	20 f.; 87 20 I Nr. 1	131 f.; 155, 171 131 Nr. 1, 132
– Erlöschen übertragener Rechtsträger bei Verschmelzung und Aufspaltung	20 I Nr. 2	131 I Nr. 2
– Anteilstausch unter Fortbestehen der Rechte Dritter	20 I Nr. 3; 87	131 I Nr. 3, 125
– Heilung mangelhafter notarieller Beurkundung	20 I Nr. 4	131 I Nr. 4
– Wirkungen der Eintragung trotz Mängel der Umwandlung	20 II	131 II
• **Nachhaftung**	45	125; 156 f., 166 f.; 172 f.
• **Gläubigerschutz** durch Sicherheitsleistung bei Spaltung; ferner durch gesamtschuldnerische Haftung der beteiligten Rechtsträger	22	125, 133 I, III-V; 134
• **Schutz der Inhaber von Sonderrechten**	23	125, 133 II, VI
• **Haftung der Verwaltungsträger**	25 ff.; 70	125

b) Formwechsel[1557] K 85

Ablauf	§§
• Umwandlungsfähiger Rechtsträger	124 I
• Möglichkeit der Umwandlung	214, 226, 258, 272, 273, 291, 301
• Umwandlungsbericht mit Vermögensaufstellung durch die Vertretungsorgane – Umwandlungsbericht entbehrlich – Vermögensaufstellung entbehrlich	192; 229 192 III; 215 238 S. 2
• Unterrichtung der Anteilsinhaber bzw. Vorbereitung der Versammlung	216, 230, 238, 251 I, 260, 274 I, 283 I, 292 I
• Zustimmung durch notariell beurkundeten Umwandlungsbeschluss – erforderlicher Mindestinhalt – rechtsformspezifische Sonderanforderungen an den Inhalt	193 I, III 194 I 217 I, 233 I, II, 240 I, 252 I, II, 262 I, 275 I, II, 284, 293
– erforderliche Mehrheitsverhältnisse	193 II, II; 217 III, 233 II 1 HS 2, III 1, 240 I a Hs. 2, II 1, III, 241, 242, 252 II 1 HS. 2, III, 262 II, 275 III, 303 II 1
– notariell beurkundete Individualzustimmungen	
– Abfindungsangebot bei Widerspruch gegen Umwandlung	207 ff.; 225, 270, 282, 290, 300; Ausn.: 227, 250
– ordnungsgemäße Durchführung der Versammlung	232, 239, 251 II, 261, 274 II, 283 II, 292 II
• Anwendung der Gründungsvorschriften mit rechtsformspezifischen Modifikationen	197, 219 f.; 245, 264, 277, 295, 303 I

1557 Vgl. *Dörrie*, WiB 1995, 1, 8.

K. Umwandlung

Ablauf	§§
• **Anmeldung des Formwechsels**	198 f., 213; 222 f., 235, 246, 254, 265, 278, 286, 269
– Registersperre bei anhängiger oder bereits erfolgter Klage gegen den Umwandlungsbeschluss	198 III, 16 II
⇒ fristgerechte Klage	195 I
⇒ Klage kann nicht auf zu niedrige Bemessung des Beteiligungsverhältnisses oder fehlerhaft angebotene Barabfindung gestützt werden	195 II, 210
⇒ Verbesserung des Beteiligungsverhältnisses und gerichtliche Nachprüfung der Barabfindung im Spruchverfahren	196, 212; 305 ff.
– Überwindung der Registersperre bei anhängiger Klage durch Unbedenklichkeitsbeschluss des Prozessgerichts	196 II
• **Eintragung und Bekanntmachung des Formwechsels**	201; 279, 287, 297
• **Wirkungen der Eintragung**	202; 236, 247, 255, 266, 280, 288, 298, 304
– identitätswahrender Wechsel der Rechtsform	202 I Nr. 1
– gds. Kontinuität der Mitgliedschaft unter Fortbestehen der Rechte Dritter	303 I Nr. 2; 255, 266, 280, 288, 298; Ausn: 236, 247, 294 I
– Heilung mangelhafter notarieller Beurkundung	202 I Nr. 3
– Wirkungen der Eintragung trotz Mängel des Formwechsels	202 III
• **Nachhaftung**	224, 237, 249, 257
• **Gläubigerschutz** durch Sicherheitsleistung	202, 22
• **Schutz der Inhaber von Sonderrechten**	204, 23
• **Haftung der Verwaltungsträger**	205 f.

c) Überblick über das UmwStG K 86

Inhalt	§§ des UmwStG
Allgemeine Vorschriften	1–2
Vermögensübergang von einer Körperschaft auf eine Personengesellschaft oder eine natürliche Person	3–10
Vermögensübergang von einer Körperschaft auf eine andere Körperschaft	11–13
Formwechsel einer Kapitalgesellschaft und einer Genossenschaft in eine Personengesellschaft	14
Aufspaltung, Abspaltung und Vermögensübertragung (Teilübertragung)	15–16
Barabfindung an Minderheitsgesellschafter	17
Gewerbesteuer	18–19
Einbringung eines Betriebs, Teilbetriebs oder Mitunternehmeranteils in eine Kapitalgesellschaft	20–23
Einbringung eines Betriebs, Teilbetriebs oder Mitunternehmeranteils in eine Personengesellschaft	24
Formwechsel einer Personengesellschaft in eine Kapitalgesellschaft	25
Verhinderung von Missbräuchen	26
Schlussvorschriften	27
Anlage	zu 23

K. Umwandlung

IV. Muster

1. Verschmelzung

a) Verschmelzung durch Aufnahme

K 87 aa) Verschmelzungsvertrag zweier GmbH durch Aufnahme

Eingang Notarurkunde

Die Erschienenen baten um die Beurkundung des folgenden

Verschmelzungsvertrages

zwischen der

X-GmbH
(nachstehend X genannt)

und der

Y-GmbH
(nachstehend Y genannt).

§ 1 Vermögensübertragung

Die Y-GmbH überträgt ihr Vermögen als Ganzes mit allen Rechten und Pflichten unter Ausschluss der Abwicklung auf die X-GmbH im Wege der Verschmelzung durch Aufnahme.

§ 2 Gegenleistung

Die X-GmbH gewährt den Gesellschaftern der Y-GmbH als Gegenleistung für die Übertragung des Vermögens Anteile an der X-GmbH, und zwar
– dem Gesellschafter ... einen Geschäftsanteil im Nennbetrag von ... € und
– dem Gesellschafter ... einen Geschäftsanteil im Nennbetrag von ... €.
Die Geschäftsanteile werden kostenfrei und mit Gewinnberechtigung ab dem ... gewährt.

§ 3 Kapitalerhöhung

Zur Durchführung der Verschmelzung wird die X-GmbH ihr Stammkapital von bisher ... € um ... € auf ... € erhöhen, und zwar durch Bildung eines Geschäftsanteils im Nennbetrag von ... € und eines weiteren Geschäftsanteils im Nennbetrag von ... €.

Als bare Zuzahlung erhält ... einen Betrag von ... € und ... einen Betrag von ... €.

§ 4 Verschmelzungsstichtag

Die Übernahme des Vermögens erfolgt im Innenverhältnis mit Wirkung ab dem ....
Die Handlungen der X-GmbH gelten ab dem ... als für Rechnung der Y-GmbH vorgenommen.

§ 5 Besondere Rechte / besondere Vorteile

I. Bei der Y-GmbH bestehen keine besonderen Rechte i.S.d. § 5 Abs. 1 Nr. 7 UmwG. Einzelnen Anteilsinhabern werden im Rahmen der Verschmelzung keine besonderen Rechte gewährt.

II. Ebenso werden keine besonderen Vorteile i.S.d. § 5 Abs. 1 Nr. 8 UmwG an Mitglieder eines Vertretungs- oder Aufsichtsorgans, den Abschlussprüfer oder den Verschmelzungsprüfer gewährt.

§ 6 Geschäftsführung

Herr ... wird zum einzelvertretungsberechtigten Geschäftsführer der X-GmbH bestellt.

§ 7 Arbeitnehmer

Die X-GmbH übernimmt alle Mitarbeiter der Y-GmbH auf den Zeitpunkt deren Erlöschens nach Maßgabe der bestehenden Anstellungs- und Arbeitsverhältnisse.

§ 8 Änderung der Firma

Die Firma der Y-GmbH wird geändert in
....

§ 9 Bedingung

Dieser Vertrag wird unwirksam, wenn die Zustimmungsbeschlüsse der Gesellschafterversammlungen beider Gesellschaften nicht bis zum ... beurkundet sind.

§ 10 Kosten

Die Kosten dieses Vertrages trägt die X-GmbH.

Ausgang Notarurkunde
...

K. Umwandlung

K 88 bb) Zustimmungsbeschluss der übernehmenden Gesellschaft

Eingang Notarurkunde

Die Erschienenen baten um die Beurkundung des nachstehenden

Gesellschafterbeschlusses.

Als Gesellschafter der X-GmbH in ... (*Ort*) treten wir hiermit unter Verzicht auf nach Gesetz oder Satzung bestehende Formen und Fristen der Einberufung zu einer Gesellschafterversammlung zusammen und beschließen einstimmig:
1. Dem dieser Urkunde als Anlage beigefügten Verschmelzungsvertrag zwischen der X-GmbH und der Y-GmbH (Notar ... UR ...) wird zugestimmt.
2. Zur Durchführung der Verschmelzung wird das Stammkapital der X-GmbH von ... € um ... € auf ... € erhöht. Es werden ... neue Stammeinlagen von ... € und ... € gebildet, die ab ... gewinnberechtigt sind und den bisherigen Gesellschaftern der Y-GmbH, den Herren ... als Gegenleistung für die Übertragung des Vermögens der Y-GmbH im Wege der Verschmelzung gewährt werden.
3. Der Gesellschaftsvertrag der X-GmbH wird in § ... (*Stammkapital*) wie folgt geändert: ... .
4. Außerdem wird § ... (*Firma*) des Gesellschaftsvertrages wie folgt geändert : ... .
5. Herr ... wird zum einzelvertretungsberechtigten Geschäftsführer bestellt.
6. Alle Gesellschafter verzichten auf die Anfechtung dieses Beschlusses und des Verschmelzungsvertrages.
7. Die Kosten dieser Urkunde trägt die Gesellschaft.

Ausgang Notarurkunde

K 89 cc) Zustimmungsbeschluss der übertragenden Gesellschaft

Eingang Notarurkunde

Die Erschienenen baten um die Beurkundung des nachstehenden

Gesellschafterbeschlusses.

Als Gesellschafter der Y-GmbH in ... (*Ort*) treten wir hiermit unter Verzicht auf nach Gesetz und Satzung bestehende Formen und Fristen der Einberufung zu einer Gesellschafterversammlung zusammen und beschließen einstimmig:
1. Wir stimmen dem dieser Urkunde beigefügten Verschmelzungsvertrag der X-GmbH und Y-GmbH (Notar ... UR ...) zu.
2. Wir verzichten auf die Anfechtung des Beschlusses sowie des Verschmelzungsvertrages.
3. Die Kosten dieser Urkunde trägt die Gesellschaft.

Ausgang Notarurkunde

dd) **Anmeldung zum Handelsregister der übertragenden Gesellschaft** K 90

Amtsgericht
– Handelsregister –

Betr.:

Als Geschäftsführer der Y-GmbH in ... überreiche ich folgende Unterlagen:
1. Ausfertigung des Verschmelzungsvertrages vom (Notar ...UR ...),
2. Ausfertigung der Zustimmungsbeschlüsse der Gesellschafter der X-GmbH (Notar ... UR ...) und der Gesellschafter der Y-GmbH (Notar ... UR ...),
3. Ausfertigung der Verzichtserklärungen auf Erstellung eines Verschmelzungsberichts und eines Prüfungsberichts,
4. Nachweis über die Zuleitung des Entwurfs des Verschmelzungsvertrages an den Betriebsrat der Y-GmbH.
5. Schlußbilanz der Y-GmbH zum Verschmelzungsstichtag.

Ich melde zur Eintragung in das Handelsregister an:

Die Y-GmbH ist auf die X-GmbH als übernehmende Gesellschaft im Wege der Verschmelzung durch Aufnahme verschmolzen.

Die Verschmelzungsbeschlüsse der X-GmbH und der Y-GmbH sind nicht angefochten worden

... (Ort), den ... (Datum)

...
(Beglaubigungsvermerk)

---

ee) **Anmeldung zum Handelsregister der übernehmenden Gesellschaft** K 91

Amtsgericht
– Handelsregister –

Betr.:

Als Geschäftsführer der X-GmbH in ... überreichen wir folgende Unterlagen:

1. Ausfertigung des Verschmelzungsvertrages vom (Notar ...UR ...),
2. Ausfertigung des Zustimmungsbeschlusses der Gesellschafter der Y-GmbH (Notar ... UR ...),
3. Ausfertigung des Zustimmungsbeschlusses der Gesellschafter der X-GmbH nebst Beschluss über die Kapitalerhöhung, die Änderung der Firma, die Bestellung des ... zum Geschäftsführer und die Änderung der Satzung (Notar ... UR ...),

K. Umwandlung

4. Ausfertigung der Verzichtserklärungen der Gesellschafter der X-GmbH auf Erstellung eines Verschmelzungsberichts und eines Prüfungsberichts (Notar ... UR ...),
5. Nachweis über die Zuleitung des Entwurfs des Verschmelzungsvertrages an den Betriebsrat der X-GmbH,
6. vollständiger Satzungswortlaut nebst notarieller Übereinstimmungsbescheinigung,
7. Liste der Personen, welche die neuen Stammeinlagen übernommen haben,
8. berichtigte Gesellschafterliste,
9. Schlussbilanz der Y-GmbH zum Verschmelzungsstichtag.

Wir melden zur Eintragung in das Handelsregister an:

1. Die Y-GmbH ist im Wege der Verschmelzung durch Aufnahme auf die X-GmbH verschmolzen.
2. Das Stammkapital der X-GmbH ist zum Zweck der Durchführung der Verschmelzung von ... € um ... € auf ... € erhöht worden. § ... des Gesellschaftsvertrages ist insoweit geändert worden.
3. Die Firma der X-GmbH ist geändert in .... § ... des Gesellschaftsvertrages ist insoweit geändert worden.
4. Zum weiteren Geschäftsführer wurde bestellt ....

Dieser gibt folgende Erklärung ab:

Ich versichere, dass keine Umstände vorliegen, die mich vom Amt des Geschäftsführers nach § 6 Abs. 2 GmBHG ausschließen: Ich wurde niemals wegen einer Straftat gemäß §§ 283–283 d StGB verurteilt. Mir ist weder durch gerichtliches Urteil noch durch vollstreckbare Entscheidung einer Verwaltungsbehörde die Ausübung irgendeines Berufes, Berufszweiges, Gewerbes oder Gewerbezweiges untersagt worden. Ich wurde von dem Notar über meine unbeschränkte Auskunftspflicht gegenüber dem Registergericht belehrt.

Ich zeichne meine Namensunterschrift wie folgt:
...

Wir erklären, dass weder der Verschmelzungsbeschluss der Gesellschafter der X-GmbH noch der Verschmelzungsbeschluss der Gesellschafter der Y-GmbH angefochten worden ist.

Zu der Kapitalerhöhung versichern wir, dass die Kapitalerhöhung nach § 69 UmwG der Durchführung der Verschmelzung dient und die Gesellschafterversammlungen beider Gesellschaften dem Verschmelzungsvertrag zugestimmt haben.

Wir bitten, zunächst nur die Kapitalerhöhung einzutragen. Die Firmenänderung, die Bestellung des neuen Geschäftsführers und die Satzungsänderung bitten wir mit Wirksamwerden der Verschmelzung einzutragen.

... (Ort), den ... (Datum)

...
(Beglaubigungsvermerk)

b) Verschmelzungsvertrag bei Neugründung   K 92

Eingang Notarurkunde

Die Erschienenen baten um die Beurkundung des folgenden

Verschmelzungsvertrages

zwischen der

X-GmbH
(nachstehend X genannt)

und der

Y-GmbH
(nachstehend Y genannt)

§ 1 Vermögensübertragung

Die X-GmbH und die Y-GmbH übertragen ihr Vermögen als Ganzes mit allen Rechten und Pflichten unter Ausschluss der Abwicklung auf die neu zu gründende Z-GmbH mit Sitz in ... im Wege der Verschmelzung durch Neugründung.

§ 2 Gegenleistung

I. Die Z-GmbH gewährt den Gesellschaftern der X-GmbH und der Y-GmbH Anteile an der Z-GmbH, und zwar
 – dem Gesellschafter ... einen Geschäftsanteil im Nennbetrag von ... €,
 – dem Gesellschafter ... einen Geschäftsanteil im Nennbetrag von ... €,
 – ... .

II. Das Umtauschverhältnis beträgt ... .

§ 3 Stichtage

I. Die Geschäftsanteile an der Z-GmbH gewähren einen Gewinnanspruch ab Eintragung der GmbH.
II. Verschmelzungsstichtag ist der Tag der Eintragung der Z-GmbH.

§ 4 Gründung

Die X-GmbH und die Y-GmbH, handelnd als Gründer gemäß § 36 Abs. 2 Satz 2 UmwG, erklären, vorbehaltlich der Zustimmung ihrer Gesellschafterversammlungen:
I. Die Gesellschafter der X-GmbH und der Y-GmbH errichten unter der Firma der Z-GmbH mit Sitz in ... eine Gesellschaft mit beschränkter Haftung.

K. Umwandlung

> II. Für das Gesellschaftsverhältnis ist der als Anlage zu dieser Niederschrift genommene Gesellschaftsvertrag maßgebend.
>
> ### § 5 Geschäftsführung
>
> Herr ... wird zum einzelvertretungsberechtigten Geschäftsführer bestellt.
>
> ### § 6 Arbeitnehmer
>
> Die Z-GmbH übernimmt alle Mitarbeiter der X-GmbH und der Y-GmbH nach Maßgabe der bestehenden Anstellungs- und Arbeitsverhältnisse.
>
> ### § 7 Bedingung
>
> Dieser Vertrag wird unwirksam, wenn die Zustimmungsbeschlüsse der Gesellschaftsversammlungen beider Gesellschaften nicht bis zum ... beurkundet sind.
>
> ### § 8 Kosten
>
> Die Kosten dieses Vertrages und seines Vollzuges trägt die Z-GmbH.
>
> *Ausgang Notarurkunde*

2. Spaltung

K 93 a) Abspaltung zur Aufnahme – Spaltungsvertrag

> *Eingang Notarurkunde*
>
> Die Erschienenen baten um die Beurkundung des folgenden
>
> **Spaltungsvertrages**
>
> zwischen der
>
> X-GmbH
> (nachstehend X genannt)
>
> und der
>
> Y-GmbH
> (nachstehend Y genannt).

§ 1 Vermögensübertragung

I. Die X-GmbH überträgt hiermit ihre nachstehend genannten Vermögensteile als Gesamtheit im Wege der Abspaltung zur Aufnahme auf die Y-GmbH.

II. Bei den als Gesamtheit übertragenen Gegenständen des Aktiv- und Passivvermögens der X-GmbH handelt es sich im Einzelnen um:
- ...
- ...
- ...

§ 2 Gegenleistung

I. Die Y-GmbH gewährt
- dem Gesellschafter ... einen Geschäftsanteil im Nennbetrag von ... €,
- dem Gesellschafter ... einen Geschäftsanteil im Nennbetrag von ... €.

II. Die Geschäftsanteile werden kostenfrei und mit einer Gewinnberechtigung ab dem ... gewährt.

III. Zur Durchführung der Abspaltung wird die Y-GmbH ihr Stammkapital von bisher ... € um ... € auf ... € erhöhen, und zwar durch Bildung eines Geschäftsanteils im Nennbetrag von ... € und eines Geschäftsanteils im Nennbetrag von ... €.

Als bare Zuzahlungen erhalten ... einen Betrag von ... € und ... einen Betrag von ... €.

IV. Das Umtauschverhältnis beträgt ... .

V. Die Aufteilung der Anteile erfolgt entsprechend dem Verhältnis der Beteiligungen der Gesellschafter an der X-GmbH.

§ 3 Stichtage

Im Innenverhältnis erfolgt die Übernahme des Vermögens der X-GmbH ab dem ... Alle Handlungen und Geschäfte der X-GmbH, die das übertragene Vermögen betreffen, gelten ab dem ... als für Rechnung der Y-GmbH vorgenommen.

§ 4 Besondere Rechte / besondere Vorteile

I. Besondere Rechte i.S.d. § 126 Abs. 1 Nr. 7 UmwG bestehen bei der X-GmbH nicht. Einzelnen Inhabern werden im Rahmen der Spaltung keine besonderen Rechte gewährt.

II. Ebenso werden keine besonderen Vorteile i.S.d. § 126 Abs. 1 Nr. 8 UmwG an Mitglieder eines Vertretungs- oder Aufsichtsorgans, den Abschlussprüfer oder den Spaltungsprüfer gewährt.

§ 5 Arbeitnehmer und ihre Vertretungen

Die Abspaltung hat für die Arbeitnehmer und ihre Vertretungen folgende Auswirkungen:
...

§ 6 Bedingungen

Dieser Vertrag wird unwirksam,
- wenn die Zustimmungsbeschlüsse der Gesellschafterversammlungen beider Gesellschaften nicht bis zum ... formgerecht vorliegen oder
- wenn die Gesellschafter der Y-GmbH im Zustimmungsbeschluss die vorstehende Kapitalerhöhung zur Durchführung der Spaltung nicht beschließen.

§ 7 Kosten

Die Kosten dieser Urkunde und ihres Vollzuges trägt die Y-GmbH.

Ausgang Notarurkunde

K 94 **b) Abspaltung zur Neugründung – Spaltungsplan**

Eingang Notarurkunde

Der Erschienene bat um die Beurkundung des folgenden

Spaltungsplanes.

§ 1 Vermögensübertragung

I. Die X-GmbH mit Sitz in ... überträgt hiermit die nachfolgend bezeichneten Vermögensteile jeweils als Gesamtheit mit allen Rechten und Pflichten im Wege der Abspaltung auf die neu zu gründende Y-GmbH. Die Y-GmbH gewährt hierfür den Gesellschaftern der X-GmbH Geschäftsanteile an der Y-GmbH. Die Spaltung erfolgt unter Anwendung der §§ 123 ff. UmwG.

II. Für die Übertragung des Aktiv- und Passivvermögens auf die durch die Spaltung entstehende Gesellschaft gilt im einzelnen:
- ...
- ...
- ...

III. Die Firma der im Wege der Spaltung neu zu gründenden Gesellschaft lautet:
.... .

§ 2 Gegenleistung

I. Als Gegenleistung für die vorstehende Vermögensübertragung erhalten die Gesellschafter der X-GmbH Geschäftsanteile an der Y-GmbH, und zwar
 – Gesellschafter ... einen Geschäftsanteil im Nennbetrag von ... €,
 – Gesellschafter ... einen Geschäftsanteil im Nennbetrag von ... €.

II. Die Übertragung erfolgt zu Buchwerten. Übersteigt der Wert des auf die durch die Spaltung entstehende Gesellschaft übertragenen Vermögens den Nennbetrag des Stammkapitals der Gesellschaft, wird dieser Betrag in die Rücklage der Y-GmbH eingestellt.

III. Bare Zuzahlungen werden nicht gewährt.

IV. Besondere Rechte und Vorteile an die Gesellschafter der X-GmbH oder sonstige in § 126 Abs. 1 Nr. 7 und 8 UmwG bezeichnete Personen wurden nicht gewährt.

V. Die Aufteilung der Anteile erfolgt verhältniswahrend entsprechend den Beteiligungen der Gesellschafter der X-GmbH.

§ 3 Stichtag

I. Ab dem ... haben die Gesellschafter entsprechend ihren Anteilen Anspruch auf den Bilanzgewinn der neuen Gesellschaft.

II. Ab dem ... gelten die auf die übertragenen Vermögensgegenstände und Verbindlichkeiten bezogenen Handlungen der übertragenden Gesellschaft als für Rechnung der durch die Spaltung entstehenden Gesellschaft vorgenommen.

§ 4 Folgen der Spaltung für die Arbeitnehmer und ihre Vertretungen

Die Folgen der Spaltung für die Arbeitnehmer und ihre Vertretungen sowie die insoweit vorgesehenen Maßnahmen werden wie folgt beschrieben:
...

§ 5 Kosten

Die durch diesen Spaltungsplan und seine Durchführung bei beiden Gesellschaften entstehenden Kosten trägt die Y-GmbH.

Ausgang Notarurkunde

3. Formwechsel

K 95 a) **Umwandlungsbeschluss bei Formwechsel KG in GmbH**

Eingang Notarurkunde

Die Erschienenen baten um die Beurkundung der folgenden

Umwandlung.

I. Beteiligte

1. Die Erschienenen sind die alleinigen Gesellschafter der X-KG mit Sitz in ..., eingetragen im Handelsregister des AG ... unter HR ... .
2. Die Verteilung der Kapitalanteile unter den Gesellschaftern stellt sich wie folgt dar:
   – Herr ... (persönlich haftender Gesellschafter): ... €,
   – Herr ... (Kommanditist): ... €,
   – Herr ... (Kommanditist): ... €.

II. Umwandlungsbeschluss

Die Erschienenen erklären sodann: Unter Verzicht auf alle durch Gesetz oder Gesellschaftsvertrag vorgeschriebenen Formen und Fristen halten wir hiermit eine Gesellschafterversammlung der X-KG ab und beschließen einstimmig:

1. Die X-KG wird durch Formwechsel in eine Gesellschaft mit beschränkter Haftung unter der Firma X-GmbH umgewandelt. Für die X-GmbH gilt der in der Anlage dieser Urkunde beigefügte Gesellschaftsvertrag, der verlesen und genehmigt wird. Die Gesellschafter stellen den Gesellschaftsvertrag fest.
2. Am Stammkapital der X-GmbH von ... € werden die bisherigen Gesellschafter der X-KG nicht verhältniswahrend wie folgt beteiligt:
   – Herr ... erhält einen Geschäftsanteil im Nennbetrag von ... €.
   – Herr ... erhält einen Geschäftsanteil im Nennbetrag von ... €.
   – Herr ... erhält einen Geschäftsanteil im Nennbetrag von ... €.
3. Dem Formwechsel wird die mit dem uneingeschränkten Bestätigungsvermerk des Wirtschaftsprüfers ... versehene Bilanz der X-KG zum ... zugrunde gelegt.
4. Der Formwechsel erfolgt im Innenverhältnis mit Wirkung ab dem ... . Vom ... an gelten alle Handlungen und Geschäfte der X-KG als für Rechnung der X-GmbH vorgenommen und sind die Geschäftsanteile an der X-GmbH gewinnberechtigt.
5. Bei der X-KG bestehen bisher keine Sonderrechte und keine besonderen Rechte i.S.d. § 194 Abs. 1 Nr. 5 UmwG, noch werden solche bei der X-GmbH begründet.

6. Ein Abfindungsanspruch nach § 207 UmwG ist gemäß § 194 Abs. 1 Nr. 6 UmwG nicht erforderlich, da der Umwandlungsbeschluss nach dem Gesellschaftsvertrag der X-KG nur einstimmig erfolgen kann.
7. Die X-GmbH übernimmt die Arbeitnehmer der X-KG, weitere Maßnahmen sind für die Arbeitnehmer der X-KG nicht vorgesehen. Es ergeben sich keine weiteren Auswirkungen tarifvertraglicher oder mitbestimmungsrechtlichr Art.
8. Alle Gesellschafter verzichten auf die Erstattung eines Umwandlungsberichts sowie auf die Anfechtung dieses Beschlusses. Der/Die Gesellschafter ... stimmt/stimmen seiner/ihrer nicht verhältniswahrenden Beteiligung an der X-GmbH zu.

III. Gesellschafterbeschluss

Die Erschienenen halten als Gesellschafter der neuen GmbH eine Gesellschafterversammlung ab und beschließen einstimmig:
Zum ersten Geschäftsführer der X-GmbH wird Herr ... bestellt. Er ist alleinvertretungsberechtigt und von den Beschränkungen des § 181 BGB befreit.

IV. Kosten

Die Kosten dieser Urkunde und ihres Vollzuges und etwaige anfallende Verkehrssteuern sowie die Kosten der Ausführung der vorbezeichneten Beschlüsse werden bis zu einem Betrag von ... von der X-GmbH getragen; darüber hinausgehende Kosten von den Gesellschaftern im Verhältnis ihrer Beteiligung an der X-GmbH. Im Falle des Scheiterns der Umwandlung werden die Kosten von der X-KG getragen.

Ausgang Notarurkunde

b) Handelsregisteranmeldung bei Formwechsel KG in GmbH   K 96

Amtsgericht
– Handelsregister –

Betr.:

Als Geschäftsführer der X-GmbH mit Sitz in ... überreichen wir folgende Unterlagen:
1. Beglaubigte Abschrift des Umwandlungsbeschlusses nebst Gesellschaftsvertrag der neuen GmbH, Geschäftsführerbestellung, Verzichtserklärungen der Gesellschafter auf Erstellung eines Umwandlungsberichts und Anfechtung des Beschlusses sowie Zustimmungserklärung der/des Gesellschafter/s ... zum nicht verhältniswahrenden Formwechsel (Notar ..., UR ...),
2. Nachweis über die Zuleitung des Umwandlungsbeschlusses zum Betriebsratsvorsitzenden,

K. *Umwandlung*

3. Liste der Gesellschafter,
4. Sachgründungsbericht,
5. Umwandlungsbilanz mit Werthaltigkeitsbescheinigung.

Wir melden an:

1. Die Gesellschaft ist durch Formwechsel unter Beibehaltung ihres Zwecks und ihres Sitzes in eine Gesellschaft mit beschränkter Haftung in Firma X-GmbH umgewandelt worden.
2. Alle Gesellschafter haben dem Formwechsel zugestimmt und auf Klage gegen die Wirksamkeit des Umwandlungsbeschlusses verzichtet. Auf einen Umwandlungsbericht haben sie ebenfalls verzichtet.
3. Die Gesellschaft hat einen oder mehrere Geschäftsführer. Ist nur ein Geschäftsführer bestellt, so vertritt er die Gesellschaft allein. Sind mehrere Geschäftsführer bestellt, so wird die Gesellschaft durch zwei Geschäftsführer oder durch einen Geschäftsführer in Gemeinschaft mit einem Prokuristen vertreten. Die Gesellschafterversammlung kann unabhängig von der Zahl der bestellten Geschäftsführer jederzeit einem Geschäftsführer, mehreren oder allen Geschäftsführern Einzelvertretungsbefugnis erteilen sowie von den Beschränkungen des § 181 BGB befreien.
4. Zum ersten Geschäftsführer der Gesellschaft wurde Herr ... bestellt. Er ist berechtigt, die Gesellschaft stets allein zu vertreten. Er ist von den Beschränkungen des § 181 BGB befreit.

Herr ... gibt folgende Erklärung ab:
»Ich versichere hiermit ... .
Ich zeichne meine Unterschrift wie unter dieser Anmeldung.«

Die Geschäftsräume der X-GmbH befinden sich in ... .

...
(*Unterschrift des Geschäftsführers*)

... (*Beglaubigungsvermerk*)

4. Anfechtungsklage gegen die Wirksamkeit eines Verschmelzungsbeschlusses K 97

Landgericht
Kammer für Handelssachen
*(Adresse des LG, in dessen Bezirk
die GmbH ihren Sitz hat)*

Klage

des Herrn Axel Meier, ... *(Anschrift)*

– Kläger –

Prozessbevollmächtigte: Rae. ...

gegen

die Müller & Meier GmbH, ... *(Anschrift)*, vertreten durch ihren Geschäftsführer ...

– Beklagte –

Prozessbevollmächtigte: Rae. ...

wegen: Anfechtung eines Gesellschafterbeschlusses

Wir bestellen uns zu Prozessbevollmächtigten des Klägers, in dessen Namen und Auftrag wir Klage erheben mit den Anträgen:

1. Der zu Punkt ... der Tagesordnung der Gesellschafterversammlung der Müller & Meier GmbH vom ... gefasste Beschluss, durch den dem Verschmelzungsvertrag der Müller & Meier GmbH mit der ...GmbH (Notar ... UR ...) und der daraus resultierenden Änderung des Gesellschaftervertrags zugestimmt wurde, wird für nichtig erklärt.
2. Die Beklagte trägt die Kosten des Rechtsstreits.

Begründung

1. Der Kläger ist zusammen mit Herrn Bernd Müller aus Köln und Herrn Josef Schmidt aus Dortmund Gesellschafter der Beklagten.
   Beweis: Vorlage des Gesellschaftervertrages, **Anlage K 1**
2. Der Mitgesellschafter Müller hat als Geschäftsführer der Beklagten mit Schreiben vom 16. 2. 2000 zu einer Gesellschafterversammlung am 3. 3. 2000 geladen. Auf dieser Versammlung sollte unter TOP 1 Beschluss über die Verschmelzung mit der ... GmbH und dem daraus resultierenden neuen Gesellschaftsvertrag gefasst werden.
   Beweis: Vorlage des Schreibens vom 16. 2. 2000, **Anlage K 2**

K. Umwandlung

> Die Gesellschafterversammlung ist nicht ordnungsgemäß einberufen worden, da die in § 5 des Gesellschaftervertrages festgelegte Einberufungsfrist von drei Wochen nicht eingehalten wurde.
>
> 3. Aufgrund der verspäteten Ladung erlangte der Mitgesellschafter Schmidt nicht rechtzeitig Kenntnis von der Gesellschafterversammlung am 3. 3. 2000 und erschien nicht. Der Kläger hat zunächst jeglicher Beschlussfassung unter Hinweis auf die fehlerhafte Ladung widersprochen. Außerdem hat er vor der Abstimmung diese noch einmal ausdrücklich gerügt und zu Protokoll gegeben, dass er deswegen nicht abstimmen werde.
>
> Dennoch hat der Mitgesellschafter Müller der unter Top 1 der Tagesordnung aufgeführten Verschmelzung zugestimmt. Es hat somit allein der Gesellschafter Müller der Verschmelzung zugestimmt.
>
> Beweis: Vorlage des Protokolls der Gesellschafterversammlung von Notar ..., UR ..., **Anlage K 3**
>
> 4. Der Beschluss ist also aufgrund der fehlerhaften Ladung gemäß § 241 Nr. 1 AktG analog nichtig, weil die gesellschaftsvertraglich vorgesehene Ladungsfrist nicht eingehalten wurde.
>
> Außerdem erfordert ein Verschmelzungsbeschluss laut Gesellschaftervertrag die Zustimmung aller Gesellschafter. Auch dieses Erfordernis ist nicht erfüllt.
>
> ....
> *(Rechtsanwalt)*

K 98 5. Antrag gemäß § 16 Abs. 3 UmwG auf Feststellung, dass die Erhebung der Anfechtungsklage der Eintragung der Verschmelzung nicht entgegensteht

> Landgericht
> Kammer für Handelssachen
>
> *(LG, vor dem die
> Anfechtungsklage erhoben wurde,
> also Sitz der Gesellschaft)*
>
> **Antrag auf Erlass eines Unbedenklichkeitsbeschlusses nach § 16 III UmwG**
>
> der Müller & Meier GmbH, ... *(Anschrift)*, vertreten durch ihren Geschäftsführer ...

Prozeßbevollmächtigte: Rae. ...

– Antragstellerin –

gegen

den Herrn Axel Meier, ... *(Anschrift)*

– Antragsgegner –

Prozeßbevollmächtigte: Rae. ...

Zu dem vor dem LG ... anhängigen Rechtsstreit zwischen den Parteien (Az. ...) beantragen wir im Namen und im Auftrag der Antragstellerin:

1. Es wird gemäß § 16 III UmwG festgestellt, dass die Erhebung der beim LG ... erhobenen Klage (Az. ...) des Antragsgegners gegen die Wirksamkeit des Verschmelzungsbeschlusses der Gesellschafterversammlung der Antragstellerin vom ... der Eintragung der Verschmelzung der Antragstellerin mit der ABC-GmbH in das Handelsregister des Sitzes der Antragstellerin in ... und in das Handelsregister des Sitzes der ABC-GmbH in ... sowie der Eintragung in das Handelsregister des Sitzes der neu entstandenen ...GmbH in ... nicht entgegensteht.
2. Der Antragsgegner trägt die Kosten des Verfahrens.

Wegen der Dringlichkeit der Entscheidung wird gemäß § 16 III Satz 3 UmwG um Beschluss ohne vorherige mündliche Verhandlung gebeten.

Begründung

1. Mit seiner vor dem LG ... erhobenen Klage ficht der Antragsgegner die Wirksamkeit des unter Punkt ... der Tagesordnung der Gesellschafterversammlung der Antragstellerin vom ... gefassten Beschluss, durch den dem Verschmelzungsvertrag der Antragstellerin mit der ABC-GmbH (Notar ... UR ...) und der daraus resultierenden Änderung des Gesellschaftervertrags zugestimmt wurde, an. Als Begründung werden die verspätete Einberufung der Gesellschafterversammlung, die Nicht-Teilnahme des Gesellschafters Schmidt sowie die fehlende Zustimmung aller Gesellschafter angegeben.
2. Es soll nicht bestritten werden, dass die Gesellschafterversammlung zu spät einberufen wurde; allerdings beruhte die Abwesenheit des Gesellschafters Schmidt nicht auf diesem Mangel. Herr Schmidt hatte rechtzeitig Kenntnis von der Versammlung erlangt und Herrn Müller eine Abstimmungsvollmacht gemäß § 47 III GmbHG erteilt. In dieser Vollmacht hat der Mitgesellschafter Schmidt sich mit der Abhaltung der Gesellschafterversammlung auch ohne Einhaltung der Ladungsfrist ausdrücklich einverstanden erklärt und seine Zustimmung zu der in der Tagesordnung angekündigten Verschmelzung bekundet.

Diese Vollmacht wurde notariell beglaubigt und in der Gesellschafterversammlung vorgelegt.

Beweis: 1. Protokoll der Gesellschafterversammlung von Notar ..., UR ..., **Anlage K 1**

2. Vollmachtsurkunde, **Anlage K 2**

3. Herr Müller hat gemäß seiner Vollmacht im Namen von Herrn Schmidt dem Verschmelzungsvertrag und der Änderung des Gesellschaftsvertrages zugestimmt. Auch der Antragsgegner hat der Verschmelzung zugestimmt und diese Zustimmung bis zum heutigen Tag nicht widerrufen.

Beweis: Vorlage des Protokolls der Gesellschafterversammlung von Notar ..., UR ..., **Anlage K 1**

Die nicht ordnungsgemäße Einberufung war demnach nicht kausal für das Beschlussergebnis. Der Beschluss entspricht allen formellen und materiellen Anforderungen, so dass die Klage des Antragsgegners offensichtlich unbegründet ist. Die von diesem geltend gemachten Wirksamkeitshindernisse liegen nicht vor und stehen damit einer Eintragung nicht entgegen.

....
(Rechtsanwalt)

L. Rechnungslegung und Gewinnverwendung

Inhaltsübersicht

	Rdn.		Rdn.
I. Kurzkommentar		*IV. Publizität*	L 63
1. Rechnungslegung	L 1	*V. Sanktionen bei Verstoß gegen die Aufstellungs- und Offenlegungsvorschriften*	L 65a
2. Gewinnverwendung	L 6		
II. Jahresabschluss			
1. Buchführung	L 8	*VI. KonTraG*	L 66
2. Aufstellung	L 9	*VII. Beratungshilfen*	
3. Abschlussprüfung	L 20	1. Gestaltungsmöglichkeiten der Satzung für die Gewinnverwendung	L 67
4. Feststellung	L 28	2. Checklisten	L 72
III. Gewinnverwendung		a) Bedeutung der Größenklassen des § 267 HGB	L 72
1. Voraussetzungen des Gewinnanspruchs des Gesellschafters	L 33	b) Schwellenwerte zur Bemessung der Größe der Gesellschaft	L 73
a) Verwendbares Ergebnis	L 34	c) Zustandekommen des Jahresabschlusses	L 74
b) Verwendungsbeschluss	L 35	d) Voraussetzungen des Gewinnauszahlungsanspruchs des Gesellschafters	L 75
2. Altgesellschaften/Übergangsrecht	L 43		
3. Sonderformen der Gewinnausschüttung	L 44	*VIII. Muster*	
a) Vorabausschüttung	L 44	1. Regelung des Gesellschaftsvertrages zur Rückgängigmachung von vGA	L 76
b) Entnahme	L 45	2. Klage der GmbH gegen den Gesellschafter auf Rückgewähr einer vGA	L 77
c) »Schütt-aus-hol-zurück«-Verfahren	L 46		
d) Verdeckte Gewinnausschüttung	L 51		
aa) Begriff	L 51		
bb) Gesellschaftsrechtliche Zulässigkeit	L 55		
cc) Steuerrechtliche Folgen	L 58		

I. Kurzkommentar

1. Rechnungslegung

Das HGB enthält neben allgemeinen Bilanzvorschriften für alle Einzelkaufleute und Handelsgesellschaften (§§ 238 ff. HGB) besondere Bestimmungen für Kapitalgesellschaften (§§ 264 ff. HGB). **L 1**

Gemäß **§ 267 HGB** ist bei den Kapitalgesellschaften zu unterscheiden zwischen[1558] **L 2**

[1558] Vgl. auch den Überblick über die Bedeutung der Größenklassen und die Schwellenwerte zur Bemessung der Größe der Gesellschaft unten VI 2 a und b, Rdn. L 74 f.; ferner die ausführliche Darlegung in Beck GmbH-Hdb./*Langseder*, § 9.

L. Rechnungslegung und Gewinnverwendung

- **kleinen**
  § 267 Abs. 1 HGB:
  »Kleine Kapitalgesellschaften sind solche, die mindestens zwei der drei nachstehenden Merkmale nicht überschreiten:
  1. 6,72 Mio. DM Bilanzsumme nach Abzug eines auf der Aktivseite ausgewiesenen Fehlbetrags (§ 268 Abs. 3 HGB).
  2. 13,44 Mio. DM Umsatzerlöse in den zwölf Monaten vor dem Abschlussstichtag.
  3. Im Jahresdurchschnitt 50 Arbeitnehmer.«[1559]
- **mittleren**
  § 267 Abs. 2 HGB:
  »Mittelgroße Kapitalgesellschaften sind solche, die mindestens zwei der drei in Absatz 1 bezeichneten Merkmale überschreiten und mindestens zwei der drei nachstehenden Merkmale nicht überschreiten:
  1. 26,89 Mio. DM Bilanzsumme nach Abzug eines auf der Aktivseite ausgewiesenen Fehlbetrags (§ 268 Abs. 3 HGB).
  2. 53,78 Mio. DM Umsatzerlöse in den zwölf Monaten vor dem Abschlussstichtag.
  3. Im Jahresdurchschnitt 250 Arbeitnehmer.«[1560]
- **großen**
  § 267 Abs. 3 HGB:
  »Große Kapitalgesellschaften sind solche, die mindestens zwei der drei in Absatz 2 bezeichneten Merkmale überschreiten. Eine Kapitalgesellschaft gilt stets als große, wenn sie einen organisierten Markt im Sinne des § 2 Abs. 5 des Wertpapierhandelsgesetzes durch von ihr ausgegebene Wertpapiere im Sinne des § 2 Abs. 1 Satz 1 des Wertpapierhandelsgesetzes in Anspruch nimmt oder die Zulassung zum Handel an einem organisierten Markt beantragt worden ist.«

L 3 Die Rechtsfolgen der Qualifizierung einer Kapitalgesellschaft nach Größenmerkmalen treten nur ein, wenn sie an den Abschlussstichtagen von zwei aufeinander folgenden Geschäftsjahren über- bzw. unterschritten werden. Im Falle der Umwandlung oder Neugründung treten die Rechtsfolgen schon dann ein, wenn die Voraussetzungen des Absatzes 1, 2 oder 3 am ersten Abschlussstichtag nach der Umwandlung oder Neugründung vorliegen (§ 267 Abs. 4 HGB).

L 4 Bestandteil der Rechnungslegung von Kapitalgesellschaften ist der **Jahresabschluss**, der sich zusammensetzt aus

- der Bilanz,
- der Gewinn- und Verlustrechnung und
- dem Anhang,

(§§ 242 ff., 264 ff. HGB). Zusätzlich ist für mittlere und große Kapitalgesellschaften ein **Lagebericht** zu erstellen (§ 264 HGB).

L 5 Die **Aufstellung** des Jahresabschlusses und des Lageberichts ist Aufgabe der Geschäftsführer (§ 264 HGB). Gemäß §§ 316 ff. HGB unterliegen der Jahresabschluss und der Lagebericht von mittleren und großen Kapitalgesellschaften einer zwingenden **Abschlussprüfung** durch Abschlussprüfer. Bei mittelgroßen Gesellschaften kann

---

1559 Zur Ermittlung der Anzahl der Arbeitnehmer vgl. § 267 Abs. 5 HGB.
1560 Zur Ermittlung der Anzahl der Arbeitnehmer vgl. § 267 Abs. 5 HGB.

die Prüfung von vereidigten Buchprüfern und Buchprüfungsgesellschaften vorgenommen werden (§ 319 Abs. 1 Satz 2 HGB), bei großen Gesellschaften nur von Wirtschaftsprüfern oder Wirtschaftsprüfungsgesellschaften. Die **Feststellung** des Jahresabschlusses fällt in den Kompetenzbereich der Gesellschafter. Sie ist die Verbindlicherklärung des von den Geschäftsführern aufgestellten Jahresabschlusses[1561]. Die Geschäftsführer haben den Gesellschaftern den Jahresabschluss mit dem Lagebericht unverzüglich vorzulegen (vgl. §§ 42 a Nr. 1, 46 Nr. 1 GmbHG); er ist gemäß §§ 325 ff. HGB zu **publizieren**.

2. Gewinnverwendung

§ 29 GmbHG eröffnet den Gesellschaftern die Möglichkeit, mit **einfacher bzw. der nach dem Gesellschaftsvertrag vorgegebenen Mehrheit** zu beschließen, ob und inwieweit das Jahresergebnis an die Gesellschafter ausgeschüttet (Abs. 1) oder in der Gesellschaft einbehalten werden soll (Abs. 2). Diese dispositive Reglung findet nur Anwendung auf nach dem 1. Januar 1986 ins Handelsregister eingetragene Gesellschaften. Für die vor diesem Datum entstandenen Gesellschaften gilt weiterhin das **Vollausschüttungsgebot** des § 29 Abs. 1 a.F.[1562]. Danach können Rücklagen nur gebildet werden, wenn   L 6

- ein **einstimmiger Beschluss** vorliegt oder
- die Treuepflicht eine Thesaurierung gebietet oder
- der Gesellschaftsvertrag **eine Klausel über die Bildung von Rücklagen** enthält[1563].

Das **Gewinnbezugsrecht** bildet einen unselbständigen Bestandteil der Mitgliedschaft. Es kann nicht ohne den Geschäftsanteil übertragen werden. Abtretbar ist dagegen der konkrete **Gewinnauszahlungsanspruch**[1564], der mit der Beschlussfassung über die Gewinnverwendung entsteht[1565].   L 7

II. Jahresabschluss[1566]

1. Buchführung

Grundlage des Jahresabschlusses ist die Buchführung. Als Handelsgesellschaft (§ 6 Abs. 1 HGB i.V.m. § 13 Abs. 3 GmbHG) unterliegt jede GmbH der Pflicht zur ord-   L 8

[1561] *Hommelhoff/Priester*, ZGR 1986, 463, 474.
[1562] BGHZ 105, 206, 210; § 29 Abs. 1 GmbHG a.F. lautet: »Die Gesellschafter haben Anspruch auf den nach der jährlichen Bilanz sich ergebenden Reingewinn, soweit nicht im Gesellschaftsvertrag ein anderes bestimmt ist.«
[1563] Vgl. *Schmidt*, GesR, § 37 VI 2 b (S. 1180); zur Übergangsregelung des Art. 12 § 7 Abs. 1 GmbHÄndG s. u. III 2, Rdn. L 45.
[1564] MünchHdb.GesR III/*Priester*, § 58, Rdn. 8 ff.
[1565] Vgl. *Schmidt*, GesR, § 37 VI 3 a (S. 1181); zum Streitstand über die Bedeutung des Ergebnisverwendungsbeschlusses vgl. unten III 1 b, Rdn. L 35 ff.
[1566] Vgl. den Überblick unten VI 2 c, Rdn. L 76.

nungsgemäßen Buchführung (§ 238 HGB). Diese Pflicht ist öffentlich-rechtlicher Natur und nicht abdingbar[1567]. Die Zuständigkeit für die Wahrnehmung der Buchführung ist zwingend den Geschäftsführern zugewiesen (§ 41 GmbHG). Dies schließt aber keineswegs aus, dass diese Aufgabe auf Mitarbeiter delegiert wird. Die Buchführungspflicht erfordert dann neben der sorgfältigen Auswahl der Mitarbeiter deren Überwachung[1568].

2. Aufstellung

L 9   Die Verpflichtung zur Aufstellung des Jahresabschlusses obliegt gleichfalls den Geschäftsführern als Kollegialorgan (**§ 264 Abs. 1 Satz 1 HGB**). Möglich ist auch hier eine Delegation der Durchführung mit Kontrollverantwortlichkeit der Geschäftsführer[1569].

L 10   Das Gesetz sieht für die Aufstellung des Jahresabschlusses eine **Frist** von **drei Monaten** nach Abschluss des Geschäftsjahres vor (§ 264 Abs. 1 Satz 2 HGB). Kleine Kapitalgesellschaften dürfen den Jahresabschluss auch später aufstellen, wenn dies einem ordnungsgemäßen Geschäftsgang[1570] entspricht, müssen das aber auf jeden Fall innerhalb von sechs Monaten tun (§ 264 Abs. 1 Satz 3 HGB). Eine gesellschaftsvertragliche Verlängerung der Fristen ist nicht zulässig. Insbesondere ist bei der kleinen GmbH eine generelle Festlegung der Frist auf sechs Monate unwirksam[1571].

Nach § 264 Abs. 2 Satz 1 HGB muss der Jahresabschluss ein den tatsächlichen Verhältnissen der Gesellschaft entsprechendes Bild der Vermögens-, Finanz- und Ertragslage der Kapitalgesellschaft unter Beachtung der Grundsätze ordnungsmäßiger Buchführung (GOB)[1572] vermitteln (**true and fair view**). Neben diesen Grundsätzen der Bilanzwahrheit und Bilanzklarheit ist der Grundsatz der **Bilanzkontinuität** zu beachten, der einerseits die Verknüpfung der Jahresbilanz mit der vorausgegangenen und der folgenden Jahresbilanz sicherstellt (Bilanzidentität § 252 Abs. 1 Nr. 1 HGB) und andererseits die Einhaltung der gleichen Bewertungsgrundsätze von Bilanz zu Bilanz fordert (Bewertungsstetigkeit § 252 Abs. 1 Nr. 6 HGB).

L 11   Vorschriften über **Wertansätze** und **Abschreibungen** finden sich in den §§ 253 ff., 279 ff. HGB. Gemäß § 253 Abs. 1 HGB ist ein Vermögensgegenstand höchstens mit seinen Anschaffungs- oder Herstellungskosten, vermindert um Abschreibungen, anzusetzen (**Anschaffungskostenprinzip**). Die Anschaffungs- und Herstellungskosten sind in § 255 HGB abschließend definiert. Verbindlichkeiten sind zu ihrem Rück-

---

1567 *Hommelhoff/Priester*, ZGR 1986, 463, 465; Beck GmbH-Hdb./*Langseder*, § 9 Rdn. 1 ff.
1568 *Rowedder/Wiedmann*, GmbHG, § 41, Rdn. 2.
1569 *Hommelhoff/Priester*, ZGR 1986, 463, 468.
1570 Zum Begriff »ordnungsgemäßer Geschäftsgang« vgl. BFH, DB 1984, 696.
1571 BayObLG, DB 1987, 978: »Den gesetzlichen Vertretern kleiner Kapitalgesellschaften verbleiben zumindest drei Monate Zeit für die Aufstellungsarbeiten. Eine über diesen Zeitraum hinausgehende Frist muss einem ordnungsgemäßen Geschäftsgang entsprechen. Dieser weitere, allenfalls bis zu sechs Monaten während Aufstellungszeitraum lässt deshalb eine exakte Fristbestimmung in der Satzung nicht zu.«
1572 Der Begriff GOB umfasst alle Buchführungs- und Bilanzierungsgrundsätze; vgl. *Leffson*, Die Grundsätze ordnungsmäßiger Buchführung, mit umfangreichen Literaturnachweisen.

II. Jahresabschluss

zahlungsbetrag, Rentenverpflichtungen, für die eine Gegenleistung nicht mehr zu erwarten ist, zu ihrem Buchwert, und Rückstellungen nur in Höhe des Betrages anzusetzen, der nach vernünftiger kaufmännischer Beurteilung notwendig ist (§ 253 Abs. 1 HGB). Abschreibungen sind gem. § 253 Abs. 2 und 3 HGB vorzunehmen; Abschreibungen im Rahmen vernünftiger kaufmännischer Beurteilung (§ 253 Abs. 4 HGB) sind Kapitalgesellschaften, anders als Personenunternehmen, handelsrechtlich jedoch untersagt (§ 279 Abs. 1 HGB).

Kapitalgesellschaften dürfen zusätzlich nach steuerlichen Vorschriften zulässige Abschreibungen vornehmen (§§ 279 Abs. 2, 254 HGB). Dies sind z.B. solche nach den §§ 6 b, 7 a–k EStG[1573]. **L 12**

Finanzanlagen dürfen abgeschrieben werden; sie **müssen** abgeschrieben werden bei voraussichtlich dauernder Wertminderung (§§ 253 Abs. 2 Satz 3, 279 Abs. 1 Satz 2 HGB). Stille Reserven dürfen nicht aufrechterhalten werden. Gemäß § 280 Abs. 1 HGB (**Wertaufholungsgebot**) müssen zulässige Abschreibungen jeweils durch spätere Zuschreibungen korrigiert werden, wenn sich nachträglich herausstellt, dass die Abschreibung ganz oder teilweise unbegründet ist. Von der Zuschreibung kann gemäß § 280 Abs. 2 HGB jedoch abgesehen werden, wenn der niedrigere Wertansatz bei der steuerrechtlichen Gewinnermittlung beibehalten werden kann und wenn Voraussetzung für die Beibehaltung ist, dass der niedrigere Wertansatz auch in der Handelsbilanz beibehalten wird. Diese steuerrechtliche Voraussetzung liegt regelmäßig vor. Der Betrag von aus steuerrechtlichen Gründen unterlassenen Zuschreibungen ist im Anhang anzugeben und hinreichend zu begründen (§ 280 Abs. 3 HGB). **L 13**

Gemäß § 249 Abs. 2 HGB können alle Gesellschaften zum Zweck der Vorsorge für ganz bestimmte künftige Aufwendungen (z.B. für eine größere Reparatur) **Aufwendungsrückstellungen** bilden. Die Bildung dieser Rückstellungen ist an vier Voraussetzungen geknüpft[1574]: **L 14**

- Es muss sich um ihrer Eigenart nach genau umschriebene Aufwendungen handeln;
- die Aufwendungen müssen dem Geschäftsjahr oder einem früheren Geschäftsjahr zuzuordnen sein;
- die Aufwendungen müssen am Abschlussstichtag wahrscheinlich oder sicher sein;
- die Aufwendungen müssen hinsichtlich ihrer Höhe oder des Zeitpunkts ihres Eintritts unbestimmt sein.

Steuerrechtlich werden Aufwendungsrückstellungen nicht anerkannt.[1575] **L 15**

§ 266 HGB enthält das **Gliederungsschema** für die Bilanz. Es ist für mittelgroße und große Kapitalgesellschaften hinsichtlich Zusammensetzung und Reihenfolge der in Abs. 2 und Abs. 3 angegebenen Posten verbindlich (§ 266 Abs. 1 Satz 2 HGB). Für kleine Kapitalgesellschaften gelten dagegen Erleichterungen (vgl. § 266 Abs. 1 Satz 3 HGB); sie müssen nur eine verkürzte Bilanz aufstellen. **L 16**

Die **Aktivseite** zeigt die Mittelverwendung an. Auf der **Passivseite** werden die dem Unternehmen zur Verfügung gestellten finanziellen Mittel ausgewiesen. **L 17**

1573 Der Anwendungsbereich dieser Vorschriften wurde durch das StEntlG 1999/2000/2002 zum Teil auf »Existenzgründer« beschränkt.
1574 *Meyer-Landruth/Miller/Niehus/Scholz,* §§ 238–335 HGB, Rdn. 605 ff.
1575 BFH v. 8. 10. 1987, BStBl 1988, 57.

L. Rechnungslegung und Gewinnverwendung

Aktiva	Passiva
A. Anlagevermögen *I. Immaterielle Vermögensgegenstände* 1. Konzessionen, gewerbliche Schutzrechte und ähnliche Rechte und Werte sowie Lizenzen an solchen Rechten und Werten; 2. Geschäfts- und Firmenwert; 3. Geleistete Anzahlungen. *II. Sachanlagen* 1. Grundstücke, grundstücksgleiche Rechte und Bauten einschließlich der Bauten auf fremden Grundstücken; 2. Technische Anlagen und Maschinen; 3. Andere Anlagen, Betriebs- und Geschäftsausstattung; 4. Geleistete Anzahlungen und Anlagen im Bau. *III. Finanzanlagen* 1. Anteile an verbundenen Unternehmen; 2. Ausleihungen an verbundene Unternehmen; 3. Beteiligungen; 4. Ausleihungen an Unternehmen, mit denen ein Beteiligungsverhältnis besteht; 5. Wertpapiere des Anlagevermögens; 6. sonstige Ausleihungen. **B. Umlaufvermögen** *I. Vorräte* 1. Roh-, Hilfs- und Betriebsstoffe; 2. Unfertige Erzeugnisse, unfertige Leistungen; 3. Fertige Erzeugnisse und Waren; 4. Geleistete Anzahlungen. *II. Forderungen und sonstige Vermögensgegenstände* 1. Forderungen aus Lieferungen und Leistungen; 2. Forderungen gegen verbundene Unternehmen; 3. Forderungen gegen Unternehmen, mit denen ein Beteiligungsverhältnis besteht; 4. sonstige Vermögensgegenstände. *III. Wertpapiere* 1. Anteile an verbundenen Unternehmen; 2. Eigene Anteile; 3. Sonstige Wertpapiere. *IV. Schecks, Kassenbestand, Bundesbank- und Postgiroguthaben, Guthaben bei Kreditinstituten* **C. Rechnungsabgrenzungsposten**	**A. Eigenkapital** *I. Gezeichnetes Kapital* *II. Kapitalrücklage* *III. Gewinnrücklagen* 1. Gesetzliche Rücklage; 2. Rücklage für eigene Anteile; 3. Satzungsmäßige Rücklage; 4. Andere Gewinnrücklagen. *IV. Gewinnvortrag/Verlustvortrag* *V. Jahresüberschuss/Jahresfehlbetrag* **B. Rückstellungen** 1. Rückstellungen für Pensionen und ähnliche Verpflichtungen; 2. Steuerrückstellungen; 3. Sonstige Rückstellungen. **C. Verbindlichkeiten** 1. Anleihen, davon konvertibel; 2. Verbindlichkeiten gegenüber Kreditinstituten; 3. Erhaltene Anzahlungen auf Bestellungen; 4. Verbindlichkeiten aus Lieferungen und Leistungen; 5. Verbindlichkeiten aus der Annahme gezogener Wechsel und der Ausstellung eigener Wechsel; 6. Verbindlichkeiten gegenüber verbundenen Unternehmen; 7. Verbindlicheiten gegenüber Unternehmen, mit denen ein Beteiligungsverhältnis besteht; 8. sonstige Verbindlichkeiten davon, aus Steuern, davon im Rahmen der sozialen Sicherheit. **D. Rechnungsabgrenzungsposten**

Der **Anhang** als Bestandteil des Jahresabschlusses dient dem Verständnis und der Ergänzung von Bilanz und Gewinn- und Verlustrechnung[1576]. Er bringt Angaben, Aufgliederungen, Begründungen, Darstellungen und Erörterungen zur Bilanz und GuV-Rechnung oder zu einzelnen ihrer Posten, zu ihrem Inhalt, zu den angewandten Bewertungs- und Abschreibungsmethoden sowie zu Unterbrechungen der Darstellungs- und Bewertungsstetigkeit[1577]. Sein genauer Inhalt bestimmt sich im Wesentlichen nach den §§ 284–288 HGB. Für kleine und mittlere Gesellschaften enthält § 288 HGB Erleichterungen.

L 18

Der Inhalt des **Lageberichts** ergibt sich aus § 289 HGB. Er **muss** Ausführungen zum Geschäftsverlauf und der Lage des Unternehmens so darstellen, dass ein den tatsächlichen Verhältnissen entsprechendes Bild vermittelt wird. Er **soll** eingehen auf Vorgänge von besonderer Bedeutung, die nach dem Schluss des Geschäftsjahres eingetreten sind, die voraussichtliche Entwicklung des Unternehmens und den Bereich Forschung und Entwicklung. Der Lagebericht ist nicht Teil des Jahresabschlusses. Kleine Kapitalgesellschaften gemäß § 267 Abs. 1 HGB brauchen den Lagebericht nicht aufzustellen (§ 264 Abs. 1 Satz 3 HGB).

L 19

3. Abschlussprüfung

Der von den Geschäftsführern aufgestellte Jahresabschluss nebst Lagebericht ist gemäß § 316 HGB grundsätzlich durch einen Abschlussprüfer zu prüfen. Diese Verpflichtung ist zwingend, kann also nicht durch Satzung abbedungen werden[1578]. Das gilt für alle Kapitalgesellschaften mit Ausnahme der kleinen i.S.d. § 267 Abs. 1 HGB. In der kleinen GmbH kann aber eine **freiwillige Abschlussprüfung** angeordnet werden, und zwar entweder durch einfachen Gesellschafterbeschluss oder, wenn eine dauerhafte Regelung gewollt ist, durch eine entsprechende Satzungsbestimmung[1579].

L 20

Die Prüfung des Jahresabschlusses von mittleren und großen Kapitalgesellschaften ist Voraussetzung für dessen Feststellung (§ 316 Abs. 1 Satz 2 HGB). Analog § 256 Abs. 1 Nr. 2 und Nr. 3 AktG ist ein festgestellter Jahresabschluss, der nicht nach § 316 Abs. 1 und Abs. 3 HGB oder nicht von zugelassenen Abschlussprüfern geprüft worden ist (§ 319 Abs. 1 HGB), nichtig[1580].

Gegenstand der obligatorischen Abschlussprüfung sind nach § 317 Abs. 1 HGB der Jahresabschluss unter Einbeziehung der Buchhaltung sowie der Lagebericht. Die Prüfung des **Jahresabschlusses** hat sich darauf zu erstrecken, ob die gesetzlichen Vorschriften und die sie ergänzenden Bestimmungen des Gesellschaftsvertrages beachtet sind. Die Prüfung ist so anzulegen, dass Unrichtigkeiten und Verstöße gegen diese Bestimmungen, die sich auf die Darstellung des sich nach § 264 Abs. 2 HGB ergebenden

L 21

1576 MünchHdb.GesR III/*Halmburger/Leuthäuser*, § 57, Rdn. 45.
1577 WP-Handbuch 1996, Band I, S. 421 (Düsseldorf).
1578 *Hommelhoff/Priester*, ZGR 1986, 263, 481.
1579 *Hommelhoff/Priester*, ZGR 1986, 463, 492 f.; Sinn und Zweck freiwilliger Abschlussprüfungen ist es vielfach, Finanzbehörden oder Kreditinstituten die Ordnungsmäßigkeit der Buchführung und des Jahresabschlusses nachweisen zu können.
1580 *Rowedder/Wiedmann*, GmbHG, § 42 a, Rdn. 20.

Bildes der Vermögens-, Finanz- und Ertragslage des Unternehmens wesentlich auswirken, bei gewissenhafter Berufsausübung erkannt werden (§ 317 Abs. 1 Satz 3 HGB). Der **Lagebericht** ist darauf zu prüfen, ob er mit dem Jahresabschluss sowie mit den bei der Prüfung gewonnenen Erkenntnissen des Abschlussprüfers in Einklang steht und ob er insgesamt eine zutreffende Vorstellung von der Lage des Unternehmens vermittelt[1581]. Dabei ist auch zu prüfen, ob die Risiken der zukünftigen Entwicklung zutreffend dargestellt sind. Die Jahresabschlussprüfung ist eine umfassende Prüfung der Ordnungsmäßigkeit des Rechnungswesens und keine Prüfung der wirtschaftlichen Verhältnisse oder der Ordnungsmäßigkeit der Geschäftsführung. Die aktuelle wirtschaftliche Lage des Unternehmens zum Zeitpunkt der Durchführung der Prüfung ist nicht Gegenstand der obligatorischen Abschlussprüfung[1582]; die Gesellschaft kann sich also trotz tadelloser Rechnungslegung bereits in ernsten wirtschaftlichen Schwierigkeiten befinden[1583]. Deswegen haben die Gesellschafter u.U. ein berechtigtes Interesse daran, die wirtschaftliche Lage des Unternehmens sowie die Ordnungsmäßigkeit der Geschäftsführung zum Gegenstand **freiwilliger Zusatzprüfungen** zu machen. Diese sind uneingeschränkt zulässig. Allerdings finden die §§ 318 ff. HGB insoweit keine Anwendung[1584].

L 22 Abschlussprüfer können **Wirtschaftsprüfer** oder Wirtschaftsprüfungsgesellschaften sein, die nicht mit dem Unternehmen in einer Interessenverbindung stehen (vgl. hierzu im Einzelnen § 319 Abs. 2 und 3 HGB), bei mittelgroßen GmbH auch **vereidigte Buchprüfer** oder Buchprüfungsgesellschaften (§ 319 Abs. 1 HGB). Diese Bestimmungen sind zwingend. Die Satzung kann aber zusätzliche Anforderungen an die Person des Prüfers stellen (z.B. besondere Fachkenntnisse).

L 23 Die **Bestellung** des Abschlussprüfers erfolgt in **drei Schritten**:

- **Wahl durch die Gesellschafter oder das sonst zuständige Organ** (§ 318 Abs. 1 Satz 1, 2 HGB)
Soll der Abschlussprüfer nicht von den Gesellschaftern in der Gesellschafterversammlung gewählt werden[1585], so bedarf es einer besonderen Bestimmung in der Satzung. Diese kann die Kompetenz zur Wahl des Prüfers einem bestimmten Gesellschafter, einer Gesellschafterminderheit, dem Aufsichts- oder Beirat, einem Gesellschafterausschuss oder auch den Geschäftsführern zuweisen[1586].

1581 Zur Erweiterung des Prüfungsgegenstandes s. *Hommelhoff/Priester*, ZGR 1986, 463, 489 ff.
1582 Gleichwohl muss der Prüfer sie kennen, weil er ansonsten seinen konkreten Prüfungsaufgaben nicht nachkommen kann (*Lutter/Hommelhoff*, GmbHG, Anh § 42, Rdn. 26).
1583 *Hommelhoff/Priester*, ZGR 1986, 463, 489.
1584 *Lutter/Hommelhoff*, GmbHG, Anh § 42, Rdn. 59.
1585 Die Wahl des Abschlussprüfers durch die Gesellschafterversammlung erfolgt mit der gesetzlichen einfachen Mehrheit der abgegebenen Stimmen (§ 47 Abs. 1 GmbHG). Die Satzung kann eine höhere Mehrheit vorschreiben. Hiergegen spricht die Gefahr, dass eine Einigung nicht zustande kommt und der Prüfer gemäß § 318 Abs. 4 HGB vom Gericht bestellt wird.
1586 MünchHdb. GesR III/*Halmburger/Leuthäuser*, § 57, Rdn. 86; gegen eine Übertragung der Wahl des Abschlussprüfers auf die Geschäftsführung *Hommelhoff/Priester*, ZGR 1986, 463, 485.

Der Abschlussprüfer soll jeweils vor Ablauf des Geschäftsjahres gewählt werden, auf das sich die Prüfung bezieht (§ 318 Abs. 1 Satz 3 HGB). Die Wahl ist für jedes Jahr neu und gesondert vorzunehmen. Eine mehrjährige Wahlperiode ist unzulässig. Keine Bedenken bestehen grundsätzlich gegen eine Wiederwahl des Prüfers[1587].

- **Erteilung des Prüfungsauftrags durch die Geschäftsführer** (§ 318 Abs. 1 Satz 4 HGB)
  Die Geschäftsführer haben nach der Wahl den Prüfungsauftrag zu erteilen. Dieser kann durch die Gesellschaft nur dann widerrufen werden, wenn gemäß § 318 Abs. 3 HGB ein anderer Prüfer gerichtlich bestellt worden ist (§ 318 Abs. 1 Satz 5 HGB).

- **Annahme des Auftrags durch den Prüfer**
  Der Abschlussprüfer kann den einmal angenommenen Prüfungsauftrag nur aus wichtigem Grund kündigen (§ 318 Abs. 6 Satz 1 HGB). Kein wichtiger Grund sind Meinungsverschiedenheiten über den Inhalt des Bestätigungsvermerks, seine Einschränkung oder Versagung (§ 318 Abs. 6 Satz 2 HGB).

Die Einsichts- und Auskunftsrechte des § 320 HGB ermöglichen die ordnungsgemäße **Durchführung** der Abschlussprüfung. Sie bestehen deswegen nur insoweit, wie die ordnungsgemäße Prüfung es erfordert[1588]. L 24

Über Art und Umfang sowie über das Ergebnis der Prüfung wird ein schriftlicher **Prüfungsbericht** erstellt, in dem nicht nur der Jahresabschluss erläutert, sondern auch über die sich abzeichnenden Gefahren berichtet wird (§ 321 HGB). In dem Bericht ist vorweg zu der Beurteilung der Lage des Unternehmens durch die gesetzlichen Vertreter Stellung zu nehmen, wobei insbesondere auf die Beurteilung des Fortbestandes und der künftigen Entwicklung des Unternehmens unter Berücksichtigung des Lageberichts einzugehen ist, soweit die geprüften Unterlagen und der Lagebericht eine solche Beurteilung erlauben. Außerdem ist darzustellen, ob bei Durchführung der Prüfung Unrichtigkeiten und Verstöße gegen gesetzliche Vorschriften sowie Tatsachen festgestellt worden sind, die den Bestand des geprüften Unternehmens gefährden oder seine Entwicklung wesentlich beeinträchtigen können, oder die schwerwiegende Verstöße der gesetzlichen Vertreter oder von Arbeitnehmern gegen Gesetz, Gesellschaftsvertrag oder Satzung darstellen (§ 321 Abs. 1 HGB). Sind nach dem abschließenden Ergebnis der Prüfung keine Einwendungen zu erheben, so hat der Abschlussprüfer dies durch den in § 322 HGB vorgegebenen Vermerk zu bestätigen (**Bestätigungsvermerk**). Darin hat der Abschlussprüfer das Ergebnis der Prüfung zusammenzufassen. Der Bestätigungsvermerk hat neben einer Beschreibung von Gegenstand, Art und Umfang der Prüfung auch eine Beurteilung des Prüfungsergebnisses zu enthalten. Sind vom Abschlussprüfer keine Einwendungen zu erheben, hat er in seinem Bestätigungsvermerk zu erklären, »*dass die von ihm nach § 317 HGB durchgeführte Prüfung zu keinen Einwendungen geführt hat und dass der von den gesetzlichen Vertretern der Gesellschaft aufgestellte Jahresabschluss aufgrund der bei der Prüfung gewonnenen Erkenntnisse des Abschlussprüfers nach seiner Beurteilung unter Beachtung der* L 25

1587 *Hommelhoff/Priester*, ZGR 1986, 463, 486 f.; zu beachten sind aber die durch das KonTraG eingeführten Beschränkungen in § 319 Abs. 2 und 3 siehe hierzu unter Ziffer V, Rdn. L 66.
1588 *Rowedder/Wiedmann*, GmbHG, § 42 a, Rdn. 35.

Grundsätze ordnungsmäßiger Buchführung ein den tatsächlichen Verhältnissen entsprechendes Bild der Vermögens-, Finanz- und Ertragslage des Unternehmens vermittelt« (§ 322 Abs. 1 HGB)[1589].

Die Beurteilung des Prüfungsergebnisses soll allgemein verständlich und problemorientiert unter Berücksichtigung des Umstandes erfolgen, dass die gesetzlichen Vertreter den Abschluss zu verantworten haben. Auf Risiken, die den Fortbestand des Unternehmens gefährden, ist gesondert einzugehen (§ 322 Abs. 2 HGB).

Im Bestätigungsvermerk ist auch darauf einzugehen, ob der Lagebericht insgesamt nach der Beurteilung des Abschlussprüfers eine zutreffende Vorstellung von der Lage des Unternehmens vermittelt und ob die Risiken der künftigen Entwicklung zutreffend dargestellt sind (§ 322 Abs. 3 HGB).

L 26 Sind Einwendungen zu erheben, so muss der Abschlussprüfer den Bestätigungsvermerk **einschränken** oder **versagen** (§ 322 Abs. 4 HGB); die Versagung ist in den Vermerk, der nicht mehr als Bestätigungsvermerk bezeichnet werden darf, aufzunehmen. Einschränkung und Versagung sind zu begründen. Einschränkungen sind so darzustellen, dass deren Tragweite deutlich erkennbar wird.

L 27 Werden über die Durchführung **freiwilliger Prüfungen** bei kleinen Gesellschaften Bescheinigungen ausgestellt, so darf die Formel des § 322 Abs. 1 HGB nur dann zugrunde gelegt werden, wenn der Jahresabschluss zusätzliche Angaben zur Finanz- und Ertragslage enthält und ein den Vorgaben des § 319 Abs. 1 HGB entsprechender Abschlussprüfer die Rechnungslegung gemäß den gesetzlichen Maßstäben und dem gesetzlichen Verfahren geprüft hat. Die Grundsätze der Fachgutachten FG 1/1988 »Grundsätze ordnungsmäßiger Durchführung von Abschlussprüfungen« des Instituts der Wirtschaftsprüfer (IDW) sind auch in diesem Falle zu beachten. Zusätzlich muss kenntlich gemacht werden, dass es sich um eine freiwillige Prüfung handelt[1590]. **Freiwillige Zusatzprüfungen** bei mittelgroßen und großen Gesellschaften dürfen nicht in den gesetzlichen Bestätigungsvermerk einbezogen werden. Möglich ist aber ein zweiter, als freiwilliger deutlich abgegrenzter Vermerk[1591].

4. Feststellung

L 28 Die Geschäftsführer haben nach § 42 a Abs. 1 GmbHG den Jahresabschluss und den Lagebericht **unverzüglich** nach der Aufstellung den Gesellschaftern zum Zwecke der Feststellung des Jahresabschlusses **vorzulegen**, bei großen und mittelgroßen GmbH sind der Jahresabschluss und der Lagebericht gemäß § 320 Abs. 1 Satz 1 HGB nach der Aufstellung zunächst dem Abschlussprüfer und nach Eingang des Prüfungsberichts zusammen mit diesem den Gesellschaftern vorzulegen. Entsprechendes gilt bei der kleinen GmbH im Falle einer freiwilligen Abschlussprüfung[1592]. Hat die GmbH einen Aufsichtsrat, so sind der Jahresabschluss und der Lagebericht sowie ggf. der Prüfungsbericht des Abschlussprüfers zunächst ihm vorzulegen (§ 52 Abs. 1 GmbHG

1589 Zur Änderung des § 322 HGB durch das KonTraG vgl. unten Rdn. L 66.
1590 *Lutter/Hommelhoff*, GmbHG, Anh § 42, Rdn. 57.
1591 *Lutter/Hommelhoff*, GmbHG, Anh § 42, Rdn. 59.
1592 *Lutter/Hommelhoff*, GmbHG, § 42 a, Rdn. 2.

i.V.m. § 170 Abs. 1 AktG). Nach Eingang des Prüfungsberichts des Aufsichtsrates haben die Geschäftsführer den Gesellschaftern sämtliche Unterlagen als »Gesamtpaket« vorzulegen (§ 42 a Abs. 1 Satz 3 GmbHG)[1593].

Der Jahresabschluss wird erst mit seiner Feststellung **verbindlich**. Vorher handelt es sich lediglich um einen Entwurf der Geschäftsführung. Er kann also noch **abgeändert** oder ergänzt werden, wobei dann gemäß § 316 Abs. 3 HGB eine erneute Prüfung durch den Abschlussprüfer erforderlich ist, sofern der Entwurf Gegenstand einer Abschlussprüfung war[1594]. Der festgestellte Jahresabschluss ist Voraussetzung für den Beschluss über die Ergebnisverwendung[1595].   L 29

Nach der gesetzlichen Regelung des § 46 Nr. 1 GmbHG ist das **beschlussfassende Organ** die Gesellschafterversammlung[1596]. Der Gesellschaftsvertrag kann aber bei allen der in § 46 GmbHG genannten Aufgaben der Gesellschafterversammlung eine anderweitige Entscheidungszuständigkeit vorsehen (vgl. § 45 Abs. 2 GmbHG). Möglich ist insbesondere eine Zuweisung der Festellungskompetenz an einen oder mehrere Gesellschafter als Sonderrecht, an den Aufsichtsrat oder einen Bilanzausschuss[1597]. Nach bestrittener, aber h.M. kann die Satzung auch eine Alleinzuständigkeit der Geschäftsführer bestimmen[1598].   L 30

Die rechtliche **Trennung von Feststellungsbeschluss und Ergebnisverwendungsbeschluss** hat zur Folge, dass eine Kompetenzverlagerung hinsichtlich der Feststellung des Jahresabschlusses die Zuständigkeit der Gesellschafter für die Gewinnverwendung nicht berührt[1599]. Für den Feststellungsbeschluss durch die Gesellschafterversammlung ist hiernach auch dann nur eine einfache Mehrheit erforderlich, wenn der Gewinnverwendungsbeschluss eine qualifizierte Mehrheit erfordert[1600].   L 31

Die Feststellung des Jahresabschlusses und der Beschluss über die Ergebnisverwendung haben bis zum Ablauf der ersten **acht** (bei großen und mittelgroßen GmbH) bzw. **elf Monate** (bei kleinen GmbH) des Geschäftsjahres zu erfolgen (§ 42 a Abs. 2 Satz 1 GmbHG). Der Gesellschaftsvertrag kann diese Frist nicht verlängern (§ 42 a Abs. 2 Satz 2 GmbHG).   L 32

III. Gewinnverwendung

1. Voraussetzungen des Gewinnanspruchs des Gesellschafters

Der fällige Gewinn-Auszahlungsanspruch des Gesellschafters setzt   L 33
- die Aufstellung des Jahresabschlusses,
- den Ausweis eines Jahresüberschusses bzw. Bilanzgewinns,

[1593] *Scholz/Crezelius*, GmbHG, § 42 a, Rdn. 28.
[1594] *Scholz/Crezelius*, GmbHG, § 42 a, Rdn. 30.
[1595] *Rowedder/Wiedmann*, GmbHG, § 42 a, Rdn. 53.
[1596] Vgl. hierzu auch oben F VII 4 (Muster eines Protokolls einer ordentlichen Gesellschafterversammlung), Rdn. F 110.
[1597] *Scholz/Crezelius*, GmbHG, § 42 a, Rdn. 34.
[1598] Vgl. hierzu *Scholz/Crezelius*, GmbHG, § 42 a, Rdn. 35.
[1599] BGH, DB 1984, 716, 717; *Hachenburg/Hüffer*, GmbHG, § 46, Rdn. 23; *Hommelhoff/Priester*, ZGR 1986, 463, 477.
[1600] *Rowedder/Wiedmann*, GmbHG, § 42 a, Rdn. 53.

- die Feststellung dieses Jahresabschlusses sowie
- einen Gewinnverwendungsbeschluss

voraus.

a) Verwendbares Ergebnis

L 34 Vor der Entscheidung über die Ergebnisverwendung muss das **Jahresergebnis** zunächst festgestellt werden. Grundlage hierzu ist der Jahresabschluss, der nach den oben genannten Grundsätzen aufzustellen, zu prüfen und festzustellen ist.

§ 29 Abs. 1 GmbHG unterscheidet zwei Verwendungsmassen, die Gegenstand des Gewinnanspruchs des Gesellschafters sein können: den Jahresüberschuss und den Bilanzgewinn. Der **Jahresüberschuss** ist der in der Bilanz (§ 266 Abs. 3 Pos. A V HGB) und in der Gewinn- und Verlustrechnung ausgewiesene Gewinn des Geschäftsjahres, über dessen Ergebnis im Jahresabschluss Rechnung gelegt wird. Er wird vergrößert durch einen Gewinnvortrag (§ 266 Abs. 3 Pos. A IV HGB) und gemindert durch einen Verlustvortrag (§ 266 Abs. 3 Pos. A IV HGB). An die Stelle des Jahresüberschusses tritt der **Bilanzgewinn,** wenn der Jahresabschluss unter teilweiser Verwendung des Jahresergebnisses aufgestellt wird (§ 268 Abs. 1 HGB). Gleiches gilt, wenn Rücklagen aufgelöst wurden[1601].

b) Verwendungsbeschluss

L 35 Nach h. M. entsteht der Gewinn-Auszahlungsanspruch der Gesellschafter mit dem Ergebnisverwendungsbeschluss (§§ 29 Abs. 2, 46 Nr. 1 GmbHG)[1602]. Für die Gegenauffassung ist der Beschluss nicht **Voraussetzung für das Entstehen des Anspruchs,** sondern nur für dessen Fälligkeit; der Anspruch entstehe bereits mit der Feststellung des Jahresabschlusses, werde jedoch erst mit dem Verwendungsbeschluss durchsetzbar und sei bis dahin gehemmt[1603]. Der BGH hat sich inzwischen der h.M. angeschlossen[1604]. Danach entsteht mit Ablauf des Geschäftsjahres lediglich ein mitgliedschaftsrechtlicher Anspruch auf Feststellung des Jahresabschlusses und Fassung eines Gewinnverwendungsbeschlusses, während der Auszahlungsanspruch auf die ausgeschüttete Dividende erst mit dem Gewinnverwendungsbeschluss und durch denselben entsteht.

L 36 Eines besonderen **Beschlusses über die Verteilung des Ausschüttungsbetrages** auf die Gesellschafter bedarf es neben dem Ergebnisverwendungsbeschluss nicht[1605].

1601 Vgl. zur Unterscheidung Jahresüberschuss und Bilanzgewinn *Hachenburg/Goerdeler/Müller,* GmbHG, § 29, Rdn. 45 ff.; MünchHdb.GesR III/*Priester,* § 58, Rdn. 25 ff.
1602 *Hachenburg/Goerdeler/Müller,* GmbHG, § 29, Rdn. 4, 6; *Scholz/Emmerich,* GmbHG, § 29, Rdn. 58, 82.
1603 *Lutter/Hommelhoff,* GmbHG, § 29, Rdn. 4; MünchHdb.GesR III/*Priester,* § 58, Rdn. 58; vgl. auch OLG Hamm, DB 1989, 167.
1604 BGH, BB 1998, 635; BB 1998, 1327; BB 1998, 2279.
1605 MünchHdb.GesR III/*Priester,* § 58, Rdn. 80.

III. Gewinnverwendung

Im Gesellschaftsvertrag kann auf den gesonderten Verwendungsbeschluss verzichtet werden mit der Folge, dass dann über die Ergebnisverwendung zusammen mit der Feststellung des Jahresabschlusses entschieden wird[1606]. **L 37**

Der Gesellschaftsvertrag kann die **Verwendungszuständigkeit** der Gesellschafter (§§ 29 Abs. 2, 46 Nr. 1 GmbHG), die grundsätzlich mit einfacher Mehrheit entscheiden[1607], auf ein anderes Organ (Beirat, Ausschuss) oder einen einzelnen Gesellschafter verlagern[1608], allerdings nur insoweit, wie das Selbstbestimmungsrecht aller Gesellschafter gewahrt bleibt[1609]. Bei der Auslegung entsprechender Klauseln ist darauf zu achten, dass sich die Kompetenzübertragung klar und eindeutig hieraus ergeben muss[1610]. **L 38**

Die Gesellschafterversammlung bzw. das für den Verwendungsbeschluss zuständige Organ kann den Jahresüberschuss bzw. den Bilanzgewinn **L 39**

- **ausschütten** (§ 29 Abs. 1, 3 GmbHG);
  eine Ausschüttung des Jahresergebnisses hat nicht zwingend einen Mittelabfluss aus der Gesellschaft zur Folge. Denn die Gesellschafter können Gewinne als Darlehen stehenlassen[1611];
- auf neue Rechnung vortragen (**Gewinnvortrag**; § 29 Abs. 2 GmbHG);
  der Betrag, der als Gewinn vorgetragen wird, steht im Folgejahr erneut zur Disposition der Gesellschafter im Rahmen des Ergebnisverwendungsbeschlusses[1612];
- den **Gewinnrücklagen** (§ 29 Abs. 2 GmbHG) zuführen;
  dies bedeutet i.d.R. eine Erhöhung der anderen Gewinnrücklagen (§ 266 Abs. 3 Pos. A III 4 HGB). Rührt der Gewinn dagegen aus einer Auflösung der Kapitalrücklage, so ist er dieser wieder zuzuführen[1613].
  Ist ein Teil des Jahresüberschusses schon bei der Bilanzaufstellung in die Gewinnrücklagen (§ 266 Abs. 3 A III 4 HGB) eingestellt worden, so entscheiden die Gesellschafter bereits mit dem Feststellungsbeschluss über den Einbehalt des betreffenden Überschussanteils[1614]. Dies bedeutet allerdings nicht, dass der sich daran anschließende Beschluss zur Verwendung des Bilanzgewinns auf Ausschüttung lauten muss. Die Gesellschafterversammlung kann auch einen Bilanzgewinn in die Rücklagen einstellen[1615]. Sollen im folgenden Jahr die Rücklagen Gegenstand des Verwendungsbeschlusses sein, so müssen sie zunächst aufgelöst werden.

1606 *Scholz/Emmerich*, GmbHG, § 29, Rdn. 58.
1607 Vgl. hierzu oben F VII 4 (Protokoll einer ordentlichen Gesellschafterversammlung), Rdn. F 110.
1608 *Scholz/Emmerich*, GmbHG, § 29, Rdn. 62 f.
1609 *Hommelhoff/Priester*, ZGR 1986, 463, 504.
1610 BayObLG, NJW 1988, 426; *Scholz/Emmerich*, GmbHG, § 29, Rdn. 61.
1611 *Hachenburg/Goerdeler/Müller*, GmbHG, § 29, Rdn. 51; zur Frage der Umwandlung von Fremd- in Eigenkapital in Fällen des »Stehenlassens« s.o. H III 3 b bb, Rdn. H 70 ff.
1612 MünchHdb.GesR III/*Priester*, § 58, Rdn. 69.
1613 *Hachenburg/Goerdeler/Müller*, GmbHG, § 29, Rdn. 52.
1614 *Hommelhoff*, ZGR 1986, 418, 420 f.
1615 *Hachenburg/Goerdeler/Müller*, GmbHG, § 29, Rdn. 54; *Rowedder/Rowedder*, GmbHG, § 29, Rdn. 30; MünchHdb.GesR III/*Priester*, § 58, Rdn. 69; diese Vorgehensweise kommt in Betracht, wenn schon bei der Bilanzaufstellung eine Rücklage für eigene Anteile gebildet werden muss (§§ 266 Abs. 3 Pos. A III 2, 272 Abs. 4 HGB) und wenn die Gesell-

L. Rechnungslegung und Gewinnverwendung

L 40   Entsprechend der gesetzlichen Kompetenzzuweisung (§§ 29 Abs. 2, 46 Nr. 1 GmbHG) entscheiden die Gesellschafter mangels abweichender gesellschaftsvertraglicher Regelung mit einfacher Mehrheit über den Einbehalt oder die Ausschüttung des Gewinns. Es besteht daher die Gefahr, dass die Gesellschaftermehrheit sich über das Dividendeninteresse der Minderheit hinwegsetzt und diese »aushungert«. Das war unter der Geltung des Vollausschüttungsgebots des früheren Rechts anders, da hiervon ohne die Zustimmung **aller** Gesellschafter nicht abgewichen werden konnte[1616].

Dass eine Gewinnthesaurierung nicht unbegrenzt erfolgen kann, gebietet der **Minderheitenschutz**. Unklar sind jedoch dessen **konkrete Grenzen**[1617]. Die Vorschläge hierzu sind unterschiedlich[1618]. Die wohl h.M. stellt auf den Einzelfall ab und lässt eine Abwägung der Interessen der Gesellschaft an einer Thesaurierung einerseits und der Gesellschafter an einer Ausschüttung andererseits entscheiden[1619].

L 41   Da das Bedürfnis nach Minderheitenschutz sowie dessen konkrete Ausgestaltung im Einzelfall verschieden sein kann, empfiehlt sich die Aufnahme einer **individuell abgestimmten Ergebnisverwendungsklausel** in den Gesellschaftsvertrag[1620].

L 42   Beschließt die Gesellschafterversammlung die Ausschüttung der Gewinne, so ist gemäß § 29 Abs. 3 GmbHG der Ausschüttungsbetrag nach dem Verhältnis der Geschäftsanteile zu bemessen, wobei es auf den Nennbetrag und nicht auf die hierauf geleistete Einzahlung ankommt[1621]. Der Gesellschaftsvertrag kann andere **Gewinnverteilungsmaßstäbe** festlegen. In Betracht kommt eine Verteilung nach Köpfen oder nach dem Verhältnis der bereits geleisteten Einlagen.

2. Altgesellschaften/Übergangsrecht

L 43   Für Altgesellschaften, die vor dem 1. 1. 1986 in das Handelsregister eingetragen waren und für die das Vollausschüttungsgebot des § 29 GmbHG a.F. galt, enthält **Art. 12 § 7 GmbHGÄndG Übergangsbestimmungen**:

- Das Vollausschüttungsgebot gilt fort, wenn der Gesellschaftsvertrag keine hiervon abweichende Regelung enthält (Abs. 1).
- Solange die Gesellschafter nicht Gewinnverwendungsregeln im Gesellschaftsvertrag niedergelegt haben, werden sonstige Satzungsänderungen unabhängig von ihrem Gegenstand nicht ins Handelsregister eingetragen (sog. **Registersperre**, Abs. 2

---

schaftergesamtheit bei der Gewinnverwendung beschließt, für weitere Risiken vorzusorgen (vgl. *Hommelhoff*, ZGR 1986, 418, 421 f.).

1616 S.o. I 2, Rdn. L 9 ff.
1617 Vgl. hierzu *Hachenburg/Goerdeler/Müller*, GmbHG, § 29, Rdn. 63 ff.; *Lutter/Hommelhoff*, GmbHG, § 29, Rdn. 26 ff.; *Scholz/Emmerich*, GmbHG, § 29, Rdn. 70 f.
1618 Vgl. die Darstellung des Meinungsstandes bei *Hachenburg/Ulmer*, GmbHG, § 29, Rdn. 63.
1619 So MünchHdb.GesR III/*Priester*, § 58, Rdn. 74.
1620 Vgl. zu den einzelnen Gestaltungsmöglichkeiten unten VI 1, Rdn. L 69.
1621 *Lutter/Hommelhoff*, GmbHG, § 29, Rdn. 38; a.A. *Rowedder/Rowedder*, GmbHG, § 29, Rdn. 50.

Satz 1)[1622]. Hierdurch sollen die Gesellschafter angehalten werden, bei der nächsten Satzungsänderung auch die Ausschüttungsfrage zu klären.
- Abweichend von § 53 Abs. 2 Satz 1 GmbHG beschließen die Gesellschafter die Satzungsänderung zur Ergebnisverwendung mit **einfacher Mehrheit** (Abs. 2 Satz 2).

3. Sonderformen der Gewinnausschüttung

a) Vorabausschüttung

Häufig werden bereits während des laufenden Geschäftsjahres oder zwar nach dessen Ende, aber vor Feststellung des Jahresabschlusses Vorschüsse auf den erwarteten Jahresgewinn an die Gesellschafter ausgezahlt (sog. Vorabausschüttungen, Gewinnvorschüsse oder Zwischendividenden). Das GmbH-Recht enthält hierzu keine Regelung[1623]. Solche Zwischendividenden sind **zulässig**, solange das Kapitalerhaltungsgebot des § 30 GmbHG beachtet wird[1624]; einer satzungsmäßigen Ermächtigung bedarf es nicht[1625]. Vielmehr genügt eine **Beschlussfassung** der Gesellschafter. Vorabzahlungen stehen stets unter der **auflösenden Bedingung**, dass der Jahresabschluss einen Gewinn mindestens in entsprechender Höhe ausweist. Andernfalls sind die Vorschüsse zurückzuzahlen (§§ 812 ff. BGB)[1626]. Die **begründete Erwartung eines Jahresüberschusses** ist nach richtiger Ansicht allerdings keine Wirksamkeitsvoraussetzung für den Vorabausschüttungsbeschluss[1627]; ebensowenig bedarf es der Aufstellung einer **Zwischenbilanz** mit einem entsprechenden Gewinnausweis[1628]. Diese erleichtert aber die Feststellung, ob die Ausschüttung gegen § 30 GmbHG verstößt, und ist deshalb zu empfehlen.

L 44

b) Entnahme

Von Vorabausschüttungen zu unterscheiden sind Entnahmen, die nicht vom Vorhandensein eines ausschüttungsfähigen Gewinns abhängen[1629]. Sie sind im GmbHG nicht

L 45

1622 Vgl. BGHZ 105, 206, 209.
1623 Anders das Aktienrecht, vgl. § 59 AktG.
1624 *Scholz/Emmerich*, GmbHG, § 29, Rdn. 86; *Hachenburg/Goerdeler/Müller*, GmbHG, § 29, Rdn. 108; ohne Einfluss geblieben ist die a.A. des OLG Hamburg, GmbHR 1973, 123 (vgl. hierzu *Priester*, DB 1972, 2382 ff.).
1625 *Lutter/Hommelhoff*, GmbHG, § 29, Rdn. 45.
1626 *Hachenburg/Goerdeler/Müller*, GmbHG, § 29, Rdn. 102, 111.
1627 So *Hachenburg/Goedeler/Müller*, GmbHG, § 29, Rdn. 108; MünchHdb.GesR III/*Priester*, § 58, Rdn. 101; a.A. *Eder/Kallmeyer*, in: GmbH-Hdb. I, Rdn. 424.3; *Rowedder*, GmbHG, § 29, Rdn. 48.
1628 *Hachenburg/Goerdeler/Müller*, GmbHG, § 29, Rdn. 109.
1629 BGH, NJW 1984, 1037; *Kallmeyer*, in: GmbH-Hdb. I, Rdn. 424.3 a; MünchHdb.GesR III/*Priester*, § 58, Rdn. 107.

geregelt, können jedoch durch den Gesellschaftsvertrag eingeführt werden[1630] und dürfen das Stammkapital nicht angreifen (§ 30 GmbHG)[1631]. Der Gleichbehandlungsgrundsatz ist zu beachten.

c) »Schütt-aus-hol-zurück«-Verfahren

L 46   Das »Schütt-aus-hol-zurück«-Verfahren ist ein Kind des **gespaltenen Steuersatzes** und des **Anrechnungsverfahrens** gemäß §§ 23, 27 ff. KStG[1632]. Dementsprechend ist es nur noch für solche Ausschüttungen relevant, die noch dem Anrechnungsverfahren unterfallen. Durch das StEntlG wurde der vierte Teil des Körperschaftssteuergesetzes, in dem das Anrechnungsverfahren geregelt war, aufgehoben. Der Körperschaftssteuersatz beträgt ab dem Veranlagungszeitraum 2001 25 %, und zwar unabhängig davon, ob die Gewinne ausgeschüttet werden oder nicht. Bei Einbeziehung der zusätzlichen Gewerbesteuerbelastung ergibt sich eine Steuerbelastung von ca. 38,6 %. Das neue Körperschaftssteuerrecht gilt erstmals für den Veranlagungszeitraum 2001. Bei einem abweichenden Wirtschaftsjahr gilt das neue Recht ab dem Veranlagungszeitraum 2002.

L 47   Der Körperschaftsteuersatz für thesaurierte Gewinne beträgt bis zum Veranlagungszeitraum 2000 40 % (§ 23 Abs. 1 KStG). Werden die Gewinne ausgeschüttet, so mindert sich die Körperschaftsteuer gemäß § 27 KStG auf 30 %. Diese 30 % werden auf die Einkommensteuerschuld des Gesellschafters gemäß § 36 Abs. 2 Nr. 3 EStG angerechnet. Sie entfalten damit für den Gesellschafter die gleiche Wirkung wie einbehaltene Lohnsteuer oder geleistete Einkommensteuervorauszahlungen. Liegt der individuelle Einkommensteuersatz des Gesellschafters unter dem Thesaurierungssteuersatz der Gesellschaft, bietet es sich an, auch diejenigen Teile des Gewinns an die Gesellschafter auszuschütten, die an sich in der Gesellschaft verbleiben sollen, und diese anschließend wieder an die GmbH zurückzuführen.

L 48   Die **Rückführung** kann erfolgen, indem der Gesellschafter sich an der GmbH als **stiller Gesellschafter** beteiligt oder ihr ein **Darlehen** gewährt[1633]. Hierzu bedarf es klarer, im Vorhinein getroffener Vereinbarungen, wie sie auch zwischen fremden Dritten üblich sind. Liegen diese formalen Voraussetzungen nicht vor, so werden die Zinszahlungen steuerlich als (verdeckte) Gewinnausschüttungen behandelt (vgl. Rdn. B 108).

L 49   Möglich ist auch eine Einstellung des ausgeschütteten Betrags in die **Kapitalrücklage** im Rahmen einer »anderen Zuzahlung« (§ 272 Abs. 2 Nr. 4 HGB)[1634]. Diese

---

1630 *Kallmeyer,* in: GmbH-Hdb. I, Rdn. 424.3 a, verlangt ebenso wie für Vorabausschüttung Anhaltspunkte für ein entsprechendes Jahresergebnis.
1631 BGH, NJW 1984, 1037; *Hachenburg/Goerdeler/Müller,* GmbHG, § 29, Rdn. 122.
1632 Vgl. hierzu *Crezelius,* ZIP 1991, 49 ff.; *Baumbach/Hueck,* GmbHG, § 29, Rdn. 65, 91; *Rowedder/Rowedder,* GmbHG, § 29, Rdn. 100; MünchHdb.GesR III/*Priester,* § 58, Rdn. 109; *Sieger/Hasselbach,* GmbHR 1999, 205, 208; Beck GmbH-Hdb./*Ahrenkiel,* § 10, Rdnr. 78 ff.
1633 Es können dann aber die Grundsätze der eigenkapitalersetzenden Gesellschafterleistungen eingreifen (s.o. H III, Rdn. H 52 ff.).
1634 MünchHdb.GesR III/*Priester,* § 58, Rdn. 110 ff.

kann dann zur **Kapitalerhöhung** aus Gesellschaftsmitteln (§ 57 c GmbHG) verwendet werden. Eine (effektive) Kapitalerhöhung, bei der die als Darlehen zurückgeführten Beträge oder dasjenige, das durch »Stehenlassen« des Zahlungsanspruchs gegen die Gesellschaft entsteht, in Stammkapital umgewandelt wird, ist nur unter Beachtung der Sacheinlagevorschriften möglich[1635].

Die Festschreibung der **Verpflichtung zur Wiedereinlage** bestimmter Gewinnanteile in der Satzung setzt die Zustimmung aller Gesellschafter voraus[1636]. Die qualifizierte Mehrheit des § 53 Abs. 2 GmbHG genügt hierzu nicht, da die nachträgliche Einführung des »Ausschüttungsrückholverfahrens« eine Leistungsvermehrung bedeutet (§ 53 Abs. 3 GmbHG), der alle Gesellschafter zustimmen müssen. Die Pflicht zur Rückführung kann im Gesellschaftsvertrag als Nebenleistung (§ 3 Abs. 2 GmbHG) ausgestaltet werden[1637]; denkbar erscheint auch, die Rückführung als unbegrenzten Nachschuss gemäß §§ 26, 27 GmbHG in der Satzung vorzusehen, dessen fallweise Einforderung zur Disposition der Gesellschafterversammlung steht und welcher der Höhe nach vom jeweiligen Geschäftsanteil abhängt[1638].

L 50

Das »Schütt-aus-hol-zurück«-Verfahren wird unter Geltung des StEntlG seine Bedeutung verlieren, da die Gewinnausschüttung gegenüber der Gewinnthesaurierung steuerlich benachteiligt wird. Künftig führt eine Gewinnausschüttung an natürliche Personen nicht mehr zu einer steuerlichen Entlastung, sondern im Regelfall zu einer Zusatzbelastung, weil zur 25%igen Körperschaftsteuervorbelastung die Besteuerung des Anteilseigners nach dem Halbeinkünfteverfahren hinzutritt.

d) Verdeckte Gewinnausschüttung

aa) Begriff

Das Körperschaftsteuergesetz (KStG) verwendet den Begriff der verdeckten Gewinnausschüttung in § 8 Abs. 3 Satz 2, ohne ihn näher zu definieren. Die Rechtsprechung und die Finanzverwaltung (vgl. Abschnitt 31 Abs. 3 KStR) gehen von einer verdeckten Gewinnausschüttung (vGA) bei einem Vorgang aus, bei dem

L 51

- eine Vermögensminderung oder
- eine verhinderte Vermögensmehrung bei der GmbH eintritt, die
- durch das Gesellschaftsverhältnis veranlasst ist und
- sich auf die Höhe des Einkommens der Gesellschaft auswirkt und
- nicht auf einem den gesellschaftsrechtlichen Vorschriften entsprechenden Gewinnverteilungsbeschluss beruht[1639].

Die Erscheinungsformen der vGA sind vielfältig. Folgende grobe Einteilung **typischer Fallgestaltungen** ist jedoch möglich:

L 52

1635 Einzelheiten hierzu oben H IV 2 b, Rdn. H 105 ff.
1636 *Meyer-Landruth/Miller/Niehus*, GmbHG, § 29, Rdn. 20.
1637 *Hommelhoff/Priester*, ZGR 1986, 463, 516.
1638 *Roth/Altmeppen*, GmbHG, § 29, Rdn. 66.
1639 BFH, BB 1993, 849, 850; BFH, BB 1993, 917; *Wichmann*, BB 1995, 433.

- Lieferungen und Leistungen der GmbH an Gesellschafter zu einem unter dem Marktpreis liegenden Entgelt oder ohne Gegenleistung;
  Beispiel: Niedrige Zins-, Miet- oder Kaufpreisforderungen seitens der Gesellschaft[1640].

- Lieferungen und Leistungen des Gesellschafters an die GmbH zu einem über dem Marktpreis liegenden Entgelt.
  Beispiel: Überhöhte Geschäftsführervergütung[1641].

L 53 **Traditioneller Vergleichsmaßstab** zur Feststellung des Tatbestandes der vGA ist, ob die Gesellschaft das Geschäft unter sonst gleichen Umständen bei Anwendung der Sorgfalt eines ordentlichen und gewissenhaften Geschäftsleiters mit einem gesellschaftsfremden Dritten ebenfalls abgeschlossen hätte[1642]. Bejahendenfalls scheidet der Tatbestand einer vGA aus.

L 54 Der Rechtsfigur des ordentlichen und gewissenhaften Geschäftsführers wird in der jüngeren Rechtsprechung des BFH immer mehr verdrängt. Aktuell sind heute »**Fremdvergleich**« und »**Geschäftschancenlehre**« (Ausnutzung von Geschäftschancen der GmbH an dieser vorbei durch den Gesellschafter).

bb) Gesellschaftsrechtliche Zulässigkeit

L 55 Eine verdeckte Gewinnausschüttung im GmbH-Recht[1643] ist jedenfalls dann **unzulässig**, wenn durch sie das für die Erhaltung des Stammkapitals notwendige Vermögen angegriffen wird (§§ 30, 31 GmbHG). Aber auch oberhalb dieser zwingenden Grenze bestehen Bedenken. Die verdeckte Gewinnausschüttung kann nämlich die interne Zuständigkeit der Gesellschafter zur Gewinnverwendung verletzen, wenn sie nicht aufgrund eines Beschlusses der Gesellschafter erfolgt. Sie kann darüber hinaus zu einer Ungleichbehandlung der Gesellschafter oder zu einem Verstoß gegen die gesellschaftsrechtliche Treuepflicht führen[1644]. Im Übrigen erhebt die h.M. keine grundsätzlichen Einwände gegen die Zulässigkeit einer vGA[1645].

L 56 Das Problem der vGA aufgrund **Verletzung des Wettbewerbsverbots** wurde oben bereits behandelt[1646].

L 57 Liegt eine unzulässige vGA vor, so kann sich die Verpflichtung zur **Rückübertragung des Ausschüttungsgegenstandes** aus dem Gesellschaftsvertrag ergeben, falls

---

1640 BGHZ 31, 258, 275 f.
1641 BGHZ 111, 224, 227 f.
1642 *Lutter/Hommelhoff*, GmbHG, § 29, Rdn. 52.
1643 Für das Aktienrecht vgl. §§ 57, 58 AktG.
1644 *Hachenburg/Goerdeler/Müller*, GmbHG, § 29, Rdn. 130; MünchHdb.GesR III/*Priester*, § 58, Rdn. 120; *Lutter/Hommelhoff*, GmbHG, § 29, Rdn. 50.
1645 *Hachenburg/Goerdeler/Müller*, GmbHG, § 29, Rdn. 130; *Rowedder/Rowedder*, GmbHG, § 29, Rdn. 105; vgl. auch BGH, DB 1984, 340: »Die Gesellschafter einer GmbH sind rechtlich ohne weiteres in der Lage, nicht nur die Gewinne, sondern auch das übrige Vermögen auf sich zu übertragen, wenn sie sich einig sind und nicht zum Nachteil der Gläubiger gegen Kapitalerhaltungsvorschriften verstoßen.« *Priester*, ZGR 1993, 512, 529 f., fordert allerdings, dass der Vermögenstransfer offen erfolgt.
1646 S.o. D II 2, Rdn. D 22 ff.

III. Gewinnverwendung

dieser entsprechende Regelungen enthält[1647]. Fehlen solche und verletzt die vGA das Stammkapital (§ 30 GmbHG), ist der Gesellschafter gemäß § 31 GmbHG erstattungspflichtig. Bleibt das Stammkapital unberührt, ist streitig, ob die Rechtsgrundlage des Erstattungsanspruchs in § 31 GmbHG analog oder § 812 BGB zu sehen ist[1648]. Richtigerweise ist § 31 GmbHG heranzuziehen, insbesondere weil sonst die leichteren Fälle, die das Stammkapital unberührt lassen, erst nach dreißig Jahren, die schweren dagegen gemäß § 31 Abs. 5 GmbHG schon nach fünf Jahren verjähren[1649]. Daneben kommt zusätzlich ein Schadensersatzanspruch der Gesellschaft gegen den empfangenden Gesellschafter wegen Verletzung der gesellschaftsrechtlichen Treuepflicht in Betracht[1650].

cc) **Steuerrechtliche Folgen**

Von der gesellschaftsrechtlichen Zulässigkeit zu unterscheiden sind die steuerrechtlichen Folgen der vGA. Gemäß § 8 Abs. 3 KStG mindern vGA das Einkommen nicht. Es findet daher in Höhe der vGA eine **Hinzurechnung zum Einkommen** statt[1651]. L 58

Das zusätzliche Einkommen ist mit dem Körperschaftsteuersatz für thesaurierte Gewinne zu versteuern. Für den Fall, dass die vGA gleichzeitig einen Mittelabfluss bei der Gesellschaft und einen entsprechenden Zufluss bei dem Gesellschafter zur Folge hat, ist zusätzlich gemäß § 27 Abs. 3 Satz 2 KStG die **Ausschüttungsbelastung** herzustellen[1652]. Die Höhe der Körperschaftsteuer richtet sich nach dem Betrag, der dem Gesellschafter zugeflossen ist und der als Bardividende qualifiziert wird[1653]. Erfolgt der Mittelabfluss bei der GmbH später, ist die vGA bei der Gesellschaft zunächst mit 40 % zu versteuern und erst im Zeitpunkt des Abflusses wird die Ausschüttungsbelastung von 30 % hergestellt[1654]. L 59

Auf der Ebene des Gesellschafters zieht die Feststellung der vGA nicht nur den Erhalt der Bardividende nach sich, sondern auch den Erhalt der **Körperschaftsteuergutschrift** gemäß § 36 Abs. 2 Nr. 3 EStG. Diese Begünstigung des Gesellschafters erfolgt regelmäßig zum Nachteil der anderen Gesellschafter, da die Steuergutschrift häufig aus dem Abbau des vollbelasteten EK abgeleitet wird, das die Fähigkeit besitzt, allen L 60

1647 *Rowedder/Rowedder,* § 29, Rdn. 113; vgl. Muster VII 1 (Regelung des Gesellschaftsvertrages zur Rückgängigmachung von vGA) und VII 2 (Klage der GmbH gegen den Gesellschafter auf Rückgewähr einer vGA), Rdn. L 76 ff.
1648 § 812 BGB: *Baumbach/Hueck,* GmbHG, § 29, Rdn. 76; *Scholz/Emmerich,* GmbHG, § 29, Rdn. 105. § 31 Abs. 1 analog: *Lutter/Hommelhoff,* GmbHG, § 29, Rdn. 54; *Hachenburg/Goerdeler/Müller,* GmbHG, § 29, Rdn. 134.
1649 So *Stengel/Scholderer,* ZGR 1997, 41, 43.
1650 *Hachenburg/Goerdeler/Müller,* GmbHG, § 29, Rdn. 135; MünchHdb.GesR/III, § 58, Rdn. 123.
1651 *Rowedder/Rowedder,* GmbHG, § 29, Rdn. 106.
1652 Ob die Körperschaftsteuer im Falle der Ausschüttung gleich bleibt, sich mindert oder erhöht, hängt davon ab, welche Teilbeträge verwendet werden. Diese waren im Verhältnis zum Ausschüttungssteuersatz von 30 % entweder einer höheren (EK 50, EK 45 oder EK 40), gleichen (EK 30) oder niedrigeren Belastung (EK 0) unterworfen.
1653 Vgl. zum Ganzen *Rodewald,* BB 1994, 2013, 2014.
1654 Ab dem Veranlagungszeitraum 2001 reduziert sich der Körperschaftsteuersatz auf 25 %, und zwar unabhängig davon, ob die Gewinne ausgeschüttet werden oder nicht.

Gesellschaftern im Verhältnis ihrer Beteiligung Steuergutschriften zu vermitteln. Fehlt vollbelastetes EK, ist die vGA mit einer Körperschaftsteuererhöhung verbunden, die von der GmbH zu tragen ist[1655].

L 61 In Anbetracht der Unbilligkeit dieses Ergebnisses stellt sich die Frage nach **Ansprüchen** der Gesellschaft **auf Rückgewähr der Steuergutschrift** gegen den begünstigten Gesellschafter[1656]. Auch insoweit ist umstritten, ob – mangels gesellschaftsvertraglicher Regelung[1657] – auf § 31 GmbHG analog oder §§ 812 ff. BGB zurückzugreifen ist[1658]. Eine analoge Anwendung des § 31 GmbHG erscheint zweifelhaft, da sich dann die Steuergutschrift als Ausschüttungsbetrag seitens der Gesellschaft darstellen müßte, obwohl sie tatsächlich vom Finanzamt gewährt wird[1659]. Daneben können der Gesellschaft auch bezogen auf die Steuergutschrift Schadensersatzansprüche wegen Treuepflichtverletzung zustehen[1660].

L 62 Eine steuerrechtlich relevante **Rückgängigmachung der vGA** läßt die Rechtsprechung nur in engen Grenzen zu[1661]. Nach Auffassung der Finanzverwaltung ist eine Rückzahlung der vGA, selbst bei einer Klausel im Gesellschaftsvertrag, nach der die vGA unverzüglich zu erstatten ist, als Einlage des Gesellschafters zu bewerten[1662]. Ist die Bilanz erstellt und die Steuererklärung eingereicht, kann die vGA auf keinen Fall mehr rückgängig gemacht werden.

Unter Geltung des StEntlG, also **ab dem Veranlagungszeitraum 2001**, werden verdeckte Gewinnausschüttungen eher an Bedeutung verlieren. Denn der Anreiz zu finanziellen Überausstattungen des Gesellschafters entfällt, da diese der ungeminderten Steuerbelastung bei allen betroffenen Gesellschaften unterliegen, während Gewinnausschüttungen lediglich mit der Hälfte beim Anteilseigner besteuert werden.

IV. Publizität

L 63 Die Pflicht der GmbH zur Offenlegung regeln die §§ 325–329 HGB. Der Offenlegung unterfallen:

1655 Vgl. hierzu *Tillmann*, in: GmbH-Hdb. III, Rdn. 438.13.
1656 Vgl. Muster VII 2 (Klage der GmbH gegen den Gesellschafter auf Rückgewähr einer vGA), Rdn. L 79.
1657 Vgl. Muster VII 1 (Regelung des Gesellschaftsvertrages zur Rückgängigmachung von vGA), Rdn. 78.
1658 § 31 GmbHG: *Hachenburg/Goerdeler/Müller*, GmbHG, § 29, Rdn. 135; § 812 BGB: *Rowedder/Rowedder*, GmbHG, § 30, Rdn. 117; *Stengel/Scholderer*, ZGR 1997, 41, 49 ff.
1659 So *Stengel/Scholderer*, ZGR 1997, 41, 47 ff. Sie setzen sich für einen Anspruch der Gesellschaft gegen den begünstigten Gesellschafter aus Eingriffskondiktion ein. Eine Leistungskondiktion soll daran scheitern, dass nicht die Gesellschaft, sondern das Finanzamt Leistender ist. Der Eingriff in den Zuweisungsgehalt der Rechte der Gesellschaft ergebe sich daraus, dass die auf der Zahlung von Körperschaftsteuer für eine vGA beruhende Gutschrift aus Gesichtspunkten der Kapitalerhaltung der Gesellschaft zustehe (S. 53).
1660 Vgl. auch *Tillmann*, in: GmbH-Hdb. III, Rdn. 438.13, der diesen Anspruch allerdings den Gesellschaftern zubilligt.
1661 Grundlegend: BFHE 117, 44; 122, 52; 141, 261.
1662 BMF v. 6. 8. 1981, BStBl. 1981 I, 599.

- der Jahresabschluss mit dem Bestätigungsvermerk oder dem Vermerk über dessen Versagung,
- der Lagebericht,
- der Bericht des Aufsichtsrates,
- der Vorschlag über die Verwendung des Ergebnisses, soweit er sich nicht aus dem Jahresabschluss ergibt,
- der Beschluss über die Verwendung des Ergebnisses, soweit er sich nicht aus dem Jahresabschluss ergibt.

Angaben über die Ergebnisverwendung muss die GmbH nicht machen, wenn sich anhand dieser Angaben die Gewinnanteile von natürlichen Personen, die Gesellschafter sind, feststellen lassen (§ 325 Abs. 1 Satz 1 HGB). L 64

Der Umfang der Offenlegungspflichten bestimmt sich nach der Größe der Gesellschaft (§ 267 HGB). Die **große GmbH** hat sämtliche genannten Unterlagen innerhalb von neun Monaten nach dem Bilanzstichtag im Bundesanzeiger bekanntzumachen und zum Handelsregister einzureichen. Die **mittelgroße GmbH** muss die Bilanz und den Anhang nur in verkürzter Form offenlegen (§ 327 HGB). Die Offenlegung erfolgt durch Einreichung zum Handelsregister. Im Bundesanzeiger ist bekannt zu machen, bei welchem Handelsregister und unter welcher Nummer die Unterlagen eingereicht worden sind (§ 325 Abs. 1 HGB). Frist: Innerhalb von neun Monaten nach dem Bilanzstichtag (§ 325 Abs. 1 HGB). Die **kleine GmbH** muss nur die Bilanz und den Anhang innerhalb von 12 Monaten nach dem Bilanzstichtag offen legen (§ 326 HGB), wobei der Anhang keine die GuV-Rechnung betreffenden Angaben enthalten muss. Die Art der Offenlegung entspricht derjenigen der mittelgroßen GmbH. L 65

V. Sanktionen bei Verstoß gegen die Aufstellungs- und Offenlegungsvorschriften

Verstöße gegen die Vorschriften zur Aufstellung und Veröffentlichung des Jahresabschlusses sind mit empfindlichen Sanktionen belegt[1663]: L 65a

- Erzwingung der Pflicht zur Aufstellung des Jahres- und Konzernabschlusses durch Zwangsgeld bis zu 5000 €;
- Erzwingung der Pflicht zur Offenlegung durch Festsetzung eines Ordnungsgeldes in Höhe eines Betrages zwischen 2500 € und 25 000 €;
- das Registergericht schreitet nur auf Antrag ein; antragsberechtigt ist jedermann;
- Adressaten der Zwangsmaßnahmen sind die Mitglieder des vertretungsberechtigten Organs (Geschäftsführung) persönlich.

1663 Vgl. dazu *Jansen*, Publizitätsverweigerung und Haftung in der GmbH, 161 ff.

VI. KonTraG[1664]

L 66 Das Gesetz zur Kontrolle und Transparenz im Unternehmensbereich (KonTraG)[1665] geht über eine Änderung des Aktienrechts hinaus[1666]. Auch die GmbH wird hiervon betroffen:

- Hat die GmbH einen Aufsichtsrat und gelten für diesen gemäß § 52 GmbHG oder gemäß §§ 77 BetrVG 1952, 25 Abs. 1 Nr. 2 MitbestG aktienrechtliche Bestimmungen[1667], so hat die Änderung des **Verhältnisses von Aufsichtsrat und Abschlussprüfer** auch Auswirkungen auf die GmbH. Bei der paritätisch mitbestimmten GmbH, deren Jahresabschluss von einem Abschlussprüfer zu prüfen ist (§ 316 i.V.m. § 267 Abs. 1 HGB), bestellt nunmehr der Aufsichtsrat den von der Gesellschaftsversammlung zuvor gewählten Prüfer und nicht mehr die Geschäftsführung (§ 318 Abs. 1 Satz 4 HGB).
- Zur Sicherung der Unabhängigkeit des Abschlussprüfers sah § 319 Abs. 2 Nr. 8 HGB bisher vor, dass ein Prüfer von der Prüfung einer Kapitalgesellschaft ausgeschlossen ist, wenn er von ihr in den letzten fünf Jahren jeweils die Hälfte seiner Gesamteinnahmen bezogen hat. Diese Umsatzgrenze wurde durch das KonTraG auf 30 % abgesenkt.
- § 317 HGB n. F. umschreibt den gesetzlichen **Prüfungsumfang** neu. Damit soll vor allem eine stärkere Problemorientierung der Prüfung erreicht werden.
- Die Neufassung des den **Prüfungsbericht** betreffenden § 321 HGB führt in Anlehnung an die Änderung des § 317 HGB zu einer problemorientierten Darstellung. Der Prüfungsbericht ist sprachlich so abzufassen, dass er auch von nicht sachverständigen Aufsichtsratsmitgliedern verstanden wird.
- Schließlich wurde die Fassung des **Bestätigungsvermerks** geändert (§ 322 HGB). Die Übereinstimmung mit den gesetzlichen Vorschriften ist hiernach zur Vermeidung von Missverständnissen nicht mehr zu bestätigen. Gleichzeitig wird jedoch verlangt, dass der Abschlussprüfer seine Tätigkeit umschreibt und eine Bewertung des Prüfungsergebnisses in sein Testat aufnehmen muss.

VII. Beratungshilfen

1. Gestaltungsmöglichkeiten der Satzung für die Gewinnverwendung

L 67 Bei der Festlegung der Ergebnisverwendung im Gesellschaftsvertrag muss die Beratung auf die **individuellen Interessen** der Gesellschaft und ihrer Gesellschafter (The-

---

1664 Zum Ganzen vgl. *Altmeppen*, Die Auswirkungen des KonTraG auf die GmbH, ZGR 1999, 291–313.
1665 BGBl. (I) 1998, S. 786 ff.
1666 Vgl. *Klar*, DB 1997, 685, 688.
1667 Zum Aufsichtsrat vgl. unten Rdn. I 5 ff.

saurierungsinteresse der Gesellschaft/Ausschüttungsinteresse der Gesellschafter)[1668] abgestimmt werden.

Eine Klausel, welche die **Thesaurierung als den Regelfall** bestimmt, trägt dem Innenfinanzierungsinteresse der Gesellschaft Rechnung. Sie sollte nur bei einem Mangel an Eigenkapital herangezogen werden. L 68

Beispiel:
»Der Jahresüberschuss zuzüglich Gewinnvortrag und abzüglich Verlustvortrag (Jahresergebnis) ist in die Gewinnrücklagen einzustellen, soweit die Gesellschafterversammlung nicht etwas anderes beschließt.«[1669]

Hoher Eigenkapitalbedarf besteht typischerweise in der Aufbau- und in einer Sanierungsphase. Empfehlenswert ist eine Begrenzung der Thesaurierung der Höhe nach[1670]. L 69

Eine statutarische Festlegung der **Ausschüttung als Regelfall** birgt die Gefahr in sich, dass durch Ausnutzung bilanzpolitischer Spielräume das Verbot stiller Reserven (§§ 279 Abs. 1, 253 Abs. 4 HGB) umgangen wird, um die benötigten Mittel soweit wie möglich in der Gesellschaft zu halten[1671]. L 70

Beispiel:
»Der Jahresüberschuss zuzüglich Gewinnvortrag und abzüglich Verlustvortrag (Jahresergebnis) ist entsprechend dem Verhältnis ihrer Beteiligungen an die Gesellschafter auszuschütten, soweit die Gesellschafterversammlung nicht etwas anderes beschließt.«[1672]

Vielfach wird sich eine **Kombinationsklausel** anbieten, die vorsieht, dass ein Teil des Jahresergebnisses in die Rücklagen eingestellt, ein anderer an die Gesellschafter ausgeschüttet wird und über die Verwendung des dritten Teils die Gesellschafterversammlung beschließt. Eine solche Regelung befriedigt das Ausschüttungsbedürfnis der Gesellschafter, sorgt für die Innenfinanzierung der Gesellschaft und lässt dem Verwendungsorgan noch einen Freiraum, flexible Finanzierungsentscheidungen zu treffen[1673]. L 71

Beispiel:
»Vom Jahresüberschuss zuzüglich Gewinnvortrag und abzüglich Verlustvortrag (Jahresergebnis) ist ein Drittel in die Gewinnrücklagen zu überführen. Ein Drittel des Jahresergebnisses ist an die Gesellschafter im Verhältnis ihrer Beteiligungen auszuschütten. Über die Verwendung des Restbetrages entscheiden die Gesellschafter mit einfacher Mehrheit.«[1674]

1668 Vgl. zu den Kriterien der Gestaltung DB 1987, 671, 675 f.
1669 *Ehlke*, DB 1987, 671, 676.
1670 *Hommelhoff/Priester*, ZGR 1986, 463, 511.
1671 *Hommelhoff/Priester*, ZGR 1986, 463, 512.
1672 *Ehlke*, DB 1987, 671, 676.
1673 *Hommelhoff/Priester*, ZGR 1986, 463, 513 f.
1674 *Ehlke*, DB 1987, 671, 676.

2. Checklisten

L 72 a) **Bedeutung der Größenklassen des § 267 HGB**

> Die in § 267 HGB definierten Größenklassen von Kapitalgesellschaften haben Einfluss auf
> - die Aufstellungs- und Offenlegungsfristen (§§ 264 Abs. 1 Satz 2, 326 Satz 1 HGB),
> - die Gliederung von Bilanz und Gewinn- und Verlustrechnung (§§ 266 Abs. 1 Satz 3, 276, 326 Satz 1, 327 Nr. 1 HGB) sowie den Inhalt des Anhangs (§§ 274 a, 276 Satz 2, 288, 326 Satz 2, 327 Nr. 2 HGB),
> - die Pflicht zur Aufstellung eines Lageberichts (§ 264 Abs. 1 Satz 3 HGB),
> - die Prüfungspflicht (§ 316 Abs. 1 Satz 1 HGB),
> - die Offenlegungspflicht für die Gewinn- und Verlustrechnung (§ 326 Satz 1 HGB) und
> - die Art der Offenlegung (§ 325 Abs. 1 HGB).

L 73 b) **Schwellenwerte zur Bemessung der Größe der Gesellschaft**

Es müssen jeweils zwei der drei nachstehenden Kriterien an den Abschlussstichtagen von zwei aufeinanderfolgenden Geschäftsjahren erfüllt sein:

	Bilanzsumme	Umsatzhöhe	Arbeitnehmer
Kleine KapGes. (§ 267 Abs. 1 HGB)	≤ 6,72 Mio.	≤ 13,44 Mio.	≤ 50
Mittelgroße KapGes. (§ 267 Abs. 2 HGB)	6,72–26,89 Mio.	13,44–53,78 Mio.	51–250
Große KapGes. (§ 267 Abs. 3 HGB)[1675]	> 26,89 Mio.	> 53,78 Mio.	> 250

[1675] Bei beantragter oder erfolgter Börsenzulassung gilt die Kapitalgesellschaft stets als groß; vgl. Rdn. L 2.

c) Zustandekommen des Jahresabschlusses   L 74

	Zuständigkeit	Frist	Zu beachten
Aufstellung	Geschäftsführer, § 264 Abs. 1 Satz 1 HGB; aber: Delegationsmöglichkeit	3 Monate nach Abschluss des Geschäftsjahres, § 264 Abs. 1 Satz 2 HGB kleine Kapitalgesellschaft bis zu 6 Monate (§ 264 Abs. 1 Satz 3 HGB)	Bilanzwahrheit, Bilanzklarheit, Bilanzkontinuität, Anschaffungsprinzip, Verbot stiller Reserven (aber Möglichkeit der Bildung von Aufwandsrückstellungen § 249 HGB).
Prüfung, § 316 HGB	WP/ WPG oder VBP/ VBPG, § 319 HGB; Bestellung (§ 318 HGB): 1. Wahl und 2. Erteilung des Prüfungsauftrags durch die Gesellschafter.		Zwingend für alle KapGes, Ausnahme: kleine Ges.; Prüfung der Ordnungsmäßigkeit der Rechnungslegung. Freiwillige Zusatzprüfungen sind möglich.
Feststellung	Gesellschafterversammlung; Zuweisung an anderes Organ möglich.	Bis zum Ablauf der ersten 8 bzw. 11 Monate des Geschäftsjahres (§ 42 a Abs. 2 S. 1 GmbHG).	Verbindlicherklärung des aufgestellten JA; Änderungen und Ergänzungen sind noch möglich.

d) Voraussetzungen des Gewinnauszahlungsanspruchs des Gesellschafters   L 75

- Aufstellung des Jahresabschlusses;
- Ausweis eines Jahresüberschusses bzw. Bilanzgewinns;

Jahresüberschuss = der in der Bilanz und in der GuV-Rechnung ausgewiesene Gewinn des Geschäftsjahres.

Bilanzgewinn = der Gewinn, der sich ergibt, wenn der Jahresabschluss unter teilweiser Verwendung des Jahresergebnisses aufgestellt wird (§ 268 Abs. 1 HGB).

- Feststellung des Jahresabschlusses;
- Verwendungsbeschluss.

VIII. Muster

L 76 **1. Regelung des Gesellschaftsvertrages zur Rückgängigmachung von vGA**

Beispiel für eine Steuerklausel:

> »Abgesehen von Leistungen, die aufgrund eines ordnungsgemäßen Gewinnverteilungsbeschlusses erfolgen, ist es der Gesellschaft untersagt, einem Gesellschafter oder einer dem Gesellschafter nahestehenden natürlichen oder juristischen Person durch Rechtsgeschäft oder in sonstiger Weise Vorteile irgendwelcher Art zu gewähren, die unabhängigen Dritten unter gleichen oder ähnlichen Umständen von einem pflichtgemäß handelnden ordentlichen Geschäftsführer nicht gewährt würden oder die steuerlich als verdeckte Gewinnausschüttung anzusehen wären oder gegen § 30 GmbHG verstießen.
> Im Falle der Zuwiderhandlung entsteht für die Gesellschaft bereits zum Zeitpunkt der Vorteilsgewährung gegenüber dem Begünstigten ein Anspruch auf Erstattung des Vorteils oder, nach Wahl der Gesellschaft, Ersatz seines Wertes in Geld, sowie auf Zahlung angemessener Zinsen für die Zeit zwischen der Gewährung des Vorteils und der Erstattung.
> Als Begünstigter i.S.v. Abs. 2 gilt derjenige, dem der Vorteil steuerlich zuzurechnen ist, und zwar ohne Rücksicht darauf, ob dieser letztlich einem Dritten zugute gekommen ist und wie sich der Begünstigte mit diesem auseinandersetzt. Falls und soweit aus rechtlichen Gründen gegen den Begünstigten kein Anspruch gegeben ist, richtet sich der Anspruch gegen den Gesellschafter, dem der Begünstigte nahesteht. Einem Gesellschafter gegenüber kann der Anspruch auch durch Aufrechnung mit dessen Gewinnansprüchen geltend gemacht werden.
> Die Gesellschaft hat den ihr entstehenden Erstattungs- oder Ersatzanspruch in der Handelsbilanz für den Zeitraum, in dem der Anspruch entstanden ist – gegebenenfalls durch nachträgliche Bilanzberichtigung – zu aktivieren und einen so entstehenden Handelsbilanzgewinn aufgrund eines Gesetz und Gesellschaftsvertrag entsprechenden, gegebenenfalls neu zu fassenden Gewinnverteilungsbeschlusses an die Gesellschafter auszuschütten.«

2. Klage der GmbH gegen den Gesellschafter auf Rückgewähr einer vGA[1676]   L 77

Landgericht Düsseldorf
Kammer für Handelssachen

Klage

der Meier & Müller GmbH, Wasserstraße 7, 40213 Düsseldorf, vertreten durch ihren alleinvertretungsberechtigten Geschäftsführer Axel Meier, ebendort
– Klägerin –

gegen

Herrn Ludwig Müller, Leostraße 4, 40545 Düsseldorf
– Beklagter –

wegen: verdeckter Gewinnausschüttung
Streitwert: DM 841.000

Wir bestellen uns zu Prozessbevollmächtigten der Klägerin, in deren Namen und Auftrag wir Klage erheben. Wir werden beantragen zu erkennen:

1. Der Beklagte wird verurteilt, an die Klägerin DM 841.000,00 nebst 4 % Zinsen seit dem ... zu bezahlen.
2. Die Kosten des Rechtsstreits werden dem Beklagten auferlegt.
3. Das Urteil wird – notfalls gegen Sicherheitsleistung (auch Bank- oder Sparkassenbürgschaft) – für vorläufig vollstreckbar erklärt.

Begründung

A. Sachverhalt

Mit der vorliegenden Klage begehrt die Klägerin den Ausgleich von Vorteilen, welche der Beklagte als ihr ehemaliger Gesellschafter und Geschäftsführer im Zusammenhang mit verdeckten Gewinnausschüttungen (»vGA«) erlangt hat.

1. In der Zeit seiner Geschäftsführung bei der Klägerin erhielt der Beklagte für das Geschäftsjahr 1996 Gehalt und Tantieme in einer Gesamthöhe von 1 500 000 DM. Die Auszahlung hat der Beklagte selbst veranlasst, ohne zuvor einen Gesellschafterbeschluss herbeizuführen.

[1676] Der mit der Klage u. a. verfolgte Ausgleich des steuerlichen Vorteils basiert auf der Anrechnung der von der Gesellschaft gezahlten Körperschaftsteuer auf die Einkommensteuerschuld des Gesellschafters. Bei Geltung des durch das StEntlG eingeführten Halbeinkünfteverfahrens entfällt dieser Vorteil.

In einer im Juli 1997 durchgeführte Betriebsprüfung vertrat der Betriebsprüfer die Ansicht, dass derart hohe Zuwendungen einem Fremdgeschäftsführer nicht gewährt worden wären. Dem Fremdvergleich halte lediglich ein Teilbetrag in Höhe von DM 800 000 stand; der Restbetrag von DM 700 000 sei in der Gesellschafterstellung des Beklagten begründet. Dementsprechend wurde dieser Betrag durch die Betriebsprüfung wie folgt in vGA umqualifiziert:

Leistungen	**anrechenbare KSt**	**zu versteuernde Einnahme**
DM 700 000	DM 300 000	DM 1 000 000

3. Neben den vorstehend dargestellten zuwendungsbedingten Belastungen der Klägerin ergab sich als Folge der Umqualifizierung der Gehaltszahlung in laufenden Gewinn auch eine steuerliche Entlastung bei dem Beklagten. Wird nämlich eine Zahlung an einen Gesellschafter als Gewinnausschüttung gewürdigt, so stellt der ausgezahlte Betrag aus Sicht der Gesellschaft eine Dividende dar. Im Fall der Erteilung einer Steuerbescheinigung und der Steuerentrichtung durch die Gesellschaft erfolgt in Höhe der Ausschüttungsbelastung eine Steuergutschrift beim Gesellschafter (§ 36 Abs. 2 Nr. 3 EStG), die auf die Einkommensteuer angerechnet wird. Aufgrund dieses körperschaftsteuerlichen Anrechnungsverfahrens erteilte das Finanzamt dem Beklagten einen geänderten Steuerbescheid, wonach sich – ausgehend von dem Steuersatz des Beklagten von 53 % – eine Einkommensteuerersparnis des Beklagten von DM 141 000 ergab.

4. Nach Ziffer X des Gesellschaftsvertrages ist es der Gesellschaft untersagt, Gesellschaftern Vorteile zu gewähren, die steuerlich als vGA anzusehen sind; es heißt dort u. a.

»Abgesehen von Leistungen, die aufgrund eines ordnungsgemäßen Gewinnverteilungsbeschlusses erfolgen, ist es der Gesellschaft untersagt, einem Gesellschafter oder einer einem Gesellschafter nahestehenden natürlichen oder juristischen Person durch Rechtsgeschäft oder in sonstiger Weise Vorteile irgendwelcher Art zu gewähren, die unabhängigen Dritten unter gleichen oder ähnlichen Umständen von einem pflichtgemäß handelnden ordentlichen Geschäftsführer nicht gewährt würden oder die steuerlich als verdeckte Gewinnausschüttung anzusehen wären oder gegen § 30 GmbHG verstießen.

Im Falle der Zuwiderhandlung entsteht für die Gesellschaft bereits zum Zeitpunkt der Vorteilsgewährung gegenüber dem Begünstigten ein Anspruch auf Erstattung des Vorteils oder, nach Wahl der Gesellschaft, Ersatz seines Wertes in Geld, sowie auf Zahlung angemessener Zinsen für die Zeit zwischen der Gewährung des Vorteils und der Erstattung von Ersatzleistung.«

Eine der vorstehenden entsprechende Regelung enthält auch Ziffer V des Geschäftsführer-Anstellungsvertrag des Beklagten.

5. Durch Gesellschafterbeschluss vom … ist die Geltendmachung des Klageanspruchs beschlossen worden (§ 46 Nr. 8 GmbHG).

B. Rechtliche Würdigung

Der Klageanspruch i.H.v. DM 841 000 setzt sich zusammen aus der Gehalts-Rückforderung i.H.v. DM 700 000 sowie dem Erstattungsanspruch wegen unberechtigter Inanspruchnahme des Steuervorteils zu Lasten der Klägerin i.H.v. DM 141 000.

I. Gehaltsrückzahlung

In Höhe von DM 700 000 ergibt sich der Klageanspruch aus Ziffer X des Gesellschaftsvertrages i.V.m. Ziffer V des Geschäftsführer-Anstellungsvertrages. Hiernach ist der Beklagte verpflichtet, den Teil seiner Bezüge, der steuerlich als vGA qualifiziert worden ist, an die Klägerin zu erstatten.

II. Steuervorteil

Insoweit folgt die Begründetheit der Klageforderung aus der Verletzung gesellschaftsrechtlicher Treuepflichten durch den Beklagten. Durch die Qualifizierung eines Teils seiner Bezüge als vGA hat sich die Körperschaftsteuer der Klägerin um DM 300 000 erhöht. Außerdem ist die Gesellschaft mit Gewerbesteuer in Höhe von DM ... belastet worden. Diese Nachteile sind unmittelbarer Ausfluss der gesellschaftsvertragswidrigen Gewährung von Zuwendungen an den Beklagten.

Weiterhin ist der Anspruch aus § 31 GmbHG analog begründet. Bei der Steuergutschrift handelt es sich um eine Ausschüttung im Sinne dieser Vorschrift, da die Leistung bei wirtschaftlicher Betrachtungsweise aus dem Vermögen der Klägerin erbracht wurde. Die höhere Körperschaftsteuerlast der Klägerin hat sich in einem Steuervorteil des Beklagten realisiert.

Der Anspruch auf Erstattung des Vorteils aus dem körperschaftsteuerlichen Anrechnungsverfahren ergibt sich weiterhin aus § 812 Abs. 1 Satz 1, 2. Alt. BGB, da der Beklagte insoweit zu Unrecht bereichert ist. Mangels Gesellschafterbeschlusses über die Gewinnverwendung ist die zuwendungsbedingte Bereicherung rechtsgrundlos erfolgt. Da die Steuergutschrift als solche nicht herausgegeben werden kann, ist der Beklagte zum Wertersatz verpflichtet, § 818 Abs. 2 BGB.

Rechtsanwalt

M. Steuern

Inhaltsübersicht

	Rdn.
I. Kurzkommentar	M 1
II. Körperschaftsteuer	
1. Unbeschränkte/beschränkte KSt-Pflicht der GmbH	M 2
2. Beginn und Ende der Steuerpflicht	M 3
3. Ermittlung des zu versteuernden Einkommens	M 5
4. Besteuerung des Einkommens	M 8
5. Anrechnungsverfahren mit gespaltenen Steuersätzen	M 10
6. Besteuerung der GmbH ab dem Veranlagungszeitraum 2001	M 13
7. Veräußerung von Anteilen an einer GmbH	M 18
a) EStG	M 19
aa) Anteile im Privatvermögen	M 20
bb) Anteile im Betriebsvermögen	M 23
b) KStG	M 27

	Rdn.
III. Sonstige Steuern	
1. Gewerbesteuer	M 33
2. Grunderwerbsteuer	M 38
3. Umsatzsteuer	M 42
IV. Beratungshilfen	
1. Steuerklauseln	M 43
2. Reform der Unternehmensbesteuerung 2000	M 46
a) Belastungsvergleich	M 46
b) Folgerungen	M 47
c) Berücksichtigung von Aufwendungen	M 48
d) Kapitalertragssteuer	M 49
3. Checklisten	M 50
a) Körperschaftsteuerliches Anrechnungsverfahren (bis VZ 2000)	M 50
b) Ermittlung des zu versteuernden Einkommens	M 51
c) Beispielsfälle verdeckter Gewinnausschüttungen	M 52

I. Kurzkommentar

Als juristische Person ist die GmbH Rechts- und damit **Steuersubjekt**. Worauf sich die Steuerpflicht erstreckt, ergibt sich aus den Steuergesetzen[1677]. Für ihre Steuerschulden kann die GmbH mit ihrem gesamten Vermögen in Anspruch genommen werden. Ihre Gesellschafter haften für Steuern grundsätzlich nicht, wohl aber ihre Geschäftsführer, die für die Erfüllung der steuerlichen Pflichten der Gesellschaft zu sorgen haben (§ 34 Abs. 1 AO) und persönlich für Steuerschulden haften können, insbesondere soweit Steuern vorsätzlich oder grob fahrlässig nicht rechtzeitig festgesetzt oder erfüllt werden (§ 69 AO)[1678].

M 1

[1677] Über den Beginn der Steuerpflicht bei der Vorgründungsgesellschaft und der Vorgesellschaft s.o. B X, Rdn. B 98 ff.
[1678] Vgl. hierzu *Nehm*, DB 1987, 124 ff.

II. Körperschaftsteuer

1. Unbeschränkte/beschränkte KSt-Pflicht der GmbH

M 2 Die GmbH unterliegt der **unbeschränkten KSt-Pflicht**, wenn sich entweder ihr Sitz oder ihre Geschäftsleitung im Inland befindet (§ 1 Abs. 1 KStG). Die unbeschränkte Körperschaftsteuerpflicht erstreckt sich auf sämtliche (in- und ausländische) Einkünfte (§ 1 Abs. 2 KStG). Als Sitz gilt steuerrechtlich der durch Gesellschaftsvertrag oder Satzung bestimmte Ort (§ 11 AO). Der Ort der Geschäftsleitung ist aus den Umständen zu ermitteln (§ 10 AO: »Mittelpunkt der geschäftlichen Oberleitung«). Es kommt darauf an, wo die für die Geschäftsführung nötigen Maßnahmen von Wichtigkeit angeordnet werden[1679]. Hat die GmbH im Inland weder ihren Sitz noch ihre Geschäftsleitung, ist sie beschränkt steuerpflichtig (§ 2 Nr. 1 KStG). Die beschränkte Steuerpflicht erfasst nur bestimmte inländische Einkünfte i.S.v. § 49 EStG (§§ 2 Nr. 1, 8 KStG).

2. Beginn und Ende der Steuerpflicht

M 3 Die Körperschaftsteuerpflicht **beginnt** nicht erst mit dem Entstehen der GmbH als juristischer Person durch Eintragung im Handelsregister (§ 11 Abs. 1 GmbHG), sondern bereits mit der Errichtung der GmbH durch Abschluss des Gesellschaftsvertrages in notarieller Form. Die Vor-GmbH ist als selbständiger Rechtsträger also schon körperschaftsteuerpflichtig[1680].

M 4 Die Körperschaftsteuerpflicht **endet** mit der Beendigung der Liquidation. Die Auflösung der GmbH und der Beginn der Liquidation berühren ihre Steuerpflicht nicht[1681].

3. Ermittlung des zu versteuernden Einkommens[1682]

M 5 Die **Bemessungsgrundlage** für die tarifliche KSt ist gemäß § 7 Abs. 1 KStG das zu versteuernde Einkommen. Da das KStG keinen eigenständigen Einkommensbegriff definiert, erfolgt die Berechnung nach den Vorschriften des Einkommensteuerrechts[1683]. Diese werden ergänzt durch §§ 7–22 KStG.

M 6 Die GmbH ist als Kaufmann kraft Rechtsform zur Führung von Büchern verpflichtet (§§ 6, 238 HGB, § 42 GmbHG). Dementsprechend sind bei ihr alle Einkünfte als **Einkünfte aus Gewerbebetrieb** zu behandeln (§ 8 Abs. 2 KStG). Die Einkünfte aus Gewerbebetrieb ergeben sich als **Gewinn** (§ 2 Abs. 2 Satz 1 EStG). Für

---

1679 *Tipke/Kruse*, AO, § 10, Rdn. 1.
1680 Zur Besteuerung der GmbH-Gründung im Einzelnen s.o. B X, Rdn. B 96 ff.
1681 *Bartl/Henkes/Schlarb*, GmbHG, Teil V, Rdn. 5.
1682 Vgl. hierzu auch die Übersicht V 3 a, Rdn. M 59.
1683 Vgl. *Rowedder/Rittner/Schmidt-Leithoff*, GmbHG, Einl., Rdn. 54.

dessen Berechnung ist die Handelsbilanz maßgebend. Das Handelsbilanzergebnis ist an die steuerrechtlichen Gewinnermittlungsvorschriften der §§ 4 ff. EStG anzupassen und gemäß §§ 8 ff. KStG zu modifizieren.

Einlagen und Nachschüsse der Gesellschafter gehören nicht zu den Einkünften der Gesellschaft. Offene und verdeckte Gewinnausschüttungen mindern das Einkommen nicht (§ 8 Abs. 3 Satz 2 KStG). Betreibt die Gesellschaft Geschäfte ohne Einkunftserzielungsabsicht (sog. **Liebhaberei**), kommen Verluste und Gewinne aus dieser Tätigkeit in Ansatz; die aus einer Liebhaberei resultierenden Aufwendungen der Gesellschaft werden jedoch bei der Einkommensermittlung hinzugerechnet und als vGA an den Gesellschafter behandelt[1684].

M 7

4. Besteuerung des Einkommens

Die Besteuerung der GmbH hat durch das StSenkG eine grundlegende Änderung erfahren: Zum einen wurde der Körperschaftssteuersatz für einbehaltene und ausgeschüttete Gewinne einheitlich auf 25 % reduziert, zum anderen erfolgte ein Systemwechsel von Anrechnungsverfahren (dazu unter Ziffer 5) zum Halbeinkünfteverfahren (dazu unter Ziffer 6). Dieser Systemwechsel vollzieht sich ab dem Veranlagungszeitraum 2001.

M 8

Gemäß § 23 Abs. 1 KStG beträgt der Steuersatz des gesamten zu versteuernden Einkommens der GmbH noch bis zum Veranlagungszeitraum 2000 einschließlich 40 %, für ausgeschüttete Gewinne 30 %. Ab dem Veranlagungszeitraum 2001 sinkt der Körperschaftssteuersatz auf 25 %, und zwar unabhängig davon, ob der Gewinn ausgeschüttet wird oder nicht; bei körperschaftssteuerpflichtigen Anteilseignern bleiben Gewinnausschüttungen dann sogar steuerfrei, und zwar unabhängig von der Beteiligungshöhe.

M 9

5. Anrechnungsverfahren mit gespaltenen Steuersätzen

Nach dem noch bis zum Veranlagungszeitraum 2000 einschließlich geltenden körperschaftsteuerlichen **Anrechnungsverfahren** (vgl. §§ 27 bis 47 KStG) werden Gewinne einer Kapitalgesellschaft im Zeitpunkt der Ausschüttung stets und ausschließlich mit dem persönlichen Steuersatz des Gesellschafters der Besteuerung unterworfen.

M 10

Es gilt im Wesentlichen folgendes:

M 11

- Das zu versteuernde Einkommen unbeschränkt steuerpflichtiger Kapitalgesellschaften (Gewinn) unterliegt zunächst dem Thesaurierungs-KSt-Satz von 40 %. Soweit (sobald) Gewinne ausgeschüttet werden, ermäßigt sich dieser auf 30 %.

1684 Vgl.: BFH I R 54/95 DStR 1997, 492 ff.; a.A.: MünchHdb.GesR III/*Wrede*, § 59, Rdn. 40.

- Bei Vollzug der Gewinnausschüttung fällt zusätzlich Kapitalertragsteuer in Höhe von 25 % an[1685].
- Über beide »Ausschüttungssteuern« erteilt die Gesellschaft dem Gesellschafter eine Bescheinigung gemäß §§ 44 KStG, 45 a EStG. Der inländische Gesellschafter kann die Ausschüttungssteuern sodann bei seiner Veranlagung zur ESt geltend machen; sie wird (analog zur Lohnsteuer eines Arbeitnehmers) auf dessen individuelle Einkommensteuerschuld angerechnet. Wird der Gesellschafter nicht zur Einkommensteuer veranlagt, kann er Vergütung der Ausschüttungsteuern verlangen (§§ 36 Abs. 2 Nr. 3, 36 a bis 36 e, 44 b EStG).

M 12 Durch das Anrechnungsverfahren wird erreicht, dass der von der GmbH erwirtschaftete Gewinn im Zeitpunkt der Ausschüttung vollständig von der KSt entlastet und mit dem individuellen Steuersatz des Gesellschafters belastet wird. Die KSt erhält damit wirtschaftlich den Charakter einer Vorauszahlung auf die ESt des Gesellschafters.

6. Besteuerung der GmbH ab dem Veranlagungszeitraum 2001[1686]

M 13 Ab dem Veranlagungszeitraum 2001 ergeben sich Abweichungen durch die Absenkung der Körperschaftssteuer auf 25 %.

Nach der Neuregelung des § 23 Abs. 1 KStG beträgt der Körperschaftsteuersatz einheitlich 25 % für einbehaltene und ausgeschüttete Gewinne. Die von der GmbH gezahlte Steuer wird auf die persönliche Steuerschuld des Anteilseigners nicht mehr angerechnet; stattdessen versteuert der Anteilseigner den an ihn ausgeschütteten Gewinn nur noch zur Hälfte, und zwar mit seinem persönlichen Steuersatz (**Halbeinkünfteverfahren**).

M 14 Im Bereich der GmbH ist die Hälfte der Einnahmen insbesondere bei folgenden Vorgängen anzusetzen:

- offene und verdeckte Gewinnausschüttungen i.S.d. § 20 Abs. 1 Nr. 1 EStG;
- Bezüge aufgrund Kapitalherabsetzung und aus verwendbarem Eigenkapital, § 3 Nr. 4 d EStG;
- besondere Entgelte i.S.d. § 20 Abs. 2 EStG.

M 15 Allerdings kann der Anteilseigner Werbungskosten, die mit solchen Einnahmen in wirtschaftlichem Zusammenhang stehen, nur noch zur Hälfte geltend machen (§ 3 c Abs. 2 EStG).

M 16 Ist Anteilseigner einer GmbH eine Kapitalgesellschaft, so bleiben Gewinnausschüttungen und sonstige Bezüge bei der Ermittlung des Einkommens der Kapitalgesellschaft völlig außer Ansatz (allgemeine Dividendenfreistellung). Im Gegenzug können gem. § 3 c Abs. 1 EStG Aufwendungen, die mit steuerfreien Einnahmen im Zusammenhang stehen, nicht als Betriebsausgaben abgezogen werden.

1685 Vgl. §§ 43 Abs. 1, 43 a Abs. 1 EStG).
1686 Vgl. *Eisolt/Wickinger*, NZG 2000, 971 ff.; *Schiffers*, GmbHR 2000, 1005 ff.

Das Halbeinkünfteverfahren schließt zeitlich an das Anrechnungsverfahren an; es kommt erstmals für Gewinne zur Anwendung, die für das Jahr 2001 oder früher in 2002 erfolgen (§ 52 Abs. 4 a EStG).

M 17

7. Veräußerung von Anteilen an einer GmbH[1687]

Die Besteuerung der Veräußerung von Anteilen an einer GmbH richtet sich danach, ob der Veräußerungsvorgang der

- Einkommensteuer (Verkäufer ist natürliche Person oder Personengesellschaft) oder
- Körperschaftssteuer (Verkäufer ist eine Körperschaft, z. B. eine GmbH oder AG)

unterfällt.

M 18

a) EStG

Ist der Veräußerer der Beteiligung eine natürliche Person oder Personengesellschaft, so unterliegt der Verkaufsvorgang der Gewinnbesteuerung gemäß § 17 EStG.

M 19

aa) Anteile im Privatvermögen

Gewinne aus der Veräußerung von im Privatvermögen gehaltenen Anteilen an Kapitalgesellschaften sind nur unter den folgenden drei Voraussetzungen steuerpflichtig:

M 20

- Es liegt eine **wesentliche Beteiligung** vor; dies ist bis zum Veranlagungszeitraum 2000 der Fall, wenn der Veräußerer innerhalb der letzten fünf Jahre zu 10 % oder mehr an der Gesellschaft beteiligt war.

  Durch das StSenkG wurde die Beteiligungsgrenze von 10 % auf 1 % abgesenkt. Ab dem Kalenderjahr 2001 unterfallen somit alle Veräußerungsvorgänge der Besteuerung, die 1 % oder mehr am Kapital einer Kapitalgesellschaft ausmachen, unabhängig davon, ob die übrigen Voraussetzungen des § 17 EStG erfüllt sind. Die Steuerverhaftung erfasst auch stille Reserven, die in Zeiten angesammelt wurden, als die Beteiligung noch nicht eine wesentliche war. Allerdings ist ab dem Jahre 2002 gemäß § 17 i.V.m. § 3 Nr. 40 und § 32 b EStG nur der **halbe Veräußerungsgewinn** zu versteuern (Halbeinkünfteverfahren).

  M 21

- Es liegt ein privates Veräußerungsgeschäft (**Spekulationsgeschäft**) vor. Dies ist gemäß § 23 Abs. 1 Nr. 1 b EStG der Fall, wenn die Beteiligung weniger als ein Jahr gehalten wurde.
- Es liegen **einbringungsgeborene Anteile** i.S.d. § 21 UmwStG vor; solche Anteile entstehen z.B., wenn ein Betrieb, Teilbetrieb oder Mitunternehmeranteil in eine

---

1687 Zur Rechtslage nach dem StSenkG vgl. *Jakobs/Wittmann*, GmbHR 2000, 1015 ff.

Kapitalgesellschaft eingebracht wird. Diese Einbringung ist gemäß § 20 UmwStG zum Buchwert möglich. Bei Veräußerung solcher Anteile ist der Veräußerungsgewinn i.S.d. § 16 EStG zu versteuern, und zwar grundsätzlich in voller Höhe. Eine hälftige Besteuerung kommt aber zum Zuge, wenn mit der Veräußerung des einbringungsgeborenen Anteils sieben Jahre gewartet wird (§ 3 Nr. 40 S. 4 EStG).

M 22 In allen übrigen Fällen kann die Beteiligung grundsätzlich steuerfrei veräußert werden.

bb) Anteile im Betriebsvermögen

M 23 Werden die Anteile im Betriebsvermögen gehalten, so sind Veräußerungsgewinne grundsätzlich zu versteuern.

M 24 Gemäß § 3 Nr. 40a EStG wird die Hälfte des Veräußerungsgewinns als Einkünfte aus Gewerbebetrieb, Land- und Forstwirtschaft oder selbständiger Tätigkeit erfasst.

M 25 Voraussetzung ist jedoch, dass die Anteile im Zeitpunkt der Veräußerung oder der Entnahme seit mindestens einem Jahr ununterbrochen zum Betriebsvermögen des Steuerpflichtigen gehört haben (sog. **Behaltefrist**). Veräußerungsgewinne aus Anteilen, die weniger als ein Jahr zum Betriebsvermögen gehört haben, sind demnach in voller Höhe zu versteuern.

M 26 Zu beachten ist, dass als Pendant zum Halbeinkünfteverfahren nur ein hälftiger Abzug von Betriebsvermögensminderungen zulässig ist (§ 3 c Abs. 2 EStG).

b) KStG

M 27 Ist Veräußerer der Beteiligung eine Kapitalgesellschaft, so unterliegt der Verkaufsvorgang der Gewinnbesteuerung gemäß § 8 KStG.

M 28 Ab dem Veranlagungszeitraum 2002 ist gemäß § 8 b Abs. 2 KStG der Gewinn bei der empfangenden Kapitalgesellschaft grundsätzlich steuerfrei. Dies gilt aber nur unter den folgenden Voraussetzungen:

- Die Anteile haben im Zeitpunkt der Veräußerung seit mindestens einem Jahr ununterbrochen zum Betriebsvermögen gehört (Behaltefrist).
- Es handelt sich nicht um einbringungsgeborene Anteile i.S.d. § 21 UmwStG; solche Anteile entstehen z.B., wenn ein Betrieb, Teilbetrieb oder Mitunternehmeranteil in eine Kapitalgesellschaft eingebracht wird. Diese Einbringung ist gemäß § 20 UmwStG zum Buchwert möglich. Bei Veräußerung solcher Anteile ist der Veräußerungsgewinn zu versteuern, und zwar grundsätzlich in voller Höhe mit dem ab 1. 1. 2001 geltenden Steuersatz von 25 % zuzügl. SolZ und Gewerbesteuer. Eine Steuerbefreiung kommt aber zum Zuge, wenn solche Anteile nach Ablauf einer Sperrfrist von sieben Jahren veräußert werden (§ 3 Nr. 40 S. 4 EStG).

M 29 Steuerfreiheit besteht jedoch insoweit nicht, als der Anteil gewinnmindernd abgeschrieben wurde (§ 8 b Abs. 3 KStG). Dadurch soll eine Doppelbegünstigung durch Inanspruchnahme der Steuerfreiheit des Veräußerungsgewinns einerseits und der gewinnmindernden Teilwertabschreibung andererseits vermieden werden.

Gemäß § 8 b Abs. 6 KStG sind darüber hinaus steuerfrei solche Gewinnanteile, die einer Körperschaft aus der Beteiligung an einer Mitunternehmerschaft zugerechnet werden.

M 30

Die Steuerfreiheit von Veräußerungsgewinnen hat zum Nachteil, dass Gewinnminderungen, z.B. Teilwertabschreibungen, für solche Anteile nicht mehr anerkannt werden (§ 8 b Abs. 3 KStG).

M 31

Die neue Gesetzeslage ist erstmals auf Veräußerungsgewinne anzuwenden, bei denen die ausschüttende Körperschaft das Anrechnungsverfahren und damit die Herstellung der Ausschüttungsbelastung nicht mehr durchführt.

M 32

III. Sonstige Steuern

1. Gewerbesteuer

Die GmbH ist **kraft Rechtsform** gewerbesteuerpflichtig (§ 2 Abs. 2 GewStG). Auf die Art der ausgeübten Tätigkeit kommt es nicht an, so dass auch bei einer in der Rechtsform der GmbH ausgeübten, an sich freiberuflichen Tätigkeit (z.B. Rechtsanwälte, Steuerberater, Wirtschaftsprüfer) Gewerbesteuer anfällt.

M 33

Ausgangsgröße der **Gewerbesteuer** ist der Gewinn, der sich nach den Vorschriften des KStG/EStG ergibt, modifiziert durch Hinzurechnungen und Kürzungen um die in den §§ 8, 9 GewStG bezeichneten Beträge (§ 7 GewStG)[1688]. Die wichtigsten Hinzurechnungen (§ 8 GewStG) sind:

M 34

- Entgelte für Verbindlichkeiten, die als Dauerschulden anzusehen sind (hälftige Hinzurechnung);
- Renten und dauernde Lasten, die mit der Gründung oder dem Erwerb des Betriebes oder Teilbetriebes oder eines Anteils am Betrieb zusammenhängen (soweit sie nicht beim Empfänger der Gewerbesteuer unterliegen);
- Miet- und Pachtzinsen des Mieters/Pächters für die Benutzung der nicht in Grundbesitz bestehenden Wirtschaftsgüter des Anlagevermögens (hälftige Hinzurechnung soweit sie nicht beim Empfänger der Gewerbesteuer unterliegen);
- ausschüttungsbedingte Teilwertabschreibungen.

Zu den wichtigsten Kürzungen (§ 9 GewStG) zählen:

M 35

- 1,2 % des Einheitswerts für Grundbesitz;
- Gewinnanteile aus Beteiligungen an Personen- und Kapitalgesellschaften;
- Miet- und Pachtzinsen, welche die GmbH für die Verpachtung von nicht in Grundbesitz bestehenden Wirtschaftsgütern erhält.

Der hiernach ermittelte Gewerbesteuermessbetrag (»MB«) ergibt, multipliziert mit dem durch die Städte/Gemeinden festzulegenden Gewerbesteuerhebesatz (»HS«), die Gewerbesteuer.

M 36

1688 Die Gewerbekapitalsteuer wurde zum 1. 1. 1998 abgeschafft.

M 37   Die Gewerbesteuer ist gemäß § 4 Abs. 4 EStG abzugsfähige **Betriebsausgabe**. Sie mindert daher den für die Ermittlung der KSt und Gewerbesteuer maßgeblichen körperschaftlichen Gewinn nach folgender Formel:

$$\frac{\text{Meßbetrag} \times \text{Hebesatz}}{1, (\text{Hebesatz} : 2)}.$$

2. Grunderwerbsteuer

M 38   Der Grunderwerbsteuer unterliegen grundsätzlich alle entgeltlichen **Grundstücksgeschäfte** (§ 1 GrEStG)[1689].

M 39   Gehört ein Grundstück zum Vermögen der GmbH, so ist gemäß § 1 Abs. 3 GrEStG steuerpflichtig:
- ein Rechtsgeschäft, das den Anspruch auf Übertragung eines oder mehrerer Anteile der Gesellschaft begründet, wenn durch die Übertragung unmittelbar oder mittelbar mindestens 95 v.H. der Anteile der Gesellschaft in der Hand des Erwerbers oder in der Hand von herrschenden und abhängigen Unternehmen oder abhängigen Personen oder in der Hand von abhängigen Unternehmen oder abhängigen Personen allein vereinigt werden;
- die Vereinigung unmittelbar oder mittelbar von mindestens 95 v.H. der Anteile der Gesellschaft, wenn kein schuldrechtliches Geschäft vorausgegangen ist;
- ein Rechtsgeschäft, das den Anspruch auf Übertragung unmittelbar oder mittelbar von mindestens 95 v.H. der Anteile an der Gesellschaft begründet;
- der Übergang unmittelbar oder mittelbar von mindestens 95 v.H. der Anteile auf einen anderen, wenn kein schuldrechtliches Geschäft vorausgegangen ist.

M 40   Grunderwerbsteuer fällt auch dann an, wenn bei der Gründung der GmbH oder im Rahmen einer Kapitalerhöhung ein Gesellschafter Grundstücke gegen Gewährung von Geschäftsanteilen einbringt (**Einbringungsvorgänge**) oder wenn Grundstücke im Wege der **Umwandlung** auf andere Rechtsträger übergehen. Bei der formwechselnden Umwandlung von einer Personengesellschaft in eine andere Personengesellschaft, von einer Personengesellschaft in eine Kapitalgesellschaft, von einer Kapitalgesellschaft in eine andere Kapitalgesellschaft oder von einer Kapitalgesellschaft in eine Personengesellschaft kommt es allerdings grunderwerbsteuerlich nicht zu einem Rechtsträgerwechsel. Folglich liegt auch kein steuerbarer Erwerbsvorgang i.S.d. GrEStG vor. Streitig war dies über mehrere Jahre im Fall des Formwechsels einer Personengesellschaft in eine Kapitalgesellschaft oder umgekehrt. Aus grunderwerbsteuerlicher Sicht sollte hier nach Auffassung der Finanzverwaltung das Vermögen den Rechtsträger wechseln[1690]. Diese Rechtsauffassung wurde zwischenzeitlich aufgegeben[1691].

1689 Zum Begriff des Grundstücks vgl. § 2 GrEStG.
1690 Koordinierter Ländererlass vom 14. 7. 1995, DB 1995, 1685 Anm. IV1.1.
1691 BFH – Beschluss vom 4. 12. 1996 – II B 116/96; Koordinierter Ländererlass 36 – S-4525 – 6/25 – 45362 vom 9. 9. 1997.

Der **Steuersatz** beträgt 3,5 vH (§ 11 Abs. 1 GrEStG). **Besteuerungsgrundlage** ist M 41
der Wert der Gegenleistung. Zur Gegenleistung zählen alle Aufwendungen des Erwerbers zum Erwerb des Grundstücks und der Erlös des Verkäufers. Die GrESt. selbst wird der Gegenleistung weder zugerechnet noch von ihr abgezogen. Ist eine Gegenleistung nicht vorhanden, so treten an ihre Stelle Grundbesitzwerte, die nach §§ 138 und 145 bis 150 BewG zu ermitteln sind (§ 138 Abs. 2 BewG). Dies gilt insbesondere in Fällen der Umwandlung und in den Fällen des § 1 Abs. 3 GrEStG (§ 8 Abs. 2 GrEStG).

3. Umsatzsteuer

Die GmbH ist nicht schon kraft Rechtsform **Unternehmer**[1692]. Gemäß § 2 Abs. 1 M 42
UStG ist Unternehmer, wer eine gewerbliche oder berufliche Tätigkeit selbständig ausübt. Gewerblich oder beruflich ist jede nachhaltige Tätigkeit zur Erzielung von Einnahmen, also eine Beteiligung am allgemeinen wirtschaftlichen Verkehr. Dies wird i.d.R. bei der GmbH der Fall sein.
Die Umsätze von Anteilen an Gesellschaften sind **steuerbefreit** (§ 4 Ziff. 8 f. UStG).

IV. Beratungshilfen

1. Steuerklauseln

In der Satzung der GmbH oder in der einzelvertraglichen Vereinbarung mit dem Gesellschafter ist oftmals ein Rückforderungsrecht für die GmbH für den Fall begründet, M 43
dass sich die Zahlung an den Gesellschafter als vGA im steuerlichen Sinn herausstellen sollte[1693].
Die nachträgliche Aktivierung des Rückforderungsanspruchs der GmbH in der M 44
Schlussbilanz des Wirtschaftsjahrs, in dem die vGA vorgenommen worden ist, ist nach Auffassung des BFH nicht zulässig[1694]. Zwar entstehe der Anspruch abstrakt oder formalrechtlich mit der Vornahme der vGA. Zur Bejahung der Aktivierungsfähigkeit dieses Anspruchs müsse aber die Kenntnis des Anspruchsberechtigten, dass eine vGA vorgenommen ist, und die Kundgabe des Willens, die Rückgewähr von dem durch die Vorteilsgewährung begünstigten Gesellschafter zu verlangen, hinzukommen[1695].

1692 Zum umsatzsteuerlichen Unternehmerbegriff vgl. *Klose*, Die Begriffe des Unternehmens und des Steuerpflichtigen im deutschen und europäischen Umsatzsteuerrecht, Diss. Passau 2000.
1693 Vgl. Muster in L VII, Rdn. L 76 f.
1694 BFH, BStBl. II 1984, 723 = BB 1984, 1660; a.A. *Tipke/Kruse*, AO, § 1, Rdn. 23.
1695 BFH, BB 1984, 1660, 1661.

M 45   Aber selbst wenn man eine Aktivierung schon für das Jahr der Verwirklichung der vGA bejaht, hat auf der Grundlage der BFH-Rechtsprechung der Anspruch auf Rückforderung einer vGA den Charakter einer Einlageforderung, die den Gewinn im steuerrechtlichen Sinn nicht erhöhen darf[1696]. Dies folge aus der Tatsache, dass die Satzungsklausel ihre Grundlage im Gesellschaftsverhältnis habe[1697].

Der BFH behandelt den Rückforderungsanspruch also als Einlage; dessen nachträgliche Aktivierung kann daher die steuerlichen Folgen der vGA nicht beseitigen.

2. Reform der Unternehmensbesteuerung 2000[1698]

a) Belastungsvergleich

M 46   **bis VZ 2000**
- Thesaurierungssteuersatz 40 % definitiv (zuzüglich: 5,5 % SolZ),
- Ausschüttungsbelastung 30 % (zuzüglich: 5,5 % SolZ),
- Anrechnung Körperschaftsteuer auf Einkommensteuer- oder Körperschaftssteuerschuld des Anteilseigners;

ab VZ 2001
- KSt-Satz für einbehaltene Gewinne und ausgeschüttete Gewinne einheitlich 25 % (zuzüglich 5,5 % SolZ) **nicht** anrechenbar auf **Einkommensteuerschuld.**

Beispiel (Gewerbesteuer-Hebesatz: 450 %)

	bis VZ 2000	ab VZ 2001	Unterschied
Gewinn vor Steuern	100 000	100 000	0
Gewerbesteuer	–18 367	–18 367	0
Gewinn nach GewSt	81 633	81 633	0
Körperschaftssteuer	–32 653	–20 408	12 245
Solidaritätszuschlag	–1 796	–1 122	673
Gewinn nach Steuern	47 184	60 102	12 918
Steuerbelastung der Gesellschaft	52 816	39 898	–12 918

b) Folgerungen[1699]

M 47   1. Thesaurierung wird steuerlich begünstigt;
2. tendenziell höhere Belastung für ausgeschüttete Gewinne;

1696 BFH, DB 1987, 2018, 2019; BFH, GmbHR 1996, 279.
1697 BFH, DB 1987, 2018, 2019.
1698 Ausführlich *Eisolt/Wickinger*, NZG 2000, 971 ff.
1699 Zu den Auswirkungen auf die internationale Wettbewerbsfähigkeit deutscher Unternehmen vgl. *Jakobs/Spengel/Vituschek*, RIW 2000, 653 ff.

3. Gewinnausschüttungen, die eine Kapitalgesellschaft von einer anderen Kapitalgesellschaft erhält, bleiben steuerfrei (gilt auch für GewSt);
4. Nachteile können entstehen, weil eine Verrechnung mit Verlusten entfällt und eine Erstattung des Anrechnungsguthabens nicht stattfindet.

Beispiel	bis VZ 2000	ab VZ 2001	Differenz
Dividende	70	75	–
+ anrechenbare KSt 3/7	30	–	–
steuerpflichtiger Beteiligungsertrag	100	–	–
./. KSt (0%)	–	–	–
+ Anrechnungsguthaben	30	–	–
Steuerguthaben	30	–	–
Dividende nach KSt	100	75	25

c) **Berücksichtigung von Aufwendungen**

Aufwendungen, die mit steuerfreien Einnahmen in Verbindung stehen, dürfen nicht als Betriebsausgaben/Werbungskosten abgezogen werden.   M 48

Beispiel	bis VZ 2000	ab VZ 2001
Dividende	70	75
anrechenbare KSt 3/7	30	–
./. abziehbare Betriebsausgaben (z.B. für Finanzierungs-/Verwaltungskosten)	45	
steuerpflichtige Einkünfte	55	–
./. KSt (Thesaurierungssatz 40 %)	22	–
+ anrechenbare KSt	30	–
Steuerguthaben	./. 8	–
Dividende nach KSt und Betriebsausgabe	33	30

d) **Kapitalertragsteuer**

bis VZ 2000:   M 49

– 25 % zuzüglich SolZ auf Dividenden und Ausschüttungen von Kapitalgesellschaften, wenn Gläubiger die Kapitalertragsteuer trägt,
– Bemessungsgrundlage ist die Bardividende;

ab VZ 2001:
- 20 % für Wirtschaftsjahre, die nach dem 31.12.2001 enden,
- Kapitalertragsteuer ist anrechenbar auf ESt bzw KSt,
- Bemessungsgrundlage unverändert, auch wenn Dividenden zur Hälfte steuerfrei.

3. Checklisten

a) Körperschaftsteuerliches Anrechnungsverfahren (bis VZ 2000)

M 50 Herstellung der Ausschüttungsbelastung bei der Gesellschaft

	Zu versteuerndes Einkommen:	100
–	KSt (40 %):	40
=	für Ausschüttungen verwendbares Eigenkapital – EK 40 =:	60
+	Minderung der KSt von 40 % auf 30 % durch Ausschüttung:	10
=	Bruttodividende:	70
–	Kapitalertragsteuer (25 % von 70)	17,5
=	**Netto-Dividende**	52,5

M 51 b) Ermittlung des zu versteuernden Einkommens[1700]

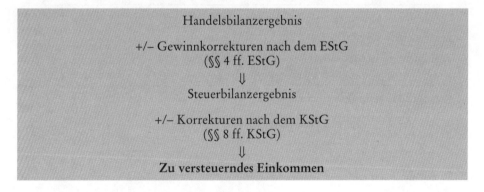

M 52 c) Beispielsfälle verdeckter Gewinnausschüttungen
- Ein Gesellschafter führt die Geschäfte und erhält dafür eine unangemessen hohe Vergütung.
- Ein Gesellschafter gibt der Gesellschaft ein Darlehen zu einem außergewöhnlich hohen Zins.

1700 Vgl. hierzu auch die ausführliche Darstellung bei Beck GmbH-Hdb./*Bigge,* § 1, Rdn. 26.

- Die Gesellschaft übernimmt zum Vorteil eines Gesellschafters eine Schuld oder sonstige Verpflichtungen, z.B. Bürgschaft.
- Ein Gesellschafter beteiligt sich als stiller Gesellschafter an der GmbH und erhält dafür einen unangemessen hohen Gewinnanteil.
- Die an einer Personengesellschaft beteiligte GmbH stimmt einer rückwirkenden Neuverteilung des Gewinns zu, die ihren Gewinnanteil zugunsten ihres gleichfalls an der Personengesellschaft beteiligten Gesellschafters einschränkt.
- Die GmbH zahlt an einen Gesellschafter unangemessene Sondervergütungen (Tantiemen) neben einem angemessenen Gehalt.
- Ein Gesellschafter erhält von der Gesellschaft ein Darlehen, obwohl schon bei der Darlehenshingabe mit der Uneinbringlichkeit des Rückforderungsanspruchs gerechnet werden muss.
- Ein Gesellschafter liefert an die Gesellschaft oder erwirbt von ihr Wirtschaftsgüter zu nicht marktüblichen Preisen oder erhält besondere Preisnachlässe oder Rabatte.
- Ein Gesellschafter verkauft Aktien an die Gesellschaft zu einem Preis über dem Kurswert, oder die Gesellschaft verkauft Aktien an einen Gesellschafter zu einem Preis unter dem Kurswert.
- Die GmbH verzichtet auf Rechte, die ihr gegenüber einem Gesellschafter zustehen.
- Ein Dritter, der nicht nur für die Gesellschaft, sondern auch für einen ihrer Gesellschafter tätig ist, erhält dafür von der GmbH eine Gesamtvergütung, welche die Gesellschaft unter Kosten verbucht.
- Zahlung von Zusatzvergütungen durch die GmbH an ihre Gesellschafter-Geschäftsführer entsprechend deren Beteiligung an der GmbH[1701].

1701 BFH, DB 1998, 111.

N. Die GmbH in der Krise

Inhaltsübersicht

	Rdn.
I. Kurzkommentar	
1. Betriebswirtschaftlicher Krisenbegriff	N 1
2. Rechtlicher Krisenbegriff	N 2
a) Zahlungsunfähigkeit	N 3
b) Drohende Zahlungsunfähigkeit	N 5
c) Überschuldung	N 7
3. Überschuldungsstatus und Fortbestehensprognose	N 8
a) Rechnerische Überschuldung	N 9
b) Fortbestehensprognose	N 13
II. Bedeutung der Krise im Vorfeld des Insolvenzverfahrens	N 14
1. Anzeigepflichten der Geschäftsführer	N 15
2. Auszahlungsverbot (§ 30 GmbHG)	N 16
3. Rückgewährverbot eigenkapitalersetzender Gesellschafterleistungen	N 17
4. Pflicht der Geschäftsführer zur Sanierungsprüfung	N 18
III. Insolvenzantrag	
1. Antragsberechtigung/Antragsverpflichtung	N 20
2. Einheitlicher Antrag nach InsO	N 23
3. Antragsfrist und Sanierungsbemühungen	N 24
IV. Insolvenzverfahren	
1. Eröffnung	N 26
2. Folgen	N 28
3. Beendigung	N 32
V. Die Haftung der Geschäftsführer wegen Verletzung der Antragspflicht	N 34
1. Ansprüche der Gesellschaft	N 35
2. Ansprüche der Gesellschaftsgläubiger	N 37

	Rdn.
VI. Instrumentarien zur Krisenüberwindung	N 40
1. Nachschüsse	N 41
2. Erlass von Forderungen	N 42
3. Effektive Kapitalerhöhung	N 43
4. Kapitalschnitt	N 46
5. Hingabe von Gesellschafterdarlehen	N 47
VII. Beratungshilfen	
1. Vor- und Nachteile einer frühen Verfahrenseinleitung	N 48
2. Checklisten	N 49
a) Anzeichen einer drohenden oder eingetretenen Krise	N 49
b) Überlegungen vor Stellung des Eigen-Insolvenzantrages	N 50
c) Vorgehensweise der Geschäftsführer bei Eigen-Insolvenzantrag	N 51
d) Fortbestehensprognose und Überschuldungsstatus	N 52
e) Gesellschafterforderung als eigenkapitalersetzendes Darlehen	N 53
f) Nutzungsüberlassung von Gegenständen als eigenkapitalersetzendes Darlehen	N 54
g) Vermeidung der Umqualifizierung der Nutzungsüberlassung als eigenkapitalersetzendes Darlehen	N 55
h) Haftung der Geschäftsführer in der Insolvenz	N 56
VIII. Muster	
1. Antrag des Geschäftsführers auf Eröffnung des Insolvenzverfahrens	N 57
2. Insolvenzantrag wegen drohender Zahlungsunfähigkeit	N 58
3. Besserungsschein im Rahmen eines außergerichtlichen Vergleichs	N 59

I. Kurzkommentar

1. Betriebswirtschaftlicher Krisenbegriff

N 1 Die Betriebswirtschaftslehre definiert die Krise als einen Zustand, der die Lebensfähigkeit eines Schuldners in Frage stellt, d.h. seine Existenz bedroht[1702].

2. Rechtlicher Krisenbegriff

N 2 Allgemeiner Eröffnungsgrund ist die Zahlungsunfähigkeit und bei juristischen Personen auch die Überschuldung[1703]. Die Gesellschaft ist bei Zahlungsunfähigkeit oder Überschuldung insolvent, so dass die Geschäftsführer gemäß § 64 Abs. 1 GmbHG zur Stellung des Insolvenzantrags verpflichtet sind. Geschäftsführer werden durch den Insolvenzantrag eines Gläubigers nicht von der Antragspflicht entbunden, da dieser den Antrag zurücknehmen kann, ohne dass hierdurch der Insolvenzgrund entfallen würde[1704].

Weiterer – allerdings in das Ermessen des Schuldners gestellter – Eröffnungsgrund ist die *drohende* Zahlungsunfähigkeit[1705]. Die Gläubiger sind bei drohender Zahlungsunfähigkeit nicht zur Antragstellung berechtigt.

a) Zahlungsunfähigkeit

N 3 Der Schuldner ist nach der Legaldefinition des § 17 Abs. 2 InsO zahlungsunfähig, wenn er nicht in der Lage ist, die fälligen Zahlungspflichten zu erfüllen. Vor Inkrafttreten der InsO wurde unter der Zahlungsunfähigkeit das auf dem Mangel an Zahlungsmitteln beruhende, voraussichtlich dauernde Unvermögen verstanden, fällige Geldschulden im Wesentlichen zu erfüllen[1706]. Offensichtlich ist der Gesetzgeber von dem bisherigen Verständnis abgerückt, da die Merkmale der »Dauer« und der »Wesentlichkeit« nicht erwähnt werden[1707]. Gleichwohl wäre es überzogen, von einer völligen Aufgabe dieser Kriterien auszugehen[1708].

1702 *Maus*, in: Schmidt/Uhlenbruck, Die GmbH in der Krise, Rdn. 1.
1703 § 17 Abs. 1 InsO (Zahlungsunfähigkeit); § 19 Abs. 1 InsO (Überschuldung); zur Insolvenz der Vor-GmbH vgl. *Noack*, Gesellschaftsrecht, Rdn. 242 ff.
1704 *Schmerbach*, in: Wimmer, Frankfurter Kommentar zur InsO, § 15 Rdn. 30.
1705 § 18 InsO.
1706 RGZ 50, 39, 41; BGH, WM 1959, 891; *Scholz/Schmidt*, § 63 Rdn. 6.
1707 *Pape*, in: Kübler/Prütting, InsO, § 17 Rdn. 5.
1708 *Drukarzyk/Schüler*, Zahlungsunfähigkeit, drohende Zahlungsunfähigkeit und Überschuldung, in: Kölner Schrift zur InsO, S. 57, 68 f.; *Uhlenbruck*, KTS 1994, 169, 170 f.; a.A. *Pape*, in: Kübler/Prütting, InsO, § 17 Rdn. 5.

So ist eine bloße **Zahlungsstockung** von der Zahlungsunfähigkeit abzugrenzen[1709]. **N 4**
Bei der Zahlungsstockung handelt es sich um einen nur vorübergehenden Mangel an Zahlungsmitteln[1710]. Sie kann z.B. durch einen nicht rechtzeitigen Eingang fälliger Forderungen verursacht sein. Es gibt keine eindeutige zeitliche Grenze, bei der eine bloße Zahlungsstockung in die Zahlungsunfähigkeit übergeht. Abzustellen ist auf den Zeitraum, den ein kreditfähiger Schuldner benötigt, um sich die erforderlichen Mittel am Kapitalmarkt zu beschaffen[1711]. Demgemäß wird ganz überwiegend ein Zeitraum zwischen zwei und drei Wochen zugrunde gelegt[1712].

Zahlungsunfähigkeit ist ausgeschlossen, wenn der Schuldner einen nur **geringfügigen Teil** der Verbindlichkeiten nicht sofort erfüllen kann. Als Grenze für die Geringfügigkeit wurden früher 10 bis 25 % angesetzt[1713]. Da die Wesentlichkeit als Kriterium entfallen ist, dürfte die Grenze, bezogen auf die Gesamtverbindlichkeiten, heute unter 5 % liegen[1714].

Die Zahlungsunfähigkeit ist immer Geldilliquidität[1715]. Auf die Liquidierbarkeit von vorhandenem, unbelastetem Aktivvermögen kommt es nicht an[1716]. Nach der gesetzlichen Regelvermutung liegt Zahlungsunfähigkeit vor, wenn der Schuldner die Zahlungen eingestellt hat (§ 17 Abs. 2 InsO). Allerdings stellt bloße **Zahlungsunwilligkeit** keine -unfähigkeit dar[1717].

b) Drohende Zahlungsunfähigkeit

Der Geschäftsführer kann bereits bei drohender Zahlungsunfähigkeit den Antrag auf **N 5**
Eröffnung des Insolvenzverfahrens stellen (§ 18 Abs. 1 InsO). Drohende Zahlungsunfähigkeit liegt gemäß § 18 Abs. 2 InsO vor, wenn der Schuldner voraussichtlich nicht in der Lage sein wird, die bestehenden Zahlungsverpflichtungen im Zeitpunkt ihrer Fälligkeit zu erfüllen.

Erforderlich ist eine Beurteilung, ob sämtliche bereits entstandenen, aber noch nicht **N 6**
fälligen Forderungen bei Eintritt ihrer Fälligkeit befriedigt werden können.[1718] Von einer drohenden Zahlungsunfähigkeit ist nur dann auszugehen, wenn der Eintritt der Zahlungsunfähigkeit im Zeitpunkt der Fälligkeit wahrscheinlicher als deren Abwen-

---

1709 *Uhlenbruck*, in: Schmidt/Uhlenbruck, Die GmbH in der Krise, Rdn. 576.
1710 *Rowedder/Rowedder*, GmbHG, § 63 Rdn. 5.
1711 Vgl. RegE. S. 114 zu §§ 20, 21 sowie *Kirchhof*, in: Eickmann u.a., InsO, § 17 Rdn. 18.
1712 *Kirchhof*, in: Eickmann u.a., InsO, § 17 Rdn. 18; der unter der KO zugrunde gelegte Zeitraum bis zu drei Monaten (z.B. von MünchHdb. GesR III/*Wellensiek/Oberle*, § 67, Rdn. 16), ist nach der InsO deutlich zu lang, da diese eine Verschärfung der Antragspflicht bezweckt.
1713 *Kuhn/Uhlenbruck*, KO, § 102, Rdn. 2 a; *Veit*, ZIP 1982, 273, 278.
1714 *Mönning*, in: Nerlich/Römermann, Insolvenzordnung, § 17 Rdn. 18.
1715 BGH, NJW 1985, 1785.
1716 *Uhlenbruck*, in: Schmidt/Uhlenbruck, Die GmbH in der Krise, Rdn. 565.
1717 BGH, WM 1957, 67, 68.
1718 *Mönning*, in: Nerlich/Römermann, InsO, § 18 Rdn. 25.

dung ist[1719]. Demgemäß handelt es sich um eine zeitraumbezogene Prognose[1720]. Auch Forderungen, die erst in mehreren Jahren fällig werden, sind in den Beurteilungszeitraum einzubeziehen[1721]. Bei drohender Zahlungsunfähigkeit sind die Geschäftsführer nicht zur Stellung eines Insolvenzantrags verpflichtet. Die InsO verschafft ihnen in § 18 InsO lediglich das Recht, der Gesellschaft den Schutz des Insolvenzverfahrens zukommen zu lassen.

c) Überschuldung

N 7   Die GmbH ist überschuldet, wenn das Vermögen die bestehenden Verbindlichkeiten nicht mehr deckt[1722]. Bei dieser Bewertung ist die Fortführung des Unternehmens zugrunde zu legen, wenn diese nach den Umständen überwiegend wahrscheinlich ist (§ 19 Abs. 2 S. 2 InsO).

3. Überschuldungsstatus und Fortbestehensprognose[1723]

N 8   Erforderlich ist eine zweistufige Überschuldungsprüfung[1724]. Insolvenz liegt bei rechnerischer Überschuldung und negativer Fortbestehensprognose oder bei positiver Fortbestehensprognose und rechtlicher Überschuldung (»Going-Concern-Werte«) vor.

a) Rechnerische Überschuldung

N 9   Festgestellt werden muss zunächst, ob eine Überschuldung unter Ansatz von Liquidationswerten gegeben ist (sog. »rechnerische Überschuldung«)[1725]. Überschuldung liegt vor, wenn sich eine negative Differenz zwischen dem Vermögen und den Schulden der GmbH unter Ansatz von Liquidationswerten ergibt[1726]. Diese wird mittels eines Überschuldungsstatus festgestellt[1727].

N 10   Bei der Erstellung des Überschuldungsstatus können Gründungskosten und Entwicklungskosten, immaterielle Vermögenswerte (z.B. Markenrechte, Patente)[1728], so-

---

1719 *Drukarczyk/Schüler*, Zahlungsunfähigkeit, drohende Zahlungsunfähigkeit und Überschuldung als Insolvenzauslöser, in: Kölner Schrift zur InsO, S. 57, 72; *Mönning*, in: Nerlich/Römermann, InsO, § 18 Rdn. 24.
1720 *Mönning*, in: Nerlich/Römermann, InsO, § 18 Rdn. 25.
1721 *Mönning*, in: Nerlich/Römermann, InsO, § 18 Rdn. 25.
1722 § 19 Abs. 2 S. 1 InsO. Eine Unterbilanz alleine reicht nicht aus (BGH, GmbHR 1999, 973 m. Anm. v. *Brauer*).
1723 Vgl. auch Checkliste VII 2 b, Rdn. N 52.
1724 *Goetsch*, in: Breutigam/Blersch/Goetsch, InsR, § 19 Rdn. 16.
1725 *Mönning*, in: Nerlich/Römermann, InsO, § 19 Rdn. 15.
1726 *Kübler/Prütting*, InsO, § 19 Rdn. 7; *Kuhn/Uhlenbruck*, KO, § 102 Rdn. 3 ff.
1727 *Rowedder/Rowedder*, GmbHG, § 63 Rdn. 10; Einzelheiten bei *Uhlenbruck*, in: Schmidt/Uhlenbruck, Die GmbH in der Krise, Rdn. 599 ff.
1728 Vgl. *Drukarczyk/Schüler*, Zahlungsunfähigkeit, drohende Zahlungsunfähigkeit und Überschuldung als Insolvenzauslöser, in: Kölner Schrift zur InsO, S. 57, 108.

wie der Firmenwert (sog. good-will)[1729] und ausstehende Gesellschaftereinlagen[1730] aktiviert werden. Nicht aufzunehmen sind hingegen »weiche« Patronatserklärungen. Bei diesen handelt es sich lediglich um sog. »good-will-Erklärungen« ohne rechtlichen Bindungswillen[1731]. Hingegen sind harte Patronatserklärungen einer Aktivierung zugänglich, wenn sie werthaltig sind.

Eigenkapitalersetzende Gesellschafterdarlehen sind in der Überschuldungsbilanz zu passivieren[1732]. Dasselbe gilt für die Einlage eines (typisch) stillen Gesellschafters[1733], soweit sie nicht durch seine Beteiligung am Verlust aufgezehrt ist (vgl. § 236 HGB). N 11

Die Behandlung von **Rangrücktrittsvereinbarungen** ist auf der Grundlage der Insolvenzordnung problematisch. Früher mußten Verbindlichkeiten, für die mit dem Gläubiger ein Rangrücktritt vereinbart war, im Überschuldungsstatus nicht passiviert werden. Ein drohender Konkurs konnte daher durch Rangrücktrittserklärungen der Hauptgläubiger abgewendet werden. § 39 InsO sieht jedoch vor, dass bisher nicht aus der Konkursmasse zu bedienende Forderungen am Insolvenzverfahren teilnehmen. Gemäß § 39 Abs. 2 InsO gilt dies auch für Forderungen, für die zwischen Gläubiger und Schuldner der Nachrang vereinbart worden ist. N 12

Daraus wird teilweise der Schluss gezogen, dass solche Forderungen im Überschuldungsstatus der Gesellschaft zu passivieren sind[1734]. Um dieser Passivierungspflicht zu entgehen, sei es erforderlich, nicht nur einen Rangrücktritt, sondern einen bedingten Forderungsverzicht für den Fall der Eröffnung des Insolvenzverfahrens zu erklären[1735]. Diese Auffassung entspricht auch der Gesetzesbegründung[1736].

Gleichwohl setzt sich im Schrifttum und in der Rechtspraxis die Auffassung durch, dass keine Passivierungspflicht bestehe[1737]. Zutreffend wird darauf hingewiesen, dass der ausschließliche Zweck des Überschuldungsstatus darin besteht, festzustellen, ob die Gläubiger der Gesellschaft aus dem am Stichtag vorhandenen verwertbaren Gesellschaftsvermögen befriedigt werden können oder ob zur Vermeidung einer weiteren Verschlechterung ihrer Befriedigungsaussichten umgehend die Durchführung eines Insolvenzverfahrens beantragt werden muss. Demnach sind auf der Passivseite des Überschuldungsstatus sämtliche Verbindlichkeiten aufzunehmen, deren Bedienung

---

1729 *Wagner*, Die Messung der Überschuldung, in: IDW-Bericht 94, S. 186; *Drukarczyk/Schüler*, a.a.O., S. 106 ff.; *Gottwald/Uhlenbruck*, § 9 Rdn. 23 (erforderlich ist allerdings, dass der Firmenwert selbständig verwertbar ist).
1730 *Goetsch*, in: Breutigam/Blersch/Goetsch, InsR, § 19 Rdn. 37, allerdings müssen die Forderungen werthaltig sein.
1731 *Sprau*, in: Palandt, BGB, Einf. v. § 765 Rdn. 19.
1732 *Schmerbach*, in: Wimmer, Frankfurter Kommentar zur InsO, § 19 Rdn. 18.
1733 *Müller*, Bilanzierungsprobleme bei der Erstellung eines Überschuldungsstatus nach § 19 Abs. 2 InsO, in: Kölner Kommentar, S. 113.
1734 Vgl. *Hess*, Kommentar zur InsO, § 19 Rdn. 41.
1735 Vgl. *Hess*, Kommentar zur InsO, § 19 Rdn. 42.
1736 Begr. zu § 23 InsOE, BT-Drucks. 12/2443.
1737 *Lenz*, GmbHR 1999, S. 283, 284; *Karsten Schmidt*, GmbHR 1999, 9, 11 ff.; vgl. auch *Müller*, Bilanzierungsprobleme bei der Erstellung eines Überschuldungsstatus nach § 19 Abs. 2 InsO, in: Kölner Schrift zur InsO, S. 97, 112; *Gelhausen*, WP-Handbuch 1998, S. 743, Rdn. 68; *Goetsch*, in: Breutigam/Blersch/Goetsch, Insolvenzrecht, § 19 Rdn. 41.; *Fischer*, GmbHR 2000, 66 ff. zum Haftungsrisiko des Geschäftsführers.

aus der Insolvenzmasse von den Gläubigern verlangt werden kann. Gläubiger, mit denen ein qualifizierter Rangrücktritt vereinbart worden ist, nehmen zwar gemäß § 39 Abs. 2 InsO am Insolvenzverfahren teil. Sie werden aber nur bedient, nachdem zuvor sämtliche anderen Gläubiger der Gesellschaft vollständig befriedigt worden sind. Der Bestand solcher Forderungen mit Rangrücktritt beeinträchtigt demnach die Chancen der übrigen Gläubiger, aus der Insolvenzmasse befriedigt zu werden, nicht. Daher sind Forderungen mit Rangrücktritt bei der Prüfung, ob eine Überschuldung vorliegt, nicht zu berücksichtigen. Eine gerichtliche Überprüfung dieser Frage steht allerdings noch aus.

b) Fortbestehensprognose

N 13 Ist aufgrund der rechnerischen Überschuldungsprüfung von einer Überschuldung des Unternehmens auszugehen, so ist eine Fortbestehensprognose geboten[1738]. Erforderlich ist eine Abwägung und Bewertung, ob die Fortführung des Unternehmens überwiegend wahrscheinlich ist. Eine positive Prognose setzt voraus, dass die Unternehmensträger die Fortführung des Unternehmens überhaupt beabsichtigen und das Unternehmen überlebensfähig ist[1739]. Diese Prüfung ist auf der Grundlage eines Finanzplans für das laufende und das folgende Geschäftsjahr vorzunehmen[1740]. Bei einer positiven Fortführungsprognose ist eine erneute Bewertung des Unternehmens nach Ertragswertgesichtspunkten erforderlich. Hierbei wird der um den Ertragswert erhöhte Betriebsbestehenswert zugrunde gelegt[1741].

II. Bedeutung der Krise im Vorfeld des Insolvenzverfahrens

N 14 Bereits im Vorfeld des Insolvenzverfahrens zieht die Krise der Gesellschaft Rechtspflichten der Geschäftsführer nach sich:

1. Anzeigepflichten der Geschäftsführer

N 15 Die Geschäftsführer sind verpflichtet, die Gesellschafter von der Unterkapitalisierung der Gesellschaft zu unterrichten und die Gesellschafterversammlung einzuberufen (§ 49 Abs. 2 GmbHG)[1742]. Gemäß § 49 Abs. 3 GmbHG muss die Versammlung unverzüglich einberufen werden, wenn sich aus der Jahresbilanz oder aus einer im Laufe

---

[1738] § 19 Abs. 2 S. 2 InsO.
[1739] *Mönning*, in: Nerlich/Römermann, InsO, § 19 Rdn. 19.
[1740] *Wimmer*, NJW 1996, 2546, 2547; *ders.*, in: Frankfurter Kommentar zur InsO, § 19 Rdn. 22.
[1741] *Mönning*, in: Nerlich/Römermann, InsO, § 19 Rdn. 25; zur Beweislast s. LG München I, BB 2000, 428.
[1742] *Scholz/Schneider*, GmbHG, § 43, Rdn. 246.

des Geschäftsjahres aufgestellten Bilanz ergibt, dass die Hälfte des Stammkapitals verloren ist. Im Falle einer Pflichtverletzung macht sich der Geschäftsführer nicht nur schadenersatzpflichtig (§ 43 GmbHG), sondern auch strafbar (§ 84 Abs. 1 Nr. 1 GmbHG).

2. Auszahlungsverbot (§ 30 GmbHG)

§ 30 GmbHG enthält das Verbot, Aktivvermögen der Gesellschaft an die Gesellschafter auszuschütten, wenn und soweit hierdurch eine Unterbilanz herbeigeführt oder vertieft wird oder gar eine Überschuldung eintritt[1743]. Bei einem Verstoß hiergegen haften die Geschäftsführer gemäß § 43 Abs. 3 GmbHG persönlich und solidarisch (§ 31 Abs. 6 GmbHG). Existenzgefährdende Auszahlungen an Gesellschafter können darüber hinaus eine Untreue gegenüber der Gesellschaft bedeuten (§ 266 StGB)[1744].

N 16

3. Rückgewährverbot eigenkapitalersetzender Gesellschafterleistungen

Eigenkapitalersetzende Gesellschafterleistungen werden **in der Krise** wie Stammkapital behandelt. Insbesondere darf das Gesellschaftsvermögen nicht unter den Betrag des Stammkapitals vermindert werden[1745]. Ein Verstoß gegen das Rückgewährverbot des § 30 Abs. 1 GmbHG löst den Erstattungsanspruch der Gesellschaft gegen die betroffenen Gesellschafter gemäß § 31 GmbHG aus. Außerdem hat die Gesellschaft Anspruch auf Schadensersatz gegen ihre Geschäftsführer gemäß § 43 Abs. 2, Abs. 3 GmbHG.

N 17

In der Insolvenz können gemäß § 32 a Abs. 1 Satz 1 GmbHG eigenkapitalersetzende Gesellschafterleistungen nur als nachrangige Insolvenzansprüche geltend gemacht werden; die Ansprüche sind damit regelmäßig wertlos[1746].

4. Pflicht der Geschäftsführer zur Sanierungsprüfung

Die Geschäftsführer dürfen sich nicht von einem Bilanzstichtag zum anderen auf die Buchwerte verlassen, sondern müssen sich bei Anzeichen einer Krise durch **Aufstellung eines Vermögensstatus** einen Überblick über die Vermögensverhältnisse der Gesellschaft verschaffen[1747] und mit dessen Hilfe die Überschuldung unter besonderer

N 18

1743 Einzelheiten s.o. unter H II 2, Rdn. H 17 ff.
1744 BGHSt 34, 379, 382.
1745 *Hueck*, in: Baumbach/Hueck, GmbHG, § 30 Rdn. 2.
1746 *Müller*, Bilanzierungsprobleme bei der Erstellung eines Überschuldungsstatus nach § 19 Abs. 2 InsO, in: Kölner Schrift zur InsO, S. 97, 111; vgl. auch *Noack*, Neues Insolvenzrecht – neues Kapitalersatzrecht, in: FS Claussen, S. 307, 308.
1747 Vgl. BGHZ 126, 181, 199.

Kontrolle halten[1748]. Stille Reserven und Firmenwert dürfen hierbei nur berücksichtigt werden, wenn und soweit sie auch im Liquidationsfalle realisierbar wären. In Anlehnung an den Teilwert i.S.d. Steuerrechts (§ 61 Nr. 1 Satz 3 EStG) bei der Bewertung der wirtschaftlichen Einheit darf die Fortführung des Betriebes unterstellt werden, wenn diese überwiegend wahrscheinlich ist (§ 19 Abs. 2 Satz 2 InsO).

N 19   Auf dieser Grundlage obliegt den Geschäftsführern gegenüber den Gesellschaftern eine **umfassende Berichtspflicht**[1749]. Ihre Berichterstattung muss so rechtzeitig erfolgen, dass ausreichende Sanierungsmaßnahmen von den Gesellschaftern ergriffen werden können. Daneben obliegt den Geschäftsführern auch die Pflicht zur Prüfung der Sanierungsfähigkeit[1750].

Als Ausfluss der durch das KonTraG eingeführten Änderungen des AktG wird in analoger Anwendung des § 91 Abs. 2 AktG eine Pflicht der Geschäftsführer zur Einführung eines Risikomanagements- und Überwachungssystems erwogen[1751].

III. Insolvenzantrag

1. Antragsberechtigung/Antragsverpflichtung

N 20   Der Antrag auf Eröffnung des Insolvenzverfahrens kann von jedem Geschäftsführer gestellt werden (§ 15 Abs. 1 InsO). Ein Antragsrecht wird auch solchen Geschäftsführern zugebilligt, die ohne förmliche Bestellung faktisch die Gesellschaft führen[1752]. Andere Organe der Gesellschaft sind nicht zur Antragstellung befugt, auch nicht die Gesellschafterversammlung[1753].

Eine Alleinvertretungsbefugnis eines Geschäftsführers ist zur Antragstellung nicht erforderlich. Allerdings wird einem Eröffnungsantrag, der nicht von allen Mitgliedern des Vertretungsorgans gestellt wird, nur dann stattgegeben, wenn der Eröffnungsgrund glaubhaft gemacht wird und die übrigen Mitglieder des Vertretungsorgans Gelegenheit hatten, zu dem Antrag Stellung zu nehmen[1754].

Bei **drohender Zahlungsunfähigkeit** muss der Antragsteller zur Vertretung der Gesellschaft befugt sein (§ 18 Abs. 3 InsO), so dass Gesamtvertretung die Antragstellung durch einen einzelnen Geschäftsführer ausschließt. Deshalb ist eine Glaubhaftmachung der Vertretungsberechtigung erforderlich[1755].

N 21   Sofern einer der Geschäftsführer den Insolvenzantrag gegen den Willen der übrigen gestellt hat, ist umstritten, ob nur der Antragsteller oder jeder Geschäftsführer den

---

1748 *Roth/Altmeppen*, GmbHG, § 63, Rdn. 13.
1749 *Scholz/Schneider*, GmbHG, § 43, Rdn. 114.
1750 *Uhlenbruck*, WiB 1996, 409, 412.
1751 *Altmeppen*, Die Auswirkungen des KonTraG auf die GmbH, ZGR 1999, 291, 300 ff.
1752 BGHZ 75, 96, 106; *Noack*, Gesellschaftsrecht, Rdn. 254 ff.
1753 *Rowedder/Rowedder*, GmbHG, § 63 Rdn. 18.
1754 § 15 Abs. 2 InsO.
1755 Vgl. *Goetsch*, in: Breutigam/Blersch/Goetsch, InsR, § 18 Rdn. 19.

Antrag wieder zurücknehmen kann[1756]. In der Rechtspraxis hat sich die Ansicht durchgesetzt, dass nur der Antragsteller zur Rücknahme berechtigt ist[1757]. Die im Schrifttum verbreitete Auffassung[1758], jeder Geschäftsführer sei zur Antragsrücknahme berechtigt, wird dem durch § 64 GmbH gewährleisteten Gläubigerschutz nicht gerecht.

Der Antragsberechtigung entspricht die Antragsverpflichtung gemäß § 64 Abs. 1 GmbHG. Eine interne Geschäftsaufteilung entbindet nicht von der Verantwortung[1759]. Sofern kein Geschäftsführer vorhanden ist, fordert das Registergericht die Gesellschafter auf, einen Geschäftsführer zu bestellen[1760]. Wird der Aufforderung nicht entsprochen, kommt auf Antrag eines Antragsberechtigten die Bestellung eines Notgeschäftsführers in Betracht[1761].   N 22

Gleichermaßen sind Liquidatoren gemäß § 71 Abs. 4 GmbHG zur Antragstellung verpflichtet.

2. Einheitlicher Antrag nach InsO

Das frühere Insolvenzrecht ging vom Dualismus zwischen Konkurs- und Vergleichsordnung aus. Diese Zweispurigkeit des Verfahrens ist mit Inkrafttreten der InsO entfallen. Der Antrag geht nunmehr nur noch dahin, über das Vermögen der Gesellschaft das Insolvenzverfahren zu eröffnen. Die Weichenstellung zwischen Sanierung und Liquidation erfolgt erst im eröffneten Verfahren.   N 23

3. Antragsfrist und Sanierungsbemühungen

Für den **Beginn** der Drei-Wochen-Frist des § 64 Abs. 1 GmbHG ist nach h.M. die positive Kenntnis des Geschäftsführers vom Vorliegen eines Insolvenzgrundes maßgeblich[1762]. Nach a.A. ist, ausgehend von der Erkennbarkeit des Insolvenzgrundes, eine objektivere Sicht vorzuziehen[1763]. Hiernach gewinnt die Verpflichtung des Geschäftsführers zur Eigenprüfung besondere Bedeutung.   N 24

1756 Ausführlich zum Meinungsstand: *Schmerbach*, in: Frankfurter Kommentar zur InsO, § 15 Rdn. 18 ff.
1757 LG Düsseldorf, ZIP 1985, 1341; LG Tübingen, KTS 1961, 158, 159; AG Duisburg, ZIP 1995, 582; *Jaeger/Weber*, KO, §§ 207, 208 Rdn. 22; *Uhlenbruck*, GmbHR 1995, 196.
1758 *Delhaes*, Die Rücknahme des Antrags nach der Konkursordnung und der neuen Insolvenzordnung, in: Kölner Schrift zur InsO, S. 115, 120 ff.; *Mönning*, in: Nerlich/Römermann, InsO, § 13 Rdn. 118.
1759 *Schmerbach*, in: Wimmer, Frankfurter Kommentar zur InsO, § 15 Rdn. 30.
1760 *Schmerbach*, in: Frankfurter Kommentar zur InsO, § 15 Rdn. 17 ff.
1761 Vgl. OLG Hamm, Rechtspfleger 1996, 251.
1762 *Rowedder/Rowedder*, GmbHG, § 64, Rdn. 7.
1763 *Scholz/Schmidt*, GmbHG, § 64, Rdn. 18.

N 25　Die Frist darf nicht ohne weiteres ausgeschöpft werden, da der Insolvenzantrag **ohne schuldhaftes Zögern (d.h. unverzüglich)**[1764] zu stellen ist. Der Gesetzgeber wollte mit der Drei-Wochen-Frist eine zeitliche Grenze ziehen, innerhalb derer zu entscheiden ist, ob ein **Insolvenzantrag** gestellt wird[1765]. Die Frist gewährt einen, wenn auch zeitlich kurz bemessenen, Spielraum für Sanierungsbemühungen[1766]. Der Geschäftsführer ist befugt und gegebenenfalls sogar verpflichtet zu prüfen, ob nicht andere, weniger einschneidende Maßnahmen als ein Insolvenzverfahren geeignet sind, Schaden von der Gesellschaft, ihren Gläubigern und der Allgemeinheit abzuwenden[1767]. Zu solchen Maßnahmen gehören z.B. Bemühungen um einen außergerichtlichen Vergleich, die Aufnahme neuer Gesellschafter oder eine Kapitalerhöhung[1768]. Ein Ausnutzen der gesetzlichen Frist zu Sanierungszwecken dürfte aber nur dann für den Geschäftsführer ohne Rechtsfolgen bleiben, wenn und solange objektiv die Aussicht besteht, den Insolvenzgrund innerhalb der Frist zu beseitigen.

IV. Insolvenzverfahren

1. Eröffnung

N 26　Zuständig für die Eröffnung des **Insolvenzverfahrens** ist das Amtsgericht am Sitz der GmbH (§ 3 InsO i.V.m. § 17 ZPO). Neben jedem Geschäftsführer sind auch die **Insolvenzgläubiger** antragsberechtigt. Insolvenzgläubiger ist, wer zur Zeit der Eröffnung des Insolvenzverfahrens einen begründeten Vermögensanspruch gegen die GmbH hat (vgl. § 38 InsO). Insolvenzantrag kann auch wegen bedingter oder betagter Ansprüche gestellt werden, allerdings fehlt dann häufig das Rechtsschutzinteresse für einen Insolvenzantrag[1769]. Insolvenzgläubiger haben gemäß § 14 Abs. 1 InsO ihre Forderung und das rechtliche Interesse an der Eröffnung des Verfahren glaubhaft zu machen.

N 27　Während gegen die Verfahrenseröffnung nur der GmbH das Rechtsmittel der sofortigen Beschwerde zusteht, ist im Fall der Ablehnung der Antragsteller – Gläubiger oder GmbH – beschwerdebefugt (**§ 34 Abs. 1 InsO**).

1764 *Rowedder/Rowedder*, GmbHG, § 64 Rdn. 7; zu den inhaltlichen Anforderungen des Insolvenzantrages, um strafrechtliche Konsequenzen zu vermeiden, s. BayObLG, BB 2000, 1314.
1765 *Scholz/Schmidt*, GmbHG, § 64 Rdn. 18.
1766 BGHZ 75, 96, 108.
1767 BGHZ 75, 96, 108.
1768 *Rowedder/Rowedder*, GmbHG, § 64 Rdn. 8.
1769 RGZ 59, 53, 56; RGZ 152, 321, 322; *Mönning*, in: Nerlich/Römermann, InsO, § 14 Rdn. 9. Zum Zweck des Insolvenzverfahrens vgl. *Noack*, Reorganisation der Schuldnergesellschaft nach neuem Insolvenzrecht, in: FS Zöllner, S. 411, 414 ff.

2. Folgen

Gemäß § 60 Abs. 1 Nr. 4 GmbHG löst die **Eröffnung des Insolvenzverfahrens** die GmbH auf. Allerdings können die Gesellschafter nach dieser Bestimmung auch die Fortsetzung der Gesellschaft beschließen, sofern ein Insolvenzplan beschlossen wird, der den Fortbestand der Gesellschaft vorsieht.

Gesellschafter, die der Gesellschaft Darlehen gewährt haben, sind gemäß § 32 a GmbHG als nachrangige Insolvenzgläubiger zu berücksichtigen.

Forderungen der GmbH gegen die Gesellschafter macht der Insolvenzverwalter geltend (z.B. offene Einlageforderungen, Ersatzansprüche i.S.d. § 46 Nr. 8 GmbHG, Ansprüche aus § 32 a GmbHG). Diese Forderungen kann der Insolvenzverwalter ohne vorherigen Gesellschafterbeschluss einziehen[1770].

Der **Geschäftsführer** bzw. Liquidator bleibt grundsätzlich im Amt; allerdings hat der Insolvenzverwalter das Recht, den Geschäftsführer unter Einhaltung der gesetzlichen Frist zu kündigen[1771]. Zulässig ist auch eine Kündigung aus wichtigem Grund, wobei die Eröffnung des Insolvenzverfahrens als solche kein wichtiger Grund ist[1772]. Auch steht dem Insolvenzverwalter kein Abberufungsrecht zu[1773].

In seiner Geschäftsführungsbefugnis ist der Geschäftsführer beschränkt durch die Kompetenzen des Insolvenzverwalters, der insbesondere das Verwaltungs- und Verfügungsrecht ausübt (§ 80 InsO). Als Folge des Übergangs der Verwaltungs- und Verfügungsbefugnis auf den Insolvenzverwalter werden Verfügungen des Schuldners absolut unwirksam[1774].

Geschäftsführer sind verpflichtet, dem Insolvenzgericht, dem Insolvenzverwalter, dem Gläubigerausschuss und (auf Anordnung des Gerichts) der Gläubigerversammlung über alle das Verfahren betreffenden Verhältnisse Auskunft zu geben (§ 101 Abs. 1 i.V.m. § 97 InsO). Auch haben sie sämtliche Tatsachen zu offenbaren, die geeignet sind, eine Verfolgung wegen einer Straftat oder einer Ordnungswidrigkeit herbeizuführen. Die Rechte der Gläubiger sind somit gegenüber dem Schutz vor einer Selbstbelastung vorrangig[1775]. Allerdings werden Geschäftsführer durch ein Beweisverwertungsverbot in einem gegen sie oder gegen eigene Angehörige eingeleiteten Strafverfahren geschützt (§ 97 Abs. 1 S. 3 InsO). In der Rechtspraxis ist diese Bestimmung jedoch nicht geeignet, Geschäftsführer vor einer Verfolgung zu schützen, da kaum nachzuweisen ist, dass die Selbstbelastung kausal für die Informationserlangung durch die Staatsanwaltschaft ist[1776].

1770 *Hachenburg/Ulmer*, GmbHG, § 63 Rdn. 85; *Scholz/Schmidt*, GmbHG, § 63 Rdn. 42.
1771 Vgl. OLG Hamm, ZIP 1987, 121; *Noack*, Gesellschaftsrecht, Rdn. 290 ff.
1772 OLG Hamm, ZIP 1987, 121, 123; *Baumbach/Hueck/Schulze-Osterloh*, GmbHG, § 63 Rdn. 38.
1773 Vgl. *Lutter/Hommelhoff*, GmbHG, § 63 Rdn. 13.
1774 Vgl. *Wittkowski*, in: Nerlich/Römermann, InsO, § 80 Rdn. 6.
1775 Vgl. *Wittkowski*, in: Nerlich/Römermann, InsO, § 97 Rdn. 7.
1776 Die (fehlende) Praxisrelevanz des § 97 Abs. 1 Satz 3 InsO wird von *Wittkowski*, in: Nerlich/Römermann, InsO, § 97 Rdn. 8, nicht ausreichend gewürdigt.

3. Beendigung

N 32   Das Insolvenzverfahren wird nach der Schlussverteilung aufgehoben (§ 200 InsO). Anfechtungsklagen und schwebende Prozesse werden nach der Aufhebung vom Insolvenzverwalter fortgeführt[1777]. Im Übrigen fällt die Verwaltungs- und Verfügungsberechtigung auf den Schuldner zurück[1778]. Die Organe rücken wieder in ihre vollen Rechte ein[1779].

N 33   Ist die Gesellschaft nach der Aufhebung des Konkursverfahrens vermögenslos, **erlischt** sie nicht automatisch, sondern erst mit ihrer Löschung im Handelsregister[1780].

V. Die Haftung der Geschäftsführer wegen Verletzung der Antragspflicht

N 34   Die Verletzung der Insolvenzantragspflicht kann eine Haftung der Geschäftsführer auslösen. Folgende Schadensersatzansprüche kommen in Betracht[1781]:

1. Ansprüche der Gesellschaft

N 35   Gemäß **§ 64 Abs. 2 Satz 1 GmbHG** sind die Geschäftsführer der GmbH zum Ersatz von Zahlungen verpflichtet, die nach Eintritt der Zahlungsunfähigkeit oder nach Feststellung der Überschuldung aus dem Gesellschaftsvermögen geleistet werden. Eine Ausnahme gilt nur für Zahlungen, die auch nach diesem Zeitpunkt mit der Sorgfalt eines ordentlichen Kaufmanns vereinbar sind (§ 64 Abs. 2 Satz 2 GmbHG). Für die Haftung des Geschäftsführers kommt es auf die Erkennbarkeit der Überschuldung an, deren Fehlen der Geschäftsführer zu beweisen hat[1782]. Der aus § 64 Abs. 2 GmbHG auf Ersatz in Anspruch genommene Geschäftsführer kann dem Insolvenzverwalter nach h.M. die Möglichkeit der Insolvenzanfechtung einredeweise entgegenhalten, wenn und solange diese tatsächlich besteht[1783]. Er kann sich jedoch nicht darauf berufen, der Insolvenzverwalter habe es versäumt, innerhalb der Verjährungsfrist des § 146 Abs. 1 InsO die Anfechtungsrechte (§§ 129 ff. InsO) gegen die Zahlungsempfänger geltend zu machen[1784].

1777 BGHZ 83, 102, 105 ff.; BGH, NJW 1992, 2894, 2895.
1778 *Westphal*, in: Nerlich/Römermann, InsO, § 200 Rdn. 8.
1779 *Lutter/Hommelhoff*, GmbHG, § 63 Rdn. 14.
1780 S.u. O I, Rdn. O 1.
1781 Vgl auch die Übersicht unten VII 2 c, Rdn. N 53.
1782 BGH, GmbHR 2000, 182.
1783 *Hachenburg/Ulmer*, GmbHG, § 64, Rdn. 43; *Scholz/Schmidt*, GmbHG, § 64, Rdn. 35; *Roth/Altmeppen*, GmbHG, § 64, Rdn. 26 mit Hinweis auf die Gegenmeinung. Nach BGH, GmbHR 2000, 182 kommt es für die Haftung des Geschäftsführers auf die Erkennbarkeit der Überschuldung an, deren Fehlen der Geschäftsführer beweisen muss.
1784 BGH, NJW 1996, 850; BGH, DStR 2000, 210.

Der in **§ 43 Abs. 2 GmbHG** geregelte Schadensersatzanspruch der Gesellschaft wegen sorgfaltswidriger Geschäftsführung umfasst z.B. Schäden, die der Gesellschaft durch verspätete Inangriffnahme einer geeigneten Sanierung entstehen[1785]. Auch ein Verstoß gegen die Insolvenzantragspflicht gemäß § 64 Abs. 1 GmbHG stellt eine Pflichtverletzung i.S.d. § 43 GmbHG dar[1786].

N 36

2. Ansprüche der Gesellschaftsgläubiger

§ 64 Abs. 1 GmbHG ist Schutzgesetz i.S.v. **§ 823 Abs. 2 BGB** zugunsten der Gläubiger, so dass die vorsätzliche oder fahrlässige Verletzung der Insolvenzantragspflicht eine Schadensersatzverpflichtung der Geschäftsführer begründet[1787]. Die Haftung der Geschäftsführer entfällt nicht schon dann, wenn sie auf überdurchschnittliche Geschäfte gehofft haben[1788]. Zu ersetzen ist der **Quotenschaden**, der in der Differenz besteht zwischen der Haftungsmasse, die bei rechtzeitiger Antragstellung zur Verfügung gestanden hätte, und derjenigen, die nunmehr zur Verfügung steht[1789]. Hingegen ist der Schadensersatzanspruch von Neugläubigern, die ihre Forderungen gegen die GmbH nach Insolvenzreife erworben haben, nicht auf den Quotenschaden begrenzt[1790]. Vielmehr können sie denjenigen Schaden ersetzt verlangen, der ihnen dadurch entstanden ist, dass sie in Rechtsbeziehungen zu einer insolvenzreifen Gesellschaft getreten sind.

N 37

Weitere Schutzgesetze i.S.d. § 823 Abs. 2 BGB zugunsten der Gesellschaftsgläubiger sind §§ 42, 82 Abs. 2 Nr. 2 GmbHG[1791].

N 38

Daneben kommen Ansprüche der Gläubiger aus **c.i.c.** oder **§ 826 BGB** in Betracht[1792]. Der Geschäftsführer kann wegen sittenwidriger Schädigung haften, wenn er eine ihm positiv bekannte Überschuldung bei Vertragsschluss nicht offenbart und dabei in Kauf nimmt, dass die Gläubiger mit ihren Forderungen ausfallen[1793]. Ausnahmsweise haftet er aus c.i.c., wenn er eine bestehende Überschuldung nicht offenbart und entweder ein erhebliches wirtschaftliches Eigeninteresse an der Durchführung des Rechtsgeschäfts hat oder in besonderem Maße persönliches Vertrauen in Anspruch genommen hat[1794]. Hieran sind allerdings hohe Anforderungen zu stellen. Allein die maßgebliche Beteiligung des Geschäftsführers an der GmbH führt auch dann nicht zur Annahme haftungsbegründenden Eigeninteresses, wenn er der Gesell-

N 39

1785 *Scholz/Schmidt*, GmbHG, § 64, Rdn. 36; *Hachenburg/Ulmer*, GmbHG, § 64, Rdn. 46.
1786 *Scholz/Schmidt*, GmbHG, § 64, Rdn. 12, 36.
1787 *Schmidt*, in: Schmidt/*Uhlenbruck*, GmbH in der Krise, Rdn. 883.
1788 BGH, ZIP 1995, 124, 126.
1789 *Uhlenbruck*, WiB 1996, 466, 468; BGHZ 126, 181; nach BGH, DStR 1999, 988 geht der Anspruch auf das positive Interesse; Anspruchsinhaber ist der Neugläubiger, nicht der Insolvenzverwalter (BGHZ 138, 211).
1790 BGHZ 126, 181; BGH, GmbHR 1993, 715; HansOLG Hamburg, NZG 2000, 606; *Roth/Altmeppen*, GmbHG, § 64, Rdn. 20 f.
1791 *Scholz/Schmidt*, GmbHG, § 64, Rdn. 50.
1792 *Hachenburg/Ulmer*, GmbHG, § 64, Rdn. 63 ff.
1793 BGH, WM 1992, 735.
1794 BGH, ZIP 1993, 763.

schaft zusätzlich zu seiner Kapitalbeteiligung zur Absicherung von Gesellschaftsverbindlichkeiten persönliche Bürgschaften oder dingliche Sicherungen zur Verfügung stellt[1795].

VI. Instrumentarien zur Krisenüberwindung

N 40　Ist die Gesellschaft sanierungswürdig[1796], stehen eine Reihe von rechtlichen Instrumentarien zur Überwindung der Liquiditätskrise oder der Überschuldung zur Verfügung.

1. Nachschüsse

N 41　Das einfachste Mittel zur Beseitigung der Krise ist die Zahlung freiwilliger Nachschüsse der Gesellschafter an die GmbH.

2. Erlass von Forderungen

N 42　Der Erlass von Forderungen durch Gesellschaftsgläubiger kann verbunden werden mit einem **Besserungsschein**, also der Abrede, bei Erfolg der Sanierung aus späteren Gewinnen weitere Zahlungen an diese Gläubiger zu erbringen[1797]. In diesem Fall ist keine Passivierung erforderlich.

3. Effektive Kapitalerhöhung

N 43　Die Überschuldung kann auch durch effektive Kapitalerhöhung beseitigt werden[1798], und zwar entweder durch Schaffung neuer Geschäftsanteile in Höhe der neu zu übernehmenden Stammeinlagen oder durch Aufstockung bestehender Geschäftsanteile[1799]. Die Aufstockung setzt voraus, dass eine Vormännerhaftung nicht in Betracht kommt, weil die alten Anteile entweder voll eingezahlt sind und eine Nachschusspflicht nicht besteht oder sich noch in der Hand der Gründer befinden[1800].

1795　BGH, WiB 1995, 288 m. Anm. *Eckhardt*.
1796　Zur Sanierungswürdigkeit s.o. I 2, Rdn. N 2 ff.
1797　Vgl. *Wittig*, in: Schmidt/Uhlenbruck, GmbH in der Krise, Rdn. 333; Beck GmbH-Hdb./ *Nonnenmacher*, § 15, Rdn. 94; vgl unten Muster VIII 3 (Besserungsschein im Rahmen eines außergerichtlichen Vergleichs), Rdn. N 61.
1798　*Schmidt*, ZIP 1980, 328, 334.
1799　BGHZ 63, 116, 118, vgl auch oben H IV 2, Rdn. H 102 ff.
1800　*Scholz/Priester*, GmbHG, § 55, Rdn. 25; Einzelheiten zur effektiven Kapitalerhöhung oben H IV 2, Rdn. H 102 ff.

Im Rahmen der Kapitalerhöhung können **neue Gesellschafter** aufgenommen werden. Zu beachten ist aber, dass Alt-Gesellschafter ein gesetzliches Bezugsrecht[1801] haben. Dessen Ausschluss kann jedoch gerechtfertigt sein, wenn z.B. der Dritte über den Wert des neuen Anteils hinaus Sonderleistungen erbringt[1802]. Gefährlich ist eine Umwandlung von Kreditforderungen des neuen Gesellschafters in haftendes Eigenkapital im Wege der Barkapitalerhöhung[1803]. Denn hier liegt in der Regel eine **verdeckte Sacheinlage** vor[1804].

N 44

Für Ausfälle bei neu geschaffenen oder erhöhten Stammeinlagen haften nach § 24 GmbHG **alle** Gesellschafter nach dem Verhältnis ihrer Geschäftsanteile[1805].

N 45

4. Kapitalschnitt

Unter Kapitalschnitt versteht man eine **Kapitalherabsetzung, verbunden mit einer gleichzeitigen Kapitalerhöhung**[1806]. Können Gesellschafter die Kapitalerhöhung nicht aus eigenen Mitteln erbringen und sind deswegen Dritte als Gesellschafter aufzunehmen, können bis dahin entstandene Verluste dies erschweren; denn solche Verluste verbieten eine Gewinnausschüttung und mindern den Wert der neuen Anteile. Daher müssen zunächst die aufgelaufenen Verluste durch eine (nominelle) Kapitalherabsetzung beseitigt werden. Die vereinfachte Kapitalherabsetzung (§§ 58 a–f GmbHG) entbindet die Gesellschafter vom Erfordernis des Gläubigeraufrufs und der Einhaltung des Sperrjahres gemäß § 58 Abs. 1 Nr. 3 GmbHG.

N 46

5. Hingabe von Gesellschafterdarlehen

Der Vorteil kapitalersetzender Gesellschafterdarlehen gegenüber der Kapitalerhöhung liegt in dem einfacheren Verfahren. Allerdings sind Darlehen grundsätzlich zu **passivieren** und als solche allenfalls in **Verbindung mit einem Rangrücktritt** zur Abwendung der Insolvenz geeignet. In jedem Fall läßt sich die Überschuldung durch einen **Forderungsverzicht** unter Hingabe eines Besserungsscheines durch die GmbH vermeiden[1807]. In der Regel sind Gesellschafterdarlehen mit dem Nachteil behaftet, dass sie gemäß §§ 32 ff. GmbHG wie Eigenkapital behandelt werden. Die Regeln über den

N 47

1801 S.o. H IV 2 b, Rdn. H 105.
1802 *Schmidt*, in: Schmidt/Uhlenbruck, GmbH in der Krise, Rdn. 254.
1803 *Schmidt*, in: Schmidt/Uhlenbruck, GmbH in der Krise, Rdn. 255.
1804 Vgl. zu Tatbestand, Rechtsfolgen und Heilungsmöglichkeiten einer verdeckten Sacheinlage oben B IV 5, Rdn. H 66 ff.
1805 *Scholz/Emmerich*, GmbHG, § 24, Rdn. 16 f.
1806 S.o. H VI 4, Rdn. H 156 ff.
1807 Zur Problematik s.o. N 12. Vgl. auch *Müller*, Bilanzierungsprobleme bei der Erstellung eines Überschuldungsstatus nach § 19 Abs. 2 InsO, in: Kölner Schrift zur InsO, S. 97, 112 sowie *Noack*, Neues Insolvenzrecht – neues Kapitalersatzrecht, in: FS Claussen, S. 307, 315 ff.

Eigenkapitalersatz gelten jedoch nicht für den nicht geschäftsführenden Gesellschafter, der mit 10 v. H. oder weniger am Stammkapital beteiligt ist. Erwirbt ein Darlehnsgeber in der Krise der GmbH Geschäftsanteile zum Zweck der Überwindung der Krise, führt dies für seine bestehenden oder neu gewährten Kredite nicht zur Anwendung der Regeln über den Eigenkapitalersatz (sog. Sanierungsprivileg, § 32 a Abs. 3 Satz 2 und 3 GmbHG).

VII. Beratungshilfen

1. Vor- und Nachteile einer frühen Verfahrenseinleitung[1808]

N 48 § 18 Abs. 1 InsO eröffnet dem Geschäftsführer die Möglichkeit, bereits bei drohender Zahlungsunfähigkeit einen Insolvenzantrag zu stellen. Die frühzeitige Verfahrenseröffnung hat sowohl Vor- als auch Nachteile, die bei der Entscheidungsfindung zu berücksichtigen sind:

- **Vorteile**
Der Geschäftsführer muss nicht einräumen, dass der ein zwingender **Insolvenzgrund** bereits vorliegt. Gemäß § 18 Abs. 2 InsO genügt zur Verfahrenseinleitung die Darlegung des Geschäftsführers, dass die Gesellschaft voraussichtlich nicht in der Lage sein wird, die bestehenden Zahlungspflichten im Zeitpunkt der Fälligkeit zu begleichen.
Die GmbH wird dem Schutz der Insolvenzordnung unterstellt: Bereits vor Verfahrenseröffnung kann das Insolvenzgericht gemäß § 21 Abs. 2 InsO **Maßnahmen der Zwangsvollstreckung** gegen die GmbH untersagen oder einstweilig einstellen, soweit nicht unbewegliche Gegenstände betroffen sind. Dies schützt die GmbH vor masseauszehrenden Vollstreckungsmaßnahmen ihrer Gläubiger.
Gemäß § 88 InsO werden Sicherungen an den zur Insolvenzmasse gehörenden Gegenständen, welche die Gläubiger in dem letzten Monat vor dem Antrag auf Eröffnung des Insolvenzverfahrens oder nach diesem Antrag durch Zwangsvollstreckung in das zur Insolvenzmasse gehörende GmbH-Vermögen erlangt haben, mit der Eröffnung des Verfahrens unwirksam (sog. **Rückschlagsperre**). Dies kann die Liquidität der GmbH möglicherweise erheblich verbessern.
Für Gläubiger gilt während der Dauer des Insolvenzverfahrens ein **absolutes Vollstreckungsverbot:** Gemäß § 89 Abs. 1 InsO sind Zwangsvollstreckungen während dieser Zeit unzulässig.
Der GmbH steht gemäß §§ 270 ff. InsO das Recht zu, **Antrag auf Eigenverwaltung** zu stellen. Ordnet das Insolvenzgericht in dem Beschluss über die Eröffnung des Insolvenzverfahrens die Eigenverwaltung an, so ist die GmbH berechtigt, unter der Aufsicht eines Sachwalters die Insolvenzmasse zu verwalten und über sie zu verfügen (§ 270 Abs. 1 InsO).

1808 Vgl. *Uhlenbruck*, WiB 1996, 409, 412 f.

- **Nachteile**
  Bereits im Eröffnungsverfahren sind Verfügungsbeschränkungen des Gerichts öffentlich bekannt zu machen (§ 23 Abs. 1, Satz 1 InsO). Dies hat eine **negative Publizität** zur Folge.
  Stellt der Geschäftsführer den **Antrag zu früh**, ohne die Sanierungsfähigkeit der Gesellschaft geprüft zu haben, ist er der Gesellschaft gegenüber zum Schadensersatz verpflichtet (§ 43 GmbHG).
- Die Gläubiger erlangen in einem eröffneten Insolvenzverfahren maßgebliche **Einflußmöglichkeiten**. So beschließt z.B. die Gläubigerversammlung im Berichtstermin (§ 156 InsO), ob das Unternehmen stillgelegt oder vorläufig fortgeführt werden soll.

2. Checklisten

a) Anzeichen einer drohenden oder eingetretenen Krise N 49

Folgende Merkmale legen eine Überschuldung der GmbH nahe und nötigen den Geschäftsführer zur sofortigen Überprüfung, ob die Gesellschaft überschuldet ist[1809]:

- nachhaltiger Umsatzrückgang;
- deutlich sinkender Auftragseingang;
- Ausbleiben seit langem fälliger Forderungen;
- übersetztes, seit längerem nur gering bewegtes Warenlager.

b) Überlegungen vor Stellung des Eigen-Insolvenzantrages N 50

- Antragspflicht
  – Überschuldung (rechnerische Überschuldung; negative Fortbestehensprognose, Bewertung des Unternehmens nach Ertragswertmethode);
  – Zahlungsunfähigkeit (u.a. Aufstellung der Verbindlichkeiten; der flüssigen Mittel, der Guthaben und der Kreditaufnahmemöglichkeiten)
- Fakultativer Antrag
  – Drohende Zahlungsunfähigkeit bei Eintrittswahrscheinlichkeit der Zahlungsunfähigkeit im Zeitpunkt der Fälligkeit > 50 % (Erstellung eines Finanzplanes: Aufstellung der Zahlungsmittel zu Beginn des Beurteilungszeitraumes und Fortschreibung der zeitraumbezogenen Einnahmen und Ausgaben)

1809 *Rowedder/Rowedder*, GmbHG, § 64, Rdn. 5.

- Möglichkeit der Einleitung eines außergerichtlichen Vergleichs mit Gläubigern
  - bei Illiquidität trotz vorhandenen Vermögens
    (z. B. Stundungsfristen vereinbaren, Abschlags- und Ratenzahlungen; mögl. Sicherheiten stellen);
  - bei nicht ausreichendem Vermögen
    (Quote ermitteln, die den Gläubigern angeboten werden kann – ggf. Besserungsschein vereinbaren);
- Gesellschafterversammlung (falls vorhanden auch Aufsichtsrat oder Beirat) informieren;
- Insolvenzantrag mit weiteren Geschäftsführern abstimmen.

N 51 **c) Vorgehensweise der Geschäftsführer bei Eigen-Insolvenzantrag**

- Ermittlung der Antragspflicht
  - Zahlungsunfähigkeit (vgl. unter b);
  - Überschuldung (vgl. unter b).
- Antrag ohne schuldhaftes Zögern; spätestens drei Wochen nach Kenntnis des Insolvenzgrundes.
- Gesellschaftsinterne Finanzen ordnen
  - Geschäftsbücher auf neuesten Stand bringen;
  - Forderungsaufstellung (geordnet nach Fälligkeit, rechtlicher Durchsetzbarkeit und nach Einbringlichkeit);
  - Aufstellung der anhängigen Rechtsstreitigkeiten;
  - Insolvenzspezifische Vertragsklauseln sichten.
- Insolvenzantrag nebst Unterlagen beim Insolvenzgericht einreichen
  - Antrag muss zum Ausdruck bringen, dass die Einleitung eines Insolvenzverfahrens gewollt ist;
  - Antragstellung schriftlich oder zu Protokoll der Geschäftsstelle;
  - Darlegung des Insolvenzgrundes;
  - Verzeichnis der Gläubiger und Schuldner;
  - Übersicht über die Vermögensmasse, geordnet nach Aktivvermögen (u.a. Grundvermögen, Sachvermögen, Forderungen und sonstige Vermögensrechte) und Passivvermögen (u.a. Grundstücksbelastungen, Steuerschulden, Pachtrückstände, Bankverbindlichkeiten, Lieferantenschulden);
  - Vom Insolvenzgericht zumeist geforderte weitere Angaben (u.a. Zahl der Beschäftigten, Betriebsrat, Mitbestimmungspflicht; Pfändungsprotokolle).
- Zuständiges Insolvenzgericht ermitteln
  - Örtlich zuständig ist ausschließlich das Insolvenzgericht, in dessen Bezirk die GmbH ihren Sitz hat.
  - Sachlich zuständig ist das durch § 2 InsO i.V.m. den Vorschriften der Länder bestimmte Insolvenzgericht.

d) Fortbestehensprognose und Überschuldungsstatus nach InsO N 52

- Fortbestehensprognose
  = Gesamturteil über die Lebensfähigkeit des Unternehmens
  in vorhersehbarer Zukunft;
  – Grundlage: Unternehmenskonzept = Beschreibung des geplanten
  Soll-Verlaufs des Unternehmens;
  – Umsetzung: Finanzplanung;
- Ergebnis:
  ➢ Das finanzielle Gleichgewicht wird im Prognosezeitraum gewahrt bzw.
  wiedererlangt.
  ⇒ positive Fortbestehensprognose;
  ➢ finanzielle Unterdeckung im Prognosezeitraum;
  ⇒ negative Fortbestehensprognose.
- Überschuldungsstatus
  = stichtagsbezogene Gegenüberstellung des Vermögens und der Schulden
  – Bewertung von Vermögen und Schulden zu Zeitwerten;
  – Ergebnis der Fortbestehensprognose entscheidet über das Bewertungskonzept
  in der Überschuldungsbilanz:
  positive Fortbestehensprognose ⇒ Vermögen und Schulden sind zu Fortführungswerten anzusetzen; Ansatz von Liquidationswerten bei konzeptgemäß
  zu veräußernden Unternehmensteilen;
  negative Fortbestehensprognose ⇒ Vermögenswerte und Schulden sind zu
  Veräußerungsgewinnen anzusetzen.

e) Gesellschafterforderung als eigenkapitalersetzendes Darlehen N 53

1. Voraussetzungen:
   - Gesellschafter gewährt der GmbH ein Darlehen oder sonstige finanzielle
     Vorteile;
   - GmbH gerät in eine Krise i.S.d. § 32 a Abs. 1 GmbHG;
   - Gesellschafter macht Forderung nicht geltend oder trifft Stundungsvereinbarung mit GmbH = »andere Rechtshandlung« i.S.d. § 32 a Abs. 3 GmbHG;
   - Kenntnis oder fahrlässige Unkenntnis des Gesellschafters von der Krisenlage.
2. Rechtsfolge
   Geltendmachung der Forderung im Insolvenzverfahren nur als nachrangige
   Insolvenzforderung.

N. Die GmbH in der Krise

N 54 f) **Nutzungsüberlassung von Gegenständen als eigenkapitalersetzendes Darlehen (»andere Rechtshandlung« i.S.d. § 32 a Abs. 3 GmbHG)**

1. Voraussetzungen:
   - Überlassung eines Gegenstandes durch Gesellschafter zur Nutzung an GmbH (z.B. Mieträume);
   - GmbH gerät in eine Krise i.S.d. § 32 a Abs. 1 GmbHG;
   - Kenntnis oder fahrlässige Unkenntnis des Gesellschafters bzgl. der Krisenlage;
   - Gesellschafter fordert Gegenstand nicht zurück.

2. Rechtsfolge:
   - Gesellschafter bleibt Eigentümer;
   - Nutzungsrecht = Haftungsmasse;
   - Nutzungsentgelt nur als nachrangige Insolvenzforderung;
   - schon bezahltes Nutzungsentgelt ist analog § 31 Abs. 1 GmbHG zurückzuzahlen;
   - Herausgabe des Gegenstandes an den Gesellschafter hat analog §§ 30, 32 a GmbHG zu unterbleiben;
   - Anfechtungsrecht nach § 135 InsO;
   - Dauer der Nutzungsüberlassung entspr. vertraglichen oder gesetzlichen Bestimmungen.

N 55 g) **Vermeidung der Umqualifizierung der Nutzungsüberlassung als eigenkapitalersetzendes Darlehen**

- Eigeninsolvenzantrag wegen drohender Zahlungsunfähigkeit,
- GmbH wird bei Eintritt der Krise liquidiert oder
- Gesellschafter entzieht GmbH bei Eintritt der Krise das Nutzungsrecht (z.B. Kündigung aus wichtigem Grund).

N 56 h) **Haftung der Geschäftsführer in der Insolvenz**

- **Gegenüber der GmbH**
  - **§ 64 Abs. 2 Satz 1 GmbHG**

  Zahlung = jeder das Gesellschaftsvermögen belastende Transfer, auch Eingehung von Verbindlichkeiten;

  keine vollwertige Gegenleistung;

  nach Feststellung der Überschuldung oder nach Eintritt der Zahlungsunfähigkeit; Beweislast für fehlende Kenntnis beim Geschäftsführer.

  Zahlung ist mit der Sorgfalt eines ordentlichen Geschäftsmannes nicht vereinbar;

  Einrede der Möglichkeit der Insolvenzanfechtung, wenn und solange sie besteht (h.M.);

  Verjährung: 5 Jahre (§§ 64 Abs. 2 Satz 2, 43 Abs. 4 GmbHG);

- § 43 Abs. 2 GmbHG
  z.B. Unterlassen geeigneter Sanierungsmaßnahmen;
- **Gegenüber den Gläubigern**
  - § 823 Abs. 2 BGB i.V.m. § 64 Abs. 1 GmbHG
    schuldhafte Verzögerung des Insolvenzantrags wegen Zahlungsunfähigkeit oder Überschuldung;
    Altgläubiger erhalten Quotenschaden (Differenz zwischen der Haftungsmasse bei rechtzeitiger Antragsstellung und der tatsächlichen Quote);
    Neugläubiger erhalten den gesamten Schaden;
  - c.i.c.
    GF offenbart die Überschuldung nicht und hat erhebliches wirtschaftliches Eigeninteresse oder nimmt in besonderem Maße persönliches Vertrauen in Anspruch
  - § 826 BGB
    sittenwidrige Schädigung.

VIII. Muster

1. Antrag des Geschäftsführers auf Eröffnung des Insolvenzverfahrens wegen Zahlungsunfähigkeit

N 57

Amtsgericht
– Insolvenzgericht –

Als alleinvertretungsberechtigter Geschäftsführer der ... GmbH beantrage ich, über das Vermögen der Gesellschaft das Insolvenzverfahren zu eröffnen.

Die Gesellschaft ist im Handelsregister des Amtsgerichts ... (Ort) unter HRB ... eingetragen. Unternehmensgegenstand ist ... .

Die Gesellschaft ist zahlungsunfähig. Zahlungen mussten am ... eingestellt werden. Die von den Lieferanten akzeptierten Wechsel gehen deshalb zu Protest. In den nächsten Tagen werden Zustellungen von Zahlungsklagen der Arbeitnehmer der Gesellschaft erwartet, weil die Löhne und Gehälter nicht mehr gezahlt werden konnten.

Im Rahmen der Verwertung des Geschäftsgrundstücks ist nach Befriedigung der darauf lastenden Grundschulden mit einem Überschuss zu rechnen. Das vorhandene Vermögen deckt hiernach die Kosten des Verfahrens.

> Eine Vermögensübersicht sowie ein Verzeichnis der Gläubiger und Schuldner werden nachgereicht.
>
> ... (Ort), den ... (Datum)
>
> ...
> (Unterschrift des Geschäftsführers)

N 58 2. Insolvenzantrag wegen drohender Zahlungsunfähigkeit

> Amtsgericht
> – Insolvenzgericht –
>
> Als Geschäftsführer der ... GmbH (AG, HRB) beantrage ich, über das Vermögen der Gesellschaft das Insolvenzverfahren zu eröffnen. Gemäß dem beigefügten beglaubigten HR-Auszug vom ... bin ich alleinvertretungsbefugt.
>
> Die Gesellschaft droht zahlungsunfähig zu werden. Voraussichtlich wird sie nicht in der Lage sein, die Löhne und Gehälter der Arbeitnehmer, die in den nächsten Tagen fällig werden, zu bezahlen. Eine Möglichkeit weiterer Bankkredite besteht nicht.
>
> Im Rahmen der Verwertung des Geschäftsgrundstücks ist nach Befriedigung der darauf lastenden Grundschulden mit einem Überschuss zu rechnen. Das vorhandene Vermögen deckt hiernach die Kosten des Verfahrens.
>
> Eine Vermögensübersicht, ein Verzeichnis der Gläubiger und Schuldner sowie ein Finanzplan (Liquiditätsplan) liegen bei[1810].
>
> ... (Ort), den ... (Datum)
>
> ...
> (Unterschrift des Geschäftsführers)

[1810] Zum Beispiel eines Liquiditätsplanes vgl. *Haarmeyer/Wutzke/Förster,* Handbuch zur Insolvenzordnung, Kap. 3, Rdn. 72.

3. Besserungsschein im Rahmen eines außergerichtlichen Vergleichs N 59

> Die am außergerichtlichen Vergleich beteiligten Gläubiger erhalten, wenn und soweit es der Gesellschaft aufgrund einer Besserung ihrer Vermögenslage möglich sein sollte, über die nicht erlassenen Verbindlichkeiten von 50 % hinaus ab dem Kalenderjahr ... bis zu 20 % auf ihre jeweilige Forderung ausgezahlt (Besserungsbetrag). Die Gesellschaft ist berechtigt, den Besserungsbetrag entsprechend ihrer Vermögenslage in höchstens drei Jahresraten zu bezahlen.
>
> Darüber, ob und in welchem Umfang die Voraussetzungen für die Einlösung dieses Besserungsscheins vorliegen, sollen folgende Personen als Schiedsgutachter verbindlich entscheiden:
>
> 1. ...
>
> 2. ... als Ersatzschiedsgutachter
>
> Kann wegen Fehlens der oben genannten Voraussetzungen mit Zahlungen nicht spätestens fünf Jahre nach Vergleichsabschluss begonnen werden, entfällt die über die nicht erlassenen Verbindlichkeiten hinausgehende Zahlungsverpflichtung der Gesellschaft.
>
> ... *(Ort)*, den ... *(Datum)* Angenommen!
>   *(Ort)*, den ... *(Datum)*
>
> ...   ...
> *(Unterschrift des Geschäftsführers)*   *(Unterschrift des/der Gläubiger)*

O. Auflösung/Liquidation

Inhaltsübersicht

	Rdn.		Rdn.
I. Kurzkommentar	O 1	d) Beendigung der Liquidation	O 36
II. Auflösung		e) Vollbeendigung	O 38
1. Auflösungsgründe	O 4	3. Nachtragsliquidation	O 40
a) Auflösungsgründe gemäß § 60 Abs. 1 GmbHG	O 4	V. Beratungshilfen	
b) Weitere gesetzliche Auflösungsgründe	O 5	1. Rangfolge bei der Ausübung des Rechts aus § 61 i.V.m. § 60 Abs. 1 Nr. 3 GmbHG (Auflösungsklage)	O 44
c) Vertragliche Auflösungsgründe	O 6	2. Checklisten	O 45
2. Anmeldung und Eintragung der Auflösung	O 10	a) Phasen der Beseitigung der GmbH	O 45
3. Folgen der Auflösung	O 13	b) Auflösungsgründe	O 46
III. Fortsetzung der aufgelösten Gesellschaft	O 16	c) Voraussetzungen der Fortsetzung einer aufgelösten Gesellschaft	O 47
IV. Liquidation		d) Aufgaben der Liquidatoren im Überblick	O 48
1. Liquidatoren	O 20	VI. Muster	
a) Bestimmung, Bestellung und Abberufung	O 21	1. Auflösungsbeschluss	O 49
b) Anmeldung	O 25	2. Anmeldung der Auflösung zum Handelsregister	O 50
c) Rechtsstellung	O 26	3. Bekanntmachung der Auflösung	O 51
2. Durchführung der Liquidation	O 27	4. Anmeldung der Beendigung der Liquidation	O 52
a) Rechnungslegung	O 27	5. Beschlussfassung über die Fortsetzung einer aufgelösten Gesellschaft	O 53
b) Abwicklung der Geschäfte	O 28		
c) Verteilung der Liquidationsmasse	O 32		

I. Kurzkommentar

Die Beseitigung der GmbH vollzieht sich **in drei Phasen**[1811]:   O 1

- **Auflösung**
  Die Auflösung der Gesellschaft bedeutet die **Beendigung ihrer werbenden Tätigkeit,** nicht aber die Beendigung ihrer Existenz als juristische Person. Der Zweck der Gesellschaft ist nun nicht mehr auf die Teilnahme am Wirtschaftsverkehr, sondern auf die Abwicklung ihres Vermögens gerichtet. Die Auflösung setzt einen der **Auflösungsgründe** der §§ 60 ff. GmbHG voraus.

- **Liquidation**
  Die aufgelöste Gesellschaft tritt in das Liquidationsstadium. Die Liquidation dient der Beendigung aller schwebenden Geschäfte der GmbH, der Einziehung ihrer

---

[1811] *Lutter/Hommelhoff*, GmbHG, § 60, Rdn. 1; vgl. auch die Übersicht unten V 2 a, Rdn. O 45.

O. Auflösung/Liquidation

Forderungen, der Veräußerung ihrer Aktiva, der Bezahlung ihrer Schulden sowie der Aushändigung ihres danach verbleibenden Vermögens an die Gesellschafter. Die bisherige Firma kann fortgeführt werden, ist jedoch mit dem Zusatz »in Liquidation« oder »iL« zu versehen (§ 68 Abs. 2 GmbHG). Die Rechtsverhältnisse der Gesellschaft und der Gesellschafter beurteilen sich weiterhin nach den für die nicht aufgelöste Gesellschaft geltenden Vorschriften der §§ 13 bis 52 GmbHG, jedoch nur insoweit, als sich aus den Sonderregeln des fünften Abschnitts des GmbHG oder aus dem Wesen der Liquidation, d.h. dem Abwicklungszweck[1812], nichts anderes ergibt (§ 69 Abs. 1 GmbHG). Abweichend vom Wortlaut des § 69 Abs. 1 GmbHG gelten auch die Vorschriften des ersten, vierten und des sechsten Abschnitts mit derselben Einschränkung[1813]. So bleibt der Gerichtsstand der Gesellschaft unverändert; auch kann nach Auflösung der Gesellschaft die Firma geändert oder eine Erhöhung oder Herabsetzung des Kapitals vorgenommen werden, falls der Liquidationszweck dem nicht entgegensteht[1814].

- **Beendigung**
Die Beendigung erfordert die Vermögenslosigkeit der Gesellschaft nach erfolgter Abwicklung und die Eintragung ihrer Löschung in das Handelsregister[1815].

O 2 Die werbende Tätigkeit der Gesellschaft kann auch ohne formelle Auflösung ihr Ende finden[1816]. Beschließen die Gesellschafter, die Geschäfte abzuwickeln, die Gläubiger zu befriedigen, die Mitarbeiter zu entlassen und das Vermögen bis auf das Stammkapital auszukehren, so spricht man von einer **stillen Liquidation**. Zurück bleibt ein GmbH-**Mantel**, der in bestimmten Grenzen einer weiteren Verwertung zugänglich ist[1817].

O 3 **Ohne Liquidation** erlischt die Gesellschaft, wenn sie wegen Vermögenslosigkeit gemäß § 60 Abs. 1 Nr. 7 GmbHG i.V.m. § 141 a FGG im Handelsregister gelöscht wird. Dasselbe gilt im Falle der Verschmelzung mit einer AG, KGaA, OHG, KG, Partnerschaftsgesellschaft oder einer anderen GmbH (§ 20 Abs. 1 Nr. 2 UmwG). Demgegenüber führt die formwechselnde Umwandlung in eine Gesellschaft anderer Rechtsform nach §§ 190 ff. UmwG nicht zum Erlöschen der GmbH, sondern zur Fortsetzung der in ihrer Identität fortbestehenden Gesellschaft[1818].

1812 *Scholz/Schmidt*, GmbHG, § 69, Rdn. 13.
1813 *Baumbach/Hueck/Schulze-Osterloh*, GmbHG § 69, Rdn. 1.
1814 OLG Frankfurt, NJW 1974, 463.
1815 Str., Einzelheiten s.u. IV 2 e, Rdn. O 38.
1816 *Rowedder/Rasner*, GmbHG, § 60, Rdn. 6.
1817 MünchHdb.GesR III/*Weitbrecht*, § 64, Rdn. 3; zur Mantelverwertung s.o. B I 3 c, Rdn. B 8 u. C VIII 2, Rdn. B 94 ff.
1818 Vgl. hierzu K III 3, Rdn. K 81 ff.

II. Auflösung

1. Auflösungsgründe

Auflösungsgründe können sich aus dem Gesetz oder dem Gesellschaftsvertrag ergeben[1819].

a) Auflösungsgründe gemäß § 60 Abs. 1 GmbHG O 4

- **Nr. 1: Zeitablauf**
  Ist in der Satzung eine bestimmte Frist oder ein bestimmter Zeitpunkt für die Dauer der Gesellschaft vorgesehen, so wird diese mit Ablauf der Frist bzw. dem vorgesehenen Zeitpunkt aufgelöst (**Zeitablauf, Nr. 1**).

- **Nr. 2: Beschluss der Gesellschafter**
  Die Auflösung der Gesellschaft durch **Beschluss der Gesellschafter**[1820] beinhaltet i.d.R. keine Satzungsänderung, so dass es zu ihrer Wirksamkeit weder einer notariellen Beurkundung noch einer Eintragung in das Handelsregister bedarf[1821]. Etwas anderes gilt, wenn die Satzung eine Bestimmung über die Dauer der Gesellschaft enthält; deren vorzeitige Auflösung bedeutet dann eine Änderung der entsprechenden Satzungsklausel[1822]. Der Auflösungsbeschluss kann nur von den Gesellschaftern gefasst werden. Eine Übertragung der Beschlusskompetenz auf ein anderes Organ ist nicht möglich[1823]. Grundsätzlich ist eine ¾-Mehrheit der abgegebenen Stimmen erforderlich (§ 60 Abs. 1 Nr. 2 GmbHG). Stimmenthaltungen gehören nicht zu den abgegebenen Stimmen[1824]. Die Satzung kann die Anforderungen an den Auflösungsbeschluss erschweren oder erleichtern; dieser muss aber mindestens mit einfacher Mehrheit gefasst werden[1825].

- **Nr. 3: Urteil**
  Gesellschafter, deren Geschäftsanteile zusammen mindestens den zehnten Teil des Stammkapitals ausmachen, können **Auflösungsklage gegen die Gesellschaft** erheben, wenn die Erreichung des Gesellschaftszwecks unmöglich wird oder sich andere wichtige Gründe in den Verhältnissen der Gesellschaft ergeben (§ 61 GmbHG). Dieses Minderheitsrecht ist unabdingbar[1826]. Mit Rechtskraft des Urteils ist die Gesellschaft aufgelöst (§ 60 Abs. 1 **Nr. 3** GmbHG).

1819 Vgl. den Überblick unten V 2 b, Rdn. O 46.
1820 Vgl. Muster VI 1 (Auflösungsbeschluss), Rdn. O 49. Er bedarf keiner sachlichen Rechtfertigung (BGHZ 76, 352, 353).
1821 *Eder*, in: GmbH-Hdb. I, Rdn. 710.
1822 *Lutter/Hommelhoff*, GmbHG, § 60, Rdn. 5.
1823 *Rowedder/Rasner*, GmbHG, § 60, Rdn. 24.
1824 Zur Ermittlung der Stimmenmehrheit vgl. Ziff. F IV 6, Rdn. F 55 ff.
1825 *Eder*, in: GmbH-Hdb. I, Rdn. 710.1. Zum Rechtsmissbrauch, insb. bei der Zweipersonengesellschaft, vgl. BGHZ 76, 352, 354 ff.; 103, 184 ff., BGH, DStR 1999, 330.
1826 *Eder*, in: GmbH-Hdb. I, Rdn. 712.

Weitere wichtige Gründe i.S.d. § 61 GmbHG, die den Gesellschaftern die Weiterführung der Gesellschaft unmöglich machen, können u.a. sein[1827]:
- Beschlussunfähigkeit in allen wichtigen Punkten wegen dauernder unvermeidlicher Stimmengleichheit oder
- dauernde nicht zu beseitigende Unrentabilität.

Allerdings ist die Auflösungsklage nur dann begründet, wenn kein **milderes Mittel** zur Verfügung steht[1828]. Als solches kommen insbesondere
- die Anpassung des Gesellschaftsvertrages,
- das (ungeschriebene) Austrittsrecht des Gesellschafters aus wichtigem Grund[1829] und
- die Ausschlussklage gegen Mitgesellschafter[1830]

in Betracht, soweit dadurch die Störung beseitigt wird[1831].

- **Nr. 4 Eröffnung des Insolvenzverfahrens**
  Die Eröffnung des Insolvenzverfahrens (§ 27 InsO) über das Vermögen der Gesellschaft führt automatisch zu deren Auflösung (§ 60 Abs. 1 Nr. 4 GmbHG)[1832]. An die Stelle der Liquidation tritt das Insolvenzverfahren. Eine Liquidation findet nur statt, wenn nach der Beendigung des Insolvenzverfahrens noch insolvenzfreies Vermögen vorhanden ist[1833]. Die Eröffnung des Insolvenzverfahrens über das Vermögen eines der Gesellschafter der GmbH ist dagegen kein Auflösungsgrund[1834].

- **Nr. 5: Beschluss über die Ablehnung der Eröffnung des Insolvenzverfahrens mangels Masse**
  Wird die Eröffnung des Insolvenzverfahrens durch Beschluss des Insolvenzgerichtes gemäß § 26 InsO mangels Masse abgelehnt, so bestimmt § 60 Abs. 1 Nr. 5 GmbHG die Auflösung der Gesellschaft[1835]. Der Beschluss kann jedoch von der GmbH mit der sofortigen Beschwerde angegriffen werden (§§ 6, 34 Abs. 1 InsO). Erst mit Rechtskraft des Beschlusses wird die GmbH automatisch aufgelöst.

- **Nr. 6: Registergerichtliche Verfügung**
  Des Weiteren hat die Rechtskraft einer **Verfügung des Registergerichts**, durch die gemäß §§ 144 a, 144 b FGG ein Mangel des Gesellschaftsvertrages oder die Nichteinhaltung der Verpflichtung aus § 19 Abs. 4 Satz 1 GmbHG (Volleinzahlung aller Geldeinlagen bzw. Bestellung von Sicherheiten, wenn sich innerhalb von drei Jah-

---

1827 Vgl. *Eder,* in: GmbH-Hdb. I, Rdn. 712.1. Zur Gefährdung der Gesellschaft selbst durch interne Konflikte s. BGHZ 80, 346, 347.
1828 *Scholz/Schmidt,* GmbHG, § 61, Rdn. 3, 17.
1829 Vgl. zum Austrittsrechts aus wichtigen Grund D XII 1, Rdn. D 126.
1830 Vgl. zur Ausschließung eines Gesellschafters D XII 2, Rdn. D 133 ff.
1831 *Rowedder/Rasner,* GmbHG, § 61, Rdn. 2; *Scholz/Schmidt,* GmbHG, § 61, Rdn. 3; a.A. *Hachenburg/Ulmer,* GmbHG, § 61, Rdn. 4, der eine Subsidiarität der Auflösungsklage gegenüber dem Austrittsrecht aus wichtigem Grund nicht ohne weiteres anerkennt; zur Rangfolge bei der Prüfung, welches Mittel das Mildeste ist, s.u. V 1, Rdn. O 49.
1832 Vgl. zu den Insolvenzgründen oben N I 1, Rdn. N 1.
1833 MünchHdb. GesR III/*Weitbrecht,* § 63, Rdn. 13.
1834 *Scholz/Schmidt,* GmbHG, § 60, Rdn. 35, 38.
1835 Die Auflösung der Gesellschaft tritt dann mit der Rechtskraft des abweisenden Beschlusses des Insolvenzgerichts ein (*Rowedder/Rasner,* GmbHG, Anh. nach § 60, Rdn. 6).

ren nach der Eintragung der Gesellschaft alle Geschäftsanteile in der Hand eines Gesellschafters oder daneben in der Hand der Gesellschaft vereinigen) festgestellt worden ist, die Auflösung der GmbH zur Folge (**Nr. 6**). Das Gericht hat Gelegenheit zur Beseitigung des Mangels zu geben und auf die Auflösungsfolge hinzuweisen[1836].

- **Nr. 7: Löschung der Gesellschaft**
  Schließlich erlischt die Gesellschaft gemäß § 141 a FGG, wenn sie vermögenslos ist, insbesondere wenn das Insolvenzverfahren über das Vermögen der Gesellschaft durchgeführt worden ist und keine Anhaltspunkte dafür vorliegen, dass die Gesellschaft noch Vermögen besitzt. Die Gesellschaft kann von Amts wegen oder auf Antrag der Steuerbehörde gelöscht werden. Vor der Löschung sind die Organe des Handelsstandes gemäß § 126 FGG zu hören.

b) **Weitere gesetzliche Auflösungsgründe**

sind insbesondere: O 5

- **Nichtigkeitsurteil** gemäß § 75 GmbHG, § 144 FGG.
  Jeder Gesellschafter, jeder Geschäftsführer und jedes Aufsichtsratsmitglied kann Nichtigkeitsklage gegen die **Gesellschaft** erheben oder die Gesellschaft kann nach § 144 Abs. 1 FGG **als nichtig gelöscht werden**, wenn
  – der Gesellschaftsvertrag keine Bestimmungen über die Höhe des Stammkapitals oder über den Gegenstand des Unternehmens enthält oder
  – die Bestimmungen im Gesellschaftsvertrag über den Gegenstand des Unternehmens nichtig sind. Heilung kann gem. § 76 GmbHG nur durch einstimmigen Gesellschafterbeschluss erfolgen.
- Der Erwerb aller Geschäftsanteile durch die GmbH (»**Kein-Mann**«-**GmbH**)[1837]. Streitig ist, ob die Auflösung erst eintritt, wenn sich die Situation zum Dauerzustand verfestigt[1838] oder schon mit Erwerb des letzten Anteils, so dass die GmbH, wenn sie diesen Zustand durch Übertragung eines Anteils beseitigen will, auf den Weg der Fortsetzung verwiesen ist[1839].
- Die **Sitzverlegung ins Ausland**. Der Beschluss über die Sitzverlegung beinhaltet einen Auflösungsbeschluss[1840].

1836 MünchHdb.GesR III/*Weitbrecht*, § 63, Rdn. 14.
1837 *Lutter/Hommelhoff*, GmbHG, § 60, Rdn. 24; *Hachenburg/Ulmer*, GmbHG, § 60, Rdn. 60; *Roth/Altmeppen*, GmbHG, § 60, Rdn. 17.
1838 So *Scholz/Westermann*, GmbHG, § 33, Rdn. 44; gegen eine Auflösung *Kreutz*, FS Stimpel 1985, 379, 383 ff.
1839 H.M.; vgl. *Baumbach/Hueck/Schulze-Osterloh*, GmbHG, § 60, Rdn. 37, 55; *Hachenburg/Ulmer*, GmbHG, § 60, Rdn. 60; *Lutter/Hommelhoff*, GmbHG, § 60, Rdn. 24; *Scholz/Schmidt*, GmbHG, § 60, Rdn. 32.
1840 OLG Hamm, ZIP 1997, 1669, das zutreffend darauf hinweist, dass sich gegenüber der IPR-rechtlichen Beurteilung aus dem Gemeinschaftsrecht keine gegenteiligen Erkenntnisse ergeben. Vgl. auch BayObLG, DB 1992, 1400 f.; *Hachenburg/Ulmer*, GmbHG, § 3, Rdn. 18; ferner *Kösters*, Rechtsträgerschaft und Haftung bei Kapitalgesellschaften ohne Verwaltungssitz im Gründungsstaat, NZG 1998, 241 ff., *Lachmann*, Haftungs- und Ver-

c) Vertragliche Auflösungsgründe

O 6 Die Satzung kann die gesetzlichen Auflösungsgründe nicht abbedingen[1841], aber zusätzliche Auflösungsgründe vorsehen.

O 7 Soll die Satzung dem Gesellschafter ein **Kündigungsrecht** einräumen[1842], ist bei der Abfassung darauf zu achten, dass sich die beabsichtigten Rechtsfolgen klar und deutlich ergeben. Einfachen Kündigungsklauseln (Bsp.: »Die Gesellschaft kann mit einer Kündigungsfrist von drei Monaten zum Ende eines Geschäftsjahres gekündigt werden.«) kann nämlich unterschiedliche Bedeutung zukommen. Sie können dem Gesellschafter die Möglichkeit gewähren,

- aus der GmbH gegen Abfindung nach Liquidationswerten auszuscheiden, so dass die Gesellschaft fortbesteht oder
- die GmbH durch seine rechtsgestaltende Erklärung aufzulösen[1843].

O 8 Lässt sich der Satzungsklausel nicht eindeutig entnehmen, ob Austritt oder Auflösung gewollt ist, so muss dies im Wege der Auslegung ermittelt werden[1844]. Hier gehen allerdings die Meinungen darüber auseinander, ob im Zweifel Auflösung[1845] oder Austritt[1846] anzunehmen ist.

O 9 **Beispiele** für weitere statutarisch mögliche Auflösungsgründe sind Tod oder Konkurs eines Gesellschafters, Veräußerung des Unternehmens, Einstellung des Betriebs oder Unterbilanz der GmbH[1847]. Dagegen genügt der Auflösungsgrund der »mangelnden Rentabilität« nicht dem Bestimmtheitsgrundsatz[1848].

2. Anmeldung und Eintragung der Auflösung

O 10 Die Auflösung ist im Handelsregister einzutragen, § 65 GmbHG. Die **Eintragung** hat allerdings nur deklaratorische Bedeutung, so dass die Auflösung auch ohne sie wirksam ist[1849]. Das Erfordernis der **Anmeldung**[1850] entfällt, wenn die Eintragung von Amts wegen erfolgt, und zwar in Fällen der Eröffnung des Insolvenzverfahrens, der gerichtlichen Feststellung eines Satzungsmangels oder der Nichteinhaltung der Verpflichtung aus § 19 Abs. 4 Satz 1 GmbHG durch den Einmann-Gesellschafter.

---

mögensfolgen bei Sitzverlegung ausländischer Kapitalgesellschaften ins Inland, Diss. Marburg 2000.
1841 *Eder*, in: GmbH-Hdb. I, Rdn. 719; *Roth/Altmeppen*, GmbHG, § 60, Rdn. 22.
1842 Was zulässig ist, vgl. *Scholz/Schmidt*, § 60, Rdn. 41.
1843 *Lutter/Hommelhoff*, GmbHG, § 60, Rdn. 26.
1844 Vgl. *Roth/Altmeppen*, GmbHG, § 60, Rdn. 22; *Baumbach/Hueck/Schulze-Osterloh*, GmbHG, § 60, Rdn. 45 f. m.w.N.
1845 RGZ 79, 418, 421 ff.; BayObLG, BB 1975, 249, 250; *Hachenburg/Ulmer*, GmbHG, § 60, Rdn. 68.
1846 *Lutter/Hommelhoff*, GmbHG, § 60, Rdn. 27.
1847 MünchHdb.GesR III/*Weitbrecht*, § 63, Rdn. 16.
1848 *Lutter/Hommelhoff*, GmbHG, § 60, Rdn. 26.
1849 *Eder*, in: GmbH-Hdb. I, Rdn. 721; *Roth/Altmeppen*, GmbHG, § 65, Rdn. 9.
1850 Vgl. Muster VI 2 (Anmeldung der Auflösung zum Handelsregister), Rdn. O 50.

Die Anmeldung erfolgt durch die Organvertreter der GmbH in vertretungsberechtigter Anzahl (§ 78 GmbHG). Dies sind bis zur Wirksamkeit der Auflösung die Geschäftsführer und danach die Liquidatoren[1851]. Diese trifft eine erzwingbare **Anmeldepflicht** (§ 79 GmbHG; § 14 HGB)[1852].

O 11

Gemäß § 65 Abs. 2 GmbHG haben die Liquidatoren die Auflösung dreimal in den in § 30 Abs. 2 GmbHG bezeichneten öffentlichen Blättern bekannt zu machen, verbunden mit der Aufforderung an die Gläubiger, sich bei der Gesellschaft zu melden (**Gläubigeraufruf**)[1853].

O 12

3. Folgen der Auflösung

Entsprechend der grundsätzlichen Unterscheidung zwischen der Auflösung der GmbH und ihrer Beendigung wird der Fortbestand der Gesellschaft als juristische Person durch den Eintritt der Auflösung grundsätzlich nicht berührt. Die Gesellschaft bleibt Handelsgesellschaft (§ 13 Abs. 3 GmbHG, § 6 Abs. 1 HGB). Ihr Zweck richtet sich nicht mehr auf eine erwerbswirtschaftliche Betätigung, sondern auf die **Abwicklung** des Gesellschaftsvermögens.

O 13

Für das **Innenverhältnis** gelten gem. § 69 Abs. 1 GmbHG die allgemeinen Vorschriften fort, soweit nicht die Sondervorschriften der §§ 66 ff. GmbHG entgegenstehen oder sich aus dem Wesen der Liquidation etwas anderes ergibt. Die Befugnisse der Gesellschafterversammlung und etwaiger sonstiger Gesellschaftsorgane bestehen fort.

O 14

Im **Außenverhältnis** bleiben die Rechtsverhältnisse der GmbH zu Dritten unverändert. Eigentums- und sonstige dingliche Rechte werden durch die Auflösung nicht berührt. Mitgliedschaften in anderen Gesellschaften bestehen fort, bis sie durch Kündigung, Austritt o.ä. wegfallen. Forderungen der Gesellschaft oder Dritter werden nicht vorzeitig fällig. Ob und ggf. unter welchen Voraussetzungen der Gesellschaft oder den Dritten ein Recht auf Rücktritt, Kündigung aus wichtigem Grund oder Auftragsanpassung zusteht, bestimmt sich bei Schuldverhältnisse nach dem Recht der Leistungsstörungen und der einseitigen Vertragsbeendigung von Dauerschuldverhältnissen, für Arbeitsverträge nach Arbeitsrecht. Beruht die Auflösung auf der Eröffnung des Insolvenzverfahrens über das Gesellschaftsvermögen, so gelten zusätzlich die Vorschriften der InsO[1854].

O 15

III. Fortsetzung der aufgelösten Gesellschaft

Die Fortsetzung einer aufgelösten, noch nicht beendeten Gesellschaft bedeutet deren **Rückkehr zu einer werbenden GmbH**. Sie ist im Grundsatz zulässig und nicht auf die in § 60 Abs. 1 Nr. 4 GmbHG ausdrücklich genannten Fälle der Einstellung des In-

O 16

1851 *Lutter/Hommelhoff*, GmbHG, § 65, Rdn. 2.
1852 Vgl. *Scholz/Schmidt*, GmbHG, § 65, Rdn. 11.
1853 Vgl. Muster VI 3 (Bekanntmachung der Auflösung), Rdn. O 51.
1854 *Hachenburg/Ulmer* § 60, Rdnr. 74 ff.

O. Auflösung/Liquidation

solvenzverfahrens auf Antrag des Schuldners bzw. der Aufhebung des Insolvenzverfahrens nach Bestätigung eines Insolvenzplanes, der den Fortbestand der Gesellschaft vorsieht, beschränkt[1855].

O 17 Die Fortsetzung setzt voraus:
- Die Gesellschaft ist noch **nicht voll beendet**[1856].
- Die **Verteilung des Gesellschaftsvermögens** hat noch nicht begonnen[1857].
- Es wird ein **Fortsetzungsbeschluss** gefasst[1858]. Nach wohl h.M. bedarf dieser einer Mehrheit von ¾ der abgegebenen Stimmen (entsprechend § 274 Abs. 1 Satz 2 AktG)[1859], nicht jedoch der für Satzungsänderungen geltenden notariellen Form[1860]. Streitig ist, ob der Minderheit, die der Fortsetzung der Gesellschaft nicht zustimmt, ein Austrittsrecht aus der fortgesetzten Gesellschaft zusteht[1861]. Dieses ist jedenfalls dann anzunehmen, wenn sich ein Verbleiben in der rückgewandelten Gesellschaft für einzelne Gesellschafter als unzumutbar erweist[1862]. Die Zustimmung auch eines Minderheitsgesellschafters zum Fortsetzungsbeschluss ist dann erforderlich, wenn der Beschluss ein Sonderrecht dieses Gesellschafters berührt[1863].
- Der materielle **Auflösungsgrund** muss **beseitigt** werden[1864]. Bei § 60 Abs. 1 Nr. 2 GmbHG genügt allerdings der Fortsetzungsbeschluss, bei Nr. 1 bedarf es einer Satzungsänderung, bei § 61 GmbHG der Zustimmung des klagenden Gesellschafters, bei § 62 GmbHG der Zustimmung der Behörde, bei § 63 GmbHG der Aufhebung bzw. Einstellung des Konkursverfahrens, usw.[1865]

O 18 Der Fortsetzungsbeschluss ist von den Geschäftsführern bzw. Liquidatoren in vertragsberechtigter Anzahl (§ 78 GmbHG) zur Eintragung in das Handelsregister **anzumelden**. Diese hat wiederum nur deklaratorische Bedeutung, es sei denn, mit dem Fortsetzungsbeschluss ist eine Satzungsänderung verbunden[1866].

1855 Vgl. nur *Scholz/Schmidt,* GmbHG, § 60, Rdn. 43.
1856 RGZ 118, 337, 340; OLG Oldenburg, DB 1955, 215; vgl. unten Ziff. IV 2 e, Rdn. O 38.
1857 Vgl. BayObLG, DB 1978, 2164, 2165; OLG Düsseldorf, GmbHR 1979, 276 ff.; *Baumbach/Hueck/Schulze-Osterloh,* GmbHG, § 60, Rdn. 47; *Scholz/Schneider,* GmbHG, § 60, Rdn. 46; *Roth/Altmeppen,* GmbHG, § 60, Rdn. 25.
1858 Vgl. Muster VI 5 (Beschlussfassung über die Fortsetzung einer aufgelösten Gesellschaft), Rdn. O 53.
1859 So *Hachenburg/Ulmer,* GmbHG, § 60, Rdn. 88; *Lutter/Hommelhoff,* GmbHG, § 60, Rdn. 29; für einstimmige Beschlussfassung RGZ 118, 337, 341.
1860 *Roth/Altmeppen,* GmbHG, § 60, Rdn. 24.
1861 Dafür *Scholz/Schmidt,* GmbHG, § 60, Rdn. 51 und *Eder,* in: GmbH-Hdb. I, Rdn. 747.2; dagegen *Hachenburg/Ulmer,* GmbHG, § 60, Rdn. 93.
1862 *Hachenburg/Ulmer,* GmbHG, § 60, Rdn. 93.
1863 *Scholz/Schmidt,* GmbHG, § 60, Rdn. 51.
1864 *Eder,* in: GmbH-Hdb. I, Rdn. 747.1. Auch eine wegen Vermögenslosigkeit gelöschte Gesellschaft kann fortgesetzt werden, wenn in Wahrheit keine Vermögenslosigkeit bestanden hat. Zur Fortsetzung bei Abweisung des Insolvenzantrages s. *Lutter/Hommelhoff,* GmbHG, § 60 Rdn. 35.
1865 Vgl. *Lutter/Hommelhoff,* GmbHG, § 60, Rdn. 30.
1866 *Eder,* in: GmbH-Hdb. I, Rdn. 748.

IV. Liquidation

In den Fällen der Auflösung erfolgt die Liquidation der Gesellschaft (§ 66 Abs. 1 GmbHG); ist diese durch Löschung wegen Vermögenslosigkeit aufgelöst, so findet eine Liquidation nur statt, wenn sich nach der Löschung herausstellt, dass Vermögen vorhanden ist, das der Verteilung unterliegt (§ 66 Abs. 5 GmbHG).

O 19

1. Liquidatoren

Die Abwicklung der aufgelösten GmbH erfolgt durch die Liquidatoren als deren **Geschäftsführungs- und Vertretungsorgan**.

O 20

a) Bestimmung, Bestellung und Abberufung

Geborene Liquidatoren sind nach § 66 Abs. 1 GmbHG alle im Zeitpunkt der Auflösung amtierenden Geschäftsführer[1867]. Sie werden ohne weiteres zu Liquidatoren, wenn weder der Gesellschaftsvertrag noch ein Gesellschafterbeschluss etwas anderes über die Person des Liquidators bestimmen[1868]. Das Amt des Liquidators beginnt mit der Auflösung. Im Fall der Auflösung durch Eröffnung des Insolvenzverfahrens betreibt der Insolvenzverwalter die Liquidation[1869].

O 21

Gekorene Liquidatoren sind solche, die durch Gesellschaftsvertrag oder Beschluss der Gesellschafterversammlung ernannt werden. Die Ernennung durch Gesellschafterbeschluss geht derjenigen durch Gesellschaftsvertrag vor und ist in der Praxis häufig anzutreffen[1870]. Die Gesellschafter dürfen die Bestellung von Liquidatoren nicht Dritten, auch nicht einem Aufsichtsrat, überlassen[1871].

Die Liquidatoren werden gemäß § 66 Abs. 2 GmbHG auf Antrag von Gesellschaftern, deren Geschäftsanteile zusammen mindestens 10 % des Stammkapitals ausmachen, durch **gerichtliche Entscheidung** bestimmt und bestellt, wenn ein wichtiger Grund vorliegt. Ein solcher ist namentlich anzunehmen, wenn weniger als die erforderliche Zahl von Liquidatoren vorhanden ist oder wenn die vorhandenen Liquidatoren eine ordnungsgemäße Abwicklung nicht erwarten lassen[1872].

O 22

Daneben ist auf Antrag eines Beteiligten auch eine gerichtliche Bestellung in entsprechender Anwendung der §§ 29, 48 BGB möglich (Notbestellung)[1873], insbesondere bei einem Fehlen von Liquidatoren in der erforderlichen Anzahl[1874]. Der **Notliquidator** ist nur ein vorübergehendes und kein ordentliches Vertretungsorgan. Seine Be-

O 23

1867 *Hachenburg/Hohner*, GmbHG, § 66, Rdn. 10. Zur Haftung für Verschulden bei Vertragsschluss s. OLG Dresden, GmbHR 1999, 238.
1868 *Hachenburg/Hohner*, GmbHG, § 66, Rdn. 8.
1869 *Rowedder/Rasner*, GmbHG, § 66, Rdn. 2.
1870 Vgl. *Rowedder/Rasner*, GmbHG, § 66, Rdn. 3.
1871 RGZ 145, 99, 104.
1872 Vgl. *Hachenburg/Hohner*, GmbHG, § 66, Rdn. 28 ff.
1873 BayObLG, BB 1976, 998.
1874 MünchHdb.GesR III/*Weitbrecht*, § 64, Rdn. 7.

stellung entfällt bei der Wahl von Liquidatoren durch die Gesellschafterversammlung oder deren Ernennung durch das Gericht gem. § 66 Abs. 2 GmbHG. Das Gericht kann die Vertretungsbefugnis und den Wirkungskreis des Notliquidators beschränken[1875].

O 24 Die Gesellschafterversammlung kann jeden durch die Gesellschaft bestellten Liquidator jederzeit auch ohne wichtigen Grund **abberufen**[1876]. Ein gemäß § 66 Abs. 2 GmbHG gerichtlich bestellter Liquidator kann dagegen nur durch gerichtliche Entscheidung gemäß § 66 Abs. 3 Satz 1 GmbHG und nur aus wichtigem Grund abberufen werden[1877].

b) Anmeldung

O 25 Die Liquidatoren, ihre Vertretungsmacht und spätere Veränderungen sind zur Eintragung in das Handelsregister **anzumelden** (§ 67 GmbHG).

c) Rechtsstellung

O 26 Die Stellung der Liquidatoren entspricht im Wesentlichen derjenigen der Geschäftsführer der werbenden Gesellschaft[1878]. Sie haben wie die Geschäftsführer **unbeschränkbare Vertretungsmacht**[1879]. Ihre **Geschäftsführungsbefugnis** ist ausgerichtet am Liquidationszweck[1880]. Das Recht (und die Pflicht) zur Geschäftsführung ist höchstpersönlich und kann nicht auf Dritte übertragen werden[1881]. Weisungen der Gesellschafter an die Liquidatoren sind für diese verbindlich, soweit sie nicht gesetzlich verboten sind oder eine Haftung der Liquidatoren Dritten gegenüber bewirken können[1882].

2. Durchführung der Liquidation

a) Rechnungslegung

O 27 Der Liquidator hat eine Reihe von Rechenwerken zu erstellen:
- Zu Beginn der Liquidation ist eine **Schlußbilanz der werbenden Gesellschaft** mit Gewinn- und Verlustrechnung, Anhang und Lagebericht aufzustellen. Dies gilt

---

1875 *Hachenburg/Hohner*, GmbHG, § 60, Rdn. 40.
1876 *Lutter/Hommelhoff*, GmbHG, § 66, Rdn. 11; ein wichtiger Grund ist allerdings dann erforderlich, wenn die Stellung des Liquidators auf einem statutarischen Sonderrecht beruht (vgl. *Hachenburg/Hohner*, GmbHG, § 66, Rdn. 46).
1877 *Lutter/Hommelhoff*, GmbH, § 66, Rdn. 11.
1878 *Hachenburg/Hohner*, GmbHG, § 60, Rdn. 2.
1879 BGH, ZIP 1996, 1511; *Scholz/Schmidt*, GmbHG, § 70, Rdn. 3; a.A. (Begrenzung der Vertretungsmacht durch den Liquidationszweck) RG, HRR 1940, Nr. 232; KG, OLGE 3, 67, 68. Zur Prozessvertretung s. BGH, NJW 1981, 1041.
1880 *Hachenburg/Hohner*, GmbHG, § 70, Rdn. 4.
1881 *Rowedder/Rasner*, GmbHG, § 70, Rdn. 2.
1882 *Scholz/Schmidt*, GmbHG, § 70, Rdn. 5.

nicht nur dann, wenn die Auflösung mit dem Ende des Geschäftsjahres zusammentrifft. Wird die Gesellschaft innerhalb des laufenden Geschäftsjahres aufgelöst, so betrifft die Schlussbilanz den Zeitraum vom Beginn des letzten Geschäftsjahres bis zum Tag vor dem Auflösungstag[1883].
- Bei Beginn der Liquidation ist ferner eine **Liquidations-Eröffnungsbilanz** mit erläuterndem Bericht aufzustellen (§ 71 Abs. 1 GmbHG). Hierauf sind die Vorschriften über den Jahresabschluss (§ 42 GmbHG, §§ 242, 264 HGB) entsprechend anzuwenden (§ 71 Abs. 2 Satz 1 GmbHG). Vermögensgegenstände des Anlagevermögens sind jedoch wie Umlaufvermögen zu bewerten, soweit ihre Veräußerung innerhalb eines übersehbaren Zeitraums beabsichtigt ist oder diese Vermögensgegenstände nicht mehr dem Geschäftsbetrieb dienen (§ 71 Abs. 2 Satz 3 GmbHG)[1884]. Dies bedeutet, dass das Niederstwertgebot des § 253 Abs. 3 Satz 2 HGB gilt, wobei die Obergrenze die ursprünglichen Anschaffungskosten oder Herstellungskosten bilden und die vorgenommenen Abschreibungen unter der Voraussetzung des § 280 Abs. 1 HGB aufgeholt werden müssen, soweit der Markt- oder Zeitwert höher ist als der Buchwert[1885]. Einer Gewinn- und Verlustrechnung bedarf es nicht[1886]. Stichtag der Eröffnungsbilanz ist der Tag der materiellen Auflösung der Gesellschaft[1887].
- Zum Schluss eines jeden Abwicklungsjahres ist der **Jahresabschluss** mit Lagebericht aufzustellen (§ 71 Abs. 1 GmbHG).
- Streitig ist, ob der Liquidator auch einen **Vermögensstatus** zu erstellen hat[1888]. Dieser ist nach wohl zutreffender Ansicht zur Feststellung einer etwaigen Überschuldung erforderlich[1889].
- Eine **Liquidationsschlussbilanz** nebst Gewinn- und Verlustrechnung ist im GmbHG nicht vorgesehen. Sie wird aber überwiegend neben der in § 74 Abs. 1 GmbH vorgesehenen **Schlussrechnung** für erforderlich gehalten[1890]. Während die Schlussrechnung die abschließende Rechenschaftslegung der Liquidatoren nach Verteilung der Restvermögens an die Gesellschafter ist, dokumentiert die Schlussbilanz das Ergebnis seit der letzten Jahresrechnung und den Vermögensstand vor

---

1883 BayObLG, DB 1994, 523, 534; *Scholz/Schmidt*, GmbHG, § 71, Rdn. 7; MünchHdb.GesR III/*Weitbrecht*, § 64, Rdn. 28; krit. *Förschle/Kropp/Deubert*, DB 1994, 998 ff.
1884 Dies gilt im übrigen auch für Jahresabschluss während der Liquidation (§ 71 Abs. 2, Satz 3 GmbHG).
1885 *Baumbach/Hueck/Schulze-Osterloh*, GmbHG, § 71, Rdn. 19; *Roth/Altmeppen*, GmbHG, § 71, Rdn. 12.
1886 *Rowedder/Rasner*, GmbHG, § 71, Rdn. 5.
1887 *Lutter/Hommelhoff*, GmbHG, § 71, Rdn. 3.
1888 Diese Auffassung wird namentlich von *Scholz/Schmidt*, GmbHG, § 71, Rdn. 30 ff., vertreten; ihm folgend *Lutter/Hommelhoff*, GmbHG, § 71, Rdn. 11.
1889 *Rowedder/Rasner*, GmbHG, § 71, Rdn. 14.
1890 *Scholz/Schmidt*, GmbHG, § 71, Rdn. 30; *Lutter/Hommelhoff*, GmbHG, § 71, Rdn. 12; *Rowedder/Rasner*, GmbHG, § 71, Rdn. 15; *Hachenburg/Hohner*, GmbHG, § 71, Rdn. 20, nimmt nur eine ausnahmsweise bestehende Verpflichtung an.

der Schlussverteilung[1891]. Letzere ist in jedem Fall sinnvoll und entspricht der Pflicht zur ordnungsgemäßen Abwicklung[1892].

b) Abwicklung der Geschäfte

O 28 Gemäß § 70 Satz 1 GmbHG haben die Liquidatoren in erster Linie die laufenden Geschäfte zu **beenden**. Damit ist die Geschäftstätigkeit der Gesellschaft als solche gemeint[1893]. Es bedeutet aber nicht, dass sofort alle Verträge zu kündigen wären und der Betrieb einzustellen sei. Vielmehr ist eine zeitweilige Betriebsfortführung sogar geboten, wenn dies der Abwicklungszweck erfordert[1894]. Eine Fortführung kommt etwa in Betracht, um vorhandene Vorräte in Fertigprodukte zu verarbeiten[1895]. Gemäß § 70 Satz 2 GmbHG können die Liquidatoren zur Beendigung schwebender Geschäfte auch **neue Geschäfte** eingehen. Diese Gesetzesfassung ist nach allgemeiner Meinung zu eng. Erlaubt sind alle Geschäfte, die geeignet sind, dem Liquidationszweck zu dienen[1896]. Hiervon nicht gedeckte Geschäfte sind z.B. der Erwerb von Grundstücken unter Inanspruchnahme erheblicher Bankkredite oder die Beteiligung der aufgelösten GmbH an einem anderen Unternehmen[1897]. Liquidationswidrige Geschäfte sind im Außenverhältnis wirksam, begründen aber eine Haftung der Liquidatoren gegenüber der Gesellschaft gemäß §§ 71 Abs. 2, 43 Abs. 1, 2 GmbHG[1898].

O 29 Die Liquidatoren haben die **Verpflichtungen der** aufgelösten **Gesellschaft zu erfüllen** (§ 70 Satz 1 GmbHG). Grundsätzlich besteht kein Rangverhältnis unter den Gläubigern und auch kein Recht auf gleichmäßige Befriedigung[1899]. Dem Schutzzweck der §§ 70 ff. GmbHG ist hingegen zu entnehmen, dass Forderungen, die aus dem gesellschaftsrechtlichen Verhältnis resultieren, erst nach Befriedigung externer Forderungen zu erfüllen sind[1900]. Bei Erfüllung der Forderungen der Gesellschafter sind die §§ 30 ff. GmbHG zu berücksichtigen[1901].

O 30 Die Verpflichtung der Liquidatoren zur **Einziehung von Forderungen der Gesellschaft** (§ 70 Satz 1 GmbHG) erstreckt sich auf Forderungen aller Art, beispielsweise auch auf Auflassungsansprüche[1902]. Forderungen gegen Gesellschafter werden jedoch

---

1891 *Scholz/Schmidt*, GmbHG, § 71, Rdn. 30.
1892 *Rowedder/Rasner*, GmbHG, § 71, Rdn. 15; vgl. auch *Roth/Altmeppen*, GmbHG, § 71, Rdn. 17.
1893 *Hachenburg/Hohner*, GmbHG, § 70, Rdn. 5.
1894 *Scholz/Schmidt*, GmbHG, § 70, Rdn. 7.
1895 RGZ 72, 236, 240 für eine Genossenschaft.
1896 Vgl. nur *Rowedder/Rasner*, GmbHG, § 70, Rdn. 5.
1897 Vgl. weitere Beispiele bei *Scholz/Schmidt*, GmbHG, § 70, Rdn. 16.
1898 *Eder*, in: GmbHG-Hdb. I, Rdn. 736.1; dort auch zur Frage, wann sich der Geschäftspartner pflichtwidriges Handeln der Liquidatoren entgegenhalten lassen muss.
1899 *Rowedder/Rasner*, GmbHG, § 70, Rdn. 8. Zum Verhältnis Gläubiger und Gesellschafter s. BGHZ 53, 71, 74.
1900 *Scholz/Schmidt*, GmbHG, § 70, Rdn. 9.
1901 *Eder*, in: GmbH-Hdb. I, Rdn. 736.2.
1902 *Rowedder/Rasner*, GmbHG, § 70, Rdn. 9.

nur insoweit erfasst, wie es zur Befriedigung der Gläubiger und zum Ausgleich unter den Gesellschaftern erforderlich ist[1903].

Zur Erzielung flüssiger Mittel haben die Liquidatoren »das Vermögen der Gesellschaft in Geld umzusetzen« (§ 70 Satz 1 GmbHG, **Versilberung des Vermögens der Gesellschaft**). Der größtmögliche Gegenwert für die Aktiva wird häufig durch den Verkauf des Unternehmens als Ganzes erzielt. Eine Gesamtveräußerung ist daher i.d.R. der Zerschlagung vorzuziehen[1904]. Das Unternehmen oder einzelne Gegenstände dürfen unter Beachtung des Gleichbehandlungsgrundsatzes auch an Gesellschafter verkauft werden[1905]. Die Liquidatoren müssen dann allerdings zur Vermeidung verdeckter Gewinnausschüttungen[1906] sowie einer Verletzung des § 73 Abs. 1 GmbHG angemessene Preise erzielen[1907]. Der Versilberung des nicht zur Schuldentilgung benötigten Vermögens bedarf es nicht, wenn dieses unter den Gesellschaftern in Sachwerten verteilt wird[1908].

O 31

c) Verteilung der Liquidationsmasse

Der **konkrete** Anspruch der Gesellschafter gem. § 72 GmbHG auf die Liquidationsquote entsteht erst, sobald die Gläubiger gemäß § 73 GmbHG befriedigt oder ihre Forderungen sichergestellt sind und das Sperrjahr abgelaufen ist. Vorher besteht ein **abstraktes** Recht der Gesellschafter auf den Liquidationsüberschuss[1909]. Zwar kann der Gesellschafter schon vor dem Entstehen des (konkreten) Zahlungsanspruchs hierüber verfügen, es handelt sich dann aber um eine Verfügung über einen künftigen Anspruch. Dessen Vorausabtretung geht z.B. ins Leere, wenn der Gesellschafter seinen Geschäftsanteil an einen Dritten abtritt[1910].

O 32

Das nach Befriedigung aller Gläubiger und Sicherstellung bekannter Verpflichtungen bei Ablauf des Sperrjahres (§ 73 GmbHG) noch vorhandene Restvermögen wird gemäß § 72 GmbHG unter den Gesellschaftern verteilt. Die Verteilung erfolgt nach dem Verhältnis der Nennbeträge der Geschäftsanteile, und zwar auch dann, wenn die Einlagen von allen Gesellschaftern in demselben Verhältnis nicht vollständig geleistet worden sind[1911]. Bei unterschiedlicher Einlagenleistung gilt § 271 Abs. 3 AktG entsprechend[1912], d. h. die geleisteten Einlagen werden erstattet und ein Überschuss nach dem Verhältnis der Nennbeträge aufgeteilt. Reicht das Vermögen zur Erstattung der Einlagen nicht aus, so haben die Gesellschafter den Verlust nach dem Verhältnis der

O 33

1903 BGH, NJW 1970, 469, 470; BGH, WM 1977, 617; *Rowedder/Rasner,* GmbHG, § 70, Rdn. 9; *Scholz/Schmidt,* GmbHG, § 70, Rdn. 12.
1904 OLG Hamm, BB 1954, 913.
1905 OLG Hamm, BB 1954, 913.
1906 Vgl. zur verdeckten Gewinnausschüttung unten L III 3 d, Rdn. L 53.
1907 *Hachenburg/Hohner,* GmbHG, § 70, Rdn. 17.
1908 *Hachenburg/Hohner,* GmbHG, § 70, Rdn. 15.
1909 RGZ 124, 210, 215.
1910 *Eder,* in: GmbH-Hdb. I, Rdn. 737.1.
1911 Vgl. *Roth/Altmeppen,* GmbHG, § 72, Rdn. 8.
1912 *Baumbach/Hueck/Schulze-Osterloh,* GmbHG, § 72, Rdn. 4; *Lutter/Hommelhoff,* GmbHG, § 72, Rdn. 11.

O. Auflösung/Liquidation

O 34   Nennbeträge zu tragen. Abweichende Vereinbarungen sind zulässig (§ 72 Satz 2 GmbHG).
Das **Sperrjahr** beginnt mit dem Tag, an dem zum dritten Mal der Gläubigeraufruf gemäß § 65 Abs. 2 GmbHG veröffentlicht wurde. Gläubiger, die sich bei der Gesellschaft gemeldet haben, sind zu befriedigen. Hat sich ein Gläubiger nicht gemeldet, ist er der Gesellschaft jedoch bekannt und seine Forderung fällig und unbestritten, so ist er gleichfalls zu befriedigen. **Bekannt** ist ein Gläubiger, wenn der Liquidator seine Forderung dem Grund und dem wesentlichen Betrag nach kennt[1913]. § 73 Abs. 2 Satz 2 GmbHG sieht vor, dass die Liquidatoren, falls ein bekannter Gläubiger sich nicht meldet, den geschuldeten Betrag zu **hinterlegen** haben, wenn die Berechtigung zur Hinterlegung gegeben ist (Annahmeverzug oder unverschuldete Ungewissheit über die Person des Gläubigers, §§ 372, 373 BGB). Dem Gläubiger muss **Sicherheit** geleistet werden, wenn die Erfüllung der Verbindlichkeit zur Zeit nicht möglich (mangelnde Fälligkeit) oder diese streitig ist, ihr Nichtbestehen aber nicht außer Zweifel steht (§ 73 Abs. 2 GmbHG, §§ 232–240 BGB). **Unbekannte Gläubiger**, die sich erst nach Ablauf des Sperrjahres bei der Gesellschaft melden, sind nur dann zu berücksichtigen, wenn zu diesem Zeitpunkt noch verteilungsfähiges Vermögen vorhanden ist[1914]. Bejahendenfalls ist die Vermögensverteilung zu unterbrechen, bis der Gläubiger befriedigt oder sichergestellt ist[1915]. Verneinendenfalls geht er leer aus.

O 35   **Zu Unrecht erfolgte Vermögenszuteilungen** sind dinglich wirksam. Die Gesellschafter sind schuldrechtlich jedoch zur Rückgewähr des verteilten Vermögens verpflichtet (§ 812 Abs. 1 Satz 1 BGB)[1916]. Bei einem schuldhaften Verstoß gegen § 73 GmbHG haftet der Liquidator der Gesellschaft gegenüber persönlich (§ 73 Abs. 3 GmbHG). Sind mehere Liquidatoren vorhanden, so haften sie gesamtschuldnerisch[1917].

d) Beendigung der Liquidation

O 36   Die Liquidation ist beendet, wenn **keine Abwicklungsmaßnahmen mehr notwendig** sind, die Liquidatoren also ihre Pflichten gemäß §§ 70–73 GmbHG erfüllt haben. Etwaige noch anhängige Aktiv- und Passivprozesse müssen gleichfalls beendet sein[1918]. Grundsätzlich ist auch der Ablauf des Sperrjahres gemäß § 73 Abs. 1 GmbHG abzuwarten, es sei denn, das verteilungsfähige Vermögen ist bereits vorher aufgebraucht, so dass eine Verteilung an die Gesellschafter nicht mehr in Betracht kommt[1919].

1913 RG, JW 1930, 2943.
1914 *Hachenburg/Hohner*, GmbHG, § 73, Rdn. 26.
1915 MünchHdb.GesR III/*Weitbrecht*, § 64, Rdn. 47.
1916 *Rowedder/Rasner*, GmbHG, § 73, Rdn. 11; zur Verteilung vor Ablauf des Sperrjahres vgl. BGH, NJW 1973, 1695; zur deliktischen Haftung s. BGH, BB 1959, 1226; BGH, NJW 1969, 1712.
1917 *Hachenburg/Hohner*, GmbHG, § 73, Rdn. 34.
1918 *Hachenburg/Hohner*, GmbHG, § 74, Rdn. 2.
1919 *Baumbach/Hueck/Schulze-Osterloh*, GmbHG, § 74, Rdn. 2; *Scholz/Schmidt*, GmbHG, § 74, Rdn. 1; *Hachenburg/Hohner*, GmbHG, § 73, Rdn. 7; a.A. *Meyer-Landruth/Miller/Niehus*, GmbHG, § 73, Rdnr. 2, der selbst bei Erschöpfung des Gesellschaftsvermögens

Die Liquidatoren müssen mit Beendigung der Liquidation und nachdem die O 37
Schlußrechnung gelegt ist, den Schluß der Liquidation zur Eintragung in das Handelsregister anmelden (§ 74 Abs. 1 GmbHG)[1920]. Die Bücher und Schriften der Gesellschaft sind sodann für die Dauer von zehn Jahren aufzubewahren (§ 74 Abs. 2 GmbHG). Verwahrer können Gesellschafter, aber auch Dritte (Liquidator, Bank) sein[1921].

e) Vollbeendigung

Von der Beendigung der Liquidation zu unterscheiden ist die Vollbeendigung der Gesellschaft, die das **Erlöschen der GmbH als Rechtssubjekt** zur Folge hat. Streitig sind O 38
die diesbezüglichen **Voraussetzungen**[1922]. Während nach früher h.M. Vollbeendigung bereits mit der Vermögenslosigkeit der Gesellschaft (regelmäßig also mit der Beendigung der Verteilung des Vermögens) eintrat[1923], verlangt der heute wohl überwiegende Teil des Schrifttums zusätzlich zur Vermögenslosigkeit die Löschung der Gesellschaft im Handelsregister[1924]. Hierfür spricht, dass die Vermögenslosigkeit allein ein zu unsicheres Merkmal ist, um eine automatische Vollbeendigung der Gesellschaft zu begründen[1925]. Nur so kann das Problem des rechtsgültigen Fortbestands der Gesellschaft ohne Eintragung im Handelsregister und ohne Kenntnis der Beteiligten vom Fortbestehen der Gesellschaft vermieden werden[1926]. Ist noch unbekanntes Vermögen vorhanden und die Gesellschaft im Handelsregister gelöscht, so besteht sie hiernach als Liquidationsgesellschaft fort[1927].

Mit dem Erlöschen der GmbH als Rechtssubjekt erlöschen auch **nicht erfüllte** O 39
Verbindlichkeiten der Gesellschaft. Hierfür bestellte **Sicherheiten** bleiben jedoch, selbst wenn sie akzessorischer Natur sind, erhalten[1928].

    durch Schuldentilgung eine Eintragung der Beendigung der Liquidation und dem Erlöschen der Firma vor Ablauf der Sperrfrist für unzulässig hält.
1920 Vgl. Muster VI 4 (Anmeldung der Beendigung der Liquidation), Rdn. O 52.
1921 *Scholz/Schmidt*, GmbHG, § 74, Rdn. 30.
1922 Vgl. den Meinungsstand bei *Lutter/Hommelhoff*, GmbHG, § 74, Rdn, 6.
1923 Vgl. RGZ 149, 294, 296; BGHZ 48, 303, 307.
1924 Diese sog. »Lehre vom Doppeltatbestand« geht zurück auf *Scholz/Schmidt*, GmbHG, § 74, Rdn. 13; diesem folgend OLG Stuttgart, ZIP 1986, 647, 648; *Lutter/Hommelhoff*, GmbHG, § 74, Rdn. 6; ähnlich *Rowedder/Rasner*, GmbHG, Anh. nach § 60, Rdn. 16, der das Erfordernis des Doppeltatbestandes erweitert um das Fehlen weiteren Abwicklungsbedarfs.
1925 *Scholz/Schmidt*, GmbHG, § 74, Rdn. 14; *Roth/Altmeppen*, GmbHG, § 65, Rdn. 13; *Baumbach/Hueck/Schulze-Osterloh*, GmbHG, § 60, Rdn. 6.
1926 *Eder*, in: GmbH-Hdb. I, Rdn. 743.1.
1927 *Scholz/Schmidt*, GmbHG, § 74, Rdn. 14; *Baumbach/Hueck/Schulze-Osterloh*, GmbHG, § 60, Rdn. 6 a; nach *Hachenburg/Ulmer*, GmbHG, § 60, Rdn. 18, verliert die Gesellschaft durch die Löschung ihre Rechtsfähigkeit. Ist bei Amtslöschung noch Vermögen vorhanden, soll eine Gesamthand als Nachgesellschaft mit dem GmbH-Vermögen als »Sondervermögen« bestehen.
1928 BGH, ZIP 1982, 294 ff. (für KG) mit Anm. *Schmidt*; *Scholz/Schmidt*, GmbHG, § 74, Rdn. 16; *Rowedder/Rasner*, GmbHG, § 74, Rdn. 10.

3. Nachtragsliquidation

O 40 Stellt sich nach Löschung heraus, dass noch Gesellschaftsvermögen vorhanden ist oder weitere Abwicklungsmaßnahmen geboten sind, so war die Gesellschaft nur scheinbar beendet, und es ist eine Nachtragsliquidation erforderlich. Diese ist im GmbHG nur für den Fall der Auflösung wegen Vermögenslosigkeit gem. § 66 Abs. 5 vorgesehen, gleichwohl aber allgemein anerkannt[1929].

O 41 Nicht ausreichend ist das Vorhandensein unberücksichtigt gebliebener Gläubiger, wenn ordnungsgemäß liquidiert worden ist[1930]. Wurde der Gläubiger aber unter Verstoß gegen § 73 GmbHG übergangen, so ergibt sich ein Regreßanspruch des Gläubigers gegen die Gesellschaft, der eine Nachtragsliquidation rechtfertigt[1931].

O 42 Das Registergericht hat in entsprechender Anwendung des § 273 Abs. 4 AktG auf Antrag die bisherigen oder andere Abwickler neu zu bestellen. Die Vertretungbefugnis der früheren Abwickler lebt nicht ohne weiteres wieder auf.

O 43 Das **Verfahren** folgt den allgemeinen Regeln der Liquidation[1932]. Eröffnungsbilanz, Gläubigeraufruf und Sperrjahr sind allerdings nicht mehr erforderlich[1933].

V. Beratungshilfen

1. Rangfolge bei der Ausübung des Rechts aus § 61 i.V.m. § 60 Abs. 1 Nr. 3 GmbHG (Auflösungsklage)

O 44 Eine Auflösungsklage gemäß § 61 Abs. 1 Nr. 3 GmbHG ist unbegründet, wenn ein milderes Mittel zur Beseitigung des Missstandes zur Verfügung steht (Subsidiaritätsprinzip)[1934]. Insoweit hat sich folgende Rangfolge herausgebildet, welche die Prüfung erleichtert:

- Änderung des Gesellschaftsvertrages
  Kann die Störung durch eine Anpassung des Gesellschaftsvertrages überwunden werden, so genügt dieser Eingriff[1935]. Eine positive Stimmpflicht widerstrebender Gesellschafter dürfte sich nach allgemeinen Regeln richten und dann bestehen, wenn der Beschluss für den Bestand der Gesellschaft unabweisbar geboten ist, weil keine geeigneteren und zumutbaren Alternativen ersichtlich sind[1936].

1929 BGH, NJW 1970, 1044; BGH, NJW 1989, 220; *Rowedder/Rasner*, GmbHG, § 74, Rdn. 10, 1 ff.; *Roth/Altmeppen*, GmbHG, § 74, Rdn. 11 ff.
1930 *Scholz/Schmidt*, GmbHG, § 74, Rdn. 21; MünchHdb.GesR III/*Weitbrecht*, § 64, Rdn. 57.
1931 OLG Karlsruhe, NJW-RR 1990, 100 f.; *Scholz/Schmidt*, GmbHG, § 73, Rdn. 28; *Roth/Altmeppen*, GmbHG, § 73, Rdn. 12.
1932 MünchHdb.GesR III/*Weitbrecht*, § 64, Rdn. 59.
1933 *Eder*, in: GmbH-Hdb. I, Rdn. 745.2.
1934 S.o. II 1, Rdn. O 4.
1935 *Scholz/Schmidt*, GmbHG, § 61, Rdn. 3.
1936 Vgl. zur Stimmpflicht oben Rdn. F 43.

- **Austritt des Gesellschafters**
Der Austritt eines Gesellschafters kann auf einer Kündigungsklausel, dem ungeschriebenen Austrittsrecht aus wichtigem Grund oder einer Anteilsveräußerung beruhen[1937]. Beim ungeschriebenen Austrittsrecht bestehen Unsicherheiten in der Geltendmachung sowie der Durchsetzung des Abfindungsanspruchs[1938]. Auf die Abtretung kann der Auflösungskläger nur dann verwiesen werden, wenn er seine Beteiligung zum vollen, nicht hinter dem voraussichtlichen Liquidationserlös zurückbleibenden Wert veräußern kann[1939].

- **Ausschließung illoyaler Gesellschafter**
Die Auflösungsklage ist ferner unbegründet, wenn die Gesellschaft aufgrund eines Beschlusses der fortsetzungswilligen Gesellschafter gegen den Kläger Ausschließungsklage aus wichtigem Grund erheben könnte, so etwa wenn die Störung auf einem unheilbaren Zerwürfnis der Gesellschafter beruht und dieses ausschließlich oder überwiegend auf den Auflösungskläger zurückgeht[1940]. Etwas anderes gilt jedoch, wenn auch die übrigen Gesellschafter Gründe gesetzt haben, die ihre Ausschließung rechtfertigen[1941]. Dann bietet wohl nur die Auflösungsklage einen Ausweg.

1937 Vgl. zum Austritt oben D XII 1, Rdn. D 128 ff.
1938 So *Rowedder/Rasner*, GmbHG, § 61, Rdn. 2; *Scholz/Schmidt*, GmbHG, § 61, Rdn. 3; a.A. *Hachenburg/Ulmer*, GmbHG, § 61, Rdn. 4.
1939 BGH, NJW 1985, 1901.
1940 BGHZ 80, 446, 348 f.; *Hachenburg/Ulmer*, GmbHG, § 61, Rdn. 4; *Rowedder/Rasner*, GmbHG, § 61, Rdn. 2.
1941 *Baumbach/Hueck/Schulze-Osterloh*, GmbHG, § 61, Rdn. 5.

2. Checklisten

a) Phasen der Beseitigung der GmbH

> **Auflösung**
> = Beendigung der werbenden Tätigkeit der Gesellschaft;
> Voraussetzung.: Auflösungsgrund.
> ⇩
> **Liquidation**
> = Regelmäßige Folge der Auflösung
> Abwicklung der Gesellschaft;
> Firmenzusatz »in Liquidation« oder »i.L.«;
> Anwendung der Vorschriften über die werbende Gesellschaft, wenn weder Sonderregeln noch Abwicklungszweck entgegenstehen, § 68 Abs. 2 GmbHG;
> Zweck: Beendigung aller schwebenden Geschäfte,
> Einziehung der Forderungen,
> Veräußerung der Aktiva,
> Bezahlung der Schulden,
> Verteilung des Restvermögens an die Gesellschafter.
> ⇩
> **Vollbeendigung**
> = Beseitigung der Existenz der Gesellschaft;
> Voraussetzung: Vermögenslosigkeit und Handelsregistereintragung
> (»Lehre vom Doppeltatbestand«, str.).

b) Auflösungsgründe

gesetzliche (nicht abdingbar)	vertragliche (Auswahl)
• § 60 Abs. 1 GmbHG – Nr. 1: Zeitablauf – Nr. 2: Beschluss der Gesellschafter I.d.R. keine Satzungsänderung. Gds. ¾ der abgegebenen Stimmen, mindestens aber einfache Mehrheit. Keine Übertragung auf anderes Organ. – Nr. 3: Urteil Voraussetzung: wichtiger Grund Subsidiaritätsprinzip ⇒ Anpassung des Gesellschaftsvertrages, Austritt und Ausschließung sind vorrangig. oder • Verwaltungsverfahren in den Fällen der §§ 61 und 62 GmbHG.	• Kündigungsklausel Eindeutige Formulierung erforderlich; bei mehrdeutiger Klausel ist im Zweifel Auflösung anzunehmen (Rspr.). • Tod oder Insolvenz eines Gesellschafters • Veräußerung des Unternehmens • Einstellung des Betriebes • Unterbilanz • Nicht: »mangelnde Rentabilität« (zu unbestimmt)

V. Beratungshilfen

- Nr. 4: Eröffnung des Insolvenzverfahrens
  Nicht: Insolvenzverfahren über das Vermögen eines Gesellschafters.
- Nr. 5: Ablehnung der Eröffnung des Insolvenzverfahrens mangels Masse
- Nr. 6: Verfügung des Registergerichts
- Nr. 7: Vermögenslosigkeit
- Nichtigkeitserklärung der Gesellschaft gemäß § 75 GmbHG, § 144 FGG;
- Kein-Mann-GmbH;
- Sitzverlegung ins Ausland.

c) Voraussetzungen der Fortsetzung einer aufgelösten Gesellschaft   O 47

- Keine Vollbeendigung;
- Verteilung des Gesellschaftsvermögens hat noch nicht begonnen;
- Fortsetzungsbeschluss;
  3/4-Mehrheit der abgegebenen Stimmen; str., ob die nicht zustimmende Minderheit ein Recht zum Austritt hat;
  Zustimmung auch des Minderheitsgesellschafters erforderlich, wenn Sonderrecht betroffen;
- Beseitigung des materiellen Auflösungsgrundes.

d) Aufgaben der Liquidatoren im Überblick   O 48

- Gerichtliche und außergerichtliche Vertretung der Gesellschaft (§ 70 Satz 1 Halbs. 2 GmbHG);
  h.M.: unbeschränkbare Vertretungsmacht; Geschäftsführungsbefugnis ist am Liquidationszweck ausgerichtet.
- Anmeldung der Auflösung (§ 65 Abs. 1 Satz 1 GmbHG);
  Eintragung nur deklaratorisch.
- Bekanntgabe der Auflösung und Aufforderung an die Gläubiger (§ 65 Abs. 2 GmbHG).
- Abwicklung der Geschäfte (§§ 70–73 GmbHG).
  – Beendigung der Geschäftstätigkeit;
    ggf. auch durch Eingehen neuer Geschäfte, § 70 Satz 2 GmbHG
  – Erfüllung der Verpflichtungen der Gesellschaft
    Forderungen aus dem Gesellschaftsverhältnis nachrangig; §§ 30 ff. GmbHG!

> – Einziehung von Forderungen der Gesellschaft
> – Versilberung des Vermögens der Gesellschaft
>   Gesamtveräußerung ist Zerschlagung i.d.R. vorzuziehen
> – Vermögensverteilung nach Befriedigung aller Gläubiger und Sicherstellung weiterer bekannter Gläubiger bei Ablauf des Sperrjahres
>   Verteilungsschlüssel: § 72 GmbHG.
> - Rechnungslegung
>   – Schlussbilanz der werbenden Gesellschaft
>   (auch, wenn Auflösung innerhalb eines Geschäftsjahres!)
>   – Eröffnungsbilanz mit erläuterndem Bericht (§ 71 GmbHG)
>   – Jahresabschluss zum Schluss eines jeden Abwicklungsjahres
>   – Vermögensstatus (str.)
>   – Liquidationsschlussbilanz (str.)
>   – Schlussrechnung;
> - Anmeldung der Beendigung der Liquidation (§ 74 Abs. 1 Satz 1 GmbHG).
> - Ggf. Nachtragsliquidation
>   – (+), wenn noch Vermögen vorhanden ist
>   – Gericht muss bisherige oder andere Abwickler neu bestellen (analog § 273 Abs. 4 AktG); kein Wiedereintreten in alte Rechtsstellung.
>   – Eröffnungsbilanz, Gläubigeraufruf und Sperrjahr nicht mehr erforderlich.

VI. Muster

O 49   **1. Auflösungsbeschluss**

> Niederschrift über die Gesellschafterversammlung der ... (*Firma*) vom ... (*Datum*)
>
> Wir sind die alleinigen Gesellschafter der ... (*Firma*). Unter Verzicht auf alle nach Gesetz oder Gesellschaftsvertrag bestehenden Form- und Fristerfordernisse halten wir hiermit eine Gesellschafterversammlung ab und beschließen einstimmig:
>
> 1. Die Gesellschaft ist mit Wirkung zum ... (*Datum*) aufgelöst.
> 2. Der bisherige Geschäftsführer ... (*Name*) wird zum Liquidator bestellt.
> 3. Er vertritt die Gesellschaft allein, solange er alleiniger Liquidator ist. Andernfalls vertritt er die Gesellschaft gemeinschaftlich mit den anderen Liquidatoren.
> 4. Die Bücher und Schriften der Gesellschaft werden nach Beendigung der Liquidation durch den Liquidator verwahrt.
>
> ... (*Ort*), den ... (*Datum*)
>
> ...
> (*Unterschriften der Gesellschafter*)

2. Anmeldung der Auflösung zum Handelsregister O 50

Amtsgericht
– Handelsregister –

Betr.: ... (Firma)

Als Liquidator der ... (Firma) überreiche ich den Gesellschafterbeschluss vom ... (Datum) und melde zur Eintragung an:

1. Die Gesellschaft ist mit Wirkung zum ... (Datum) aufgelöst.
2. Ich selbst bin zum Liquidator bestellt.
3. Ich vertrete die Gesellschaft allein, solange ich alleiniger Liquidator bin. Ansonsten vertreten die Liquidatoren die Gesellschaft gemeinschaftlich.

Ich zeichne meine Unterschrift:
...

Ich versichere, dass ich nicht wegen einer Straftat (§§ 283–283 d StGB) verurteilt worden bin und dass mir die Ausübung eines Berufes, Berufszweiges, Gewerbes oder Gewerbezweiges nicht durch gerichtliches Urteil oder durch vollziehbare Entscheidung einer Verwaltungsbehörde untersagt worden ist. Ich bin über meine unbeschränkte Auskunftspflicht gegenüber dem Gericht nach § 51 Abs. 2 des Gesetzes über das Zentralregister und das Erziehungsregister von dem beurkundenden Notar belehrt worden.

... (Ort), den ... (Datum)

...
(Unterschrift)
(Beglaubigungsvermerk)

3. Bekanntmachung der Auflösung O 51

Die ... (Firma) mit Sitz in ... ist aufgelöst. Die Gläubiger der Gesellschaft werden aufgefordert, sich bei ihr zu melden.

... (Ort), den ... (Datum)

... (Firma) i.L.
Der Liquidator ... (Name)

O. *Auflösung/Liquidation*

O 52 4. Anmeldung der Beendigung der Liquidation

Amtsgericht
– Handelsregister –

Betr.: ... *(Firma)*

Als Liquidator der ... *(Firma)* in Liquidation melde ich zum Handelsregister an, dass die Liquidation der Gesellschaft beendet und deren Firma ... *(Firma)* erloschen ist.
Ich überreiche die Belegexemplare des Bundesanzeigers Nr. ... vom ... *(Datum)*, Nr. ... vom ... *(Datum)* und Nr. ... vom ... *(Datum)*, aus denen sich ergibt, dass die Auflösung der Gesellschaft und die Aufforderung an die Gläubiger, sich bei der Gesellschaft zu melden, im Bundesanzeiger zu drei verschiedenen Malen bekannt gemacht worden sind. Ich habe die Bücher und Schriften zur Aufbewahrung übernommen.

...*(Ort)* , den ... *(Datum)*

...
(Unterschrift)

...
(Beglaubigungsvermerk)

O 53 5. Beschlussfassung über die Fortsetzung einer aufgelösten Gesellschaft

---

Niederschrift über die Gesellschafterversammlung der ... *(Firma)* in Liquidation vom ... *(Datum)*

Wir, die unterzeichneten alleinigen Gesellschafter der ... *(Firma)* in Liquidation, halten hiermit unter Verzicht auf alle durch Gesetz und/oder Gesellschaftsvertrag vorgeschriebenen Formen und Fristen der Einberufung und Ankündigung eine Gesellschafterversammlung der ... *(Firma)* ab.

Am ... *(Datum)* wurde von uns die Auflösung der Gesellschaft beschlossen und Herr ... als Liquidator bestellt. Beides wurde ins Handelsregister eingetragen. Die Verteilung des Gesellschaftsvermögens hat noch nicht begonnen.

Hiermit beschließen wir einstimmig:
1. Die Gesellschaft wird als werbende Gesellschaft fortgesetzt.
2. Der Liquidator ... wird abberufen.
3. Zum alleinigen Geschäftsführer wird Herr ... bestellt.

... (*Ort*) , den ... (*Datum*)

...
(*Unterschriften der Gesellschafter*)

P. Der GmbH-Konzern

Inhaltsübersicht

I. Kurzkommentar	P 1
II Der Vertragskonzern	P 5
1. Beherrschungs- und Gewinnabführungsvertrag	P 6
2. Zustandekommen	P 11
a) Wirksamkeitsvoraussetzungen bei der abhängigen GmbH	P 11
b) Wirksamkeitsvoraussetzungen bei der herrschenden GmbH	P 20
3. Rechtsfolgen	P 21
a) Weisungsrecht	P 22
b) Verlustausgleichspflicht analog §§ 302, 303 AktG	P 27
c) Ausgleich und Abfindung analog §§ 304, 305 AktG	P 31
4. Änderung und Beendigung	P 33
5. Behandlung fehlerhafter Unternehmensverträge	P 38
III. Der faktische Konzern	P 40
IV. Der »qualifiziert« faktische Konzern	P 44
1. Analoge Anwendung der §§ 302, 303 AktG	P 46
2. Analoge Anwendung des § 305 AktG	P 51
V. Die steuerliche Organschaft	P 52
1. Voraussetzungen der Organschaft ...	P 53
2. Auswirkungen der Organschaft	P 57
VI. Beratungshilfen	
1. Konzerneingangskontrolle	P 57a
a) Gesellschaftsvertragliche Regelungen	P 57a
b) Wettbewerbsverbot	P 59
c) Zustimmung außenstehender Minderheitsgesellschafter	P 60
2. Checkliste: Verfahren beim Abschluss eines Beherrschungs- und Gewinnabführungsvertrages zwischen zwei GmbH	P 62
VII. Muster	
1. Beherrschungs- und Gewinnabführungsvertrag zwischen Mutter- und Tochterunternehmen	P 63
2. Zustimmungsbeschluss der abhängigen GmbH	P 64
3. Anmeldung eines Beherrschungs- und Gewinnabführungsvertrages zum Handelsregister	P 65
4. Klage der abhängigen GmbH gegen das herrschende Unternehmen wegen Verlustausgleichs aus qualifiziert faktischer Konzernierung analog §§ 302, 303 AktG	P 66

I. Kurzkommentar

Das GmbH-Konzernrecht ist von Rechtsprechung und Literatur in Anlehnung an die konzernrechtlichen Bestimmungen des Aktienrechts entwickelt worden. Spezielle Vorschriften für den GmbH-Konzern gibt es im GmbHG nicht.   **P 1**

Dementsprechend werden die rechtsformneutral ausgestalteten **allgemeinen Begriffsbestimmungen der §§ 15 ff. AktG** auf die GmbH analog angewendet[1942]:   **P 2**

- **Unternehmen** im konzernrechtlichen Sinne ist, wer wirtschaftliche Interessen auch außerhalb seiner (maßgeblichen) Beteiligung an der Gesellschaft verfolgt[1943], indem

---

1942 BGHZ 80, 69, 72; 107, 7; 115, 187; 122, 123. Beck GmbH-Hdb./*Rosenbach*, § 17, Rdn. 2.
1943 *Hachenburg/Ulmer*, GmbHG, Anh. § 77, Rdn. 20.

er auf eine weitere Gesellschaft Einfluss ausübt[1944], ein Einzelunternehmen betreibt[1945] oder einer freiberuflichen Tätigkeit nachgeht[1946]. Auch eine **natürliche Person** kann Unternehmen im konzernrechtlichen Sinne sein[1947].

- Kann ein Unternehmen auf ein anderes Unternehmen unmittelbar oder mittelbar einen beherrschenden Einfluss ausüben, so ist es **herrschend** und das andere von ihm **abhängig** (§ 17 Abs. 1 AktG). Die Möglichkeit zur Ausübung beherrschenden Einflusses muss grundsätzlich gesellschaftsrechtlich vermittelt sein[1948]. Gemäß § 17 Abs. 2 AktG wird von einem in Mehrheitsbesitz stehenden Unternehmen vermutet, dass es von seinem Mehrheitsgesellschafter abhängig ist. Diese Abhängigkeit kann auch auf **Mehrstimmrechten** beruhen[1949].

- Ein herrschendes und ein oder mehrere abhängige Unternehmen bilden einen **Konzern**, wenn sie unter der einheitlichen Leitung des herrschenden Unternehmens zusammengefasst sind (§ 18 Abs. 1 Satz 1 AktG). Unternehmen, zwischen denen ein Beherrschungsvertrag (§ 291 AktG) besteht oder von denen das eine in das andere eingegliedert ist (§ 319 AktG), sind als unter einheitlicher Leitung zusammengefasst anzusehen (§ 18 Abs. 1 Satz 2 AktG). Von einem abhängigen Unternehmen wird vermutet, dass es mit dem herrschenden Unternehmen einen Konzern bildet (§ 18 Abs. 1 Satz 3 AktG).

- Sind rechtlich selbständige Unternehmen, ohne dass das eine von dem anderen abhängig ist, unter einheitlicher Leitung zusammengefasst, so bilden sie einen Konzern und die einzelnen Unternehmen sind Konzernunternehmen (§ 18 Abs. 2 AktG).

P 3 Zu unterscheiden ist zwischen dem Vertragskonzern und dem faktischen Konzern. Während beim **Vertragskonzern** die einheitliche Leitung auf vertraglicher Grundlage beruht, ergibt sich diese beim **faktischen Konzern** aus den tatsächlichen Umständen.

P 4 GmbH-Konzerne sind häufig faktische Konzerne. Dies hat seinen Grund darin, dass die Gesellschafterversammlung der herrschenden GmbH – anders als die Hauptversammlung der AG – den Geschäftsführern der abhängigen GmbH Weisungen erteilen (§ 37 Abs. 1 GmbHG) und letztere so mit ihrer Mehrheit faktisch beherrschen kann.

II. Der Vertragskonzern

P 5 Unternehmensverträge sind im GmbH-Recht zulässig. Für Beherrschungs- und Gewinnabführungsverträge kann auf die entsprechenden Bestimmungen des Aktien-

---

1944 BGH, WM 1994, 203, 204.
1945 BGHZ 95, 330, 337.
1946 BGH, ZIP 1994, 1690, 1692.
1947 BGH, DB 1994, 370; BGH, ZIP 1994, 1690; BGH, ZIP 1995, 733; BGH, ZIP 1996, 637; BGH, WiB 1997, 412.
1948 BGHZ 90, 381.
1949 *Lutter/Hommelhoff*, GmbHG, Anh. § 13, Rdn. 7.

rechts (§§ 291 ff. AktG) zurückgegriffen werden, soweit sich aus den Besonderheiten des GmbH-Rechts nichts anderes ergibt[1950].

1. Beherrschungs- und Gewinnabführungsvertrag[1951]

Mit dem **Beherrschungsvertrag** unterstellt die GmbH die Führung ihrer Geschäfte einem anderen Unternehmen, das dadurch das Recht erhält, der Geschäftsführung **direkt** Weisungen zu erteilen (§ 291 Abs. 1 Satz 1 AktG). P 6

Bei dem Beherrschungsvertrag handelt es sich um einen gesellschaftsrechtlichen Organisationsvertrag, der von Austauschverträgen, aus denen sich ebenfalls Weisungsrechte ergeben können, zu unterscheiden ist[1952]. Bei der GmbH wird der Beherrschungsvertrag regelmäßig in Kombination mit einem Gewinnabführungsvertrag geschlossen. Denn beide Organisationsverträge begründen die steuerrechtliche Organschaft mit dem Ziel der Verrechnung von Gewinnen und Verlusten im Organkreis (§§ 14, 17 KStG). P 7

Die Organschaft verlangt die finanzielle, organisatorische und wirtschaftliche Eingliederung der Kapitalgesellschaft (Organ) in den Organträger. Der Beherrschungsvertrag bekundet aus steuerrechtlicher Sicht die **unwiderlegbare Vermutung** für die organisatorische Eingliederung (§ 14 Nr. 2, 17 KStG). In der GmbH ist der Beherrschungsvertrag jedoch steuerrechtlich nicht so bedeutend, da er keine zwingende Voraussetzung für die organisatorische Eingliedung ist. Denn in der beherrschten GmbH, die in der Praxis zumeist nur einen Gesellschafter hat, ist eine vom Willen ihres Gesellschafters abweichende Willensbildung von vornherein nicht denkbar, so dass es des Beherrschungsvertrages hier nicht bedarf[1953]. P 8

Bei einer GmbH werden daher oftmals nur Gewinnabführungsverträge für die Dauer von mind. fünf Jahren abgeschlossen, auf die es für die Erreichung der steuerlichen Ziele entscheidend ankommt [1954]. P 9

Durch den **Gewinnabführungsvertrag** verpflichtet sich die Gesellschaft, ihren ganzen Gewinn an ein anderes Unternehmen abzuführen (§ 291 Abs. 1 Satz 1 AktG). Dementsprechend weist die Bilanz der abhängigen Gesellschaft keinen Gewinn mehr aus. Vielmehr wird dieser unmittelbar durch die zeitgleich entstehende Abführungsforderung der herrschenden Gesellschaft kompensiert. Entsprechendes gilt für Verluste. Gewinn und Verlust einer abhängigen GmbH entstehen nur noch als Rechnungsposten[1955]. P 10

1950 BGHZ 105, 324 (Supermarkt); *Kallmeyer*, in: GmbH-Hdb. I, Rdn. 868.
1951 Vgl. Muster VII 1 (Beherrschungs- und Gewinnabführungsvertrag zwischen Mutter- und Tochterunternehmen), Rdn. P 63. Zur Kündigung bei Anteilsveräußerung s. *Janssen*, GmbHR 2000, 221. Zu Besonderheiten bei Familiengesellschaften s. ausführlich *Noack*, in: Hennerkes/Kirchdörfer, Unternehmenshandbuch Familiengesellschaften, § 6, S. 162, 163 f.
1952 BGH, NJW 1994, 3288, 3291.
1953 Vgl. *Roth/Altmeppen*, GmbHG, Anh. § 13, Rdn. 16 m.w.N.
1954 Einzelheiten bei *Knobbe-Keuk*, Bilanz- und Unternehmenssteuerrecht, § 20, II; *Rowedder/Koppensteiner*, § 52 Rdn. 7, 42.
1955 *Lutter/Hommelhoff*, GmbHG, Anh. § 13, Rdn. 49.

2. Zustandekommen

a) Wirksamkeitsvoraussetzungen bei der abhängigen GmbH

P 11   Der Abschluss eines Unternehmensvertrages ist ein Akt der Vertretung und damit Sache der Geschäftsführung. Er gehört jedoch zu den Grundlagengeschäften, so dass er der **Zustimmung der Gesellschafterversammlung** bedarf[1956]. Das gilt auch für einen Unternehmensvertrag, der zwischen einer GmbH und ihrem alleinigen Gesellschafter als herrschendem Unternehmen abgeschlossen wird[1957].

P 12   Streitig sind die **Mehrheitserfordernisse** in der abhängigen GmbH [1958]. Während im Schrifttum überwiegend ein **einstimmiger** Beschluss verlangt wird[1959], lässt die Gegenansicht die satzungsändernde ¾-**Mehrheit** genügen[1960].

P 13   Bei der Abstimmung über den Abschluss eines Unternehmensvertrages ist das herrschende Unternehmen (entgegen § 47 Abs. 4 S. 2 GmbHG) stimmberechtigt, da Unternehmensverträge als gesellschaftsrechtliche Organisationsverträge – ähnlich wie Satzungsänderungen – stets Angelegenheit aller Gesellschafter sind[1961].

P 14   Doch selbst wenn man bei Vorhandensein außenstehender Gesellschafter das herrschende Unternehmen bei der Abstimmung über den Unternehmensvertrag entsprechend § 47 Abs. 4 S. 2 GmbHG vom Stimmrecht ausschließt und sodann eine ¾-Mehrheit genügen lässt, führt dieses noch nicht zu einer Lösung. Zwar dürfte dann für den erforderlichen **Minderheiten-/Außenseiterschutz** gesorgt sein; zu bedenken ist jedoch, dass der Ausschluss seines Stimmrechts das herrschende Unternehmens von dem Wohlwollen einer qualifizierten Mehrheit der außenstehenden Gesellschafter abhängig macht, was letztere zu unangemessenen Forderungen veranlassen könnte – ein Dilemma, dass in gleicher Weise bei der Forderung nach Einstimmigkeit des Beschlusses bei Stimmrecht des herrschenden Gesellschafters besteht[1962].

P 15   Letztlich wird man deshalb danach **differenzieren** müssen, ob die beherrschende Stellung des Mehrheitsgesellschafters

- bereits bei Abschluss des Gesellschaftsvertrages bestand; die Position der Minderheitsgesellschafter ist dann von vornherein mit der Möglichkeit einer Konzernbildung belastet (»Gesellschafter minderen Rechts«). In diesem Fall wird eine qualifizierte Mehrheit unter Zulassung des Stimmrechts des Herrschenden ausreichend sein.
- erst später erlangt wurde; dann ist für den Abschluss des Unternehmensvertrages Einstimmigkeit unter Zulassung des Stimmrechts des Herrschenden zu fordern[1963].

1956 BGHZ 105, 324, 330 BGH NJW 1992, 1452; vgl. Muster VII 2 (Zustimmungsbeschluss der abhängigen GmbH), Rdn. P 64.
1957 Vgl. *Henze*, GmbH, Rdn. 1413.
1958 Vgl. die ausführliche Darstellung von *Koerfer/Selzner*, GmbHR 1997, 285 ff.
1959 *Hachenburg/Ulmer*, GmbHG, § 53, Rdn. 145; *Scholz/Emmerich*, GmbHG, Anh. Konzernrecht, Rdn. 153.
1960 *Lutter/Hommelhoff*, GmbHG, Anh. § 13, Rdn. 64.
1961 Herrschende Meinung, vgl. die Nachweise bei BGHZ 105, 324, 332; *Rowedder/Koppensteiner*, GmbHG, Anh. § 52, Rdn. 43; *Lutter/Hommelhoff*, GmbHG, Anh. § 13, Rdn. 54.
1962 *Roth/Altmeppen*, GmbHG, Anh. § 13, Rdn. 36.
1963 *Roth/Altmeppen*, GmbHG, Anh. § 13, Rdn. 36.

Der BGH konnte diese Frage bislang offen lassen. P 16

Der Gesellschaftsvertrag kann bei Gründung der GmbH das Erfordernis der Zu- P 17
stimmung aller Gesellschafter ausschließen[1964]. Bei späterer Änderung des Gesellschaftsvertrages ist jedoch der Minderheitenschutz zu beachten[1965].

Unternehmensverträge bedürfen der **Schriftform;** der Zustimmungsbeschluss der P 18
Gesellschafterversammlung muss **notariell beurkundet** werden[1966].

Entsprechend §§ 54 Abs. 1, 10 Abs. 1 GmbHG sind **anzumelden**[1967] und in das P 19
Handelsregister des Sitzes der beherrschten GmbH **einzutragen**[1968]:

- Abschluss, Abschlussdatum und Art des Unternehmensvertrages,
- Name des herrschenden Unternehmens,
- der Zustimmungsbeschluss und das Datum der Beschlussfassung der Gesellschafterversammlung der abhängigen GmbH.

b) Wirksamkeitsvoraussetzungen bei der herrschenden GmbH

In der herrschenden GmbH genügt es, wenn die Gesellschafter dem Unternehmens- P 20
vertrag mit ¾-**Mehrheit** zustimmen (§ 293 Abs. 2 Satz 2, Abs. 1 Satz 2 AktG
analog)[1969]. Die Mehrheit ist bei der GmbH nach der Mehrheit der abgegebenen
Stimmen (§§ 47 Abs. 1, 53 Abs. 2, 60 Abs. 1 Nr. 2 GmbHG), nicht jedoch des vertretenen Kapitals zu berechnen[1970]. Dieser Beschluss bedarf nicht der notariellen Beurkundung[1971]. Ob er in das Handelsregister der herrschenden Gesellschaft einzutragen
ist, ist streitig, aber wohl zu verneinen[1972].

3. Rechtsfolgen

Die Rechtsfolgen des Abschlusses von Unternehmensverträgen ergeben sich insbe- P 21
sondere hinsichtlich des Weisungsrechtes des Konzernherrn und den diesem im Gegenzug obliegenden finanziellen Verpflichtungen.

1964 *Baumbach/Hueck/Zöllner*, GmbHG, Schlussanhang I, Rdn. 39.
1965 Zur Änderung des Gesellschaftsvertrages vgl. oben G.
1966 BGHZ 105, 324; NJW 1992, 1542 m.w.N.; a.A. *Flume*, DB 1989, 665; krit. *Altmeppen*, DB 1994, 1273 f.
1967 Vgl. Muster VII 3 (Anmeldung eines Beherrschungs- und Gewinnabführungsvertrages zum Handelsregister), Rdn. P 65.
1968 Vgl. *Henze*, GmbH, Rdn. 1416.
1969 BGHZ 105, 324, 333 ff.
1970 BGHZ 105, 324, 336.
1971 BGHZ 105, 324, 336; *Altmeppen*, DB 1994, 1273; *Baumbach/Hueck/Zöllner*, GmbHG, Schlussanhang I, Rdn. 41; a.A. *Heckschen*, DB 1989, 29 f.
1972 Vgl. hierzu *Altmeppen*, DB 1994, 1273.

a) Weisungsrecht

P 22 Das Weisungsrecht der Gesellschafter geht auf den Vertragspartner der GmbH über (§ 308 AktG analog). Insoweit verliert die Gesellschafterversammlung der abhängigen GmbH ihre **Geschäftsführungskompetenzen**[1973]. Entscheidungskompetenzen außerhalb der Geschäftsleitungsbefugnis bleiben jedoch bei den Gesellschaftern (z.B. Satzungs- oder Kapitaländerungen, Zustimmung zu Unternehmensverträgen, Bestellung und Abberufung von Geschäftsführern).

P 23 Weisungen dürfen für die abhängige GmbH grundsätzlich auch nachteilig sein (§ 308 Abs. 1 S. 2 AktienG analog), sofern sie im **Konzerninteresse** (§ 308 Abs. 1 S. 2 AktG) liegen[1974].

P 24 **Existenzgefährdende Weisungen** sind aber nach herrschender Meinung per se unzulässig, auch wenn sie im Konzerninteresse liegen[1975]. Jedenfalls darf das herrschende Unternehmen die Existenz des abhängigen während der Dauer des Beherrschungsvertrages nicht gefährden. Denn durch die Verlustausgleichspflicht analog § 302 AktG wird die Existenz des abhängigen Unternehmens auf Zeit garantiert. Weisungen, die den Erfolg dieser Garantie vereiteln würden, sind unzulässig. Dementsprechend ist die Muttergesellschaft bei Insolvenzgefahr ihrer Tochter auch unterjährig verpflichtet, den Insolvenzgrund abzuwenden.

P 25 Gerät die **Muttergesellschaft in eine Krise**, so wird die Auffassung vertreten, dass auch eine Existenzgefährdung der Tochter zulässig sei, wenn sich die Mutter nur auf Kosten der Tochter retten könne[1976]. Ist jedoch die Solvenz des herrschenden Unternehmens nicht mehr gesichert, so ist die Geschäftsgrundlage der Unterordnung des abhängigen Unternehmens betroffen. Letzteres hat in diesen Fällen ein Kündigungsrecht aus wichtigem Grund (§ 297 Abs. 1 S. 2 AktG). Darüber hinaus ist das herrschende Unternehmen zur Auskunft darüber verpflichtet, dass der Verlustausgleich künftig nicht mehr gesichert ist und deshalb keine Weisungsgebundenheit mehr besteht. Schließlich muss das herrschende Unternehmen weitere schädigende Weisungen unterlassen. Beide Pflichten ergeben sich als Nebenpflichten (§ 242 BGB) aus dem Beherrschungsvertrag[1977].

P 26 Erkennt der **Geschäftsleiter der Muttergesellschaft** die Undurchführbarkeit des Verlustausgleiches, so läuft er bei Unterlassung der Mitteilung an die abhängige Gesellschaft bei Insolvenz der Mutter die **Gefahr einer persönlichen Haftung** (analog § 309 Abs. 2 AktG)[1978].

1973 Vgl. *Zöllner*, ZGR 1992, 173, 177 ff.
1974 Vgl. *Roth/Altmeppen*, GmbHG, Anh. § 13, Rdn. 59, 61.
1975 OLG Düsseldorf, AG 1990, 490, 492; *Hachenburg/Ulmer*, GmbHG, Anh. § 77, Rdn. 218; *Rowedder/Koppensteiner*, GmbHG, Anh. § 52, Rdn. 79; ausführlich Kölner Komm./ *Koppensteiner*, AktG § 308, Rdn. 32 ff.; *Geßler*, in: Geßler/Hefermehl, AktG § 308, Rdn. 55; Münch.Hdb. AG *Krieger*, § 70, Rdnr. 99 jew. m.w.N.
1976 So Kölner Komm./*Koppensteiner*, AktG § 308, Rdn. 32; andere Auffassung *Geßler/ Hefermehl*, AktG § 308, Rdn. 55.
1977 Vgl. *Roth/Altmeppen*, GmbHG, Anh. § 13, Rdn. 56 m.w.N.
1978 Vgl. *Hachenburg/Ulmer*, GmbHG, Anh. § 77; *Rowedder/Koppensteiner*, GmbHG, Anh. § 52 Rdn. 79 m.w.N.

b) **Verlustausgleichspflicht analog §§ 302, 303 AktG**

Im Zentrum des Gläubigerschutzes steht die Verlustausgleichspflicht während der Dauer des Vertrages analog § 302 AktG[1979]. Diese Vorschrift bestimmt die Pflicht zum globalen Verlustausgleich[1980]. Der Anspruch entsteht bereits am Bilanzstichtag, nicht erst mit der Feststellung der Bilanz. Denn schon am Bilanzstichtag steht fest, ob die abhängige Gesellschaft ein positives Jahresergebnis erzielt oder ob sie einen Jahresfehlbetrag erwirtschaftet hat[1981].

P 27

Auch die **Höhe der Ausgleichsforderung** wird nicht durch den festgestellten Jahresabschluss rechtsverbindlich festgelegt; maßgeblich ist vielmehr allein der zum Bilanzstichtag zutreffend ausgewiesene Fehlbetrag[1982]. Andernfalls könnte der Mehrheitsgesellschafter die Regelung des § 302 AktG dadurch unterlaufen, dass er eine ihm günstige unzutreffende Bilanz feststellt, die nicht nach §§ 257, 243 AktG angefochten oder trotz Nichtigkeit i.S.d. § 256 AktG verbindlich wird, weil die Nichtigkeit gem. § 256 Abs. 6 AktG nicht mehr geltend gemacht werden kann. Hierdurch würden die Interessen der außenstehenden Gesellschafter erhöhten Gefahren ausgesetzt; die Durchsetzbarkeit der Gläubigerforderungen würde zumindest teilweise in Frage gestellt. Die Regelung des § 302 AktG geht also insoweit derjenigen des § 256 AktG vor[1983].

Der Schutzzweck des § 302 AktG gebietet es auch, die **Fälligkeit** der Ausgleichsforderung mit ihrer Entstehung zum Bilanzstichtag als frühest möglichen Zeitpunkt eintreten zu lassen[1984].

Umstritten ist der **Umfang** der Ausgleichspflicht, insbesondere ob jeder Bilanzverlust zu übernehmen ist[1985] oder sich die Ausgleichspflicht auf das zur Erhaltung des Stammkapitals erforderliche Vermögen beschränkt[1986]. Der BGH hat diese Frage bisher offengelassen[1987].

P 28

Während des Beherrschungsvertrages dürfte es, wenn das Stammkapital der abhängigen Gesellschaft erhalten bleibt, kaum unbefriedigte Gläubiger geben, so dass dem Meinungsstreit in der Praxis wenig Bedeutung zukommt. Für den Zeitraum danach

P 29

1979 BGHZ 95, 330, 345 ff.; BGHZ 116, 37, 39; *Baumbach/Hueck/Zöllner*, GmbHG, Anh. Konzernrecht, Rdn. 77–79; *Hachenburg/Ulmer*, GmbHG, § 77, Rdn. 208 ff.; *Rowedder/Koppensteiner*, GmbHG, Anh. § 52, Rdn. 82; *Scholz/Emmerich*, GmbHG, Anh. Konzernrecht, Rdn. 125–131.
1980 BGHZ 95, 330.
1981 BGH, BB 1999, 2524 mit Anmerkung von *Riegger/Beinert*; WuB 2000, 457 ff. mit Anm. *Hennrichs*; LG Bochum, GmbHR 1987, 24, 26; *Hüffer*, AktG, § 302, Rdn. 15; *Emmerich/Habersack*, Aktienkonzernrecht, § 302, Rdn. 40 m.w.N. in Fn. 64; a.A. noch OLG Schleswig, AG 1988, 382 f.; *Geßler*, in: Geßler/Hefermehl/Eckardt/Kropff, AktG, § 302, Rdn. 41 f.
1982 BGH, BB 1999, 2524.
1983 BGH, a.a.O.
1984 BGH, a.a.O.
1985 Vgl. z.B. *Wiedemann*, ZGR 1986, 656, 667.
1986 *Ulmer*, AG 1986, 123, 129; *Ziegler*, WM 1989, 1041, 1043 ff.; *Baumbach/Hueck/Zöllner*, GmbHG, Anh. KonzernR, Rdn. 78; *Rowedder/Koppensteiner*, GmbHG, Anh. § 53, Rdn. 82 m.w.N.
1987 BGHZ 107, 7, 16 f.; s. nun BGH, NZG 2000, 205.

gibt es ohnehin keine Verlustausgleichspflicht des herrschenden Unternehmens, sondern es gilt § 303 AktG analog. Unter den dort genannten Voraussetzungen haftet das herrschende Unternehmen den Gläubigern unmittelbar auf Zahlung, wenn die abhängige GmbH wegen Vermögenslosigkeit ihre Verbindlichkeiten nicht mehr erfüllen kann[1988]. Der Gläubiger ist dann also nicht mehr darauf angewiesen, den Ausgleichsanspruch der GmbH zu pfänden.

P 30 Fraglich ist, ob Verluste der abhängigen Gesellschaft, die durch **Auflösung von Rücklagen** ausgeglichen werden können, die Ausgleichspflicht des herrschenden Unternehmens begrenzen[1989]. Praktisch bedeutsam wird diese Frage bei Fehlen einer vertraglichen Regelung insbesondere in der **Mehrpersonen-GmbH**, wo auf die Interessen der Minderheitsgesellschafter Rücksicht zu nehmen ist. Deren Rechte würden verkürzt, wenn der Mehrheitsgesellschafter in der Lage wäre, mit seiner Stimmenmehrheit für den Ausgleich des Jahresfehlbetrages durch Auflösung freier Rücklagen zu sorgen und damit seine Ausgleichspflicht zu vermindern. Bei der Mehrpersonen-GmbH ist deshalb eine Verrechnung des Jahresfehlbetrages mit früher gebildeten freien Rücklagen jedenfalls insoweit ausgeschlossen, als solche Rücklagen vor Eintritt der Konzernierung gebildet wurden[1990]. Ein Gesellschafterbeschluss, der auf Auflösung solcher Rücklagen zur Verminderung des Verlustausweises gerichtet ist, ist wegen Verletzung des Gleichbehandlungsgrundsatzes anfechtbar, soweit nicht schon ein Verstoß gegen § 30 GmbHG seine Nichtigkeit zur Folge hat[1991].

c) Ausgleich und Abfindung analog §§ 304, 305 AktG

P 31 In der GmbH spielt der Minderheitenschutz während des Beherrschungsvertrages kaum eine Rolle, weil es typischerweise keinen außenstehenden Gesellschafter gibt. Ist dieses ausnahmsweise anders, wird eine Ausgleichsleistung des herrschenden Unternehmens in analoger Weise der §§ 304, 305 AktG in Betracht gezogen[1992].

P 32 Eine sich aus §§ 304, 305 AktG ergebende Verpflichtung des herrschenden Unternehmens, den außenstehenden Gesellschaftern der abhängigen Gesellschaft einen festen oder variablen Ausgleich sowie eine Abfindung anzubieten, ist abzulehnen, wenn man zur Wirksamkeit des Unternehmensvertrages die Zustimmung **aller** Gesellschafter verlangt[1993]. Denn dann besteht kein Bedürfnis mehr für einen Schutz außenstehender Gesellschafter. Das gilt auch, soweit die Möglichkeit der Konzernbildung von vornherein im Gesellschaftsvertrag angelegt war; denn dann hätte der Minderheitsgesellschafter bereits bei Eingehung der Gesellschaft entsprechende Vorsorge treffen können.

1988 BGHZ 115, 187 (Video); Münchner Hdb. GesR III/*Decher*, § 69, Rdn. 10.
1989 *Scholz/Emmerich*, GmbHG, Anhang Konzernrecht, Rdn. 128.
1990 *Hachenburg/Ulmer*, GmbHG, Anh. § 77, Rdn. 164; *Rowedder/Koppensteiner*, GmbHG, Anh. § 53, Rdn. 80; *Scholz/Emmerich*, GmbHG, Anh. KonzernR, Rdn. 333 m.w.N.; *Roth/Altmeppen*, GmbHG, Anh. § 13, Rdn. 85.
1991 *Hachenburg/Ulmer*, GmbHG, Anh. § 77, Rdn. 164.
1992 Vgl. hierzu ausführlich *Kallmeyer*, in: GmbH-Hdb. I, Rdn. 878, 879; *Hachenburg/Ulmer*, GmbHG, Anh. § 77, Rdn. 211; *Baumbach/Hueck/Zöllner*, GmbHG, Anh. Konzernrecht, Rdn. 47.
1993 Vgl. oben Ziffer II 2 a m.w.N.

4. Änderung und Beendigung

Bei der Änderung des Unternehmensvertrages sind die Förmlichkeiten wie bei dessen Abschluss einzuhalten. Analog § 295 Abs. 2 AktG bedarf es auch der Zustimmung außenstehender Gesellschafter, sofern die Vertragsänderung sich nachteilig auf ihre Rechtsstellung auswirkt[1994]. Als Vertragsänderung ist auch der Beitritt eines weiteren herrschenden Unternehmens zum Vertrag anzusehen[1995]. Die Änderung setzt zu ihrer Gültigkeit die Eintragung im Handelsregister voraus[1996]. Die herrschende Meinung zieht § 54 GmbHG analog heran[1997].

P 33

Unternehmensverträge enden durch[1998]:

P 34

- Ablauf der vertraglich vorgesehenen Zeit;
- ordentliche Kündigung[1999];
- Kündigung aus wichtigem Grund;
- Eröffnung des Insolvenzverfahrens über einen Vertragspartner[2000] oder Auflösung eines Vertragspartners aus anderen Gründen[2001];
- Aufhebungsvertrag.

Die Aufhebung eines Unternehmensvertrages unterliegt bei der **abhängigen** Gesellschaft nach der wohl herrschenden Ansicht denselben formalen Anforderungen wie dessen Abschluss[2002]. Die Gegenansicht wendet § 296 AktG analog an; hiernach handelt es sich bei der Aufhebung um eine bloße Geschäftsführungsmaßnahme, die weder der Zustimmung der Gesellschafter noch der Beurkundung bedürfe, sondern lediglich der Schriftform[2003].

P 35

Ist das **herrschende** Unternehmen eine GmbH, bedarf es der Mitwirkung seiner Gesellschafterversammlung bei Kündigung, Vertragsbeendigung oder Inhaltsänderung grundsätzlich nicht[2004].

P 36

Die Beendigung des Unternehmensvertrages ist analog § 298 AktG zur Eintragung in das **Handelsregister** anzumelden. Diese hat lediglich deklaratorische Bedeutung[2005], spielt jedoch für die Befriedigung des Anspruches der Gläubiger auf Sicherheitsleistung (analog § 303 Abs. 1 AktG) eine entscheidende Rolle.

P 37

1994 Vgl. *Hachenburg/Ulmer*, GmbHG, § 53, Rdn. 156; *Lutter/Hommelhoff*, GmbHG, Anh. § 13, Rdn. 80.
1995 BGHZ 119, 1.
1996 §§ 295 Abs. 1 S. 2, 294.
1997 Vgl. *Hachenburg/Ulmer*, GmbHG, § 53, Rdn. 156; *Rowedder/Koppensteiner*, GmbHG, Anh. § 52, Rdn. 87.
1998 Vgl. *Lutter/Hommelhoff*, GmbHG, Anh. § 13, Rdn. 81 ff.
1999 BGH, ZIP 1993, 751.
2000 BGHZ 103, 1, 6 f.
2001 *Baumbach/Hueck/Zöllner*, GmbHG, Anh. KonzernR I, Rdn. 52.
2002 *Hachenburg/Ulmer*, GmbHG, § 53 Rdn. 154; *Lutter/Hommelhoff*, GmbHG, Anh. § 13 Rdn. 83; *Scholz/Priester*, GmbHG, § 53 Rdn. 172 m.w.N.; die Rechtsprechung ist nicht einheitlich; bejahend LG Konstanz, ZIP 1992, 1736; verneinend OLG Karlsruhe, ZIP 1994, 1022.
2003 *Roth/Altmeppen*, GmbHG, Anh. § 13 Rdn. 75 m.w.N.
2004 *Hachenburg/Ulmer*, GmbHG, § 53 Rdn. 157; *Rowedder/Koppensteiner*, GmbHG, Anh. § 52 Rdnr. 87; *Roth/Altmeppen*, GmbHG, Anh. § 13 Rdn. 81.
2005 BGHZ 116, 37, 43 f.

5. Behandlung fehlerhafter Unternehmensverträge

P 38 Ist ein Unternehmensvertrag deswegen nicht wirksam zustande gekommen, weil seine Eintragung in das Handelsregister unterblieben ist, so ist er nach den **Grundsätzen der fehlerhaften Gesellschaft** als wirksam zu behandeln, solange er von den Beteiligten durchgeführt und nicht wegen des fehlerhaften Abschlusses oder aus sonstigen Gründen beendet wird[2006].

P 39 Ein nicht wirksam zustande gekommener Unternehmensvertrag ist bereits dann **vollzogen**, wenn das herrschende Unternehmen einen Verlustausgleich herbeiführt und damit die ihm nach dem Vertrag auferlegten Leistungen erbringt[2007].

III. Der faktische Konzern

P 40 Liegt kein Beherrschungs- bzw. Gewinnabführungsvertrag vor, kann die GmbH durch die Beteiligung ihres Gesellschafters an anderen Unternehmen Mitglied eines »einfachen« faktischen Konzerns sein[2008]. Dies setzt eine maßgebliche Beteiligung dieses Gesellschafters in mehreren Unternehmen voraus[2009]. Bei Mehrheitsbeteiligung vermutet das Gesetz den Konzerntatbestand (§§ 18 Abs. 1 Satz 3, 17 Abs. 2, 16 AktG). Anders als der »qualifizierte« faktische Konzern begründet der »einfache« faktische Konzern keine pauschale Verlustausgleichspflicht[2010]. Der Mehrheitsgesellschafter haftet aber im Einzelfall wegen Schädigung der abhängigen GmbH.

P 41 Rechtlicher Anknüpfungspunkt für das Schädigungsverbot im (einfachen) faktischen Konzern ist die **Treuepflicht** des herrschenden Unternehmens gegenüber seinen Mitgesellschaftern in der abhängigen GmbH[2011]. Das herrschende Unternehmen darf seinen Einfluß nur in einer Weise ausüben, die weder zu Interessenkonflikten bei der abhängigen GmbH führt noch solche zugunsten des herrschenden Unternehmens entscheidet[2012]. Insbesondere stellt die Erteilung **schädigender Weisungen** an die Geschäftsführung der abhängigen Gesellschaft eine Verletzung der Treuepflicht dar[2013].

2006 BGHZ 103, 1, 4 ff.: Eine Rückabwicklung nach schuldrechtlichen Vorschriften scheitert an der nahezu schrankenlosen Dispositionsmöglichkeit, die das herrschende Unternehmen über das Vermögen der beherrschten Gesellschaft erlangt. Diese kann nämlich zu rechnerisch nicht mehr fassbaren oder erkennbaren Nachteilen führen.
2007 *Henze,* GmbH, Rdn. 1436.
2008 Zum »qualifiziert« faktischen Konzern vgl. unten IV, Rdn. P 44 ff.
2009 Vgl. *Roth/Altmeppen,* GmbHG, Anh. § 13, Rdn. 91.
2010 *Baumbach/Hueck/Zöllner,* GmbHG, Anh. KonzernR, Rdn. 97.
2011 BGHZ 65, 15 ff. (ITT); zur Treuepflicht vgl. auch oben D I 2 b Rdn. D 13 ff.
2012 *Hachenburg/Ulmer,* GmbHG, Anh. § 77, Rdn. 81.
2013 *Baumbach/Hueck/Zöllner,* GmbHG, Anh. KonzernR, Rdn. 98. Zur Vermögensvermischung s. BGHZ 95, 330; 115, 187; 122, 123; zur Spekulation zu Lasten Dritter vgl. BGH, NJW 1994, 446; BGH, ZIP 1994, 1690; BGH, ZIP 1995, 733 und zur Existenzvernichtung durch Überleitung der Aktivitäten auf andere Gesellschaften BGH, ZIP 1996, 637.

Dabei muss jener Missbrauch der Stellung des herrschenden Gesellschafters objektiv sein. Auf ein schuldhaftes Verhalten kommt es nicht an[2014].

Da die Treuepflicht dem Schutz der Minderheit dient, scheidet ein Verstoß hiergegen in der **Einmann-Gesellschaft** naturgemäß aus. Dasselbe gilt in der Mehrpersonen-Gesellschaft bei **Zustimmung** der anderen Gesellschafter[2015]. In beiden Fällen findet die Einflussausübung der herrschenden GmbH ihre Grenze in § 30 GmbHG sowie dort, wo die Existenz der abhängigen GmbH bedroht ist[2016].

P 42

Rechtsfolge einer Treuepflichtverletzung ist ein Anspruch jedes Minderheitsgesellschafters gegen die abhängige GmbH und das herrschende Unternehmen auf **Unterlassung** sowie der abhängigen GmbH selbst auf **Schadensersatz** gegen das herrschende Unternehmen[2017]. Dieser Ersatzanspruch kann an den Geschäftsführern vorbei durch Bestellung eines besonderen Prozessvertreters der GmbH (§ 46 Nr. 8 GmbHG) oder durch den Minderheitsgesellschafter im Wege der **actio pro socio** geltend gemacht werden[2018]. Gläubiger der abhängigen Gesellschaft können auf den Ersatzanspruch im Wege der Pfändung zugreifen[2019].

P 43

IV. Der »qualifiziert« faktische Konzern

Die Rechtsfigur des »qualifiziert« faktischen Konzerns ist von der Rechtsprechung des BGH[2020] entwickelt worden; ihr sind die Instanzgerichte gefolgt[2021]. Das Schrifttum stimmte überwiegend – jedenfalls im Ergebnis – zu[2022]. Bis heute ist es jedoch nicht gelungen, den Tatbestand des qualifiziert faktischen Konzerns auch nur annähernd konkret zu formulieren; über vage Formeln sind Rechtsprechung und Literatur nicht hinausgekommen[2023]. Die Diskussion ist ins Uferlose geraten[2024]. Gerade die dogmatische Einordnung ist umstritten[2025].

P 44

2014 *Hachenburg/Ulmer*, GmbHG, Anh. § 77 Rdn. 131; *Baumbach/Hueck/Zöllner*, GmbHG, Anh. KonzernR, Rdn. 86.
2015 *Kallmeyer*, in: GmbH-Hdb. I, Rdn. 853; *Lutter/Hommelhoff*, GmbHG, Anh. § 13, Rdn. 17.
2016 *Hachenburg/Ulmer*, GmbHG, Anh. § 77, Rdn. 87.
2017 *Lutter/Hommelhoff*, GmbHG, Anh. § 13, Rdn. 19.
2018 *Baumbach/Hueck/Zöllner*, GmbHG, Anh. KonzernR, Rdn. 62, 63; Einzelheiten *Zöllner*, ZGR 1988, 392, 408.
2019 *Kallmeyer*, in: GmbH-Hdb. I, Rdn. 853.
2020 BGHZ 95, 330 (Autokran); 107, 7 (Tiefbau); 115, 187 (Video); 122, 123 (TBB).
2021 OLG Saarbrücken, ZIP 1992, 1623; OLG Köln, ZIP 1990, 1075; OLG Düsseldorf, NJW-RR 1989, 743.
2022 MünchHdb.GesR III/*Decher*, § 71, Rdn. 7 m.w.N.
2023 MünchHdb.GesR III/*Decher*, § 71, Rdn. 8 m.w.N.
2024 *Roth/Altmeppen*, GmbHG, Anh. § 13, Rdn. 119 m.w.N.
2025 *Altmeppen*, Abschied vom »qualifiziert« faktischen Konzern, 1991; *ders.*, ZIP 1992, 817; *ders.*, DB 1994, 1912.

P 45   Im faktischen Konzern kann bei Vorliegen bestimmter »qualifizierter« Voraussetzungen eine Situation eintreten, die einem Vertragkonzern ähnlich ist und in der deshalb auch die Anwendung der Schutzregeln des Vertragskonzern angemessen ist. Denn der Schutz der abhängigen GmbH sowie ihrer Gesellschafter lässt sich effektiv nur dann verwirklichen, wenn einzelne Schädigungshandlungen isoliert und rückabgewickelt werden können. Das kann im Einzelfall jedoch unmöglich sein, wenn die herrschende Obergesellschaft die abhängige GmbH **ständig** und **umfassend** beeinflusst[2026]. Ist das der Fall, so ist die Situation vergleichbar mit derjenigen im Vertragskonzern, und es erscheint gerechtfertigt, das herrschende Unternehmen analog § 302 AktG zum Verlustausgleich bei der abhängigen GmbH zu verpflichten sowie analog § 303 AktG gegenüber deren Gläubigern haften zu lassen[2027].

1. Analoge Anwendung der §§ 302, 303 AktG[2028]

P 46   Folgende Tatbestandsvoraussetzungen müssen für eine Ausgleichspflicht des herrschenden Unternehmens gegenüber der abhängigen GmbH entsprechend §§ 302, 303 AktG erfüllt sein[2029]:
- Ausübung von Konzernleitungsmacht;
- ohne angemessene Rücksicht auf die Belange der abhängigen Gesellschaft (Objektiver Missbrauch der Gesellschafterstellung);
  Beispiele[2030]: Abzug von Liquidität zu unangemessenen Bedingungen, Abzug notwendigen Personals, Aufgabe wesentlicher Unternehmensfunktionen, Gewinnverlagerungen im Konzern, Saldenverrechnungsvereinbarungen und Konzernverrechnungsklauseln[2031].
  Demgegenüber sollen auch sog. »**Strukturmaßnahmen**«, wie z. B. die Übertragung von zentralen Unternehmensfunktionen wie Einkauf, Finanzierung, Vertrieb, Forschung und Entwicklung oder EDV auf ein anderes Konzernunternehmen, bei angemessener Entlohnung nicht zu einer faktischen Konzernierung führen[2032].
  Bei einer **Einmann-GmbH** fehlt es dann an einer angemessenen Rücksichtnahme, wenn die Gesellschaft infolge der im Konzerninteresse ausgeübten Einwirkungen ihre Verbindlichkeiten nicht erfüllen kann[2033];
- adäquat **kausale Schädigung** der abhängigen GmbH;
- **Undurchführbarkeit des Einzelausgleichs**; keine Kompensation der Benachteiligung durch Einzelausgleichsmaßnahmen (auf konkrete Benachteiligungen bezogene Schadensersatzleistung) möglich;

2026 *Lutter/Hommelhoff*, GmbHG, Anh. § 13, Rdn. 24.
2027 BGHZ 95, 330.
2028 Zu den Rechtsfolgen einer analogen Anwendung s.o. II 3, Rdn. P 21 ff.
2029 BGHZ 122, 123; *Roth/Altmeppen*, GmbHG, Anh. § 13, Rdn. 124.
2030 Vgl. *Lutter/Hommelhoff*, GmbHG, Anh. § 13, Rdn. 27.
2031 *Roth/Altmeppen*, GmbHG, Anh. § 13, Rdn. 156.
2032 Vgl. *Roth/Altmeppen*, GmbHG, Anh. § 13, Rdn. 154 m.w.N.
2033 BGHZ 122, 123, 129; BGH, WiB 1997, 412, 413.

IV. Der »qualifiziert« faktische Konzern

- **Rechtswidrigkeit** des Eingriffs; nach ihrer neueren Ausprägung seit dem TBB-Urteil ist die Rechtsprechung zur Haftung im qualifiziert faktischen Konzern keine Verschuldenshaftung. Die h. M. spricht von »Verhaltenshaftung«. Tatsächlich geht es wohl darum, dass der Haftungsfonds der Gläubiger des beherrschten Unternehmens nicht rechtswidrig (§§ 30, 31 GmbHG) aufgezehrt wird[2034].

Rechtsgrundlage für Ausgleichsansprüche der GmbH, welche die konzernrechtliche Haftung des herrschenden Unternehmens verdrängen (**Subsidiarität der konzernrechtlichen Haftung**), können §§ 30, 31 GmbHG[2035], 823 Abs. 2, 812 ff. BGB, 64 Abs. 1 GmbHG[2036], vertragliche Ansprüche[2037] oder eine Verletzung der Treuepflicht sein, nicht hingegen § 42 Abs. 2 GmbHG[2038].   P 47

Für die Feststellung konkret ausgleichsfähiger Einzeleingriffe kommt es häufig auf die **Buchführung** der abhängigen Gesellschaft an. Sind solche Eingriffe nach den Regeln kaufmännischer Buchführung erfasst worden, können sie oftmals im Wege des Einzelausgleichs rückgängig gemacht werden[2039]. Eine korrekte Buchführung kann somit einen zuverlässigen Schutz vor konzernrechtlicher Globalhaftung analog §§ 302, 303 AktG[2040] bieten.   P 48

Der BGH lehnt die Möglichkeit des Einzelausgleichs pauschal in all den Fällen ab, in denen die Gesellschaft gemäß § 60 Abs. 1 Nr. 5 GmbHG bereits wegen Vermögenslosigkeit aufgelöst worden ist[2041].   P 49

Dem Kläger obliegt es, Umstände **darzulegen** und zu **beweisen**, welche die Annahme nahelegen, dass bei der Führung der Geschäfte der abhängigen GmbH deren eigene Belange mit Rücksicht auf das Konzerninteresse über bestimmte, im Einzelnen ausgleichsfähige Einzeleingriffe hinaus beeinträchtigt worden sind[2042]. Dieser Beweis ist insbesondere für außenstehende Gläubiger nur schwer zu führen, weil sie in der Regel keinen Einblick in die inneren Angelegenheiten des Konzerns haben. Ihnen wird die Substantiierungspflicht in der Weise erleichtert, dass das herrschende Unternehmen nähere Angaben zu machen hat, wenn es im Gegensatz zum klagenden Gläubiger oder Minderheitsgesellschafter die maßgeblichen Tatsachen kennt und deren Darlegung zumutbar ist. Kommt es dieser Darlegungspflicht nicht nach, so gilt das Vorbringen des Klägers auch insoweit nach § 138 Abs. 3 ZPO als zugestanden, als es   P 50

2034 Vgl. *Roth/Altmeppen*, GmbHG, Anh. § 13, Rdn. 172.
2035 BGHZ 122, 123, 129 f. (TBB).
2036 BGH, NJW 1994, 446, 447.
2037 BGHZ 122, 123, 124 (TBB).
2038 BGH, GmbHR 1994, 881, 883.
2039 *Schulze-Osterloh*, ZIP 1993, 1838, 1840; *Roth/Altmeppen*, GmbHG, Anh. § 13, Rdn. 146.
2040 *Lutter/Hommelhoff*, GmbHG, Anh. § 13, Rdn. 31, 35; vgl. auch *Roth/Altmeppen*, GmbHG, Anh. § 13, Rdn. 155, welche die mangelnde Quantifizierbarkeit wohl zutreffend als ein Beweislastproblem hinsichtlich eines Rechtsverletzungstatbestandes einordnen, weil der herrschende Gesellschafter oder mit seiner Einwilligung der Geschäftsführer die Verhältnisse nicht transparent mache.
2041 BGH, GmbHR 1996, 366; ebenso OLG Köln, GmbHR 1997, 220; vgl. hierzu auch *Kowalski*, GmbHR 1993, 253 ff.; *Drygala*, GmbHR 1993, 317 ff.; ablehnend *Zeidler*, GmbHR 1997, 882.
2042 BGHZ 122, 123, 131. Zur Möglichkeit des Gegenbeweises s. BGHZ 107, 7, 17 f.

mangels Einblicks in den dem Beklagten zugänglichen Geschehensbereich nicht den sonst zu stellenden Anforderungen genügt[2043].

2. Analoge Anwendung des § 305 AktG

P 51   Unter den Voraussetzungen, unter denen das herrschende Unternehmen entsprechend §§ 302, 303 AktG haftet, haben die Minderheitsgesellschafter zusätzlich ein **Austrittsrecht** aus wichtigem Grund[2044]. Ob es zu dessen Begründung einer Analogie zu § 305 AktG bedarf, ist streitig[2045]. Hinsichtlich der Rechtsfolgen des Austritts ist § 305 AktG jedenfalls insoweit entsprechend anzuwenden, als das herrschende Unternehmen zur Zahlung einer **Barabfindung** verpflichtet wird (vgl. § 305 Abs. 2 Nr. 3 AktG)[2046].

V. Die steuerliche Organschaft

P 52   Die Organschaft ist ein **steuerliches Rechtsinstitut**. Sie führt dazu, dass die abhängige Gesellschaft trotz ihrer rechtlichen Selbständigkeit für Zwecke der Umsatz-, Gewerbe- und Körperschaftsteuer als Teil des Organträgers angesehen wird. Damit wird für die Umsatzsteuer erreicht, dass Leistungen innerhalb des Organkreises als »Innenumsätze« steuerlich außer Betracht bleiben, während bei der Körperschaft- und Gewerbesteuer Gewinne und Verluste der beteiligten Unternehmen »verrechnet« werden können[2047].

1. Voraussetzungen der Organschaft

P 53   Die Organschaft setzt grundsätzlich voraus, dass ein abhängiges Unternehmen (Organgesellschaft) wirtschaftlich, finanziell und organisatorisch in ein herrschendes Unternehmen (Organträger) eingegliedert wird (§ 14 KStG).

P 54   Die **finanzielle Eingliederung** der Organgesellschaft setzt voraus, dass der Organträger an ihr vom Beginn ihres Wirtschaftsjahres an ununterbrochen so beteiligt ist, dass er mehr als 50 % der Stimmrechte besitzt. Diese Beteiligung kann unmittelbar oder mittelbar gehalten werden (§ 14 Nr. 1 KStG).

2043 BGHZ 122, 123, 133.
2044 *Geuting*, BB 1994, 365, 366; *Lutter/Hommelhoff*, GmbHG, Anh. § 13, Rdn. 38.
2045 Bejahend *Kallmeyer*, in: GmbH-Hdb. I, Rdn. 865; verneinend *Hachenburg/Ulmer*, GmbHG, Anh. § 77, Rdn. 167.
2046 *Hachenburg/Ulmer*, GmbHG, Anh. § 77, Rdn. 167; *Scholz/Emmerich*, GmbHG, Anh. Konzernrecht, Rdn. 133.
2047 Münch.Hd. GesR III/*Wrede*, § 74, Rdn. 1.

Die **wirtschaftliche Eingliederung** erfordert, dass die Organgesellschaft die gewerbliche Tätigkeit des Organträgers wirtschaftlich fördert oder ergänzt. P 55

Die **organisatorische Eingliederung** meint, dass der Organträger jederzeit Einfluss auf die tatsächliche Geschäftsführung der Organgesellschaft nehmen kann. Diese Einflußnahme muss über den Einfluss hinaus gehen, der sich aus der Gesellschafterstellung ergibt[2048]. P 56

2. Auswirkungen der Organschaft P 57

- **Körperschaftsteuer**
Für die KSt ist ab dem 1. 1. 2001 nur noch die finanzielle Eingliederung erforderlich. Das Einkommen der Organgesellschaft wird unter Außerachtlassung des Gewinnabführungsvertrages nach allgemeinen steuerlichen Vorschriften ermittelt und sodann dem Einkommen des Organträgers zugerechnet[2049].

- **Gewerbesteuer**
Die Organgesellschaft gilt als Betriebsstätte des Organträgers (§ 2 Abs. 2 Nr. 2 S. 2 GewStG); ihr Gewerbeertrag wird zunächst selbständig ermittelt und sodann dem Organträger zugerechnet[2050].

- **Umsatzsteuer**
Bei vorliegender Organschaft nach § 2 Abs. 2 Nr. 2 UStG ist die Organgesellschaft kein Unternehmer im Sinne des Umsatzsteuergesetzes; ihre Umsätze werden dem Organträger zugerechnet, unabhängig davon, in welchem Namen die Organgesellschaft handelt. Die Organ-Innenumsätze sind keine Umsätze im Sinne des Umsatzsteuergesetzes und nicht steuerbar[2051].

VI. Beratungshilfen

1. Konzerneingangskontrolle

a) Gesellschaftsvertragliche Regelungen

Die GmbH kann im Wesentlichen auf drei Wegen in eine Abhängigkeit von einem anderen Unternehmen geraten[2052]: P 57a

- Ein Mehrheitsgesellschafter nimmt eine weitere wirtschaftliche Tätigkeit auf und wird dadurch herrschend.

2048 Münch.Hd. GesR III/*Wrede* § 74, Rdn. 12.
2049 Zu den Einzelheiten siehe Münch.Hdb. des GesR III/*Wrede* § 74, Rdn. 21 ff.
2050 Vgl. *Feddersen*, ZGR 2000, 523.
2051 Abschn. 183 Abs. 3 S. 1 UStR.
2052 Vgl. *Lutter/Hommelhoff*, GmbHG, Anh. § 13, Rdn. 12.

- Ein bislang nicht mit Mehrheit beteiligtes Unternehmen erlangt die Mehrheit und wird damit herrschend.
- Die Gesellschaft nimmt einen neuen Gesellschafter auf, der die Voraussetzungen eines herrschenden Unternehmens erfüllt.

P 58 Ein derartiges »Abrutschen« der Gesellschaft in die Abhängigkeit sollte ggf. durch entsprechende **gesellschaftsvertragliche Klauseln** verhindert werden. Diese können zum Inhalt haben[2053]:
- Vinkulierung der Geschäftsanteile;
- Genehmigungsvorbehalte der Gesellschafterversammlung für bestimmte Arten von Geschäften mit entsprechend hohen, die Minderheitsgesellschafter schützenden Quoren;
- unterschiedliche Stimmrechte und Stimmbindungen; Höchststimmrechte;
- Ausschließungsrechte;
- Wettbewerbsverbote;
- Ausschluss von Bezugsrechten.

b) Wettbewerbsverbot

P 59 Enthält der Gesellschaftsvertrag keine Regelung, ist es dem beherrschenden Mehrheitsgesellschafter untersagt, Mehrheitsbeteiligungen an einem Konkurrenzunternehmen zu halten[2054], da er einem **Wettbewerbsverbot** unterliegt[2055].

c) Zustimmung außenstehender Minderheitsgesellschafter

P 60 Ist der beherrschende Gesellschafter nicht in der gleichen Branche tätig wie die GmbH, so hilft das Wettbewerbsverbot nicht weiter. Aufgrund seiner Treuepflicht ist er jedoch gehalten, seine Mitgesellschafter über seine Beteiligung an einem weiteren Unternehmen zu **informieren**[2056].

P 61 Streitig ist, ob der beherrschende Gesellschafter die abhängige GmbH ohne **Zustimmung** der außenstehenden Minderheitsgesellschafter zum einfachen faktischen Konzernunternehmen machen darf[2057] bzw. ob er verpflichtet ist, in Vorkehrungen einzuwilligen, die eine Ausübung von Leitungsmacht ausschließen[2058]. In Anbetracht dieser wenig geklärten Frage bietet eine satzungsmäßige Eingangskontrolle den besten Schutz vor Abhängigkeit.

2053 Vgl. *Kallmeyer,* in: GmbH-Hdb. I, Rdn. 852; *Roth/Altmeppen,* GmbHG, Anh. 13, Rdn. 93; *Baumbach/Hueck/Zöllner,* GmbHG, Anh. KonzernR, Rdn. 69 f.
2054 Vgl. *Roth/Altmeppen,* GmbHG, Anh. 13, Rdn. 96; *Baumbach/Hueck/Zöllner,* GmbHG, Anh. KonzernR, Rdn. 70.
2055 Zum Wettbewerbsverbot s.o. D II 2, Rdn. D 22 ff.
2056 *Baumbach/Hueck/Zöllner,* GmbHG, Anh. KonzernR, Rdn. 72.
2057 Verneinend *Scholz/Emmerich,* GmbHG, Anh. Konzernrecht, Rdn. 68; bejahend *Hachenburg/Ulmer,* GmbHG, Anh. § 77, Rdn. 59; vgl. aber auch *Roth/Altmeppen,* GmbHG, Anh. § 13, Rdn. 105.
2058 So *Baumbach/Hueck/Zöllner,* GmbHG, Anh. KonzernR, Rdn. 71.

2. Checkliste: Verfahren beim Abschluss eines Beherrschungs- und   P 62
                Gewinnabführungsvertrages zwischen zwei GmbH

- **Schriftlicher Vertragsschluss** durch die Vertretungsorgane der beteiligten GmbH.
- **Zustimmungsbeschluss** der Gesellschafter der abhängigen GmbH (str., ob Zustimmung aller Gesellschafter oder ¾-Mehrheit); notarielle Beurkundung des Beschlusses.
- Zustimmungsbeschluss der Gesellschafter der herrschenden GmbH; ¾-Mehrheit; notarielle Beurkundung nicht erforderlich.
- **Anmeldung** des Vertrages durch die Geschäftsführer der abhängigen GmbH in vertretungsberechtigter Zahl zu deren Handelsregister; **beizufügen** sind:
  - das notarielle Protokoll über den Zustimmungsbeschluss der abhängigen Gesellschaft,
  - das Protokoll des Zustimmungsbeschlusses der herrschenden GmbH,
  - der Unternehmensvertrag.
- **Wirksamwerden** des Unternehmensvertrages mit **Eintragung** in das Handelsregister der abhängigen GmbH; Eintragung in das Handelsregister der herrschenden GmbH nicht erforderlich.

VII. Muster

P 63 1. Beherrschungs- und Gewinnabführungsvertrag zwischen Mutter- und Tochterunternehmen

> Zwischen der
>
> X-GmbH,
> vertreten durch ihren Geschäftsführer ...
>
> und der Y-GmbH,
> vertreten durch ihren Geschäftsführer ...
>
> wird folgender
>
> Beherrschungs- und Gewinnabführungsvertrag
> vereinbart:
>
> ### § 1 Leitung
>
> Die Y-GmbH unterstellt sich der Leitung der X-GmbH.
>
> ### § 2 Weisungsrecht
>
> 1. Die X-GmbH ist berechtigt, der Geschäftsführung der Y-GmbH allgemeine oder auf Einzelfälle bezogene Weisungen für die Leitung ihrer Gesellschaft zu erteilen.
> 2. Das Weisungsrecht erstreckt sich nicht darauf, diesen Vertrag zu ändern, aufrechtzuerhalten oder zu beenden.
>
> ### § 3 Gewinnabführung
>
> Die Y-GmbH ist verpflichtet, ihren gesamten Gewinn an die X-GmbH abzuführen. Ausgeschlossen ist die Abführung von Erträgen aus der Auflösung von freien, vorvertraglichen Rücklagen.
>
> ### § 3 Verlustübernahme
>
> 1. Die X-GmbH ist verpflichtet, jeden Jahresfehlbetrag der Y-GmbH, der während der Vertragsdauer entsteht, auszugleichen, soweit dieser nicht dadurch ausgeglichen wird, dass den freien Rücklagen (andere Gewinnrücklagen gemäß § 272 Abs. 3 HGB oder Kapitalrücklagen aus Zuzahlungen gemäß § 272 Abs. 2 Nr. 4 HGB) der Y-GmbH Beträge entnommen werden, die während der Dauer dieses Vertrages in sie eingestellt worden sind.
> 2. Die Y-GmbH kann nur entsprechend § 302 Abs. 3 AktG auf den Anspruch auf Ausgleich ihrer Verluste verzichten oder sich über ihn vergleichen.

> **§ 4 Vertragsdauer**
>
> 1. Die vorliegende Vereinbarung beginnt bezüglich der Verpflichtung zur Gewinnabführung rückwirkend ab dem 1. Januar ... und wird auf die Dauer von fünf Kalenderjahren, d.h. bis zum 31. Dezember ... fest abgeschlossen. Sie kann erstmals zu diesem Zeitpunkt mit einer Kündigungsfrist von einem Jahr gekündigt werden, es sei denn, ein wichtiger Grund ermögliche die vorzeitige Aufhebung.
> 2. Wird sie nicht gekündigt, verlängert sie sich bei gleicher Kündigungsfrist um jeweils ein Kalenderjahr. Die Kündigung hat durch eingeschriebenen Brief zu erfolgen.
>
> ... (*Ort*), ... (*Datum*)
>
> ...
> (*Unterschriften*)

2. Zustimmungsbeschluss der abhängigen GmbH   P 64

> *Eingang Notarurkunde*
>
> Die Erschienenen baten um die Beurkundung des nachstehenden
>
> **Gesellschafterbeschlusses.**
>
> Als Gesellschafter der Y-GmbH in ... (*Ort*) treten wir hiermit unter Verzicht auf nach Gesetz und/oder Gesellschaftsvertrag bestehende Form- und Fristenerfordernisse der Einberufung zu einer Gesellschafterversammlung zusammen und beschließen einstimmig:
> 1. Dem Beherrschungs- und Gewinnabführungsvertrag der Y-GmbH als abhängigem Unternehmen mit der X-GmbH als herrschendem Unternehmen vom ..., der dieser Urkunde als Anlage beigefügt ist, wird zugestimmt.
> 2. Die Kosten trägt die Gesellschaft.
>
> *Ausgang Notarurkunde*

P. Der GmbH-Konzern

P 65 3. **Anmeldung eines Beherrschungs- und Gewinnabführungsvertrages zum Handelsregister**

Y-GmbH

Amtsgericht
– Handelsregister –

Zum Handelsregister der Y-GmbH melden wir das Bestehen eines Beherrschungs- und Gewinnabführungsvertrages mit der X-GmbH als herrschendem Unternehmen an.

Wir fügen als Anlage bei:
- beglaubigte Abschrift der notariellen Urkunde über den Zustimmungsbeschluss unserer Gesellschaft vom ... mit dem Beherrschungs- und Gewinnabführungsvertrag vom ... .
- Urschrift des Zustimmungsbeschlusses der Gesellschafterversammlung der X-GmbH vom ... nebst Anlage.

... (*Ort*), ... (*Datum*)

...
(*Unterschriften der Geschäftsführer der Y-GmbH
in vertretungsberechtigter Zahl;
notarielle Unterschriftsbeglaubigung*)

P 66 4. **Klage der abhängigen GmbH gegen das herrschende Unternehmen wegen Verlustausgleichs aus qualifiziert faktischer Konzernierung analog §§ 302, 303 AktG**

Landgericht
Kammer für Handelssachen

... (*Ort*)

Klage

der Meier & Müller GmbH, ... (*Sitz*), vertreten durch den gemäß § 46 Nr. 8 GmbHG durch Gesellschafterbeschluss vom 27. 2. 2001 bestellten Prozessvertreter, Herrn Rolf Müller, ebendort

– Klägerin –

gegen

Herrn Axel Meier, ... (*Adresse*)

– Beklagter –

wegen: Verlustausgleich analog § 302 AktG

Wir bestellen uns zu Prozessbevollmächtigten der Klägerin, in deren Namen und Auftrag wir Klage erheben.

Wir werden beantragen,

1. den Beklagten zu verurteilen, an die Klägerin 500 000 € nebst 5 % Zinsen seit dem 1. 1. 1999 zu bezahlen;
2. die Kosten des Rechtsstreites dem Beklagten aufzuerlegen;
3. das Urteil für vorläufig vollstreckbar zu erklären, notfalls gegen Sicherheitsleistung (auch Bank- oder Sparkassenbürgschaft);
4. vorsorglich für den Fall des Unterliegens: Der Klägerin nachzulassen, die Zwangsvollstreckung durch Sicherheitsleistung (auch Bank- oder Sparkassenbürgschaft) abzuwenden.

Begründung

I. Die Klägerin, eingetragen im Handelsregister des Amtsgerichts Düsseldorf unter HRB Nr. 2206, befasst sich mit der Herstellung von Ölen und Fetten. Im Geschäftsjahr 2000 erwirtschaftete sie einen Umsatz von 100 € DM. Der Beklagte ist an der Klägerin mit 80 % des Stammkapitals beteiligt. Die restlichen 20 % verteilen sich auf die Mitglieder des Familienstammes Müller, bestehend aus den Herren Erwin und Rolf Müller, in ungeteilter Erbengemeinschaft.

II. Die Klägerin hat im Geschäftsjahr 1998 einen Jahresfehlbetrag in Höhe von 500 000 € erlitten.

III. Zum Ausgleich dieses Verlustes ist der Beklagte analog § 302 AktG verpflichtet:

1. Zwischen der Klägerin und dem Beklagten bestand ein Konzernverhältnis im Sinne von § 18 Abs. 1 AktG. Hiernach bilden ein herrschendes und ein abhängiges Unternehmen, falls sie unter der einheitlichen Leitung des herrschenden Unternehmens zusammengefasst werden, einen Konzern. Von einem im Mehrheitsbesitz stehenden Unternehmen wird gemäß § 17 Abs. 2 AktG vermutet, dass es von dem an ihm mit Mehrheit beteiligten Unternehmen abhängig ist. Von einem abhängigen Unternehmen wird vermutet, dass es mit dem herrschenden einen Konzern bildet.

Der Beklagte ist als Unternehmen im Sinne der §§ 15 ff. AktG anzusehen, weil er neben seiner Beteiligung an der Klägerin auch an anderen Gesellschaften in deren Branche – namentlich an der Meier & Co. KG mit Sitz in Köln – maßgeblich beteiligt ist. Der Beklagte ist weiterhin Komplementär und Mehrheitsgesellschafter der Meier Holding KG. Gleichzeitig ist er alleinvertretungsberechtigter Geschäftsführer der Klägerin. Er ist damit in der Lage, seine wirtschaftlichen Interessen nicht nur bei der Klägerin, sondern auch in jenen anderen Gesellschaften zu verfolgen, die seinem maßgeblichen Einflussbereich unterstehen. Das macht ihn zum herrschenden Unternehmen im Sinne des § 17 AktG. Denn Unternehmen im Sinne der §§ 15 ff. AktG ist jeder Gesellschafter ohne Rücksicht auf seine Rechtsform, wenn er neben seiner Beteiligung an der GmbH anderweitige wirtschaftliche Interessen aufweist, die nach Art und Intensität die ernsthafte Sorge begründen, er könne wegen dieser Bindung seinen aus der Mitgliedschaft folgenden Einfluss auf die GmbH nachteilig ausüben. Insbesondere kommen auch Privatpersonen in Betracht.

Der Beklagte ist somit herrschendes Unternehmen im Sinne des § 17 Abs. 1 AktG. Dies begründet gemäß § 18 Abs. 1 Satz 3 AktG die Vermutung, dass die Klägerin mit dem Beklagten als herrschendem Unternehmen einen Konzern bildet.

2. Der zwischen der Klägerin und dem Beklagten bestehende Konzern erfüllt die Voraussetzungen eines qualifiziert faktischen Konzerns. Dieser ist dadurch gekennzeichnet, dass die Einflussnahme des herrschenden Unternehmens eine solche Dichte erreicht, dass das abhängige Unternehmen laufend und umfassend – nach Art einer unselbständigen Betriebsabteilung – geführt wird und sich ausgleichspflichtige Nachteilszufügungen aufgrund der verdichteten Leitungsmacht des herrschenden Unternehmens nicht mehr isolieren lassen.

Diese Voraussetzungen sind vorliegend erfüllt. Denn der Beklagte hat gegenüber der Klägerin eine dauernde und umfassende Leitungsmacht ausgeübt und dieser dadurch schwere Nachteile zugeführt. Er hat Liquidität zu unangemessenen Bedingungen und notwendiges Personal abgezogen sowie Produktionsstätten zum Zweck der Überleitung der Produktion auf ihn selbst geschlossen.

Der Klägerin ist hierdurch erheblicher Schaden entstanden, der sich konkret in ihrem Jahresfehlbetrag 1998 niederschlägt. Gewinnvorträge oder -rücklagen, die seit Bestehen der faktischen Konzernierung gebildet worden wären und gegen den Verlust verrechnet werden könnten, bestehen nicht.

Ein Einzelausgleich der schädigenden Handlungen ist nicht möglich, da sich diese nicht isolieren und konkreten Schäden zuordnen lassen. Den Beklagten trifft für diese Schäden die Verhaltenshaftung, da durch seine Konzernleitungsmaßnahmen der Haftungsfonds der Klägerin im Interesse des Beklagten angegriffen wurde. Anderweitige gesetzliche oder vertragliche Anspruchsgrundlagen sind nicht gegeben, so dass die subsidiäre Konzernhaftung zum Tragen kommt.

3. Der Ausgleichsanspruch entsteht mit dem Bilanzstichtag; seine Fälligkeit tritt zu diesem Zeitpunkt ein. Dementsprechend ist der Ausgleichsanspruch seit dem 31. 12. 1998 fällig und seit dem 1. 1. 1999 gemäß § 325 f. HGB mit 5 v.H. zu verzinsen.

III. Die Gesellschafter der Klägerin haben auf der Gesellschafterversammlung vom 27. 2. 2001 beschlossen, den mit der vorliegenden Klage verfolgten Anspruch gegen den Beklagten geltend zu machen, und den Mitgesellschafter Müller zum Prozessvertreter der Klägerin bestellt (§ 46 Nr. 8 GmbHG analog). Der Beklagte war hierbei analog § 47 Abs. 4 GmbHG vom Stimmrecht ausgeschlossen.

Rechtsanwältin

Abkürzungen

a.A.	anderer Ansicht
a.E.	am Ende
a.F.	alte Fassung
abl.	ablehnend
AG	Aktiengesellschaft, Die Aktiengesellschaft (Zeitschrift; seit 1956)
AktG	Aktiengesetz
ÄndG	Gesetz zur Änderung
AN	Arbeitnehmer
AnfG	Anfechtungsgesetz
AO	Abgabenordnung
BayObLG	Bayerisches Oberstes Landesgericht
BB	Der Betriebs-Berater (Zeitschrift)
Beil.	Beilage
BetrVG	Betriebsverfassungsgesetz
BeurkG	Beurkundungsgesetz
BFH	Bundesfinanzhof
BGB	Bürgerliches Gesetzbuch
BGBl.	Bundesgesetzblatt
BGBl. I	Bundesgesetzblatt Teil I (seit 1951)
BGH	Bundesgerichtshof
BGHZ	Entscheidungen des Bundesgerichtshof in Zivilsachen
BiRiLiG	Bilanzrichtlinie-Gesetz
BMF	Bundesministerium der Finanzen
BStBl.	Bundessteuerblatt
BW	Buchwert
c.i.c.	culpa in contrahendo
DB	Der Betrieb (Zeitschrift; auch Betr. abgekürzt)
DIHT	Deutscher Industrie- und Handelstag
DNotZ	Deutsche Notar-Zeitschrift
DStR	Deutsches Steuerrecht (Zeitschrift)
Est.	Einkommensteuer
EStG	Einkommensteuergesetz
EWiR	Entscheidungen zum Wirtschaftsrecht (Zeitschrift)
EuroEG	Gesetz zur Einführung des Euro
FGG	Gesetz über die Angelegenheiten der freiwilligen Gerichtsbarkeit
GewStG	Gewerbesteuergesetz
GmbHG	Gesetz betreffend die Gesellschaften mit beschränkter Haftung
GmbHR	GmbH-Rundschau (bis 1963: Rundschau für GmbH)
GrStG	Grundsteuergesetz
GuV	Gewinn und Verlust

Abkürzungen

GWB	Kartellgesetz (Gesetz gegen Wettbewerbsbeschränkungen)
h.M.	herrschende Meinung
Hdb.	Handbuch
HGB	Handelsgesetzbuch
Hs.	Halbsatz
i.d.R.	in der Regel
i.E.	im Einzelnen
i.S.v.	im Sinne von
i.V.m.	in Verbindung mit
InsO	Insolvenzordnung
KG	Kammergericht
KGaA	Kommanditgesellschaft auf Aktien
KO	Konkursordnung
KostO	Kostenordnung
KSchG	Kündigungsschutzgesetz
Kst.	Körperschaftssteuer
KStG	Körperschaftsteuergesetz
LAG	Landesarbeitsgericht
LG	Landgericht
LöschG	Löschungsgesetz
LSG	Landessozialgericht
MitbestErgG	Gesetz zur Ergänzung des Gesetzes über die Mitbestimmung
MitbestG	Mitbestimmungsgesetz
MüKo	Münchener Kommentar
n.F.	neue Fassung
n.v.	nicht veröffentlicht
NJW	Neue Juristische Wochenschrift
NJW-RR	NJW-Rechtsprechungsreport
OHG	Offene Handelsgesellschaft
OLG	Oberlandesgericht
PartGG	Partnerschaftsgesellschaftsgesetz
PublG	Gesetz über die Rechnungslegung von bestimmten Unternehmen und Konzernen (Publizitätsgesetz)
Rdn.	Randnummer
RGZ	Entscheidungen des Reichsgerichts in Zivilsachen
SolZu	Solidaritätszuschlag
StB	Der Steuerberater. Organ der Bundessteuerberaterkammer (seit 1958; Nachfolger von: Mitteilungsblatt der Steuerberater)
StEntlG	Steuerentlastungsgesetz 1999/2000/2002 vom 24.3.1999 (BGBl. I 1999, 402
StGB	Strafgesetzbuch
str.	streitig
StSenkErgG	Steuersenkungsergänzungsgesetz
StsenkG	Steuersenkungsgesetz

u.U.	unter Umständen
UmwG	Umwandlungsgesetz
UmwStG	Gesetz über steuerliche Maßnahmen bei Änderungen der Unternehmensform
UStG	Umsatzsteuergesetz
UWG	Gesetz gegen den unlauteren Wettbewerb
vGA	verdeckte Gewinnausschüttung
VStG	Vermögensteuergesetz
VZ	Veranlagungszeitraum
WährG	Währungsgesetz
WG	Wirtschaftsgüter
WiB	Wirtschaftsrechtliche Beratung. Zeitschrift für Wirtschaftsanwälte und Unternehmensjuristen
Wj.	Wirtschaftsjahr
WM	Wertpapier-Mitteilungen (Zeitschrift)
WP	Wirtschaftsprüfer
WpHG	Wertpapierhandelsgesetz
ZGR	Zeitschrift für Unternehmens- und Gesellschaftsrecht
ZHR	Zeitschrift für das gesamte Handelsrecht
ZIP	Zeitschrift für Wirtschaftsrecht und Insolvenzpraxis

Literatur

Arbeitskreis für Insolvenz- u. Schiedsgerichtswesen e. V. Köln, (Hrsg.)	Kölner Schrift zur Insolvenzordnung, Herne, Berlin 1997
Bartl, Harald / Fichtelmann, Helmar / Schlarb, Eberhard / Schulze, Hans-Jürgen	Heidelberger Kommentar zum GmbH-Recht, 4. Aufl. 1998, (zit.: Bartl/Henkes/Schlarb, GmbHG)
Baumbach, Adolf / Hopt, Klaus J.	Handelsgesetzbuch, erl. v. Klaus J. Hopt, begr. v. Adolf Baumbach, fortgef. v. Konrad Duden, 30. Aufl. 2000
Baumbach, Adolf / Hueck, Alfred	GmbH-Gesetz, begr. v. Adolf Baumbach, fortgef. v. Alfred Hueck, bearb. v. Götz Hueck, Joachim Schulze-Osterloh u. Wolfgang Zöllner, 17. Aufl. 2000
Beck'sches Handbuch der GmbH	Hrsg. v. Welf Müller u. Burkhard Hense, 2. Aufl. 1999, (zit.: Beck GmbH-Hdb./Bearb.)
Breutigam, Axel / Blersch, Jürgen / Goetsch, Hans-Werner	Insolvenzrecht, Kommentar, 1998
Eder, Karl / Heuser, Paul J. / Tillmann, Bert u.a.	GmbH-Handbuch, bearb. v. Karl Eder, Paul J. Heuser, Bert Tillmann u. a., 15. Aufl. 1998, (zit.: Bearb. in GmbH-Hdb. Bd.)
Eickmann, Dieter / Flessner, Axel / Irschlinger, Friedrich u.a.	Heidelberger Kommentar zur Insolvenzordnung, 1999
Emmerich, Volker / Habersack, Mathias	Aktienkonzernrecht, Kommentar zu den §§ 15–22 und 291–328 AktG, 1998
Flume, Werner	Allgemeiner Teil des bürgerlichen Rechts, Tl.-Bd. 1/2: Die juristische Person, 1983
Geßler, Ernst / Hefermehl, Wolfgang / Eckhard, Ulrich / Kropff, Bruno	Aktiengesetz, Kommentar, 1973 f., (zit.: Geßler/Bearb., AktG)
Großfeld, Bernhard	Unternehmensbewertung und Anteilsbewertung im Gesellschaftsrecht, 3. Aufl. 1994
Haarmeyer, Hans / Wutzke, Wolfgang / Förster, Karsten	Handbuch zur Insolvenzordnung InsO/EGInsO, 2. Aufl. 1999
Hachenburg, Max	Gesetz betreffend die Gesellschaften mit beschränkter Haftung (GmbHG), Großkommentar, hrsg. v. Peter Ulmer, 8. Aufl. 1992 ff., (zit.: Hachenburg/Bearb., GmbHG)
Handelsgesetzbuch. Großkommentar	Begr. v. Hermann Staub, hrsg. v. Claus W. Canaris, Wolfgang Schilling, Peter Ulmer, bearb. Dieter v. Brüggemann, Uwe Hüffer, 3. Aufl. 1967 f., 4. Aufl. 1982 f., (zit.: Bearb. in: Großkommentar zum HGB)

Happ, Wilhelm	Die GmbH im Prozeß, 1997
Henze, Hartwig	Handbuch zum GmbH-Recht, 2. Aufl. 1997, (zit.: Henze, GmbH)
Hennerkes, Brun-Hagen / Kirchdörfer, Rainer	Unternehmenshandbuch Familiengesellschaften, hrsg. v. Brun-Hagen Hennerkes u. Rainer Kirchdörfer, 2. Aufl. 1997
Hess, Harald / Weis, Michaela / Wienberg, Rüdiger	InsO, Kommentar zum Insolvenzordnung und EGInsO, 1. Aufl. 1998
Heussen, Benno	Handbuch Vertragsverhandlung und Vertragsmanagement, 1997
Heymann, Ernst	Handelsgesetzbuch, Kommentar, hrsg. v. Norbert Horn, begr. v. Ernst Heymann, 2. Aufl. 1995, (zit.: Heymann/Bearb., HGB)
Hüffer, Uwe	Aktiengesetz (AktG). 4. Aufl. 1999
Jansen, Esther	Publizitätsverweigerung und Haftung in der GmbH, Diss. Heidelberg 1998, Reihe: Abhandlungen zum deutschen und europäischen Handels- und Wirtschaftsrecht
Kersting, Christian	Die Vorgesellschaft im europäischen Gesellschaftsrecht, Diss. Bonn 2000, Reihe: Abhandlungen zum deutschen und europäischen Handels- und Wirtschaftsrecht
Klose, Christoph	Die Begriffe des Unternehmers und des Steuerpflichtigen im deutschen und europäischen Umsatzsteuerrecht, Diss. Passau 2000, Reihe: Europäische Hochschulschriften
Knobbe-Keuk, Brigitte	Bilanzsteuerrecht und Unternehmenssteuerrecht, 9. Aufl. 1993
Kopp, Beate / Schuck, Stephan	Der Euro in der notariellen Praxis, 2. Aufl. 2000
KTS	KTS Schriften zum Insolvenzrecht, hrsg. v. Meinhard Heinze, Rolf Stürner, Wilhelm Uhlenbruck
Kübler, Bruno M. / Prütting, Hanns	InsO, Kommentar zur Insolvenzordnung, Stand: August 2000
Kuhn, Georg / Uhlenbruck, Wilhelm	Konkursordnung (KO), Kommentar, begr. v. Franz Mentzel u. Mitarb. v. Hans-Jochem Lüer, 11. Aufl. 1994
Lachmann, Andreas	Haftungs- und Vermögensfolgen bei Sitzverlegung ausländischer Kapitalgesellschaften ins Inland, Diss. Marburg 2000, Reihe: Schriften zum Handels- und Wirtschaftsrecht
Langenfeld, Gerrit	GmbH-Vertragspraktikum, 3. Aufl. 1999
Leffson, Ulrich	Die Grundsätze ordnungsmäßiger Buchführung, 7. Aufl. 1987
Lutter, Marcus / Hommelhoff, Peter	GmbH-Gesetz, Kommentar, 15. Aufl. 2000

Meyer-Landrut, Joachim / Miller, Fritz G./ Niehus, Rudolf J.	Gesetz betreffend die Gesellschaften mit beschränkter Haftung (GmbH) einschl. Rechnungslegung, Kommentar, u. Mitarb. v. Willi Scholz, 1987
Münchener Handbuch des Gesellschaftsrechts	Bd. 2: Komanditgesellschaft, Stille Gesellschaft, hrsg. v. Bodo Riegger, Lutz Weipert, 1991, (zit.: MünchHdb.GesR Bd./Bearb.) Bd. 3: Gesellschaft mit beschränkter Haftung, hrsg. v. Hans-Joachim Priester, Dieter Mayer, 1996, (zit.: Münch Hdb.GesR Bd./Bearb.) Bd. 4: Aktiengesellschaft, hrsg. v. Michael Hoffmann-Becking, 2. Aufl. 1999, (zit.: MünchHdb. AG Bd./Bearb.)
Münchener Kommentar zum Bürgerlichen Gesetzbuch	Hrsg. v. Kurt Rebmann u. Franz J. Säcker, 3. Aufl., 1992 ff., 4. Aufl. 2000, (zit.: MüKo – Bearb., BGB)
Münchener Kommentar zum Handelsgesetzbuch	Hrsg. v. Karsten Schmidt, Ergänzungsband, 1999
Münchener Vertragshandbuch Gesellschaftsrecht	Bd. 1: Gesellschaftsrecht, hrsg. v. Martin H. Heidenhain, Burkhardt W. Meister, 4. Aufl. 1996
Nerlich, Jörg / Römermann, Volker	Insolvenzordnung (InsO), Kommentar, Stand: Mai 2000
Neye, Hans-Werner / Limmer, Peter / Frenz, Norbert u. a..	Handbuch der Unternehmensumwandlung, 1996
Noack, Ulrich	Fehlerhafte Beschlüsse in Gesellschaften und Vereinen, Reihe: Abhandlungen zum deutschen und europäischen Handels- und Wirtschaftsrecht, hrsg. Götz Hueck, Marcus Lutter, Wolfgang Zöllner, 1989
ders.	Gesellschaftsrecht, Kommentar zur Insolvenzordnung, Sonderbd. 1, 1999
ders.	Gesellschaftervereinbarungen bei Kapitalgesellschaften, Tübinger rechtswissenschaftliche Abhandlungen Bd. 78, 1994
Palandt, Otto	Bürgerliches Gesetzbuch, bearb. v. Peter Bassenge, Gerd Brudermüller, Uwe Diederichsen u. a., 59. Aufl. 2000
Reichert, Jochem	Der GmbH-Vertrag, 2. Aufl. 1994
Reithmann, Christoph / Albrecht, Andreas / Basty, Gregor	Handbuch der notariellen Vertragsgestaltung, 7. Aufl. 1995
Roth, Günter H. / Altmeppen, Holger	Gesetz betreffend die Gesellschaften mit beschränkter Haftung (GmbHG), Kurzkommentar, 3. Aufl. 1997
Rotthege, Georg	Firmen und Vereine, 1996
Rowedder, Heinz / Fuhrmann, Hans / Rittner, Fritz u.a.	Gesetz betreffend die Gesellschaften mit beschränkter Haftung (GmbHG), Kommentar v. Heinz Rowedder, Hans Fuhrmann, Fritz Rittner u. a., 3. Aufl. 1997, (zit.: Rowedder/Bearb., GmbHG)
Schmidt, Karsten	Gesellschaftsrecht, 3. Aufl. 1997, (zit.: Schmidt, GesR)

ders.	Handelsrecht, 5. Aufl. 1999
Schmidt, Karsten / Uhlenbruck, Wilhelm	Die GmbH in Krise, Sanierung und Insolvenz, 2. Aufl. 1999
Scholz, Franz	Kommentar zum GmbH-Gesetz, bearb. v. Georg Crezelius, Volker Emmerich, Hans-Joachim Priester u. a., Band I: 9. Aufl. 2000, Band II: 8. Aufl. 1995 (zit.: Scholz/Bearb., GmbHG)
Staudinger, Julius von	Internationales Gesellschaftsrecht, bearb. v. Bernhard Großfeld, 13. Aufl. 2000, (zit.: Staudinger, Internationales Gesellschaftsrecht - Bearb.)
Tillmann, Bert / Mohr, Randolf	GmbH-Geschäftsführer-Praktikum, 7. Aufl. 1999
Tipke, Klaus / Kruse, Heinrich W.	Abgabenordnung, Finanzgerichtsordnung, Kommentar, 16. Aufl. 1996, Stand Juni 2000 (zit.: Tipke/Kruse, AO)
Wiedemann, Herbert	Gesellschaftsrecht, Band I: Grundlagen, 1980
Wimmer, Klaus	Frankfurter Kommentar zur Insolvenzordnung, 2. Aufl. 1999
WP-Handbuch	Wirtschaftsprüfer-Handbuch, hrsg. v. Inst. d. Wirtschaftsprüfer in Deutschland Bd. 1, 11. Aufl. 1996 Bd. 2, bearb. v. Dietrich Dörner, Burkhard Hense, Hans Fr. Gelhausen u. a., 11. Aufl. 1998
Zöller, Richard	Zivilprozeßordnung (ZPO), begr. v. Richard Zöller, bearb. v. Reinhold Geimer, Reinhard Greger u. a., 22. Aufl. 2000
Zöllner, Wolfgang	Kölner Kommentar zum Aktiengesetz, hrsg. v. Wolfgang Zöllner, 2. Aufl. 1986

Festschriften

Festschrift 100 Jahre GmbH-Gesetz	Beitr. v. Heinz D. Assmann, Peter Behrens, Georg Crezelius, Hans J. Fleck, Peter Hommelhoff, Götz Heeck, Uwe Hüffer, Immenga, Marcus Lutter, Peter Ulmer, Wolfgang Zöllner, 1992
Festschrift für Prof. Dr. Rolf Bär	Lutter, Marcus, Rechte und Pflichten des deutschen Aufsichtsrats, in: Grundfragen des neuen Aktienrechts, v. Wolfgang Wiegand, François Dessemontet, Marcus Lutter, Roland von Büren, Jean N. Druey, Roger Zäch, hrsg. v. Roland von Büren, Heinz Hausheer, Wolfgang Wiegand, 1993
Festschrift für Carsten Peter Claussen Zum 70. Geburtstag	Hrsg. v. Klaus-Peter Martens, Harm P. Westermann u. Wolfgang Zöllner, 1997
Festschrift für Robert Fischer	Hrsg. v. Marcus Lutter, Walter Stimpel, Herbert Wiedemann, 1979

Festschrift für Walter Stimpel zum 68. Geburtstag am 29. November 1985	Hrsg. v. Marcus Lutter, Hans J. Mertens, Peter Ulmer, 1985
Festschrift für Wolfgang Zöllner Zum 70. Geburtstag	Hrsg. v. Manfred Lieb, Ulrich Noack u. Harm P. Westermann, 1999

Gesetzesregister

§§	Randnummern	§§	Randnummern
		114	I2, I25, I31
AktG		116	I2, I18, I25, I28
2	A22	118	I28
10	A37	121	A22, F95 f.
15	H83, K26, P66, P2	125	I25, I28
16	P40	130	A22
17	J1, P2, P40, P66	131	A18
18	P2, P40, P66	132	D38
23	A20	134	F57
26	B54	170	I2, L28
27	B59	171	I2, I25, I28
29	B1	182	H164
33	A37 f., A60	186	A22, H106
35	A60	188	I25
36	A22	214	F73 f.
37	I22	222	H143
40	I23	240	D6
52	K76	241	I21, F74, K97
53a	D8	242	F76, F95 f.
76	A15	243	D6, D9, D14, F78, P27
77	E66	244	F81
78	E48	246	F82, F85, F92 f.
84	E10, E14 ff., I28	248	F82, F88
85	I28	249	F73, F82, F88
86	E25	250	F74
90	I2, I25, I28	253	F74
91	N19	256	F74, L20, P27
93	E76, E84, E112, I2, I18	257	P27
95	I2, I6, I25	268	I25, I28
96	I28	271	O33
97	I28	273	O42, O48
100	I2, I6	274	O17
101	I2, I6 ff., I28	291	P2, P5 f., P10
102	I28	293	P20
103	I2, I6, I8	295	P33
105	E4, I2, I6 f.	296	P35
106	I28	297	P25
107	I9, I28	302	P24, P27, P45 f., P48, P51, P63, P66
108	I19 f.	303	P29, P37, P45 f., P48, P51
110	I2, I6	304	P31 f.
111	A15, F26, I10 f., I14 f., I34	305	P31 f.
112	F10, I13	308	P22 f.
113	I17		

§§	Randnummern
309	P26
319	P2
337	I2

AnfG

6	H54, H56, H89
13	H56
19	H59

AO

10	M2
11	M2
34	M1
69	A58, M1

ArbGG

5	E101

BetrVG

5	I26
6	I26
77	I1

BetrVG 1952

76	A44 f., A58, I25
77	A45, A58, I25, I27, I34, L66
77a	I26
81	I25
85	I25

BeurkG

8	D65
9	B24
13	B27
17	B105, H163
19	B27
36	G12
37	G12
39	G21
40	B28, B74, G21

BewG

138	M41
145	M41
150	M41

§§	Randnummern
BGB	
28	I19
29	E13, E52, O23
32	I19 f.
33	G17
34	I19 f.
35	E7, E17
48	O23
54	B21
82	B84
101	D111, D157
104	B19, B22, B46
105	F43
116	F43
117	F43
118	F43
119	F43
121	F27
123	F43
125	B43, D71
126	F69
128	G12
129	B28, B74
134	B3, D104, H31
138	B3, D9, D142
139	D147
140	C3
142	F43
152	D65
164	C1, C13, C17
167	B28
168	C14 f.
177	E47, E55
178	D51
181	A40, B22, B118, B121 ff., E48, E53 ff., E109, K95 f.
182	D67, D105
184	D81
185	D81
195	E90
232	B50, B97, H144, O34
240	O34
242	D35, E58, P25
273	B72
276	H46, I18
315	E26
320	B19
325	B19
328	D19
372	O34

§§	Randnummern	§§	Randnummern
373	O34	1001	B72
398	D153	1067	D94
399	D81	1069	D94 f.
401	D74	1123	H79a, H94
402	D153	1124	H79a, H94
412	D74	1143	H93
413	D74, D81, D153	1225	H93
414	B86	1274	D97
415	B86, K83	1277	D98
421	D101	1415	B21
433	D72	1629	B22
437	D72	1643	B22
440	D72	1705	B22
459	D72	1795	B22
607	H93	1822	B22
610	H63	1909	B22
611	E18, I30	1922	B21, D74, D100
612	I17	2032	B21
613a	K14		
616	E18	**BRAGO**	
620	E31	118	A60
621	E31, E38		
622	E33, E36 f., E40 f.	**BRZG**	
630	E18	51	O50
662	E18		
667	D69, H35	**EGBGB**	
670	B90, H35	Art. 11	D149
675	B90, E18, I30	Art. 28	D149b
705	B21, B36		
707	H162	**EG-Vertrag a.F.**	
708	I18	Art. 52	J11a
738	D141, K1	Art. 58	J11a
774	H93		
775	H72	**EStG**	
778	D47	2	M6
812	D104, H31, L44, L57, L61, L77, O35	3	M14, M21, M24, M28
818	L77	3c	M15 f., M26
819	D104	4	M6, M37, M51
823	B84, D38, D52, E90, E93 f., E96, E112, H147, N37 f., N56	6b	L13
		7a	L13
826	D52, D56, E58, E78, E95, E112, N39, N56	7k	L13
		15	B99
831	E90	15a	A52, A59
840	E58	16	M21
852	E78, E112	17	M19, M21
929	A25	20	M14
930	A25	23	M21
931	A25	32b	M21
985	D153	36	L47, L77, M11, N18

§§	Randnummern
36a	M11
36e	M11
44b	M11
45a	M11
49	M2
52	M17

FGG

12	B79
125	B76
126	O4
141a	O3 f.
142	B83
144	B44, B93, F74, O5, O46
144a	B44, O5
144b	D172, O4

GBO

26	K48

GewStG

2	B102, M33, P57
7	M34
8	M34
9	M34 f.
11	A54

GmbHG

1	A3, B1, B2, B97, G17
2	B1, B5, B24, B25, B27, B28, B97, B117, D66, G3, H2
3	B2, B29, B39, B76 f., B123, D19, D86, G8, G18, H6, H8, H99, H130, H167, L50
4	B31, B32, B50, E85, K72
4a	B33, B76
5	B36, B46, B57, B62, B64, B82, B96, B117, B123, , D1, D63, G22, H2, H5 f., H12, H103, H143, H157, H162, K53, K70
6	B5, B47, B49, B117, B123, E1, E4, E7, F74, K91
7	B5, B47, B50, B54 ff., B60, B64, B74, B76 f., B96 f., B117, G20, H4 f., H12, H114, H170

§§	Randnummern
8	B47, B78, B96 f., B107, B117, E4, H4 f., H12, J10, K70
9	B5, B22, B61, B112, B117, D16, D101, H5, H12, K30
9a	B23, B62, B75, B84, B96, B107, D16, E83, H4 f., H12, H120
9b	B84, E9, E71a, H4, H12
9c	B43 f., B61, B80, B96, B117, H170
10	B81, B82, B117, G21, H6, H144, J10
11	A58, B1, B6, B10, B80, B82, B85 f., B89, B74, B97, B107, B117, B121, D86, G1, M3
13	B10, B31, B85, B91, B117, C4, D45, D49, D55, H13, L8, O1, O13
14	D1, D19, F37
15	A58, B39, D1, D58, D65 ff., D70 f., D74 f., D77, D83, D94 f., D97, D100, D 109, D128, D130 f., D145, D147, D149b, D161 f., D164, D168, E46, I16
16	B69, B96, D64, D82 ff., D95, D100, D154, D170, D175
17	B39, D61, D63, D174, E46
18	D101, F29, F44
19	B23, B57, B71 f., B97, B117, D16, D117, D137, D166, H4 f., H7, H12 f., H79, H140, O4, O10
20	B73
21	B73, D139, D168, E46
22	B73, D58, D74, D88, D140, H5, H103, H121
23	B73, D140
24	B22, B23, B69, B73, B91, B107, B112 f., D16, D86, D89, H5, H44, H102, H164, N45
25	D140, H4
26	B39, D17, D21, D60, D86, F4, H2, H6, H79, H130, H131, H133, H167, L50

Gesetzesregister

§§	Randnummern	§§	Randnummern
27	D128, D168, H131, H133 f., L50		H47, H79b, H97, N15, N16 f., N36, N48, N56
28	D88, D139, D168, H130 f., H133	43a	H28
29	D32, G24, L6, L35, L38 ff., L42	44	B75
		45	A20, E7, F1, F5, F54, L30
30	A8, B23, D16, D118, D137, D166, E71a, E42, E74, E110, F15, H2, H5 f., H8 f., H13 ff., H17, H20 ff., H29, H31 ff., H47 ff, H66, H90 f., H94, H130, H135, H140, H155, K53, L44 f., L55, L 57, L76, N16 f., N54, O12, O30, O48, P30, P42, P46 f.	46	B47, B 49, D43 f., D61, D80, D113, D166, D174, E7, E9, E11, E19, E46, E59, E71a, E79, F1, F5 ff., F9 ff., F64, H39, H135, I34, L5, L30, L35, L38, L40, L77, N29, P43
		46a	B97
		47	B49, D15, D31, D44, D114 f., D136 f., F9, F41, F46, F49, F52 ff., H131, H133, I20, K98, P13 f., P20, P66
31	B22 f., D16, D86, D118, E71a, E81, E110, E112, H13, H21, H31, H33 ff., H39, H42 ff., H55, H66, H90 ff., H94, H136, L55, L57, L61, L77, N16, N54, P46 f.	48	B97, D6, E79, F1, F20, F25, F59, F67 f., F70 f., F74, K29
		49	E2, E110, F15, F21, F25, F74, F27, N15
32	N47	50	C8, D50, D44, F22, F25, F74, F108 f.
32a	B96, B23, H5, H9, H11, H16, H53 f., H56 f., H62, H66 f., H77, H85, H87, H93 f., N17, N29 f., N47, N53 f.	51	F23 f., F95
		51a	A18, A19, D31, D33, D35, D37 f., D64, D6, E2, F74, H160
32b	H5, H16, H54, H56, H67, H87, H89	51b	D38
33	D102 f., D106 ff., E46, E72, E74, E110	52	E4, F10, F26, I2, I5, I9 f., I11, I13 f., I17 ff., I22 f., I31 f., I35, L28, L66, O1
34	B39, D16, D112 f., D118, D121, D133, D166, D168, E46	53	B70, B30, B26, D17, F1, F4, F56 f., F59, F106, G1 f., G6, G8, G12 f., G14 ff., G17, G26 ff., G31, H2, H99, H102, H130, H137, H142, L43, L50
35	B13, B97, D41, D43, E1 f., E43, E47, E49, E54, E66, E111, F85, G21		
35a	D50, E85		
37	B13, E50, E59, F1, F15, P4	54	G1 f., G6, G8, G11, G17, G20 ff., G30, G32, G35 f., H99, H120, H137, H176 f., H181, H183, H186, P19, P33
38	D5 f., E10 ff., E40, E71, E106, E117 f., F86, F100, F106, I34		
40	D172, D155, F15		
41	E2, L8		
42	L5, M6, N38, O27, P47	55	B46, D1, F74, G1, H2, H4, H99, H121, H101, H103, H105 f., H113, H162, H170, K30
42a	E113 f., L28, L32, L74		
43	D139, E9, E110, E112, E71, E71a, E72 ff., E77 f., E79 f., E83, E92 ff., F84,		
		56	H115, H170, K30

§§	Randnummern	§§	Randnummern
56a	H114, K30	82	B62, B75, B107, H147, N38
57	B97, H117, H120, H126, H170, H4, H6, K30	84	A58, F27, N15
57b	H101, H120, H170	86	B36, H162
57c	H100, H124, H117, H122, H126, H162, H182 f., L49		

GmbHG a.F.

29	G24, L43

§§	Randnummern
57d	H122, H125
57e	H117, H126
57f	H126
57h	H128, H143
57i	H117, H129
57j	F74, H123
57n	F74

GmbHGÄndG

Art. 12 §7	G24, L43

GrEStG

1	M38 f., M41
8	M41
11	M41

§§	Randnummern
58	D125, G1, H139 f., H143 ff., H151, H154, H156, H159, H185, N46
58a	H122, H137, H139 f., H148 ff., H156 ff., H188, N46
58b	H152
58c	H152
58d	H153
58e	H154
58f	H156, H159, N46
59	G1, H147

GVG

95	E101

GWB

1	F74

HGB

§§	Randnummern
6	B31, C4, C11, L8, M6, O13
8	B76
10	H144, I23, J6
11	H144
12	B74, G21, J12
13	J3, J6
13b	J6, J12
13c	J8
13d	J9 f.
13e	J9 f.
13g	J9 f.
14	O11
15	B6, C16
17	B31
18	B31, B114 f.
21	B31
22	B31, B31
24	B31
25	B31
30	B31, J3
48	C1, C3, C9, C21, F6
49	C1, C7
50	C7, J7
51	C17
52	C14

§§	Randnummern
60	D15, F4, F56, I32, O3 ff., O16 f., O44, O46, N28, O1, P20, P49
61	D15, D128, D167, D168, O4, O17, O44, O46
62	E94, O17, O46
63	O17
64	A58, D52, E2, E74, E80, E94, E112, F15, N2, N21 f., N24, N35 ff., N56
65	O10, O12, O34, O48
66	F4, O14, O19, O21 ff., O40
67	O25
68	H79, O1, O45
69	O1, O14
70	O28 ff., O48
71	N22, O27 f., O48
72	D32, O32 f., O48
73	O31 ff., O41, O48
74	O27, O37, O48
75	B44, B93, O5
76	G18, O5
78	B75, B47, E2, F15, G21, J6, O11, O18
79	O11

§§	Randnummern	§§	Randnummern
53	C5, C16	321	L25, L66
54	C11 f., C18, F6	322	L25 ff., L66
74	E30	325	A33, L5, L65, L72, L63 f., P66
105	K74		
113	D26	326	L65, L72, L72, l72, L72
114	K66	327	L65, L72, L72
116	A16	329	L63
117	E16	366	D76
123	B86	932	D76
125	E48	936	D76
127	E16		
128	A10, B117	**InsO**	
131	A28, A29	2	N51
139	D100	3	N26
161	A10	6	O4
164	A13, A16	14	N26
166	A19	15	N20
171	A9, A10	17	N3 f.
172	A10	18	N5 f., N20, N48
174	A9	19	H173, N7, N18
177	A28	21	N48
230	H10	23	N48
236	N11	26	O4
238	L1, L8, M6	27	C15, O4
242	A31, E2, L4, O27	34	N27, O4
249	L14, L74	38	N26
252	H154, L10	39	N12
253	L11, L13, L70, O27	80	N30
254	L12	88	N48
255	L11	89	N48
264	A31, E2, E113 f., L1, L4 f., L9 f., L19, L21, L72, L74, O27	93	B88
		97	N31
		101	N31
266	L16, L34, L39, L72	129	N35
267	A33, L2 f., L19 f., L65 f., L72 f.	135	H54, H89, H94, N54
		143	H94
268	H97, L2, L34, L75	146	N35
272	B37, D104, D108, L49, P63	156	N48
274a	L72	200	N32
276	L72, L11 ff., L70	270	N48
280	L13, O27		
284	L18	**KostO**	
288	l18, L72	28	D146
289	E113 f., L19	32	A60
316	A58, L5, L20 f., L29, L66, L72	36	A36, A60, D146
		38	A36
317	L21, L25, L66	39	A36, A60
318	L21, L23, L66, L74	44	D146
319	L5, L20, L22, L27, L66, L74	47	A60
		79	A60
320	L24, L28		

§§	Randnummern
141	A60

KSchG

4	E103
14	E38

KStG

1	B101, M2
2	B103, M2
7	M5
8	L58, M6 f., M27, M51
8b	M28 ff.
14	P7 f., P53 f.
17	P7 f.
22	M5
23	L46 f., M9, M13
27	L46 f., L59, M10
36	L60
44	M11
47	M10

KWG

1	B115
7	B115 f.
54	B115

MitbestErgG

13	E10

MitbestG

1	A45, I28
4	A46 f., I29
5	I29
6	I28
7	I28
25	I28, I34, L66
31	E10, I28

MitbestG 1976

3	I29
25	L66
31	I34

MontanMitbestG

1	I1
3	I1
12	E10

§§	Randnummern

PartG

11	B116

PrKV

1	E23
2	E23
3	E23
7	E23

PublG

1	A34

StGB

263	E93
266	E93, E112, N16
266a	A58, E93, E96
266c	E93
283	B123, E93, E116, K91, O50
283d	B123, E116, K91, O50

UmwG

1	K1 f., K17
2	K2, K4, K5, K21 f., K40, K77, K84
3	K19, K42, K45, K84
4	K9, K51, K84
5	K14, K24, K84, K87
6	K24, K47, K50
7	K9
8	K10, K25 ff., K32, K49, K61, K84
9	K27, K32, K57, K84
10	K28
11	K28
12	K27 f., K32, K57
13	F67, F74, K11, K29, K41, K84
14	K31, K84
15	K31, K84
16	K32, K84 f., K98
17	K14, K32 f.
18	K35, K55, K57
19	K34, K36, K84
20	K35, K43, K82, K84, O3
21	K35
22	K13, K36, K36, K84 f.
23	K37, K84 f.
25	K13, K38, K84
29	K24, K47, K57, K84

§§	Randnummern	§§	Randnummern
30	K27	103	K84
32	K84	104	K84
34	K57, K84	104a	K19
35	K40, K84	105	K19, K84
36	K10, K13, K39, K77, K92	106	K84
38	K2, K21	108	K19
39	K19, K40, K84	109	K19, K84
40	K41, K84	110	K84
41	K41, K84	112	K84
42	K41, K84	113	K84
43	K41, K84	118	K84
44	K41, K84	119	K19
45	K19, K40, K84	120	K19, K42 f., K84
45a	K19	122	K2, K4, K19, K42 f.
45e	K19	123	K2, K4, K6 ff., K44, K51, K57, K84, K94
46	K19, K21, K24, K40, K47, K84	124	K45, K84 f.
47	K84	125	F56, F67, K9 ff., K13, K44, K47, K50 f., K55, K57, K61, K84
48	K10, K27, K84		
50	F56, F74, K29, K84		
51	K84	126	K9, K46 ff., K61, K84, K93 f.
52	K32 f., K84		
53	F74, K84	127	K10, K84
54	K30, K57	128	K11, K47, K84
55	K21, K40	129	K49, K84
56	K10, K39	130	K49, K84
58	K39, K62	131	K49, K59, K79, K84
59	K19, K39	133	K13, K49, K83
60	K19, K84	134	K46, K49
62	K84	135	K10, K13
63	K84	136	K9, K50 f.
64	K84	138	K45, K57
65	K11, K84	139	K51, K84
66	K84	140	K54, K57, K84
69	K91	143	K84
70	K84	145	K84
77	K19	146	K84
78	K19, K84	147	K84
79	K19, K84	148	K84
82	K84	149	K84
83	K84	150	K84
84	K84	151	K84
85	K84	152	K57, 59, K84
86	K84	153	K84
87	K84	154	K84
90	K84	155	K84
98	K19	156	K60, K84
99	K19, K84	157	K60
100	K84	159	K62
101	K84	161	K57, K84
102	K84	162	K10

§§	Randnummern	§§	Randnummern
166	K84	237	K64, K73, K85
168	K84	238	K76, K85
171	K84	239	K85
172	K84	240	F56, K85
173	K2. K4	241	K85
174	K2, K4	245	K85
175	K7	246	K85
176	F56, F67, K10 f., K13	247	K85
177	K9 ff., K13	249	K85
189	K2, K4	250	K85
190	K2, K4, K64 f., O3	251	K85
191	K65	252	K85
192	K10, K66 f., K85	254	K85
193	F67, K11, K67, K85	255	K85
194	K11, K67 ff., K75, K85, K95	257	K64, K85
		258	K85
195	K85	260	K85
196	K85	261	K85
197	K13, K85	262	K85
198	K70, K85	264	K85
200	K72	265	K85
201	K85	266	K85
202	K8, K71, K85	269	K85
204	K13, K85	270	K85
205	K13, K85	272	K85
206	K13	273	K85
207	K67, K85, K95	274	K85
208	K67	275	K85
210	K85	277	K85
212	K85	278	K85
213	K64, K85	279	K85
214	K64 f., K85	280	K85
215	K66, K85	282	K85
216	K85	283	K85
217	K66 f., K85	284	K85
218	K67 f.	286	K85
219	K85	287	K85
220	K69, K70, K76	288	K85
222	K70, K85	290	K85
224	K71, K85	291	K85
225	K64, K67, K85	292	K85
226	K64, K73, K85	293	K85
227	K85	295	K85
228	K73 f.	297	K85
229	K85	298	K85
230	K85	300	K85
232	K85	301	K85
233	F56, F74 f., K85	303	K85
234	K75	304	K2, K4, K85
235	K85	305	K2, K84 f.
236	K85	312	K2

§§	Randnummern
313	K2
316	K2
317	K2
323	K14
324	K14
325	K2

UmwStG

1	K86
2	K86
3	K63, K86
4	K86
5	K86
6	K86
7	K86
8	K86
9	K86
10	K86
11	K86
12	K86
13	K86
14	K63, K86
15	K86
16	K86
17	K86
18	K86
19	K86
20	K86, M21, M28
21	K86, M21, M28
22	K86
23	K86
24	K86

§§	Randnummern
25	K86
26	K86
27	K86

UStG

2	B103, M42, P57
4	M42

UWG

3	B12

WpHG

2	L2

ZPO

15	E85
17	B34, N26
138	P50
287	D137
829	D99
850	E18
857	D99
894	F47
938	E106, E117 f.
940	E106, E117 f., F86 f.
944	E117 f
1055	F88

ZVG

146	H79a, H94

Sachregister

A

Abänderung
- Gesellschaftsvertrag G1 ff.
- Gesellschaftszweck G17 ff.
- Unternehmensgegenstand G17 ff.

Abandon D128, H134

Abbestellung von Geschäftsführern (Anmeldung), Muster E116

Abfindung
- Abfindungsanspruch D141
- ausscheidender Gesellschafter D141 ff., H140

Abschluss des Gesellschaftsvertrages B17 ff.

Abschlußprüfer, Bestellung L23

Abschlußprüfung L20 ff.
- Durchführung L24
- Gegenstand L21

Abschreibungen L11

Abspaltung K6, K78 ff.
- zur Aufnahme, Muster K93
- zur Neugründung, Muster K94

Abspaltungsverbot D4
- Gestaltungen, die das – behindern will, Checkliste F105

Abtretung D73
- Anzeige der – an die Gesellschaft gem. § 16 GmbHG, Muster D170
- eines Teilgeschäftsanteils, Muster D175
- Zustimmung der GmbH, Muster D171

Abwicklung der Geschäfte O28

Actio pro societate siehe Actio pro socio

Actio pro socio D41 ff., P43

Aktiengesellschaften K19

Aktivseite L17

Alleingesellschafter-Geschäftsführer D25

Amortisation D112 ff.

Änderung der Einlagendeckung, Musterbericht H179

Anfechtbarkeit der Anteilsübertragung D84

Anfechtungsfrist für Gesellschafterbeschlüsse F92 f.

Anfechtungsklage
- gegen Gesellschafterbeschluss, Muster F114
- gegen Wirksamkeit eines Verschmelzungsbeschlusses, Muster K97 f.

Anmeldeverfahren, Mängel B83

Anmeldung
- der Bargründung, Muster B123
- der Gesellschaft zum Handelsregister B77
- der Kapitalerhöhung H120 f.
- zum Handelsregister siehe Handelsregisteranmeldung

Anschaffungskostenprinzip L11

Anstellungsverhältnis Geschäftsführer E18 ff.

Anstellungsvertrag
- beherrschender Gesellschafter-Geschäftsführer, Muster E114
- Fremdgeschäftsführer, Muster E113
- Generalbevollmächtigter, Muster C21
- Inhalt, Checkliste E109

Anteilskauf D165
- Vertragliche Zusicherungen beim –, Checkliste D165

Anteilsübertragung, aufschiebend bedingte – G5

Anteilsveräußerung D65 ff.
- Besteuerung M18 ff.

Anteilsvererbung A27, A57, D100 f.

Antrag, einheitlicher, nach InsO N23

Antragsberechtigung N20 ff.

Antragsfrist N24 f.

Antragspflicht, Verletzung
- Ansprüche der Gesellschaft N35 f.
- Ansprüche der Gesellschaftsgläubiger N37 ff.
- Haftung der Geschäftsführer N34

Antragstellung, Gesellschafterversammlung F36

Antragsverpflichtung N20 ff.

Anzeigenpflichten, Geschäftsführer N15

Arbeitsrecht K14

Arthandlungsvollmacht C12
- Erteilung C19

Aufbringen des erhöhten Stammkapitals H114 ff.

Aufgelöste Gesellschaft
- Fortsetzung, Checkliste O47

Auflösung O1 ff.
- Anmeldung O10 ff., O50
- Bekanntmachung der Auflösung O50

493

Sachregister

- Eintragung O10
- Folgen O13 ff.

Auflösungsbeschluss, Muster O49
Auflösungsgründe O4 ff., O46
- Checkliste O46
- gemäß § 60 Abs. 1 GmbHG O4

Auflösungsklage D15, D32, D128, O4
Aufsichtsrat F26, I1 ff.
- Entscheidung durch Beschluss I19 ff.
- fakultativer I5 ff.
- Gründung I5
- Mindestaufgaben I10
- nach dem BetrVG 1952 I1, I25 ff.
- nach dem MitbestG 1976 I1, I28 ff.
- obligatorischer I24 ff.
- Publizität I22
- Tätigkeit I9 ff.
- übertragbare Aufgaben I33
- und Gesellschafterversammlung, Checkliste I32 f.
- Verantwortlichkeit I18
- Vergütung I17
- Zusammensetzung I6 ff.

Aufsichtsrecht
- Größenkriterien für Kontrollregelungen bei der GmbH, Checkliste I34

Aufspaltung K6, K78 ff.
Aufwendungsrückstellungen L14
Ausfallhaftung B112, H42 ff.
Ausgliederung K6, K56 ff.
- oder Einzelrechtsnachfolge? K81 ff.

Ausgliederungsbericht K62
Ausgliederungsplan K62
Ausscheiden des Gesellschafters, Checkliste D168
Ausschließung eines Gesellschafters D133 ff.
Ausschluss des Stimmrechts F49 ff., F106
Ausschüttungsbelastung L59
Ausschüttungsrückholverfahren H116, H124
Austritt aus wichtigem Grund, Muster D183
Austritt D128 ff.
- Austrittsrecht aus wichtigem Grund D31
- des Gesellschafters O44

Ausübung des Stimmrechts D15, F43 ff.
Auszahlungsverbot (§ 30 GmbHG) N16
- des § 30 GmbHG H17 ff.

B

Bareinlage B51
Bargründung B110
- Anmeldung B123

Barkapitalerhöhung H157

Befriedigung, Gläubiger H144
Beherrschung D57
- und Gewinnabführungsvertrag, Checkliste P62

Beherrschungsvertrag P6
Beirat I4
Beitrittserklärung, fehlerhafte B 45 ff.
Belehrungspflichten des Notars B105 ff.
Bemessungsgrundlage M5
Beratungshilfen
- Anteilskauf, Beurkundung D148
- Auflösungsklage O44
- Beratungsverträge mit Aufsichtsratsmitgliedern I30
- Beschlussfassung F34 ff.
- Beschlussmängel, Heilung F94 ff.
- Dienstverhältnis, Rechtsstreitigkeiten bei Beendigung E101
- Einmann-GmbH F70 ff.
- Gehaltzahlung, unregelmäßige E99
- Geschäftsanteil, Heilung Formmangel D145, D160
- Geschäftsanteilverkauf D150, D157
- Geschäftsführer, Abberufung E104
- Gesellschafterbeschlüsse, Anfechtungsfrist F92 f.
- Gesellschafterleistungen, Verhinderung der Umqualifizierung H160 ff.
- Gesellschafterversammlung F67 ff., F89
- Gesellschaftsvertrag, Checkliste G32
- Gewinnverwendung, Gestaltungsmöglichkeiten der Satzung L67
- Kapitalerhöhung und Ausfallhaftung H164 ff.
- Konzerneingangskontrolle P58, P60 f.
- Notar, Hinweispflichten bei Beurkundung Kapitalerhöhungsbeschluss H163
- Prokura C16 f.
- Registersperre G24
- Satzungsänderung, redaktionelle G26 ff.
- Satzungsdurchbrechende Beschlüsse G30
- Stimmpflichten, Durchbrechung in F97 ff.
- Umwandlung K77 f., K81
- Verfahrenseinleitung, frühe N48
- Zweigniederlassung-Anmeldungsunterlagen, Checkliste J12

Berichtspflicht
- umfassende N19

Beschlüsse
- fehlerhafte F 73 ff.
- satzungsdurchbrechende G30 ff.
- unwirksame F77

Beseitigung der GmbH, Checkliste O45

Besserungsschein
- außergerichtlicher Vergleich, Muster N59
Bestätigungsvermerk L25
Bestellung
- der Geschäftsführer B47 ff.
- von Sicherheiten zugunsten Dritter H48 ff.
Besteuerung
- ab dem 1.1.2001 M13 ff.
- der GmbH bei Gründung B98
- des Einkommens M8 f.
- Kapital- und Personengesellschaften, Checkliste A59
Betriebsaufspaltung H77 ff.
Betriebsveräußerungen
- Steuerfreibetrag A51
Beurkundung des GmbH-Gesellschaftsvertrages A36
BGB-Gesellschaft B11
Bilanzkontinuität L10
Buchführung L8

C

C.i.c. E86 ff.
Cash Pooling H79b
Centros Ltd.-Entscheidung J11a
Checklisten
- Abspaltungsverbot F105
- Anrechnungsverfahren, körperschaftsteuerliches M50
- Anteilskauf, vertragliche Zusicherungen D165
- Aufgelöste Gesellschaft, Fortsetzung O47
- Auflösungsbeschluss O49
- Auflösungsgründe O46
- Aufsichtsrat, Aufgaben I32 f
- Aufsichtsrecht, Größenkriterien für Kontrollregelungen bei der GmbH I34
- Beherrschungs- und Gewinnabführungsvertrag P62
- Beseitigung der GmbH O45
- Darlehen, Gesellschafterforderungen als eigenkapitalersetzendes - N53
- effektive und nominale Kapitalerhöhung, Vergleich H171
- Eigen-Insolvenzantrag N50 f.
- Einkommen, zu versteuerndes M51
- Einziehung von Geschäftsanteilen, Gründe D167
- Formwechsel K85
- Fortbestehensprognose nach InsO N52
- Geschäftsanteile, Voraussetzungen der Einziehung D166
- Geschäftsführer E109 ff.
- Geschäftsführer, Haftung in der Insolvenz N56
- Geschäftsführungsmaßnahmen F104
- Gesellschaft, Bemessung der Größe L 73
- Gesellschafter, Ausscheiden D168
- Gesellschafterversammlung F101 ff.
- Gewinnanspruch des Gesellschafters, Voraussetzungen L75
- Gewinnausschüttungen, verdeckte M52
- Größenklassen des § 267 HGB L72
- Gründungskosten von GmbH und AG, Vergleich A60
- Jahresabschluss, Zustandekommen L74
- Kapitalbeschaffung, Formen H167
- Kapitalerhöhung H170 f.
- Kapitalgesellschaft, Besteuerung A59
- Kapitalherabsetzung, Zulässigkeit der vereinfachten - H172
- Kredithilfe des Gesellschafters H169
- Kreditunwürdigkeit, Indizien für die - der GmbH H168
- Krise, Anzeichen einer drohenden oder eingetretenen - N48
- Liquidatoren, Aufgaben O48
- Nominale und effektive Kapitalerhöhung, Vergleich H171
- Nutzungsüberlassung N54 f.
- Personengesellschaft, Besteuerung A59
- Rechtsform, zivilrechtliche Kriterien bei der Wahl A58
- Stimmrechtsausschluss - ja oder nein? F106
- Überschuldungsstatus nach InsO N52
- UmwStG, Überblick K86
- Versammlungsleiter, Aufgaben F103
- Verschmelzung und Spaltung durch Aufnahme K84

D

Darlegungs- und Beweislast H95 f.
Darlehen H9, H62 ff.
- Gesellschafterforderungen als eigenkapitalersetzendes -, Checkliste N53
Deliktische Haftung D52 f.
Differenzhaftung B56, B61, B91
Drittdarlehen
- Besicherung H67 ff.
Drittorganschaft A3
Drittrechte D3
Durchbrechung von Stimmpflichten F97 ff.
Durchgriffshaftung aufgrund besonderer Umstände D54

495

E

Effektive Kapitalerhöhung H171, N43 ff.
  siehe auch unter Kapitalerhöhung
Ehemaliger Gesellschafter H84
Eigener Geschäftsanteil der GmbH D102 ff.
Eigen-Insolvenzantrag
– Überlegungen vor Stellung, Checkliste N50
– Vorgehensweise der Geschäftsführer bei –, Checkliste N51
Eigenkapital H1, H6; H160
Eigenkapitalersatzregeln, Zweck H52 f.
Eigenkapitalersetzende Gesellschafterleistungen H52 ff.
Eigenverwaltung, Antrag auf – N48
Einberufung der Gesellschafterversammlung D31, F21, F109
Einforderung von Nachschüssen H133
Eingetragene Genossenschaften K19
– Vereine K19
Einkommen
– Besteuerung des – M8 f.
– Ermittlung M5 ff.
– und Körperschaftssteuer A48
Einkünfte aus Gewerbebetrieb M6
Einladung zur Gesellschafterversammlung, Muster F107
Einmann-Gesellschaft K19, P42
Einmanngründung B97
Einmann-Vorgesellschaft B97
Einstellung in Rücklagen H140
Einstweilige Verfügung, Anträge auf Erlass einer –, Muster E117 f.
Einstweiliger Rechtsschutz F86 f.
Einzelausgleich P46
Einzelrechtsnachfolge K81 ff.
Einzelvertretung E50
Einziehung (Amortisation) von Geschäftsanteilen D112 ff.
– typische Gründe für zwangsweise –, Checkliste D167
– Voraussetzungen D113 ff.
Entlastung der Geschäftsführer E71a f.
Entnahme L45
Erbfolge A27
Ergebnisverwendungsklausel L41
Erhaltung der Haftungsmasse K13
Erhöhungsbeschluss H102 ff.
Errichtung einer Zweigniederlassung J13
Erstattung verbotener Rückzahlungen E81 ff.
Existenzgefährdene Weisungen P24

F

Faktischer Konzern P40
Falsche Angaben B84
Fehlerhafte Beschlüsse F73 ff.
Feststellung des Jahresabschlusses L5, L28 ff.
– Verstoß gegen die Aufstellungs- und Offenlegungsvorschriften L65a
Finanzierung, Grundlagen H1 ff.
Finanzierungsgrundlage H1 ff.
Finanzplankredite H6, H61, H79
Firma B31
– Änderungen J8
– Anmeldung J5 ff.
– ausländische GmbH J9 ff.
– Eintragung J5 ff.
– Errichtung J5 ff.
– Vertretung J7
Firmenausschließlichkeit B31
Firmenbeständigkeit B31
Firmeneinheit B31
Firmenklarheit B31
Firmenwahrheit B31
Firmierung B114 ff.
Forderungsverzicht N47
Formen der Kapitalbeschaffung H6 ff.
– Checkliste H167
Formwechsel K8, K63 ff., K85, K95 ff.
– Checkliste K85
– von GmbH in AG K76
– von GmbH in Personenhandelsgesellschaften K73 ff.
– von Personenhandelsgesellschaften in GmbH K65 ff.
Fortbestehensprognose N8 ff., N13
– Überschuldungsstatus nach InsO, Checkliste N52
Freie Rücklagen H125
Fremdgeschäftsführer E14
– Anstellungsvertrag eines –, Muster E113
Fremdkapital H1, H9
Fremdvergleich L54

G

Gebot zur angemessenen Kapitalausstattung H16
Gebrauchsüberlassung H76
Gemischte Sacheinbringung B65
Generalbereinigung E71a
Generalbevollmächtigter
– Anstellungsvertrag, Muster C21
Generalhandlungsvollmacht C12

- Erteilung einer –, Muster C18
Generalvollmacht C13
Genossenschaften, eingetragene K19
Gesamtprokura
- allseitige C10
- gemischte (unechte) C10
- halbseitige C10
Gesamtrechtsnachfolge K58
Gesamtvertretung
- modifizierte E50
- unechte E51
Geschäftsanteil D1 ff., D58 ff.
- Abtretung D73 ff.
- Anmeldung des Erwerbs bei der Gesellschaft D82 ff.
- Beschränkung Abtretbarkeit D77 ff.
- Einziehung D112, D166 f.
- Nießbrauch D94
- Preisgabe eines –, Muster D179
- Rechte an – D90 ff.
- Treuhandvertrag über –, Muster D178
- Vererbung D150
- Verkauf und Abtretung, Muster D169
- Verpfändung D97 f.
- Voraussetzungen von Einziehung von –, Checkliste D166
- Zusammenlegung von –, Muster D173
- Zustimmung der GmbH zur Teilung eines –, Muster D174
Geschäftsanteilsverpfändung, D97 f., D176
Geschäftschancenlehre L54
Geschäftsführer E1 ff.
- Abberufung E10 ff.
- Abbestellung von – (Anmeldung), Muster E116
- Alleingesellschafter-Geschäftsführer D25
- Anstellungsverhältnis E18 ff.
- Anzeigepflichten N15
- Aufgaben E1
- Beschränkungen E60 ff.
- Bestellung B47 ff., E7
- Eignungsvoraussetzungen E4 ff.
- Entlastung E71a f.
- Formen der Betreuung durch mehrere Personen, Checkliste E111
- Fremdgeschäftsführer E14
- Geschäftsführung A12, E59 ff.
- Geschäftsführungskompetenzen P22
- Haftung der – in der Insolvenz, Checkliste N56
- Haftung der – wegen Verletzung der Antragspflicht N34
- Haftung E72, E112

- Inhalt des Anstellungsvertrages, Checkliste E109
- Kompetenzen, Checkliste E110
- Kündigung E32 ff.
- Mehrheit von – E66 ff.
- Neubestellung von – (Anmeldung), Muster E116
- Pflicht zur Sanierungsprüfung N18 f.
- Umfang E59
- Vergütung E21 ff.
- Vertretung E43 ff.
Geschäftsführungsmaßnahmen, Checkliste F104
Gesellschafter
- Ausscheiden, Checkliste D168
- Ausschließung D133 ff.
- Beschluss der – G12 ff.
- ehemaliger H84
- einer Ein-Mann-GmbH K19, P42
- Rechtsposition D1 ff.
- und Geschäftsanteil D1ff.
Gesellschafterbeschluss
- Anfechtungsfrist für – F92 f.
- Anfechtungsklage gegen –, Muster F114
- Kapitalerhöhung, Muster H182
- über die Abberufung und Neubestellung von Geschäftsführern, Muster E115 f.
Gesellschafterdarlehen
- eigenkapitalersetzendes N11
- Hingabe von – N47
Gesellschaftereigenschaft H80 ff.
Gesellschafter-Geschäftsführer E15 ff.
- Anstellungsvertrag, Muster E114
Gesellschafterklagen D39 ff.
Gesellschafterleistungen, eigenkapitalersetzende H52 ff.
- Rückgewährverbot eigenkapitalersetzender – N17
Gesellschafterliste, Muster B124
Gesellschafterversammlung F1 ff.
- anfechtbare Beschlüsse F78 ff.
- Antragstellung F36
- Aufgaben F3 ff.
- Beschlussfassung F34 ff.
- Durchführung, Checkliste F103
- Einberufung, Muster F21, F109
- fehlerhafte Beschlüsse F73 ff.
- Leitung F33
- Mindestgegenstand einer ordentlichen –, Checkliste F102
- Mustereinladung F107
- Protokollmuster F110 f.
- Rechtsbehelfe F82 f.

- Teilnahmerecht F28
- unwirksame Beschlüsse F77
- Verlangen eines Gesellschafters auf Einberufung einer –, Muster F108
- Vorbereitung einer ordentlichen –, Checkliste F101

Gesellschaftervertrag A4
- Abänderung G1 ff.
- Abschluss B17 ff.
- als Anlage zum Gründungsprotokoll B122
- fakultativer Inhalt B38 ff., B118
- Mängel B43 ff.
- nach Entstehen der GmbH G1 ff.
- notwendiger Inhalt B29 ff.
- obligatorischer Inhalt B118
- vor Entstehen der GmbH G3 ff.

Gesellschaftsgläubiger, Ansprüche N37 ff.
Gesellschaftsverhältnis, Ursache H29
Gesellschaftszweck, Abänderung G17 ff.
Gesetz zur Kontrolle und Transparenz im Unternehmensbereich (KontTraG) L66
Gespaltene Steuersätze M10 ff.
Gestaltungsfreiheit A20 ff.
Gewerbebetrieb, Einkommen aus – M6
Gewerbesteuer B102, M33 ff.
Gewinn M6
Gewinnabführungsvertrag P6
Gewinnanspruch des Gesellschafters, Checkliste L75
Gewinnausschüttungen, Beispielfälle verdeckter – M52
Gewinnauszahlungsanspruch L7, L75
- des Gesellschafters L33
Gewinnbezugsrecht L7
Gewinnverwendung L6 f., L33 ff.
- Satzungsgestaltung L67
Gewinnvortrag L39
Gläubigerschutz H4
- bei Kapitalherabsetzung H144
Gleichbehandlungsgrundsatz D8 ff.
Gliederungsschema für die Bilanz L16 f.
GmbH
- & Co. KG A14, A34, A46
- Besteuerung *siehe unter* Steuern
- eigener Geschäftsanteil D102 ff.
- Gesellschaftsvertrag A36
- Kontrollregelungen I34
- Konzern P1 ff.
- Körperschaftsteuer *siehe dort*
- Veräußerung von Anteilen M18 ff.
- Zustimmung zur Teilung eines Geschäftsanteils, Muster D174

Größe der Gesellschaft

- Schwellenwerte zur Bemessung der –, Checkliste L 73

Größenklassen des § 267 HGB, Checkliste L72
Grunderwerbsteuer M38 ff.
- Vorgesellschaft B104
Grundlagen der Finanzierung H1 ff.
Grundlagenbeschlüsse I 32
Grundlagengeschäft C7
Gründung B1 ff.
Gründungsalternativen B4 ff.
Gründungsaufwand A35 ff.
Gründungskosten
- Übernahme der – als verdeckte Gewinnausschüttung B108 f.
- von GmbH und AG, Vergleich A60
Gründungsphasen B10, B117
- Haftung in den – B85 ff.
Gründungsprotokoll, Muster B121
Gründungsvorschriften, Umgehung B95
Gründungszweck A3, B2

H

Haftung A8
- ab Eintragung B91
- der Geschäftsführer in der Insolvenz, Checkliste N56
- der Gesellschafter B87, D45 ff.
- der Mitgesellschafter H42 ff.
- der Vorgründungsgesellschafter B86
- des Geschäftsführers E72 ff.
- Erwerber von Geschäftsanteilen D86 ff.
- Handelndenhaftung B89
- in den Gründungsphasen B85 ff.
- Veräußerer von Geschäftsanteilen D86 ff.
- Verletzung der Antragspflicht N34 ff.
- vertragliche D46 ff.
Haftungsmasse, Erhaltung K13
Haftungstatbestände D46 ff.
Halbeinkünfteverfahren A49
Handelndenhaftung B89
Handelsregister A36
Handelsregisteranmeldung B74 ff.
- Anlagen B78
- bei Formwechsel KG in GmbH K96 *siehe auch unter* Formwechsel
- bei Verschmelzung *siehe dort*
- der übernehmenden Gesellschaft K91
- der übertragenden Gesellschaft K90
- Inhalt B78
- Mängel des Anmeldeverfahrens B83 ff.
- registergerichtliches Verfahren B79 ff.

– Voraussetzungen B77
Handlungsvollmacht C6, C11 f.
– Erteilung C6
– Umfang C11
Heilung von Beschlussmängeln F94 ff.
Hin- und Herzahlen B66

I

Illoyaler Gesellschafter O44
Informationsrecht D31 ff.
Insolvenzantrag N20 ff.
Insolvenzausfallhaftung D52
Insolvenzgläubiger N26
Insolvenzgrund N48
Insolvenzverfahren N26 ff.
– Antrag des Geschäftsführers wegen Zahlungsunfähigkeit, Muster N57
– Beendigung N32 f.
– Eröffnung N26 f.
– Folgen N28 ff.

J

Jahresabschluss A31, L4, L8 ff., L74
– Anhang L18
– Aufstellung L5, L9 ff.
– Feststellung L5, L28 ff.
– Verstoss gegen die Aufstellungs- und Offenlegungsvorschriften L65a
– Zustandekommen des –, Checkliste L74
Jahresbilanz H98

K

Kaduzierung D139 ff., D180 ff., D280 ff.
Kapital- und Finanzierungsmaßnahmen H1 ff.
Kapitalanlagegesellschaft (KAGG) I1
Kapitalaufbringung B71, H5
Kapitalausstattung, Gebot zur angemessenen – H16
Kapitalbeschaffung, Formen H6 ff., Checkliste H167
Kapitalerhaltung H12 ff.
Kapitalerhöhung H99 ff., K30
– aus Gesellschaftsmitteln H122 ff.
– durch Sacheinlage, Checkliste H170
– effektive – H171, N43 ff.
– gegen Einlagen H101 ff.
– nominelle, Checkliste H171
– und Euro H162 ff.
Kapitalersatzfunktion H57 ff.

Kapitalersetzende Gebrauchsüberlassung, Rechtsfolgen H94
Kapitalertragsteuer M49
Kapitalgesellschaft
– große L2
– kleine L2
– mittlere L2
Kapitalherabsetzung H137 ff.
– Anmeldung H186
– Gesellschafterbeschluss, Muster H185
– nominelle H139
– ordentliche – H141 ff.
– und -erhöhung H155 ff.
– vereinfachte – H148 ff., H172
– Zulässigkeit der vereinfachten –, Checkliste H172
– zur Beseitigung einer Unterbilanz, Muster H187
Kapitalherabsetzungsbeschluss H150
– notwendiger Inhalt H150
Kapitalschnitt N46
Kapitalschutzvorschriften K13
Kein-Mann-GmbH O5
Kernbereich der Mitgliedschaft F29
KGaA K19
Know-how H109
Kommanditgesellschaft (KG) A9
Kommanditist A10
Komplementär A10
KonTraG L66
Kontroll- und Informationsrechte A17 ff.
Kontrollregelungen bei der GmbH I34
Konzern, faktischer P40
Konzernrecht P1 ff.
Körperschaften, Ausschüttungen A50
Körperschaftsteuer A49, B100, M2 ff.
– und Einkommen A48
– Vorgesellschaft B100 f.
Körperschaftsteuergutschrift L60
Körperschaftsteuerpflicht M2 ff.
Kreditgewährung an Geschäftsführer H28
Kredithilfe des Gesellschafters, Checkliste H169
Kreditunwürdigkeit, Checkliste H168
Kreditwürdigkeit, Checkliste H168
Krise
– Anzeichen einer drohenden oder eingetretenen –, Checkliste N48
– im Vorfeld des Insolvenzverfahrens N14 ff.
Krisenbegriff
– betriebswirtschaftlicher N1
– rechtlicher N2
Krisenüberwindung

499

- Erlass von Forderungen N42
- Instrumentarien N40 ff.
- Nachschüsse N41, H130 ff.
Kündigung A29

L

Lagebericht L4, L19, L21
Leistung der Gesellschafter A53 ff.
- steuerrechtliche Abzugsfähigkeit A53
Leistungsvermehrung G14 f.
Leistungsverweigerungsrecht H32
Liquidation O1 ff., O19 ff.
- Beendigung O36 ff.
- Durchführung der – O27 ff.
Liquidations-Eröffnungsbilanz O27
Liquidationsmasse, Verteilung O32 ff.
Liquidatoren O20 ff.
- Aufgaben der – im Überblick O48

M

Mängel
- des Anmeldeverfahrens B83
- des Gesellschaftsvertrages B43
Mantelgründung B92 ff.
Mantelkauf B8, B94 ff.
Mantelverwendung B94 ff.
Mehrheit von Geschäftsführern E66 ff.
Mehrpersonen-GmbH P30
Mehrstimmenrecht P2
Mindestnennkapital A35
Mischeinlage B64
Missbrauch der Vertretungsmacht E58
Mitbestimmung A43 ff.
Mitgliedschaft
- Geschäftsanteil D1 ff.
- Kernbereich der – F29
Mitgliedschaftspflichten D16 ff.
Mitgliedschaftsrechte D31 ff.
Modifizierte Gesamtvertretung E50
Montanmitbestimmungsgesetz I1
Muster
- Abberufungsbeschluss, Antrag auf Erlass einer einstweiligen Verfügung E117 f.
- Abtretung D170 f.
- Arthandlungsvollmacht, Erteilung C19
- Aufgelöste Gesellschaft, Beschlussfassung über Fortsetzung O53
- Auflösung, Bekanntmachung O51
- Auflösungsbeschluss O49
- Aufsichtsrat I35 ff.
- Austritt aus wichtigem Grund D183

- Bargründung, Anmeldung B123
- Beherrschender Gesellschafter-Geschäftsführer, Anstellungsvertrag E114
- Beherrschungs- und Gewinnabführungsvertrag P63, P65
- Besserungsschein, außergerichtlicher Vergleich N59
- Erhöhungsbeschluss H174
- Formwechsel K95 f.
- Fremdgeschäftsführer, Anstellungsvertrag E113
- Generalbevollmächtigter, Anstellungsvertrag C21
- Generalhandlungsvollmacht, Erteilung C18
- Geschäftsanteil D169, D173 f., D179
- Geschäftsanteilsverpfändung D176
- Geschäftsführer, Abberufung und Neubestellung E116
- Gesellschafterbeschluss F114 f.
- Gesellschafterliste B124
- Gesellschafterversammlung F107, F109, G33 f.
- Gesellschaftervertrag, Anlage zum Gründungsprotokoll B122
- Gründungsprotokoll B121
- Handelsregister, Anmeldung der Auflösung O50
- Insolvenzantrag, drohende Zahlungsunfähigkeit N58
- Insolvenzverfahren, Antrag auf Eröffnung N57
- Kaduzierung D180 ff.
- Kapitalerhöhung H174 ff., H182
- Kapitalherabsetzung, ordentliche H185, H187
- Liquidation, Anmeldung der Beendigung O52
- Nachschusseinforderung H184
- Notarbescheinigung gemäß § 54 GmbHG H176
- Prokura, Anmeldung C20
- Protokoll, Gesellschafterversammlung F110 ff.
- Rangrücktritt H173
- Rückgewähr einer vGA, Klage L77
- Sacheinlage B125, H178 f.
- Sanierungsbeschluss, kombinierter H189
- Satzungsänderung nach Eintragung, Anmeldung G36
- Spaltungsplan K94
- Spaltungsvertrag K93
- Steuerklausel L76
- Stimmbindungsvertrag F113

- Teilgeschäftsanteils, Abtretung D175
- Treuhandvertrag, Geschäftsanteil D178
- Übernahmeerklärung, getrennte H175
- Vereinigung von Geschäftsanteilen, Anzeige D172
- Verlustausgleich, Klage G P66
- Verschmelzung durch Aufnahme K87 ff.
- Verschmelzungsvertrag, Neugründung K92
- Zustimmungsbeschluss der abhängigen GmbH P64
- Zweigniederlassung einer polnischen Gesellschaft J13 f.

Muttergesellschaft in einer Krise P25

N

Nachschüsse H6 f., H130 ff., N41
Nachtragsliquidation O40 ff.
Nebenleistungen H8
Nebenleistungspflichten D19 f., H130 ff.
Neubestellung von Geschäftsführern (Anmeldung), Muster E116
Neugründung B5
Nichtgesellschafter H27
Nichtigkeitsurteil O5
Niederlegung E10 ff.
Nießbrauch von Geschäftsanteilen D94
Nießbrauchbestellung, Muster D177
Nominelle Kapitalerhöhung, Checkliste H171
Nominelle Kapitalherabsetzung H139
Notar
- Belehrungspflichten nach § 17 BeurkG B105 ff.
- Bescheinigung des – gemäß § 54 Abs. 1 Satz 2 GmbHG, Musterformulierung H176
- Beurkundung des Anteilskaufs durch ausländischen – D148
- Hinweispflichten des – bei der Beurkundung eines Kapitalerhöhungsbeschlusses, § 17 BeurKG H163

Notzuständigkeit D43
Nutzungsüberlassung
- eigenkapitalersetzende – H79a
- von Gegenständen, Checkliste N54

O

Offene
- Handelsgesellschaft (OHG) A9, B11
- Vorratsgründung B93

Offenlegungspflicht A33
Organschaft, steuerliche P52

P

Passivierungspflicht H97 f.
Passivseite L18
Patente H109
Pensionsrückstellung A55
Personenhandelsgesellschaften K19
Pfändung von Geschäftsanteilen D99
Ppa (per prokura) C17
  siehe auch unter Prokura
Preisgaberecht (Abandon) H134 f.
Prinzip des Vermögensschutzes H15
Prokura C1 ff.
- Anmeldung C20
- Eintragungen in das Handelsregister C16
- Erlöschen C14 f.
- Erteilung C3
- Umfang C7 ff.
Prokurist *siehe auch* Prokura
- Zeichnung des – C17
Proratarische Binnenhaftung B87
Protokoll G22
- einer Gesellschafterversammlung F110 ff.
Prozessbeteiligte F84 f.
Prüfungsbericht L25
Prüfungsverbände K19
Publizität I22 ff.
- negative N48

Q

Qualifiziert faktischer Konzern P44 ff.
Quotenändernder Formwechsel K68
Quotenschaden N37

R

Rangfolge bei Auflösungsklage O44
Rangrücktritt N47
- Muster H173
Rangrücktrittsvereinbarung H60, N12
Rechnungslegung L1 ff., O27
- und Publizitätspflichten A31 ff.
Rechte an Geschäftsanteilen D90 ff.
Rechtsbehelfe F82 f.
Rechtsfolgen der Kapitalbindung H86 ff.
Rechtsformwechsel K4
Rechtsschein E85
Rechtsscheinshaftung D50 f.
Rechtsschutz, einstweiliger E104 ff.
Redaktionelle Satzungsänderungen G26 ff.
Registergericht, Regelanfrage B32a
Registergerichtliches Verfahren B79 ff.

Registersperre B36, G24 f.
Rückgewährverbot eigenkapitalersetzender Gesellschafterleistungen N17
Rücklagen
- Einstellung H140
- freie – H125
Rückschlagssperre N48
Rückzahlung
- Erstattung verbotener – E81 ff.
- oder Erlass von Einlagen H140
Rückzahlungsanspruch, § 31 Abs. 1 GmbHG H33 ff.

S

Sacheinbringung, gemischte B65
Sacheinlage B57 ff.
- Anforderung der Kapitalerhöhung durch – H170
- Einbringung, Muster B125
- Über-Wert- – B65
- Umwidmung einer verdeckten – H178 ff.
- verdeckte – B66, N44
 siehe auch dort
Sachgründungsbericht B62, K62
Sanierungsbemühung N24 f.
Sanierungsbeschluss, kombinierter, Muster H188
Sanierungsprüfung, Pflicht der Geschäftsführer zur – N18 f.
Satzungsänderung G8 f.
- Beschluss der Gesellschafter G12 ff.
- Inhalt G9
Satzungsänderungsbeschluss G22
Satzungsautonomie A3
Satzungsbeanstandungen G7
Satzungsdurchbrechende Beschlüsse G30 ff.
Satzungsdurchbrechung G10 f.
Schadensersatzansprüche Dritter B84
Scheck B51
Scheineinzahlungen B53
Schlussbilanz, werbende Gesellschaft O27
Schütt-aus-hol-zurück-Verfahren L46
Selbstkontrahieren E53 f.
Selbstorganschaft A13
Sicherheiten zugunsten Dritter H48 ff.
Sicherheitsleistung K13
Sicherung der Kapitalaufbringung und -erhaltung im GmbHG H5
Sicherung, Gläubiger H144
Sitz B33
Sitzverlegung ins Ausland O5
Sonderrechte D5

Sozialversicherungspflicht A40 ff.
Spaltung
- der GmbH K4, K44
- Muster K93 f.
- Spaltungs- und Übernahmevertrag K47
- zur Aufnahme K46 ff.
- zur Neugründung K50 ff.
Spaltungsbericht K49
Spaltungsvertrag, Muster K93 *siehe auch unter* Spaltung
Sperrjahr H144
Spezialhandlungsvollmacht C12
Spitzensteuersatz A51
Stammeinlagen B35 ff., B50, H6 f.
Stammkapital B35 ff.
- Aufbringung des erhöhten – H114 ff.
- effektive Herabsetzung H141 ff.
Steuerfreibetrag
- Betriebsveräußerungen A51
Steuerklauseln M43 ff.
Steuerliche Organschaft P52
Steuern A48 ff., M1 ff.
- Besteuerung der GmbH ab dem 1.1.2002 M13 ff.
- GmbH-Gründung B98 ff.
Steuerreform *siehe* Unternehmenssteuerreform
Steuersätze, gespaltene M10 ff.
Stille Beteiligung H10 f.
Stille Reserven L11
Stimmbindungsvertrag F47
- Muster F113
Stimmenmehrheit F55
Stimmpflicht, positive F48
Stimmrecht D31
- Ausschluss F49 ff, F106
- Ausübung D15, F43 ff.

T

Tantieme E24 ff.
Teilnahme an der Gesellschafterversammlung D31, F28
Treuepflicht D13, D23, P41
Treuhand D90 ff.
Treuhandverhältnisse H35 ff.
Treuhandvertrag über einen Geschäftsanteil, Muster D178
True and fair view L10

U

Überlassungsunwürdigkeit H78
Übernahme von Stammeinlagen H113

Übernahmevereinbarung H113
Überpariemission B37
Überschuldung N7
– rechnerische N9 ff.
Überschuldungsstatus N8 ff.
– Fortbestehensprognose nach InsO, Checkliste N52
Übertragung A24
Überwachung der Geschäftsführung I3
Über-Wert-Sacheinlage B65
Umqualifizierung der Nutzungsüberlassung
– Vermeidung der –, Checkliste N55
Umsatzsteuer M42
– Vorgesellschaft B103
Umwandlung B7, K1 ff.
– Arten K4 ff.
– Motive K3
– Steuerrecht K15 f.
– Verfahren K9 ff.
Umwandlungsbeschluss K67, K75
Umwandlungssteuerrecht K15 f.
Umwandlungsverfahren K9
UmwG 1994 K1
UmwStG, Überblick K86
Unechte Gesamtvertretung E51
Unerlaubte Handlung E89 ff.
Unterbilanz H40, H139
Unterbilanzhaftung B91
Unterkapitalisierung D56
Unternehmensgegenstand B2, B34
Unternehmensteuerreform M21 f., M46 ff.
Unternehmensverträge G19
Ursache im Gesellschaftsverhältnis H29

V

Verbundene Unternehmen H83
Verdeckte Gewinnausschüttungen H23, L51
– Beispielfälle M52
– Klage auf Rückgewähr L77
– Rückgängigmachung L62
Verdeckte Sacheinlage B66 ff.
– Begriff B66
– Erscheinungsformen B66
– Heilung B70
– Rechtsfolgen B69
– Umwidmung H178
Vereine, eingetragene K19
Vereinfachte Kapitalherabsetzung, H148 ff., H172
Vererblichkeit von Anteilen A27, A57
Verfahrenseinleitung, Vor- und Nachteile einer frühen – N48

Verhaltenshaftung H45 ff.
Verhaltenspflichten D18
Verlustausgleichspflicht
– Umfang P28
Verlustdeckungshaftung B87
Verminderung des geschützten Vermögens H20 ff.
Vermögenspflichten D16 f.
Vermögensrechte D2
Vermögensstatus
– Aufstellung N18
Vermögenstrennung D45
Vermögensübertragung K4, K7
Vermögensvermischung D55
Verpfändung von Geschäftsanteilen D97 f.
Versammlungsleiter F33
Verschmelzung K4, K17 ff.
– Arten K19 ff.
– der GmbH mit dem Vermögen ihres Alleingesellschafters K42 f.
– der GmbH mit Personenhandelsgesellschaften K40 f.
– durch Aufnahme K23 ff.
– durch Neugründung K39
– im Wege der Neugründung oder Aufnahme? K77 ff.
– Registeranmeldung K32 ff.
– und Spaltung durch Aufnahme, Checkliste K84
Verschmelzungsbericht K25 f.
Verschmelzungsbeschluss
– Anfechtungsklage gegen die Wirksamkeit eines –, Muster K97 f.
Verschmelzungsfähige Rechtsträger K19
Verschmelzungsprüfung K27
Verschmelzungsvertrag
– bei Neugründung K92
– Versicherungsvereine auf Gegenseitigkeit K19
– zweier GmbH K87
Vertragliche
– Auflösungsgründe O6 ff.
– Haftung D46 ff.
Vertragskonzern P5 ff.
Vertretung durch Geschäftsführer E43 ff.
Vertretungsmacht, Missbrauch E58
Verwendungsabsprachen, schuldrechtliche B53
Verwendungszuständigkeit L38
Verzichtswirkung E71a
Vinkulierung D77
Vollbeendigung, Liquidation O38 f.
Vollstreckungsverbot, absolutes N48

Vorabausschüttung L44
Vorbelastungshaftung B91
Voreinzahlungen auf künftige Einlageverpflichtungen H117a
Vorgesellschaft B100 ff.
Vor-GmbH B12
Vorgründungsgesellschaft B11, B99
Vorgründungsgesellschafter, Haftung B86
Vormerkung B60
Vorratsgründung B92 ff.

W

Wahl der Rechtsform A1 ff.
– zivilrechtliche Kriterien bei der –, Checkliste A58
Wechsel
– Erbfolge A27
– Hingabe eines – B51
– im Mitgliederbestand G4
– in der Person der Gesellschafter A24 ff.
– Kündigung A29
– Übertragung A24
Weisungen, existenzgefährdende P24
Weisungsrecht A15 ff., P22
Wertansätze L10
Wertaufholungsgebot L13

Werthaltigkeitsbescheinigung, Muster H180
Wettbewerbsverbot D22 ff.
– des Geschäftsführers E27 ff.
Wirtschaftliche Einheit H83
Wirtschaftsprüfungsgesellschaften L22

Z

Zahl der Gesellschafter A3
Zahlungsstockung N4
Zahlungsunfähigkeit N3 ff.
– drohende N5 f., N20
– Insolvenzantrag wegen drohender –, Muster N58
Zahlungsunwilligkeit N4
Zeichnung des Prokuristen C17
Zulassungsbeschluss H105 ff.
Zusammenlegung und Teilung von Geschäftsanteilen D58
Zuschüsse H8
Zustimmungsbeschluss K88 ff.
Zwangseinziehung D121 ff.
Zwangsvollstreckung, Maßnahmen N48
Zweigniederlassung J1 ff., J13
– Anmeldung, Muster J14 f.
– Errichtung J13